AF883638

Magnus Bleifeld

Akzessorische Kreditsicherheiten im Rahmen von syndizierten Krediten

Schriften zum Europäischen und Internationalen Privat-, Bank- und Wirtschaftsrecht

Herausgegeben von
Professor Dr. Horst Eidenmüller, LL.M. (Cambridge), Oxford; Professor Dr. Dr. Stefan Grundmann, LL.M. (Berkeley), Berlin; Professor Dr. Susanne Kalss, LL.M. (Florenz), Wien; Professor Dr. Wolfgang Kerber, Marburg; Professor Dr. Karl Riesenhuber, M.C.J. (Austin/Texas), Bochum; Professor Dr. Heike Schweitzer, LL.M. (Yale), Berlin; Professor Dr. Hans-Peter Schwintowski, Berlin; Professor Dr. Reinhard Singer, Berlin; Professor Dr. Christine Windbichler, LL.M. (Berkeley), Berlin

EIW Band 56

Magnus Bleifeld

Akzessorische Kreditsicherheiten im Rahmen von syndizierten Krediten

Eine kreditsicherungsrechtliche und insolvenzrechtliche Überprüfung der Praxismodelle

DE GRUYTER

ISBN 978-3-11-044335-6
e-ISBN (PDF) 978-3-11-044423-0
e-ISBN (EPUB) 978-3-11-043588-7

Library of Congress Cataloging-in-Publication Data
A CIP catalog record for this book has been applied for at the Library of Congress.

Bibliografische Information der Deutschen Nationalbibliothek
Die Deutsche Nationalbibliothek verzeichnet diese Publikation in der Deutschen Nationalbibliografie; detaillierte bibliografische Daten sind im Internet über http://dnb.dnb.de abrufbar.

© 2015 Walter de Gruyter GmbH, Berlin/Boston
Einbandabbildung: © Mike Kemp/Getty Images
Druck und Bindung: CPI books GmbH, Leck
♾ Gedruckt auf säurefreiem Papier
Printed in Germany

www.degruyter.com

„Der eine fragt: Was kommt danach?
Der andere fragt nur: Ist es Recht?
Und also unterscheidet sich der Freie von dem Knecht."

Theodor Storm

Vorwort

Die vorliegende Arbeit wurde im Wintersemester 2014/2015 von der Juristischen Fakultät der Humboldt-Universität zu Berlin als Dissertation angenommen. Literatur und Rechtsprechung sowie die verwendeten Gesetze wurden mit Stand vom September 2014 berücksichtigt.

Mein primärer Dank gilt meinen beiden Betreuern, Herrn Prof. Dr. Dr. Stefan Grundmann als Erstgutachter und Herrn Prof. Dr. Moritz Renner als Zweitgutachter. Von beiden habe ich trotz der schwierigen Begleitumstände, die eine Promotion als externer Doktorand mit sich bringt, sehr hilfreiche Unterstützung erfahren und von unseren Besprechungen stets interessante Denkanstöße mitgenommen.

Auf das Thema der Arbeit bin ich i.R. meiner Tätigkeit als Wissenschaftlicher Mitarbeiter bei Linklaters LLP, Frankfurt am Main, aufmerksam geworden. Insofern danke ich vor allem Frau Jasmin Dettmar dafür, dass sie mich in meiner Themenwahl bestärkt hat.

In besonderem Maße möchte ich mich bei Frau Julia Münch bedanken, die nicht nur die mühselige Arbeit des Korrekturlesens übernommen hat, sondern mich auch in jeder anderen Hinsicht während meiner Promotionszeit unterstützt hat. Herrn Johann Ante danke ich für seine ausgesprochen sorgfältigen Korrekturen und Anmerkungen, mit denen er wesentlich zur Qualität der Arbeit beigetragen hat.

Ganz besonderer Dank gebührt schließlich meiner Mutter und meiner Großmutter, die mich bei allen meinen Vorhaben immer unterstützen und meinen Werdegang stets mit großer Anteilnahme begleiten. Ihnen ist diese Arbeit gewidmet.

Düsseldorf, im April 2015 *Magnus Bleifeld*

Inhalt

Abkürzungsverzeichnis

a.A.	andere(r) Ansicht
a.a.O.	am angegebenen Ort
Abb.	Abbildung
ABl.	Amtsblatt der Europäischen Union
ABS	*Asset Backed Securities*
Abs.	Absatz
AcP	Archiv für die civilistische Praxis
a.E.	am Ende
a.F.	alte Fassung
AG	– Die Aktiengesellschaft, Zeitschrift für das gesamte Aktienwesen, für deutsches, europäisches und internationales Unternehmens- und Kapitalmarktrecht – Aktiengesellschaft
AGB	Allgemeine Geschäftsbedingungen
AGB-Banken	Allgemeine Geschäftsbedingungen der privaten Banken
AktG	Aktiengesetz in der Fassung vom 06.09.1965 (BGBl. 1965, Teil I, S. 1089), zuletzt geändert durch Gesetz v. 23.07.2013 (BGBl. 2013, Teil I, S. 2586)
Alt.	Alternative
AnfG	Gesetz über die Anfechtung von Rechtshandlungen eines Schuldners außerhalb des Insolvenzverfahrens in der Fassung vom 05.10.1994 (BGBl. 1994, Teil I, S. 2911), zuletzt geändert durch Gesetz v. 09.12.2010 (BGBl. 2010, Teil I, S. 1900)
Anh.	Anhang
Anm. d. Verf.	Anmerkung des Verfassers
AO	Abgabenordnung in der Fassung der Bekanntmachung vom 01.10.2002 (BGBl. 2002, Teil I, S. 3866; BGBl. 2003, Teil I, S. 61), zuletzt geändert durch Gesetz v. 25.07.2014 (BGBl. 2014, Teil I, S. 1266)
Art.	Artikel
Aufl.	Auflage
BaFin	Bundesanstalt für Finanzdienstleistungsaufsicht
BAG	Bundesarbeitsgericht
BB	Betriebs-Berater
Bd.	Band
Bearb.	Bearbeiter(in)
bearb.	bearbeitet
Begr.	Begründer(in)
Beschl.	Beschluss
BFH	Bundesfinanzhof
BGB	Bürgerliches Gesetzbuch in der Fassung der Bekanntmachung vom 02.01.2002 (BGBl. 2002, Teil I, S. 42 und S. 2909; BGBl. 2003, Teil I, S. 738), zuletzt geändert durch Gesetz v. 22.07.2014 (BGBl. 2014, Titel I, S. 1218)
BGBl.	Bundesgesetzblatt
BGH	Bundesgerichtshof
BGHZ	Entscheidungen des Bundesgerichtshofs in Zivilsachen

BKR	Zeitschrift für Bank- und Kapitalmarktrecht
BMF	Bundesministerium der Finanzen
BR-Drs.	Bundesratsdrucksache
BStBl.	Bundessteuerblatt
BT-Drs.	Bundestagsdrucksache
BVerfG	Bundesverfassungsgericht
BVK	Bundesverband Deutscher Kapitalbeteiligungsgesellschaften e.V.
BWNotZ	Zeitschrift für das Notariat in Baden-Württemberg
bzgl.	bezüglich
bzw.	beziehungsweise
ca.	circa (ungefähr)
DB	Der Betrieb
DepotG	Gesetz über die Verwahrung und Anschaffung von Wertpapieren in der Fassung der Bekanntmachung vom 11.01.1995 (BGBl. 1995, Teil I, S. 34), zuletzt geändert durch Gesetz v. 04.07.2013 (BGBl. 2013, Teil I, S. 1981)
ders.	derselbe
dens.	denselben
d. h.	das heißt
dies.	dieselbe(n)
Diss.	Dissertation
DM	Deutsche Mark
DNotZ	Deutsche Notar-Zeitschrift, Verkündungsblatt der Bundesnotarkammer
DStR	Deutsches Steuerrecht
DZWIR	Deutsche Zeitschrift für Wirtschafts- und Insolvenzrecht
e.A.	eine Ansicht
EGBGB	Einführungsgesetz zum Bürgerlichen Gesetzbuche in der Fassung der Bekanntmachung vom 21.09.1994 (BGBl. 1994, Teil I, S. 2494; BGBl. 1997, Teil I, S. 1061), zuletzt geändert durch Gesetz v. 22.07.2014 (BGBl. 2014, Titel I, S. 1218)
engl.	englisch
etc.	et cetera (und so weiter)
EU	Europäische Union
e.V.	eingetragener Verein
f., ff.	folgende
F.A.Z.	Frankfurter Allgemeine Zeitung
Fn.	Fußnote
FS (Name)	Festschrift für (Name)
GBO	Grundbuchordnung in der Fassung der Bekanntmachung vom 26.05.1994 (BGBl. 1994, Teil I, S. 1114), zuletzt geändert durch Gesetz v. 10.10.2013 (BGBl. 2013, Teil I, S. 3786)
GbR	Gesellschaft bürgerlichen Rechts
gem.	gemäß
GesO	Gesamtvollstreckungsordnung in der Fassung der Bekanntmachung vom 23.05.1991 (BGBl. 1991, Teil I, S. 1185), außer Kraft getreten am 31.12.1998
GG	Grundgesetz für die Bundesrepublik Deutschland in der Fassung vom 23.05.1949 (BGBl. 1949, Teil I, S. 1), zuletzt geändert durch Gesetz v. 11.07.2012 (BGBl. 2012, Teil I, S. 1478)

ggf.	gegebenenfalls
ggü.	gegenüber
GmbH	Gesellschaft mit beschränkter Haftung
GmbHG	Gesetz betreffend die Gesellschaften mit beschränkter Haftung in der Fassung der Bekanntmachung vom 20.05.1898 (RGBl. 1898, S. 846), zuletzt geändert durch Gesetz v. 23.07.2013 (BGBl. 2013, Teil I, S. 2586)
GmbHR	GmbH-Rundschau, Gesellschafts- und Steuerrecht der GmbH und GmbH & Co
GrS	Großer Senat
GWR	Gesellschaft- und Wirtschaftsrecht, Handels- und Gesellschaftsrecht Kapitalmarktrecht Finanzierung
Habil.	Habilitationsschrift
Hervorh. d. Verf.	Hervorhebung durch Verfasser
HGB	Handelsgesetzbuch in der Fassung der Bekanntmachung vom 10.05.1897 (RGBl. 1897, S. 219), zuletzt geändert durch Gesetz v. 15.07.2014 (BGBl. 2014, Teil I, S. 934)
h.Lit.	herrschende(n) Literatur
h.M.	herrschende(n) Meinung
Hrsg.	Herausgeber
hrsg.	herausgegeben
Hs.	Halbsatz
i.d.R.	in der Regel
IDW	Institut der Wirtschaftsprüfer in Deutschland e.V.
i.E.	im Ergebnis
i.e.S.	im engeren Sinne
InsO	Insolvenzordnung in der Fassung vom 05.10.1994 (BGBl. 1994, Teil I, S. 2866), zuletzt geändert durch Gesetz v. 31.08.2013 (BGBl. 2013, Teil I, S. 3533)
i.H.	in Höhe
i.H.v.	in Höhe von
i.R.	im Rahmen
i.R.v.	im Rahmen von
i.S.	im Sinne
i.S.v.	im Sinne von
i.Ü.	im Übrigen
i.V.m.	in Verbindung mit
JA	Juristische Arbeitsblätter
JR	Juristische Rundschau
JURA	Juristische Ausbildung
JuS	Juristische Schulung, Zeitschrift für Studium und Referendariat
JZ	JuristenZeitung
KG	– Kommanditgesellschaft – Kammergericht Berlin
KO	Konkursordnung in der Fassung der Bekanntmachung vom 20.05.1898 (RGBl. 1898, S. 612), außer Kraft getreten am 31.12.1998
KTS	Zeitschrift für Konkurs-, Treuhand- und Schiedsgerichtswesen
KWG	Gesetz über das Kreditwesen in der Fassung der Bekanntmachung vom 09.09.1998 (BGBl. 1998, Teil I, S. 2776), zuletzt geändert durch Gesetz v. 15.07.2014 (BGBl. 2014, Teil. I, S. 934)

LBO	*Leveraged Buy-out*
lit.	litera (Buchstabe)
LMA	*Loan Market Association*
LuftFzgG	Gesetz über Rechte an Luftfahrzeugen in der Fassung der Bekanntmachung vom 28.02.1959 (BGBl. 1959, Teil I, S. 57), zuletzt geändert durch Gesetz v. 10.10. 2013 (BGBl. 2013, Teil I, S. 3786)
m.a.W.	mit anderen Worten
MBS	*Mortgage Backed Securities*
MDR	Monatsschrift für Deutsches Recht
m. E.	meines Erachtens
Mio.	Million(en)
MittRhNotK	Mitteilungen der Rheinischen Notarkammer
MoMiG	Gesetz zur Modernisierung des GmbH-Rechts und zur Bekämpfung von Missbräuchen in der Fassung der Bekanntmachung vom 28.10.2008 (BGBl. 2008, Teil I, S. 2026)
Mrd.	Milliarde(n)
MünchKomm	Münchener Kommentar
m.w.N.	mit weiteren Nachweisen
n.F.	neue Fassung
NJOZ	Neue Juristische Online-Zeitschrift
NJW	Neue Juristische Wochenschrift
NJW-RR	NJW-Rechtsprechungs-Report Zivilrecht
Nr.	Nummer
NZG	Neue Zeitschrift für Gesellschaftsrecht, Das gesamte Recht der Personen- und Kapitalgesellschaften mit M&A, Handels- und Kapitalmarktrecht, Insolvenz-, Steuer- und Bilanzrecht
NZI	Neue Zeitschrift für das Recht der Insolvenz und der Sanierung
o.g.	oben genannt(e/er)
OGH	Oberster Gerichtshof (Österreich)
oHG	offene Handelsgesellschaft
OLG	Oberlandesgericht
OLGZ	Entscheidungen der Oberlandesgerichte in Zivilsachen
RG	Reichsgericht
RGBl.	Reichsgesetzblatt
RGZ	Entscheidungen des Reichsgerichts in Zivilsachen
Rn.	Randnummer
RNotZ	Rheinische Notar-Zeitschrift
S.	– Seite – Satz
s.	siehe
s. o.	siehe oben
SchRG	Gesetz über Rechte an eingetragenen Schiffen und Schiffsbauwerken in der Fassung der Bekanntmachung vom 15.11.1940 (RGBl. 1940, Teil I, S. 1499), zuletzt geändert durch Gesetz v. 21.01.2013 (BGBl. 2013, Teil I, S. 91)
sog.	sogenannte(r/n)
st. Rspr.	ständige Rechtsprechung

u. a.	– unter anderem – und andere
UmwG	Umwandlungsgesetz in der Fassung vom 28.10.1994 (BGBl. 1994, Teil I, S. 3210; BGBl. 1995, Teil I, S. 428), zuletzt geändert durch Gesetz v. 22.12.2011 (BGBl. 2011, Teil I, S. 3044)
Urt.	Urteil
UStG	Umsatzsteuergesetz in der Fassung vom 21.02.2005 (BGBl. 2005, Teil I, S. 386), zuletzt geändert durch Gesetz v. 25.07.2014 (BGBl. 2014, Teil I, S. 1266)
UStR	Umsatzsteuer-Richtlinien
usw.	und so weiter
u. U.	unter Umständen
v.	vom
vgl.	vergleiche
Vol.	*Volume* (Band)
WG	Wechselgesetz in der Fassung vom 21.06.1933 (RGBl. 1933, Teil I, S. 399), zuletzt geändert durch Gesetz v. 10.10.2013 (BGBl. 2013, Teil I, S. 3786)
WM	Wertpapier-Mitteilungen, Zeitschrift für Wirtschafts- und Bankrecht
WPg	Die Wirtschaftsprüfung, Der Berater der Wirtschaft
WuB	Entscheidungssammlung zum Wirtschafts- und Bankrecht
WuM	Wohnungswirtschaft und Mietrecht
z. B.	zum Beispiel
ZBB	Zeitschrift für Bankrecht und Bankwirtschaft/Journal of Banking Law and Banking (JBB)
ZGR	Zeitschrift für Unternehmens- und Gesellschaftsrecht
ZHR	Zeitschrift für das gesamte Handels- und Wirtschaftsrecht
ZInsO	Zeitschrift für das gesamte Insolvenzrecht
ZIP	Zeitschrift für Wirtschaftsrecht
ZPO	Zivilprozessordnung in der Fassung der Bekanntmachung vom 05.12.2005 (BGBl. 2005, Teil I, S. 3202; BGBl. 2006, Teil I, S. 431; BGBl. 2007, Teil I, S. 1781), zuletzt geändert durch Gesetz v. 08.07.2014 (BGBl. 2014, Teil I, S. 890)
z. T.	zum Teil
ZVG	Gesetz über die Zwangsversteigerung und die Zwangsverwaltung in der Fassung der Bekanntmachung vom 20.05.1898 (RGBl. 1898, S. 713), zuletzt geändert durch Gesetz v. 07.12.2011 (BGBl. 2011, Teil I, S. 2582)

Einleitung

Seitdem im Jahr 2008 zahlreiche Banken durch staatliche Maßnahmen vor der Insolvenz bewahrt werden mussten[1], sind Bankgeschäfte in aller Munde. Dem „großen Crash“ war eine Blütezeit exzessiver Bankgeschäfte vorausgegangen. Seit der Jahrtausendwende hatten Banken – von mangelnder staatlicher Regulierung und einer lockeren Zentralbankpolitik motiviert – in hohem Umfang Kredite vergeben und somit zu einer kurzen Phase wirtschaftlicher Prosperität beigetragen. Davon profitierten auch die Aktivitäten im Bereich der sog. „syndizierten Kredite“ (engl. „*Syndicated Loans*“). Syndizierte Kredite sind Großkredite, die von mehreren Banken gemeinsam vergeben werden. Die beteiligten Banken bilden ein sog. „Bankenkonsortium“. Sie sind i. d. R. dazu befugt, ihren Anteil an dem syndizierten Kredit (sog. „Konsortialanteil“) an Drittbanken zu übertragen und somit die Zusammensetzung des Konsortiums laufend zu verändern. Mit den Konsortialanteilen wird auf dem internationalen Finanzmarkt gehandelt. Während diese Form der Kreditfinanzierung im Jahr 2006 ihren Höhepunkt fand, stürzte das Volumen syndizierter Kredite mit Beginn der Finanzkrise rapide ab und erreichte im Jahr 2008 seinen bisherigen Tiefpunkt[2]. Das Misstrauen der Banken untereinander hatte sich während der Krisenzeit erheblich vergrößert, so dass eine gemeinsame Kreditvergabe in kaum einem Fall mehr zustande kam. Die Realwirtschaft musste nach alternativen Finanzierungsmöglichkeiten auf dem Kapitalmarkt suchen[3]. In jüngerer Zeit ist gerade in Deutschland eine deutliche Erholung im Bereich der syndizierten Kredite zu verzeichnen[4]. Die Großbanken stechen wieder mit neuen Transaktionen hervor, bei denen der Realwirtschaft

---

1 Ein Überblick über die staatlichen Rettungsmaßnahmen ist auf der Homepage der Bundesanstalt für Finanzmarktstabilisierung zu finden unter: http://www.fmsa.de/de/fmsa/soffin/Berichte/index.html (Abruf vom 12.08.2014).

2 Vgl. die Übersicht in der FINANCE-Datenbank-Loan-Deals-January-2014, abrufbar unter: http://www.finance-magazin.de/research/finance-datenbank/finance-datenbank-archiv-loans/ (Abruf vom 12.08.2014).

3 Vgl. Handelsblatt vom 27.09.2011, abrufbar unter: http://www.handelsblatt.com/unternehmen/mittelstand/mittelstand-frisches-geld-fuers-unternehmen/4663794.html (Abruf vom 12.08.2014).

4 Das Volumen von syndizierten Krediten hatte im Jahr 2014 den höchsten Stand seit 2008, vgl. die Übersicht in der FINANCE-Datenbank-Loan-Deals-July-2015, abrufbar unter: http://www.finance-magazin.de/uploads/media/FINANCE-Datenbank-Loan-Deals-July-2015.pdf (Abruf vom 23.07.2015).

syndizierte Kredite in Milliardenhöhe vergeben werden[5]. Die Bankenkrise scheint überwunden zu sein. Das Geschäft mit syndizierten Krediten ist dabei durchaus lohnend. Die Bank, die die Zusammenstellung und Verwaltung des Bankenkonsortiums übernimmt, kann für ihre Dienste i. d. R. hohe Gebühren vereinnahmen[6].

So sehr sich der syndizierte Kredit der Beliebtheit der modernen Bankwirtschaft erfreut, so ist er in Deutschland teils sehr alten juristischen Problemen ausgesetzt. Namentlich das schon den römischen Juristen bekannte Phänomen der Akzessorietät bereitet den Bankjuristen im Bereich der Besicherung syndizierter Kredite Probleme. Akzessorische Kreditsicherheiten sind seit jeher fester Bestandteil des deutschen Kreditsicherungsrechts und wurden erst im späten 19. Jahrhundert durch die nicht-akzessorische Grundschuld und im 20. Jahrhundert durch an die moderne Wirtschaft angepasste Kreditsicherheiten wie Sicherungseigentum und Sicherungsabtretung ergänzt. Entgegen landläufiger Behauptungen fristen die akzessorischen Kreditsicherheiten aber kein Schattendasein. Insbesondere das Pfandrecht an Gesellschaftsanteilen, aber auch die Schiffshypothek und das Registerpfandrecht an Luftfahrzeugen erfreuen sich in der Praxis großer Beliebtheit. Die Struktur von syndizierten Krediten – besonders im Bereich der Akquisitionsfinanzierung – zwingt die Bankenpraxis regelmäßig zum Einsatz des akzessorischen Pfandrechts an Gesellschaftsanteilen. Dadurch treffen die Bedürfnisse der modernen Finanzwirtschaft und das jahrhundertealte Rechtsinstitut der Akzessorietät aufeinander.

Der Widerstreit zwischen den Bedürfnissen der Bankenpraxis und dem Akzessorietätsgrundsatz wird bei den syndizierten Krediten i.R. der Übertragung der Konsortialanteile deutlich. Wegen des Einflusses des im globalen Finanzsektor vorherrschenden Common Law findet die Übertragung der Konsortialanteile im internationalen Bankenverkehr in Form der Novation statt. Die Übertragung von Rechten mittels Novation – ebenfalls ein schon den römischen Juristen bekanntes Rechtsinstitut – hat das Erlöschen akzessorischer Kreditsicherheiten zur Folge. Bei der Übertragung eines Konsortialanteils mittels Novation geht das Pfandrecht also nicht auf den Erwerber über. Ihm müsste das Pfandrecht vom Darlehensnehmer neu bestellt werden, was aber zu einem nur nachrangigen Pfandrecht führte und eine erneute notarielle Beurkundung erforderlich machte. Um diese

---

5 Z. B. der im September 2014 der ZF Friedrichshafen AG gewährte Kredit i.H.v. 13,4 Mrd. $, abrufbar unter http://www.finance-magazin.de/strategie-effizienz/ma/automotive-megadeal-zf-bezahlt-13-milliarden-dollar-fuer-trw-1320511/ (Abruf vom 23.07.2015).

6 Die Medien sagten daher für das Jahr 2014 einen verschärften Konkurrenzkampf um die größten syndizierten Kredite voraus, vgl. Die Welt vom 13.02.2014, abrufbar unter: http://www.welt.de/newsticker/bloomberg/article124805691/Verschaerfter-Konkurrenzkampf-um-syndizierte-Kredite-in-Europa.html (Abruf vom 12.08.2014).

Nachteile zu vermeiden, haben die Bankjuristen drei alternative Modelle entwickelt, mit denen den Interessen der Kreditwirtschaft entsprochen werden soll, gleichzeitig aber auch gesetzliche Vorgaben eingehalten werden sollen.

Ziel der vorliegenden Arbeit ist es, die drei Praxismodelle auf ihre juristische Belastbarkeit zu überprüfen. Dafür wird in einem ersten Teil untersucht, wie die drei Modelle der Bankenpraxis in das Rechtssystem des BGB einzuordnen sind und ob sie den gesetzlichen Vorgaben entsprechen. Die drei Modelle (*Parallel-Debt*-Modell, *Joint-Creditor*-Modell und *Future-Pledgee*-Modell) sind – wie ihre Namen schon zeigen – auf den internationalen Bankenverkehr zugeschnitten, bedienen sich aber konventioneller Rechtsinstitute wie dem abstrakten Schuldversprechen, der Gesamtgläubigerschaft und dem Stellvertreter für einen unbekannten Dritten. Es verwundert daher nicht, dass bei der Überprüfung der drei Praxismodelle nicht nur sachenrechtliche Normen und Prinzipien Bedeutung haben, sondern auch Normen des Schuldrechts und Allgemeinen Teils. Die vorliegende Arbeit führt insofern zu einigen grundlegenden Fragen des BGB und verknüpft diese mit den Problemen der modernen Bankwirtschaft. Die Arbeitsergebnisse können daher auch als Probe dafür betrachtet werden, ob das über 100 Jahre alte BGB den Bedürfnissen der modernen Wirtschaft entsprechen kann.

In einem zweiten Teil wird untersucht, wie sich die Modelle in der Insolvenz bewähren. Die Insolvenz ist in Bankenkreisen eine immer wieder auftretende Gefahr, die mit der Hausse auf den Finanzmärkten zu Beginn des 21. Jahrhunderts in Vergessenheit geraten zu sein schien. Mit der schon erwähnten Bankenkrise der Jahre 2008 ff. ist die Insolvenz aber mit Nachdruck in das Bewusstsein der Kreditwirtschaft zurückgekehrt. Seither sind insolvenzrechtliche Folgenbetrachtungen in der Bankenpraxis nicht wegzudenken, mitunter geben sie sogar den Ausschlag bei der Strukturierung einer Finanzierung. Um ein vollständiges Bild von den drei Praxismodellen zu erhalten, ist es daher unerlässlich, sie einer Überprüfung in insolvenzrechtlicher Hinsicht zu unterziehen. Die InsO, die ebenfalls auf teils über 100 Jahre alten Rechtsgrundsätzen aufbaut[7], sieht sich dabei einem ähnlichen Anpassungsdruck ausgesetzt wie das BGB. Gerade das für die Kreditwirtschaft wichtige Insolvenzrecht muss sich in der Bankenpraxis laufend bewähren. In der vorliegenden Arbeit wird abermals zu zeigen sein, ob die Konzeption der InsO den Bedürfnissen einer modernen Finanzwirtschaft gewachsen ist.

Als Ergebnis der vorgenannten Untersuchungen steht am Ende dieser Arbeit eine Empfehlung, welche Modelle aus juristischer Perspektive verwendet werden sollten und welche nicht. Mit diesem methodischen Ansatz füllt diese Arbeit eine

---

7 Zur Geschichte und Struktur der InsO vgl. *Henckel*, in: Jaeger, InsO, 2004, Einleitung, Rn. 1 ff.

Lücke in der wissenschaftlichen Literatur. Zwar haben einige Dissertationen die Thematik der akzessorischen Besicherung von syndizierten Krediten in Teilen aufgegriffen[8]. In den jeweiligen Arbeiten spielt die Bewährung der akzessorischen Kreditsicherheiten aber nur eine untergeordnete Rolle, eine Betrachtung unter insolvenzrechtlichen Gesichtspunkten findet nicht statt. Die Bankenkrise hat indes gezeigt, dass Kreditsicherung und Insolvenz in der Praxis eine nicht zu unterschätzende Bedeutung haben. Für die Risikobeurteilung eines Kredites spielt der Bestand der Kreditsicherheiten in und außerhalb der Insolvenz eine entscheidende Rolle[9]. Es liegt damit nahe, die Kreditsicherungspraxis bei syndizierten Krediten in dieser Hinsicht einer grundsätzlichen Überprüfung zu unterziehen, um Gewissheit zu erlangen, mit welchem Modell die juristischen Risiken am Besten erfasst werden können.

Methodisch ist die vorliegende Arbeit geprägt vom Widerstreit zwischen der Durchsetzung privater Interessen und den im Gesetz zum Ausdruck kommenden Vorstellungen des (historischen) Gesetzgebers. Über die drei genannten Modelle versucht die Bankenpraxis, privatwirtschaftliche Interessen durchzusetzen, ohne dabei gegen die gesetzgeberische Konzeption zu verstoßen. Das erfordert mitunter kautelarjuristische Kreativität. Denn wie so häufig wenn es zum Aufeinandertreffen moderner Wirtschaft und traditionellen Rechtsvorstellungen kommt, sind Lösungen gefragt, die den Bedürfnissen der Praxis ebenso Rechnung tragen wie den im Gesetz niedergelegten Vorstellungen (vgl. z. B. die Rechtsprechung zur Sicherungsübereignung[10], zum Leasing[11] oder Factoring[12]). Auch in der vorliegenden Arbeit kommt immer wieder der Konflikt zwischen der ausdrücklichen (teilweise aber nicht eindeutigen) Konzeption des Gesetzes und dem gegensätzlichen Interesse der Parteien zum Vorschein. Die Frage ist an dieser Stelle, ob das Interesse der Parteien mit der gesetzgeberischen Konzeption in Einklang gebracht werden kann oder ob es ggü. der Gesetzeskonzeption zurücktreten muss. Auf diesen Widerstreit spielt auch das o.g. Zitat von *Theodor Storm* an. *Storm*, seines Zeichens Richter in preußischen Diensten, stellt mit seinem Ausspruch die Frage danach, was Vorrang hat: Ein Verständnis, das sich nur am reinen Gesetzes-

---

8 Zu nennen sind *Böttcher*, Das abstrakte Schuldversprechen in der Kreditsicherung, 2007, S. 186 – 211; *Apfelbaum*, Die Verpfändung der Mitgliedschaft in der Aktiengesellschaft, 2005, S. 235 – 269; *Harpering*, Die Übertragung akzessorisch besicherter Forderungen im Rahmen von *syndicated loans*, 2002, S. 112 – 169.

9 *Franke*, in: Obst/Hintner, Geld-, Bank- und Börsenwesen, 40. Aufl. 2000, S. 238.

10 RG, Urt. v. 08. 11. 1904, VII 173/04, RGZ 59, S. 146.

11 Grundlegend BGH, Urt. v. 08. 10. 1975, VIII ZR 81/74, NJW 1977, S. 195 sowie BGH, Urt. v. 23. 02. 1977, VIII ZR 124/75, BGHZ 68, S. 118.

12 Zum echten Factoring vgl. BGH, Urt. v. 19. 09. 1977, VIII ZR 169/76, BGHZ 69, S. 254; zum unechten Factoring vgl. BGH, Urt. v. 03. 05. 1972, VIII ZR 170/71, BGHZ 58, S. 364.

wortlaut orientiert („Ist es Recht?") oder ein Verständnis, das auch die Folgen für die Parteien beachtet („Was kommt danach?"). Wie auch *Storm* die Frage letztendlich offen lässt – das Zitat lässt sich in beide Richtungen verstehen – kann ein allgemeiner Vorrang des einen Verständnisses vor dem anderen nicht festgestellt werden. Es ist im Einzelfall zu prüfen, ob die zu untersuchende Konstruktion juristischer Abwägung standhält. So führt auch diese Arbeit teilweise zu Ergebnissen, in denen die Interessen der Bankenpraxis mit den Vorstellungen des Gesetzgebers in Einklang gebracht werden können, teilweise aber auch zu Ergebnissen, in denen das Interesse der Bankenpraxis ggü. der gesetzgeberischen Konzeption unberücksichtigt bleiben muss.

1. Teil: Syndizierte Kredite und ihre Besicherung

Unter einem syndizierten Kredit versteht man einen „Kredit, der von mindestens zwei Gläubigern einem Kreditnehmer zu einheitlichen Bedingungen für alle Teilnehmer zur Verfügung gestellt wird"[13]. Der Begriff „syndizierter Kredit" wird üblicherweise mit dem Begriff „Konsortialkredit" synonym verwendet. Beiden Begriffen liegt sprachlich die gemeinschaftliche Kreditgewährung durch eine Gruppe von mehreren Gläubigern zugrunde. Der Begriff „syndizierter Kredit" beruht etymologisch auf dem alt-griechischen „σύνδικοι" (*syndikoi*)[14], wodurch die Komponente der gemeinsamen („σύν") Kreditgewährung deutlich wird. Der Begriff „Konsortialkredit" stellt sprachlich auf ein „Konsortium" ab, das etymologisch ebenfalls auf eine gemeinsame („*con*") Unternehmung hindeutet[15]. Ein Kreditkonsortium ist insofern eine „zeitweilige Vereinigung selbstständig bleibender Banken zur Durchführung von Einzelgeschäften auf gemeinsame Rechnung"[16]. Das „Einzelgeschäft" ist in diesem Fall die Kreditgewährung.

Der syndizierte Kredit bzw. Konsortialkredit ist also ein Finanzierungsmittel, bei dem mehrere Banken als Kreditgeber auftreten. Es handelt sich um eine spezielle Ausprägung des Darlehensvertrages i.S. des § 488 BGB. Der Darlehensvertrag ist eine Unterform des Kreditvertrages. Ein Kreditvertrag kann sich auf die Überlassung von Waren, die Erbringung von Dienstleistungen oder die Zurverfügungstellung von Geld beziehen[17]. Im Fall der Gewährung von Geld, spricht man von einem Darlehen. Das Darlehen ist in den §§ 488 ff. BGB geregelt. Wie jeder andere Kredit wird auch der syndizierte Kredit i. d. R. besichert. Im Hinblick auf die Pluralität der Kreditgeber und der gleichzeitig beabsichtigten zentralen Verwal-

---

13 *Laubrecht/Heller*, in: Hockmann/Thießen, Investmentbanking, 3. Aufl. 2012, S. 345.

14 Die *Syndikoi* (wörtlich: „Zusammenstreiter") waren im antiken Griechenland Prozessvertreter von Gemeinden. Sie traten stets als Zweierkollegium auf und kümmerten sich gemeinsam um die rechtlichen und fiskalischen Angelegenheiten ihrer Gemeinde, vgl. *Seidl*, in: Wissowa, Paulys Real-Encyclopädie der classischen Altertumswissenschaft, Zweite Reihe, Bd. IV.A, 1932, S. 1331, unter 3). Aus diesem Wortstamm leitet sich auch das moderne (Unternehmens-)Syndikat ab. Der Begriff „syndizierter Kredit" nimmt also Bezug auf die gemeinsame Kreditgewährung und -verwaltung durch mehrere Banken.

15 Der Begriff „Konsortium" leitet sich aus dem lateinischen „*consors*" (wörtlich: „Genosse, Gefährte") ab und bezog sich historisch auf Schicksalsgenossen. Das „*consortium*" erfasste damit in der römischen Antike vor allem die Ehe, aber auch die Erbengemeinschaft, vgl. *Leonhard*, in: Wissowa, Paulys Real-Encyclopädie der classischen Altertumswissenschaft, Erste Reihe, Bd. IV., 1901, S. 947.

16 *De Meo/Hoffmann*, in: Münchener Vertragshandbuch, Bd. 2, 6. Aufl. 2009, S. 406.

17 *Bülow*, Recht der Kreditsicherheiten, 8. Aufl. 2012, Rn. 7. Insofern ist jedes Darlehen auch ein Kredit, aber nicht jeder Kredit ein Darlehen.

tung der Kreditsicherheiten durch einen sog. „Sicherheitentreuhänder“ stellen sich i.R. der Besicherung juristische Probleme. Der Darstellung und Herleitung der Problematik widmet sich dieser erste Teil.

Zur Annäherung an die Problematik werden im Folgenden zunächst die wirtschaftlichen und rechtlichen Grundlagen syndizierter Kredite (nachfolgend unter A.) sowie grundlegende Fragen der Besicherung syndizierter Kredite (nachfolgend unter B.) dargestellt. Durch die Zusammenführung dieser beiden Teile ergibt sich die Problematik, die dieser Arbeit zu Grunde liegt (nachfolgend unter D.). Wegen der besonderen Bedeutung für die vorliegende Arbeit, wird zudem das Phänomen der Akzessorietät in einem eigenen Unterabschnitt gesondert beleuchtet (nachfolgend unter C.).

A. Wirtschaftliche und rechtliche Grundlagen der syndizierten Kredite

Syndizierte Kredite sind eine Möglichkeit der Unternehmensfinanzierung. Als Darlehensvertrag i.S. des § 488 BGB stellen sie einen traditionellen Weg der Fremdfinanzierung dar. Durch die Beteiligung mehrerer Banken an dem Kredit sind dem syndizierten Kredit allerdings einige Besonderheiten zu eigen, die ihn vom klassischen Darlehensvertrag unterscheiden. Nachfolgend wird der syndizierte Kredit zunächst in das System der Unternehmensfinanzierung eingeordnet und sodann seine wirtschaftlichen und rechtlichen Besonderheiten dargestellt.

I. Möglichkeiten der Unternehmensfinanzierung

Unternehmen können sich sowohl über Eigen- als auch Fremdkapital finanzieren. Eigenkapital ist eine interne Geldquelle. Es speist sich entweder aus Mitteln der Gesellschafter oder der Gesellschaft selbst. Die klassischen Fälle der Eigenkapitalfinanzierung sind die Erhöhung des Grund-/ Stammkapitals (sog. „Kapitalerhöhung“) und die Bildung von Rücklagen. Im Fall der Kapitalerhöhung durch die Gesellschafter kommt es zu einer tatsächlichen („effektiven“) Zufuhr von zusätzlichem Kapital in die Gesellschaft, wodurch sich der Wert, die Anzahl und das Verhältnis der Anteile untereinander verändern können. Bei einer GmbH geschieht dies durch die Ausgabe neuer Geschäftsanteile (§§ 55 – 57a GmbHG)[18], bei der AG durch die Emission von Aktien (§§ 182 – 206 AktG). Im Fall der Rücklagenbildung kann zwischen Kapital- und Gewinnrücklagen unterschieden werden. Bei der Kapitalrücklage kommt es zu einer Kapitalzufuhr seitens der Gesellschafter, es handelt sich aber nicht um die Erbringung einer Einlage, vgl. § 272 Abs. 2 HGB[19]. Die Gewinnrücklage hingegen wird aus einbehaltenen Gewinnen gebildet (sog. „Gewinnthesaurierung“), vgl. § 272 Abs. 3 HGB. Die Finanzmittel stammen also aus den erwirtschafteten Gewinnen des Unternehmens und nicht von den Gesellschaftern. Von der Eigenkapitalfinanzierung zu unterscheiden sind eigenkapitalähnliche Finanzierungsmittel, wie z. B. das Gesellschafterdarlehen. Diese führen nicht zu einer Erhöhung des Grund-/ Stammka-

18 Ob immer neue Geschäftsanteile ausgegeben werden müssen oder ob auch die alten einfach erhöht werden können, ist streitig. Vgl. dazu *Lieder*, in: MünchKomm, GmbHG, 2011, § 55, Rn. 42 ff. m.w.N.

19 Vgl. dazu *von Kanitz*, Bilanzkunde für Juristen, 3. Aufl. 2014, Rn. 520.

pitals und stellen kein Eigenkapital, sondern eine sog. „hybride Finanzierungsform" dar[20].

Fremdkapital hingegen wird aus externen Quellen gespeist. Bei der Unternehmensfinanzierung handelt es sich dabei i. d. R. um Kredite oder Anleihen. Gewerbsmäßige Kredite werden in Deutschland nur von dafür zugelassenen Kreditinstituten zur Verfügung gestellt, § 1 Abs. 1 S. 1, S. 2 Nr. 2 i.V.m. § 32 Abs. 1 S. 1 Hs. 1 KWG. Anleihen werden von dem Unternehmen selbst über den Kapitalmarkt an jegliche Art von Investoren begeben. Im Gegensatz zur Eigenkapitalfinanzierung führt die Fremdkapitalfinanzierung zur Generierung von Schulden. Das bedeutet, dass die Finanzmittel irgendwann wieder zurückgeführt und verzinst werden müssen. Damit zeigt sich ein erheblicher Unterschied zur Eigenkapitalfinanzierung, denn die im Wege einer Kapitalerhöhung zugeführten Mittel bleiben dauerhaft in der Gesellschaft und werden auch nicht verzinst[21]. Für Privatpersonen ist die Fremdfinanzierung der einzige Weg, um an neues Geld heranzukommen. Der Weg der Kapitalerhöhung stellt für Unternehmen eine exklusive Finanzierungsmöglichkeit ohne Verschuldung dar[22].

Ob sich ein Unternehmen über Eigenkapital- oder Fremdkapitalmittel finanziert, hängt von seinen Zugangsmöglichkeiten zum Kapitalmarkt, der Höhe der benötigten Mittel und nicht zuletzt dem Verwendungszweck ab. Auch können allgemeine konjunkturelle Umstände die Wahl beeinflussen. So greifen die Unternehmen in Zeiten mangelnder Kreditbereitschaft bei Banken zunehmend auf kapitalmarktbasierte Finanzierungen zurück[23]. Nichtsdestotrotz stellt die Kreditaufnahme immer noch den vorherrschenden Weg der Fremdfinanzierung im Unternehmensbereich dar[24].

---

20 *Roth*, in: Roth/Altmeppen, GmbHG, 7. Aufl. 2012, § 55, Rn. 2. Mit dem Begriff der „hybriden Finanzierung" wird verdeutlicht, dass eigenkapitalähnliche Finanzierungsmittel eine Zwischenform darstellen. So wird z. B. das Gesellschafterdarlehen wie Fremdkapital zur Verfügung gestellt, der Gläubiger ist jedoch gleichzeitig Gesellschafter. Es handelt sich damit nicht um Eigenkapital i. e.S. Das Darlehen wird aber aufgrund der Gesellschafterstellung des Kreditgebers in der Insolvenz nachrangig bedient, § 39 Abs. 1 Nr. 5 InsO, so dass es auch nicht wie Fremdkapital behandelt wird.

21 *Diem*, Akqusitionsfinanzierungen, 3. Aufl. 2013, § 1, Rn. 2, 3.

22 *Admati/Hellwig*, The Bankers' New Clothes, 2013, S. 27.

23 So sind die Banken seit der Bankenkrise 2008 zurückhaltender, was die Kreditfinanzierung angeht. Die Unternehmen greifen daher vermehrt auf bankenunabhängige Kapitalmarktfinanzierungen zurück, vgl. Handelsblatt vom 27.09.2011, abrufbar unter: http://www.handelsblatt.com/unternehmen/mittelstand/mittelstand-frisches-geld-fuers-unternehmen/4663794.html (Abruf vom 12.08.2014).

24 *Fischer/Rudolph*, in: Obst/Hintner, Geld-, Bank- und Börsenwesen, S. 412. Auf alle Finanzierungsmittel bezogen, ist aber die Einbehaltung von Gewinnen (Eigenkapitalfinanzierung) noch wichtiger.

Syndizierte Kredite stellen als Darlehensverträge i.S. des § 488 BGB Fremdkapital dar. Syndizierte Kredite sind dabei nicht auf einen bestimmten Verwendungszweck begrenzt. Vor der Bankenkrise des Jahres 2008[25] wurden syndizierte Kredite hauptsächlich zur Akquisitionsfinanzierung eingesetzt[26]. Von einer Akquisitionsfinanzierung spricht man, wenn die zur Verfügung gestellten Kredite dazu dienen, einen Unternehmens- oder Anteilskauf zu finanzieren. Der Unternehmenskauf unter hohem Fremdkapitaleinsatz wird auch *„Leveraged Buy-out"* (kurz *„LBO"*) genannt. Als Käufer kommen dabei zwei unterschiedliche Typen in Betracht: Einerseits der strategische Erwerber (i.d.R. ein Unternehmen der Realwirtschaft) und andererseits der Finanzinvestor (i.d.R. Private-Equity-Fonds). Der strategische Erwerber verfolgt langfristige Interessen. Sein Augenmerk liegt darauf, das Zielunternehmen in seine Konzernstruktur einzugliedern, weil es zu seinem Portfolio passt oder weil sich dadurch Synergieeffekte ergeben. Der Finanzinvestor hat nur ein kurzfristiges Interesse (3–5 Jahre) an dem Zielunternehmen. Für ihn ist der Kauf in erster Linie eine Geldanlage, da er sich aus dem operativen Geschäft des Unternehmens bzw. dessen späteren Verkauf einen hohen Gewinn erhofft.

Handelt es sich um kleine Beträge, kann die Akquisition u.U. vollständig mit Eigenkapitalmitteln erfolgen. Bei größeren Akquisitionen bedarf der Erwerber aber zusätzlicher Mittel. Dabei wird i.d.R. auf Kredite zurückgegriffen. Der Einsatz von Krediten hat zwar den Nachteil, dass Schulden aufgenommen werden, für den Finanzinvestor ergeben sich aber aus der Schuldenaufnahme auch Vorteile. Denn wenn er das Unternehmen bzw. die Anteile später gewinnbringend verkaufen kann, hat er mit weniger eigenen Mitteln einen Gewinn erzielt als wenn er den Kauf vollständig selbst finanziert hätte. Dadurch erzielt er eine höhere Eigenkapitalrendite (sog. *„Leverage Effect"*)[27]. Diese ist umso höher, je mehr Fremdkapital der Investor einsetzt, vorausgesetzt, die Rendite der Investitionen übersteigt die Höhe der Zinsen für die Kredite[28]. Das eingesparte Eigenkapital kann der Finanzinvestor

---

25 Mit der „Bankenkrise 2008" werden im Folgenden die Verwerfungen auf den globalen Finanzmärkten bezeichnet, die sich beginnend mit der US-Immobilienkrise im Sommer 2007 immer mehr ausweiteten und viele Banken in erhebliche Schwierigkeiten brachten. Die Bankenkrise fand im Jahr 2008 mit zahlreichen staatlichen Rettungsaktionen ihren Höhepunkt und zog ab dem Jahr 2009 eine Staatsschuldenkrise nach sich, die vor allem Griechenland und Spanien betraf. Vgl. für eine kompakte Darstellung der Bankenkrise 2008 *Sinn*, Kasino-Kapitalismus, 2009.

26 Vgl. die Übersicht bei *Laubrecht/Heller*, in: Hockmann/Thießen, Investmentbanking, S. 348, Abb. 15.4. Demnach wurden im Jahr 2007 über die Hälfte der syndizierten Kredite für Unternehmenskäufe verwendet.

27 Zur Darstellung des *leverage*-Effektes vgl. auch das Rechenbeispiel bei *Admati/Hellwig*, The Bankers' New Clothes, S. 21 – 24.

28 *Diem*, Akquisitionsfinanzierungen, § 1, Rn. 13.

für andere Geschäfte nutzen. Soweit die positive Seite des *LBO*. Die negative Seite ist, dass die hohe Schuldenlast inklusive Zinsen wieder zurückgeführt werden muss. Bei einem *LBO* werden die Schulden durch die laufenden Gewinne der Zielgesellschaft (sog. „*Debt-Push-Down*")[29] oder auch durch Veräußerung von Vermögensgegenständen der Zielgesellschaft bedient[30]. Sollte die Zielgesellschaft nicht die erwarteten Gewinne erzielen, kann sehr schnell Zahlungsverzug eintreten, wodurch die Banken i. d. R. ein Verwertungsrecht bzgl. der gestellten Sicherheiten erhalten. Kommt es zur Verwertung der Kreditsicherheiten, kann die Zielgesellschaft leicht in die Insolvenz geraten. *LBO*s versprechen daher eine hohe Rendite, bedeuten aber auch gleichzeitig ein hohes Risiko für die Zielgesellschaft[31]. Die Investoren sind dabei persönlich abgesichert, da sie die Finanzierung i. d. R. über eine Zweckgesellschaft in Form einer GmbH oder GmbH & Co. KG betreiben und daher nicht persönlich haften[32].

Die Akquisitionsfinanzierung stellt aber nicht den einzigen Verwendungszweck für syndizierte Kredite dar. Nachdem sich die Bankenkrise voll ausgeprägt hatte, standen für die syndizierten Kredite vor allem Bankenrefinanzierungen und Betriebsmittelkredite im Vordergrund[33]. Somit ändert sich der Zweck für den Einsatz syndizierter Kredite auch in Abhängigkeit von den allgemeinen konjunkturellen Bedingungen.

II. Konsortialkredite

In einigen Fällen der Unternehmensfinanzierung ist der Finanzierungsbedarf zu hoch, als dass er von einer einzigen Bank allein getragen werden könnte. Um aber dennoch die Investition zu ermöglichen, finanzieren oftmals mehrere Banken zusammen das Geschäft. Der Zusammenschluss der Banken zur gemeinsamen

---

29 Dies hat vor allem steuerliche Vorteile, weil damit die Gewinne der Zielgesellschaft durch den Schuldendienst wieder neutralisiert werden, vgl. *Sinewe/Witzel*, in: Brück/Sinewe, Steueroptimierter Unternehmenskauf, 2. Aufl. 2010, § 6, Rn. 17 ff.

30 *Schneider*, NZG 2007, S. 888 (888) mit anschaulichen Beispielen; *Becker*, DStR 1998, 1429 (1430).

31 Laut Bundesverband Deutscher Kapitalbeteiligungsgesellschaften (BVK) mussten sich im Jahr 2013 in 27,6 % der Fälle die Private-Equity-Unternehmen mit einem Totalverlust aus dem gekauften Unternehmen zurückziehen. Dieser Anteil verringerte sich im Jahr 2014 auf 24,3 %, vgl. BVK, Jahresstatistik 2014, S. 17, Tabelle A10 (Divestments (Marktstatistik)), abrufbar unter: http://www.bvkap.de/sites/default/files/page/20150223_bvk-statistik_das_jahr_in_zahlen2014.pdf (Abruf vom 23.07.2015).

32 *Diem*, Akquisitionsfinanzierungen, § 1, Rn. 17.

33 Vgl. *dens.*, ebenda.

Kreditgewährung stellt ein „Bankenkonsortium“ oder „Kreditkonsortium“ dar. Jede am Konsortialkredit beteiligte Bank übernimmt einen Teil der Kreditsumme (sog. „Konsortialanteil“), so dass dem Kreditnehmer die benötigte Summe zur Verfügung gestellt werden kann. Die am Konsortialkredit beteiligten Banken werden „Konsortialbanken“ genannt. Zentralfigur des Bankenkonsortiums ist der sog. „Konsortialführer“ (engl. *„Lead Bank“* oder *„Agent“*). Dieser übernimmt – mit je nach Kredittyp unterschiedlich weitgehenden Rechten und Pflichten – die Verwaltung des Konsortialkredites. Er kann selbst einen Konsortialanteil übernehmen, muss es aber nicht.

Gesellschaftsrechtlich handelt es sich bei dem Konsortium um eine GbR i.S. der §§ 705 ff. BGB[34]. Der gemeinsame Zweck liegt in der Aufbringung der Kreditmittel und Verwaltung sowie Einziehung der Kreditforderungen[35]. Die GbR wird im Hinblick auf eine einzige Transaktion gebildet und hat daher nur zeitweiligen Charakter. Es handelt sich um eine Gelegenheits-GbR[36]. Die Rechte und Pflichten des Konsortialführers und der Banken untereinander werden in einem sog. „Konsortialvertrag“ geregelt, der neben den Kreditvertrag tritt[37]. Im Gegensatz zum Kreditvertrag ist der Konsortialvertrag eine rein interne Abrede unter den Konsortialbanken. Er stellt den Gesellschaftsvertrag i.S. des § 705 BGB dar und regelt u. a. die Höhe der jeweiligen Konsortialanteile der einzelnen Banken, die Befugnisse des Konsortialführers, die Verpflichtung, alle Einnahmen aus dem Kreditverhältnis im Verhältnis der Konsortialanteile zu teilen etc. Der Konsortialkredit wird – je nach Struktur – unterteilt in den Typus des echten Konsortialkredites und des unechten Konsortialkredites.

1. Echter Konsortialkredit

Der echte Konsortialkredit zeichnet sich dadurch aus, dass entweder das Konsortium als (Außen-)GbR (sog. „Außenkonsortium“) oder der Konsortialführer (sog. „Innenkonsortium“) den Kreditvertrag mit dem Kreditnehmer abschließt und für die gesamte Kreditsumme einsteht. Die rechtliche Zuständigkeit für die For-

---

34 *Sprau*, in: Palandt, BGB, 73. Aufl. 2014, § 705, Rn. 44; *Ulmer*, in: MünchKomm, BGB, 5. Aufl. 2009, Vor § 705, Rn. 58; *Diem*, Akquisitionsfinanzierungen, § 31, Rn. 3; so auch schon das KG, Urt. v. 23.07.1957, 10 U 305/57, NJW 1957, S. 1880 (1881); mittlerweile auch der BGH, Urt. v. 13.04.1992, II ZR 277/90, MittRhNotK 1992, S. 316 (320).

35 *Schaffelhuber/Sölch*, in: Münchener Handbuch des Gesellschaftsrechts, Bd. 1, 4. Aufl. 2014, § 31, Rn. 9; *Diem*, Akquisitionsfinanzierungen, § 31, Rn. 3 m.w.N.

36 *Ulmer*, in: MünchKomm, BGB, Vor § 705, Rn. 51; *Schaffelhuber/Sölch*, in: Münchener Handbuch des Gesellschaftsrechts, Bd. 1, § 31, Rn. 9.

37 *Diem*, Akquisitionsfinanzierungen, § 27, Rn. 11 ff.

derungen und Verbindlichkeiten liegt also beim Außenkonsortium bei der GbR, beim Innenkonsortium beim Konsortialführer. Die tatsächliche Ausführung der Kreditgewährung und -rückführung erfolgt jedoch in beiden Fällen zentral über den Konsortialführer, so dass dieser die alleinige Geschäftsführungsbefugnis hat[38]. Der Konsortialführer ist die Zentralfigur des Konsortiums. Er übernimmt in allen Fällen die Abwicklung des Konsortialkredites.

a) Außenkonsortium

Bei einem Außenkonsortium tritt das Bankenkonsortium als GbR ggü. dem Kreditnehmer auf. Nachdem die (Außen-)GbR als teilrechtsfähig anerkannt worden ist[39], führt dies dazu, dass ein Kreditvertrag zwischen dem Kreditnehmer und der GbR zustande kommt. Vertragspartner des Kreditnehmers sind nicht die einzelnen Banken, sondern die GbR[40]. Die GbR wird Schuldnerin der Auszahlungsverbindlichkeiten und Inhaberin der Rückzahlungsforderungen. Forderungen und Verbindlichkeiten werden zentral bei der GbR erfasst. Für die Aufbringung der Kreditmittel steht im Außenverhältnis die GbR ein. Im Innenverhältnis sind die Konsortialbanken ggü. der GbR zur Zahlung ihres Konsortialanteils verpflichtet, § 706 BGB.

Die Abwicklung und Verwaltung des Kredites wird von dem Konsortialführer übernommen. Er fordert im Innenverhältnis von den Konsortialbanken den jeweiligen Konsortialanteil für die GbR ein, damit sie ihre Verpflichtungen ggü. dem Kreditnehmer erfüllen kann, § 706 BGB. Umgekehrt teilt er bei Rückzahlungen durch den Kreditnehmer die Tilgungsleistungen und Zinszahlungen anhand der jeweiligen Quote den Konsortialbanken zu. Die Abrufung und Zuteilung der Zahlungsströme erfolgt also immer durch den Konsortialführer. Dieser führt entweder mehrere einzelne Zahlungsströme zusammen (Darlehensauszahlung an den Kreditnehmer) oder teilt einen einheitlichen Zahlungsstrom in mehrere einzelne auf (Aufteilung der Rückzahlungen an die Konsortialbanken). Er handelt als Geschäftsführer der GbR gem. §§ 709, 710 BGB (organschaftlicher Geschäftsführer) bzw. § 675 BGB (geschäftsführender Dritter)[41].

---

38 *De Meo*, Bankenkonsortien, 1994, S. 13, Rn. 26.

39 BGH, Urt. v. 29.01.2001, II ZR 331/00, BGHZ 146, S. 341.

40 *Diem*, Akquisitionsfinanzierungen, § 30, Rn. 11.

41 Der Konsortialführer kann selbst einen Konsortialanteil übernehmen, so dass er Gesellschafter der (Konsortiums-)GbR wird. Dann ist der Geschäftsführer gem. §§ 709, 710 BGB. Hat er keinen Konsortialanteil übernommen wird er als geschäftsführender Dritter gem. § 675 BGB beauftragt.

Im Außenverhältnis haften alle Konsortialbanken als Gesellschafter der GbR akzessorisch gem. § 128 HGB analog[42], d.h. für die gesamte Kreditsumme. Im Verhältnis zu der GbR[43] und zu den anderen Konsorten[44] sind die Banken daher als Gesamtschuldner i.S. des § 421 BGB anzusehen. Damit könnte der Kreditnehmer von jeder Konsortialbank als Gesamtschuldner die ganze Kreditsumme verlangen, § 427 S. 1 BGB[45]. Der in Anspruch genommene Konsorte hätte in diesem Fall einen Ausgleichsanspruch ggü. der GbR gem. § 110 Abs. 1 HGB analog und ggü. den anderen Banken gem. § 426 Abs. 1 BGB. Die Haftung der einzelnen Banken aus § 128 HGB analog kann mit Einverständnis des Gläubigers auch auf die jeweilige Beteiligung der einzelnen Bank am Konsortialkredit begrenzt werden[46]. In diesem Fall entfällt die gesamtschuldnerische Haftung, die Konsorten werden Teilschuldner i.S. des § 420 BGB[47].

b) Innenkonsortium

Bei einem Innenkonsortium tritt nur der Konsortialführer ggü. dem Kreditnehmer auf. Der Konsortialführer schließt den Kreditvertrag mit dem Kreditnehmer ab. Im Gegensatz zum Außenkonsortium tritt das Innenkonsortium als GbR nicht nach außen auf. Es beschränkt sich darauf, die Rechte und Pflichten der Konsortialbanken untereinander zu regeln, was in dem Konsortialvertrag geschieht[48]. Das Bankenkonsortium ist eine reine Innen-GbR ohne Rechtsfähigkeit[49]. Rechtliche Beziehungen zum Kreditnehmer bestehen nur mit dem Konsortialführer, so dass die Forderungen und Verbindlichkeiten aus juristischer Sicht zentral beim Konsortialführer „gepoolt" werden. Nur er kann vom Kreditnehmer in Anspruch genommen werden. Seine Auslagen holt er sich im Innenverhältnis von den Konsortialbanken zurück. Insofern hat er auch hier die Geschäftsführungsbefugnis gem. §§ 709, 710 BGB bzw. § 675 BGB. Die Konsortialbanken sind jedoch nur in der Höhe ihrer Quote zu einer Einlage verpflichtet, §§ 705, 706 BGB[50]. Eine gesamtschuldnerische Ausfallhaftung wie beim Außenkonsortium besteht nicht. In tatsächlicher Hinsicht erfolgt die gesamte Zahlungsabwicklung auch in diesem Fall

---

42 BGH, Urt. v. 29.01.2001, II ZR 331/00, BGHZ 146, S. 341, unter B. der Gründe.
43 Vgl. BGH, ebenda.
44 Vgl. *Sprau*, in: Palandt, BGB, § 714, Rn. 16.
45 *Diem*, Akquisitionsfinanzierungen, § 30, Rn. 12.
46 Vgl. für die GbR BGH, Urt. v. 27.09.1999, II ZR 371/98, BGHZ 142, S. 315, unter B. II. der Gründe; für § 128 HB vgl. *Hopt*, in: Baumbach/Hopt, HGB, 36. Aufl. 2014, § 128, Rn. 38.
47 *De Meo/Hoffmann*, in: Münchener Vertragshandbuch, Bd. 2, S. 408.
48 Vgl. dazu oben unter A. II. 1. a) (Außenkonsortium).
49 *Schaffelhuber/Sölch*, in: Münchener Handbuch des Gesellschaftsrechts, Bd. 1, § 31, Rn. 10.
50 *Diem*, Akquisitionsfinanzierungen, § 30, Rn. 9.

zentral über den Konsortialführer, so dass der Kreditnehmer u. U. gar nicht erfährt, dass er über ein Konsortium finanziert wird[51].

2. Unechter Konsortialkredit

Der unechte Konsortialkredit trägt diesen Namen, da er nicht einen einzelnen Kredit des Konsortiums als Gesamtheit darstellt, sondern mehrere rechtlich selbstständige Kreditverträge einzelner Konsortialbanken zusammenfasst. Es besteht ein jeweils unabhängiges Kreditverhältnis zwischen den einzelnen Konsortialbanken und dem Kreditnehmer. Die Kreditverträge werden in einer Urkunde zusammengefasst[52]. Juristisch verbleiben die Forderungen und Verbindlichkeiten aber bei den Konsortialbanken und werden nicht zentral „gepoolt". Der Kreditnehmer führt das Darlehen nach Auszahlung samt Zinsen wieder an die jeweilige Konsortialbank zurück. Die Abwicklung des Kredites übernehmen die Konsortialbanken selbst, d. h. sie entscheiden darüber, wann sie wie viel auszahlen und zurückfordern. Die Kreditgewährung und -rückführung erfolgt juristisch dezentral[53]. Der Konsortialführer wird nur als „Zahlstelle" eingesetzt, so dass in tatsächlicher Hinsicht die Zahlungsströme wieder alle über ihn laufen. Im Gegensatz zu dem echten Konsortialkredit stellt der Konsortialführer aber nicht selbst das Geld zur Verfügung oder fordert es entsprechend der Quote von den jeweiligen Banken zurück, sondern leitet das Geld nur „durch". In Bezug auf die Darlehensrückzahlungsansprüche hat der Konsortialführer keinerlei Geschäftsführungsbefugnisse. Insofern beschränkt sich seine Tätigkeit auf die Kontrolle der ordnungsgemäßen Aus- und Rückzahlungen[54]. Die rechtliche Bedeutung des Konsortialführers ist beim unechten Konsortialkredit wesentlich geringer als beim echten Konsortialkredit. Er kann allerdings im Vorfeld die Zusammenstellung des Konsortiums übernehmen. Äußerlich sind echter und unechter Konsortialkredit dann kaum zu unterscheiden[55]. Da die Banken nicht als Gesellschaft äußerlich auftreten, liegt beim unechten Konsortialkredit eine Innen-GbR vor[56]. Dementsprechend kann es auch nicht zu einer gesamtschuldnerischen Ausfallhaftung für ausstehende Beträge anderer Banken kommen. Jede Bank trägt nur das Risiko für

---

51 *Eichwald/Pehle*, in: Obst/Hintner, Geld-, Bank- und Börsenwesen, S. 776.

52 *Diem*, Akquisitionsfinanzierungen, § 8, Rn. 1.

53 *De Meo*, Bankenkonsortien, S. 14, Rn. 27.

54 *Schaffelhuber/Sölch*, in: Münchener Handbuch des Gesellschaftsrechts, Bd. 1, § 31, Rn. 13; *De Meo*, Bankenkonsortien, S. 14, Rn. 28.

55 *Diem*, Akquisitionsfinanzierungen, § 30, Rn. 15.

56 *Schaffelhuber/Sölch*, in: Münchener Handbuch des Gesellschaftsrechts, Bd. 1, § 31, Rn. 13.

ihren eigenen Konsortialanteil und kann auch nur in dieser Höhe vom Kreditnehmer in Anspruch genommen werden.

3. Sonderfall: *Club-Deal*

Keine eigenständige Grundform, sondern nur eine Unterform des echten/unechten Konsortialkredites, ist der sog. „*Club-Deal*". Dieser liegt vor, wenn sich mehrere Banken von Anfang an zusammenschließen und sich ggü. dem Kreditnehmer nur in einer vorher jeweils festgelegten Höhe zur Beteiligung an dem Konsortium bereit erklären. Dabei übernimmt keine Bank ein *Underwriting*[57], d. h. die Finanzierung kommt nicht zustande, wenn sich nicht genug Banken für das Vorhaben gewinnen lassen. Im Gegensatz zu allen anderen Konsortialkrediten, ist auch die spätere Übertragung der Konsortialanteile (sog. „Syndizierung") ausgeschlossen. Die Banken übernehmen einen festen Kreditanteil und stehen für diesen auch bis zur Beendigung des Kredites ein (sog. „*Final Take and Hold*")[58]. Der *Club-Deal* ist damit eine weniger flexible, aber auch sicherere Alternative für die Banken, an einem Konsortium teilzunehmen.

4. Zusammenfassung

Echter und unechter Konsortialkredit unterscheiden sich im Wesentlichen in zwei Punkten: Erstens findet beim echten Konsortialkredit ein zentralisierter Vertragsabschluss mit der GbR (Außenkonsortium) bzw. dem Konsortialführer (Innenkonsortium) statt. Dadurch werden die Forderungen und Verbindlichkeiten an dieser Stelle „gepoolt". Beim unechten Konsortialkredit entstehen sie hingegen nur bei den einzelnen Konsortialbanken. Vertragsabschluss und Verwaltung des Kredites erfolgen somit juristisch dezentral. Zweitens unterscheidet sich die rechtliche Verantwortlichkeit des Konsortialführers. Während dieser beim echten Konsortialkredit weite Geschäftsführungs- und Vertretungsbefugnisse hat, fungiert er beim unechten Konsortialkredit als bloße Zahlstelle.

In der Praxis hat sich aufgrund der fehlenden Gesamtschuldnerschaft und der individuellen Forderungszuständigkeit der jeweiligen Banken der unechte Konsortialkredit weitestgehend durchgesetzt[59]. Seit der Bankenkrise 2008 sind wegen des geringeren Risikos zunehmend auch *Club-Deals* anzutreffen[60].

---

57 Zum *Underwriting* vgl. unten unter A. III. 1. (Primärsyndizierung).

58 *Diem*, Akquisitionsfinanzierungen, § 2, Rn. 24.

59 *Diem*, Akquisitionsfinanzierungen, § 30, Rn. 32 und § 53, Rn. 17.

Der *Club-Deal* lässt indes keine Syndizierung zu. Ohne Syndizierung stellt sich das Problem des Erlöschens akzessorischer Sicherheiten jedoch nicht. Gegenstand dieser Arbeit ist daher nur der syndizierte Kredit in seiner praxisrelevantesten Form des unechten Konsortialkredites.

III. Phasen der Syndizierung

In jedem Kreditkonsortium übernimmt eine Bank einen gewissen Teil der Kreditsumme (sog. „Konsortialanteil"). Wird der Konsortialanteil zur Begründung oder Erweiterung eines Konsortiums auf einen Dritten übertragen, nennt man diesen Vorgang „Syndizierung". Durch die Syndizierung überträgt eine Konsortialbank ihre Vertragsstellung (ggü. dem Kreditnehmer und den anderen Konsortialbanken) im Ganzen auf eine neue Konsortialbank. Die Syndizierung führt somit zu einer veränderten Zusammensetzung des Konsortiums. Die Syndizierung kann damit definiert werden als „Gründung oder Erweiterung eines Konsortiums mittels Übertragung von Konsortialanteilen"[61]. Gesellschaftsrechtlich wird damit die Gründung oder Erweiterung der (Konsortiums-)GbR umschrieben. Die Besonderheit besteht indes darin, dass eine Syndizierung die Übertragung von Konsortialanteilen verlangt[62].

Begrifflich ist zwischen der Primär- und der Sekundärsyndizierung sowie der Ausplatzierung zu unterscheiden. Primär- und Sekundärsyndizierung sowie die Ausplatzierung stellen Unterfälle der Syndizierung dar.

1. Primärsyndizierung

Der Vorgang der Primärsyndizierung umschreibt die Bildung des „Ursprungs-Konsortiums", d.h. den gesellschaftsrechtlichen Zusammenschluss derjenigen Banken, die die gesamte Kreditsumme zuerst gemeinsam aufbringen[63]. Das

---

60 *Kilgus*, BKR 2009, 181 (187); vgl. auch Handelsblatt vom 09.03.2009, abrufbar unter: http://www.handelsblatt.com/unternehmen/mittelstand/club-deals-kredite-vom-banken-club/3130830.html (Abruf vom 12.08.2014).

61 Vgl. *Diem*, Akquisitionsfinanzierungen, § 33, Rn. 1; *Wunderlich*, in: Bankrechts-Handbuch, 4. Aufl. 2011, § 76, Rn. 150.

62 Insofern könnte man unter den Begriff des „syndizierten Kredits" auch nur solche Kredite subsumieren, die für eine Syndizierung vorgesehen sind. Der syndizierte Kredit wäre dann nur ein Unterfall des Konsortialkredites und würde z. B. den *Club-Deal* nicht mit einschließen, weil dieser nicht zur Syndizierung vorgesehen ist. Allgemeinhin werden aber die Begriffe des „syndizierten Kredits" und des „Konsortialkredits" synonym verwendet.

63 *Diem*, Akquisitionsfinanzierungen, § 33, Rn. 4.

Konsortium entsteht grundsätzlich durch Abschluss eines Gesellschaftsvertrages i.S. des § 705 BGB, der formlos oder auch konkludent erfolgen kann[64]. Die Primärsyndizierung bezeichnet dabei den Vorgang der Übertragung eines Konsortialanteils zum Zwecke der Gründung der GbR. Die Primärsyndizierung wird von einer einzelnen Bank vorgenommen (sog. „Arrangeur"). Der Arrangeur hat die Aufgabe, die Finanzierung zu strukturieren und das Kreditkonsortium zusammenzustellen. Kommt es zum Abschluss des Kreditvertrages, fällt die Position des Arrangeurs weg und der Arrangeur wird dann i.d.R. Konsortialführer[65]. Der Arrangeur schließt mit dem Kreditnehmer den Kreditvertrag und stellt hinterher sicher, dass die gesamte Kreditsumme aufgebracht wird. Dafür gibt es zwei Möglichkeiten: Entweder der Arrangeur verpflichtet sich nur dazu, sich um die Aufbringung der Finanzierung nach besten Kräften zu bemühen (sog. „*Best-Efforts-Transaction*"). In diesem Fall steht er nicht für die komplette Kreditsumme ein. Finden sich nicht genug Banken für den Kredit, scheitert die Finanzierung. Oder er unternimmt ein sog. „*Underwriting*", d.h. er verpflichtet sich dazu, persönlich für die gesamte Kreditsumme einzustehen. Damit haftet der Arrangeur für einen eventuellen Fehlbetrag, wenn er nicht genug Banken für eine Beteiligung am Konsortium gewinnen kann. Übernimmt er mit anderen Banken zusammen dieses Risiko, spricht man von einem „*Co-Underwriting*"[66].

Eine Primärsyndizierung liegt vor, wenn der Arrangeur einen Kredit(eröffnungs)vertrag[67] mit dem Kreditnehmer abschließt und anschließend die Rechte und Pflichten aus dem Kreditvertrag anteilig auf andere Banken überträgt, so dass diese nach der Syndizierung als unabhängige Kreditgeber nebeneinander bestehen. Die andere Bank übernimmt also einen Teil der vertraglichen Rechte und Pflichten des ursprünglichen Kreditnehmers. Dadurch entsteht ihr der sog. „Konsortialanteil". I.R. der Primärsyndizierung wird der Arrangeur seiner Funktion folgend auch „*Bookrunner*" genannt. In jedem Fall ist er der ursprüngliche Kreditgeber. Hat der Arrangeur/*Bookrunner* genug Banken gefunden, die ausrei-

---

64 *Sprau*, in: Palandt, BGB, § 705, Rn. 11 f.

65 Vgl. *Diem*, Akquisitionsfinanzierungen, § 32, Rn. 1.

66 *Diem*, Akquisitionsfinanzierungen, § 2, Rn. 24.

67 Das Kreditverhältnis besteht grundsätzlich aus einem Krediteröffnungsvertrag und dem Einzelkreditvertrag. Im Krediteröffnungsvertrag werden die Rahmenbedingungen des Kredites festgelegt, d.h. die Auszahlungssumme, die Rückzahlungsmodalitäten, Kündigungsgründe usw. Bei syndizierten Krediten wird zudem noch festgelegt, welche Konsortialanteile es gibt und von welchen Banken sie übernommen werden. Durch den Krediteröffnungsvertrag entsteht für den Kreditnehmer das Recht auf Abrufung der Kreditsumme. Sobald die Kreditsumme ausgezahlt worden ist, entsteht zwischen der auszahlenden Bank und dem Kreditnehmer ein weiterer von dem Krediteröffnungsvertrag unabhängiger Einzelkreditvertrag, vgl. zum Ganzen *Wunderlich*, in: Bankrechts-Handbuch, § 77, Rn. 12 ff.

chend Konsortialanteile übernehmen, ist die Primärsyndizierung abgeschlossen[68]. Der Kreis der durch die Primärsyndizierung zusammengeschlossenen Banken bildet das „Ursprungskonsortium“. Ihre Rechte und Pflichten untereinander regeln die Konsortialbanken in dem Konsortialvertrag. Die Primärsyndizierung kann bei allen Formen von Konsortialkrediten auftreten. Lediglich beim *Club-Deal* findet keine Primärsyndizierung statt, denn den Konsortialbanken ist dort von vorneherein eine feste Konsortialquote zugeteilt und keine Bank übernimmt ein *Underwriting.*

2. Sekundärsyndizierung

Von der Bildung des Ursprungskonsortiums zu unterscheiden sind die späteren Veränderungen im Bestand der Konsortialbanken. Grundsätzlich sind die Konsortialbanken frei, ihren Konsortialanteil auf eine Drittbank[69] zu übertragen. Eine Ausnahme besteht nur beim *Club-Deal.* Durch die Übertragung des Konsortialanteils tritt eine neue Bank in den Kreis des Konsortialbanken ein. Diese neu hinzutretenden Konsortialbanken werden „Neukonsorten“ genannt. Der Neukonsorte übernimmt dabei die Rechte und Pflichten seines Vorgängers (des „Altkonsorten“). Die Zusammensetzung des Konsortiums verändert sich damit. Dieser Vorgang wird „Sekundärsyndizierung“ genannt[70]. Sie unterscheidet sich von der Primärsyndizierung dadurch, dass die Übertragung des Konsortialanteils nicht durch den ursprünglichen Kreditgeber (Arrangeur) erfolgt, sondern durch Konsortialbanken, denen selbst schon einmal ein Anteil übertragen worden ist. Insofern ist die Syndizierung „sekundär“.

Die Unterscheidung zwischen Primär- und Sekundärsyndizierung wird nicht immer vorgenommen. Oftmals wird die Übertragung von Konsortialanteilen ganz allgemein als „Syndizierung“ bezeichnet[71].

---

68 *Diem*, Akquisitionsfinanzierungen, § 33, Rn. 7.

69 In diesem Zusammenhang wird hier von „Bank“ gesprochen. I.R. der Sekundärsyndizierung können jedoch auch andere Finanzinvestoren wie Investmentfonds oder Versicherungen auftreten, vgl. auch *Kilgus*, BKR 2009, 181 (187).

70 *Diem*, Akquisitionsfinanzierungen, § 33, Rn. 7.

71 Z.B. bei *Wunderlich*, in: Bankrechts-Handbuch, § 76, Rn. 150 und *Schaffelhuber/Sölch*, in: Münchener Handbuch des Gesellschaftsrechts, Bd. 1, § 31, Rn. 30.

3. Sonderfall: Ausplatzierung

Einen bloß begrifflichen Sonderfall der Syndizierung stellt die sog. „Ausplatzierung" dar. Von „Ausplatzierung" wird gesprochen, wenn die Syndizierung erst nach Auszahlung des Darlehens erfolgt[72].

IV. Hintergrund der Syndizierung

Durch die Gründung eines Konsortiums wird es den Banken ermöglicht, eine Kreditsumme aufzubringen, die eine Bank alleine nicht hätte zur Verfügung stellen können. Für den Kreditnehmer hat die Syndizierung eines Kredites damit den Vorteil, dass er die gesamte für seine Investition notwendige Summe erhält. Aber auch für die Banken hat die Syndizierung Vorteile.

Durch die gemeinschaftliche Kreditgewährung wird das Ausfallrisiko des Kredites unter mehreren Kreditgebern aufgeteilt[73]. Hätte eine einzelne Bank den Kredit gestellt, so müsste sie alleine das Ausfallrisiko tragen. Über das Konsortium wird es auf mehrere Banken verteilt.

Die Streuung des Kreditrisikos hat auch aufsichtsrechtliche Bedeutung. Art. 92 Abs. 1 lit. c) der sog. „*Capital Requirements Regulation* (CRR)"[74] sieht vor, dass Kreditinstitute[75] ihre risikogewichteten Aktiva mit mindestens 8 % ihres haftenden Eigenkapitals unterlegen müssen. Durch diese Form einer Eigenkapitalquote wird berücksichtigt, wie die Banken ihre Geschäfte finanzieren. Je höher die Eigenkapitalquote ist, desto geringer ist der Verschuldungsgrad und desto geringer ist auch das Insolvenzrisiko der Bank. Die Eigenkapitalanforderungen bedeuten aber auch, dass je größer die Risikoposition ist, desto größer das vorgehaltene Eigenkapital sein muss. Bei einem Großkredit (z. B. für Akquisitionsfinanzierungen) ist daher auch hohes Eigenkapital notwendig. Dementsprechend

---

72 *Wunderlich*, in: Bankrechts-Handbuch, § 76, Rn. 150; *Schaffelhuber/Sölch*, in: Münchener Handbuch des Gesellschaftsrechts, Bd. 1, § 31, Fn. 1.

73 *Laubrech/Heller*, in: Hockmann/Thießen, Investmentbanking, S. 351.

74 Verordnung (EU) Nr. 575/2013 des Europäischen Parlaments und des Rates vom 26. Juni 2013 über die Aufsichtsanforderungen an Kreditinstitute und Wertpapierfirmen und zur Änderung der Verordnung (EU) Nr. 646/201, ABl. Nr. L 176, S. 1. Die Verordnung ist Teil des sog. „CRD IV-Pakets", mit dem die Empfehlung für neue Eigenkapital- und Liquiditätsstandards für international tätige Kreditinstitute des Baseler Ausschusses für Bankenaufsicht (sog. „Basel III") in europäisches Recht umgesetzt wurde. Die Verordnung entfaltet unmittelbare Rechtswirkung in den EU-Mitgliedstaaten und muss daher nicht mehr in nationales Recht umgesetzt werden.

75 Ein Kreditinstitut ist in Art. 4 Abs. 1 Nr. 1 der Verordnung definiert als „ein Unternehmen, dessen Tätigkeit darin besteht, Einlagen oder andere rückzahlbare Gelder des Publikums entgegenzunehmen und Kredit für eigene Rechnung zu gewähren."

ist es aus aufsichtsrechtlichen Gründen einigen Banken u.U. nicht möglich, den Finanzbedarf eines Unternehmens alleine zu decken. Durch die Syndizierung wird die Kreditsumme in kleinere Tranchen (Konsortialanteile) aufgeteilt, so dass das für jeden Konsortialanteil vorzuhaltende Eigenkapital geringer ausfällt. Das ermöglicht kleineren Kreditinstituten u.U. überhaupt erst die Teilnahme an dem Kredit[76]. Darüber hinaus führt die geringere Belastung des Eigenkapitals im Regelfall auch zu einer besseren Benotung durch die Rating-Agenturen[77].

Weiterhin kann eine Bank durch die Syndizierung u.U. auch aus dem Anwendungsbereich der §§ 13–14 KWG herausfallen[78]. Diese Vorschriften sehen Anzeigepflichten der Kreditinstitute für sog. „Großkredite" (§§ 13–13c KWG)[79] bzw. „Millionenkredite" (§ 14 KWG)[80] vor, die mitunter sogar die vorherige Einholung der Zustimmung der BaFin für den Kredit verlangen, vgl. § 13 Abs. 3 KWG. Die vorsätzliche oder leichtfertige Nichteinhaltung der Anzeigepflichten aus §§ 13, 13a KWG führt zu einer Ordnungswidrigkeit, vgl. § 56 Abs. 2 Nr. 4, 6 KWG.

Zuletzt sinken für die Konsortialbanken auch die Verwaltungskosten, wenn sie zusammen den Kredit übernehmen. Durch die gemeinsame Verwaltung entstehen Synergieeffekte, die es den Banken ermöglichen, den Kredit kostengünstiger zur Verfügung zu stellen, als wenn sie ihn alleine übernommen hätten[81].

V. Rechtliche Grundlagen der Syndizierung

Die Syndizierung setzt die Übertragung eines Konsortialanteils voraus. Für den hier allein maßgeblichen unechten Konsortialkredit bieten sich für die Übertragung drei Möglichkeiten an.

1. Abtretung

Klassischerweise werden Forderungen und Rechte gem. § 398 (i.V.m. § 413) BGB übertragen. Die Konsortialbanken könnten also ihre Rechte aus dem Kreditvertrag an einen Dritten abtreten und somit ihren Konsortialanteil übertragen. Die Ab-

---

76 Vgl. *Schaffelhuber/Sölch*, in: Münchener Handbuch des Gesellschaftsrechts, Bd. 1, § 31, Rn. 1.
77 *Wunderlich*, in: Bankrechts-Handbuch, § 76, Rn. 156.
78 *Schaffelhuber/Sölch*, in: Münchener Handbuch des Gesellschaftsrechts, Bd. 1, § 31, Rn. 1.
79 Ein Großkredit liegt gem. § 13 Abs. 1 S. 1 KWG vor, wenn die Kreditsumme 10 % des haftenden Eigenkapitals des Kreditinstitutes erreicht oder überschreitet.
80 Ein Millionenkredit liegt gem. § 14 Abs. 1 S. 1 Hs. 1 KWG vor, wenn das Kreditvolumen 1,5 Mio. € oder mehr beträgt.
81 *Schaffelhuber/Sölch*, in: Münchener Handbuch des Gesellschaftsrechts, Bd. 1, § 31, Rn. 1.

tretung führt jedoch nur zu einer Übernahme der einzelnen Forderung aus dem Kreditvertrag, d. h. in diesem Fall der Rückzahlungsforderung aus dem Darlehen. Es kommt nur zur Übertragung der einzelnen Rechte und nicht der vertraglichen Pflichten. Vertragspartei bleibt daher der übertragende Konsorte, was auch aus § 407 BGB erkennbar wird. Der Zessionar tritt nur in die Gläubigerstellung des Konsorten hinsichtlich des übertragenen Rechts ein und nicht im Hinblick auf die vertraglichen Pflichten. Eine vollständige Übertragung des Konsortialanteils wird damit nicht erreicht. Die Abtretung ist daher kein Mittel für die Syndizierung[82].

2. Vertragsübernahme

Daher wäre eine Vertragsübernahme die wohl passendere Lösung für die Syndizierung. Die rechtsgeschäftliche Vertragsübernahme ist gesetzlich nicht vorgesehen. Das Gesetz kennt nur Fälle, in denen die Vertragsübernahme gesetzlich aus einem anderen Rechtsgeschäft folgt, z. B. § 613a Abs. 1 S. 1 BGB oder § 566 BGB. Die rechtsgeschäftliche Vertragsübernahme wurde von der Rechtsprechung[83] und Lehre[84] entwickelt und ist mittlerweile anerkannt.

Bei der Vertragsübernahme wird die gesamte Rechtsstellung einer Vertragspartei auf einen Dritten übertragen. Es kommt zu einer Übertragung aller Rechte und Pflichten. Es handelt sich mithin um ein Verfügungsgeschäft[85]. Ein Verfügungsgeschäft kann nur unter Beteiligung aller in ihrer Rechtsstellung Betroffenen vorgenommen werden. Für den Schuldner ändert sich seine Rechtsstellung in der Hinsicht, als dass sie nach der Vertragsübernahme ggü. einem anderen Vertragspartner besteht als vorher. Dies entspricht spiegelbildlich der Situation bei der Schuldübernahme i.S. der §§ 414 ff. BGB[86], auch wenn die Schuldübernahme mangels vollständiger Rechtsnachfolge nicht die Kehrseite der Vertragsübernahme ist[87]. Insofern ist auch analog § 414 BGB eine Beteiligung des Schuldners zu

---

82 Davon gehen aber fälschlicherweise aus: *Hanke/Socher*, NJW 2010, S. 1435 (1436) und *Schaffelhuber/Sölch*, in: Münchener Handbuch des Gesellschaftsrechts, Bd. 1, § 31, Rn. 64.

83 Vgl. schon RG, Urt. v. 25. 11. 1927, (VII) VI 322/27, RGZ 119, S. 114 sowie BGH, Urt. v. 10. 11. 1960, VIII ZR 167/59, NJW 1961, S. 453, unter II. 1. der Gründe; vgl. grundlegend dann BGH, Urt. v. 20. 06. 1985, IX ZR 173/84, BGHZ 95, S. 88, unter III. 2. d) der Gründe.

84 *Larenz*, Lehrbuch des Schuldrechts, Bd. I, 14. Aufl. 1987, S. 617; *Grüneberg*, in: Palandt, BGB, § 398, Rn. 41 m.w.N.

85 *Klimke*, Die Vertragsübernahme, 2010, S. 72; *Ellenberger*, in: Palandt, BGB, Überbl v § 104, Rn. 16.

86 *Klimke*, Die Vertragsübernahme, S. 74.

87 Bei der Schuldübernahme wird nur eine isolierte Schuld übertragen. Durch die Vertragsübernahme werden aber sowohl Rechte als auch Pflichten übertragen, vgl. *Busche*, in: Staudinger, BGB, Einl zu §§ 398 ff, Rn. 201. Die Schuldübernahme ist damit die Kehrseite der Abtretung.

verlangen[88]. Die Vertragsübernahme kann daher entweder als „dreiseitiger“ Vertrag (Schuldner, Alt-Gläubiger, Neu-Gläubiger) oder als zweiseitiger Vertrag (Alt-Gläubiger, Neu-Gläubiger) mit Zustimmung des Schuldners gem. § 182 BGB[89] ausgestaltet werden[90]. Die Vertragsübernahme ist damit ein einheitliches Rechtsgeschäft (sog. „Einheitsmodell“) und nicht – wie früher angenommen wurde[91] – eine Kombination aus Abtretung (§§ 398 ff. BGB) und Schuldübernahme (§§ 414 ff. BGB) (sog. „Kombinationsmodell“)[92]. Das Ergebnis ist bei Kombinations- und Einheitsmodell gleichwohl identisch[93].

In der Rechtsfolge tritt der Übernehmer in die Rechtsstellung des Alt-Gläubigers ein und übernimmt dessen Rechte und Pflichten aus dem Vertragsverhältnis. Damit kommt es zu einer Gesamtrechtsnachfolge. Die Gesamtrechtsnachfolge bezieht sich im Gegensatz zur Sonderrechtsnachfolge nicht auf einzelne Rechte (wie §§ 398, 414 BGB), sondern die Rechtsstellung als Ganzes.

Im Hinblick auf die Rechtsstellung des Schuldners herrscht Uneinigkeit in der Literatur. Es werden unterschiedliche Ansichten vertreten, was die Geltendmachung von Einwendungen anbelangt[94]. Auch die Anwendung der §§ 398 ff. BGB auf die Vertragsübernahme ist nicht immer zweifelsfrei. Zwar wird sie grundsätzlich bejaht[95], teilweise aber nur unter Einschränkungen[96]. Welche Einschränkungen das sind, wird nicht offenbart[97]. An anderer Stelle wird vertreten, die §§ 398 ff. BGB seien zwar ohne Einschränkungen anwendbar, jedoch könne ihre Anwendung unter Mitwirkung des Schuldners vertraglich ausgeschlossen

---

88 *Roth*, in: MünchKomm, BGB, § 398, Rn. 4.

89 BGH, Urt. v. 27. 11. 1985, VIII ZR 316/84, BGHZ 96, S. 302, unter II. 2. a) der Gründe.

90 Daher lässt der BGH diese Entscheidung auch regelmäßig offen: BGH, Urt. v. 21. 06. 1978, VIII ZR 155/77, NJW 1978, S. 2504, unter 2. b) cc) der Gründe; vgl. i.Ü. *Grüneberg*, in: Palandt, BGB, § 398, Rn. 42.

91 So noch BGH, Urt. v. 10. 11. 1960, VIII ZR 167/59, NJW 1961, S. 453, unter II. 1. der Gründe.

92 Vgl. BGH, Urt. v. 20. 06. 1985, IX ZR 173/84, BGHZ 95, S. 88, unter III. 2. a) der Gründe.

93 *Busche*, in: Staudinger, BGB, Einl zu §§ 398 ff, Rn. 196.

94 So differenziert *Klimke* grundsätzlich danach, ob die Einwendungen aus dem übernommenen Vertrag stammen oder nicht, vgl. *Klimke*, Die Vertragsübernahme, S. 292 ff.; *Nörr* differenziert hingegen zwischen einzelnen Einwendungen, vgl. *Nörr*, in: Nörr/Scheyhing/Pöggeler, Sukzessionen, 2. Aufl. 1999, S. 211; *Bülow*, WM 1995, S. 2089 (2090) vertritt indes die Ansicht, dass es nicht auf personenbezogene Einwendungen ankomme.

95 *Busche*, in: Staudinger, BGB, Einl zu §§ 398 ff, Rn. 206 m.w.N.

96 So *Grüneberg*, in: Palandt, BGB, § 398, Rn. 44.

97 *Grüneberg*, ebenda, führt als Einschränkung an, dass insbesondere §§ 406 ff. BGB leerliefen, da der Schuldner i. d. R. von der Vertragsübernahme Kenntnis erhalte. Das ist wegen der Zustimmungspflicht zweifellos der Fall, jedoch ergibt das keine Einschränkung bei der Anwendbarkeit der §§ 406 ff. BGB, sondern einen gesetzlich vorgesehenen Ausschluss des Tatbestandes. Über die eingeschränkte Anwendbarkeit der §§ 406 ff. BGB sagt dies nichts aus.

werden[98]. Eine höchstrichterliche Stellungnahme zu diesem Problemkreis gibt es bisher nicht.

M. E. ist von der Anwendbarkeit der §§ 404 ff. BGB und damit dem Einwendungserhalt auszugehen. Denn die Vertragsübernahme ist nichts anderes als der Austausch einer Vertragspartei. Sie entspricht damit der Abtretung bzw. Schuldübernahme, nur dass sie in ihrem Umfang weiter geht. Bei einer Vertragsübernahme kommt es im Prinzip zu einer Situation wie bei § 398 S. 2 BGB bzw. § 414 BGB. Warum dann dem Schuldner nicht auch die gleichen Rechte (§§ 404 ff. BGB bzw. § 417 BGB) zukommen sollten, ist nicht ersichtlich. Ein Unterschied besteht zugegebenermaßen im Verhältnis zu der Abtretung. Denn die Vertragsübernahme kann nur mit Zustimmung des Schuldners erfolgen, während die Abtretung auch ohne ihn von statten gehen kann. Insofern könnte die geringere Schutzbedürftigkeit die Nichtanwendung rechtfertigen. Einer solchen Wertung widerspricht allerdings der Charakter der Vertragsübernahme als Gesamtrechtsnachfolge. Es kommt zu einer Übernahme der vertraglichen Rechte und Pflichten und nicht zu einer Neuentstehung. Zweck der Vertragsübernahme ist es, die Identität des Schuldverhältnisses zu wahren und kein neues Schuldverhältnis zu schaffen[99]. Die sich bis *dato* aus dem Rechtsverhältnis ergebenden Einwendungen müssen daher erhalten bleiben, um die Identität des Rechtsverhältnisses zu wahren[100]. Dementsprechend ist auch bei der Vertragsübernahme § 404 BGB anzuwenden. Darüber hinaus besteht aber auch ein Schutzbedürfnis, das die Anwendung der §§ 406–410 BGB rechtfertigt. Zwar ist es wegen der Zustimmungspflicht des Schuldners wahrscheinlich, dass dieser von der Vertragsübernahme Kenntnis erhält[101]. Jedoch kann der Schuldner seine Zustimmung zur Vertragsübernahme auch im Vorhinein erteilen, so dass er von der späteren Durchführung derselben nichts mehr erfahren muss[102]. In diesem Fall ist er ebenso schutzbedürftig wie bei der Abtretung, so dass die Anwendung der §§ 404–410 BGB geboten ist. Insgesamt sind daher die Schuldnerschutzvorschriften der §§ 404–410 BGB (sowie § 417 BGB) analog auf die Vertragsübernahme anzuwenden.

98 *Roth*, in: MünchKomm, BGB, § 398, Rn. 5.

99 *Röthel/Heßeler*, WM 2008, S. 1001 (1002).

100 Dies ist auch der anerkannte Schutzzweck des § 404 BGB, vgl. *Busche*, in: Staudinger, BGB, § 404, Rn. 2.

101 Vgl. *Grüneberg*, in: Palandt, BGB, § 398, Rn. 44.

102 Davon geht auch *Grüneberg*, ebenda, aus.

In der Literatur wird zudem dafür plädiert, die Anwendung der §§ 404 ff. BGB der Disposition der Parteien zu unterstellen[103]. Der Schuldner könne also auf den Schutz aus §§ 404 ff. BGB verzichten. Für die §§ 404, 406 BGB ist anerkannt, dass sie dispositives Recht enthalten[104]. Da die §§ 407–409 BGB den gleichen Schutz bezwecken wie §§ 404, 406 BGB, ist davon auszugehen, dass auch diese grundsätzlich der Disposition der Vertragsparteien unterliegen. Voraussetzung ist nur, dass der von den Normen geschützte Schuldner seinen Willen kund tut, auf diesen Schutz zu verzichten. Dies kann entweder im Wege eines einseitigen Verzichts oder einer zweiseitigen Abbedingung der Norm geschehen[105]. Daher sind die Schuldnerschutzvorschriften auch i.R. der Vertragsübernahme verzichtbar.

3. Novation

Als weiteres Mittel zur Syndizierung kommt die Novation (auch „Schuldersetzung") in Betracht. Die Novation ist gesetzlich nicht geregelt[106], wird aber von der Rechtsprechung seit jeher unter Berufung auf die Vertragsfreiheit anerkannt[107]. In der neueren Literatur wird sie weitestgehend ignoriert[108], teilweise auch als überkommenes rechtshistorisches Relikt bezeichnet[109]. Feststellungswert ist, dass die dem römischen Recht entstammende Novation im 19. Jahrhundert in der Rechtswissenschaft lebendig diskutiert wurde[110]. Umso erstaunlicher ist es, dass bei der Schaffung des BGB die Novation (ebenso wie die Vertragsübernahme) bewusst nicht mit aufgenommen wurde, sondern die Regelung der Schuldüber-

---

103 *Roth*, in: MünchKomm, BGB, § 398, Rn. 4; *Busche*, in: Staudinger, BGB, Einl zu §§ 398 ff, Rn. 206.

104 Für § 404 BGB vgl. BGH, Urt. v. 17. 11. 1969, VII ZR 83/67, NJW 1970, S. 321, unter II. 1. der Gründe; für § 406 BGB vgl. *Schreiber*, in: Soergel, BGB, 13. Aufl. 2010, § 406, Rn. 4 mit Verweis auf RG HRR 1929 Nr. 1567.

105 *Busche*, in: Staudinger, BGB, § 404 BGB, Rn. 35.

106 § 364 Abs. 2 BGB enthält lediglich eine Auslegungsregel für einen Anwendungsfall der Novation.

107 Erstmals durch RG, Urt. v. 21. 11. 1927, VI 71/27, RGZ 119, S. 21; zuletzt durch BGH, Urt. v. 21. 11. 2012, VIII ZR 50/12, WuM 2013, S. 165.

108 Die Kommentare widmen ihr überwiegend nur kurze Passagen, z. B. *Rieble*, in: Staudinger, BGB, § 414, Rn. 106, 107; *Schreiber*, in: Soergel, BGB, § 364, Rn. 4; *Grüneberg*, in: Palandt, BGB, § 311, Rn. 8.

109 *Emmerich*, in: MünchKomm, BGB, § 311, Rn. 30; in diesem Sinne auch *Nörr*, in: Nörr/Scheyhing/Pöggeler. Sukzessionen, S. 186.

110 Vgl. die Darstellung bei *Tolkmitt*, Die Theorie der Novation im gemeinen Recht des 19. Jahrhunderts, 1968, S. 10 ff.

nahme (und Abtretung) als ausreichend erachtet wurde[111]. Der historische Gesetzgeber hatte unter Berufung auf ihre praktische Bedeutung der Sonderrechtsnachfolge ggü. der Gesamtrechtsnachfolge den Vorzug gegeben. Zumindest im Hinblick auf die Vertragsübernahme lag er mit seiner Einschätzung falsch[112].

Die Novation wird definiert als „die vertragliche Begründung eines neuen Schuldverhältnisses anstelle eines älteren, das zugleich (ganz oder auf Einzelschulden beschränkt) aufgehoben wird, jedoch als früher bestehendes Rechtsverhältnis die *causa* des neuen Schuldverhältnisses bildet"[113]. Altes und neues Schuldverhältnis werden über eine sog. „Ersetzungsabrede" miteinander verknüpft. Dies kann unmittelbar (kausale Novation) oder mittelbar (abstrakte Novation) geschehen. Bei der kausalen Novation hängt der Bestand des neuen Schuldverhältnisses davon ab, dass auch das alte Schuldverhältnis rechtswirksam bestanden hat[114]. Bei der abstrakten Novation besteht das neue Schuldverhältnis unabhängig von dem alten. Die beiden Schuldverhältnisse werden mittelbar über das Bereicherungsrecht miteinander verknüpft (§§ 812 Abs. 2, 821 BGB)[115]. Die Novation besteht aus zwei Schritten: erstens der Auflösung des alten Vertragsverhältnisses und zweitens der Begründung eines neuen Vertragsverhältnisses, das an die Stelle des alten tritt. Das alte Schuldverhältnis wird damit samt seiner Nebenabreden zum Erlöschen gebracht und statt seiner ein neues zum Leben erweckt[116]. Das Besondere der Novation ist, dass die Kombination von Vertragsauflösung und Neubegründung in einem einheitlichen Vorgang passiert.

Die Novation kann unter Wechsel einer Vertragspartei stattfinden. In diesem Fall kommt es – wie auch bei der Vertragsübernahme – entweder zum Wechsel des Gläubigers oder des Schuldners. Der entscheidende Unterschied zwischen Vertragsübernahme und Novation ist, dass bei ersterer die Identität des Schuldverhältnisses gewahrt bleibt, während sie bei letzterer durchbrochen wird. Vertragsübernahme heißt Kontinuität des Schuldverhältnisses, Novation heißt Diskontinuität des Schuldverhältnisses[117]. Die Bedeutung dieser Unterscheidung liegt in dem Bestand der Einwendungen. Während bei der Vertragsübernahme die Einwendungen bestehen bleiben und dem neuen Gläubiger entgegengesetzt werden können (§§ 404, 417

---

111 *Mugdan*, Die gesammten Materialien zum Bürgerlichen Gesetzbuch für das Deutsche Reich, Bd. II (Recht der Schuldverhältnisse), 1899, Motive, S. 143.

112 *Röthel/Heßeler*, WM 2008, S. 1001 (1001).

113 *Gernhuber*, Die Erfüllung und ihre Surrogate, 2. Aufl. 1994, S. 402.

114 *Grüneberg*, in: Palandt, § 311, Rn. 9.

115 Vgl. *dens.*, ebenda.

116 *Schreiber*, in: Soergel, BGB, § 364, Rn. 4.

117 In Bezug auf das Verhältnis Änderungsvertrag/Novation vgl. *Leitzen*, BWNotZ 2012, S. 86 (86).

Abs. 1 S. 1 BGB analog), erlöschen sie mangels Gesamtrechtsnachfolge bei der Novation[118]. Für den Gläubiger ist die Novation mithin ein zuverlässiges Mittel, um sämtlichen „Altlasten" aus dem Vertrag zu entgehen.

Ob eine Vertragsübernahme oder eine Novation vorliegt, ist mitunter schwer zu ermitteln. Wie bei allen Rechtsgeschäften ist der Parteiwille zu erforschen, §§ 133, 157 BGB. *Nörr* nimmt eine Auslegung des Parteiwillens nach folgendem Muster vor[119]:

- Geht es den Beteiligten nur um eine Auswechslung der Vertragsparteien, sei eine Vertragsübernahme anzunehmen[120].
- Wird der Vertrag mit der neuen Vertragspartei unter unveränderten Konditionen fortgeführt, sei eine Vertragsübernahme anzunehmen[121]. Dies sei insbesondere dann der Fall, wenn z. B. Sukzessivlieferungen oder Ratenzahlungen von dem neuen Schuldner weitergeführt werden oder die bisherige Vertragsdauer angerechnet wird. Kleinere Änderungen der Vertragskonditionen (z. B. Höhe des zu entrichtenden Entgeltes) sollen dabei nicht schaden. Wird die Sachleistung in ihrem Kern geändert, so sei hingegen von einer Novation auszugehen. Dies ist insbesondere dann der Fall, wenn ein anderer Vertragstypus vereinbart wird[122].
- Eine Novation sei anzunehmen, wenn die neuen Vertragspartner das Vertragsverhältnis auf eine neue Grundlage stellen wollen. Dies sei insbesondere der Fall, wenn sie einvernehmlich auf die Rechte und Pflichten aus dem alten Schuldverhältnis verzichten wollen.
- Zuletzt spreche es für eine Novation, wenn zwischen den alten Vertragsparteien Streit darüber bestand, ob das Vertragsverhältnis aufgelöst war oder nicht.

Die von *Nörr* vorgeschlagenen Unterscheidungskriterien überzeugen. Aufgrund der Privatautonomie aus Art. 2 Abs. 1, 1 Abs. 1 GG, muss grundsätzlich der Parteiwille das maßgebende Kriterium zur Qualifizierung eines Rechtsgeschäfts sein. Etwas anderes kann nur gelten, wenn die Privatautonomie zu Missbräuchen be-

---

118 *Rieble*, in: Staudinger, BGB, § 414, Rn. 106; so auch schon das RG, Urt. v. 12.11.1931, VI 246/31, RGZ 134, S. 153 (155).

119 *Nörr*, in: Nörr/Scheyhing/Pöggeler, Sukzessionen, S. 184 ff. *Nörr* stellt in diesem Zusammenhang nur „Neuabschluss" und Vertragsübernahme gegenüber. Der „Neuabschluss" beinhaltet auch die Novation, auch wenn *Nörr* selbst sie nicht als gangbaren Weg für den Neuabschluss ansieht, vgl. *dens.*, a.a.O., S. 186.

120 Unter Berufung auf BGH, Urt. v. 28.04.1954, II Z R 8/53, BGHZ 13, S. 179 (185).

121 Unter Berufung auf BAG, Urt. v. 08.11.1972, 4 AZR 15/72, NJW 1973, S. 822 (823).

122 Z. B. Tausch- statt Kaufvertrag, vgl. *Gernhuber*, Die Erfüllung und ihre Surrogate, S. 411.

nutzt wird[123]. Damit kann man aus *Nörrs* Auflistung grob folgende Unterscheidung ableiten: Zielt der Parteiwille auf die Fortführung des alten Vertragsverhältnisses (Sukzession) ab, ist eine Vertragsübernahme anzunehmen. Zielt der Parteiwille auf die Loslösung von dem alten Schuldverhältnis ab, ist eine Novation anzunehmen. Vertragsübernahme und Novation verfolgen damit unterschiedliche Zwecke und schließen sich daher gegenseitig aus. Wer die Sukzession will, kann nicht auch gleichzeitig die Begründung eines neuen Schuldverhältnisses wollen, das das alte ersetzt[124]. Bei einer Novation muss der Parteiwille also auf die Ersetzung des alten Schuldverhältnisses mit dem neuen gerichtet sein (sog. „Ersetzungswille" oder „*animus novandi*")[125].

Somit kann je nach Parteiwille sowohl die Novation als auch die Vertragsübernahme als Mittel zur Syndizierung in Betracht kommen. Da der Einwendungsabschnitt aber erhebliche Folgen für den Schuldner hat, wird die Novation nur dann angenommen, wenn der Parteiwille eindeutig auf eine Schuldersetzung abzielt[126].

Auch die Novation stellt – wie die Vertragsübernahme – ein Verfügungsgeschäft dar. Gegenstand der Verfügung ist das alte Schuldverhältnis, das aufgelöst wird. Da dadurch erhebliche Einwirkungen auf die Rechtsstellung des Schuldners entstehen (Einwendungsabschnitt), muss er der Novation zustimmen gem. §§ 182 ff. BGB. Die Zustimmung kann auch im Voraus erteilt werden.

4. Abgrenzung der Syndizierung zur Unterbeteiligung

Kein Fall der Syndizierung ist die Unterbeteiligung. Sie führt nicht zur Entstehung eines syndizierten Kredites und wird hier lediglich zu Abgrenzungszwecken aufgeführt.

Die Unterbeteiligung kann an unterschiedlichen Rechten bestehen, z. B. an Gesellschaftsanteilen oder auch an Kreditverhältnissen. Bei einer Kreditunterbeteiligung wird ein Dritter (der Unterbeteiligte) an dem Kreditvertrag in der Weise beteiligt, dass er dem Kreditgeber (der Hauptbeteiligte) einen sog. „Gegenkredit" (engl. „*Back-to-Back-Loan*") gewährt und damit einen Teil des Ausfallrisikos aus dem Kreditvertrag übernimmt. Der Unterbeteiligte tritt damit nicht ggü. dem

---

123 *Ellenberger*, in: Palandt, BGB, Überbl v § 104, Rn. 1.

124 *Schreiber*, in: Soergel, BGB, vor § 398, Rn. 5, äußert sich in diesem Zusammenhang missverständlich, wenn er annimmt, der Schuldner könne auch bei der Vertragsübernahme auf Einreden verzichten, wodurch der Vertrag mit dem Übernehmer *neu* zustande komme.

125 Vgl. *Gernhuber*, Die Erfüllung und ihre Surrogate, S. 410

126 BGH, Urt. v. 21. 11. 2012, VIII ZR 50/12, WuM 2013, S. 165; BGH, Urt. v. 14. 11. 1985, III ZR 80/84, NJW 1986, S. 1490.

Kreditnehmer auf, sondern übernimmt nur einen Teil des Kreditrisikos im Innenverhältnis. Damit verfolgt die Unterbeteiligung zwar den gleichen Zweck wie die Syndizierung, die Rechtskonstruktion ist aber eine andere.

Rechtskonstruktiv geschieht Folgendes: Der Hauptbeteiligte ist der Vertragspartner des Kreditnehmers und diesem ggü. als Kreditgeber verpflichtet. Zur Absicherung seiner Rückzahlungsforderung schließt der Kreditgeber mit einem Dritten einen schuldrechtlichen Vertrag ab. Der Dritte (der Unterbeteiligte) verspricht darin, dem Hauptbeteiligten eine gewisse Summe als Darlehen zur Verfügung zu stellen (sog. „Gegenkredit"). Der Rückzahlungsanspruch des Unterbeteiligten wird so ausgestaltet, als wäre der Unterbeteiligte gesamthänderisch an einem virtuellen Gesellschaftsvermögen beteiligt[127]. D.h., dass er mit seinem Gegenkredit voll für das Ausfallrisiko des „Hauptkredites" haftet. Der Unterbeteiligte trägt damit das Ausfallrisiko des Hauptkredites entsprechend der Höhe seines Gegenkredites mit. Die Unterbeteiligung wird von der ganz h.M. als (Innen-)GbR qualifiziert[128]. Der Unterbeteiligte tritt nicht ggü. dem Kreditnehmer des Hauptbeteiligten auf, sondern sichert den Hauptbeteiligten nur im Innenverhältnis ab. Somit sind zwei Rechtsverhältnisse zu unterscheiden: einmal das Kreditverhältnis zwischen dem Kreditnehmer und dem Hauptbeteiligten und das Unterbeteiligungsverhältnis zwischen dem Hauptbeteiligten und dem Unterbeteiligten. Beide Rechtsverhältnisse bestehen rechtlich unabhängig voneinander[129]. Daher ist auch der Kreditnehmer des Hauptbeteiligten nicht involviert. Er muss weder seine Zustimmung zur Unterbeteiligung erteilen noch überhaupt Kenntnis von der Unterbeteiligung erlangen.

Die Unterbeteiligung lässt das Rechtsverhältnis zwischen Kreditnehmer und Kreditgeber unberührt. Es findet zwar eine Risikobeteiligung statt, es kommt aber nicht zu einer Übertragung eines Konsortialanteils. Daher spielt die Unterbeteiligung für die Syndizierung keine Rolle.

---

127 *Diem*, Akquisitionsfinanzierungen, § 33, Rn. 34; vgl. auch *K.Schmidt*, in: MünchKomm, HGB, 3. Aufl. 2012, § 230, Rn. 215.

128 BGH, Urt. v. 11.07.1968, II ZR 179/66, BGHZ 15, S. 316, unter I. der Gründe; *K.Schmidt*, in: MünchKomm, HGB, § 230, Rn. 194; *Hopt*, in: Baumbach/Hopt, HGB, 36. Aufl. 2014, § 105, Rn. 38; *Sprau*, in: Palandt, § 705, Rn. 51; zu Recht **kritisch** *Lorenz*, Unterbeteiligungen an Krediten im Common Law und im Civil Law, 1993, S. 228 ff.

129 Dass die beiden Rechtsverhältnisse aber tatsächliche Auswirkungen aufeinander haben können, zeigt *Diem*, Akquisitionsfinanzierungen, § 33, Rn. 38 ff.

5. Abgrenzung der Syndizierung zur *Securitization*

Die sog. „*True-Sale-Securitization*" stellt – entgegen teilweise geäußerter Ansichten in der Literatur[130] – keine Sonderform der Syndizierung dar. Dies wird mit Blick auf die Struktur der *Securitization* deutlich.

a) *True-Sale*-Verbriefungen

Als „*Securitization*" wird die Technik der Verbriefung von Darlehensrückzahlungsforderungen und deren Emission am Kapitalmarkt bezeichnet[131]. Bei *True-Sale*-Verbriefungen kommt es zu einer tatsächlichen Vermögensübertragung von der Bank auf eine Zweckgesellschaft i.S. des § 1 Abs. 26 KWG. Es findet eine Abtretung der Darlehensrückzahlungsforderung statt, § 398 BGB und keine Vertragsübernahme[132]. Die Zweckgesellschaft übernimmt die Rückzahlungsforderung gegen ein entsprechendes Entgelt und refinanziert sich durch die Ausgabe von Schuldverschreibungen, die mit der Rückzahlungsforderung aus dem Darlehen unterlegt sind. Diese so geschaffenen Wertpapiere werden „*Asset Backed Securities*", kurz „*ABS*", genannt. Sind die Rückzahlungsforderungen ihrerseits mit Grundpfandrechten besichert, spricht man von „*Mortgage Backed Securities*", kurz „*MBS*". Die Wertpapiere werden von der Zweckgesellschaft emittiert. Da die Zweckgesellschaft als eine von der Bank unabhängige GmbH verfasst ist, besteht für die Bank keinerlei Risiko mehr[133]. Sie hat ihre Risikobilanzpositionen auf die Zweckgesellschaft übertragen. Daher muss sie auch weniger Eigenkapital zur Unterlegung von Kreditrisiken vorhalten. Die Anleger, die die Wertpapiere von der Zweckgesellschaft erworben haben, tragen nun das Ausfallrisiko des Kredites. Sie können das Wertpapier weiter übertragen. Die *True-Sale*-Verbriefung ist ein beliebtes Mittel, um sich risikoreicher Bilanzpositionen zu entledigen. Dadurch wird wiederum Eigenkapital frei, was ansonsten durch § 10 Abs. 1 KWG gebunden wäre[134]. Daneben führt die *Securitization* zu einer schnellen Refinanzierung der

---

130 Z. B. *Wunderlich*, in: Bankrechts-Handbuch, § 76, Rn. 151.

131 Zum Vorgang und den Vorteilen der *Securitization* vgl. ausführlich *Zeising*, BKR 2007, S. 311.

132 Die Vertragsübernahme ist schon deswegen für die *Securitization* ungeeignet, weil sie eine Beteiligung des Schuldners verlangt. Bei der *Securitization* ist aber beabsichtigt, dass der Schuldner nichts von der Forderungsübertragung erfährt. Deshalb übernimmt nach der Forderungsübertragung oftmals auch der bisherige Gläubiger die weitere Verwaltung des Kredites (sog. „*servicing*"), vgl. *Zeising*, BKR 2007, S. 311 (313).

133 *Zeising*, BKR 2007, S. 311 (313).

134 In bestimmten Konstellationen wird sogar von einer Umgehung des § 10 Abs. 1 KWG gesprochen: *Florstedt*, ZBB 2013, S. 81 (93); ebenso *Hellwig/Hartmann-Wendels*, Gutachten zur Arbeitsweise der Bankenaufsicht 2008, S. 19, abrufbar unter: http://www.coll.mpg.de/sites/www.coll.mpg.de/files/text/Gutachten%20Bankenaufsicht%20BMF.pdf (Abruf vom 12. 08. 2014).

Bank. Langfristige Kreditforderungen werden gegen kurzfristige Geldmittel getauscht.

b) Anwendung der *Securitization* i.R. einer Syndizierung

Die *True-Sale-Securitization* verfolgt – ebenso wie die Syndizierung – das Ziel der Risikostreuung und der Entlastung des Eigenkapitals. Die *True-Sale*-Verbriefung setzt allerdings die Abtretung einer Forderung gem. §§ 398 ff. BGB an eine für die Verbriefung gegründete Zweckgesellschaft voraus[135]. Die Zweckgesellschaft emittiert den Anspruch daraufhin in Form eines Wertpapiers an die Anleger. Die Besonderheit der Abtretung besteht darin, dass nur das einzelne Recht aus dem Kreditvertrag übertragen wird, nicht aber auch die Pflichten als Vertragspartei insgesamt[136]. Somit bleibt der Zedent insgesamt Vertragspartei, verliert aber seine Zuständigkeit im Hinblick auf das übertragene Recht. Dementsprechend können auch noch Leistungen des Schuldners ggü. dem Zedenten Erfüllungswirkung haben, vgl. § 407 BGB. Bei der Syndizierung i.R. eines Konsortialkredites ist allerdings die Übernahme der gesamten Vertragsstellung (d. h. Rechte und Pflichten) gewollt. Dies wird besonders deutlich, wenn man sich vor Augen hält, dass das Konsortium eine GbR ist. Die Syndizierung (d. h. auch die Übertragung eines Anteils an dieser GbR) soll somit eine Veränderung im Bestand der Gesellschafter bewirken[137]. Dies ist nur möglich, wenn der Neukonsorte alle Rechte und Pflichten aus dem Kreditvertrag und dem Konsortialvertrag von seinem Vorgänger übernimmt und nicht nur ein einzelnes Recht. Dementsprechend kommt für die Syndizierung i.R. eines Konsortialkredites die Abtretung nicht in Frage. Ohne Abtretung ist aber auch eine *True-Sale*-Verbriefung nicht möglich. Die *Securitization* ist daher kein Sonderfall der Syndizierung. *Securitization* und Syndizierung stehen vielmehr nebeneinander als unterschiedliche Möglichkeiten der Beteiligung Dritter an einem Kredit[138]. Während die Syndizierung darauf abzielt, dritte Banken am Konsortium zu beteiligen, zielt die *Securitization* auf eine ka-

---

135 *Zeising*, BKR 2007, S. 311 (313); *Wunderlich*, in: Bankrechts-Handbuch, § 76, Rn. 151; dies hat seinen Grund in der insolvenzfesten Ausgestaltung der *Securitization*, vgl. *Pannen/Wolff*, ZIP 2006, S. 52 (53).

136 Vgl. *Grüneberg*, in: Palandt, BGB, § 398, Rn. 41.

137 Vgl. obige Definition unter A. III. (Phasen der Syndizierung).

138 So auch *Diem*, Akquisitionsfinanzierungen, § 34, Rn. 49. Syndizierung und *Securitization* stehen daher auch in Konkurrenz zueinander, vgl. *Laubrecht/Heller*, in: Hockmann/Thießen, Investmentbanking, S. 346.

pitalmarktorientierte Risikostreuung unter Beteiligung dritter Nicht-Banken ab[139]. Letztendlich kann zwar auch eine Konsortialbank für ihren Konsortialanteil eine *Securitization* vornehmen, dadurch kommt es aber nicht zu einer Syndizierung i.S. eines Gesellschafterwechsels im Konsortium[140].

6. Anwendung in der Bankenpraxis

Für die Syndizierung kommen nur die Vertragsübernahme oder die Novation in Betracht. Die Abtretung ist hingegen kein probates Mittel für die Syndizierung. Ebenso wenig stellen die Unterbeteiligung und *Securitization* einen Sonderfall der Syndizierung dar. Ob die Novation oder Vertragsübernahme in der Praxis gewählt wird, hängt davon ab, welchem Recht die Syndizierung unterliegt.

a) Common Law

Die größten Finanzplätze der Welt sind London, New York, Hong Kong und Singapur[141]. Der internationale Bankenverkehr spielt sich damit im Wesentlichen in Staaten ab, in denen das Common Law (London, New York) oder ein Recht gilt, das auf dem Common Law aufbaut (Hong Kong, Singapur). Dies gilt unabhängig davon, wo die Banken ihren tatsächlichen oder rechtlichen Sitz haben[142]. Vielmehr nutzen die global tätigen Banken diese Finanzplätze, weil sie dort Rechtssicherheit und -staatlichkeit sowie ein für sie vorteilhaftes Steuersystem und gut ausgebildete Arbeitskräfte vorfinden.[143]. Dem Größenanteil dieser Finanzplätze entsprechend wird die überwiegende Anzahl an Finanzgeschäften dem Common Law

139 Insofern ist auch auffallend, dass sich der deutsche Verbriefungsmarkt fast ausschließlich auf Autofinanzierungen konzentriert, vgl. Dialogforum Finanzstandort Deutschland, Bericht Nr. 8 – 2012, S. 49, abrufbar unter: http://www.die-deutsche-kreditwirtschaft.de/uploads/media/IFD_Finanzstandort-Bericht_Nr8_2012D.pdf (Abruf vom 12.08.2014). Dass im Zusammenhang mit Autofinanzierungen Bankenkonsortien auftreten, ist äußerst unwahrscheinlich.

140 *Harpering*, Die Übertragung akzessorisch besicherter Forderung im Rahmen von *syndicated loans*, S. 84 führt als Sonderfall die sog. „*Transferable Loan Certificates*" an, die aber keine Verbriefung im Rechtssinne darstellen.

141 Vgl. The Global Financial Centres Index 17, März 2015, S. 4, Table 1, abrufbar unter: http://www.longfinance.net/images/GFCI17_23March2015.pdf (Abruf vom 23.07.2015).

142 Zu den 5 größten Banken (Bilanzsumme) der Welt gehören zwei chinesische, eine britische, eine amerikanische und eine französische, vgl. Bloomberg, Most Assets Globally: Banks, Juli 2015, abrufbar unter: http://www.bloomberg.com/visual-data/best-and-worst//most-assets-worldwide-banks (Abruf vom 23.07.2015).

143 Vgl. The Global Financial Centres Index 17, März 2015, S. 10, Table 5, abrufbar unter: http://www.longfinance.net/images/GFCI17_23March2015.pdf (Abruf vom 23.07.2015).

oder einem ihm ähnelnden Recht unterworfen[144]. Dies gilt auch für die Syndizierung von Darlehensforderungen, die dem deutschen Recht unterliegen, zumindest sofern eine international tätige Großbank an der Syndizierung beteiligt ist.

Im Common Law ist die bevorzugte Übertragungsform für die Syndizierung die Novation. Dies liegt zum einen daran, dass das Common Law grundsätzlich keine andere rechtsgeschäftliche Möglichkeit dafür vorsieht, eine Vertragsstellung (d. h. Rechte *und* Pflichten) als Ganzes zu „übertragen“[145]. Als Alternative steht im Common Law nur die Abtretung („*legal assignment*“ und „*equitable assignment*“) zur Verfügung. Diese führt aber lediglich zur Übertragung von Einzelrechten und nicht zur Übertragung der Vertragsstellung im Ganzen. Zum anderen liegt es daran, dass in Großbritannien im Fall der Novation keine Stempelsteuer („*Stamp Duty*“ oder „*Stamp Duty Reserve Tax*“) anfallen kann[146]. Die Stempelsteuer wird in Großbritannien nur dann erhoben, wenn es zur schriftlich fixierten Übertragung der Rechtsinhaberschaft aufgrund eines Kaufvertrages kommt (sog. „*Conveyance or transfer on sale*“, vgl. Finance Act 1999, Schedule 13, Part 1, Section 1[147]), so z. B. bei der Abtretung einer Darlehensforderung[148]. Wie gezeigt, findet aber i.R. der Novation keine Übertragung von Rechten statt, sondern es wird ein altes Schuldverhältnis aufgehoben und ein neues begründet. Mangels Rechtsübertragung ist die Novation in Großbritannien daher nicht stempelsteuerpflichtig[149].

Die rechtstechnische Ausgestaltung der Novation im Common Law ist mit dem des deutschen Rechts identisch, d. h. es kommt zu einer Auflösung eines bestehenden Rechtsverhältnisses und der Begründung eines neuen Rechtsverhältnisses (i. d. R. mit identischem Vertragsinhalt)[150]. Offenbar wurde hier in beiden Rechtskreisen eine römisch-rechtliche Institution übernommen und über Jahrhunderte bewahrt, ohne verändert zu werden.

---

144 Vgl. *Penn/Shea/Arora*, Banking Law, Vol. 2, 1987, Rn. 1.03; *Willer*, AcP 209 (2009), S. 807 (809 f.); *Hoffmann*, WM 2009, S. 1452 (1452).

145 Vgl. die Ausführungen bei *Treitel*, The Law of Contract, 11th edition 2003, S. 673 und S. 701 ff. sowie *Burrows*, in: Chitty on Contracts, 30th edition 2008, Vol. 1, Rn. 19 – 086.

146 Vgl. *Harpering*, Die Übertragung akzessorisch besicherter Forderungen im Rahmen von *syndicated loans*, S. 59, 68, 69.

147 Abrufbar unter: http://www.legislation.gov.uk/ukpga/1999/16 (Abruf vom 12.08.2014).

148 *Penn/Shea/Arora*, Banking Law, Vol. 2, 1987, Rn. 8.23.

149 Vgl. *dies.*, a.a.O., Rn. 8.24.

150 Daneben treten noch die nach nationalem Recht zur Begründung eines wirksamen Vertrages notwendigen Umstände, d. h. im Common Law insbesondere die sog. „*Consideration*“. Diese sind selbstverständlich nicht mit dem deutschen Recht vergleichbar, aber auch kein Spezifikum der Novation.

b) Deutsches Recht

Für die (wenigen) Fälle, in denen die Syndizierung nach deutschem Recht erfolgt, haben die Beteiligten die Wahl zwischen Vertragsübernahme und Novation. Steuerliche Vorteile bietet in Deutschland keine der beiden Alternativen, da die Syndizierung nach § 4 Nr. 8 lit. c) UStG ohnehin umsatzsteuerbefreit ist[151]. Für die Umsatzsteuerbefreiung spielt es keine Rolle, auf welchem Weg die Syndizierung erfolgt[152]. Einkommensteuerlich ergibt sich aus der Übertragung selbst vorerst kein zu versteuernder Gewinn, sondern erst bei den späteren Zahlungen des Kreditnehmers[153].

Die Novation bietet für die Syndizierung allerdings den Vorteil, dass der Neukonsorte nach der Novation vor „Altlasten" des Altkonsorten bewahrt wird. Doch auch die Vertragsübernahme kann nach deutschem Recht ohne Nachteile für den Neukonsorten ausgestaltet werden. Zwar gelten grundsätzlich die Schuldnerschutzvorschriften der §§ 404 ff. BGB im Fall der Vertragsübernahme analog, sie stehen jedoch – wie oben gezeigt[154] – zur Disposition des Kreditnehmers. Damit kann auch hier ein Einwendungsausschluss herbeigeführt werden, der den Neukonsorten ähnlich schützt wie bei der Novation. Damit ist einer Syndizierung nach deutschem Recht der Weg sowohl über die Novation als auch die Vertragsübernahme möglich.

c) Ergebnis

Im Ergebnis bleibt festzuhalten, dass im Common Law die Novation als Übertragungsmittel der Syndizierung vorherrscht. Im deutschen Recht hingegen kann die Vetragsübernahme genauso gut eingesetzt werden wie die Novation. Die Novation ist in ihrer rechtstechnischen Ausgestaltung sowohl im Common Law als auch im deutschen Recht gleich.

VI. Zusammenfassung

Zur Finanzierung von Großprojekten bilden Banken i. d. R. ein Bankenkonsortium, wenn eine einzelne Bank die benötigte Kreditsumme nicht aufbringen kann oder

---

151 Im Fall des Factoring ist die Forderungsübertragung allerdings nach § 4 Nr. 8 lit. c) UStG (Einziehung von Forderungen) umsatzsteuerpflichtig, vgl. BMF, UStR 2008, Abschnitt 18 Abs. 9 ff. sowie *Wäger*, in: Sölch/Ringleb, UStG, Stand: November 2013, § 4 Nr. 8, Rn. 135 ff.

152 Vgl. *Heidner*, in: Bunjes/Geist, UStG, 12. Aufl. 2013, § 4 Nr. 8, Rn. 20.

153 Vgl. *Rödding/Bühring*, DStR 2009, S. 1933, unter Ziffer 2.1.2.1.

154 S. o. unter A. V. 2. (Vertragsübernahme).

will. Das Konsortium bildet gesellschaftsrechtlich eine GbR, deren Gesellschafter die einzelnen Banken sind. Die Banken können ihre Rechte und Pflichten aus dem Kreditvertrag auf Dritte übertragen. Durch die Finanzierung in der Form eines syndizierten Kredites können die Konsortialbanken das Kreditrisiko auf mehrere Gläubiger verteilen und damit ihr Eigenkapital entlasten. Die Entlastung des Eigenkapitals hat vor allem aufsichtsrechtliche Vorteile.

Die in der Praxis beliebteste Form des syndizierten Kredites ist der unechte Konsortialkredit. Der unechte Konsortialkredit zeichnet sich dadurch aus, dass kein einheitliches Kreditverhältnis zwischen der Konsortiums-GbR und dem Kreditnehmer entsteht, sondern nur mehrere zivilrechtlich voneinander unabhängige Kreditverträge in tatsächlicher Hinsicht zusammengefasst werden. Juristisch bedeutet der unechte Konsortialkredit, dass Vertragspartei des jeweiligen Kreditverhältnisses der Kreditnehmer und die jeweilige Konsortialbank sind, nicht aber die Konsortiums-GbR. Der Konsortialführer hat keinerlei Geschäftsführungsbefugnisse bzgl. der einzelnen Darlehensrückzahlungsforderungen, sondern leitet die Zahlungsströme nur durch. Er wird als „Zahlstelle" eingesetzt. Seine Geschäftsführungsbefugnis beschränkt sich auf die Überwachung der ordnungsgemäßen Auszahlung und Rückzahlung, des Vorliegens von Kündigungsgründen etc. Der Bearbeitung liegt nur der syndizierte Kredit in der Form des unechten Konsortialkredites zu Grunde.

Die Syndizierung kann im deutschen Recht als Novation oder als Vertragsübernahme vorgenommen werden. Da die dominanten Finanzstandorte alle dem Common Law oder einem ihm ähnlichen Recht unterliegen, wird die Syndizierung in internationalen Konsortien i. d. R. dem Common Law, in Europa vor allem dem englischen Recht, unterworfen. Da die Vertragsübernahme im Common Law nicht bekannt ist und die Forderungsübertragung mittels Novation – im Gegensatz zur Abtretung – in Großbritannien keine Stempelsteuer auslöst, werden die Syndizierungen im internationalen Bankenverkehr mittels Novation vorgenommen. Daher wird der Bearbeitung die Syndizierung in Form der Novation zugrunde gelegt.

Die Novation stellt ein einheitliches Rechtsgeschäft dar, das allerdings zwei unterschiedliche Maßnahmen enthält: Erstens wird das bestehende Schuldverhältnis durch die Novation zum Erlöschen gebracht und zweitens an seiner Stelle ein neues Schuldverhältnis begründet. Das Besondere an der Novation ist, dass – im Gegensatz zur Vertragsübernahme – das neue Schuldverhältnis völlig losgelöst von dem alten Schuldverhältnis besteht. Während nach einer Vertragsübernahme das identische Schuldverhältnis von einem neuen Gläubiger fortgeführt wird, wird nach einer Novation ein neues Schuldverhältnis ggü. dem neuen Gläubiger begründet. Daher kommt es bei der Novation auch zum Einwendungsabschnitt, während bei der Vertragsübernahme die Einwendungen aus dem Schuldverhältnis mit dem Altgläubiger erhalten bleiben (§§ 404, 417 Abs. 1 S. 1 BGB analog). Ob eine Vertragsübernahme oder Novation vorliegt, ist nach dem Parteiwillen zu beurteilen. Zielt der Parteiwille auf die Fortführung des alten Schuldverhältnisses ab, ist eine Vertragsübernahme anzunehmen. Zielt er hingegen auf die Begründung eines neuen, unabhängigen Schuldverhältnisses ab, ist eine Novation anzunehmen. Die Novation hat eine Verfügungswirkung, da sie das alte Schuldverhältnis zum Erlöschen bringt. Wegen der damit verbundenen nachteiligen Wirkung für den Schuldner (Einwendungsabschnitt), muss dieser der Novation grundsätzlich zustimmen gem. §§ 182 ff. BGB.

B. Die Besicherung syndizierter Kredite

Bei der Gewährung eines syndizierten Kredites werden genauso Sicherheiten gestellt wie bei jedem anderen Kredit. Dem besonderen Aufbau des syndizierten Kredites und seinem Zweck (i. d. R. Akquisitionsfinanzierung) muss i.R. der Besicherung allerdings Rechnung getragen werden. Dadurch ergeben sich Besonderheiten, die nach einer allgemeinen Einführung in das Kreditsicherungsrecht dargestellt werden.

I. Die Kreditsicherung

Ein Kredit besteht immer in der Überlassung von Waren, Dienstleistungen oder Geld[155]. Bei einem Waren- oder Dienstleistungskredit geht eine Partei mit ihrer Ware oder Dienstleistung in Vorleistung und verlangt erst nach Erfüllung die Bezahlung. Bei einem Darlehen überlässt eine Partei der anderen Partei eine bestimmte Geldsumme und erhält diese später verzinst zurück. Die Kreditvergabe ist für den Kreditgeber immer mit dem Risiko verbunden, dass er die erwartete Leistung nicht erhält[156]. Im Fall des Dienstleistung- oder Warenkredites ist der Erhalt der Gegenleistung unsicher, im Fall des Darlehens die Rückzahlung des überlassenen Geldes[157]. Um den Erhalt der Gegenleistung abzusichern, steht dem Kreditgeber das Kreditsicherungsrecht zur Verfügung.

1. Begriff

Der Begriff der Kreditsicherung wird in der Literatur kaum thematisiert. Eine Definition wird ebenso selten geliefert wie eine Darstellung der wesentlichen Merkmale. Allein *Becker-Eberhard* setzt sich intensiv mit dem Begriff der Kreditsicherung auseinander. Er versteht darunter einen Vorgang, „bei dem durch geeignete rechtliche Maßnahmen Vorsorge dafür getroffen, d. h. wahrscheinlicher gemacht wird, dass der ‚Gesicherte' die erwartete Leistung zum maßgeblichen Zeitpunkt auch tatsächlich erhält"[158]. Daraus lassen sich drei Elemente ableiten[159]:

---

155 *Bülow*, Recht der Kreditsicherheiten, Rn. 7.

156 Der Wortstamm des Begriffs „Kredit" deutet schon darauf hin. Das lateinische *„credere"* bedeutet „glauben, vertrauen". So wird durch die Etymologie deutlich, dass Grundlage eines Kredites ein erheblicher Anteil an Vertrauen in die Person des Kreditnehmers ist.

157 Vgl. *Bülow*, Recht der Kreditsicherheiten, Rn. 7.

158 *Becker-Eberhard*, Die Forderungsgebundenheit der Sicherungsrechte, 1993, S. 4.

159 Angelehnt an *dens.*, ebenda.

- die gesicherte Forderung (d.h. der Anspruch, dessen Erfüllung wahrscheinlicher gemacht werden soll),
- das Sicherungsmittel oder Sicherungsrecht (d.h. die rechtliche Maßnahme, mit der die Wahrscheinlichkeit des Erhalts der Gegenleistung erhöht werden soll, z.B. das Pfandrecht gem. § 1273 BGB),
- die Verknüpfung zwischen der gesicherten Forderung und dem Sicherungsmittel.

Zuletzt sei noch das Recht oder die Sache erwähnt, die zur Sicherheit belastet oder übertragen werden soll. An ihr wird das Sicherungsmittel bzw. -recht bestellt. Sie wird als „Sicherungsgut" oder ganz allgemein als „Sicherheit" bezeichnet.

Nach der Definition von *Becker-Eberhard* dient das Kreditsicherungsrecht in erster Linie dazu, den Erhalt der Gegenleistung für den Kreditgeber wahrscheinlicher zu machen. Dies wird dadurch erreicht, dass über das Sicherungsmittel Druck auf den Kreditnehmer ausgeübt wird, die Gegenleistung zu erbringen. Erst in zweiter Linie hat das Kreditsicherungsrecht die Funktion, den Kreditgeber aus dem Sicherungsmittel zu befriedigen[160]. Das Sicherungsmittel wird nur dann zur Befriedigung eingesetzt, wenn es als Druckmittel zu keinem Erfolg geführt hat, die Gegenleistung also nicht erbracht wurde (sog. „Sicherungsfall"). Im Sicherungsfall kann sich der Kreditgeber aus der Ausübung des Sicherungsmittels (bestenfalls) schadlos halten. Der Sicherungsfall tritt vor allem in der Krise des Schuldners ein. Die betriebswirtschaftliche Krise ist nicht allgemeingültig definiert. Die „Unternehmenskrise" kann man aber verstehen als ein Stadium, „in dem sich negative wirtschaftliche Entwicklungen im Unternehmen oder seinem Umfeld ereignet haben, die nach Art und Umfang geeignet sind, dessen Lebensfähigkeit ernsthaft zu gefährden"[161]. Das Institut der Wirtschaftsprüfer („IDW") unterscheidet dabei verschiedene Krisenstadien, die regelmäßig aufeinander aufbauen[162]:

- Krise auf Ebene der Unternehmensorgane oder der Anteilseigner („Stakeholder")
- Strategiekrise
- Produkt- und Absatzkrise
- Erfolgs- und Liquiditätskrise
- Insolvenz

160 Vgl. *Becker-Eberhard*, Die Forderungsgebundenheit der Sicherungsrechte, S. 19.
161 *Von Kanitz*, Bilanzkunde für Juristen, Rn. 886.
162 IDW Standard IDW S 6 („Anforderungen an die Erstellung von Sanierungskonzepten"), WPg Supplement 4/2012, S. 130 ff., Rn. 62.

Der Begriff „Krise" beschreibt damit einen Zeitraum, in dem verschiedene Stadien durchlaufen werden können und der schließlich in der Insolvenz i.S. der §§ 17–19 InsO münden kann. Die Krise kann also die Eröffnung eines Insolvenzverfahrens nach sich ziehen, die Insolvenz ist aber nicht zwingend der Ausdruck oder das Ergebnis einer Krise. Die Krise kann sich auch gänzlich im Vorfeld der Insolvenz abspielen und letztlich auch ohne insolvenzrechtliche Folgen überwunden werden. Da in jedem Stadium der Krise die Erfüllung der Gläubigeransprüche gefährdet sein kann, spielen Kreditsicherheiten stets eine wichtige Rolle, um den Gläubiger schadlos zu halten. Während sie in den Krisenstadien vor der Insolvenz durch die Gewährung der Verwertungsbefugnis den Gläubiger befriedigen, bewahren sie ihn in der Insolvenz vor einer geringen Befriedigungsquote, vgl. §§ 49–51 InsO[163].

Die Sicherungsmittel kann man grundsätzlich in gesetzlich vorgesehene bzw. gesetzlich typisierte und kautelarische[164] Kreditsicherheiten aufteilen. In den jeweiligen Kategorien kann noch weiter zwischen Personal- und Realsicherheiten sowie akzessorischen und nicht-akzessorischen Kreditsicherheiten differenziert werden.

2. Personal- und Realsicherheiten

Die erste Differenzierung richtet sich danach, woraus sich der Kreditgeber im Sicherungsfall befriedigen kann. Danach lassen sich Sicherungsmittel einteilen in Real- und Personalsicherheiten. Bei der Personalsicherheit dient dem Kreditgeber ein zusätzlicher Anspruch gegen einen Dritten als Sicherheit, bei der Realsicherheit kann er i.R. der Verwertung auf einen Vermögensgegenstand (eine Sache oder ein Recht) des Kreditnehmers oder eines Dritten zugreifen[165].

Gesetzlich vorgesehen ist als Personalsicherheit nur die akzessorische Bürgschaft (§§ 765 ff. BGB). Kautelarisch treten neben sie noch die nicht-akzessorische

---

163 Vgl. dazu auch unten im 3. Teil, unter B. I. 1. b) (Die Absonderungsberechtigten (§§ 49 – 52 InsO)).

164 Der Begriff „kautelarisch" umschreibt Maßnahmen, die in der Praxis entwickelt wurden, um rechtlichen Problemen oder Zweifeln vorzubeugen. Der Wortstamm (aus dem Lateinischen „*cautela*" – Schutzmittel, Vorsichtsmaßnahme) gibt auch hier Aufschluss. Im antiken Rom entwickelten Juristen vorgefertigte Formulare (den heutigen AGB vergleichbar) z.B. für Geschäftsabschlüsse oder Adoptionen, um damit den Vorgang rechtssicher gewährleisten zu können. Um den Ansprüchen des stark formalisierten römischen Rechts gerecht zu werden, waren die Bürger auf solche „*cautelas*" angewiesen. Daraus entwickelte sich die sog. „Kautelarjurisprudenz", die sich der vertraglichen Absicherung von Rechtsgeschäften widmet, vgl. *Söllner*, Einführung in die römische Rechtsgeschichte, 5. Aufl. 1996, S. 82.

165 *Bülow*, Recht der Kreditsicherheiten, Rn. 11.

Garantie und der Sicherungs-Schuldbeitritt. Die Personalsicherheiten sind damit alle schuldrechtlicher Natur.

Der überwiegende Teil der gesetzlich vorgesehenen Kreditsicherheiten sind Realsicherheiten, so die Hypothek (§§ 1113 ff. BGB), die Grundschuld (§§ 1191 ff. BGB) sowie das Pfandrecht an Sachen (§§ 1204 ff. BGB) und an Rechten (§§ 1273 ff. BGB). Daneben treten als kautelarische Realsicherheiten der Eigentumsvorbehalt (§§ 929 S. 1, 158 Abs. 1 BGB), die Sicherungsübereignung (§§ 929 S. 1, 930, 158 Abs. 2 BGB) und die Sicherungszession (§§ 398, 158 Abs. 2 BGB). Die Realsicherheiten sind damit alle dinglicher Natur.

3. Akzessorische und nicht-akzessorische Sicherheiten

Die zweite Differenzierung richtet sich nach der Verknüpfung zwischen der gesicherten Forderung und dem Sicherungsmittel. Nach o.g. Definition wird der Erhalt der Gegenleistung *durch* geeignete rechtliche Maßnahmen wahrscheinlicher gemacht. Damit wird deutlich, dass eine Verknüpfung zwischen gesicherter Forderung und Sicherungsmittel besteht[166]. Diese Verknüpfung ist je nach Funktionsweise des Sicherungsmittels unterschiedlich stark ausgeprägt.

Das Gesetz unterscheidet in der Funktionsweise zwei Arten von Kreditsicherheiten: die akzessorischen und die nicht-akzessorischen Sicherheiten. Die Mehrheit der gesetzlich vorgesehenen Sicherheiten ist akzessorisch (Bürgschaft, Hypothek, Pfandrecht), nur die Grundschuld ist nicht akzessorisch.

Akzessorietät heißt, dass die Sicherheit in ihrem Bestand (Entstehen und Erlöschen), in ihrer Höhe, ihrer rechtlichen Zuordnung und ihrer Durchsetzbarkeit an die gesicherte Forderung anknüpft. Im Einzelnen bedeutet das:

- solange keine Forderung besteht, kann auch keine Sicherheit entstehen (dies ergibt sich schon aus dem Wortlaut der §§ 765 Abs. 1, 1113 Abs. 1, 1204 Abs. 1 BGB, die jeweils eine Forderung bzw. Verbindlichkeit voraussetzen)[167];
- die Sicherheit besteht nur in der Höhe, wie auch die Forderung besteht, zuzüglich etwaiger Nebenkosten (vgl. für die Bürgschaft § 767 Abs. 1 und Abs. 2, das Pfandrecht § 1210 Abs. 1 und Abs. 2 BGB, bei der Hypothek ergibt sich die Höhe aus dem Bestand der im Grundbuch eingetragenen Forderung und der jeweiligen Nebenkosten gem. §§ 1115 Abs. 1 , 1118 BGB);

---

166 *Becker-Eberhard*, Die Forderungsgebundenheit der Sicherungsrechte, S. 4.

167 Gem. §§ 765 Abs. 2, 1113 Abs. 2, 1204 Abs. 2 BGB können auch künftige Forderungen Grundlage einer Hypothek oder eines Pfandrechts sein. Dies befreit aber nur von der genauen Bezifferung der Forderung der Höhe nach. Der Entstehungsgrund muss bestimmbar sein, vgl. BGH, Urt. v. 26.01.1983, VIII ZR 257/81, BGHZ 86, S. 340, unter II. 4. b) bb) der Gründe.

- erlischt die Forderung, erlischt auch die Sicherheit (vgl. für die Bürgschaft § 765 Abs. 1 S. 1, das Pfandrecht § 1252 BGB, die Hypothek wird in diesem Fall zur Eigentümerhypothek bzw. -grundschuld gem. §§ 1163 Abs. 1 S. 2, 1177 Abs. 1 S. 1 BGB);
- Einreden gegen die Forderung können auch der Sicherheit entgegengehalten werden (vgl. für die Bürgschaft § 768 Abs. 1 S. 1 BGB, die Hypothek § 1137 Abs. 1 S. 1 BGB, das Pfandrecht § 1211 Abs. 1 S. 1 BGB);
- wird die Forderung übertragen, geht auch die Sicherheit mit über (vgl. für die Bürgschaft § 401 Abs.1 BGB, die Hypothek § 1153 BGB, für das Pfandrecht § 1250 Abs. 1 BGB).

Die Akzessorietät erzeugt somit einen „Gleichklang" zwischen gesicherter Forderung und Sicherungsmittel auf fünf Ebenen. Diese Ebenen können nach der obigen Aufzählung bezeichnet werden als die[168]:

- Entstehungsakzessorietät (§§ 765 Abs. 1, 1113 Abs. 1, 1204 Abs. 1 BGB)
- Umfangsakzessorietät (§ 767 Abs. 1 und Abs. 2 BGB; § 1210 Abs. 1 und Abs. 2 BGB; §§ 1115 Abs. 1, 1118 BGB)
- Erlöschensakzessorietät (§ 765 Abs. 1 S. 1; § 1252 BGB; § 1163 Abs. 1 S. 2 BGB)
- Durchsetzungsakzessorietät (§ 768 Abs. 1 S. 1 BGB; § 1137 Abs. 1 S. 1 BGB; § 1211 Abs. 1 S. 1 BGB)
- Zuständigkeitsakzessorietät (§ 401 Abs.1 BGB; § 1153 BGB; § 1250 Abs. 1 BGB)

Im Gegensatz dazu stehen die nicht-akzessorischen Sicherheiten, bei denen die gesicherte Forderung und das Sicherungsmittel unabhängig voneinander bestehen. Zu ihnen gehört als einzige gesetzlich vorgesehene Sicherheit die Grundschuld gem. §§ 1191 ff. BGB. Die kautelarischen Sicherheiten sind allesamt nicht-akzessorisch.

4. Sonderfall: Ersatzsicherheiten

Neben den gesetzlich vorgesehenen und kautelarischen Kreditsicherheiten sind auch sog. „Ersatzsicherheiten" oder auch „atypische Sicherheiten" verbreitet[169]. Diese werden deshalb so genannt, weil sie nicht den gleichen Grad an Verwertbarkeit und Verkehrsfähigkeit aufweisen wie die o.g. „typischen" Sicherheiten[170]. Sie beinhalten i.d.R. nur schuldrechtliche Vereinbarungen zwischen dem Kre-

---

168 Vgl. *Medicus*, JuS 1971, S. 497 (498 ff.).

169 Insbesondere nach Eintritt der Bankenkrise 2008 wurden diese Instrumente erheblich verschärft, *Kilgus*, BKR 2009, S. 181 (186).

170 *Merkel/Tetzlaff*, in: Bankrechts-Handbuch, § 98, Rn. 1.

ditnehmer und dem Kreditgeber. In Konsortialkrediten sind dabei u. a. die sog. „Zusicherungen“ (engl. „*Representations*“) und „Auflagen“ (engl. „*Undertakings*“ oder „*Covenants*“) anzutreffen.

a) Zusicherungen

Zusicherungen werden beim Abschluss des Kreditvertrages gegeben und beziehen sich grundsätzlich auf den Zeitpunkt des Abschlusses des Kreditvertrages[171]. Der Kreditnehmer versichert ggü. dem Kreditgeber, dass ein gewisser Umstand vorliegt (sog. „Positiverklärung“) oder nicht vorliegt (sog. „Negativerklärung“). Er sichert z. B. zu, dass neben den den Konsortialbanken bekannten und von ihnen zugelassenen Verbindlichkeiten keine anderen bestehen oder dass den Kreditnehmer keine anderen als die den Konsortialbanken bekannten und von ihnen erlaubten Sicherheiten belasten (beides Negativerklärungen). Andererseits hat der Kreditnehmer teilweise auch zuzusichern, dass er eine rechtswirksam gegründete Gesellschaft ist, dass er über alle erforderlichen Genehmigungen zum Geschäftsbetrieb verfügt und alle fälligen Steuern entrichtet hat (alles Positiverklärungen). Einen Sonderfall unter den Zusicherungen bilden die sog. „*Pari-Passu*-Klauseln“. Mit ihnen sichert der Kreditnehmer zu, dass die Forderungen und/oder die dafür bestellten Sicherheiten der Konsortialbanken ggü. dritten Gläubigern vorrangig sind[172]. Die Nichteinhaltung der Zusicherungen stellt i. d. R. einen Kündigungsgrund („*Event of Default*“) für die Kreditgeber dar.

b) Auflagen

Auflagen werden ebenfalls zum Abschluss des Kreditvertrages erteilt, beziehen sich aber auf zukünftige Umstände[173]. So hat der Kreditnehmer z. B. regelmäßig Informationen über die wirtschaftliche Entwicklung seines Unternehmens an die Konsortialbanken zu geben (sog. „*Information Undertakings*“), gewisse Finanzkennzahlen einzuhalten (sog. „*Financial Covenants*“) oder sonstige Maßnahmen vorzunehmen bzw. zu unterlassen (sog. „*General Undertakings*“). Die Auflagen beschränken die Handlungsfreiheit des Kreditnehmers und erhöhen die Kontrolle der Kreditgeber über den Kreditnehmer[174]. Von den Kreditgebern werden sie als Instrument zur „Krisenfrüherkennung“ geschätzt[175]. Als Auflage können auch

---

171 *Diem*, Akquisitionsfinanzierungen, § 21, Rn. 9.
172 *Ders.*, a.a.O., § 21, Rn. 7.
173 *Ders.*, a.a.O., § 22, Rn. 1.
174 Vgl. für die *Financial Covenants*, *Fleischer*, ZIP 1998, S. 313 (314).
175 *Krolak/Remmen*, DB 2009, S. 1417; *Schwintowski/Dannischewski*, ZIP 2005, S. 840 (843).

Pari-Passu-Klauseln zum Einsatz kommen. Der Kreditnehmer kann sich nämlich auch für die Zukunft dazu verpflichten, dass die Forderungen und/oder die dafür bestellten Sicherheiten der Konsortialbanken ggü. Drittgläubigern immer den ersten Rang haben werden. Bei Nichteinhalten der Auflagen sind die Kreditgeber i. d. R. zur Kündigung berechtigt.

c) Ergebnis

Bei den Ersatzsicherheiten handelt es sich nicht um klassische Kreditsicherheiten, wie sie im Gesetz vorzufinden oder aus ihm abzuleiten sind. Dennoch sind sie als Sicherheiten einzustufen, denn ihr Zweck liegt darin, die Wahrscheinlichkeit des Erhalts der Gegenleistung zu erhöhen. Damit fallen sie unter die o.g. Definition der Kreditsicherung. Die Kreditsicherung erreichen sie aber nicht über den Weg der Verwertung eines Rechts oder einer Sache. Die Ersatzsicherheiten stellen vielmehr bloß schuldrechtliche Abreden dar, deren Nichteinhaltung die Kreditgeber i. d. R. zur Kündigung berechtigt[176]. Sie dienen zur Schaffung von Kündigungsgründen (sog. „*Events of Default*") und nicht zur Schaffung zusätzlicher Haftungsmasse. Damit liegt ihre Funktion ausschließlich darin, Druck auf den Kreditnehmer auszuüben, nicht aber den Kreditgeber im Sicherungsfall zu befriedigen.

II. Kreditsicherheiten für syndizierte Kredite

Syndizierte Kredite unterscheiden sich im Hinblick auf die Möglichkeiten der Besicherung grundsätzlich nicht von „normalen" Krediten. Je nach Finanzierungszweck fällt der Kreis der möglichen Kreditsicherheiten allerdings unterschiedlich groß aus. Im Folgenden werden die denkbaren Kreditsicherheiten je nach Finanzierungszweck dargestellt. Ein besonderes Augenmerk liegt dabei auf den für diese Arbeit relevanten akzessorischen Sicherheiten. Akzessorischen Kreditsicherheiten wird mitunter nachgesagt, sie seien wegen ihrer nachteiligen Konstruktion in der Praxis kaum anzutreffen[177]. Das wird in Bezug auf die Besicherung von syndizierten Krediten im Folgenden widerlegt.

---

176 *Diem*, Akquisitionsfinanzierungen, § 21, Rn. 14 und § 22, Rn. 76; *Schwintowski/Dannischewski*, ZIP 2005, S. 840 (843).

177 So deutet *Bassenge*, in: Palandt, BGB, Einf v § 1273, Rn. 2, an, das Pfandrecht an Rechten sei weitestgehend durch die Sicherungsabtretung verdrängt worden und erlange nur noch aufgrund von § 14 AGB-Banken Bedeutung; ebenso *Berger*, in: Jauernig, BGB, 15. Aufl. 2014, Vor § 1204, Rn. 3.

1. Denkbare Kreditsicherheiten i.R.v. Akquisitionsfinanzierungen

Hat die Finanzierung den Erwerb von Unternehmensanteilen zum Zweck, so schränken die besonderen Akquisitionsstrukturen den Kreis der möglichen Sicherheiten ein. Akquisitionsfinanzierungen laufen i.d.R. über eine eigens für den Kauf gegründete Zweckgesellschaft in Form einer GmbH oder GmbH & Co. KG ab. Die Zweckgesellschaft hat kein eigenes operatives Geschäft, sondern dient nur als Vehikel für den Erwerb der Unternehmensanteile[178]. Der Kredit wird der Zweckgesellschaft gewährt und nicht den dahinterstehenden Investoren. Mangels operativen Geschäfts verfügt die Zweckgesellschaft über keine Sachwerte, so dass sich die Frage stellt, was sie als Sicherheit bieten kann. Als Erwerber der Anteile an der Zielgesellschaft kommt vor allem die Verpfändung der zukünftigen Gesellschaftsanteile[179] in Betracht[180]. Streng genommen werden nicht die Gesellschaftsanteile verpfändet, sondern die Mitgliedschaft in der jeweiligen Gesellschaft[181]. Der Gesellschaftsanteil repräsentiert nur die Mitgliedschaft in der Gesellschaft[182]. Von der Mitgliedschaft zu unterscheiden sind die einzelnen Mitgliedschaftsrechte. Die Mitgliedschaftsrechte sind einzeln grundsätzlich nicht übertragbar (sog. „Abspaltungsverbot")[183] und können daher auch nicht Gegenstand einer Verpfändung sein, vgl. § 1274 Abs. 2 BGB. Eine Ausnahme gilt nur für Ansprüche, die aus den Mitgliedschaftsrechten erwachsen, wie z. B. ein konkreter Gewinnanspruch, der nach der Gewinnfeststellung aus dem Gewinnbezugsrecht des Gesellschafters erwächst. Dieser unterliegt nicht mehr dem Abspaltungsverbot und ist damit sowohl übertragbar als auch verpfändbar[184]. Mitgliedschaft und Gewinnanspruch müssen separat verpfändet werden. Denn nach der gesetzgeberischen Konzeption erfasst das Pfandrecht nur die Mitgliedschaft als Ganzes, nicht aber die einzelnen Früchte (§ 99 BGB) daraus. Dies zeigt § 1213 Abs. 1 BGB, der

---

178 *Erne*, GWR 2012, S. 503 (503); *Schrell/Kirchner*, BKR 2003, S. 444 (444); *Diem*, Akquisitionsfinanzierungen, § 41, Rn. 4 und § 43, Rn. 9.

179 Ein zukünftiges Recht kann ebenso verpfändet werden wie es abgetreten werden kann, vgl. BGH, Urt. v. 14.01.2010, IX ZR 78/09, NJW-RR 2010, S. 924, unter II. 1. c) aa) der Gründe.

180 *Diem*, Akquisitionsfinanzierung, § 41, Rn. 4.

181 Vgl. *Bülow*, Recht der Kreditsicherheiten, Rn. 662.

182 Für den GmbH-Geschäftsanteil vgl. *Reichert/Weller*, in: MünchKomm, GmbHG, § 14, Rn. 7 und *Verse*, in: Henssler/Strohn, Gesellschaftsrecht, 2. Aufl. 2014, § 14 GmbHG, Rn. 33; für die Aktien der AG vgl. *Heider*, in: MünchKomm, AktG, 3. Aufl. 2008, § 1, Rn. 97.

183 Grundlegend BGH, Urt. v. 25.02.1965, II ZR 287/63, NJW 1965, S. 1378.

184 *Reymann*, DNotZ 2005, S. 425 (430, 431); *Stupp*, DB 2006, 655 (655); *Escher/Haag*, in: Münchener Handbuch des Gesellschaftsrechts, Bd. 2, 4. Aufl. 2014, § 27a, Rn. 19; *Sprau*, in: Palandt, BGB, § 717, Rn. 9; vgl. auch BGH, Urt. v. 14.01.2010, IX ZR 78/09, NJW-RR 2010, S. 924; s. dazu auch unten unter B. II. 1. d) (Verpfändung und Sicherungsabtretung einzelner Forderungen).

zwischen dem Pfandgegenstand (in diesem Fall der Mitgliedschaft) und den Früchten aus dem Pfandgegenstand (in diesem Fall der Gewinnanspruch) unterscheidet[185]. Durch die Verpfändung der Mitgliedschaft wird also ein (zukünftiger) Gewinnanspruch nicht automatisch mit verpfändet, sondern muss ggf. zusätzlich verpfändet werden[186].

Durch die Verpfändung der Mitgliedschaft erhält der Pfandgläubiger nur das Recht, sich aus der Verwertung des Gesellschaftsanteils zu befriedigen. I.Ü. lässt die Verpfändung die Stellung des Gesellschafters unberührt, d.h. der Pfandgläubiger erhält keinen Einfluss auf die einzelnen Mitgliedschaftsrechte des Gesellschafters (z.B. Ausübung der Stimmrechte, Informationsansprüche ggü. der Gesellschaft etc.)[187]. Der Gesellschafter ist im Regelfall auch nach der Verpfändung seines Gesellschaftsanteils genauso frei, wie wenn sein Gesellschaftsanteil nicht belastet wäre.

Die Verpfändung der Mitgliedschaft bzw. des Gesellschaftsanteils kann als Sach- oder als Rechtsverpfändung ausgestaltet sein. Ob eine Sach- oder Rechtsverpfändung vorliegt, richtet sich danach, wie die Mitgliedschaft übertragen wird. Die Übertragung der Mitgliedschaft hängt wiederum maßgeblich davon ab, ob sie bzw. der sie repräsentierende Anteil verbrieft ist oder nicht.

a) Verpfändung der Mitgliedschaft in einer GmbH

Zwar können GmbH-Geschäftsanteile grundsätzlich verbrieft werden, dadurch entsteht aber kein Wertpapier i.e.S., d.h. eine „Urkunde, ohne die ein darin verbrieftes Recht nicht geltend gemacht werden kann“[188]. Vielmehr handelt es sich nur um ein reines Beweismittel (sog. „einfaches Legitimationspapier“)[189]. Insofern liegt keine Verbriefung i.e.S. vor. Daher scheidet auch eine Anteilsübertragung im Wege der Übereignung des Anteilsscheins aus. GmbH-Geschäftsanteile können ausschließlich mittels notariell beurkundeter Abtretung übertragen werden, §§ 398 S. 1, 413 BGB i.V.m. § 15 Abs. 3 GmbHG. Dies entspricht dem Willen des Gesetzgebers, den GmbH-Geschäftsanteil nicht zum Spekulationsobjekt werden

---

185 *Reymann*, DNotZ 2005, S. 425 (430).

186 BGH, Urt. v. 14.01.2010, IX ZR 78/09, NJW-RR 2010, S. 924, unter II. 1. a) bb) der Gründe sowie *Damrau*, in: MünchKomm, BGB, § 1274, Rn. 56; **a.A.** *Roth*, ZGR 2000, 187 (204) und *Hoffmann*, WM 2007, 1547 (1553), die in diesem Fall § 1289 BGB analog anwenden wollen.

187 Vgl. BGH, Urt. v. 13.07.1992, II ZR 251/91, BGHZ 119, S. 191, unter I. 1. der Gründe.

188 Definition nach *Hueck/Canaris*, Recht der Wertpapiere, 12. Aufl. 1986, § 1 I.

189 So schon RG, Urt. v. 02.12.1902, II 405/02, RGZ 53, S. 107 (109); *Altmeppen*, in: Roth/Altmeppen, GmbHG, § 14, Rn. 9.

zu lassen und seine Verkehrsfähigkeit gering zu halten[190]. Für GmbH-Geschäftsanteile kommt daher nur die Rechtsverpfändung gem. § 1273 Abs. 1, 2 i.V.m. § 1204 Abs. 2 BGB in Betracht[191]. Zu beachten ist, dass § 1274 Abs. 1 S. 1 BGB für die Bestellung des Pfandrechts auf die für die Übertragung des jeweiligen Rechts geltenden Vorschriften verweist. Daher muss die Verpfändung – ebenso wie die Abtretung – gem. § 1274 Abs. 1 S. 1 BGB i.V.m. § 15 Abs. 3 GmbHG notariell beurkundet werden. Eine Anzeige nach § 1280 BGB ist nicht erforderlich, da § 1280 BGB nur die Verpfändung von einzelnen Forderungen erfasst und nicht die der Mitgliedschaft im Ganzen[192].

b) Verpfändung der Mitgliedschaft in einer AG

Anteile an einer AG sind der Verbriefung zugänglich, vgl. § 10 Abs. 1 AktG. Die Ausgabe von Aktien ist indes nicht zwingend. Der Aktionär hat zwar einen Anspruch auf die Ausgabe verbriefter Anteilsscheine, muss diesen aber nicht ausüben[193]. Werden keine Wertpapiere ausgegeben, so besteht die Mitgliedschaft nur in ihrer unkörperlichen Form. Die Übertragung erfolgt dann mittels Abtretung gem. §§ 413, 398 BGB. Dementsprechend erfolgt die Verpfändung im Wege der Rechtspfändung der Mitgliedschaft gem. § 1273 BGB[194]. Hat aber eine Verbriefung stattgefunden, so kommen sowohl die Rechtsverpfändung der Mitgliedschaft gem. § 1273 BGB als auch die Sachverpfändung des Wertpapiers gem. § 1293 BGB in Betracht.

aa) Verpfändung der Aktie

Anteile an einer AG können als Inhaber- oder als Namensaktien ausgestaltet sein, § 10 Abs. 1 AktG. Je nach Aktientypus richtet sich die Verpfändung nach anderen Vorschriften.

---

190 Dies ist der anerkannte Zweck der Formvorschriften gem. § 15 GmbHG, vgl. BGH, Urt. v. 10. 03. 2008, II ZR 312/06, NJW-RR 2008, S. 773, unter II. 2. a) aa) der Gründe.

191 Vgl. *Verse*, in: Henssler/Strohn, Gesellschaftsrecht, § 14 GmbHG, Rn. 40.

192 *Reymann*, DNotZ 2005, S. 425 (429); *Damrau*, in: MünchKomm, BGB, § 1292, Rn. 58.

193 *Hüffer*, AktG, 11. Aufl. 2014, § 10, Rn. 2.

194 *Hoffmann*, WM 2007, 1547 (1547).

aaa) Namensaktien

Namensaktien sind – anders als ihr Wortlaut nahelegt – Orderpapiere[195] und können mittels Indossament[196] i.S. des Art. 11 ff. WG übertragen werden, vgl. § 68 Abs. 1 S. 1 AktG. Orderpapiere sind gesetzlich nicht geregelt und nehmen eine Sonderstellung zwischen Inhaberpapieren und Namenspapieren ein. Während bei den Inhaberpapieren der Rechtserwerb i. d. R. über den Erwerb des Wertpapiers gem. § 929 S. 1 BGB erfolgt („Das Recht aus dem Papier folgt dem Recht am Papier"), ist es bei Namenspapieren genau umgekehrt: Namenspapiere stehen demjenigen zu, der das Recht gem. § 398 BGB erworben hat, § 952 Abs. 1 BGB („Das Recht am Papier folgt dem Recht aus dem Papier")[197]. Das Orderpapier nimmt eine Sonderstellung zwischen Inhaber- und Namenspapier ein[198]. Zwar wird der Berechtigte auf dem Orderpapier namentlich benannt (wie beim Namenspapier), die Eigentumsübertragung erfolgt aber mittels Indossament und Übereignung des Orderpapiers gem. §§ 929 ff. BGB (wie beim Inhaberpapier). Das Indossament ist zwar nur eine Übertragungsmöglichkeit für Wechsel, vgl. Art. 11 ff. WG. Um das Orderpapier verkehrsfähiger zu gestalten, wird das Indossament aber auch auf dieses angewandt[199]. Somit bedarf es nicht mehr der Abtretung gem. §§ 413, 398 BGB und dem Indossatar kommen die Gutglaubensregelungen des Art. 16 WG sowie der Einwendungsabschnitt gem. Art. 19 Abs. 2 WG zugute. Wer das Orderpapier mit dem entsprechenden Indossament in den Händen hält, ist zur Geltendmachung des verbrieften Rechts berechtigt, sofern er sein Recht durch eine ununterbrochene Kette von Indossamenten nachweist, vgl. Art. 16 Abs. 1 WG. Dementsprechend schreibt § 1292 BGB für die Verpfändung eines Orderpapiers vor, dass die Einigung über die Verpfändung und Übergabe des Orderpapiers ausreichen. Hinzu kommt als Voraussetzung das sog. Pfandindossament gem. Art. 19 Abs. 1 WG (d. h. ein Verpfändungsvermerk), das als offenes (der Begebungsvermerk lautet auf Verpfändung des Wertpapiers) oder als verdecktes (der Begebungsvermerk lautet auf Übertragung des Wertpapiers) ausgestaltet sein

---

195 *Heider*, in: MünchKomm, AktG, § 10, Rn. 25 m.w.N.

196 Als Indossament (aus dem Italienischen *„in dosso"* – auf dem Rücken) wird der Begebungsvermerk des Berechtigten des Wertpapiers (sog. „Indossant") bezeichnet. Der Indossant vermerkt i. d. R. auf der Rückseite des Wertpapiers den Namen desjenigen, an den er das Recht überträgt (sog. „Indossatar"). Dieser kann nach Übergabe mit dem Orderpapier gegen den Bezogenen vorgehen.

197 Zu den verschiedenen Wertpapierkategorien allgemein vgl. *Sprau*, in: Palandt, BGB, Einf v § 793, Rn. 1 ff. Zu den Übertragungsmöglichkeiten beim Inhaberpapier beachte aber auch die Ausführungen unter B. II. 1. b) bb) bbb) (Inhaberaktien).

198 Vgl. *Maultzsch*, in: Oetker, HGB, 3. Aufl. 2013, § 363, Rn. 5.

199 *Hakenberg*, in: Ebenroth/Boujong/Joost/Strohn, HGB, 2. Aufl. 2009, § 363, Rn. 3.

kann[200]. Wird eine Namensaktie per Indossament verpfändet, so erhält der Pfandgläubiger alle Rechte aus dem Wertpapier, vgl. Art. 19 Abs. 1 WG. Die Verpfändung der Aktie nach § 1292 BGB hat damit weitergehende Auswirkungen als die Verpfändung der Mitgliedschaft gem. § 1274 BGB.

bbb) Inhaberaktien

Inhaberaktien sind Inhaberpapiere i.S. des §§ 793 ff. BGB[201]. Wer die verbriefte Mitgliedschaft erwerben will, geht üblicherweise den Weg über den Erwerb des Inhaberpapiers gem. § 929 S. 1 BGB[202]. Dementsprechend können als Inhaberpapier verbriefte Mitgliedschaften im Wege der Sachverpfändung eingesetzt werden, § 1293 i.V.m. § 1204 BGB.

bb) Verpfändung der Mitgliedschaft

Fraglich ist, ob bei Aktien neben der Sachverpfändung des Wertpapiers auch noch die Rechtsverpfändung der Mitgliedschaft an sich möglich ist. Dies richtet sich danach, ob die Mitgliedschaft noch mittels Abtretung gem. §§ 413, 398 BGB übertragen werden kann oder ob die Verbriefung zur Folge hat, dass die Anteilsübertragung nur noch mittels Wertpapierübereignung stattfindet. Vor der Verbriefung ist unstreitig eine Übertragung mittels Abtretung gem. §§ 413, 398 BGB möglich bzw. notwendig[203].

aaa) Namensaktien

Bei Namensaktien erfolgt die Übertragung des Rechts grundsätzlich mittels Indossaments. Wie der Wortlaut des § 68 Abs. 1 AktG („kann“) aber deutlich macht, ist die Übertragung mittels Indossament nicht zwingend, sondern nur eine zusätzliche Möglichkeit, die dem Orderpapier eingeräumt wird, um dessen Verkehrsfähigkeit zu erhöhen[204]. Die Übertragung des verbrieften Rechts gem. §§ 413, 398 BGB ist daher weiterhin möglich[205]. In diesem Fall geht das Eigentum an

---

200 Für weitere Details betreffend das Pfandindossament vgl. *Damrau*, in: MünchKomm, BGB, § 1292, Rn. 6 ff.
201 *Hüffer*, AktG, § 10, Rn. 4; *Sprau*, in: Palandt, BGB, Einf v § 793, Rn. 3.
202 *Heider*, in: MünchKomm, AktG, § 10, Rn. 37 m.w.N.
203 *Hoffmann*, WM 2007, 1547 (1547) m.w.N.
204 *Stupp*, DB 2006, S. 651 (656).
205 BGH, Urt. v. 20.9.2004, II ZR 288/02, BGHZ 160, S. 253, unter II. 2. a) der Gründe.

dem Wertpapier gesetzlich über gem. § 952 Abs. 1 BGB[206]. Bei Namensaktien ist daher neben dem Pfandindossament gem. § 1292 BGB auch die Rechtsverpfändung gem. § 1273 BGB möglich. Dies bestätigt auch der Wortlaut des § 1292 BGB („genügt"), wodurch deutlich wird, dass es sich beim Pfandindossament nicht um einen ausschließlichen Tatbestand handelt, sondern dass dieser nur neben § 1273 BGB tritt[207].

Die Rechtsverpfändung hat zwar grundsätzlich den Nachteil, dass die Anzeigepflicht gem. § 1280 BGB eingehalten werden muss[208]. § 1280 BGB findet jedoch nur auf die Verpfändung einzelner Forderungen Anwendung. Bei der Verpfändung der ganzen Mitgliedschaft ist keine Anzeige gem. § 1280 BGB notwendig[209]. Allerdings profitiert der Pfandgläubiger bei einer Rechtsverpfändung nach § 1273 BGB nicht von den Möglichkeiten des gutgläubigen Erwerbs auf Grundlage des Art. 16 Abs. 1 und 2 WG. Der Pfandgläubiger sieht sich mangels Anwendung von Art. 19 Abs. 2 WG zudem den Einwendungen aus §§ 1275, 404 BGB ausgesetzt[210].

bbb) Inhaberaktien

Umstritten ist jedoch, ob auch die in Inhaberaktien verbriefte Mitgliedschaft weiterhin gem. §§ 413, 398 BGB übertragen werden kann.

i) Teile der Literatur: Übertragung nur gem. §§ 929 ff. BGB

Nach einer Ansicht führt die Verbriefung zu einer Ausschließlichkeit der Übertragung nach §§ 929 ff. BGB[211]. Das Inhaberpapier unterliege nach erfolgter Verbriefung dem Primat des Sachenrechts und könne folglich nicht mehr nach §§ 413, 398 BGB übertragen werden („Das Recht aus dem Papier folgt dem Recht am Papier")[212]. Zudem bestehe bei einer solchen Verdoppelung der Übertragungsmöglichkeiten das Risiko, dass Wertpapier und Recht unterschiedlichen Personen zuzuordnen sein. Nach dieser Ansicht wäre nur die Sachverpfändung gem. § 1293 i.V.m. §§ 1204 ff. BGB möglich.

---

206 *Gursky*, in: Staudinger, BGB, § 952, Rn. 7.
207 *Damrau*, in: MünchKomm, BGB, § 1292, Rn. 1.
208 *Ders.*, a.a.O., Rn. 17.
209 *Ders.*, a.a.O., § 1274, Rn. 58.
210 *Bassenge*, in: Palandt, BGB, § 1292, Rn. 2; *Damrau*, in: MünchKomm, BGB, § 1292, Rn. 18.
211 *Sprau*, in: Palandt, BGB, § 793, Rn. 9; *Roth*, in: MünchKomm, BGB, § 413, Rn. 10 und § 398, Rn. 37; *Schulze*, in: Schulze, BGB, 8. Aufl. 2014, § 398, Rn. 3.
212 *Schulze*, in: Schulze, BGB, § 398, Rn. 3.

ii) H.Lit.: Übertragung auch nach §§ 413, 398 BGB

Die h.Lit. hält jedoch eine Übertragung der verbrieften Mitgliedschaft auch nach §§ 413, 398 BGB für möglich[213]. Als Argument wird angeführt, dass ein Auseinanderfallen des Rechts am Wertpapier und an der Forderung durch die Anwendung des § 952 Abs. 2 BGB verhindert werde[214]. Die Anwendung des § 952 Abs. 2 BGB sei entgegen der Mindermeinung mit der Systematik des § 793 Abs. 1 S. 1 BGB vereinbar, denn dieser verlange nur, dass der Inhaber zur Verfügung über das Inhaberpapier berechtigt ist. Wie er an die Verfügungsbefugnis gekommen ist (über §§ 929 ff. BGB oder § 952 Abs. 2 BGB), sei irrelevant[215].

iii) Stellungnahme

Der Mindermeinung ist zuzugeben, dass die Anwendung des § 952 Abs. 2 BGB auf Inhaberpapiere zunächst verwirrend erscheint. Traditionellerweise grenzt man Inhaberpapiere von Namenspapieren nach ihrem Übertragungsweg ab. Es wird grundsätzlich vertreten, dass für Inhaberpapiere der Rechtssatz „Das Recht aus dem Papier folgt dem Recht am Papier" und für Namenspapiere der Rechtssatz „Das Recht am Papier folgt dem Recht aus dem Papier" gilt. Demgemäß erscheint für Inhaberpapiere die Übertragung ausschließlich nach §§ 929 ff. BGB die dogmatisch richtige Lösung. Diesem Lösungsweg liegt aber ein zu enges Verständnis eines ursprünglich nur zur besseren Orientierung gedachten Rechtssatzes zu Grunde. Der Rechtssatz „Das Recht aus dem Papier folgt dem Recht am Papier" ist nicht als Ausschließlichkeit des Übertragungswegs zu verstehen, sondern nur als didaktischer Orientierungssatz dafür, wie die Übertragung im Normalfall erfolgt[216]. Ziel ist es nur, die besondere Übertragungsmöglichkeiten von als Inhaberpapier verbrieften Rechten (Übereignung gem. §§ 929 ff. BGB) hervorzuheben, nicht die allgemein übliche Übertragungsmöglichkeit von Rechten (Abtretung gem. §§ 398, 413 BGB) auszuschließen.

---

213 *Habersack*, in: MünchKomm, BGB, § 793, Rn. 32; *Wiesner/Kraft*, in: Münchener Handbuch des Gesellschaftsrechts, Bd. 4, 3. Aufl. 2007, § 14, Rn. 5; *Henssler*, in: Soergel, BGB, § 952, Rn. 8; *Marburger*, in: Staudinger, BGB, Vorbem zu §§ 793 ff, Rn. 7; *Eder*, NZG 2004, S. 107 (108); *Stupp*, DB 2006, S. 655 (656); *Habersack/Mayer*, WM 2000, S. 1678 (1682); *Baumbach/Hefermehl/Casper*, Wechselgesetz, Scheckgesetz, Recht der kartengestützen Zahlungen, 23. Aufl. 2008, WPR, Rn. 34; *Hueck/Canaris*, Recht der Wertpapiere, § 1 I. 5b); *Zöllner*, Wertpapierrecht, 14. Aufl. 1987, S. 10; wohl auch der BGH, Urt. v. 25.11.2008, XI ZR 413/07, NZG 2009, S. 474, unter II. 2. a) der Gründe.

214 *Wiesner/Kraft*, in: Münchener Handbuch des Gesellschaftsrechts, Bd. 4, § 14, Rn. 5.

215 *Habersack*, in: MünchKomm, BGB, § 793, Rn. 32.

216 *Zöllner*, Wertpapierrecht, S. 10 f.

Um das Recht an Forderung und Wertpapier nicht auseinanderfallen zu lassen, ist im Fall der Übertragung des Rechts nach §§ 398, 413 BGB ein gesetzlicher Eigentumserwerb gem. § 952 Abs. 2 BGB angezeigt. Die Anwendung des § 952 Abs. 2 BGB wird nicht durch den Wortlaut der Norm ausgeschlossen. Dieser fordert nur eine „Urkunde über andere Rechte, kraft deren eine Leistung gefordert werden kann“. Inhaberpapiere sind Urkunden, die ihren Inhaber als berechtigt ausweisen, von dem Schuldner die versprochene Leistung zu fordern[217]. Inhaberpapiere werden damit zweifellos vom Wortlaut des § 952 Abs. 2 BGB erfasst. Die nachfolgende Aufzählung von Hypothek-, Grundschuld- und Rentenschuldbriefen ist nicht abschließend (vgl. Wortlaut „insbesondere“) und schließt daher die Anwendung auf Inhaberpapiere nicht aus.

Daher ist der h.Lit. zu folgen. Dies wird im Hinblick auf den Sinn und Zweck der Verbriefung besonders deutlich. Rechtshistorisch diente sie dazu, ein nicht sichtbares Recht zu verkörpern. Die Verkörperung hat im Wesentlichen zwei Vorteile[218]: Erstens wird der Berechtigte allein durch die Innehabung des Wertpapiers ausgewiesen, so dass der Schuldner mit befreiender Wirkung an ihn leisten kann und der Inhaber des Wertpapiers die Leistung fordern kann, ohne seine materielle Berechtigung nachweisen zu müssen (sog. „Legitimationsfunktion“). Zweitens wird durch die Verkörperung der gutgläubige Erwerb gem. §§ 932 ff. BGB möglich, insbesondere auch bei abhanden gekommen Wertpapieren, vgl. § 935 Abs. 2 BGB (sog. „Verkehrsschutzfunktion“). Diese beiden Vorteile sollen die Verkehrsfähigkeit des Rechts erhöhen und es dem gewerblichen Handel zugänglich machen. Die Verbriefung hat also nur eine unterstützende Funktion. Sie soll dem Rechtsinhaber die Möglichkeit geben, seinen Anspruch einem anderen Rechtsregime zu unterwerfen. Dieses soll aber das alte (§§ 398 ff. BGB) nicht völlig ersetzen, sondern nur daneben treten, als zusätzliche Möglichkeit. Daher ist es nicht verständlich, warum der Rechtsinhaber auf die Möglichkeit der Abtretung verzichten sollte, wenn er das Recht einmal verbrieft hat. Schließlich bleibt das Recht weiterhin ein Recht, auch wenn es zusätzlich noch verbrieft ist. Daher ist die Übertragung einer in einer Inhaberaktie verbrieften Mitgliedschaft nach

---

217 *Baumbach/Hefermehl/Casper*, Wechselgesetz, Scheckgesetz, Recht der kartengestützten Zahlungen, WPR, Rn. 34; *Hueck/Canaris*, Wertpapierrecht, § 2 III 3.

218 *Baumbach/Hefermehl/Casper*, Wechselgesetz, Scheckgesetz, Recht der kartengestützten Zahlungen, WPR, Rn. 4 ff.; vgl. auch *Apfelbaum*, Die Verpfändung der Mitgliedschaft in der Aktiengesellschaft, S. 43.

§§ 413, 398 ff. BGB möglich. Dementsprechend kann bei Inhaberaktien auch eine Rechtsverpfändung gem. § 1273 BGB stattfinden[219].

c) Verpfändung der Mitgliedschaft in einer Personengesellschaft

Die Ansprüche aus der Mitgliedschaft in einer Personengesellschaft sind wegen ihres höchstpersönlichen Charakters grundsätzlich nicht übertragbar, vgl. § 717 S. 1 BGB (GbR), § 105 Abs. 3 HGB (oHG, Verweis auf § 717 S. 1 BGB), § 161 Abs. 2 HGB (KG, Verweis auf § 105 Abs. 3 HGB). Damit ist gemeint, dass einzelne Mitgliedschaftsrechte nicht von der Mitgliedschaft als solche abgespalten und übertragen werden dürfen[220]. Eine Ausnahme gilt nur für die in § 717 S. 2 BGB aufgeführten Einzelansprüche[221]. Dementsprechend kann grundsätzlich auch nur an diesen Einzelansprüchen ein Pfandrecht bestellt werden, für andere mitgliedschaftliche Einzelansprüche versagt § 1274 Abs. 2 BGB die Verpfändung.

Die Übertragung der Mitgliedschaft im Ganzen wird durch § 1274 Abs. 2 BGB nicht versagt. Denn verhindert werden soll nur die Abspaltung einzelner Ansprüche aus der Mitgliedschaft und nicht die Übertragung der Mitgliedschaft im Ganzen. Die Übertragung der Mitgliedschaft im Ganzen ist im Hinblick auf den Schutz der anderen Gesellschafter auch nicht ohne Weiteres möglich[222]. Der Gesellschaftsvertrag ist ein mehrseitiges Rechtsgeschäft und zwischen den Vertragspartnern bindend. Einen Vertragspartner kann man nicht ohne Weiteres austauschen. Daher ist eine Übertragung der Mitgliedschaft nur zulässig, wenn die anderen Gesellschafter zustimmen oder die Übertragung im Gesellschaftsvertrag vorgesehen ist[223]. Für diesen Fall ist auch die Verpfändung zulässig[224].

---

219 In diesem Fall stellt sich allerdings die Frage, ob für die Verpfändung die Übergabe des Inhaberpapiers notwendig ist. Vgl. dazu den Streitstand bei *Apfelbaum*, Die Verpfändung der Mitgliedschaft in der Aktiengesellschaft, S. 29 ff.

220 BGH, Urt. v. 10. 11. 1951, II ZR 111/50, BGHZ 3, S. 354.

221 Die Übertragung und Verpfändung dieser Ansprüche ist ohne Beteiligung der anderen Gesellschafter möglich, *Merkel*, in: Bankrechts-Handbuch, § 93, Rn. 157.

222 § 717 S. 1 BGB schützt in erster Linie die Gesellschafter, vgl. insoweit *Ulmer/Schäfer*, in: MünchKomm, BGB, § 717, Rn. 7.

223 Das zeigt schon RG, Urt. v. 26. 04. 1904, VII 569/03, RGZ 57, S. 414 (415); zudem *Sprau*, in: Palandt, BGB, § 717, Rn. 1.

224 *Damrau*, in: MünchKomm, BGB, § 1274, Rn. 70; *Merkel*, in: Bankrechts-Handbuch, § 93, Rn. 157.

d) Verpfändung und Sicherungsabtretung einzelner Forderungen

Zuletzt kommt auch die Verpfändung einzelner Forderungen gem. § 1273 BGB in Betracht. Dies können einerseits (zukünftige) Forderungen aus dem Gesellschaftsverhältnis sein. So kann z. B. anstatt der gesamten Mitgliedschaft auch nur der Gewinnanspruch aus der Mitgliedschaft verpfändet werden[225]. Da § 1289 BGB nur auf Forderungen Anwendung findet, sind die Gewinnansprüche im Fall der Verpfändung der ganzen Mitgliedschaft nicht erfasst und müssen zusätzlich verpfändet werden[226]. Eine andere Möglichkeit ist, die Anteilsverpfändung als Nutzungspfand gem. § 1273 Abs. 2 i.V.m. § 1213 BGB auszugestalten. In diesem Fall werden auch die Gewinnansprüche mit verpfändet[227].

Andererseits können auch sonstige Forderungen, die die Zweckgesellschaft hat, verpfändet werden, z. B. Ansprüche aus dem Unternehmenskaufvertrag[228] oder aus einem Kontoführungsvertrag mit der Bank[229]. Da in diesem Fall einzelne Forderungen verpfändet werden, muss eine Anzeige an den Schuldner gem. § 1280 BGB erfolgen.

Anstatt der Verpfändung kann auch eine Sicherungsabtretung einzelner Forderungen durchgeführt werden gem. § 398 S. 1 BGB. Die von Sicherungsabtretung und Rechtsverpfändung erfassten Vermögensgegenstände sind insoweit deckungsgleich[230]. Die Rechtsfolge ist indes eine andere. Während bei der Sicherungsabtretung dem Zessionar das Vollrecht eingeräumt wird (§ 398 S. 1 BGB), erhält der Pfandgläubiger nur ein Verwertungsrecht (§ 1273 Abs. 2 S. 1 i.V.m. § 1204 Abs. 1 BGB). Bei der Sicherungsabtretung kommt es mithin zu einer Vollrechtsübertragung, bei der Rechtsverpfändung nur zur Gewährung eines beschränkt dinglichen Rechts[231]. Dies erklärt auch, warum in Bezug auf Gesellschaftsanteile der Verpfändung der Vorzug ggü. der Sicherungsabtretung gegeben wird: Bei der Sicherungsabtretung würde die Bank die Gesellschafterstellung des Schuldners mit allen Rechten und Pflichten übernehmen. Ein Gesellschafter-

---

225 Vgl. *Reymann*, DNotZ 2005, 425 (432); *Stupp*, DB 2006, 655 (655).

226 BGH, Urt. v. 14. 10. 2010, IX ZR 78/09, NJW-RR 2010, S. 924, unter II. 1. a) bb) der Gründe sowie *Damrau*, in: MünchKomm, BGB, § 1254, Rn. 56; **a.A.** *Roth*, ZGR 2000, 187 (204) und *Hoffmann*, WM 2007, 1547 (1553), die in diesem Fall § 1289 BGB analog anwenden wollen.

227 *Reymann*, DNotZ 2005, 425 (431); *Damrau*, in: MünchKomm, BGB, § 1254, Rn. 56.

228 *Diem*, Akquisitionsfinanzierungen, § 41, Rn. 4.

229 In diesem Zusammenhang wird i. d. R. von einer „Kontoverpfändung" oder „Verpfändung des Kontoguthabens" gesprochen. Darunter ist allerdings nichts anderes als die Verpfändung der Ansprüche des Bankkunden gegen seine Bank zu verstehen, vgl. *Merkel*, in: Schimansky/Bunte/Lwowski, Bankrechts-Handbuch, § 93, Rn. 65 ff.

230 *Bülow*, Recht der Kreditsicherheiten, Rn. 625.

231 *Bülow*, Recht der Kreditsicherheiten, Rn. 19, 20.

wechsel ist aber sowohl aus gesellschaftsrechtlicher als auch insolvenzrechtlicher Sicht von keiner Seite beabsichtigt[232].

e) Sicherheiten durch Dritte

Neben den Sicherheiten, die die Zweckgesellschaft selbst stellt, kommen auch solche in Betracht, die von Dritten gestellt werden. So werden i.R.v. Akquisitionsfinanzierungen die Zielgesellschaft und ihre Gruppengesellschaften im Voraus dazu veranlasst, Sicherheiten für den Kredit ihres zukünftigen Anteilseigners zu bestellen[233]. Diese Gesellschaften verfügen im Gegensatz zur Zweckgesellschaft über ein operatives Geschäft und haben daher auch Vermögenswerte. Diese werden für die Besicherung des Kredits genutzt[234]. Es kommt die ganze Breite von Sicherheiten in Betracht, insbesondere die Sicherungsübereignung, Grundschulden und Sicherungsabtretungen[235] sowie Garantien.

f) Ersatzsicherheiten

Ersatzsicherheiten sind nur schuldrechtliche Vereinbarungen und beziehen sich i.d.R. nicht auf Sachen oder Rechte. Daher kann auch eine vermögenslose Zweckgesellschaft Ersatzsicherheiten für einen syndizierten Kredit stellen. Den Ersatzsicherheiten kommt i.R.v. Akquisitionsfinanzierungen besondere Bedeutung zu, denn wegen der mangelnden persönlichen Haftung der Investoren stehen den darlehensgebenden Banken als Haftungsmasse nur die Erträge zu, die die Zweckgesellschaft aus der Zielgesellschaft erwirtschaftet (der sog. „*Cash-Flow*“). Um deren Fluß und Höhe ständig kontrollieren zu können, nutzen die Banken regelmäßig Ersatzsicherheiten in Form der *Financial Covenants*[236]. Darüber hinaus sind auch die *Pari-Passu*-Klauseln sehr beliebt, mit deren Hilfe sicher gestellt werden soll, dass der Kreditnehmer keine anderen vorrangigen Forderungen oder Kreditsicherheiten bestellt.

---

232 Im Fall der Insolvenz würde dann nämlich der Kredit als Gesellschafterdarlehen und damit als nachrangig (§ 39 Abs. 1 Nr. 5 InsO) eingeordnet, vgl. dazu unten im 3. Teil, unter B. I. 1. e) (Nachrangige Insolvenzgläubiger (§ 39 InsO)) sowie *Diem*, BKR 2002, S. 1034 (1034); *Dreher*, ZGR 1994, S. 144 (151).

233 *Schneider*, NZG 2007, S. 888 (890); *Becker*, DStR 1998, S. 1429 (1430); *Diem*, Akquisitionsfinanzierungen, § 41, Rn. 6.

234 Vgl. *Weitnauer*, ZIP 2005, S. 790 (790); *Tillmann*, NZG 2008, S. 401 (404).

235 *Diem*, Akquisitionsfinanzierungen, § 42, Rn. 6.

236 Vgl. *Hagemeister/Bültmann*, WM 1997, S. 549 (549); *Diem*, BKR 2002, S. 1034 (1038).

g) Bedeutung der akzessorischen Sicherheiten in der Akquisitionspraxis

In Akquisitionsstrukturen spielt das akzessorische Pfandrecht an Rechten eine wichtige Rolle, da oftmals Unternehmensbeteiligungen die einzige mögliche Sicherheit sind, die der Zweckgesellschaft zur Verfügung stehen. Aus den letzten Jahrzehnten gibt es zahlreiche Praxisbeispiele, in denen Gesellschaftsanteile für (syndizierte) Kredite verpfändet wurden. Einige prominente Beispiele werden im Folgenden dargestellt.

So hatte der Unternehmer Leo Kirch den Aufbau seines Medienimperiums unter Aufnahme hoher Schulden erreicht[237]. Seine Beteiligungen erwarb er über die Print Beteiligungs GmbH, eine Gruppengesellschaft des Leo-Kirch-Konzerns. Der Print Beteiligungs GmbH war zur Refinanzierung anderer Verbindlichkeiten im Jahr 1998 ein Kredit i.H.v. 1,4 Mrd. DM von der Deutschen Bank gestellt worden. Für diesen Kredit musste die Gesellschaft ihre 40,05 %-Beteiligung an der Axel Springer AG an die Deutsche Bank verpfänden. Bei den Aktien handelte es sich um vinkulierte Namensaktien i.S. des § 68 Abs. 2 AktG, so dass sowohl eine Rechtsverpfändung (§ 1273 BGB) als auch das Pfandindossament (§ 1292 BGB) in Frage gekommen wären[238]. Als die Darlehen nicht mehr bedient werden konnten, verwertete die Deutsche Bank ihr Pfandrecht im Jahr 2002 im Wege des freihändigen Verkaufs gem. § 1221 BGB. Dies war möglich, da die Aktien der Axel-Springer-AG börsennotiert waren, § 1295 BGB[239]. Den freihändigen Verkauf führte die Deutsche Bank allerdings im Wege einer öffentlichen Versteigerung durch. Letztendlich trat die Deutsche Bank als einziger Bieter auf[240] und erwarb selbst die Anteile an der Axel Springer AG, welche sie später zu Teilen an Friede Springer, den amerikanischen Private-Equity-Fonds „Hellman & Friedman LLC“ und die Axel Springer AG selbst veräußerte.

Eine weitere Verpfändung von Unternehmensanteilen fand im Fall des Kabelnetzbetreibers Callahan Kabel NRW GmbH statt. Aus wettbewerbsrechtlichen Gründen hatte die Deutsche Telekom AG im Jahr 1999 ihr Breitband-Kabelnetz

---

237 Zum Verlauf vgl. den Tatbestand der Entscheidung des OLG München, Urt. v. 10. 12. 2003, 21 U 2392/03, NJW 2004, S. 224.

238 Welcher Weg letztendlich gewählt wurde, ist aus den öffentlich zugänglichen Quellen leider nicht ersichtlich. Im Hinblick auf die spätere Verwertung im Wege des freihändigen Verkaufes gem. § 1221 BGB ist jedoch davon auszugehen, dass das Pfandindossament gem. § 1292 BGB gewählt wurde. Dieses erlaubt die Verwertung im Wege des freihändigen Verkaufs bei börsennotierten Unternehmen, § 1295 BGB.

239 Vgl. auch *Maier-Reimer/Webering*, BB 2003, 1630 (1630).

240 Dass der Pfandgläubiger bei einer öffentlichen Versteigerung mitbieten darf, ist in § 1239 Abs. 1 BGB ausdrücklich vorgesehen. Dieses Verfahrens hätte es hier indes nicht bedurft, da gem. § 1295 BGB ein einfacher freihändiger Verkauf ohne Versteigerung möglich gewesen wäre.

ausgliedern müssen (sog. „*Unbundling*")[241]. Dadurch entstand die Kabel Deutschland GmbH mit 9 regionalen Kabelnetzen. Das Kabelnetz in Nordrhein-Westfalen wurde im Februar 2000 teilweise an ein britisch-amerikanisches Konsortium namens „Callahan Associates International LLC" veräußert. Der Verkauf wurde über eine Zweckgesellschaft („Callahan Kabel NRW GmbH") vollzogen, an der Callahan Associates International LLC 55 % der Anteile erwarb[242]. Die Zweckgesellschaft wiederum verfügte über 100 % der Anteile an den operativen Gesellschaften (darunter z. B. die ish NRW GmbH & Co. KG, heute Unitymedia GmbH). Das Geschäft beschränkte sich zunächst nur auf Nordrhein-Westfalen, sollte aber technisch und geographisch zunehmend ausgebaut werden[243]. Zur Finanzierung der Expansion nahm die Callahan Kabel NRW GmbH einen Kredit i.H.v. 900 Mio. € bei einem Bankenkonsortium unter Führung der Deutschen Bank und der Citibank auf. Als Sicherheit musste sie ihre Anteile an den operativen Tochtergesellschaften verpfänden. Dabei ging es um zwei GmbH & Co. KG sowie deren jeweilige Komplementär-GmbH[244]. Es handelte sich also ausschließlich um Rechtsverpfändungen i.S. des § 1273 BGB. Nachdem die Callahan Kabel NRW GmbH den Kredit nicht mehr bedienen konnte, ging das Bankenkonsortium zur Verwertung über. Bei der Verwertung im Wege der öffentlichen Versteigerung gem. § 1277 BGB trat wiederum das Bankenkonsortium als einziger Bieter auf und erwarb selbst die Anteile an den operativen Gesellschaften.

Auch der Sportwagenhersteller Porsche musste schon Anteile an Tochtergesellschaften verpfänden. Im Zuge der geplanten (und letztendlich gescheiterten) sukzessiven Übernahme der Volkswagen AG ab dem Jahr 2005 hatte die Porsche Holding SE eine Porsche Zwischenholding GmbH gegründet, über die als Zweckgesellschaft der Kauf abgewickelt werden sollte[245]. Dieser Zwischenholding wurde von einem Bankenkonsortium ein Kredit i.H.v. insgesamt rund 10 Mrd. € gewährt, um die Anteile an der Volkswagen AG zu erwerben. Zur Sicherheit musste

---

241 Richtlinie 1999/64/EG der Kommission vom 23. Juni 1999 zur Änderung der Richtlinie 90/388/EWG im Hinblick auf die Organisation ein- und demselben Betreiber gehörender Telekommunikations- und Kabelfernsehnetze in rechtlich getrennten Einheiten, ABl. Nr. L 175, S. 39.

242 Die restlichen 45 % verblieben bei der Deutschen Telekom AG, vgl. Manager Magazin vom 22.02.2000, abrufbar unter: http://www.manager-magazin.de/finanzen/artikel/a-65692.html (Abruf vom 12.08.2014).

243 Vgl. die Berichterstattung unter: http://www.ingenieur.de/Branchen/Medien/2001-kommt-Bewegung-NRW-Kabelnetz (Abruf vom 12.08.2014). Hinzu kam später noch der Erwerb des Kabelnetzes in Baden-Württemberg.

244 *Maier-Reimer/Webering*, BB 2003, 1630 (1630).

245 Zur Akquisitionsstruktur vgl. *Merbecks*, BB 2012, S. 2423.

sie ihre Anteile an der operativen Dr. Ing. h.c. F. Porsche AG an das Bankenkonsortium verpfänden[246].

2. Denkbare Kreditsicherheiten außerhalb von Akquisitionsfinanzierungen

Syndizierte Kredite haben zwar in Akquisitionsstrukturen ihre größte Bedeutung, sie werden aber auch für sonstige Finanzierungszwecke verwendet. Hat z. B. ein Unternehmen einen hohen laufenden Finanzierungsbedarf, so ist es möglich, dass nur ein syndizierter Kredit diesen Finanzierungsbedarf decken kann. Der syndizierte Kredit wird dann in Form eines Betriebsmittelkredites vergeben[247]. Da der Kreditnehmer in diesem Fall eine operativ tätige Gesellschaft ist, können die Konsortialbanken auf die gesamte Bandbreite möglicher Kreditsicherheiten zurückgreifen. Besonderheiten in Bezug auf den Kredit möglicher Kreditsicherheiten ergeben sich hier nicht. Allerdings sind auch in diesem Bereich akzessorische Sicherheiten nicht wegzudenken. Dies zeigt sich an den folgenden beiden Beispiele.

a) Registerpfandrecht an Luftfahrzeugen und Schiffshypothek

Zum Wiederaufbau der deutschen Luftfahrtindustrie wurde im Jahre 1959 das Gesetz über Rechte an Luftfahrzeugen (LuftFzgG) beschlossen. Das LuftFzgG sollte der deutschen Luftfahrt die Finanzierung erleichtern, indem es international anerkannte Sicherheiten zur Verfügung stellte[248]. Der Gesetzgeber hatte erkannt, dass die vom BGB zur Verfügung gestellten Sicherheiten für die Luftfahrt nicht ausreichend waren[249]. So ist das Pfandrecht gem. § 1204 BGB aufgrund seiner Übergabepflicht gem. § 1205 BGB für Luftfahrzeuge nicht geeignet. Denn der Kreditnehmer wird das Luftfahrzeug zur Einkünfteerzielung und damit zur Tilgung des Kredites benötigen[250]. Eine Sicherungsübereignung gem. §§ 929 S. 1, 158 Abs. 2

---

246 Vgl. Focus Money Online vom 08.04.2009, abrufbar unter: http://www.focus.de/finanzen/boerse/aktien/auto-porsche-muss-vw-aktien-verpfaenden_aid_388242.html (Abruf vom 12.08.2014).

247 So hat die Daimler AG am 26.09.2013 einen Vertrag über einen Betriebsmittelkredit in Form eines syndizierten Kredites i.H.v. 9 Mrd. € abgeschlossen, vgl. die Kapitalmarktmeldung der Daimler AG vom 27.09.2013, abrufbar unter http://www.daimler.com/dccom/0-5-7171-49-1635964-1-0-0-0-0-0-87-7164-0-0-0-0-0-0-0.html (Abruf vom 12.08.2014).

248 Vgl. den Entwurf eines Gesetzes über Rechte an Luftfahrzeugen vom 09.06.1958, BT-Drs. 3/423, S. 19.

249 Zu den einzelnen Argumenten vgl. den Entwurf eines Gesetzes über Rechte an Luftfahrzeugen vom 09.06.1958, BT-Drs. 3/423, S. 20.

250 *Schladebach/Kraft*, BKR 2012, S. 270 (271).

BGB scheidet ebenfalls aus, da nicht sicher ist, ob die Sicherungsübereignung in den anderen Jurisdiktionen, in denen das Luftfahrzeug verkehrt, anerkannt wird[251]. So besteht das Risiko, dass in fremden Ländern Dritte auf das Luftfahrzeug zugreifen können[252]. Diese Unsicherheiten sollten durch das Genfer Abkommen vom 19. Juni 1948 über die internationale Anerkennung von Rechten an Luftfahrzeugen[253] beseitigt werden. In diesem Abkommen verpflichteten sich die Vertragsstaaten zur gegenseitigen Anerkennung von Sicherungsrechten an Luftfahrzeugen, wenn das Sicherungsrecht nach dem Recht des Vertragsstaates, in dem es als staatszugehörig eingetragen ist, wirksam entstanden ist und das Sicherungsrecht in einem öffentlichen Buch des jeweiligen Vertragsstaates eingetragen ist. Dem Abkommen ist die Bundesrepublik Deutschland im Jahr 1959 beigetreten. Zur innerstaatlichen Umsetzung dieses Abkommens wurde im gleichen Jahr das LuftFzgG verabschiedet[254]. Es sieht vor, dass an einem Luftfahrzeug ein Pfandrecht in der Weise bestellt werden kann, dass sich der Eigentümer des Luftfahrzeuges und der Gläubiger über die Bestellung des Pfandrechts einigen und das Pfandrecht in das Register für Pfandrechte an Luftfahrzeugen eingetragen wird, § 5 Abs. 1 LuftFzgG. Dadurch entsteht das sog. „Registerpfandrecht", das durch die Eintragung in das Register auch international von den Vertragsstaaten des Genfer Abkommens vom 19. Juni 1948 über die internationale Anerkennung von Rechten an Luftfahrzeugen anerkannt wird, vgl. Art. 1 Abs. 1 lit. d) des Abkommens. Die Schwierigkeiten, die sich aus den unterschiedlichen Jurisdiktionen ergeben, sind damit gebannt worden[255]. Das Registerpfandrecht ist – wie das Pfandrecht des BGB – streng akzessorisch ausgestaltet, vgl. §§ 4, 51, 57 LuftFzgG.

Gleiches gilt für die 1940 durch das Gesetz über die Rechte an eingetragenen Schiffen und Schiffsbauwerken (SchRG[256]) eingeführte Schiffshypothek. Da das normale Sachpfandrecht wegen der notwendigen Besitzübertragung für den Si-

---

251 Z. B. ist die Sicherungsübereignung in Österreich unwirksam, so dass das Sicherungseigentum erlischt, wenn der Sicherungsgegenstand nach Österreich verbracht wird, vgl OGH Wien, Urt. v. 14.12.1983, 3 Ob 126 127/83, ZIP 1984, S. 1330.

252 Entwurf eines Gesetzes über Rechte an Luftfahrzeugen vom 09.06.1958, BT-Drs. 3/423, S. 20.

253 Das Abkommen ist abgedruckt im Gesetz über den Beitritt der Bundesrepublik Deutschland zu dem Abkommen vom 19. Juni 1958 über die internationale Anerkennung von Rechten an Luftfahrzeugen vom 26.02.1959, BGBl. 1959, Teil II, S. 129.

254 Gesetz über Rechte an Luftfahrzeugen vom 26.02.1959, BGBl. 1959, Teil I, S. 57.

255 Zwar hat das LuftFzgG damit die Finanzierung der Luftfahrt erheblich erleichtert, jedoch sind wichtige Staaten der Luftfahrt wie Großbritannien, Japan und Kanada nicht Vertragsstaaten des Genfer Abkommens, *Schladebach/Kraft*, BKR 2012, S. 270 (276).

256 Gesetz über Recht an eingetragenen Schiffen und Schiffsbauwerken vom 15.11.1940, RGBl. 1940, Teil I, S. 1499.

cherungsgeber nachteilig wäre, hat der Gesetzgeber mit der Schiffshypothek ein Sicherungsmittel geschaffen, das auch praktischen Bedürfnissen entspricht[257]. Im Gegensatz zu den Rechten an Luftfahrzeugen gibt es allerdings kein völkerrechtliches Übereinkommen, das die gegenseitige Anerkennung der Rechte an eingetragenen Schiffen sicherstellt. Insofern ist hierfür auf die Regeln des Internationalen Privatrechts zurückzugreifen[258]. Die Schiffshypothek ist – wie die Hypothek des BGB – ebenfalls streng akzessorisch ausgestaltet, vgl. §§ 8 Abs. 1 S. 3, 41 Abs. 1 S. 1 und 2, 51, 57 Abs. 1 S. 1, 59 Abs. 1 S. 1 SchRG.

Trotz ihrer akzessorischen Funktionsweise werden sowohl das Registerpfandrecht an Luftfahrzeugen[259] als auch die Schiffshypothek[260] in der Praxis regelmäßig verwendet. Als Beispiel für das Registerpfandrecht an Luftfahrzeugen können die Jahresabschlüsse großer deutscher Fluggesellschaften herangezogen werden. Gem. § 285 Nr. 1 lit. b) HGB müssen im Anhang der Bilanz diejenigen Verbindlichkeiten angegeben werden, die mit Pfandrechten oder ähnlichen Rechten besichert sind. Sowohl der Jahresabschluss der Deutsche Lufthansa AG[261] als auch der Air Berlin plc[262] weisen Registerpfandrechte an Luftfahrzeugen als Sicherheiten für Flugzeugfinanzierungen aus. Diese Unternehmen greifen in erheblichem Umfang auf das Registerpfandrecht an Luftfahrzeugen zurück, um ihr operatives Geschäft finanzieren zu können. Es lässt sich damit feststellen, dass das akzessorische Pfandrecht auch außerhalb von Akquisitionsfinanzierungen Bedeutung hat.

b) Lombardgeschäft

Auch das klassische Pfandrecht spielt noch eine Rolle, wenn auch im speziellen Fall des Lombardgeschäfts[263]. Als Lombardkredit wird ein Darlehen bezeichnet,

---

257 Vgl. *Dobberahn*, MittRhNotK 1998, S. 146 (146 und 162).

258 Vgl. dazu unten unter D. I. 3. (Registerpfandrecht an Luftfahrzeugen und Schiffshypothek).

259 *Schladebach/Kraft*, BKR 2012, S. 270 (270).

260 *Schalast/Walter*, BB 2012, S. 1301 (1302); *Dobberahn*, MittRhNotK 1998, S. 146 (146) führt dies auch darauf zurück, dass die Schiffe oftmals die einzigen Vermögensgegenstände des Reeders sind.

261 Jahresabschluss 2014 der Deutsche Lufthansa AG, Anhang, S. 13, unter Ziffer 13 (Verbindlichkeiten), abrufbar unter: http://investor-relations.lufthansagroup.com/fileadmin/downloads/de/finanzberichte/jahresabschluss/LH-JA-2014-d.pdf (Abruf vom 23.07.2015).

262 Jahresabschluss 2014 der Air Berlin plc, S. 145, abrufbar unter: http://sw-gb.de/airberlin_sr2/index.php?id=1463 (Abruf vom 23.07.2015).

263 Der Name leitet sich aus der oberitalienischen Region Lombardei ab, in der schon im späten Mittelalter Darlehen gegen die Gewährung von Pfandrechten vergeben wurden.

das durch ein Pfandrecht an Sachen oder Rechten besichert ist[264]. In der Praxis werden dabei vor allem Wertpapiere verpfändet[265]. Lombardkredite werden regelmäßig im Interbankenverkehr vergeben, vor Einführung des Euro-Währungssystems vor allem im Verhältnis der Geschäftsbanken zur Deutschen Bundesbank[266]. Aber auch im Verhältnis zu Unternehmen der Realwirtschaft kommt der Lombardkredit zum Einsatz, teilweise auch in der Form eines syndizierten Kredites[267].

III. Zusammenfassung

Kreditsicherheiten lassen sich in akzessorische und nicht-akzessorische Kreditsicherheiten einteilen. Akzessorische Sicherheiten sind in ihrem Bestand (Entstehen und Erlöschen), in ihrer Höhe, ihrer rechtlichen Zuordnung und ihrer Durchsetzbarkeit an die gesicherte Forderung geknüpft. Die gesetzlich vorgesehenen Kreditsicherheiten (Bürgschaft, Hypothek, Grundschuld, Pfandrecht) sind – bis auf die Grundschuld – akzessorisch ausgestaltet. Durch die Kautelarpraxis sind jedoch noch weitere Kreditsicherheiten hinzugekommen, die nicht-akzessorischer Natur sind (z. B. die Sicherungsübereignung und Sicherungszession). Die akzessorischen Sicherheiten sind aufgrund ihrer engen Verbindung mit dem gesicherten Recht für den Gläubiger nachteilig. Denn sobald seine Darlehensrückzahlungsforderung getilgt worden ist, erlischt die Sicherheit *ipso iure*. Der Gläubiger verliert damit ein Druckmittel, das er zur Durchsetzung anderweitiger Interessen nutzen könnte[268]. Daher erfreuen sich akzessorische Sicherheiten in der Praxis nicht allzu großer Beliebtheit.

In gewissen Bereichen sind die Kreditgeber allerdings auf die akzessorischen Sicherheiten angewiesen. Dies ist immer dann der Fall, wenn eine Vollrechtsübertragung an dem Sicherungsgut sowohl für den Kreditgeber als auch den

---

264 *Wunderlich*, in: Bankrechts-Handbuch, § 75, Rn. 31; *Berger*, in: MünchKomm, BGB, Vor § 488, Rn. 50. Teilweise wird dafür plädiert, als Lombardkredit auch ein Darlehen zu erfassen, das durch eine Sicherungsabtretung oder -übereignung besichert wird, vgl. *Thessinga*, in: Ebenroth/Boujong/Joost/Strohn, HGB, Bd. 2, Rn. IV273.

265 *Bülow*, Recht der Kreditsicherheiten, Rn. 470.

266 Vgl. zum Lombardgeschäft der Deutschen Bundesbank *Thessinga*, in: Ebenroth/Boujong/Joost/Strohn, HGB, Bd. 2, Rn. IV275.

267 Vgl. dazu nur die Entscheidung des OLG Hamburg, Urt. v. 18.05.2012, 14 U 138/10, ZInsO 2012, S. 1781.

268 So kann der Sicherungsnehmer die Sicherheit so lange zurückbehalten, bis alle seine Ansprüche aus dem Sicherungsverhältnis befriedigt sind, vgl. *Bülow*, Recht der Kreditsicherheiten, Rn. 31a.

Kreditnehmer von keinem Nutzen ist. So wird keine Bank daran interessiert sein, die Mitgliedschaft an einer Kapitalgesellschaft zur Sicherheit abgetreten zu erhalten, da sie dadurch Gesellschafter mit allen den damit zusammenhängenden Rechten und Pflichten würde. Für diese Fälle ist ein beschränkt dingliches Recht der Vollrechtsübertragung vorzuziehen. Daher ist i.R.v. Unternehmensfinanzierungen das Pfandrecht für den Einsatz von Unternehmensbeteiligungen sowie Luftfahrzeugen und Schiffen als Sicherungsgut sehr häufig anzutreffen[269]. Daneben kommen auch einzelne Forderungen, insbesondere aus Kontoführungsverträgen, als Verpfändungsgegenstand in Betracht. Eine besondere Bedeutung kommt dem Pfandrecht in der Akquisitionsfinanzierung zu. I.R.v. Akquisitionsfinanzierungen wird das Darlehen an eine eigens für den Unternehmenserwerb gegründete Zweckgesellschaft (eine GmbH oder GmbHG & Co. KG) gewährt. Diese Zweckgesellschaft hat ihre einzige Bedeutung darin, die Finanzierungsmittel aufzunehmen und den Unternehmenserwerb durchzuführen. Anschließend wird sie i.d.R. mit der Zielgesellschaft verschmolzen. Die Zweckgesellschaft verfügt über kein operatives Geschäft und damit auch kein eigenes Vermögen, das sie zur Besicherung des Darlehens einsetzen kann. Um eine Sicherheit leisten zu können, ist sie darauf angewiesen, ihre zukünftigen Anteile an der Zielgesellschaft sowie einzelne Forderungen aus Kontoführungsverträgen zu verpfänden. In der Akquisitionspraxis ist das Pfandrecht daher oftmals die einzige Sicherheit, die der Darlehensnehmer selbst stellen kann. In der Akquisitionsfinanzierung wird aber gleichzeitig mit syndizierten Krediten gearbeitet. An dieser Stelle kommt es zum Zusammentreffen von syndiziertem Kredit und akzessorischen Kreditsicherheiten.

---

269 So auch *Schaffelhuber/Sölch*, in: Münchener Handbuch des Gesellschaftsrechts, Bd. 1, § 31, Rn. 24.

C. Die Akzessorietät

Es wurde gezeigt, dass akzessorische Sicherheiten im Wirtschaftsverkehr eine nicht zu unterschätzende Rolle spielen. Um die Problematik der Besicherung syndizierter Kredite mit akzessorischen Sicherheiten besser zu verstehen, wird im Folgenden das Phänomen der Akzessorietät näher untersucht. Dabei wird nicht nur der Begriff und der Charakter der Akzessorietät geklärt, sondern es wird insbesondere auch eine rechtshistorische Betrachtung über die Herkunft der Akzessorietät angestellt.

Man mag sich fragen, inwiefern Ausführungen zur Dogmatik und Rechtsgeschichte für ein doch so praxisnahes und aktuelles Thema wie der Besicherung von syndizierten Krediten relevant sein können. Wie sich aus der Problemstellung zeigen wird, liegt im Kern der Arbeit der Akzessorietätsgrundsatz. Will man die Lösungsansätze der Praxis anhand der Rechtsgrundsätze des BGB untersuchen, so ist es erforderlich, sowohl den wirtschaftlichen Hintergrund der Lösungsansätze als auch den rechtshistorischen und dogmatischen Hintergrund der Akzessorietät zu verstehen. Denn will man die Rechtsgrundsätze des BGB zum Maßstab erheben, so muss man sich darüber bewusst werden, dass diesen meist „weit zurückreichende Wertungs- und Formungsprozesse“ [270] zu Grunde liegen.

I. Begriff

I.R. der Definition der Kreditsicherung wurde als eines von drei Elementen die Verknüpfung von gesicherter Forderung und Sicherungsmittel dargestellt.[271] Die Akzessorietät beschreibt als rechtstechnischer Begriff die gesetzlich vorgesehene Form der Verknüpfung zwischen Sicherungsmittel und gesicherter Forderung[272]. Der Begriff der Akzessorietät ist dem lateinischen *accessio* entlehnt. *Accessio* bedeutet „Herangehen, Annäherung, Zuwachs, Hinzukommen“, aber auch „Anhang“ (als Gegensatz zu einer Hauptsache)[273]. Die Akzessorietät beschreibt also ein Verhältnis, das dem einer Hauptsache und seinem Anhang entspricht. Das heutige BGB illustriert dieses Verhältnis sehr anschaulich in § 401 Abs. 1 BGB. Demnach folgen Hypotheken, Schiffshypotheken, Pfandrechte und Bürgschaften

---

270 So in diesem Zusammenhang *Buchholz*, JURA 1990, S. 300 (303 f.).

271 Vgl. oben unter B. I. 1. (Begriff).

272 Die rechtsgeschäftlichen Verknüpfungsmöglichkeiten sind daher nicht als „Akzessorietät“ i.e.S. zu verstehen, vgl. unten unter C. III. (Zwingender Charakter der Akzessorietät).

273 Vgl. *Georges*, Ausführliches lateinisch-deutsches Handwörterbuch, Bd. 1, 8. Aufl. 1992, unter „accessio“.

(d. h. alle akzessorischen Sicherungsrechte) in ihrer rechtlichen Zuordnung der ihnen zu Grunde liegenden Forderung. Wenn man so will, ist die Forderung die Hauptsache und die akzessorische Sicherheit der Anhang[274]. Der Anhang folgt immer der Hauptsache und nimmt sie in anderem Kontext auf. In dem hier behandelten Kontext bedeutet das, dass Hypotheken, Pfandrechte und Bürgschaften die Darlehensrückzahlungsforderung für kreditsicherungsrechtliche Zwecke aufnehmen. Konkret heißt das: Die akzessorischen Sicherheiten richten sich in ihrem Bestand (Entstehen und Erlöschen), ihrer Höhe, ihrer rechtlichen Zuordnung und ihrer Durchsetzbarkeit nach der ihnen zu Grunde liegenden Forderung. Insofern wird auch von Entstehungs-, Erlöschens-, Umfangs-, Durchsetzungs- und Zuständigkeitsakzessorietät gesprochen[275]. Akzessorische Sicherheiten sind von einer Forderung abhängig und können grundsätzlich nicht ohne sie bestehen[276]. Die Akzessorietät ist damit die stärkste Form der Verknüpfung von Sicherungsmittel und -gegenstand. Sie beschreibt eine nur einseitige Abhängigkeit und ist damit von den Fällen gegenseitiger Abhängigkeit – wie bei der Gesamtschuld, vgl. § 422 BGB[277] – streng zu unterscheiden. Auch haftet ein akzessorisches Sicherungsmittel immer subsidiär und nicht – wie bei der Gesamtschuld, vgl. § 421 BGB – gleichrangig mit der Hauptforderung[278]. Das ergibt sich, sofern es nicht ausdrücklich angeordnet ist (vgl. § 771 BGB bei der Bürgschaft), aus dem allgemeinen Subsidiaritätsgedanken des Kreditsicherungsrechts[279].

Die Frage nach der Akzessorietät/Nicht-Akzessorietät ist von der Frage nach der Abstraktheit/Kausalheit zu trennen. Das Begriffspaar Abstraktheit/Kausalheit umschreibt die Rechtsfolgen, die entstehen, wenn einem Rechtsgeschäft der Rechtsgrund fehlt[280]. Bei einem kausalen Rechtsgeschäft führt das Fehlen des Rechtsgrundes zur Unwirksamkeit des Rechtsgeschäfts, während es bei einem abstrakten Rechtsgeschäft nur zur Kondizierbarkeit führt[281]. Die Abstraktion be-

---

274 Vgl. auch *Baur/Stürner*, Sachenrecht, 18. Aufl. 2009, § 36 II, Rn. 59, die von einem „Anhängsel“ sprechen. Im römischen Recht galt auch im Recht der Aneignung (*occupatio*) der Grundsatz, dass die Nebensache (in ihrem Rechtsschicksal) der Hauptsache folgt (*accessio cedit principali*), vgl. *Kaser/Knütel*, Römisches Privatrecht, 20. Aufl. 2014, § 26, Rn. 5.

275 Vgl. dazu oben unter B. I. 3. (Akzessorische und nicht-akzessorische Sicherheiten).

276 Zu den Ausnahmen s. unten unter C. V. 1. (Durchbrechungen).

277 *Medicus*, JuS 1971, S. 497 (497).

278 *Pöggeler*, JA 2001, S. 65 (70).

279 *Bülow*, Recht der Kreditsicherheiten, Rn. 72. Mitunter wird der Subsidiaritätsgedanke aber auch **abgelehnt**, vgl. *Medicus*, JuS, 1971, S. 497 (498) und *Becker-Eberhard*, Die Forderungsgebundenheit der Sicherungsrechte, S. 41 ff. m.w.N.

280 *Schnauder*, NJOZ 2010, S. 1663 (1665).

281 *Baumann*, in: FS Spiegelberger, 2009, S. 1176 (1178); *Ellenberger*, in: Palandt, BGB, Überbl v § 104, Rn. 19 ff.

wirkt also, dass der Rechtsgrund und die darauf aufbauende Leistung unabhängig voneinander bestehen[282]. Die Verknüpfung beider Rechtsgeschäfte findet nur mittelbar über das Bereicherungsrecht statt. Die Kausalheit bewirkt hingegen eine unmittelbare Verknüpfung von Rechtsgrund und Rechtsgeschäft. Das Fehlen des Rechtsrundes führt zur Unwirksamkeit des Rechtsgeschäfts. Eines Rückgriffs auf das Bereicherungsrechts bedarf es nicht mehr. Rechtstechnisch wird die Unterscheidung dadurch erreicht, dass bei den kausalen Rechtsgeschäften der Rechtsgrund Tatbestandsmerkmal ist, während er bei den abstrakten Rechtsgeschäften „des Tatbestandes verwiesen ist“[283]. Grundsätzlich sind alle Verpflichtungsgeschäft kausale Rechtsgeschäfte[284] und alle Verfügungsgeschäfte abstrakte Rechtsgeschäfte[285].

Bei der Frage nach der Abstraktheit/Kausalheit geht es also um die Verknüpfung von Rechtsgrund(-geschäft) und darauf aufbauender Leistung. Bei der Frage nach der Akzessorietät/Nicht-Akzessorietät hingegen werden zwei Rechte, also das Ergebnis des jeweiligen Rechtsgeschäfts miteinander verknüpft und kein Rechtsgeschäft als Ganzes[286]. Während die Kausalheit die Verknüpfung von Rechtsgrund und Leistung bezeichnet, bezeichnet die Akzessorietät (im Kreditsicherungsrecht) die Verknüpfung des gesicherten mit dem zu sichernden Recht[287]. Die Begriffspaare Abstraktheit/Kausalheit und Akzessorietät/Nicht-Akzessorietät dürfen nicht miteinander gleichgesetzt werden[288].

Dies lässt sich sehr plastisch an dem Unterschied zwischen Grundschuld und Hypothek demonstrieren. Ein Hypotheken-/Grundschuldgeschäft besteht i.d.R. aus drei Rechtsgeschäften: erstens dem Darlehensvertrag (§ 488 BGB), zweitens der Sicherungsabrede (§ 311 Abs. 1 BGB), drittens der Bestellung der Hypothek (§§ 873, 1113 BGB) bzw. der Grundschuld (§§ 873, 1191 BGB). Darlehensvertrag und Sicherungsabrede sind beide (schuldrechtliche) Verpflichtungsgeschäfte, während die Bestellung von Hypothek und Grundschuld (dingliche) Verfügungsgeschäfte sind. Der Rechtsgrund der Hypotheken-/ Grundschuldbestellung besteht

---

282 *Ellenberger*, in: Palandt, BGB, Überbl v § 104, Rn. 22 sowie *Bassenge*, in: Palandt, BGB, Einl v § 854, Rn. 13.

283 Vgl. *Baumann*, in: FS Spiegelberger, S. 1176 (1178).

284 Ausnahmen sind insbesondere das abstrakte Schuldversprechen bzw. Schuldanerkenntnis (§§ 780, 781 BGB) sowie verbriefte Forderungen (§ 793 BGB).

285 *Musielak/Hau*, Grundkurs BGB, 13. Aufl. 2013, Rn. 309. Eine Ausnahme ist die Aufrechnung gem. § 389 BGB. Zudem können in folgenden drei Fällen Verfügungsgeschäfte aufgrund von Mängeln im Rechtsgrund unwirksam sein: 1. Fehleridentität 2. Geschäftseinheit und 3. Bedingungszusammenhang, vgl. *Ellenberger*, in: Palandt, BGB, Überbl v § 104, Rn. 23 f.

286 *Stadler*, Gestaltungsfreiheit und Verkehrsschutz durch Abstraktion, 1996, S. 18.

287 *Wilhelm*, Sachenrecht, 4. Aufl. 2010, Rn. 1479.

288 *Baumann*, in: FS Spiegelberger, S. 1176 (1184).

in beiden Fällen in der Sicherungsabrede und nicht in dem Darlehensvertrag[289]. Damit wird deutlich, dass auch akzessorische Sicherheiten einer Sicherungsabrede bedürfen. Bei ihnen beschränkt sich die Bedeutung der Sicherungsabrede aber i.d.R. auf die Darstellung eines Rechtsgrundes für die spätere Sicherheitenbestellung[290]. Auch wenn die Sicherungsabrede kein eigenständiges Vertragsstück darstellen muss und ggf. sogar konkludent vereinbart werden kann[291], so stellt doch allein sie den Rechtsgrund für die Bestellung von Hypothek und Grundschuld dar. Damit gilt im Verhältnis von Sicherungsabrede und Hypotheken-/Grundschuldbestellung das Trennungs- und Abstraktionsprinzip. Hypothek und Grundschuld sind von ihrem Rechtsgrund – der Sicherungsabrede – gleichermaßen abstrakt. Insofern besteht zwischen beiden kein Unterschied[292]. Der Unterschied besteht aber in dem Verhältnis zum Darlehensvertrag. Während der Rückzahlungsanspruch aus dem Darlehensvertrag für Bestand, Höhe, Zuständigkeit und Durchsetzbarkeit der Hypothek maßgeblich ist, hat er auf die Grundschuld keinerlei Auswirkungen. Diese Verknüpfung von Sicherungsmittel und gesicherter Forderung wird von dem Begriffspaar Akzessorietät/Nicht-Akzessorietät umschrieben. I.E sind also die Grundschuld und Hypothek abstrakt, nur die Hypothek ist aber akzessorisch. Abstraktheit und Akzessorietät sind daher kein gegensätzliches Begriffspaar, sondern stehen in überhaupt gar keinem Zusammenhang.

Was vorstehend beispielhaft anhand des Verhältnisses von Hypothek und Grundschuld erläutert wurde, gilt auch für alle anderen Kreditsicherheiten[293]. So gilt beim Pfandrecht an beweglichen Sachen und Rechten gleichermaßen das Trennungs- und Abstraktionsprinzip. Rechtsgrund für die Verpfändung ist auch

---

289 Äußerst irritierend äußerte sich in diesem Zusammenhang einst der BGH, der in einer Entscheidung anzunehmen schien, das Kausalgeschäft der Kreditsicherheit sei der Darlehensvertrag, BGH, Urt. v. 23.09.1981, VIII ZR 242/80, NJW 1982, S. 275, unter II. c) und d) der Gründe.

290 Für die **Hypothek:** *Bülow*, Recht der Kreditsicherheiten, Rn. 155; *Wilhelm*, Sachenrecht, Rn. 1480; *Bassenge*, in: Palandt, BGB, §§ 1113, Rn. 4. Für das **Pfandrecht:** *Bülow*, Recht der Kreditsicherheiten, Rn. 482; *Wilhelm*, Sachenrecht, Rn. 1847; *Bassenge*, in: Palandt, § 1204, Rn. 3. Zur Bedeutung der Sicherungsabrede bei den nicht-akzessorischen Sicherheiten vgl. *Schur*, JURA 2005, S. 361 (367).

291 Vgl. BGH, Urt. v. 08.03.2006, IV ZR 145/05, NJW-RR 2006, S. 847, unter III. 2. der Gründe sowie *Bülow*, Recht der Kreditsicherheiten, Rn. 51.

292 I.R. der Rückabwicklung erlangt die Sicherungsabrede bei der Grundschuld aber eine noch wichtigere Bedeutung als bei der Hypothek, vgl. *Wilhelm*, Sachenrecht, Rn. 1481, 1482.

293 Für die Sicherungsübereignung hat das Verhältnis von Darlehensvertrag, Sicherungsabrede und Sicherungsübereignung ausführlich dargelegt *Serick*, Eigentumsvorbehalt und Sicherungsübertragung, Bd. I, 1963, S. 55 ff.

hier die Sicherungsabrede[294]. Unabhängig davon ist das Pfandrecht aber akzessorisch ausgestaltet. Dass Kausalheit und Akzessorietät keine gegensätzlichen Begriffspaare sind, sieht man auch daran, dass es sowohl abstrakte als auch kausale akzessorische Sicherheiten gibt. Beispielsweise ist das Pfandrecht ein abstraktes Verfügungsgeschäft, die Bürgschaft ein kausales Verpflichtungsgeschäft. Beide sind aber akzessorisch ausgestaltet. Schon allein an der Systematik des BGB lässt sich somit erkennen, dass sich Kausalheit und Akzessorietät nicht gegenseitig ausschließen.

Zwar hat die Akzessorietät im Kreditsicherungsrecht ihre wichtigste Bedeutung[295], sie wird jedoch auch in anderen Bereichen herangezogen, um ein Recht mit einem anderen zu sichern. So ist auch die Vormerkung gem. § 883 BGB akzessorisch ausgestaltet, denn sie ist in ihrem Bestand (§§ 883 Abs. 1 S. 1, 886 BGB) und ihrer rechtlichen Zuordnung (§ 401 BGB analog[296]) von dem gesicherten Anspruch abhängig[297]. Die Akzessorietät hat auch in das Gesellschaftsrecht Eingang gefunden. So spricht man z. B. bei Personengesellschaften von einer „akzessorischen Haftung" der Gesellschafter (§ 128 HGB)[298] oder im Aktienrecht von einer „akzessorischen Haftung" der Hauptgesellschaft (§ 322 AktG)[299]. Der Bestand, die Höhe und die Durchsetzbarkeit der Verbindlichkeit der Personengesellschaft (§ 128 HGB) bzw. der eingegliederten Gesellschaft (§ 322 AktG) ist dabei maßgeblich für die Inanspruchnahme der akzessorisch haftenden Gesellschafter bzw. Hauptgesellschaft.

II. Rechtshistorische Entwicklung der akzessorischen Kreditsicherheiten

Rechtshistorisch betrachtet, leitet sich die Akzessorietät aus dem römischen Recht ab. Bei *Ulpianus* werden das besitzlose Pfandrecht (*hypotheca*), das Faustpfandrecht (*pignus*) und die Bürgschaft (*adpromissio*) als „Anhänge" (*accessiones*) bezeichnet[300]. Die römischen Juristen umschrieben damit aber nur die Funktions-

---

294 Vgl. *Bülow*, Recht der Kreditsicherheiten, Rn. 632.

295 *Pöggeler*, JA 2001, S. 65 (66), zählt die Akzessorietät zu den „großen und schillernden Begriffen der Dogmatik des Kreditsicherungsrechts".

296 Die Vormerkung geht bei Übertragung der gesicherten Forderung gem. § 401 BGB analog mit über, BGH, Beschl. v. 21.06.1957, V ZB 6/57, NJW 1957, S. 1229.

297 *Bassenge*, in: Palandt, BGB, § 883, Rn. 2.

298 Vgl. BGH, Urt. v. 08.02.2011, II ZR 243/09, NJW 2011, S. 2045, unter II. 1. der Gründe; *Hopt*, in: Baumbach/Hopt, HGB, § 128, Rn. 8.

299 *Habersack*, in: Emmerich/Habersack, Aktien- und GmbH-Konzernrecht, 7. Aufl. 2013, § 322 AktG, Rn. 3 f., 6.

300 *Ulpianus*, Digesten, Buch 46, Abs. 3 und 43.

weise einer bestimmten Gruppe von Sicherungsrechten[301]. Sie verstanden die Akzessorietät nicht als Grundsatz, der einen Wert in sich trägt, sondern lediglich als eine Umschreibung für die Funktionsweise einer Gruppe von Rechten. *Mincke* vertritt insoweit die Ansicht, dass es sich bei den „*accessiones*" eher um eine metaphorische Umschreibung der Wirkungsweise von bestimmten Rechten handele[302]. Wollten die römischen Juristen damit nur beschreiben, wie sie mit gewissen Sicherungsrechten umgingen, so ließ ihnen das viel Freiraum im Umgang mit den „*accessiones*". Sie waren an keine Dogmatik gebunden und damit sehr flexibel bei der Anwendung der akzessorischen Sicherungsrechte. Dem entspricht es, dass der Umfang der Akzessorietät im römischen Recht durch bloße Auslegung ermittelt werden konnte[303].

Die Theorie i.S. einer Akzessorietätsdogmatik wurde in Deutschland erst durch die Verbreitung der Pandektistik im 19. Jahrhundert entwickelt[304]. Die Pandektenwissenschaft hatte zum Ziel, den Corpus Iuris Civilis in eine systematisch stringente Form einzubetten und das Recht mittels eines hohen Abstraktionsgrades zu erläutern. Zu diesem Zweck versuchten die Pandektisten aus den verschiedenen juristischen Instrumenten des römischen Rechts ihre jeweilige „Natur" herauszulesen. Aus dieser Natur leiteten sie wiederum dogmatische Grundsätze ab, deren konsequente Einhaltung das Ziel der stringenten Systematik fördern sollte. In diesem Sinne entwickelten sie aus der Funktionsweise der „*accessiones*" eine Akzessorietätsdogmatik, die der Natur der Kreditsicherheiten entsprechen sollte[305].

Die Akzessorietätsdogmatik der Pandektenwissenschaft wurde schließlich im Entwurf des BGB gegen Ende des 19. Jahrhunderts berücksichtigt. Im letztendlich verabschiedeten Entwurf wurde der Akzessorietätsgrundsatz im Vergleich zu der Dogmatik der Pandektenwissenschaft aber deutlich abgeschwächt, was auch politische Gründe hatte. Die Entwicklung der Akzessorietätsdogmatik wird in den von *Benno Mugdan* zusammengeführten „Die gesammten Materialien zum Bürgerlichen Gesetzbuch für das Deutsche Reich" anhand des Verhältnisses von Grundschuld und Hypothek sehr anschaulich dargestellt[306]: Mitte des 19. Jahr-

301 Vgl. zur Bürgschaft *Flume*, Studien zur Akzessorietät der römischen Bürgschaftsstipulationen, 1932, S. 5 ff.

302 *Mincke*, Die Akzessorietät des Pfandrechts, 1987, S. 34.

303 *Kaser/Knütel*, Römisches Privatrecht, § 57, Rn. 11.

304 *Habersack*, JZ 1997, S. 857 (860); *Pöggeler*, JA 2001, S. 65 (66).

305 *Becker-Eberhard*, Die Forderungsgebundenheit der Sicherungsrechte, S. 139 ff.

306 Für die folgende rechtshistorische Darstellung vgl. im Ganzen *Mugdan*, Die gesammten Materialien zum Bürgerlichen Gesetzbuch für das Deutsche Reich, Bd. III (Sachenrecht), 1899, Motive, S. 604 ff.

hunderts hatte sich die Hypothek in den deutschen Kleinstaaten sehr unterschiedlich entwickelt. In Hamburg, Lübeck und Mecklenburg hatte sich die Hypothek „verselbstständigt". In diesen Staaten wurde die Hypothek unabhängig von einer möglichen Forderung bestellt und war damit nicht mehr akzessorisch. Preußen wählte einen Mittelweg und ersetzte die akzessorische Hypothek nicht komplett, sondern stellte ihr ein weiteres nicht-akzessorisches Grundpfandrecht beiseite – die Grundschuld[307]. Die Grundschuld orientierte sich an der verselbstständigten Hypothek nach Mecklenburgischem Vorbild und konnte daher ohne eine zu Grunde liegende Forderung bestellt werden. Auch konnten ihr *qua* Gesetz keine Einreden aus der gesicherten Forderung entgegengehalten werden, wie es bei der Hypothek traditionellerweise der Fall ist (vgl. heute § 1137 Abs. 1 S. 1 BGB)[308]. Als Grund für die Einführung der Grundschuld wurden hauptsächlich Praxiserwägungen angestellt. So erkannte man an dem Nachbarstaat Mecklenburg eine allgemeine Tendenz zur Bestellung selbstständiger Grundpfandrechte, der man sich nicht versperren wollte. Zudem wurde ein positiver Einfluss auf die Wirtschaft festgestellt, denn die „Kapitalisten" seien wegen der mangelnden Einredeerstreckung bei der Grundschuld geneigter, das Grundstück mit Geld zu beleihen. Im Preußen der 1850er Jahre herrschte Kapitalknappheit, insbesondere für den Großgrundbesitz, der in Zeiten finanzieller Not als Sicherheit nichts anderes zu bieten hatte als seine Ländereien. Durch die Grundschuld wurde ihm ein effektives Mittel an die Hand gegeben, seinen Grundbesitz in liquide Mittel umzuwandeln[309]. Für gänzlich verzichtbar hielt der preußische Landtag die Hypothek hingegen nicht, so dass er sich dazu entschied, Grundschuld und Hypothek nebeneinander zur Verfügung zu stellen. Damit stand den Kreditgebern in Preußen sowohl ein akzessorisches als auch ein nicht-akzessorisches Sicherungsrecht zur Verfügung. In anderen – hauptsächlich süddeutschen – Staaten (Bayern, Baden, Württemberg und Sachsen) behielt man jedoch nur die akzessorische Hypothek bei, da die Grundschuld „für die dortigen Verhältnisse nicht passe". Als durch das BGB ein rechtseinheitliches System im Deutschen Reich eingeführt werden sollte, mussten diese drei unterschiedlichen Strömungen in Einklang gebracht werden. Da in Hamburg, Lübeck und Mecklenburg nur noch die selbstständige Hypothek verwendet wurde, sah man die

307 Eingeführt durch das preußische EigentumserwerbsG vom 05.05.1872, vgl. *Mugdan*, Die gesammten Materialen zum Bürgerlichen Gesetzbuch für das Deutsche Reich, Bd. III (Sachenrecht), Motive, S. 606.

308 Die Möglichkeit der Einredeerstreckung gibt es aber bei der Sicherungsgrundschuld. Die Einreden ergeben sich dann aus dem Sicherungsvertrag, der die zu sichernde Forderung mit der Grundschuld verknüpft. Eine Verknüpfung *qua* Gesetz – wie bei der Hypothek – gibt es nicht.

309 Vgl. auch *Mincke*, Die Akzessorietät des Pfandrechts, 1987, S. 145 f.

Rechtsvereinheitlichung in Gefahr, wenn man im BGB nur noch eine akzessorische Hypothek zur Verfügung stellte. Es wurde befürchtet, dass in diesen Staaten außerhalb des BGB weiterhin mit einer nicht-akzessorischen Hypothek operiert und es somit wieder zu einer Rechtszersplitterung kommen würde. Um dieses Ergebnis zu verhindern, sah man es als zwingend an, ein nicht-akzessorisches Pfandrecht in das BGB mit aufzunehmen. Diese Entscheidung wurde zudem durch die außerordentlich positive Entwicklung der nicht-akzessorischen Hypothek in Hamburg, Lübeck und Mecklenburg sowie der Grundschuld in Preußen bestätigt. In diesen Staaten hatte die Einführung eines nicht-akzessorischen Grundpfandrechts zu einer Belebung der Kreditwirtschaft geführt. Andererseits wurde ein nicht-akzessorisches Grundpfandrecht in den süddeutschen Staaten nie eingeführt. Um dem Wirtschaftsverkehr dieser Länder weiterhin ein vertrautes Sicherungsmittel zur Verfügung zu stellen, kam man nicht drumherum, die akzessorische Hypothek in das BGB mit aufzunehmen, obwohl der Wunsch geäußert wurde, zur Vereinfachung des Rechtssystems nur ein Grundpfandrecht im BGB zu kodifizieren[310]. Die positiven Erfahrungen mit dem nicht-akzessorischen Pfandrecht sollten jedoch auch die „Neulinge" teilen. Daher versuchte man, die Hypothek in ihrer Verkehrsfähigkeit der Grundschuld anzunähern. Zu diesem Zweck wurde der gutgläubig lastenfreie Erwerb der Hypothek (heute §§ 1157 S. 2 und 1138 BGB) und der gutgläubige Hypothekenerwerb aufgrund der Grundbuchlage (heute § 1138 BGB)[311] ermöglicht[312]. Dadurch sollte ein einredefreier Erwerb auch bei der Hypothek möglich werden. Ironischerweise hat der Gesetzgeber im Jahre 2008 durch Einfügung des § 1192 Abs. 1a BGB[313] die Möglichkeit des einredefreien Erwerbs bei der Grundschuld abgeschafft, so dass die Hypothek in diesem Punkt

---

310 *Mugdan*, Die gesammten Materialen zum Bürgerlichen Gesetzbuch für das Deutsche Reich, Bd. III (Sachenrecht), Motive, S. 609: „Für die Struktur des BGB. wäre es unleugbar ein Gewinn, wenn dasselbe an einer Rechtsform für die Bethätigung des Realkredites sich genügen lassen könnte."

311 Aus dieser Norm ergibt sich heute der Streit, ob bei einem gutgläubigen Hypothekenzweiterwerb eine „forderungsentkleidete" Hypothek entsteht oder die Forderung von der Hypothek „mitgerissen" wird. Für die forderungsentkleidete Hypothek („**Trennungstheorie**"): *Eickmann*, in: MünchKomm, BGB, § 1153, Rn. 13; *Petersen/Rothenfußer*, WM 2000, S. 657; *Jahr/Kropf*, JuS 1963, S. 356 (358); *Wolfsteiner*, in: Staudinger, BGB, § 1138, Rn. 2; für das Mitreißen der Forderung („**Einheitstheorie**"): *Baur/Stürner*, Sachenrecht, § 38 IV, Rn. 28; *Wilhelm*, Sachenrecht, Rn. 1497; *Karper*, JuS 1989, S. 33.

312 *Mugdan*, Die gesammten Materialien zum Bürgerlichen Gesetzbuch für das Deutsche Reich, Bd. III (Sachenrecht), Motive, S. 602, 610, 618, 695 f.

313 Eingeführt durch das Gesetz zur Begrenzung der mit Finanzinvestitionen verbundenen Risiken (Risikobegrenzungsgesetz) vom 12.08.2008, BGBl. 2008, Teil I, S. 1666.

nunmehr flexibler ist als die Grundschuld[314]. Den Siegeszug der Grundschuld haben die Erweiterungen der Verkehrsfähigkeit der Hypothek jedoch nicht aufhalten können. So wird die Hypothek im heutigen Wirtschaftsverkehr kaum noch verwendet[315]. Was bleibt, ist das zweigliedrige Grundpfandrechtssystem mit der akzessorischen Hypothek und der nicht-akzessorischen Grundschuld. Auch die Normen zur Erhöhung der Verkehrsfähigkeit der Hypothek bestehen noch heute. Der strenge Ansatz der Pandektenwissenschaft wurde damit aus praktischen, aber auch politischen Gründen aufgeweicht. Die Rechtssystematik kann man in diesem Zusammenhang auch als einen Ausdruck des Föderalismus betrachten.

Neben diesen politischen Gründen spielten auch rechtskonstruktive Erwägungen eine Rolle für das Nebeneinander von akzessorischen und nicht-akzessorischen Grundpfandrechten. Schließlich ist die Hypothek immer von einer Forderung abhängig und setzt damit voraus, dass der Schuldner persönlich haftet (auch wenn er mit dem Grundstückseigentümer nicht identisch sein muss). Damit ist die Hypothek ein typisches Kreditsicherungsmittel. Daneben sollte aber noch ein weiteres Grundpfandrecht bestehen, bei dem der Schuldner die Haftung auf das Grundstück beschränken konnte, also nicht persönlich für die Geldsumme einstehen musste. Das nämliche Grundpfandrecht bedurfte also keiner Forderung, aus der der Schuldner in Anspruch genommen werden konnte, sondern nur des Anspruches aus dem Grundpfandrecht. Diese Möglichkeit sollte durch die Grundschuld gegeben werden (sog. „isolierte Grundschuld“ im Gegensatz zur „Sicherungsgrundschuld“). Die Konstruktion der isolierten Grundschuld diente nicht der Kreditsicherung, sondern dazu, einen selbstständigen Anspruch aus dem Grundstück zu schaffen[316]. Die Grundschuld ist also nicht als typische Kreditsicherheit in das BGB aufgenommen worden. Insofern sei die Grundschuld

---

314 *Baur/Stürner*, Sachenrecht, § 36 II, Rn. 59 und § 36 III, Rn. 82. Mit der Einfügung des § 1192 Abs. 1a BGB hat der Gesetzgeber auf den zunehmenden Verkauf von Kreditforderungen reagiert. Dieser führte in der Vergangenheit im Zusammenhang mit der Immobilienfinanzierung von Privatleuten dazu, dass sich Kreditnehmer nach Übertragung der Kreditforderung einer sofortigen Kündigung der Grundschuld ggü. sahen, obwohl sie die Kredite rechtzeitig bedienten, vgl. F.A.Z. vom 17.01.2008, abrufbar unter: http://www.faz.net/aktuell/finanzen/fonds-mehr/immobilien-zwangsversteigerung-trotz-puenktlicher-tilgung-1281812.html (Abruf vom 12.08.2014). Diese Erwägungen hat der Gesetzgeber in das Gesetz mit aufgenommen, vgl. den Bericht des Finanzausschusses zum Gesetz zur Begrenzung der mit Finanzinvestitionen verbundenen Risiken (Risikobegrenzungsgesetz), BT-Drs. 16/9821, S. 16 ff.

315 *Epp*, in: Bankrechts-Handbuch, § 94, Rn. 2; *Petersen/Rothenfußer*, WM 2000, S. 657 (657). Zu den Gründen vgl. *Baur/Stürner*, Sachenrecht, § 36 III, Rn. 79a.

316 *Mugdan*, Die gesammten Materialien zum Bürgerlichen Gesetzbuch für das Deutsche Reich, Bd. III (Sachenrecht), Motive, S. 596.

„Vermögenszuwendung", die Hypothek „Vermögenssicherung"[317]. Zwar hatte der historische Gesetzgeber erkannt, dass die Grundschuld auch als Kreditsicherheit herangezogen werden kann[318], dennoch sah er ein gewichtiges Argument für die Einführung der Grundschuld in dem Ausschluss der persönlichen Haftung[319]. Heutzutage hat sich auch diese vom Gesetzgeber antizipierte Entwicklung als falsch herausgestellt, denn isolierte Grundschulden werden kaum noch bestellt[320]. Die Grundschuld spielt ihre Hauptrolle vielmehr in Form der Sicherungsgrundschuld im Kreditsicherungsrecht und hat dort die Hypothek weitestgehend abgelöst.

Auch das akzessorische Pfandrecht wurde in vielen Bereichen durch nicht-akzessorische Sicherungsrechte abgelöst. So hat i.R. der Verpfändung beweglicher Sachen die nicht-akzessorische Sicherungsübereignung das Pfandrecht gem. § 1204 BGB mittlerweile vollständig ersetzt (ähnlich der Grundschuld bei den Grundpfandrechten). Auch für die Verpfändung von Rechten gem. § 1273 BGB besteht die Möglichkeit der nicht-akzessorischen Sicherungszession gem. § 398 BGB. Aufgrund des Vollrechtserwerbs ist sie aber für die Verpfändung von Gesellschaftsanteilen keine gangbare Alternative. An dieser Stelle können sich die akzessorischen Sicherungsrechte daher noch behaupten[321].

III. Zwingender Charakter der Akzessorietät

Im Folgenden soll der Frage nachgegangen werden, wie Akzessorietät entsteht und ob sie auch wieder beseitigt werden kann. Sowohl für die Herstellung als auch die Beseitigung der Akzessorietät ist fraglich, ob sie per Rechtsgeschäft erreicht werden kann.

---

317 *Mugdan*, Die gesammten Materialien zum Bürgerlichen Gesetzbuch für das Deutsche Reich, Bd. III (Sachenrecht), Protokolle, S. 5863.

318 Der Unterschied zur Hypothek besteht dann darin, dass dieser der Sicherungszweck von Gesetzes wegen innewohnt (vgl. § 1113 Abs. 1 BGB), während der Grundschuld der Sicherungszweck erst durch schuldrechtliche Vereinbarung gegeben wird, vgl. *Wilhelm*, Sachenrecht, Rn. 1422.

319 *Mugdan*, Die gesammten Materialien zum Bürgerlichen Gesetzbuch für das Deutsche Reich, Bd. III (Sachenrecht), Motive, S. 610 f.

320 *Baur/Stürner*, Sachenrecht, § 44 II, Rn. 6; *Eickmann*, in: MünchKomm, BGB, § 1191, Rn. 4.

321 Vgl. oben unter B. II. 1. g) (Bedeutung der akzessorischen Sicherheiten in der Akquisitionspraxis).

1. Herstellung der Akzessorietät

Die gesetzlich typisierten Kreditsicherheiten (Bürgschaft, Hypothek, Pfandrecht) sind alle akzessorisch ausgestaltet. Zwar ist die Grundschuld als einzige gesetzlich vorgesehene Kreditsicherheit nicht akzessorisch ausgestaltet. Diese wurde vom historischen Gesetzgeber aber auch nicht als reine Kreditsicherheit eingestuft (isolierte Grundschuld)[322]. Nur den gesetzlich typisierten (reinen) Kreditsicherheiten liegt das Akzessorietätsprinzip zu Grunde[323]. Die dinglichen Kautelarsicherheiten wie Sicherungsübereignung und Sicherungszession[324] sind nicht-akzessorisch ausgestaltet. Rechtskonstruktiv liegt dies daran, dass für dingliche Kreditsicherheiten Akzessorietät nur durch Gesetz hergestellt werden kann und nicht durch Rechtsgeschäft[325]. Diese Feststellung wurde Anfang der 1980er Jahre kurzzeitig in Zweifel gezogen, nachdem der BGH verlautbaren ließ:

> „Mit der Sicherungszession wird [...] derselbe Zweck erstrebt wie mit der Bestellung eines Pfandrechts. Das vertragliche Pfandrecht ist seinem Wesen nach akzessorisch. Es setzt eine Forderung voraus und ist von deren Bestand abhängig. Durch Parteivereinbarung kann ihm kein anderer Inhalt gegeben werden [...]. Wird von den Beteiligten statt der Bestellung eines Pfandrechts an einer Forderung eine Sicherungszession vorgenommen, so geschieht das regelmäßig nicht, um die Akzessorietät, sondern um die mit der Pfandrechtsbestellung verbundene Anzeige (§ 1280 BGB), also die Publizität, zu vermeiden. Das Verdecktbleiben der Abtretung ist der entscheidende Vorteil der Sicherungszession gegenüber dem Pfandrecht. Die Akzessorietät entspricht bei der Sicherungsabtretung im übrigen den beiderseitigen Interessen. [...] Ist, wie hier, ein Darlehensrückzahlungsanspruch aus § 607 BGB nicht entstanden und ist dies der Fall, weil es an der Hingabe des Darlehens mangelt, dem Zessionar mithin auch kein Bereicherungsanspruch zusteht, der an die Stelle des Darlehensrückzahlungsanspruchs getreten sein könnte [...], so entfaltet auch die Sicherungszession keinerlei rechtliche Wirkung."[326]

---

322 So auch *Stadler*, Gestaltungsfreiheit und Verkehrsschutz durch Abstraktion, S. 19; i.Ü. vgl. oben unter C. II. (Rechtshistorische Entwicklung der akzessorischen Kreditsicherheiten).

323 *Medicus*, JuS 1971, S. 497 (503).

324 Zur Vorbeugung von Missverständnissen sei darauf hingewiesen, dass die Abtretung ein dingliches Rechtsgeschäft darstellt, vgl. *Ellenberger*, in: Palandt, BGB, Überbl v § 104, Rn. 16; *Schreiber*, in: Soergel, BGB, § 398, Rn. 12; *Roth*, in: MünchKomm, BGB, § 398, Rn. 2; *Busche*, in: Staudinger, BGB, § 398, Rn. 1. Die Frage danach, ob dinglichen Rechtsgeschäften durch Rechtsgeschäft Akzessorietät beigemessen werden kann, kann daher auch am Beispiel der Sicherungszession erläutert werden.

325 *Bülow*, Recht der Kreditsicherheiten, Rn. 30; *Jauernig*, NJW 1982, S. 268 (270); *K.Schmidt*, in: FS Serick, 1992, S. 329 (331); *Pöggeler*, JA 2001, S. 65 (68); *Buchholz*, JURA 1990, S. 300 (301, 305); *Stadler*, Gestaltungsfreiheit und Verkehrsschutz durch Abstraktion, S. 18; *Böttcher*, Das abstrakte Schuldversprechen in der Kreditsicherung, S. 205; davon geht auch aus *Medicus*, JuS 1971, S. 497 (503).

326 BGH, Urt. v. 23.09.1981, VIII ZR 242/80, NJW 1982, S. 275, unter II. c) der Gründe.

Diese Urteilspassage lässt sich wie folgt verstehen: Die Sicherungszession verfolgt (wie das Pfandrecht) einen Sicherungszweck. Es ist daher sachgerecht, die Wirksamkeit der Sicherungszession von dem Bestand der Rückzahlungsforderung abhängig zu machen (diese Verknüpfung bezeichnet der BGH als „Akzessorietät"), auch wenn die Vertragsparteien eine solche Verknüpfung nicht ausdrücklich vereinbart haben. Da die Verknüpfung den Interessen der Parteien entspricht, ist aber auch ohne eine entsprechende vertragliche Vereinbarung davon auszugehen, dass die Sicherungszession nur dann wirksam ist, wenn ein Darlehensrückzahlungsanspruch besteht.

In Folge dieses BGH-Urteils entwickelte sich eine Diskussion um die Frage, ob für die Sicherungszession und -übereignung eine „rechtsgeschäftliche Akzessorietät" hergestellt werden kann. Dies wurde von Teilen der Literatur unter Berufung auf das Urteil bejaht[327], wurde an anderer Stelle aber auch deutlich abgelehnt[328]. In der Diskussion wurde oftmals ebenso dogmatisch unsauber argumentiert wie vom BGH. Es wurden Akzessorietät und Kausalheit begrifflich vermischt[329], obwohl beide Begriffe in keinem Zusammenhang zueinander stehen[330]. Auch wurde teilweise von Akzessorietät gesprochen, obwohl damit nur der Abschluss des Rechtsgeschäfts unter einer auflösenden Bedingung gem. § 158 Abs. 2 BGB gemeint war[331]. Diese begrifflichen Unsauberkeiten führten zu einer Diskussion über die Herstellung rechtsgeschäftlicher Akzessorietät, die vom BGH so wohl nicht beabsichtigt war. Denn bei genauerer Betrachtung betraf der Streitgegenstand nicht die Frage, ob Akzessorietät durch Rechtsgeschäft hergestellt werden kann, sondern, ob bei einer Sicherungszession im Zweifel die Abtretung unter einer auflösenden Bedingung stehen soll. Dieses Problem stellt eine reine Auslegungsfrage dar und hat nicht den dogmatischen Gehalt wie die Frage nach der rechtsgeschäftlichen Akzessorietät. Insofern hat der BGH durch die mangelnde Differenzierung zwischen einer rechtsgeschäftlich vereinbarten Bedingung i.S. des § 158 Abs. 2 BGB und der gesetzlichen Akzessorietät[332] eine unnötige Diskussion hervorgerufen[333]. Selbstverständlich können die Vertrags-

---

327 *Bähr*, NJW 1983, S. 1473; *Thoma*, NJW 1984, S. 1162; **differenzierend** *Tiedtke*, DB 1982, S. 1709, der zur Rettung des BGH darauf abstellt, dass mangels Forderung auch die Sicherungsabrede „ins Leere" gehe und damit der Rechtsgrund für die Sicherungszession fehle.

328 *Jauernig*, NJW 1982, S. 268; später auch *Wilhelm*, Sachenrecht, Rn. 1478.

329 So bei *Bähr*, NJW 1983, S. 1473 (1474); ebenso der BGH, Urt. v. 23.09.1981, VIII ZR 242/80, NJW 1982, S. 275, unter II. c) der Gründe.

330 Vgl. dazu oben unter C. I. (Begriff).

331 So bei *Bähr*, NJW 1983, S. 1473 (1474); *Thoma*, NJW 1984, S. 1162 (1163); ebenso der BGH, Urt. v. 23.09.1981, VIII ZR 242/80, NJW 1982, S. 275, unter II. c) der Gründe.

332 BGH, Urt. v. 23.09.1981, VIII ZR 242/80, NJW 1982, S. 275, unter II. c) der Gründe.

333 So schon *K.Schmidt*, in: FS Serick, S. 329 (349).

parteien die Sicherungszession unter die auflösende Bedingung der Darlehensrückzahlung stellen[334]. Die Bedingung lässt sich auch stillschweigend vereinbaren, so dass sie nur durch Auslegung gem. §§ 133, 157 BGB zu ermitteln ist. Die aufschiebende und auflösende Bedingung sind allerdings nur der Entstehungs- bzw. Erlöschensakzessorietät ähnlich[335]. Eine der Umfangs-, Zuständigkeits- und Durchsetzungsakzessorietät entsprechende Wirkung zeitigen sie nicht[336]. In den Fällen der Bedingung kann höchstens von einem „Akzessorietätsersatz" gesprochen werden [337].

Die Diskussion um die „rechtsgeschäftliche Akzessorietät" fand Anfang der 1990er Jahre ihr Ende, als der BGH für die Sicherungsübereignung feststellte, dass es einen allgemeinen Rechtsgrundsatz, nach dem Sicherungsübereignungen stets durch den Sicherungszweck bedingt seien, nicht gebe[338]. Weiter führte der BGH aus:

> „Der Senat hat bereits für die Sicherungsübereignung an eine Bank angenommen, dass die Eigentumsübertragung nicht durch die Tilgung der gesicherten Forderung auflösend bedingt sei [...]. Ebenso ist es Auslegungsfrage, ob der Eigentumsübergang durch das Entstehen der gesicherten Forderung aufschiebend bedingt sein soll."[339]

Damit stellte er sich in Widerspruch zu seinem Urteil aus dem Jahr 1981, in welchem er die These aufgestellt hatte, dass schon der Sicherungszweck allein bei der Sicherungszession eine bedingte Abtretung zur Folge habe[340]. In dem Urteil aus dem Jahr 1990 will der BGH die Problematik hingegen als eine reine Auslegungsfrage behandeln. Es soll nicht (mehr) um die dogmatische Frage nach der rechtsgeschäftlichen Herstellung von Akzessorietät gehen (wobei zweifelhaft ist, ob er dieser jemals nachgehen wollte). Die Stimmen, die diese bejaht hatten, sind seither jedenfalls verstummt. In der neueren Literatur lässt sich niemand mehr finden, der die Ansicht vertritt, für dingliche Kreditsicherheiten könne Akzesso-

334 Gleiches gilt für die Sicherungsübereignung. Bei der Grundschuld ist es hingegen streitig, ob auch sie unter eine auflösende Bedingung gestellt werden kann, vgl. zum Streitstand *Wolfsteiner*, in: Staudinger, BGB, Einl zu §§ 1113 ff, Rn. 111 ff. m.w.N.

335 So auch *Stadler*, Gestaltungsfreiheit und Verkehrsschutz durch Abstraktion, S. 585.

336 In diesem Sinne auch *Westermann/Gursky/Eickmann*, Sachenrecht, 8. Aufl. 2011, § 44, Rn. 17.

337 Vgl. *Medicus*, NJW 1971, S. 497 (503).

338 BGH, Urt. v. 30. 10. 1990, IX ZR 9/90, NJW 1991, S. 353, unter I. 3. b) der Gründe.

339 BGH, ebenda.

340 Insofern führt er auch die zu seinem vormaligen Urteil geäußerten Zweifel an, lässt aber i.E. offen, ob er ihnen folgt oder nicht, BGH, ebenda.

rietät per Rechtsgeschäft hergestellt werden[341]. Die Diskussion, ob die Sicherungszession bzw. -übereignung *im Zweifel* unter eine auflösende Bedingung gestellt werden sollte, wurde durch das Urteil nicht entschieden[342]. Sie ist aber für die Frage nach der „rechtsgeschäftlichen Akzessorietät" auch von keiner Bedeutung.

2. Verzicht auf die Akzessorietät

Schon sehr früh hat der BGH über die spiegelbildliche Situation, d.h. den rechtsgeschäftlichen Verzicht auf die Akzessorietät entschieden[343]. Dem Urteil folgend kann *qua* Rechtsgeschäft nicht auf die Akzessorietät des Pfandrechtes verzichtet werden. Diese Entscheidung ist unumstritten und entspricht dem sachenrechtlichen Prinzip des Typenzwangs. Der Typenzwang bestimmt einerseits, dass das Gesetz die sachenrechtlichen Instrumente abschließend zur Verfügung stellt (sog. „*numerus clausus* der Sachenrechte") und andererseits, dass diese Instrumente ihrem Inhalt nach zumindest in den Umrissen zwingend sind (sog. „Typenfixierung")[344]. Einschlägig ist hier die Typenfixierung als Unterfall des Typenzwangs. In dem vom BGH entschiedenen Fall ging es darum, dass ein Schuldner seinen Miterbenanteil gem. § 1273 Abs. 1 BGB an seinen Gläubiger verpfändete. Gleichzeitig verpflichtete sich der Schuldner dazu, seine obligatorische Schuld nicht mittels Bezahlung zu begleichen, da dies zum Erlöschen des Pfandrechts geführt hätte. Korrespondierend dazu verpflichtete sich der Gläubiger, die Verbindlichkeit nicht auf anderem Wege als durch Verwertung des Pfandrechts geltend zu machen. Den Parteien kam es offensichtlich darauf an, dass der Gläubiger den Miterbenanteil des Schuldners (an dem Nachlass eines Kunstmalers) erhielt. Da der Verkauf desselben zur Ausübung des Vorkaufsrechts der Miterben hätte führen können, wählten die Parteien die Verpfändung gem. § 1273 BGB. Die Konstruktion führte i.E. dazu, dass der Gläubiger seine Forderung nicht einziehen und der Schuldner seine Verbindlichkeit nicht erfüllen durfte. Die Forderung sollte also nur noch zur Bestimmung der Höhe des Pfandrechts bestehen und keine eigene Bedeutung mehr haben. Dementsprechend sollte das

---

341 Im Gegenteil vgl. *Bülow*, Recht der Kreditsicherheiten, Rn. 30; *Pöggeler*, JA 2001, S. 65 (68); *Böttcher*, Das abstrakte Schuldversprechen in der Kreditsicherung, S. 205; davon gehen auch aus *Baur/Stürner*, Sachenrecht, § 57 B II, Rn. 10; *Wilhelm*, Sachenrecht, Rn. 2398 ff.; *Schur*, JURA 2005, S. 361 (363).

342 Vgl. zu dieser Diskussion *Baur/Stürner*, Sachenrecht, § 57 B II, Rn. 10 und *Stadler*, Gestaltungsfreiheit und Verkehrsschutz durch Abstraktion, S. 584 ff. m.w.N.

343 BGH, Urt. v. 13.02.1957, IV ZR 183/56, BGHZ 23, S. 293.

344 *Baur/Stürner*, Sachenrecht, § 1 II, Rn. 7.

Pfandrecht zu einem selbstständigen Anspruch (ähnlich der isolierten Grundschuld) werden. Nicht mehr die Forderung, sondern das Pfandrecht wäre das Hauptrecht und die Forderung lediglich sein Anhang. Eine solche Umkehrung der Akzessorietät wurde vom BGH nicht hingenommen. Unter Berufung auf den sachenrechtlichen Typenzwang verwies der BGH darauf, dass das Pfandrecht zwingend akzessorisch ausgestaltet sein müsse und dass der akzessorische Charakter nicht durch Vereinbarung verändert werden könne. Zudem habe die Vereinbarung der beiden Parteien eine Forderung zum Inhalt, die weder erfüllt noch eingezogen werden dürfe. Dadurch würden die Parteien ihre Stellung als Gläubiger und Schuldner verlieren, was zum Erlöschen des Schuldverhältnisses führe. Aufgrund der Akzessorietät des Pfandrechts würde auch dieses erlöschen gem. §§ 1273 Abs. 2, 1252 BGB.

Somit gilt: Sofern die Kreditsicherheit dem sachenrechtlichen Typenzwang unterliegt, sind keine abweichenden Veränderungen möglich. Liegt aber eine schuldrechtliche Kreditsicherheit vor, für die der sachenrechtliche Typenzwang nicht gilt (z.B. die Bürgschaft), so ist die Beseitigung der Akzessorietät durch Rechtsgeschäft möglich. Somit wurde z.B. eine akzessorietätslose Bürgschaft von der Rechtsprechung anerkannt[345]. Terminologisch wird in diesem Fall aber nicht mehr von einer Bürgschaft, sondern einer „Garantie" gesprochen.

3. Zusammenfassung

Damit ist insgesamt festzuhalten: Sofern die Kreditsicherheit dinglicher Natur ist und dem sachenrechtlichen Typenzwang unterliegt (Hypothek, Pfandrecht, Grundschuld, Sicherungsübereignung, Sicherungszession), kann die Akzessorietät durch Rechtsgeschäft weder hergestellt noch beseitigt werden. In diesen Fällen wird die Akzessorietät allein gesetzlich angeordnet oder eben nicht angeordnet. Davon nicht betroffen ist die Frage, in welchen Fällen die Sicherungsübereignung/-abtretung konkludent einer aufschiebenden oder auflösenden Bedingung gem. § 158 BGB unterstellt worden ist. Diese Frage wird heute noch lebhaft diskutiert, spielt vorliegend aber keine Rolle. Denn die Vereinbarung einer dinglichen Kreditsicherheit unter einer aufschiebenden oder auflösenden Bedingung kann wegen wesentlicher Strukturunterschiede nicht als „Akzessorietät" bezeichnet werden.

Liegt eine schuldrechtliche Kreditsicherheit vor, die nicht dem sachenrechtlichen Typenzwang unterliegt (Bürgschaft, Garantie etc.), kann die Akzessorietät durch Rechtsgeschäft beseitigt oder auch hergestellt werden. Die kautelarjuristi-

345 Vgl. BGH, Urt. v. 16.12.1960, II ZR 137/59, WM 1961, S. 204.

schen Kreditsicherheiten sind indes allesamt nicht-akzessorischer Natur, so dass es kein Praxisbeispiel gibt, in dem rechtsgeschäftlich ein akzessorisches Kreditsicherungsrecht vereinbart wurde.

IV. Sinn und Zweck der Akzessorietät

Wie bereits erwähnt, hatte sich im 19. Jahrhundert eine regelrechte Akzessorietätsdogmatik entwickelt, welche den antiken römischen Juristen fremd war. Diese gingen sehr flexibel mit den akzessorischen Sicherungsrechten um und konnten auch mit Durchbrechungen (dazu sogleich) problemlos umgehen[346]. Daher fragt sich, ob – neben der in der Pandektenwissenschaft beliebten Systematik und Abstraktheit – auch teleologische Gründe für eine solche Akzessorietätsdogmatik bestehen.

1. Schuldnerschutz

Der wesentliche Grund für die Akzessorietät ist der Schuldnerschutz. Die Akzessorietät bewirkt einen Gleichlauf zwischen gesicherter Forderung und Sicherungsrecht. Durch den Gleichlauf von gesicherter Forderung und Sicherungsrecht wird sichergestellt, dass der Sicherungsgeber niemals mehr leisten muss, als es der Sicherungszweck erfordert[347]. Dies hat besondere Bedeutung, wenn der Sicherungsgeber nicht gleichzeitig persönlicher Schuldner ist[348]. Denn in diesem Fall kann der Sicherungsgeber die gleichen Einwendungen geltend machen wie der persönliche Schuldner und darüber hinaus stehen ihm aus Gestaltungslagen des persönlichen Schuldners Einwendungen zu, vgl. §§ 768, 770 BGB (Bürgschaft), § 1137 (Hypothek), § 1211 (i.V.m. § 1273 Abs. 2) BGB (Pfandrecht). Akzessorietät heißt also auch Einredeerstreckung, Nicht-Akzessorietät hingegen Einwendungsausschluss[349].

Diesen Schutz genießt der Sicherungsgeber einer nicht-akzessorischen Sicherheit nicht. Theoretisch kann er aus der Sicherheit in voller Höhe Anspruch genommen werden, auch wenn die gesicherte Forderung schon getilgt wurde[350].

---

346 *Habersack*, JZ 1997, S. 857 (860).

347 *Habersack*, JZ 1997, S. 857 (863); *Pöggeler*, JA 2001, S. 65 (69).

348 *Wiegand*, in: Staudinger, BGB, Vorbem zu § 1204, Rn. 19.

349 Vgl. im Zusammenhang mit der Garantie *Bülow*, Recht der Kreditsicherheiten, Rn. 1559.

350 Insofern können nicht-akzessorische Sicherheiten zu einem Rechtsmissbrauch verleiten. Um diesem vorzubeugen, hat die Rechtsprechung aus § 138 Abs. 1 BGB das Institut der Übersicherung hergeleitet. Vgl. dazu im Einzelnen *Bülow*, Recht der Kreditsicherheiten, Rn. 1106 ff.

Dieses Ergebnis kann bei den nicht-akzessorischen Sicherheiten nur durch entsprechende Vereinbarungen im Sicherungsvertrag verhindert werden. Der Sicherungsvertrag ist die schuldrechtliche *causa* für die (dingliche) Sicherheitenbestellung und darf nicht mit dem Darlehensvertrag, aus dem die gesicherte Forderung stammt, verwechselt werden[351]. In dem Sicherungsvertrag wird nicht nur die Pflicht zur Bestellung der Sicherheit vereinbart, sondern auch das Verhältnis zwischen Sicherungsrecht und gesicherter Forderung. Der Sicherungsvertrag ist demnach der Ort, an dem die Sicherheit unter eine auflösende Bedingung gem. § 158 Abs. 2 BGB gestellt werden kann. Geschieht dies nicht, wird i. d. R. vereinbart, dass der Sicherungsnehmer die Sicherheit in der Höhe freigeben muss, wie es der Sicherungszweck nicht mehr erfordert, d. h.: Hat der Schuldner einen Teil seiner Schuld getilgt, so ist der Sicherungsnehmer vertraglich verpflichtet, die Sicherheit in dieser Höhe frei zu geben[352]. Dieser kautelarischen Maßnahmen bedarf es bei den akzessorischen Sicherheiten nicht mehr, da sie schon durch das Gesetz angeordnet sind. Dem Sicherungsvertrag kommt bei den nicht-akzessorischen Sicherheiten demzufolge eine deutlich höhere Bedeutung zu als bei den akzessorischen Sicherheiten[353].

Sicherungsvertrag und Akzessorietät haben den gemeinsamen Zweck, die gesicherte Forderung mit dem Sicherungsrecht zu verknüpfen[354]. Bei dem Sicherungsvertrag geschieht es mittelbar über eine schuldrechtliche Vereinbarung, bei der Akzessorietät unmittelbar *qua* Gesetz. Die im Sicherungsvertrag getroffenen Vereinbarungen unterliegen grundsätzlich dem Willen der Parteien und können auch so weit gehen, dass ein der Akzessorietät ähnliches Schutzniveau erreicht wird. Daher wird mitunter vertreten, die Annahme, der durch die Akzessorietät vermittelte Schutz sei höher als beim Sicherungsvertrag, sei ein „Vorurteil“[355]. Am Beispiel von Hypothek und Grundschuld sei ersichtlich, dass der durch einen Sicherungsvertrag erreichte Schutz dem der Akzessorietät vergleichbar sei. Würde man dieser Ansicht zustimmen, wäre die Schutzfunktion der Akzessorietät obsolet, da sie gleichermaßen durch Vereinbarungen im Siche-

---

351 Vgl. *Buchholz*, JURA 1990, S. 300 (306). Mitunter wird sie aber in den Darlehensvertrag integriert, vgl. *Schur*, JURA 2005, S. 361 (363). Daher spricht man teilweise auch bloß von einer „Sicherungsabrede“.

352 *Bülow*, Recht der Kreditsicherheiten, Rn. 197. Im Fall der Übersicherung gem. § 138 Abs. 1 BGB muss der Freigabeanspruch nicht mehr vereinbart werden, sondern ist dem Sicherungsvertrag immanent, vgl. BGH, Beschl. v. 27. 11. 1997, GSZ 1 u. 2/97, NJW 1998, S. 671, unter B. II. 1. a) und b) der Gründe. Gleiches wird bei formularmäßigen Sicherheitenverträgen angenommen, BGH, Urt. v. 28. 04. 1994, IX ZR 248/93, NJW 1994, S. 1796 unter II. 2. der Gründe.

353 *Bülow*, Recht der Kreditsicherheiten, Rn. 155.

354 Für einen Vergleich der beiden Institute vgl. *Schur*, JURA 2005, S. 361.

355 *Baur/Stürner*, Sachenrecht, § 36 III, Rn. 85.

rungsvertrag erreicht werden könnte. Dieser Ansicht kann aber aus folgendem Grund nicht gefolgt werden: Die Akzessorietät ergibt sich aus dem Gesetz und ist daher dem jeweiligen Recht immanent. Sie ist auch keiner vertraglichen Änderung zugänglich, so dass ein starrer Schutz entsteht. Der durch den Sicherungsvertrag vermittelte Schutz ist bloß schuldrechtlicher Natur und bestimmt sich nach dem Willen der Vertragsparteien[356]. Die „Minderwertigkeit" des schuldrechtlichen Schutzes zeigt sich insbesondere in zwei Konstellationen: erstens beim Abschluss des Sicherungsvertrages. Als rein schuldrechtlicher Vertrag gem. § 311 Abs. 1 BGB gilt für den Sicherungsvertrag die Vertragsfreiheit. Vertragsfreiheit heißt Verhandlungsfreiheit. Die Parteien können den Umfang des durch den Sicherungsvertrag gewährten Schutzes frei verhandeln. Es ist aber nicht davon auszugehen, dass in dem Sicherungsvertrag ein Schutzniveau vereinbart wird, das dem der Akzessorietät entspricht. Vielmehr wird sich der Vertragspartner mit der besseren Verhandlungsposition – das ist i.d.R. der Kreditgeber – mit seinen Interessen durchsetzen und damit den Schutz entsprechend niedrig halten. Dass Sicherungsvertrag und Akzessorietät ein gleichsam hohes Schutzniveau aufweisen, ist damit theoretisch möglich, in der Praxis aber unwahrscheinlich. Zweitens ist die „automatische" Anpassung der Sicherheit an die Forderung i.R. der Akzessorietät wirkungsvoller als bloß schuldrechtliche Freigabeansprüche des Sicherungsgebers. Wie oben dargestellt, entsteht bei nicht-akzessorischen Sicherheiten bei teilweiser Tilgung der Kreditsumme oder im Fall der Übersicherung ein Freigabeanspruch des Sicherungsgebers gegen den Sicherungsnehmer. Diesen muss der Sicherungsgeber aber erst noch geltend machen[357]. Gleiches gilt bei vollständiger Darlehensrückzahlung, wenn die Sicherheit nicht unter einer auflösenden Bedingung vereinbart wurde[358]. Akzessorische Sicherheiten erlöschen mit der Tilgung des Kredites *ipso iure*, d.h. ihr Erlöschen ist von keiner weiteren Handlung des Sicherungsnehmers abhängig. Der Sicherungsgeber ist daher bei den akzessorischen Sicherheiten insgesamt besser geschützt.

2. Vereinfachung

Weiterhin wird für den Akzessorietätsgrundsatz angeführt, er führe zu einer „rechtstechnischen Vereinfachung"[359]. Dem liegt folgende Überlegung zu Grunde:

---

356 So i.E. auch *Schur*, JURA 2005, S. 361 (363).
357 Vgl. *Habersack*, JZ 1997, S. 857 (863).
358 Vgl. *Schur*, JURA 2005, S. 361 (365). Daher kommt auch dem unter C. III. 1. (Herstellung der Akzessorietät) erwähnten Streitstand, ob die Sicherungsübereignung und -abtretung *im Zweifel* unter einer auflösenden Bedingung vereinbart worden sind, besondere Bedeutung zu.
359 *Medicus*, JuS 1971, S. 497 (498).

Alle wesentlichen Vereinbarungen und Rechtshandlungen, die die gesicherte Forderung betreffen, schlagen *ipso iure* auf das Sicherungsrecht durch. Somit erübrigen sich entsprechende Regelungen in Bezug auf das Sicherungsrecht. Bei nicht-akzessorischen Sicherheiten müssen i. d. R. noch umfangreiche Regelungen betreffend das Entstehen und Erlöschen, die Höhe und die Durchsetzbarkeit der Sicherheit getroffen werden. Dies bedeutet einen zusätzlichen Aufwand, der im Sicherungsvertrag abgebildet wird. Die Akzessorietät führt daher zweifellos zu einer rechtstechnischen Vereinfachung.

V. Ausnahmen vom Akzessorietätsgrundsatz

Auch wenn mitunter von einem „Akzessorietätsdogma" gesprochen wird[360], so wird dieses doch vom Gesetz nicht stringent durchgehalten. In unterschiedlichen Variationen „durchlöchert" das BGB den Akzessorietätsgrundsatz und führt ihn je nach Bedarf einer Verschärfung oder Entspannung zu.

1. Durchbrechungen

Es gibt zahlreiche Durchbrechungen der Akzessorietät. Als Durchbrechungen werden hier Ausnahmen von der grundsätzlichen Funktionsweise der Akzessorietät verstanden.

So wird durch die Zulässigkeit einer Eigentümerhypothek gem. § 1163 Abs. 1 BGB eine Ausnahme von der Entstehungs- (§ 1163 Abs. 1 S. 1 BGB) bzw. Erlöschensakzessorietät (§ 1163 Abs. 1 S. 2 BGB) gemacht. Dieser Effekt wird noch dadurch gesteigert, dass sich die Eigentümerhypothek i. d. R. in eine Eigentümergrundschuld verwandelt, § 1177 Abs. 1 S. 1 BGB. Für den Fall, dass dem Schuldner ein Ersatzanspruch ggü. dem Grundstückseigentümer zusteht, wird von dieser Ausnahme eine erneute Ausnahme gemacht: Die Hypothek sichert in diesem Fall nicht mehr die ursprüngliche Forderung, sondern den Ersatzanspruch des Schuldners, § 1164 Abs. 1 BGB. Insofern wird durch § 1164 Abs. 1 BGB sowohl eine Ausnahme von der Erlöschensakzessorietät als auch von der Zuständigkeitsakzessorietät gemacht.

Durch die Möglichkeit des gutgläubig einredefreien Erwerbs gem. § 1138 BGB und die Möglichkeit der Geltendmachung trotz verjährter Forderung gem. § 216 Abs. 1 BGB wird die Durchsetzungsakzessorietät durchbrochen.

---

360 Vgl. *Wacke*, DNotZ 2000, S. 615 (634); *Baur/Stürner*, Sachenrecht, § 36 III, Rn. 81; *Medicus*, JuS 1971, S. 497 (501).

Ebenso stellt die Einschränkung für die beschränkte Erbenhaftung gem. §§ 768 Abs. 1 S. 2, 1137 Abs. 1 S. 2, 1211 Abs. 1 S. 2 BGB eine Durchbrechung der Durchsetzungsakzessorietät dar.

Zuletzt stellt die in § 1138 BGB angelegte Möglichkeit des forderungsentkleideten Hypothekenzweiterwerbs[361] eine Durchbrechung der Zuständigkeitsakzessorietät dar[362].

Wie aus der Aufzählung ersichtlich ist, betreffen die meisten Durchbrechungen des Akzessorietätsgrundsatzes die Hypothek. Dies hat regelmäßig mit der Tatsache zu tun, dass die Hypothek im Grundbuch eingetragen werden muss. So dient die Eigentümerhypothek bzw. -grundschuld dazu, den Rang der Hypothek zu wahren[363]. Der Grundstückseigentümer kann in diesem Fall das Grundpfandrecht rangwahrend neu vergeben und ein Nachrücken späterer Belastungen verhindern. I.R. des § 1164 Abs. 1 BGB hat sich der Gesetzgeber für eine gesetzliche Forderungsauswechslung entschieden[364], um den Regressanspruch des Schuldners ebenso sicher auszugestalten wie die ursprünglich gesicherte Forderung. Schließlich wurde § 1138 BGB in das BGB eingeführt, um die Verkehrsfähigkeit der Hypothek zu erhöhen und sie damit für den Wirtschaftsverkehr attraktiver zu machen[365]. Aus dieser Norm ergibt sich auch der Streit um den forderungsentkleideten Hypothekenzweiterwerb[366], der somit als eine Folge der Erhöhung der Verkehrsfähigkeit betrachtet werden kann.

Die Durchbrechung der Durchsetzungsakzessorietät gem. §§ 768 Abs. 1 S. 2, 1137 Abs. 1 S. 2, 1211 Abs. 1 S. 2 BGB rechtfertigt sich aus dem Sicherungszweck der Kreditsicherheit. Diese soll gerade den Fall absichern, dass der persönliche Schuldner nicht mehr leisten kann. Stirbt der Schuldner und haftet der Erbe nur beschränkt, so würde der Sicherungszweck *ad absurdum* geführt, ließe man jetzt auch den Sicherungsgeber nur beschränkt haften. Denn dieser sollte ja gerade für den Schuldner einspringen, wenn bei ihm „nichts mehr zu holen" ist. An dieser Stelle findet der Akzessorietätsgrundsatz seine Grenzen auch im Insolvenzrecht[367]. Sollte der persönliche Schuldner insolvent werden und die gesicherte Forderung dementsprechend nur noch in Höhe der insolvenzrechtlichen Befriedigungsquote bestehen, so führt das nicht dazu, dass die akzessorische Sicherheit ebenfalls in

---

361 Vgl. dazu oben unter Fn. 311.

362 *Petersen/Rothenfußer*, WM 2000, S. 657 (657).

363 *Bassenge*, in: Palandt, BGB, § 1163, Rn. 1; *Medicus*, JuS 1971, S. 497 (501).

364 *Baur/Stürner*, Sachenrecht, § 38 IX, Rn. 97.

365 Vgl. dazu oben unter C. II. (Rechtshistorische Entwicklung der akzessorischen Kreditsicherheiten).

366 Vgl. dazu oben unter Fn. 311.

367 *Pöggeler*, JA 2001, S. 65 (68).

Höhe der Befriedigungsquote besteht. Denn genau für diesen Fall sollte ja die Sicherheit dafür sorgen, dass der Gläubiger sich an anderen Gegenständen oder Rechten schadlos halten kann. In diesen Fällen geht also der Sicherungszweck dem Akzessorietätsprinzip vor.

Weiterhin sieht § 216 Abs. 1 BGB eine Durchbrechung des Akzessorietätsgrundsatzes für Hypothek, Schiffshypothek und Pfandrecht vor. Was der Hintergrund dieser Regelung ist, wird nicht ersichtlich[368]. Der Gesetzesbegründung lässt sich entnehmen, dass durch diese Regelung eine Angleichung von akzessorischen und nicht-akzessorischen Sicherheiten erreicht werden soll[369]. Es sollte verhindert werden, dass in verjährungsrechtlicher Hinsicht Sicherungsrechte unterschiedlicher Qualität entstehen. Warum dies gerade bei der Verjährung – nicht aber bei anderen Einreden – eine Rolle spielt, ist in Anbetracht der grundlegend anderen Systematik von akzessorischen und nicht-akzessorischen Sicherheiten nicht nachvollziehbar[370]. Dieses Argument verliert seine Kraft besonders, wenn man überlegt, dass die Bürgschaft in § 216 BGB nicht aufgeführt ist. Somit erscheint die Regelung nicht nur von der Rechtsfolge, sondern auch vom Anwendungsbereich her völlig willkürlich. Weiterhin bedeutet § 216 BGB im Fall der Drittsicherung (sog. „Interzession"), dass der Sicherungsgeber länger in Anspruch genommen werden kann als der persönliche Schuldner. Das hatte auch der Gesetzgeber erkannt, aber als „kalkulierbares Risiko" hingenommen[371].

2. Lockerungen

Neben den zahlreichen Durchbrechungen der Akzessorietät, gibt es auch weniger einschneidende Ausnahmen von der Akzessorietät. Diese weniger starken Ausnahmen werden hier als Lockerungen bezeichnet.

So können Bürgschaft (§ 765 Abs. 2 BGB), Hypothek (§ 1113 Abs. 2 BGB) und Pfandrecht (§ 1204 Abs. 2 BGB) auch für künftige oder bedingte Forderungen bestellt werden. Damit nimmt es das Gesetz mit der Entstehungsakzessorietät nicht so genau. Voraussetzung für die Sicherheitenbestellung ist in diesem Fall

---

368 Kritisch auch *Peters/Zimmermann*, in: Gutachten und Vorschläge zur Überarbeitung des Schuldrechts, Bd. I, 1981, S. 264 ff. und S. 310 f.

369 Vgl. den Entwurf eines Gesetzes zur Modernisierung des Schuldrechts vom 14.05.2001, BT-Drs. 14/6040, S. 123.

370 Teilweise wird darauf verwiesen, dass in diesem Fall der Sicherungszweck vorginge, vgl. *Medicus*, JuS 1971, S. 497 (501). Das mag ein nachvollziehbares Argument sein, erklärt aber nicht, warum der Sicherungszweck dann bei anderen Einreden zurückstehen muss.

371 Vgl. den Entwurf eines Gesetzes zur Modernisierung des Schuldrechts vom 14.05.2001, BT-Drs. 14/6040, S. 123.

aber, dass die Forderung bestimmbar ist[372]. Insofern wird hier auch nicht von einer Durchbrechung, sondern nur von einer Lockerung des Akzessorietätsgrundsatzes gesprochen[373]. Der Grund für diese Lockerung ist einleuchtend[374]: Der Kreditgeber will möglicherweise die Sicherheit schon bestellt erhalten, bevor er die Darlehenssumme auszahlt. In diesem Fall besteht noch keine zu sichernde Forderung, von beiden Seiten aber das Interesse, die Sicherheit zu bestellen. Daher kommt das Gesetz mit den §§ 765 Abs. 2, 1113 Abs. 2, 1204 Abs. 2 BGB einem nachvollziehbaren praktischen Bedürfnis nach[375].

3. Verschärfungen

Den Durchbrechungen und Lockerungen stehen auch strengere Formen der Akzessorietät gegenüber. So bewirkt § 1184 Abs. 1 BGB, dass bei einer sog. „Sicherungshypothek" der gutgläubige Erwerb i.S. des § 1138 BGB ausgeschlossen ist. Durch § 1184 Abs. 1 BGB wird die Hypothek der strengen Akzessorietätsdogmatik wieder angepasst, diesmal zu Lasten der Verkehrsfähigkeit[376]. Die Sicherungshypothek ist daher sehr selten anzutreffen. Im Geltungsbereich des § 1138 BGB bezeichnet man die Hypothek demgegenüber als „Verkehrshypothek".

4. Ergebnis

Das ursprüngliche „Akzessorietätsdogma" aus der Pandektenwissenschaft hat durch die Kodifikation des BGB zahlreiche Modifikationen erfahren: mal wird es durchbrochen, mal gelockert, mal wieder verschärft. Von einem Dogma zu sprechen, erscheint nach der Kodifikation des BGB nicht passend. Der Begriff des Akzessorietätsgrundsatzes (so wie er auch heutzutage überwiegend verwendet wird) umschreibt die Ausgestaltung der gesetzlich typisierten Kreditsicherheiten besser. Denn wo es einen Grundsatz gibt, gibt es auch Ausnahmen und die sind

---

372 BGH, Urt. v. 26.01.1983, VIII ZR 257/81, BGHZ 86, S. 340, unter II. 4. b) bb) der Gründe.

373 Vgl. auch die Wortwahl des BGH, ebenda.

374 Vgl. auch *Mugdan*, Die gesammten Materialien zum Bürgerlichen Gesetzbuch für das Deutsche Reich, Bd. III (Sachenrecht), Motive, S. 638.

375 Zu beachten ist aber die Rechtsfolge. Während das Pfandrecht und der Bürgschaftsanspruch in diesem Fall sofort entstehen (vgl. BGH, Urt. v. 26.01.1983, VIII ZR 275/81, NJW 1983, S. 1619, unter II. 3. der Gründe sowie *Wiegand*, in: Staudinger, BGB, § 1204, Rn. 23, 26), entsteht bei der Hypothek zunächst eine Eigentümerhypothek/-grundschuld, die sich mit Entstehung der Forderung in eine Fremdhypothek wandelt, vgl. *Bassenge*, in: Palandt, BGB, § 1113, Rn. 18 und § 1163, Rn. 10.

376 Vgl. *Wolfsteiner*, in: Staudinger, BGB, Einl zu §§ 1113 ff, Rn. 10.

beim Akzessorietätsgrundsatz sehr zahlreich[377]. Die Verfasser des BGB haben sich damit vom starren Verständnis der Pandektisten abgewandt und die Ausgestaltung der Akzessorietät wieder der flexibleren römisch-rechtlichen Art und Weise angenähert[378].

VI. Zusammenfassung

Akzessorietät heißt „Verknüpfung eines Rechts mit einem anderen Recht". Die Akzessorietät ist abzugrenzen von der Abstraktheit. Die Abstraktheit beschreibt den Zusammenhang zwischen dem Rechtsgrund und dem darauf aufbauenden Rechtsgeschäft. Ein abstraktes Rechtsgeschäft besteht unabhängig von dem zugrundeliegenden Rechtsgrund. Fehlt der Rechtsgrund, ist das abstrakte Rechtsgeschäft dennoch wirksam, der zugewandte Gegenstand aber kondizierbar. Das Gegenteil der Abstraktheit ist die Kausalheit und nicht die Akzessorietät. Kausalheit besagt, dass das Rechtsgeschäft ohne seinen Rechtsgrund nicht bestehen kann. Fehlt der Rechtsgrund, ist das kausale Rechtsgeschäft unwirksam. Die Akzessorietät darf mit der Kausalheit nicht gleichgesetzt werden. Denn die Akzessorietät beschreibt die Verknüpfung eines Rechts mit einem beliebigen anderen Recht und nicht mit dem Rechtsgrund. Abstraktheit und Akzessorietät schließen sich somit nicht gegenseitig aus, sondern bestehen völlig unabhängig voneinander. So sind auch die meisten akzessorischen Rechte gleichzeitig abstrakt, z. B. das Pfandrecht und die Hypothek.

Akzessorietät entsteht bei dinglichen Kreditsicherheiten nur *qua* Gesetz und kann auch nur durch gesetzliche Anordnung wieder aufgehoben werden. Dieser zwingende Charakter der Akzessorietät liegt an dem den dinglichen Kreditsicherheiten zugrunde liegenden Grundsatz der Typenfixierung. Dingliche Sicherungsmittel können aufgrund des Grundsatzes der Typenfixierung nicht durch rechtsgeschäftliche Vereinbarung in ihrer Struktur verändert werden. Durch vertragliche Vereinbarung kann daher dem Pfandrecht oder der Hypothek die Akzessorietät nicht genommen werden. Sollen dingliche Rechte rechtsgeschäftlich miteinander verknüpft werden (z. B. über eine Bedingung), so stellt diese Verknüpfung nicht die strenge Form der gesetzlichen Akzessorietät dar. Es bietet sich an, in diesem Fall lediglich von einem „Akzessorietätsersatz" zu sprechen. Außerhalb des Geltungsbereichs des Grundsatzes der Typenfixierung kann die Akzessorietät allerdings per Rechtsgeschäft hergestellt oder auch auf sie verzichtet

377 In diesem Sinne auch *Pöggeler*, JA 2001, S. 65 (67).
378 *Becker-Eberhard*, Die Forderungsgebundenheit der Sicherungsrechte, S. 141.

werden. So ist es allgemein anerkannt, dass die Bürgschaft auch akzessorietätslos ausgestaltet werden kann. In diesem Fall wird allerdings nicht mehr von einer Bürgschaft, sondern von einer „Garantie“ gesprochen.

Rechtshistorisch stammt die Figur der Akzessorietät aus dem römischen Recht. Die Römer verstanden die Akzessorietät aber weitaus flexibler als es in der BGB-Kodifikation erscheinen mag. Für sie war die Akzessorietät lediglich die Beschreibung einer Funktionsweise bestimmter Rechte. Der Umfang der Akzessorietät ließ sich durch Auslegung ermitteln und wurde nicht anhand einer allgemeinen Dogmatik bestimmt. Die deutschen Pandektisten des 19. Jahrhunderts erhoben die Akzessorietät zu einem Grundsatz, der gewissen Rechten „von Natur aus“ innewohnte und daher dogmatisch ausgestaltet wurde. Daraufhin wurde der Akzessorietätsgrundsatz wesentlich starrer gehandhabt als noch im römischen Recht. Mitte des 19. Jahrhunderts entwickelte sich vor allem in Norddeutschland ein nicht-akzessorisches Kreditsicherungsrecht – die Grundschuld. Nachdem man besonders in Preußen positive Erfahrungen mit der nicht-akzessorischen Grundschuld gemacht hatte, sollte diese in das Ende des 19. Jahrhunderts kodifizierte BGB aufgenommen werden. Damit aber den deutschen Staaten, die die Grundschuld bisher nicht kannten (vor allem in Süddeutschland), weiterhin ein geläufiges Kreditsicherungsmittel zur Verfügung stand, wurde die akzessorische Hypothek parallel zur Grundschuld beibehalten. So kam es im BGB zum Nebeneinander von akzessorischen und nicht-akzessorischen Kreditsicherheiten. Jedoch sollten die süddeutschen Staaten auch von den positiven Erfahrungen mit der Grundschuld profitieren. Daher wurde der Akzessorietätsgrundsatz im BGB nicht mehr so streng durchgezogen wie das bei den Pandektisten der Fall war. Das BGB sieht daher zahlreiche Durchbrechungen und Lockerungen, aber auch Verschärfungen des Akzessorietätsgrundsatzes vor. Durch diese Modifikationen des Akzessorietätsgrundsatzes soll die Verkehrsfähigkeit der Hypothek an die der Grundschuld angenähert werden, gleichzeitig der Sinn und Zweck der Akzessorietät aber auch bewahrt werden. Sinn und Zweck der Akzessorietät ist auf der einen Seite der Schuldnerschutz und auf der anderen Seite die Vereinfachung der Kreditsicherung. Entgegen anderweitig lautender Stimmen in der Literatur erreicht die Akzessorietät immer noch ein höheres Schutzniveau als es bei den nicht-akzessorischen Kreditsicherheiten durch den Sicherungsvertrag erreicht werden kann. Insbesondere dadurch, dass akzessorische Kreditsicherheiten bei der Tilgung der gesicherten Forderung *ipso iure* erlöschen, wird der Schuldner besser geschützt, als wenn er auf einen Rückgewähranspruch aus dem Sicherungsvertrag angewiesen ist. Die Bestellung der Kreditsicherheit unter einer auflösenden Bedingung kann zwar teilweise Abhilfe schaffen. Sie setzt aber voraus, dass sich der Kreditgeber darauf einlässt, ein wichtiges Druckmittel aus dem Kreditverhältnis aus der Hand zu geben.

D. Akzessorische Sicherheiten und syndizierte Kredite

I.R. der Unternehmensfinanzierung kommt es regelmäßig zum Zusammentreffen von syndizierten Krediten und akzessorischen Kreditsicherheiten[379]. Für die Syndizierung kommen sowohl die Vertragsübernahme als auch die Novation in Betracht, nicht jedoch die Abtretung[380]. Wäre die Abtretung ein probates Mittel zur Syndizierung, würde der Zedent die akzessorischen Sicherheiten gem. § 401 Abs. 1 BGB *ipso iure* mitübertragen. Bei einer Vertragsübernahme käme § 401 Abs. 1 BGB analog zur Anwendung, so dass die akzessorischen Sicherheiten ebenfalls mit übergehen würden. In der Praxis des Common Law ist aber die Novation die beliebteste Form für die Syndizierung[381]. Um die Problematik des Zusammentreffens von syndizierten Krediten und akzessorischen Kreditsicherheiten zu verdeutlichen, wird daher im Folgenden geklärt, welche Auswirkungen die Novation auf den Bestand der akzessorischen Sicherheiten hat. Die vorliegende Arbeit untersucht nur die Auswirkungen, die das deutsche Recht der Novation beimisst. In Anbetracht des im internationalen Bankgeschäft vorherrschenden Common Law ist daher vorab zu klären, in welchen Fällen deutsches Recht auf die Sicherheiten Anwendung findet.

I. Auf die akzessorischen Sicherheiten anwendbares Recht

I.R.v. syndizierten Krediten treten in erster Linie Pfandrechte an Wertpapieren und an Rechten, u.U. auch das spezielle Registerpfandrecht für Luftfahrzeuge sowie die Schiffshypothek, auf[382]. Das Pfandrecht ist ein Instrument des Sachenrechts, da es eine dingliche Verfügung zum Inhalt hat. Gleiches gilt für das Registerpfandrecht und die Schiffshypothek. Ob sich die dingliche Verfügung auf eine Sache (§§ 1204, 1292, 1293 BGB) oder ein Recht (§ 1273 BGB) bezieht, spielt bei der Einordnung als sachenrechtliche Maßnahme keine Rolle[383]. Daher richtet sich die Beurteilung des anwendbaren Rechts nach den Regeln des Internationalen Sachenrechts.

Im Internationalen Sachenrecht sind Rechtswahlmöglichkeiten nicht vorgesehen. Im Gegensatz zu dem schuldrechtlichen Vorgang der Syndizierung unterliegt das auf die Sicherheiten anwendbare Recht nicht dem Parteiwillen. Es

---

379 Vgl. die Darstellung oben unter B. II. (Kreditsicherheiten für syndizierte Kredite).
380 Vgl. zum Ganzen oben unter A. II. 2. (Unechter Konsortialkredit).
381 Vgl. dazu oben unter A. V. 6. (Anwendung in der Bankenpraxis).
382 Vgl. oben unter B. II. (Kreditsicherheiten für syndizierte Kredite).
383 Vgl. *Stoll*, in: Staudinger, Int SachenR, Rn. 2.

muss anhand kollisionsrechtlicher Normen geklärt werden, welches Recht auf die bestellte Sicherheit Anwendung findet. Die kollisionsrechtliche Regelung richtet sich danach, was Gegenstand der Verpfändung ist.

1. Verpfändung von Rechten

Wird ein Recht verpfändet, das nicht verbrieft ist, so ist dasjenige Recht anwendbar, dem das als Sicherheit dienende Recht unterliegt[384]. Wird also eine Forderung verpfändet, so richtet sich das auf das Pfandrecht anwendbare Recht nach dem Forderungsstatut. Wird ein Gesellschaftsanteil verpfändet, so richtet sich das auf das Pfandrecht anwendbare Recht nach dem Gesellschaftsstatut. Sollte das Recht verbrieft sein, so gelten allerdings die nachfolgenden Ausführungen.

2. Verpfändung von verbrieften Rechten

Sollen verbriefte Rechte verpfändet werden, so kann sowohl die Verpfändung des Rechts als auch des Wertpapiers erfolgen[385]. Soll das Wertpapier verpfändet werden, richtet sich das anwendbare Recht nach dem Wertpapier*sach*statut (*lex cartae sitae*)[386]. Unter Anwendung des Belegenheitsprinzipes aus Art. 43 Abs. 1 EGBGB (*lex rei sitae*) ist das Recht desjenigen Staates anwendbar, in dem sich das Wertpapier befindet. Abweichend davon bestimmt § 17a DepotG für Wertpapiere, die mit rechtsbegründender Wirkung in ein Register eingetragen oder auf einem Konto verbucht werden (z. B. global- oder girosammelverwahrte Aktien), dass das Recht des Registerstaates oder des Staates, in dem sich die kontoführende Haupt- oder Zweigstelle des Verwahrers befindet, anwendbar ist[387].

Soll hingegen nur das in dem Wertpapier verbriefte Recht verpfändet werden, so richtet sich das anwendbare Recht nach dem Wertpapier*rechts*statut[388]. Demnach ist wiederum dasjenige Recht anwendbar, dem das zu verpfändende Recht unterliegt (s. o.). Wird also ein Gesellschaftsanteil verpfändet, so richtet sich das

---

384 *Stoll*, in: Staudinger, Int SachenR, Rn. 317.

385 Vgl. oben unter B. II. 1. (Denkbare Kreditsicherheiten i.R.v. Akquisitionsfinanzierungen).

386 *Wendehorst*, in: MünchKomm, EGBGB, Art. 43, Rn. 194; *Thorn*, in: Palandt, EGBGB, Art. 43, Rn. 1.

387 Vgl. dazu ausführlich *Hennrich*, Die Aktienverpfändung im grenzüberschreitenden Effektengiroverkehr, 2011, S. 159 ff.

388 *Wendehorst*, in: MünchKomm, EGBGB, Art. 43, Rn. 194; *Thorn*, in: Palandt, EGBGB, Art. 43, Rn. 1; vgl. auch BGH, Urt. v. 26. 09. 1989, XI ZR 178/88, BGHZ 108, S. 353, unter I. 2. a) aa) der Gründe auf das Pfandrecht anwendbare Recht nach dem Gesellschaftsstatut. Bei der Verpfändung einer Forderung richtet sich das anwendbare Recht nach dem Forderungsstatut.

3. Registerpfandrecht an Luftfahrzeugen und Schiffshypothek

Transportmittel durchqueren bestimmungsgemäß verschiedene Jurisdiktionen, so dass bei ihnen die Anwendung des Belegenheitsprinzipes wenig praktikabel ist. Diesem Problem schafft Art. 45 EGBGB Abhilfe, wonach für Luftfahrzeuge und eingetragene Schiffe das sog. „Flaggenprinzip" gilt[389]. Demnach gilt für Rechte an Luftfahrzeugen das Recht desjenigen Staates, in dem sie registriert sind[390] (Art. 45 Abs. 1 Nr. 1 EGBGB) und für Rechte an eingetragenen Schiffen das Recht desjenigen Staates, in dem sie eingetragen sind (Art. 45 Abs. 1 Nr. 2 EGBGB). Eine Sonderregel sieht Art. 45 Abs. 2 EGBGB für die Entstehung gesetzlicher Sicherungsrechte an diesen Fahrzeugen vor. „Gesetzliche Sicherungsrechte" sind aber nur solche, die *qua* Gesetz, also ohne selbstständige rechtsgeschäftliche Verfügung, entstehen, wie z. B. das Unternehmerpfandrecht gem. § 647 BGB[391]. Da hier aber nur rechtsgeschäftlich bestellte Sicherheiten in Betracht kommen, ist Art. 45 Abs. 2 EGBGB vorliegend von keiner Relevanz.

Für Rechte an Luftfahrzeugen wird Art. 45 EGBGB wiederum von dem Genfer Abkommen vom 19. Juni 1948 über die internationale Anerkennung von Rechten an Luftfahrzeugen verdrängt, da dieses als völkerrechtliche Vereinbarung i.S. des Art. 3 Nr. 2 EGBGB vorrangig ist. Sofern sich das Luftfahrzeug in einem Vertragsstaat des Abkommens befindet, ist auf ein nach den Voraussetzungen des Art. 1 Abs. 1 lit. d) des Abkommens zustande gekommenes Pfandrecht das Recht desjenigen Staates anzuwenden, in dem das Registerpfandrecht eingetragen ist, vgl. Art. 2 Abs. 2 des Abkommens. Wurde das Registerpfandrecht also in Deutschland wirksam eingetragen, so findet im Anwendungsbereich des Genfer Abkommens auf das Pfandrecht deutsches Recht Anwendung. Damit hat Art. 45 EGBGB nur für die Schiffshypothek und in den Fällen Bedeutung, in denen sich das Luftfahrzeug in einem Staat befindet, der nicht Vertragsstaat des Genfer Abkommens ist.

---

389 *Rauscher*, Internationales Privatrecht, 4. Aufl. 2012, Rn. 1546.

390 Vgl. *Thorn*, in: Palandt, EGBG, Art. 45, Rn. 2.

391 *Wendehorst*, in: MünchKomm, EGBGB, Art. 45, Rn. 66.

4. Ergebnis

Aufgrund des hohen Internationalisierungsgrades erfolgt die Syndizierung häufig nach den Regeln des Common Law. Auf das für die Sicherheiten anwendbare Recht hat dies keine Auswirkungen. Das Internationale Sachenrecht folgt eigenen Regeln, die unabhängig von dem Recht der Syndizierung bestehen. Es kommt nur auf das Forderungsstatut des verpfändeten Rechts, das Wertpapiersachstatut des verpfändeten Wertpapiers oder den Registerort für das Registerpfandrecht an Luftfahrzeugen bzw. den Eintragungsort der Schiffshypothek an. Sollte nach diesen Grundsätzen deutsches Recht auf die bestellten akzessorischen Kreditsicherheiten Anwendung finden, so stellt sich bei der Novation der gesicherten Forderung die nachfolgend dargestellte Problematik.

II. Schicksal der akzessorischen Sicherheiten bei der Syndizierung

Findet deutsches Recht auf die akzessorischen Sicherheiten Anwendung, so ist umstritten, was mit den akzessorischen Sicherheiten im Fall der Novation geschieht. Das Problem betrifft im Wesentlichen die Erlöschensakzessorietät.

1. H.Lit.: Untergang der akzessorischen Sicherheiten

Nach der h.Lit. erlöschen akzessorische Sicherheiten im Fall der Novation[392]. Argumentativ wird auf den Akzessorietätsgrundsatz zurückgegriffen. Da akzessorische Sicherheiten in ihrem Bestand von dem der gesicherten Forderung abhängen und die Novation zum Erlöschen der gesicherten Forderung führt[393], müsse konsequenterweise auch die Sicherheit erlöschen. Dass in Folge der Novation ein neues Schuldverhältnis anstatt des alten vereinbart wird, spiele keine Rolle, da keine Identität zwischen dem neuen und dem alten Schuldverhältnis bestehe. Auch wenn beide Schuldverhältnisse in einem wirtschaftlichen Zusammenhang stehen, sei es wegen der Diskontinuität der Novation unausweichlich, die akzessorischen Sicherheiten erlöschen zu lassen.

---

392 *Emmerich*, in: MünchKomm, BGB, § 311, Rn. 15; *Grüneberg*, in: Palandt, BGB, § 311, Rn. 8; *Olzen*, in: Staudinger, BGB, Einl zu §§ 362 ff, Rn. 40, 43; *Schreiber*, in: Soergel, BGB, § 364, Rn. 4; *Gernhuber*, Die Erfüllung und ihre Surrogate, S. 408.

393 Vgl. zur Novation oben unter A. V. 3. (Novation).

2. A.A.: Übertragung der akzessorischen Sicherheiten

Dem tritt eine Mindermeinung gegenüber, nach der die akzessorischen Sicherheiten im Fall der Novation auf den neuen Gläubiger übergehen[394].

Wacke begründet diese Ansicht – unter Heranziehung antiker römischer Quellen – damit, dass die Novation nur dann zu einem Erlöschen der akzessorischen Sicherheiten führen kann, wenn mit ihr tatsächlich ein Erlöschen des alten Schuldverhältnisses beabsichtigt ist. Dies bezweifelt er unter Hinweis darauf, dass die Erlöschensakzessorietät in erster Linie eine „Befriedigungsgemeinschaft" sei und keine „Aufhebungsgemeinschaft" bilde[395]. *Wacke* geht davon aus, dass die Erlöschensakzessorietät erst dann ihre Wirkung zeitige, wenn der Gläubiger befriedigt ist. Denn erst in diesem Fall entfalle der Sicherungszweck. Solange noch keine Befriedigung eingetreten ist, habe der Sicherungszweck Vorrang vor der Erlöschensakzessorietät[396]. Dies widerspreche auch nicht dem Schutzzweck der Akzessorietät, denn dieser wolle den Sicherungsgeber nur vor doppelter Inanspruchnahme bewahren, nicht aber dem Sicherungsnehmer etwas wegnehmen, was ihm gebührt. Eine Ausnahme sei nur dann anzunehmen, wenn der Wille des Gläubigers, auf die Sicherheiten verzichten zu wollen, klar hervortrete. Damit stellt sich *Wacke* diametral zur h.Lit., die davon ausgeht, der *animus novandi* beinhalte zwangsweise einen Verzichtswillen. Nach *Wacke* ist das Gegenteil der Fall: Der Wille zur Novation enthalte nur dann einen Verzichtswillen, wenn dieser klar hervortritt. Im Zweifel sei also davon auszugehen, dass die bestehenden akzessorischen Sicherheiten nicht erlöschen, sondern mit übertragen werden[397].

3. Stellungnahme

Wackes Ansicht entspricht zwar den wirtschaftlichen Bedürfnissen des Gläubigers besser als die der h.Lit. Insofern kritisiert er die Ansicht der h.Lit. als Ausdruck überkommener Begriffsjurisprudenz, die durch eine interessengeleitete Anwendung gesetzlicher Prinzipien ersetzt werden müsse[398]. Dieser Ansicht kann aber nicht pauschal zugestimmt werden. Vielmehr ist zu klären, wie viel man eines gesetzlichen Grundsatzes Preis geben kann, um damit den wirtschaftlichen Interessen der Beteiligten gerecht zu werden. Jeder interessengeleiteten Rechtsanwendung müssen Grenzen gesetzt werden, die eine willkürliche Anwendung des Gesetzes verhindern.

---

394 *Wacke*, DNotZ 2000, S. 615; i.E. auch *Gröschler*, NJW 2000, S. 247 (249).
395 *Wacke*, DNotZ 2000, S. 615 (626).
396 *Ders.*, a.a.O., S. 625.
397 *Ders.*, a.a.O., S. 628.
398 *Wacke*, DNotZ 2000, S. 615 (634).

Anhaltspunkt für diese Grenzen ist der Wortlaut des Gesetzes. Und dieser ist eindeutig: „Das Pfandrecht erlischt mit der Forderung, für die es besteht.“, vgl. § 1252 BGB[399]. Die Novation führt im Gegensatz zur Vertragsübernahme zum Erlöschen des alten Schuldverhältnisses und zur Begründung eines neuen Schuldverhältnisses. Erlischt das alte Schuldverhältnis, erlischt damit auch die alte Forderung. Die Rechtsfolge für die akzessorische Sicherheit ist damit vom Gesetz vorgegeben. Da der Akzessorietätsgrundsatz auch keiner vertraglichen Änderung zugänglich ist, ist diese Rechtsfolge zwingend. Dieses Ergebnis ist aber auch mit dem Inhalt der Novation vereinbar. Im Gegensatz zur Vertragsübernahme soll die Novation nicht zur Fortsetzung des alten Schuldverhältnisses führen, sondern ein neues begründen. Der Vorteil der Novation für den Neugläubiger liegt in diesem Fall darin, dass er sich Einwendungen aus dem alten Schuldverhältnis nicht mehr entgegenhalten lassen muss. Will er sich diesen Vorteil zu Nutze machen, muss er auch den Nachteil in Form des Untergangs der akzessorischen Sicherheiten akzeptieren. Denn Akzessorietät gibt es nur im „Gesamtpaket“: Entweder man übernimmt das alte Schuldverhältnis mit allen Sicherheiten, muss sich dann aber die Einwendungen aus dem alten Schuldverhältnis entgegenhalten lassen. Oder man lässt das alte Schuldverhältnis untergehen und profitiert damit von einem neuen, unbelasteten Schuldverhältnis. In diesem Fall gehen dann aber auch die Sicherheiten nicht mit über. Damit wird auch ein interessengerechter Ausgleich geschaffen, denn: Im Fall der Vertragsübernahme gehen die Einreden (Vorteil Sicherungsgeber), aber auch die Sicherheiten (Vorteil Gläubiger) mit über. Im Fall der Novation gehen die Einreden nicht mit über (Vorteil Gläubiger), aber dafür erhält er auch nicht die akzessorischen Sicherheiten (Vorteil Sicherungsgeber). Dieses Ergebnis entspricht im Fall der Syndizierung in besonderem Maße dem Interesse der Parteien. Denn die Parteien beabsichtigen nicht den Fortbestand des alten Schuldverhältnisses. Ausweislich ihrer steuerlichen Motivation[400] ist es den Banken daran gelegen, das alte Schuldverhältnis zum Erlöschen zu bringen und gerade nicht fortzuführen. Den Parteien kommt es darauf an, das Vertragsverhältnis auf eine neue Grundlage zu stellen. Wie bereits von *Nörr* dargelegt, ist in diesem Fall anzunehmen, dass der Parteiwille das Erlöschen des alten Schuldverhältnisses zum Inhalt hat[401]. Würde man hier damit argumentieren, dass es den Parteien auf den Erhalt der Sicherheiten ankäme, so käme man zu einem widersprüchlichen Parteiwillen, der in steuerrechtlicher Hinsicht auf das Erlöschen und in kreditsicherungsrechtlicher Hinsicht auf den Erhalt des alten

399 Vgl. auch § 767 Abs. 1 S. 1 BGB (Bürgschaft) und § 1163 Abs. 1 S. 2 BGB (Hypothek).
400 Vgl. dazu oben unter A. V. 6. a) (Common Law).
401 Vgl. oben unter A. V. 3. (Novation).

Schuldverhältnisses abzielt. Für die Parteien steht aber die steuerliche Motivation im Vordergrund. Damit entspricht es eindeutig dem Parteiwillen, wenn das alte Schuldverhältnis erlischt. Das Erlöschen der akzessorischen Sicherheiten ist dann nur die gesetzlich angeordnete – zwingende – Konsequenz.

Vertragsübernahme und Novation sind unterschiedliche Mittel, die durch ihre jeweilige Konstruktion die Interessen von Gläubiger und Sicherungsgeber wahren. Die Ansicht *Wackes* führt zu einer Annäherung der Novation an die Vertragsübernahme und damit zu einer einseitigen Verlagerung der Interessen auf den Gläubiger. Dieser könnte – folgte man *Wackes* Auffassung – die Vorteile von Vertragsübernahme und Novation in einem Zuge vereinigen. Das widerspricht dem durch die Akzessorietät bezweckten Schuldnerschutz[402]. Daher ist der h.Lit. in der Ansicht zu folgen, dass bei einer Novation die akzessorischen Sicherheiten untergehen.

4. Ergebnis und Lösungsansatz

Damit wird das Problem von akzessorischen Sicherheiten und Syndizierung deutlich. Ist die bevorzugte Übertragungsweise der Syndizierung die Novation, so führt dies dazu, dass die den einzelnen Konsortialbanken bestellten akzessorischen Sicherheiten bei jeder Syndizierung erlöschen würden und neu bestellt werden müssten. Dies hätte nicht nur erheblichen zeitlichen und finanziellen Aufwand zur Folge (insbesondere wegen der notariellen Form bei einer GmbH-Anteilsverpfändung)[403], sondern auch den Verlust der Rangstelle der Sicherheit[404]. Denn im Verhältnis der Kreditsicherheiten untereinander gilt das Prioritätsprinzip, d. h. dass die ältere Sicherheiten der jüngeren im Rang vorgeht[405]. Für die Pfandrechte ist dies in § 1209 BGB ausdrücklich vorgesehen.

Zur Lösung dieses Problems hat sich in der Praxis die Idee durchgesetzt, dass man sich eines „Sicherheitentreuhänders" (engl. „*Security Agent*") bedient, der auf unterschiedlichen Wegen die akzessorische Besicherung des syndizierten Kredites erreichen soll[406]. Der Sicherheitentreuhänder ist oftmals identisch mit dem Konsortialführer[407]. Der Sicherheitentreuhänder ist als dauerhaftes Mitglied

---

402 Zum Zweck des Schuldnerschutzes vgl. oben unter C. IV. 1. (Schuldnerschutz).
403 Vgl. oben unter B. II. 1. a) (Verpfändung der Mitgliedschaft in einer GmbH).
404 *Bourgeois*, BKR 2011, S. 103 (104); *Diem*, Akquisitionsfinanzierungen, § 53, Rn. 2
405 Vgl. *Bülow*, Recht der Kreditsicherheiten, Rn. 91.
406 Sofern es sich um eine Syndizierung nach deutschem Recht handelt, ist es empfehlenswert, die Syndizierung im Wege der Vertragsübernahme vorzunehmen, um die Probleme mit der Novation zu vermeiden.
407 *Diem*, Akquisitionsfinanzierungen, § 54, Rn. 1.

des Konsortiums vorgesehen und an keiner Syndizierung beteiligt. Die akzessorischen Sicherheiten werden damit von den Veränderungen im Konsortium abgeschirmt. Daher besteht bei dem Sicherheitentreuhänder nicht die Gefahr des Untergangs der akzessorischen Sicherheiten im Wege der Novation.

III. Zentrale Sicherheitenbestellung und -verwaltung

Neben der Verhinderung des Untergangs akzessorischer Sicherheiten, liegt ein weiterer Grund für den Einsatz eines Sicherheitentreuhänders in der Zentralisierung der Verwaltung der Sicherheiten. Werden die Kreditsicherheiten zentralisiert, erspart man sich die Errichtung gemeinschaftlicher Sicherheiten (§ 741 BGB) oder mehrerer einzelner Sicherheiten. Dies hat zwei Vorteile: Zum einen führt die Zentralisierung zu einer Vereinfachung des Prozesses. Die anderen Konsortialbanken müssen sich nicht mehr um die Bestellung und Verwaltung der Sicherheiten kümmern, sondern zahlen nur eine Provision an den Sicherheitentreuhänder, der die gesamte Bestellung und Verwertung der Sicherheiten übernimmt. Zum anderen ist durch die zentralisierte Sicherheitenstruktur eine gleichmäßige Befriedigung aller Konsortialbanken im Verhältnis ihrer Anteile gewährleistet[408]. Denn ihre Befriedigungsquote richtet sich nach dem im Konsortialvertrag festgelegten Konsortialanteil, den jeweiligen Rang ihrer Forderungen haben die Konsortialbanken in einer sog. „Gläubigervereinbarung“ (engl. *„Intercreditor Agreement“*) geregelt. Damit werden auch Beweisschwierigkeiten umgangen, die bei einer separaten Sicherheitenbestellung auftreten könnten[409]. Durch die zentrale Sicherheitenbestellung muss nicht mehr geklärt werden, welche Sicherheiten welcher Bank zugehörig sind. Es ist eindeutig, dass die Sicherheiten zur Befriedigung aller Banken gemeinsam bestehen. In welcher Höhe die Konsortialbanken an dem Erlös aus der Pfandrechtsverwertung beteiligt sind, ist durch den Konsortialvertrag schuldrechtlich festgelegt.

IV. Zusammenfassung

Im internationalen Bankenverkehr kollidiert die Novation regelmäßig mit dem deutschen Recht unterliegenden akzessorischen Kreditsicherheiten. Zwar wird die Novation der Darlehensrückzahlungsforderungen i. d. R. nach den Regeln des

408 *Diem*, Akquisitionsfinanzierungen, § 53, Rn. 2.
409 *Martinek*, in: Bankrechts-Handbuch, § 97, Rn. 7.

Common Law vorgenommen, dies hat aber keine Auswirkungen auf das auf die Sicherheiten anwendbare Recht. Im internationalen Sachenrecht gibt es keine Rechtswahlmöglichkeiten. Werden Rechte oder Wertpapiere verpfändet, richtet sich das auf das Pfandrecht anwendbare Recht danach, welchem Recht das verpfändete Recht unterliegt („Forderungsstatut" oder „Gesellschaftsstatut") oder in welchem Land das verpfändete Wertpapier belegen ist („Wertpapiersachstatut"). Bei Schiffshypotheken kommt es darauf an, in welchem Land das Schiff eingetragen ist, beim Registerpfandrecht an Luftfahrzeugen, in welchem Land das Registerpfandrecht eingetragen ist.

Ist auf die akzessorische Sicherheit deutsches Recht anzuwenden und wird die gesicherte Forderung noviert, so erlischt aufgrund der Aufhebungswirkung der Novation die akzessorische Sicherheit. Um diesen Effekt zu vermeiden, bedient sich die Konsortialpraxis eines Sicherheitentreuhänders, der die Sicherheiten zentral für alle Konsortialbanken hält. Der Sicherheitentreuhänder ist an keiner Syndizierung beteiligt, so dass bei ihm nicht die Gefahr besteht, dass die akzessorischen Sicherheiten durch die Novation der gesicherten Forderung untergehen. Darüber hinaus soll der Sicherheitentreuhänder die Sicherheiten zentral verwalten, um die Sicherheitenbestellung kostengünstiger vornehmen zu können und den späteren Verwertungsprozess zu vereinfachen. Die Konsortialbanken haben somit keine eigenen Sicherheiten, sondern nur einen schuldrechtlichen Anspruch ggü. dem Sicherheitentreuhänder auf eine quotale Auskehr des Verwertungserlöses.

E. Ergebnis des 1. Teils und Ausblick

Syndizierung und akzessorische Sicherheiten vertragen sich nicht. Die Lösung der Praxis besteht darin, einen zentralen Sicherheitentreuhänder einzusetzen, der an keiner Syndizierung beteiligt ist. Dies zieht aber ein Folgeproblem nach sich: Akzessorische Sicherheiten können nur zur Besicherung einer bestimmbaren Forderung bestellt werden[410]. Beim unechten Konsortialkredit stehen die Forderungen aber den einzelnen Konsortialbanken dezentral zu und nicht dem Konsortialführer bzw. Sicherheitentreuhänder. Soll dieser den gesamten Konsortialkredit absichern, so ist fraglich, wie man ihm – ohne eine Forderung in entsprechender Höhe – die akzessorischen Sicherheiten bestellen kann. Doch auch zu diesem Problem hat die Praxis vermeintliche Lösungsansätze gefunden. Diese auf ihre bürgerlich-rechtliche Zulässigkeit zu überprüfen, ist Gegenstand des nachfolgenden Teils.

---

410 Vgl. oben unter C. III. 2. (Verzicht auf die Akzessorietät).

2. Teil: Lösungswege zur akzessorischen Besicherung syndizierter Kredite

Die Syndizierung in der Form der Novation führt zum Erlöschen der akzessorischen Sicherheiten. Die Lösung der Praxis besteht darin, einen Sicherheitentreuhänder (engl. „*Security Agent*") einzusetzen, der an keiner Syndizierung beteiligt ist und damit die akzessorischen Sicherheiten vor dem Erlöschen bewahrt. Im Einzelnen kann der Sicherheitentreuhänder auf zwei Wegen für eine akzessorische Besicherung des syndizierten Kredites sorgen:

Der eine Weg zielt darauf ab, dem Sicherheitentreuhänder selbst die akzessorischen Sicherheiten zu bestellen. Damit kann er die akzessorischen Sicherheiten unabhängig von einem Wechsel im Bestand der Konsortialbanken halten. Die Syndizierung einer Darlehensforderung durch eine andere Konsortialbank hat dann keine Auswirkungen auf den Bestand der akzessorischen Sicherheiten beim Sicherheitentreuhänder. Diese Konstruktion ist allerdings nur dann tragfähig, wenn der Sicherheitentreuhänder selbst eine Forderung innehat („kein forderungsloses Pfandrecht")[411]. Der Sicherheitentreuhänder ist aber nur Inhaber einer Forderung in der Höhe seines Konsortialanteils oder er hat gar keine eigene Forderung[412]. Der Grund dafür liegt in der Konstruktion des in der Praxis bevorzugten unechten Konsortialkredites. Bei einem unechten Konsortialkredit besteht keine Forderung i.H. der gesamten Kreditsumme, sondern nur mehrere Einzelforderungen i.H.v. Teilsummen, die den Konsortialbanken dezentral zustehen[413]. Je nachdem, ob der Sicherheitentreuhänder als Mitglied des Konsortiums selbst einen Konsortialanteil übernommen hat oder nicht, steht ihm entweder gar keine Forderung oder nur eine in geringerer Höhe zu. In jedem Fall kann ihm keine akzessorische Sicherheit für die gesamte Kreditsumme bestellt werden, da eine Forderung in entsprechender Höhe fehlt. Um den Sicherheitentreuhänder aber auch in die Lage zu versetzen, ohne eine entsprechende Darlehensforderung akzessorische Sicherheiten bestellt zu erhalten, haben sich in der Praxis zwei Modelle entwickelt: das sog. „*Parallel-Debt*-Modell" und das sog. „*Joint-Creditor*-Modell".

Der andere Weg zielt darauf ab, jeder in das Konsortium neu eintretenden Bank (sog. „Neukonsorte") über den Sicherheitentreuhänder die akzessorischen

---

411 Vgl. oben im 1. Teil, unter C. III. 2. (Verzicht auf die Akzessorietät).

412 Dies kann insbesondere dann passieren, wenn eine Konzerngesellschaft des Konsortialführers als Sicherheitentreuhänder eingesetzt wird, vgl. *Hinsch/Horn*, Das Vertragsrecht der internationalen Konsortialkredite und Projektfinanzierungen, 1985, S. 178.

413 Vgl. oben im 1. Teil, unter A. II. 2. (Unechter Konsortialkredit).

Sicherheiten zu bestellen. Die Pfandrechtsbestellung vollzieht sich damit immer in der Person des Neukonsorten, nicht in der des Sicherheitentreuhänders. Um eine mehrfache notarielle Beurkundung der Sicherheitenbestellung sowie den Verlust der Rangstelle im Fall einer Syndizierung zu vermeiden, wurde in der Praxis das sog. „*Future-Pledgee*-Modell" entwickelt. Mithilfe des *Future-Pledgee*-Modells soll der Sicherheitentreuhänder die Neukonsorten ohne Nachteile akzessorisch besichern können.

Im Wesentlichen gibt es also drei Modelle, mit denen der Widerstreit zwischen Syndizierung und akzessorischen Sicherheiten aufgelöst werden soll. Die Modelle versuchen dabei, ihr Ziel auf unterschiedlichem Wege zu erreichen. Die aufgezeigten Wege schließen sich nicht gegenseitig aus. Es wird sich zeigen, dass das *Parallel-Debt-* oder *Joint-Creditor*-Modell durchaus mit dem *Future-Pledgee*-Modell kombiniert werden kann.

Wie die Namen der Modelle erkennen lassen, handelt es sich um Konstruktionen aus dem Common Law, die sich aufgrund der Dominanz der vom Common Law geprägten Finanzplätze weltweit etabliert haben. Insbesondere aufgrund der durch die in London ansässige *Loan Market Association* (*LMA*)[414] vorangetriebene Standardisierung internationaler Finanzierungsverträge haben sich die englischsprachigen Begriffe auch in Verträgen verbreitet, die dem deutschen Recht unterliegen[415]. Wie die unterschiedlichen Modelle im deutschen Recht einzuordnen und vor allem, ob sie mit den Prinzipien des deutschen bürgerlichen Rechts vereinbar sind, wird in diesem Teil untersucht. Dazu wird der Teil in zwei Unterabschnitte unterteilt. Der erste Unterabschnitt (A.) widmet sich dem Lösungsweg, dem Sicherheitentreuhänder die akzessorischen Sicherheiten zu bestellen und bespricht die beiden dafür in Frage kommenden Modelle. Der zweite Unterabschnitt (B.) widmet sich dem Lösungsweg, den Konsortialbanken (insbesondere den Neukonsorten) die akzessorischen Sicherheiten zu bestellen und untersucht das dafür in Frage kommende Modell.

414 http://www.lma.eu.com/ (Abruf vom 12.08.2014).

415 Vgl. *Hoffmann*, WM 2009, S. 1452 (1452) und *Willer*, AcP 209 (2009), S. 807 (808); zur Standardisierung insgesamt auch *Hinsch/Horn*, Das Vertragsrecht der internationalen Konsortialkredite und Projektfinanzierungen, S. 194.

A. Akzessorische Besicherung eines Sicherheitentreuhänders

Diejenige Bank, die die akzessorischen Sicherheiten zentral halten und verwalten soll, wird in der Literatur[416] und der einschlägigen Vertragsdokumentation[417] fast ausnahmslos als „Sicherheitentreuhänder" bzw. „*Security Agent*" bezeichnet. Bevor die beiden Modelle „*Parallel-Debt*" und „*Joint-Creditor*" besprochen werden, soll dieser Bezeichnung und der Stellung als Sicherheitentreuhänder nachgegangen werden.

I. Der Sicherheitentreuhänder

In dem Fall, dass der Weg der akzessorischen Besicherung des Sicherheitentreuhänders gewählt wird, übernimmt der Sicherheitentreuhänder die Aufgabe, die Sicherheiten zentral für die Konsortialbanken zu halten und zu verwalten. Die Konsortialbanken übergeben dem Sicherheitentreuhänder die akzessorischen Sicherheiten „zu treuen Händen". Der Einsatz des Sicherheitentreuhänders wird in einem Treuhandvertrag geregelt, den die Konsortialbanken mit dem Sicherheitentreuhänder abschließen. Dieser beinhaltet nicht nur die Übertragung der akzessorischen Sicherheiten auf den Sicherheitentreuhänder, sondern auch welche Rechte und Pflichten die Treuhandparteien haben. Zu den Aufgaben des Sicherheitentreuhänders gehört es, die Einhaltung der Pflichten des Sicherungsgebers zu überwachen, Beschlüsse der Konsortialbanken herbeizuführen und ggf. die Verwertung der Sicherheiten und die anschließende Verteilung der Erlöse auf die Konsortialbanken vorzunehmen[418]. Der Treuhandvertrag stellt i.d.R. ein eigenständiges Vertragsdokument dar und tritt neben den Konsortialvertrag und die einzelnen Kreditverträge der Konsortialbanken[419]. Der Sicherheitentreuhänder kann mit dem Konsortialführer identisch sein.

---

416 Z.B. bei *Bourgeois*, BKR 2011, S. 103; *Diem*, Akquisitionsfinanzierungen, § 54; *Schaffelhuber/Sölch*, in: Münchener Handbuch des Gesellschaftsrechts, Bd. 1, § 31, Rn. 29 ff.; *Hoffmann*, in: Derleder/Knops/Bamberger, Handbuch zum deutschen und europäischen Bankrecht, 2. Aufl. 2009, § 22, Rn. 78.

417 Vgl. dazu den Vertragstext unten im Anhang I, unter A. (*Parallel-Debt*-Modell) und B. (*Joint-Creditor*-Modell).

418 *Diem*, Akquisitionsfinanzierungen, § 54, Rn. 6.

419 Vgl. auch *Bourgeois*, BKR 2011, S. 103 (103).

1. Begriff

Der Begriff des Treuhänders bezeichnet im Allgemeinen „eine natürliche oder juristische Person, die von einem anderen oder für ihn von einem Dritten Vermögensrechte zu eigenem Recht erworben hat, diese aber nicht nur in eigenem, sondern zumindest auch in fremdem Interesse ausüben soll“[420]. Die Treuhand ist also dadurch gekennzeichnet, dass der Treugeber dem Treuhänder Vermögensrechte überträgt, die der Treuhänder zumindest auch in fremdem Interesse wahrnimmt.

Die Übertragung von Vermögensrechten kann entweder die Übertragung eines Vollrechts oder nur die Befugnis, über das Vermögensrecht in eigenem Namen („Ermächtigungstreuhand“, § 185 BGB) bzw. im Namen des Treugebers („Vollmachttreuhand“, §§ 164 ff. BGB) zu verfügen, zum Inhalt haben[421]. Bei der Vollmachttreuhand und der Ermächtigungstreuhand behält der Treugeber das Vollrecht, so dass von einer „unechten Treuhand“ gesprochen wird. Im Fall der Übertragung des Vollrechts wird hingegen von einer „echten“ oder „fiduziarischen Treuhand“ gesprochen.

Weiter wird danach differenziert, für wen der Treuhänder das Vermögensrecht wahrnimmt. Wird ihm das Vermögensrecht im eigenen Interesse eingeräumt, spricht man von einer „eigennützigen Treuhand“. Übernimmt er das Vermögensrecht aber ausschließlich im Interesse eines anderen, so spricht man von einer „fremdnützigen Treuhand“. Dass der Treuhänder für seine Tätigkeit eine Vergütung erhält, lässt die Fremdnützigkeit nicht entfallen[422].

Nach dem Zweck der Treuhand wird zwischen „Sicherungstreuhand“ und „Verwaltungstreuhand“ unterschieden. Bei der Verwaltungstreuhand wird der Treuhänder mit der Verwaltung des Treuguts unter Bindung an den vereinbarten Zweck beauftragt[423]. Wird die Treuhand zum Zwecke der Absicherung eines Kredites vereinbart, spricht man von einer Sicherungstreuhand[424]. Die Sicherungstreuhand stellt i.d.R. eine echte, eigennützige Treuhand dar. Diese liegt typischerweise vor, wenn dem Kreditgeber zur Sicherheit ein Vollrecht übertragen wird und er dieses fortan treuhänderisch für den Sicherungsgeber hält (z.B. bei der Sicherungsübereignung oder Sicherungsabtretung)[425]. In diesem Fall wird dem

---

420 BGH, Urt. v. 24.06.2003, IX ZR 75/01, BGHZ 155, S. 227, unter II. 2. b) der Gründe.

421 *Bassenge*, in: Palandt, BGB, § 903, Rn. 34

422 BGH, Urt. v. 05.05.1969, VII ZR 79/67, WM 1969, S. 935, unter 1. b) der Gründe.

423 *Schramm*, in: MünchKomm, BGB, Vor § 164, Rn. 29.

424 *Bülow*, Recht der Kreditsicherheiten, Rn. 19.

425 Vgl. zur „typischen“ Sicherungstreuhand *Bülow*, Recht der Kreditsicherheiten, Rn. 1091 ff. Als Sonderfall stellt aber auch die Grundschuld eine Sicherungstreuhand dar, obgleich bei der Grundschuld keine Vollrechtsübertragung stattfindet, vgl. *Eickmann*, in: MünchKomm, BGB,

Kreditgeber/Treuhänder das Vollrecht nur übertragen, damit er sein Sicherungsbedürfnis befriedigen kann. Insofern handelt es sich um eine eigennützige Treuhand. Da das Sicherungsmittel eine Vollrechtsübertragung bewirkt, liegt zudem eine echte Treuhand vor. Der Kreditgeber wird somit zum Sicherungstreuhänder des Kreditnehmers/Sicherungsgebers.

2. Der Sicherheitentreuhänder i.R. eines syndizierten Kredites

Wie oben festgestellt, beschränkt sich bei syndizierten Krediten die Auswahl an akzessorischen Sicherungsmitteln auf das Pfandrecht an Rechten bzw. Wertpapieren sowie das Registerpfandrecht an Luftfahrzeugen und die Schiffshypothek.[426] Die Pfandrechte dienen zwar nur denjenigen Banken, die einen Konsortialanteil übernommen haben, sie sollen aber dem Sicherheitentreuhänder „zur treuen Hand" bestellt werden. Was für ein Typus von Treuhand dabei entsteht, wird im Folgenden anhand der Tatbestandsmerkmale aus der obigen Definition geklärt.

a) Erwerb von Vermögensrechten

Der Treuhänder muss zunächst ein Vermögensrecht erworben haben. Dem Sicherheitentreuhänder wird von dem Kreditnehmer ein Pfandrecht bestellt. Dadurch wird der Kreditnehmer Sicherungsgeber und der Sicherheitentreuhänder Sicherungsnehmer. Das Treuhandverhältnis entsteht aber nicht zwischen dem Kreditnehmer und dem Sicherheitentreuhänder, wie es bei der Sicherungstreuhand typischerweise der Fall ist. Denn der Sicherheitentreuhänder hält das Pfandrecht treuhänderisch für die anderen Konsortialbanken und nicht für den Kreditnehmer. Eine Sicherungstreuhand für den Kreditnehmer kommt nur in Frage, wenn der Kreditnehmer dem Sicherheitentreuhänder ein Vollrecht überträgt (wie beim Sicherungseigentum oder der Sicherungsabtretung)[427]. Dies ist aber beim Pfandrecht gerade nicht der Fall[428]. Denn das Pfandrecht ist nur ein

§ 1191, Rn. 12. Die Grundschuld mag daher einen untypischen Fall der Sicherungstreuhand darstellen.

426 Vgl. oben im 1. Teil, unter B. II. (Kreditsicherheiten für syndizierte Kredite).

427 *Bülow*, Recht der Kreditsicherheiten, Rn. 19; *Baur/Stürner*, Sachenrecht, § 3, Rn. 34.

428 **A.A.** *Willer*, AcP 209 (2009), S. 807 (814); *Böttcher*, Das abstrakte Schuldversprechen in der Kreditsicherung, S 209 und *Diem*, Akquisitionsfinanzierungen, § 54, Rn. 5, die davon ausgehen, es entstehe eine doppelseitige Treuhand. Inwiefern der Sicherheitentreuhänder ggü. dem Kreditnehmer treuhänderisch verpflichtet ist, erklären sie jedoch nicht. Dieses Verständnis kann nur auf der Annahme beruhen, jedes Sicherungsgeschäft beinhalte einen Treuhandvertrag, vgl. dazu Fn. 430.

beschränktes dingliches Recht und kein Vollrecht. Der Kreditnehmer behält das Vollrecht (z. B. die Mitgliedschaft in der GmbH) und räumt dem Sicherheitentreuhänder nur ein darauf bezogenes Verwertungsrecht ein. Aus der Einräumung eines bloßen Verwertungsrechts kann aber solange kein Treuhandverhältnis entstehen, wie der Einräumende noch Vollrechtsinhaber ist, da dem Sicherungsnehmer insofern keine überschießende Rechtsmacht im Außenverhältnis gewährt wird[429]. Bei den akzessorischen beschränkt dinglichen Rechten entsprechen sich äußerliche und innerliche Rechtsmacht, so dass kein Treuhandverhältnis zwischen Sicherungsgeber und Sicherungsnehmer entsteht[430]. Daher besteht das Treuhandverhältnis bzgl. der akzessorischen Sicherheiten ausschließlich zwischen dem Sicherheitentreuhänder und den Konsortialbanken und nicht zwischen dem Sicherheitentreuhänder und dem Kreditnehmer. Davon zu unterscheiden ist die Rechtslage bei den nicht-akzessorischen Kreditsicherheiten, wie z. B. der Sicherungsübereignung und Sicherungsabtretung[431]. Bei diesen erhält der Sicherungsnehmer eine überschießende Rechtsmacht im Außenverhältnis, im Innenverhältnis ist er aber schuldrechtlich an das Interesse des Sicherungsgebers gebunden. Die nicht-akzessorischen Kreditsicherheiten führen daher zur Entstehung einer Sicherungstreuhand[432]. Im Fall des syndizierten Kredites entsteht dann eine Treuhand zwischen dem Sicherungsgeber und Sicherheitentreuhänder sowie zwischen dem Sicherheitentreuhänder und den Konsortialbanken (sog. „doppelseitige Treuhand"). Da vorliegend aber nur die akzessorischen Kreditsicherheiten von Bedeutung sind, bleibt die Konstellation der doppelseitigen Treuhand außer Betracht.

Das Treuhandverhältnis zwischen den Konsortialbanken und dem Sicherheitentreuhänder hat nicht die Besicherung eines Kredites zum Zweck, sondern die Optimierung und Vereinfachung der Bestellung und Verwaltung der akzes-

---

429 So auch *Gernhuber*, JuS 1988, S. 355 (356).

430 Mitunter wird zwar vertreten, jedes Sicherungsgeschäft (also auch die Pfandrechtsbestellung) beinhalte einen Treuhandvertrag. Dies wird aber von der wohl h.M. zurecht abgelehnt, vgl. zum Ganzen *Löhnig*, Treuhand, 2006, S. 121 ff.

431 Bei der Grundschuld entsteht nach h.M. ebenfalls ein Treuhandverhältnis, obwohl sie nur ein beschränkt dingliches Recht darstellt. Dogmatisch liegt dies daran, dass wegen der fehlenden Akzessorietät der Sicherungsnehmer schuldrechtlich an das Interesse des Sicherungsgebers gebunden werden muss und dadurch eine Sicherungstreuhand entsteht, vgl. zum Ganzen *Coing*, Die Treuhand kraft privaten Rechtsgeschäfts, 1973, S. 81 f. Mangels Vollrechtsübertragung die Treuhand bei der Grundschuld **ablehnend** hingegen *Gernhuber*, JuS 1988, S. 355 (356).

432 Diese entsteht auch ohne ausdrückliche Absprache, vgl. grundlegend BGH, Urt. v. 14.05. 1996, XI ZR 257/94, BGHZ 133, S. 25, unter II. 3. der Gründe.

sorischen Sicherheiten[433]. Dementsprechend ist auch terminologisch nicht von einer „Sicherungstreuhand" zu sprechen, sondern von einer „Verwaltungstreuhand".

Bemerkenswert ist, dass der Sicherheitentreuhänder das Pfandrecht nicht vom Treugeber (also den Konsortialbanken) erhält, sondern von dem Kreditnehmer, dem er ja gerade nicht treuhänderisch verpflichtet ist. Dieses Problem betrifft aber die Frage nach den Parteien der Treuhandvereinbarung, welche sogleich zu behandeln ist.

b) Zu eigenem Recht

Im typischen Fall der Kreditsicherung ist der Kreditnehmer gleichzeitig Sicherungsgeber und der Kreditgeber gleichzeitig Sicherungsnehmer. Die Besonderheit bei syndizierten Krediten besteht darin, dass der Kreditgeber nicht identisch ist mit dem Sicherungsnehmer. Der Kreditnehmer bestellt die Sicherheiten dem Sicherheitentreuhänder, der sie wiederum für die anderen Konsortialbanken hält. Sicherungsnehmer ist also der Sicherheitentreuhänder, der aber nicht immer auch Kreditgeber ist. Die Kreditgeber, denen die Sicherheit eigentlich dienen soll (also die Konsortialbanken), sind nicht Sicherungsnehmer.

Als Sicherungsnehmer erhält der Sicherheitentreuhänder die volle Verfügungsmacht über das Pfandrecht. Aufgrund der (vollständigen) Übertragung des Pfandrechts liegt eine echte bzw. fiduziarische Treuhand vor[434]. Gegen die Annahme einer echten Treuhand spricht nicht, dass dem Treuhänder lediglich ein beschränktes dingliches Recht bestellt wird. Denn die Unterscheidung zwischen echter und unechter Treuhand bezieht sich nur darauf, ob dem Treuhänder das komplette Recht übertragen wird oder ob er nur zur Verfügung über das Recht ermächtigt wird, das Recht also insgesamt nicht übertragen wird[435]. I.R.v. syndizierten Krediten erhält der Sicherheitentreuhänder die akzessorischen Sicherheiten vollständig übertragen. Dass er im Innenverhältnis an eventuelle Weisungen der Konsortialbanken gebunden ist, ist gerade das Charakteristikum der Treuhand und lässt den fiduziarischen Charakter nicht entfallen[436].

---

433 Vgl. auch BGH, Urt. v. 12.11.1992, IX ZR 237/91, NJW-RR 1993, S. 235, unter II. 1. der Gründe.

434 So i.E. auch *Willer*, AcP 209 (2009), S. 807 (814); *Diem*, Akquisitionsfinanzierungen, § 54, Rn. 3.

435 Vgl. *Löhnig*, Treuhand, S. 101.

436 Vgl. *Baur/Stürner*, Sachenrecht, § 3, Rn. 34.

c) Von einem anderen oder für ihn von einem Dritten

Mit dem Tatbestandsmerkmal „von einem anderen oder für ihn von einem Dritten" werden die Treuhandparteien umschrieben. Merkmal des Treuhandverhältnisses ist es, dass eine natürliche oder juristische Person von einem anderen einen Vermögenswert „zu treuen Händen" übertragen erhält. Damit wird deutlich, dass Treugeber der „andere" ist und Treuhänder die natürliche oder juristische Person. Bei der typischen Sicherungstreuhand (Sicherungsübereignung oder Sicherungsabtretung) wird das Treuhandverhältnis dadurch begründet, dass der Kreditnehmer dem Kreditgeber ein Vollrecht überträgt, das letzterer anschließend für den Kreditnehmer ausübt. Der Kreditnehmer ist also der Treugeber, der Kreditgeber Treuhänder. Diese Konstellation wird „Übertragungstreuhand" genannt.

Im Fall des syndizierten Kredites sind aber Treugeber und Kreditnehmer nicht identisch. Es ist nicht der Kreditnehmer, der als Treugeber auftritt, sondern die am Kredit beteiligten Konsortialbanken. Diese beabsichtigen, dass die akzessorischen Sicherheiten von dem Sicherheitentreuhänder treuhänderisch gehalten werden. Dazu könnten sie sich zunächst selbst die akzessorischen Sicherheiten bestellen lassen und diese anschließend treuhänderisch auf den Sicherheitentreuhänder übertragen. Um sich diesen Umweg zu ersparen, werden die akzessorischen Sicherheiten unmittelbar von dem Kreditnehmer dem Sicherheitentreuhänder bestellt. Dadurch verändert sich nicht das Verhältnis von Treuhänder und Treugeber[437]. Vielmehr überträgt der Kreditnehmer als „Dritter" das Pfandrecht *für* die Konsortialbanken auf den Sicherheitentreuhänder. Nach der Definition des BGH ist also der Kreditnehmer „Dritter" und die Konsortialbanken sind „der andere". Das Treuhandverhältnis entsteht damit (nur) zwischen den Konsortialbanken und dem Sicherheitentreuhänder. Diese Konstellation wird als „Erwerbstreuhand" bezeichnet.

d) Ausübung in fremden Interesse

Die Treuhandschaft ergibt sich aus einem Treuhandvertrag zwischen dem Treugeber und dem Treuhänder[438]. Im Fall des syndizierten Kredites schließen die Konsortialbanken und der Sicherheitentreuhänder den Treuhandvertrag, in dem vorgesehen ist, dass nicht die Konsortialbanken die Sicherheiten erhalten sollen, sondern der Sicherheitentreuhänder die Sicherheiten bestellt erhalten soll und diese im Interesse der Konsortialbanken hält und verwaltet. Es entsteht zwischen

---

437 Vgl. BGH, Urt. v. 24.06.2003, IX ZR 75/01, BGHZ 155, S. 227, unter II. 2. c) der Gründe. So auch schon *Obermüller*, DB 1973, S. 1833 (1834).

438 *Serick*, Eigentumsvorbehalt und Sicherungsübertragung, Bd. II, 1965, S. 80.

jeder einzelnen Konsortialbank und dem Sicherheitentreuhänder ein Treuhandvertrag bzgl. der akzessorischen Kreditsicherheiten[439]. Der Sicherheitentreuhänder wird damit schuldrechtlich an das Interesse der Konsortialbanken gebunden. Dadurch wird zunächst einmal dem Sicherungsinteresse der anderen Konsortialbanken genüge getan. Ob dadurch auch ein eigenes Sicherungsinteresse des Sicherheitentreuhänders befriedigt wird, hängt davon ab, ob er selbst einen Konsortialanteil übernommen hat oder nicht[440].

aa) Sicherheitentreuhänder ist nicht am Konsortialkredit beteiligt

Hat der Sicherheitentreuhänder keinen eigenen Konsortialanteil übernommen, hat er auch kein eigenes Interesse an der Bestellung der Sicherheiten. Er hält die Sicherheiten ausschließlich im Interesse der Konsortialbanken. Es handelt sich um eine ausschließlich fremdnützige Treuhand. Dass der Sicherheitentreuhänder für seine Tätigkeit eine Provision erhält, lässt die Fremdnützigkeit nicht entfallen[441].

bb) Sicherheitentreuhänder ist am Konsortialkredit beteiligt

Hat der Sicherheitentreuhänder hingegen einen Konsortialanteil übernommen, so hat er auch ein eigenes Interesse an der Bestellung der Sicherheiten. Insofern hält er die Sicherheiten auch in eigenem Interesse.

Allerdings lässt die Eigennützigkeit nicht automatisch die Fremdnützigkeit entfallen. Denn die Sicherheitenbestellung an den Sicherheitentreuhänder ist nach wie vor auch im Interesse der anderen Konsortialbanken. Der Sicherheitentreuhänder handelt insofern auch fremdnützig. Es liegt insgesamt eine sog. „doppelnützige Treuhand“ vor, bei der sowohl der Treugeber als auch der Treuhänder ein Interesse an der Sicherheitenbestellung hat.

e) Ergebnis

Bei der Tätigkeit des Sicherheitentreuhänders handelt es sich um eine Treuhand in Form der Erwerbstreuhand. Durch die spezielle Struktur des syndizierten Kredites treffen aber die Voraussetzungen der in Kreditsicherungsfällen üblichen Sicherungstreuhand nicht zu. Vielmehr liegt eine Verwaltungstreuhand vor. Je nach

439 Vgl. *Diem*, Akquisitionsfinanzierungen, § 54, Rn. 8.
440 Vgl. auch *Willer*, AcP 209 (2009), S. 807 (814).
441 BGH, Urt. v. 05.05.1969, VII ZR 79/67, WM 1969, S. 935, unter I. 1. b) der Gründe; BGH, Urt. v.05.11.1953, IV ZR 95/53, BGHZ 11, S. 37, unter 2. a) der Gründe.

dem, ob der Sicherheitentreuhänder selbst am Konsortialkredit beteiligt ist oder nicht, handelt es sich um eine echte, doppelnützige oder echte, fremdnützige Treuhand. Zwischen jeder einzelnen Konsortialbank und dem Sicherheitentreuhänder kommt ein einzelner Treuhandvertrag zustande.

3. Bildung eines Sicherungspools

Fraglich ist, ob durch die Treuhandvereinbarung ein sog. „Sicherungspool" zustande kommt. Als „Pool" wird im juristischen Sprachgebrauch „eine vorübergehende vertragliche Personen- oder Unternehmensvereinigung [beschrieben], bei der die Vertragsbeteiligten den Zweck verfolgen, ihre gleichartigen Rechtspositionen in gemeinschaftlich koordinierter Weise wahrzunehmen und durchzusetzen, um dadurch Vorteile gegenüber einer isoliert-individuellen Rechtswahrnehmung und -durchsetzung zu erlangen"[442]. Im Kreditsicherungsrecht wird der Pool dadurch gebildet, dass die Kreditsicherheiten bei einer Person zentral gesammelt und verwaltet werden.

a) Begriff

Terminologisch ist zu unterscheiden zwischen einem „Sicherungspool" und einem „Sicherheitenpool"[443]. Bei einem „Sicherheitenpool" handelt es sich um eine Konstellation, in der schon bestehende Sicherheiten von unterschiedlichen Banken nachträglich auf einen Sicherheitentreuhänder übertragen werden, damit dieser die Sicherheiten für sie hält[444]. Ursprünglich waren also die Banken selbst Sicherungsnehmer, sie übertragen aber ihre Sicherheiten auf einen Sicherheitentreuhänder. Es kommt mithin zu einem Wechsel des Sicherungsnehmers[445]. Der Sicherheitenpool wird insbesondere dann eingesetzt, wenn der Kreditnehmer in der Krise ist und eine Insolvenz zu erwarten ist. In diesem Fall wollen die Kreditgeber durch die Bildung eines Sicherheitenpools die optimale Realisierung ihrer Sicherheiten in der Insolvenz des Schuldners gewährleistet wissen[446]. Mit

---

442 *Martinek*, in: Bankrechts-Handbuch, § 97, Rn. 1.

443 Vgl. *De Meo*, Bankenkonsortien, Rn. 36 ff. Teilweise wird auch von „Finanzierungspool" gesprochen, vgl. *Martinek*, in: Bankrechts-Handbuch, § 97, Rn. 3.

444 *Berner*, Sicherheitenpools der Lieferanten und Banken im Insolvenzverfahren, 2006, S. 15.

445 *De Meo*, Bankenkonsortien, Rn. 36.

446 Vgl. dazu *Martinek*, in: Bankrechts-Handbuch, § 97, Rn. 9 und *Berner*, Sicherheitenpools der Lieferanten und Banken im Insolvenzverfahren, S. 60 ff. Dies hat insbesondere in der Insolvenz Bedeutung, denn durch die Poolbildung hoffen die Konsortialbanken, die notwendige Bestimmtheit (§ 28 Abs. 2 InsO) zur Identifizierung ihrer mit Absonderungsrechten (§ 49 InsO)

dem „Sicherungspool" wird hingegen eine Konstellation umschrieben, in der von vorneherein die Sicherheiten einem Sicherheitentreuhänder bestellt werden, der sie treuhänderisch für einen anderen hält und verwaltet. Der Sicherheitentreuhänder ist von Anfang an Sicherungsnehmer, wohingegen die Treugeber niemals als Sicherungsnehmer auftreten. Der Sicherungspool kommt i.R.v. syndizierten Krediten zum Einsatz, um das Erlöschen der akzessorischen Sicherheiten zu verhindern sowie durch eine zentrale Sicherheitenverwaltung die Abwicklung des Kredites zu vereinfachen[447]. *De Meo* beschreibt die unterschiedliche Zwecksetzung zutreffend damit, dass der Sicherheitenpool „verwertungsorientiert" und der Sicherungspool „verwaltungsorientiert" sei[448]. Sowohl in der Konstruktion als auch in der Zwecksetzung unterscheiden sich also Sicherungspool und Sicherheitenpool[449]. In Bezug auf die akzessorische Besicherung von syndizierten Krediten ist nur der Sicherungspool von Bedeutung.

b) Rechtliche Ausgestaltung des Sicherungspools

Durch die Treuhandvereinbarung zwischen den Konsortialbanken und dem Sicherheitentreuhänder entsteht ein Sicherungspool. Fraglich ist, wie der Sicherungspool rechtlich einzuordnen ist.

aa) Entstehung einer GbR

Der Sicherungspool stellt eine GbR i.S. der §§ 705 ff. BGB dar. Der gemeinsame Zweck liegt darin, durch die Zentralisierung der Kreditsicherheiten ein Erlöschen der akzessorischen Sicherheiten im Fall der Syndizierung zu verhindern und die Verwaltung der Sicherheiten zu vereinfachen. Die Konsortialbanken stellen die Gesellschafter der GbR dar. Sie leisten ihre Beiträge dadurch, dass sie den Kreditnehmer dazu veranlassen, die Sicherheiten unmittelbar an den Sicherheitentreuhänder zu bestellen und nicht an sich selbst[450]. Der Sicherheitentreuhänder wird Geschäftsführer des Sicherungspools. Ist er selbst am Konsortialkredit be-

---

behafteten Gegenstände wahren zu können, vgl. dazu *Reischl*, Insolvenzrecht, 3. Aufl. 2014, Rn. 430.

447 Vgl. oben im 1. Teil, unter D. (Akzessorische Sicherheiten und syndizierte Kredite).

448 *De Meo*, Bankenkonsortien, Rn. 38.

449 In der Literatur wird häufig nicht differenziert. „Sicherungspool" und „Sicherheitenpool" werden gleichgesetzt und die rechtlichen Rahmenbedingungen des einen auf den anderen übertragen, z. B. bei *Diem*, Akquisitionsfinanzierungen, § 53. Aufgrund dieser fehlenden Differenzierung wird fälschlicherweise davon ausgegangen, dass i.R. eines syndizierten Kredites keine Poolvereinbarung vorliege, z. B. bei *Bourgeois*, BKR 2011, S. 103 (104).

450 *May*, Der Bankenpool, 1988, S. 40; *Diem*, Akquisitionsfinanzierungen, § 53, Rn. 7.

teiligt (hat er also ein eigenes Sicherungsinteresse), kann er als organschaftlicher Geschäftsführer gem. §§ 710, 714 BGB oder als beauftragter Dritter gem. § 675 BGB eingesetzt werden. Ist der Sicherheitentreuhänder selbst nicht am Konsortialkredit beteiligt, kann er nur als Dritter gem. § 675 BGB eingesetzt werden.

bb) Abgrenzung zwischen Innen- und Außen-GbR

Grundsätzlich kann man bei einem Pool danach unterscheiden, ob die Kreditsicherheiten gesamthänderisches Vermögen der Gesellschafter oder alleiniges Vermögen eines Treuhänders werden[451]. Bei dem hier zu besprechenden Sicherungspool werden die Kreditsicherheiten kein Gesellschaftsvermögen, sondern alleiniges Vermögen des Sicherheitentreuhänders. Dies wird bei den hier allein maßgeblichen akzessorischen Kreditsicherheiten umso deutlicher, als dass sie eine eigene Forderung voraussetzen, die der GbR nicht zusteht. Durch die Gestaltung des Konsortialkredites als unechter Konsortialkredit[452] verbleiben die Darlehensrückzahlungsforderungen bei den Konsortialbanken und werden nicht auf die GbR übertragen. Der Sicherungspool ist damit nicht Forderungsinhaber und kann damit auch nicht Inhaber der akzessorischen Sicherheiten sein. Die akzessorischen Sicherheiten gehören nicht zum Gesellschaftsvermögen der GbR, sondern stehen allein dem Sicherheitentreuhänder zu[453]. Dieser ist im Innenverhältnis in der Ausübung der Verfügungsmacht ggü. den Konsortialbanken gebunden. Nach außen tritt er als alleiniger Rechtsinhaber der Kreditsicherheiten auf. Die GbR als Sicherungspool tritt nicht nach außen auf. Damit entsteht eine reine Innen-GbR (ohne eigenes Gesellschaftsvermögen). Die Innen-GbR hat keine Rechtsfähigkeit, d. h. sie wird nicht Inhaberin von Rechten und Pflichten[454]. Der Treuhandvertrag (§ 675 BGB) kommt daher jeweils einzeln zwischen den Konsortialbanken und dem Sicherheitentreuhänder zustande[455]. Über den Gesellschaftsvertrag sind die Konsortialbanken aber im Innenverhältnis aneinander gebunden.

451 *May*, Der Bankenpool, S. 47 ff.
452 Vgl. dazu oben im 1. Teil, unter A. II. 2. (Unechter Konsortialkredit).
453 *Diem*, Akquisitionsfinanzierungen, § 53, Rn. 15 ff.
454 Nur die Außen-GbR ist (teil-)rechtsfähig, vgl. BGH, Urt. v. 29.01.2001, II ZR 331/00, BGHZ 146, S. 341.
455 *Diem*, Akquisitionsfinanzierungen, § 54, Rn. 8.

4. Zusammenfassung

Die Konsortialbanken und der Sicherheitentreuhänder schließen einen Treuhandvertrag, in dem sie vereinbaren, dass die (akzessorischen) Sicherheiten nicht den Konsortialbanken, sondern dem Sicherheitentreuhänder bestellt werden. Dem Sicherheitentreuhänder werden die Sicherheiten mit voller Verfügungsmacht übertragen. Gleichzeitig wird in dem Treuhandvertrag vereinbart, dass der Sicherheitentreuhänder die Sicherheiten im Interesse der Konsortialbanken hält, er also im Innenverhältnis schuldrechtlich an die Konsortialbanken gebunden ist. Dadurch entsteht eine echte, fremdnützige Treuhand. Dass er die Treuhandtätigkeit gegen Entgelt übernimmt (§ 675 BGB), lässt die Fremdnützigkeit nicht entfallen. Nur wenn der Sicherheitentreuhänder selbst in einem Kreditverhältnis zu dem Kreditnehmer steht, handelt er auch eigennützig. In diesem Fall handelt es sich um eine echte, doppelnützige Treuhand.

Durch die Treuhandabrede entsteht eine GbR, denn die Konsortialbanken verfolgen mit der Treuhandabrede den gemeinsamen Zweck der zentralisierten Sicherheitenverwaltung (sog. „Sicherungspool"). Der Sicherungspool tritt nicht als solcher nach außen auf. Er stellt eine Innen-GbR dar. Die Sicherheiten werden nicht gemeinschaftliches Vermögen der Konsortialbanken, sondern gehören sachenrechtlich allein dem Sicherheitentreuhänder, der wiederum schuldrechtlich gegenüber den Konsortialbanken gebunden ist. Zwischen jeder einzelnen Konsortialbank und dem Sicherheitentreuhänder entsteht dadurch ein Treuhandverhältnis (§ 675 BGB). Die Konsortialbanken binden sich aber untereinander über gesellschaftsvertragliche Abreden.

II. Das *Parallel-Debt*-Modell

Dem Sicherheitentreuhänder können die akzessorischen Sicherheiten für den (gesamten) Konsortialkredit nur bestellt werden, wenn er selbst über eine Forderung in ausreichender Höhe verfügt. Da der Sicherheitentreuhänder aber entweder gar keinen Konsortialanteil übernommen hat oder nur einen gewissen Anteil, wird er nie über eine ausreichende Forderung für die akzessorischen Sicherheiten verfügen. Um dieses Problem zu lösen, wurde das sog. „*Parallel-Debt*-Modell" entwickelt. Das *Parallel-Debt*-Modell hat im Vergleich zu den anderen Modellen die meiste Resonanz in der Literatur erfahren[456] und wird auch in der

---

456 Das *Parallel-Debt*-Modell wird besprochen von *Apfelbaum*, Die Verpfändung der Mitgliedschaft in der Aktiengesellschaft, S. 250 ff.; *Böttcher*, Das abstrakte Schuldversprechen in der Kreditsicherung, S. 199 ff.; *Bourgeois*, BKR 2011, S. 103 (105); *Danielewsky/Dettmar*, WM 2008, S. 713; *De Meo/Hoffmann*, in: Münchener Vertragshandbuch, Bd. 2, S. 409; *Diem*, Akquisiti-

Praxis am häufigsten eingesetzt. Gegenstand einer gerichtlichen Entscheidung war es in Deutschland[457] noch nicht[458].

1. Struktur des Modells

Im Folgenden wird das Modell anhand seiner wesentlichen Merkmale dargestellt. Für einen Einblick in die Kautelarpraxis wird auf den Vertragstext im Anhang verwiesen[459].

a) Abstrakte Zahlungsverpflichtung

Das *Parallel-Debt*-Modell sieht vor, dass der Kreditnehmer dem Sicherheitentreuhänder eine zusätzliche Verbindlichkeit einräumt, die neben die ohnehin bestehenden Rückzahlungsverbindlichkeiten der einzelnen Konsortialbanken tritt (eine Parallelschuld also, engl. „*Parallel Debt*"). Nach den vertraglichen Vereinbarungen besteht die Parallelschuld immer in der Höhe wie auch die Darlehensverbindlichkeiten insgesamt valutieren. Die Parallelschuld spiegelt quasi die Summe der einzelnen Darlehensverbindlichkeiten wider. Daher wird sie von der h.Lit. als (wenn auch untypisches) abstraktes Schuldversprechen i.S. des § 780 BGB eingeordnet[460]. Durch die Einräumung der Parallelschuld entsteht für den Sicherheitentreuhänder eine Forderung, die als Grundlage für die Bestellung der akzessorischen Sicherheiten genutzt werden kann.

---

onsfinanzierungen, § 42, Rn. 2; *Förl*, RNotZ 2007, S. 433 (449 ff.); *Hoffmann*, WM 2009, S. 1452; *Schnauder*, NJOZ 2010, S. 1663; *Willer*, AcP 209 (2009), S. 807.

457 In Frankreich wurde das *Parallel-Debt*-Modell vom *Cour de Cassation* (*Chambre commerciale, financière et économique*) bereits anerkannt, vgl. Arrêt n° 840 v. 13.09.2011 (10–25.633; 10–25.731; 10–25.908); zusammenfassender Überblick bei *Riewe*, NZI 2011, S. 970 (972).

458 Erwähnung findet die *Parallel Debt* beim AG Gifhorn, Beschl. v. 13.09.2012, 35 IE 4/12, ZInsO 2012, S. 1907. In der Entscheidung ging es um die Zuständigkeit für die Eröffnung eines Sekundärinsolvenzverfahrens. Da aber in dem Fall der Sicherheitentreuhänder auch über eigene Darlehensforderungen verfügte, war die Prüfung der Zulässigkeit des *Parallel-Debt*-Modells nicht entscheidungserheblich. Eine Auseinandersetzung mit dem Thema fand daher nicht statt.

459 Für den Vertragstext vgl. unten im Anhang I, unter A. (*Parallel-Debt*-Modell).

460 *Apfelbaum*, Die Verpfändung der Mitgliedschaft in der Aktiengesellschaft, S. 250 ff.; *Bourgeois*, BKR 2011, S. 103 (105); *Danielewsky/Dettmar*, WM 2008, S. 713 (713); *De Meo/Hoffmann*, in: Münchener Vertragshandbuch, Bd. 2, S. 409; *Diem*, Akquisitionsfinanzierungen, § 42, Rn. 2; *Förl*, RNotZ 2007, S. 433 (451 ff.); *Hoffmann*, WM 2009, S. 1452 (1455); *Schnauder*, NJOZ 2010, S. 1663 (1668); **zweifelnd** *Böttcher*, Das abstrakte Schuldversprechen in der Kreditsicherung, S. 202 ff.; *Willer*, AcP 209 (2009), S. 807 (822 ff.).

b) Keine „Beweislastumkehr"

Für ein abstraktes Schuldversprechen ist charakteristisch, dass es unabhängig von seinem Rechtsgrund besteht[461]. Das abstrakte Schuldversprechen wird allerdings niemals rechtsgrundlos gewährt, Abreden aus dem Kausalverhältnis haben nur keine Auswirkungen auf das abstrakte Schuldversprechen. Prozessual bewirkt die Abstraktheit, dass der Gläubiger nur das Vorliegen eines abstrakten Schuldverhältnisses zu beweisen braucht, nicht aber das Vorliegen des Rechtsgrundes[462]. Etwaige Voraussetzungen oder Einwendungen, die sich aus dem Grundverhältnis ergeben, braucht der Gläubiger nicht darzulegen bzw. zu widerlegen. Vielmehr muss sie der Schuldner beweisen, wenn er gegen das abstrakte Schuldversprechen vorgehen will. In der Literatur wird in diesem Zusammenhang von einer Beweislastumkehr gesprochen[463]. Tatsächlich kommt es aber zu keiner Beweislastumkehr im eigentlichen Sinn. Die für den Gläubiger günstige Beweislastverteilung resultiert vielmehr aus der Anwendung der allgemeinen prozessualen Beweislastverteilung[464]. Nach allgemeinen prozessualen Grundsätzen trägt der Anspruchsteller die Beweislast für die rechtsbegründenden Tatbestandsmerkmale[465]. Bei einem kausalen Rechtsgeschäft ist der Rechtsgrund Tatbestandsmerkmal. Will der Anspruchsteller aus dem Rechtsgeschäft vorgehen, muss er also die anspruchsbegründenden Tatbestandsmerkmale des Rechtsgeschäfts beweisen. Im Fall des kausalen Rechtsgeschäfts gehört dazu auch der Rechtsgrund. Ist das Rechtsgeschäfts aber abstrakt, so muss der Anspruchsteller den Rechtsgrund nicht mehr beweisen, denn dieser ist nicht Tatbestandsmerkmal, sondern findet nur über das Bereicherungsrecht Berücksichtigung. Insofern ist die Beweislast bei kausalen und abstrakten Rechtsgeschäften unterschiedlich verteilt. Das liegt aber nicht an einer gesetzlich angeordneten Beweislastumkehr, sondern daran, dass der Tatbestand in beiden Fällen unterschiedliche Merkmale umfasst. Der prozessuale Vorteil des abstrakten Schuldversprechens liegt also nicht in einer Beweislastumkehr, sondern in seiner Abstraktheit.

Durch die Koppelung der Parallelschuld an die Gesamthöhe aller einzelnen Kreditforderungen, findet die für das abstrakte Schuldversprechen typische Beweislastverteilung nicht statt[466]. Denn der Sicherheitentreuhänder muss zur

---

461 *Sprau*, in: Palandt, BGB, § 780, Rn. 1a.

462 BGH, Urt. v. 23.01.1997, IX ZR 297/95, NJW 1997, S. 1435, unter B. II. 1. der Gründe; BGH, Urt. v. 21.01.1976, VIII ZR 148/74, NJW 1976, S. 567, unter I. 2. a) der Gründe.

463 Z.B. bei *Stadler*, Gestaltungsfreiheit und Verkehrsschutz durch Abstraktion, S. 16 und *Hoffmann*, WM 2009, S. 1452 (1455).

464 Vgl. *Böttcher*, Das abstrakte Schuldversprechen in der Kreditsicherung, S. 30 f.

465 Vgl. BGH, Urt. v. 14.01.1991, II ZR 190/89, BGHZ 113, S. 222, unter I. 3. der Gründe.

466 *Hoffmann*, WM 2009, S. 1452 (1455).

Geltendmachung der Parallelschuld die Gesamthöhe der einzelnen Kreditforderungen beweisen. Damit wird seine Beweislast auf die Darlegung des Bestands und der Höhe der Darlehensforderungen erweitert. Nach der Ansicht der Literatur verliert die Parallelschuld dadurch ihre „Abstraktheit"[467].

c) Gesamterfüllungswirkung

Die vertraglichen Vereinbarungen sehen vor, dass jede Zahlung auf die Parallelschuld auf die bestehenden Kreditforderungen angerechnet wird. Durch die Konstruktion der Parallelschuld wird zudem erreicht, dass bei Zahlungen auf die Kreditforderungen auch die Parallelschuld in entsprechender Höhe erlischt, denn die Parallelschuld spiegelt nur die aktuelle Gesamthöhe aller Kreditforderungen wider. Eine Parallele zur Erlöschensakzessorietät bei den Kreditsicherheiten ist unverkennbar. Mit dieser Abrede wird sichergestellt, dass der Kreditnehmer in keinem Fall doppelt in Anspruch genommen werden kann. Jedoch ist auch diese Abrede untypisch für ein abstraktes Schuldversprechen. Im Regelfall des § 780 BGB besteht das Schuldversprechen unabhängig von anderen Rechtsgeschäften, d.h. der versprochene Betrag erlischt nur, wenn auf das abstrakte Schuldversprechen geleistet wird[468]. Dieses Charakteristikum soll bei der Parallelschuld aufgelöst werden, so dass auch insofern angenommen wird, die Parallelschuld sei nicht „abstrakt" i.S. des § 780 BGB[469].

d) Einredeerstreckung

Gleichermaßen sollen auch Einreden aus den Darlehensverträgen ggü. der Parallelschuld geltend gemacht werden können. Das betrifft insbesondere die Fälligkeit der Parallelschuld. Diese soll erst dann fällig sein, wenn auch der Darlehensrückzahlungsanspruch fällig ist. I.Ü. soll der Kreditnehmer eine Zahlung auf die Parallelschuld verweigern können. Rechtskonstruktiv soll dieses Ergebnis dadurch erreicht werden, dass eine (ausdrückliche oder konkludente) Fälligkeitsabrede bzw. ein *pactum de non petendo* vereinbart wird[470]. Damit steht dem Kreditnehmer ein Leistungsverweigerungsrecht zu, soweit er auch die Erfüllung

---

467 *Förl*, RNotZ 2007, S. 433 (450); *Hoffmann*, WM 2009, S. 1452 (1455); *Willer*, AcP 209 (2009), S. 807 (824).

468 Das gilt jedoch nicht, wenn das abstrakte Schuldversprechen nur erfüllungshalber erteilt wird, vgl. *Sprau*, in: Palandt, BGB, § 780, Rn. 7; *Habersack*, in: MünchKomm, BGB, § 780, Rn. 46.

469 *Apfelbaum*, Die Verpfändung der Mitgliedschaft in der Aktiengesellschaft, S. 250 f.; *Böttcher*, Das abstrakte Schuldversprechen in der Kreditsicherung, S. 202.

470 Vgl. *Willer*, AcP 209 (2009), S. 807 (813).

der Rückzahlungsansprüche verweigern kann. Diese Konstruktion führt zu einer ähnlichen Wirkung wie die Durchsetzungsakzessorietät bei Bürgschaft, Hypothek und Pfandrecht. Auch an dieser Stelle wird in der Literatur eine Abweichung von der Abstraktheit des normalen Schuldversprechens i.S. des § 780 BGB festgestellt[471].

e) Zusammenfassung

Ausweislich des Wortlautes der Vertragsdokumentation („*a separate and independent obligation*"[472]) beabsichtigen die Parteien eines syndizierten Kredites die Abgabe eines abstrakten Schuldversprechens i.S. des § 780 BGB. Durch die Ausgestaltung der Parallelschuld werden allerdings die typischen Charakteristika des abstrakten Schuldversprechens aufgehoben und eine Verknüpfung zu den Rückzahlungsansprüchen hergestellt, die derjenigen bei den akzessorischen Sicherheiten ähnelt. Dadurch soll eine wirtschaftliche Mehrbelastung für den Kreditnehmer vermieden werden. Als Grund für diese Abweichungen von dem typischen abstrakten Schuldversprechen wird in der Literatur angenommen, dass der Kreditnehmer ohne diese „Durchbrechungen der Abstraktion" kaum bereit wäre, eine Parallelschuld zu übernehmen[473].

2. Einordnung der Parallelschuld als abstrakt-akzessorische Schuld

In Anbetracht der zahlreichen Abweichungen von der typischen Struktur eines abstrakten Schuldversprechens i.S. des § 780 BGB, stellt sich die Frage nach der rechtlichen Einordnung der Parallelschuld. Der Wortlaut der Vertragstexte zielt auf ein abstraktes Schuldversprechen i.S. des § 780 BGB ab. Der Wortlaut allein ist aber nicht das alleinige Kriterium bei der Ermittlung des Vertragsinhalts. Vielmehr ist die Parallelschuld unter Beachtung des Parteiwillens auszulegen und einzuordnen, vgl. §§ 133, 157 BGB.

a) Ansichten in der Literatur

In der Literatur werden vier Ansätze zur Einordnung der Parallelschuld vertreten. Die zahlreichen Abweichungen von der typischen Ausgestaltung eines abstrakten Schuldversprechens (keine „Beweislastumkehr"; Gesamterfüllungswirkung;

---

471 *Hoffmann*, WM 2009, S. 1452 (1454); *Willer*, AcP 209 (2009), S. 807 (825).

472 Vgl. den Vertragstext unten im Anhang I, unter A. (*Parallel-Debt*-Modell).

473 *Förl*, RNotZ 2007, S. 433 (451); *Böttcher*, Das abstrakte Schuldversprechen in der Kreditsicherung, S. 203; **kritisch** zu diesem Argument *Schnauder*, NJOZ 2010, S. 1663 (1669).

Einredeerstreckung) veranlassen diverse Autoren aller Ansichten dazu, an der Abstraktheit der Parallelschuld zu zweifeln[474]. I. E. geht es in der Diskussion um die Frage, wie weit eine vertragliche Vereinbarung von dem gesetzlichen Leitbild abweichen darf („Typenzwang im Schuldrecht"). Die unterschiedlichen Ansichten zu diesem Problemkreis werden im Folgenden dargestellt und anschließend mit einer eigenen Stellungnahme gewürdigt.

aa) Untypisches abstraktes Schuldversprechen

Von der h.Lit. wird die Parallelschuld als untypisches abstraktes Schuldversprechen eingeordnet[475]. Die Autoren konstatieren zwar erhebliche Abweichungen von dem gesetzlich typisierten Fall des abstrakten Schuldversprechens, lassen diese aber hinter der Vertragsfreiheit zurücktreten. Nach dieser Ansicht ist allein der Parteiwille entscheidend und dieser habe sich in dem Wortlaut des Vertragswerks so eindeutig manifestiert, dass es keine andere Wertungsmöglichkeit gebe als die der Einordnung als abstraktes Schuldversprechen. Die festgestellten Abweichungen von der Abstraktheit seien daher als notwendiger Ausfluß der Vertragsfreiheit zu akzeptieren und führten zu einer zulässigen Modifizierung des § 780 BGB.

bb) Typisches abstraktes Schuldversprechen

Schnauder hingegen sieht die Grenzen der Vertragsfreiheit als erreicht an und ordnet die Parallelschuld trotz der vertraglichen Abweichungen als ein typisches abstraktes Schuldversprechen ein[476]. Er sieht in der vertraglich vereinbarten Gesamterfüllungswirkung und der Einredeerstreckung unzulässige Abweichungen von der Abstraktheit und korrigiert diese im Wege einer geltungserhaltenden Reduktion. Für *Schnauder* handelt es sich um ein typisches abstraktes Schuldversprechen, das ohne die vom Gesetzestypus abweichenden Vertragsabreden besteht. Die vertraglichen Vereinbarungen hält er indes für überflüssig, da ein entsprechender Schuldnerschutz über die gesetzlichen Regelungen gewährleistet

474 *Apfelbaum*, Die Verpfändung der Mitgliedschaft in der Aktiengesellschaft, S. 250 f.; *Böttcher*, Das abstrakte Schuldversprechen in der Kreditsicherung, S. 202; *Förl*, RNotZ 2007, S. 433 (450); *Hoffmann*, WM 2009, S. 1452 (1454 f.); *Willer*, AcP 209 (2009), S. 807 (824 f.).

475 *Apfelbaum*, Die Verpfändung der Mitgliedschaft in der Aktiengesellschaft, S. 251; *Förl*, RNotZ 2007, S. 433 (452 f.); *Danielewsky/Dettmar*, WM 2008, S. 713 (715); *Hoffmann*, WM 2009, S. 1452 (1454).

476 *Schnauder*, NJOZ 2010, S. 1663 (1668), ihm folgend auch *Freitag/Mülbert*, in: Staudinger, BGB, § 488, Rn. 179.

sei. So vertritt er auf Basis der Lehre vom subjektiven Rechtsgrund (auch Zwecklehre genannt) die Ansicht, dass bei Fehlen des Sicherungszwecks (z. B. bei Erlöschen der Darlehensforderung oder vor Eintritt des Sicherungsfalls) die Parallelschuld kondizierbar sei gem. § 812 Abs. 1 S. 1 Alt. 1, Abs. 2 BGB und damit auch die Erfüllung verweigert werden könne gem. § 821 BGB. *Schnauders* Ausführungen basieren sämtlich auf der von *Hugo Kreß* entwickelten Lehre vom subjektiven Rechtsgrund, die besagt, dass der Rechtsgrund einer jeden Zuwendung darin liege, einen gewissen Zweck zu erreichen. Werde dieser Zweck nicht erreicht, fehle auch der Rechtsgrund. Der Zweck der Parallelschuld sei die Besicherung der Darlehensforderungen. Fehlten diese, fehle es auch am Sicherungszweck und damit am Rechtsgrund, so dass der Kreditnehmer nicht aus der Parallelschuld in Anspruch genommen werden könne.

cc) Schuldversprechen aufgrund einer Abrechnung

Auch *Böttcher* hält die Annahme eines abstrakten Schuldversprechens aufgrund der vereinbarten Gesamterfüllungswirkung für unmöglich[477]. Für sie schließen sich Gesamterfüllungswirkung und Abstraktheit gegenseitig aus. *Böttcher* hält das Schuldversprechen aufgrund einer Abrechnung i.S. des § 782 BGB als die zu den tatsächlichen Gegebenheiten passende Lösung.

dd) Kausales Erfüllungsversprechen

Für *Willer* lässt sich die Parallelschuld ebenfalls nicht mehr unter § 780 BGB subsumieren[478]. Die zahlreichen Verknüpfungen zwischen der Parallelschuld und den Darlehensforderungen lassen nach seiner Ansicht die Abstraktheit entfallen, so dass § 780 BGB nicht mehr in Frage komme. Stattdessen ordnet *Willer* die Parallelschuld als kausales Erfüllungsversprechen ein. Das kausale Erfüllungsversprechen entspreche dem Parteiwillen am Besten, da es eine Reproduktion der Hauptschuld darstelle und mit dieser kausal verknüpft sei. Durch den Bezug des kausalen Erfüllungsversprechens auch auf zukünftige Forderungen, ginge es zudem bei der Novation der Hauptforderung nicht unter, so dass das kausale Erfüllungsversprechen besonders geeignet sei, Träger für die akzessorischen Sicherheiten zu sein.

---

477 *Böttcher*, Das Abstrakte Schuldversprechen in der Kreditsicherung, S. 202 f.
478 *Willer*, AcP 209 (2009), S. 807 (826 f.).

b) Stellungnahme

Die soeben dargestellte Diskussion in der Literatur beruht auf einer Verwechslung von Akzessorietät und Abstraktheit bzw. einem falschen Rechtsgrundverständnis. Wie schon bei der Diskussion um die rechtsgeschäftliche Herstellung der Akzessorietät[479], handelt es sich auch hier um eine Debatte, die bei Zugrundelegung des richtigen Verständnisses von Abstraktheit und Akzessorietät so nicht geführt werden müsste. Bei einem richtigen Verständnis von Abstraktheit und Akzessorietät ist die Parallelschuld unzweifelhaft als abstraktes Schuldversprechen i.S. des § 780 BGB einzuordnen.

aa) Keine Abweichung von der Abstraktheit

Die h.Lit. nimmt an, dass durch die Verknüpfung der Parallelschuld mit den Darlehensforderungen das Schuldversprechen in seiner Abstraktheit betroffen sei. Dieses Ergebnis ist falsch, da es entweder auf der Annahme, der Rechtsgrund der Parallelschuld sei der Darlehensvertrag bzw. die einzelnen Darlehensverträge (s. nachfolgend unter aaa)) oder auf einer Verwechslung von Akzessorietät und Kausalheit beruht (s. nachfolgend unter bbb)).

aaa) Rechtsgrund der Parallelschuld

Die Tatsache, dass auch ein Schuldversprechen abstrakt ausgestaltet sein kann, führt nicht dazu, dass es keinen Rechtsgrund hat. Jede Zuwendung hat einen Rechtsgrund („*nihil est sine ratione*“)[480], auch abstrakte Schuldversprechen. Bei den abstrakten Rechtsgeschäften ist der Rechtsgrund allerdings kein Tatbestandsmerkmal, d. h. fehlt der Rechtsgrund, ist die Zuwendung dennoch wirksam. Die Rückabwicklung erfolgt über das Bereicherungsrecht. Damit ist zunächst festzustellen, dass die Abstraktheit des Schuldversprechens den Rechtsgrund nicht entfallen lässt[481].

i) Einordnung des abstrakten Schuldversprechens in das System der Rechtsgeschäfte

Die Rechtsgeschäfte des BGB sind aufgeteilt in Verpflichtungs- und Verfügungsgeschäfte. Verpflichtungsgeschäfte sind Rechtsgeschäfte, die eine Verpflichtung

---

479 Vgl. oben im 1. Teil, unter C. III. 1. (Herstellung der Akzessorietät).
480 Vgl. *Ehmann*, JZ 2003, S. 702 (702).
481 Vgl. zum Ganzen auch oben im 1. Teil, unter C. I. (Begriff).

begründen, Verfügungsgeschäfte sind Rechtsgeschäfte, die ein bestehendes Recht „unmittelbar übertragen, ändern, belasten oder aufheben“[482]. Sowohl Verpflichtungs- als auch Verfügungsgeschäfte haben einen Rechtsgrund, weil beide eine Zuwendung darstellen. Bei den Verpflichtungsgeschäften wird ein neuer Anspruch eingeräumt, bei den Verfügungsgeschäften werden schon bestehende Rechte zugewandt (z. B. Forderungen, das Eigentum, ein Pfandrecht etc.). Verpflichtungsgeschäfte sind i. d. R. kausal ausgestaltet, d. h. der Rechtsgrund ist Tatbestandsmerkmal der Zuwendung. Das bedeutet, dass der zugewandte Anspruch nur dann bestehen kann, wenn auch der Rechtsgrund besteht und wirksam ist. Rechtsgrund für die Zuwendung des Anspruches ist immer die Einigung zwischen den Parteien. Bei einem Kaufvertrag wird also ein Anspruch auf Übergabe und Übereignung (§ 433 Abs. 1 S. 1 BGB) sowie ein Anspruch auf Zahlung des vereinbarten Kaufpreises (§ 433 Abs. 2 BGB) zugewandt. Rechtsgrund für die Zuwendung dieser Ansprüche ist die Einigung über den Abschluss des Kaufvertrages (§§ 145, 147, 433 BGB). Sollte die Einigung fehlen oder unwirksam sein, wird auch keine Forderung begründet. Demgegenüber sind Verfügungsgeschäfte i. d. R. abstrakt ausgestaltet, d. h. der Rechtsgrund der Zuwendung spielt keine unmittelbare Rolle für den Bestand der Zuwendung, sondern wird erst über das Bereicherungsrecht berücksichtigt. Bei einer Übereignung wird also das Eigentum an einem schon bestehenden Gegenstand übertragen. Rechtsgrund für die Übereignung ist das zugrundeliegende Verpflichtungsgeschäft (z. B. ein Kaufvertrag). Sollte das Verpflichtungsgeschäft unwirksam sein, so so ist die Übereignung dennoch wirksam. Sie kann nur über §§ 812 ff. BGB rückabgewickelt werden. Der Rechtsgrund ist also nicht Tatbestandsmerkmal der Zuwendung.

Von dieser grundsätzlichen Typisierung gibt es Ausnahmen. So ist z. B. die Aufrechnung i.S. des § 389 BGB zwar ein Verfügungsgeschäft (denn sie hebt die Gegenforderung auf), sie ist aber kausal ausgestaltet, da ihre Wirksamkeit vom Bestand der Gegenforderung abhängig ist, vgl. § 387 BGB[483]. Der Rechtsgrund für die Aufrechnung liegt in dem Vertrag, der die Gegenforderung begründet, denn ohne diesen würde der Schuldner auch nicht aufrechnen wollen. Ist aber der Vertrag unwirksam und besteht folglich die Gegenforderung nicht, fehlt für die Aufrechnung der Rechtsgrund. Das Gesetz ordnet in diesem Fall an, dass die Aufrechnung unwirksam ist, vgl. § 387 BGB. Der Rückabwicklung über das Bereicherungsrecht bedarf es nicht mehr. Damit ist die Aufrechnung ein kausales Verfügungsgeschäft.

---

482 *Musielak/Hau*, Grundkurs BGB, Rn. 302 ff.

483 Vgl. *Stadler*, Gestaltungsfreiheit und Verkehrsschutz durch Abstraktion, S. 17 f.

Eine weitere Ausnahme von dieser Typisierung stellt das hier in Rede stehende abstrakte Schuldversprechen i.S. des § 780 BGB dar. Das Schuldversprechen ist – wie der Name schon sagt – ein Verpflichtungsgeschäft, denn der Versprechende räumt dem Gläubiger nur einen Anspruch ein. Es wird also nicht auf ein schon bestehendes Recht eingewirkt. Abweichend von der für Verpflichtungsgeschäfte typischen Kausalheit, ist aber das abstrakte Schuldversprechen von seinem Rechtsgrund nicht unmittelbar abhängig, sondern es besteht bei Mängeln im Rechtsgrund fort. Die Rückabwicklung erfolgt über das Bereicherungsrecht, vgl. § 812 Abs. 2 BGB[484]. Es handelt sich um ein abstraktes Verpflichtungsgeschäft, bei dem der Rechtsgrund nicht Tatbestandsmerkmal ist, sondern „außerhalb" des Tatbestandes liegt.

ii) Rechtsgrund des abstrakten Schuldversprechens

Fraglich ist, was der Rechtsgrund des abstrakten Schuldversprechens ist. Irritierend äußert sich in diesem Zusammenhang der BGH, wenn er annimmt, das abstrakte Schuldversprechen trage den „Rechtsgrund in sich selbst"[485]. In dem entschiedenen Fall hatte ein Darlehensnehmer als Sicherheit ein abstraktes Schuldversprechen übernommen, für das er sich der sofortigen Zwangsvollstreckung unterwarf. Nach Eintritt des Sicherungsfalls nahm die Bank die Zwangsvollstreckung vor, wogegen sich der Darlehensnehmer mit der Begründung wehrte, dass die sofortige Vollstreckbarkeit nicht in dem Darlehensvertrag vereinbart worden und deshalb unwirksam sei. Diesen Einwand lehnte der BGH mit dem Hinweis ab, dass das abstrakte Schuldversprechen solange nicht kondizierbar sei, wie noch eine Darlehensverbindlichkeit bestehe. Der Grund dafür sei, dass das abstrakte Schuldversprechen den Rechtsgrund in sich selbst trage. Diese Begründung verwundert, denn offensichtlich geht der BGH davon aus, dass die Kondizierbarkeit eintritt, wenn keine Darlehensforderung mehr besteht. Er muss also den Rechtsgrund für das abstrakte Schuldversprechen in dem Darlehensvertrag sehen. Diese Denkweise widerspricht aber seiner eigenen Aussage, das abstrakte Schuldversprechen trage den Rechtsgrund in sich selbst. Denn wäre dies der Fall, so dürfte auch das Fehlen der Darlehensforderung keine Auswirkungen auf die Kondizierbarkeit des abstrakten Schuldversprechens haben. Die Aussage des BGH, das abstrakte Schuldversprechen trage den Rechtsgrund in sich selbst, lässt sich also nicht mit der von ihm gegebenen Begründung rechtfertigen. Um-

---

484 Entgegen dem einschränkenden Wortlaut erfasst § 812 Abs. 2 BGB auch das abstrakte Schuldversprechen, vgl. *Schwab*, in: MünchKomm, BGB, § 812, Rn. 23; *Sprau*, in: Palandt, BGB, § 780, Rn. 11.

485 BGH, Beschl. v. 29.09.2009, XI ZR 44/09, WM 2009, S. 2212.

gekehrt lässt sich aus seiner Begründung aber auch nicht der Schluss auf die getroffene Aussage ziehen. Und mehr noch: Indem der BGH vertritt, das abstrakte Schuldversprechen trage den Rechtsgrund in sich selbst, nähert er es begrifflich der Kausalheit an. Denn Kausalheit heißt, dass der Rechtsgrund Bestandteil des Tatbestandes eines Rechtsgeschäfts ist, während bei der Abstraktheit der Rechtsgrund aus dem Tatbestand verwiesen ist[486]. Geht der BGH also davon aus, dass das abstrakte Schuldversprechen den Rechtsgrund in sich selbst trage, so scheint er den Rechtsgrund zum Tatbestandsmerkmal erheben zu wollen, was bei § 780 BGB ersichtlich nicht der Fall ist. Als abstraktes Rechtsgeschäft muss bei dem abstrakten Schuldversprechen der Rechtsgrund „außerhalb" des Verpflichtungstatbestandes liegen und kann nicht in dem Schuldversprechen selbst liegen. Ansonsten wäre es ein kausales Schuldversprechen.

Die h.Lit. nimmt richtigerweise an, dass der Rechtsgrund des abstrakten Schuldversprechens eine entsprechende Zweckabrede ist[487]. Da es sich um ein abstraktes Rechtsgeschäft handelt, muss der Rechtsgrund außerhalb des Tatbestandes des abstrakten Schuldversprechens liegen. Der Rechtsgrund ist damit in jedem Fall eine andere Zweckabrede. Im Bereich des Kreditsicherungsrechts dient das abstrakte Schuldversprechen zur Sicherung einer anderen Schuld. Der Rechtsgrund ergibt sich damit aus der Sicherungsabrede bzw. dem Sicherungszweck[488]. Der Rechtsgrund ist niemals der Darlehensvertrag, sondern allein die Sicherungsabrede, die durch das Einräumen des abstrakten Schuldversprechens erfüllt werden soll. Fehlt die Sicherungsabrede, so ist das abstrakte Schuldversprechen gem. § 812 Abs. 2 BGB kondizierbar. Fehlt allein die Darlehensrückzahlungsforderung, so führt dies nicht zur Kondizierbarkeit des abstrakten Schuldversprechens. I.d.R. wird sich aber aus der Sicherungsabrede ergeben, dass

---

486 Vgl. *Baumann*, in: FS Spiegelberger, S. 1176 (1178).

487 *Sprau*, in: Palandt, BGB, § 812, Rn. 81; *Schwab*, in: MünchKomm, BGB, § 812, Rn. 23; *Baumann*, in: FS Spiegelberger, S. 1176 (1181 ff.); *Lorenz*, in: Staudinger, BGB, § 812, Rn. 15 jeweils m.w.N.

488 Vgl. *Baumann*, in: FS Spiegelberger, S. 1176 (1185 f.) sowie *Habersack*, in: MünchKomm, BGB, § 780, Rn. 2. Im Folgenden wird – der **Lehre vom objektiven Rechtsgrund** folgend – immer auf die Sicherungsabrede abgestellt. Folgt man der **Lehre vom subjektiven Rechtsgrund**, so liegt der Rechtsgrund in dem verfolgten Sicherungszweck. Eines Rückgriffs auf die Sicherungsabrede bedarf es dann nicht mehr, vgl. *Ehmann*, Schuldanerkenntnis und Vergleich, S. 48. Für die vorliegende Fragestellung hat dieser Streit indes keine Bedeutung, da sowohl die Lehre vom objektiven als auch vom subjektiven Rechtsgrund davon ausgehen, dass der Rechtsgrund außerhalb des abstrakten Schuldversprechens und nicht in den Darlehensverträgen liegt. Zudem wird an den Unterschieden von objektiver und subjektiver Rechtsgrundlehre mit Recht gezweifelt, vgl. *Kupisch*, NJW 1985, S. 2370 (2371 f.).

der Sicherungsnehmer nicht zur Durchsetzung der Parallelschuld berechtigt sein soll, wenn keine Darlehensrückzahlungsforderung besteht[489].

iii) Übertragung der allgemeinen Grundsätze auf die Parallelschuld

Die Parallelschuld dient dazu, eine Forderung zu schaffen, auf die die akzessorischen Kreditsicherheiten bestellt werden können. Sie dient damit der Sicherung des Darlehensanspruches und hat keine eigenständige Bedeutung. Ihr Zweck liegt darin, eine Forderung für die akzessorischen Sicherheiten zur Verfügung zu stellen. Sie verfolgt also einen Sicherungszweck. Nach den soeben dargestellten allgemeinen Rechtsgrundsätzen, ist der Rechtsgrund der Parallelschuld damit die Sicherungsabrede und nicht der Darlehensvertrag.

bbb) Akzessorische Verknüpfung mit den Darlehensrückzahlungsforderungen

Rechtsgrund für die Parallelschuld ist die Sicherungsabrede. Diese kann ausdrücklich oder konkludent vereinbart sein. Der Darlehensvertrag ist nicht der Rechtsgrund für die Parallelschuld. Verknüpfungen mit den Darlehensrückzahlungsforderungen haben also keine Bedeutung für die Abstraktheit der Parallelschuld, sondern höchstens für die Akzessorietät.

i) Keine Beeinflussung der Abstraktheit

Zweifellos ist das Besondere der Parallelschuld, dass sie über die Gesamterfüllungswirkung, die Einredeerstreckung und die untypische Beweislastverteilung an die Darlehensrückzahlungsforderungen geknüpft wird. Damit entsteht eine Verbindung, die der Akzessorietät ähnelt. Das hat aber – entgegen der Ansicht der h.Lit. – keine Auswirkungen auf die Abstraktheit des Schuldversprechens. Wie bereits dargelegt, umschreibt die Abstraktheit die Frage nach den Rechtsfolgen bei Fehlen des Rechtsgrundes. Diese Frage wird durch die Verknüpfung der Parallelschuld mit den Darlehensrückzahlungsforderungen nicht berührt. Denn die Verknüpfung wird nur zu den Darlehensrückzahlungsforderungen hergestellt, nicht aber zu dem Rechtsgrund der Parallelschuld (der Sicherungsabrede). Eine Verknüpfung eines Rechts*geschäfts* mit seinem Rechts*grund*, die zur Annahme der Kausalheit führt, findet daher nicht statt. Die Verknüpfung zwischen der Parallelschuld und den Darlehensrückforderungen betrifft nicht die Frage nach den Auswirkungen des fehlenden Rechtsgrundes, die von dem Begriffspaar Ab-

489 Vgl. auch *Schnauder*, NJOZ 2010, S. 1663 (1668).

straktheit/Kausalheit erfasst wird, sondern die Frage nach der Akzessorietät/Nicht-Akzessorietät[490]. Wenn die h.Lit. hier also Abweichungen von der Abstraktheit feststellt, so geht dies nur, wenn sie annimmt, der Darlehensvertrag sei der Rechtsgrund der Parallelschuld oder Akzessorietät mit Abstraktheit gleichsetzt. Beides ist – wie gezeigt[491] – falsch.

Auch nach der Verknüpfung des Schuldversprechens mit den Darlehensforderungen, bleibt das Schuldversprechen von seinem Rechtsgrund (d.h. der Sicherungsabrede) abstrakt. Die vertraglichen Vereinbarungen der Parallelschuld stehen der Einordnung als abstraktes Schuldversprechen nicht entgegen.

ii) Akzessorisches Verpflichtungsgeschäft

Die vertraglichen Verknüpfungen betreffen nicht die Frage nach der Abstraktheit des Schuldversprechens, sondern vielmehr die Frage nach der Akzessorietät. Abstraktheit und Akzessorietät dürfen nicht in Verhältnis zueinander gesetzt werden, sie betreffen völlig andere Rechtsfragen[492].

Durch die Vertragsabreden soll die Parallelschuld in ihrer Höhe, ihrem Erlöschen und in ihrer Durchsetzbarkeit den Darlehensforderungen entsprechen. Beabsichtigt ist also eine Umfangs-, Erlöschens- und Durchsetzungsakzessorietät wie man sie von den gesetzlich typisierten Kreditsicherheiten kennt[493]. Fraglich ist allerdings, ob diese per Vertrag hergestellt werden kann. Grundsätzlich kann Akzessorietät nur *qua* Gesetz hergestellt und aufgehoben werden[494]. Daher vertritt *Böttcher* die Ansicht, dass die Parallelschuld nicht akzessorisch ausgestaltet werden könne[495]. *Böttcher* bringt vor, dass durch eine akzessorische Ausgestaltung die Parallelschuld ein Sicherungszweck immanent würde, der sie zu einer Bürgschaft werden lasse, was unzulässig sei, da „abstrakte Sicherheiten (sic)“ ohne gesetzliche Anordnung niemals akzessorisch sein könnten. Dieser Ansicht kann nicht gefolgt werden. Der zwingende Charakter der Akzessorietät gilt nur für die dem Typenzwang des Sachenrechts unterliegenden Kreditsicherheiten. Im Bereich des Sachenrechts gehört der Akzessorietätsgrundsatz zu den zwingenden Charakteristika der Kreditsicherheiten, so dass weder dem Pfandrecht noch der Hypothek die Akzessorietät genommen werden kann. Spiegelbildlich lässt sich für die Sicherungszession oder die Sicherungsübereignung keine Akzessorietät her-

---

490 Vgl. dazu oben im 1. Teil, unter C. I. (Begriff).
491 Vgl. dazu auch oben im 1. Teil, unter C. I. (Begriff).
492 Vgl. dazu oben im 1. Teil, unter C. I. (Begriff).
493 Vgl. dazu oben im 1. Teil, unter B I. 3. (Akzessorische und nicht-akzessorische Sicherheiten).
494 Vgl. dazu oben im 1. Teil, unter C. III. (Zwingender Charakter der Akzessorietät).
495 *Böttcher*, Das abstrakte Schuldversprechen in der Kreditsicherung, S. 204 f.

stellen, da diese Instrumente vom Gesetz zwingend nicht-akzessorisch ausgestaltet sind. Ein anderes Bild ergibt sich allerdings für die Kreditsicherheiten des Schuldrechts, von denen es im Gesetz nur die Bürgschaft (§ 767 BGB) gibt. Die Bürgschaft ist ein (kausales) Verpflichtungsgeschäft, das akzessorisch ausgestaltet ist[496]. Da sie damit nicht dem Typenzwang des Sachenrechts unterworfen ist, ist sie vertraglicher Abänderung zugänglich. So erklärt es sich auch, dass die Bürgschaft auf erstes Anfordern und die Garantie zulässige kautelarische Kreditsicherheiten sind. Die Bürgschaft auf erstes Anfordern enthält eine zulässige Abweichung von der Durchsetzungsakzessorietät[497], die Garantie ist im Grunde genommen eine Bürgschaft, die ihrer Akzessorietät vollständig entledigt wurde[498]. Dennoch werden beide Instrumente von der Rechtsprechung seit jeher als zulässig erachtet[499], denn im Bereich der Verpflichtungsgeschäfte kann Akzessorietät rechtsgeschäftlich hergestellt und beseitigt werden. Der Gedanke eines „Typenzwangs im Schuldrecht" ist abzulehnen. Es wäre schlechterdings unvorstellbar, sollten die Vertragsparteien eine Schuld nicht an eine andere knüpfen können. Ein Grund ist hierfür überhaupt nicht ersichtlich. Während der Akzessorietätsgrundsatz im Bereich der absolut wirkenden Verfügungsgeschäfte den besonderen Anforderungen der Rechtssicherheit und des Verkehrsschutzes genügen muss, ist nicht nachvollziehbar, warum dies im Bereich der nur relativ wirkenden Verpflichtungsgeschäfte ebenfalls gelten soll. Im Gegenteil: Das Schuldrecht zeichnet sich im Gegensatz zum Sachenrecht gerade durch seine große Flexibilität aus. Ein Verbot der Verknüpfung von zwei Rechten wäre hier ein ungerechtfertigter Eingriff in die Vertragsfreiheit. Damit kann auch ein abstraktes Schuldversprechen akzessorisch ausgestaltet werden. Ob man in diesem Fall begrifflich noch von „Akzessorietät" sprechen mag, sei dahingestellt. Denn die Akzessorietät beschreibt in erster Linie die gesetzliche Verknüpfung eines Rechts mit einem anderen Recht. Es erscheint daher passender, bei einer rechtsgeschäftlich hergestellten Akzessorietät nur von „Quasi-Akzessorietät"[500] zu sprechen. An der

---

496 Vgl. *Stadler*, Gestaltungsfreiheit und Verkehrsschutz durch Abstraktion, S. 21.

497 Vgl. *Bülow*, Recht der Kreditsicherheiten, Rn. 975.

498 Vgl. *dens.*, a.a.O., Rn. 1543.

499 **Bürgschaft auf erstes Anfordern:** vgl. BGH, Urt. v. 02.05.1979, VIII ZR 157/78, BGHZ 74, S. 244; **Garantie:** vgl. BGH, Urt. v. 16.12.1960, II ZR 137/59, WM 1961, S. 204.

500 Der oben im 1. Teil, unter C. III. 1. (Herstellung der Akzessorietät) verwendete Begriff des „Akzessorietätsersatzes" wird hier bewusst nicht herangezogen, weil im Schuldrecht die Vereinbarungen durchaus so weit gehen können, dass sie der gesetzlichen Akzessorietät entsprechen. Im Bereich des Schuldrechts bedarf es daher keines Ersatzes. Vielmehr ist begrifflich nur darauf hinzuweisen, dass die Akzessorietät per Rechtsgeschäft erreicht wurde und nicht – wie normalerweise üblich – *qua* Gesetz. Daher erscheint der Begriff der „Quasi-Akzessorietät" hier passender.

rechtskonstruktiven Einordnung ändert das freilich nichts. Insofern steht fest, dass auch das abstrakte Schuldversprechen in seiner Höhe, seinem Erlöschen und in der Durchsetzbarkeit mit den Darlehensforderungen verknüpft werden kann.

ccc) Ergebnis

Die vertragliche Ausgestaltung der Parallelschuld steht ihrer Abstraktheit nicht entgegen. Die Verknüpfung der Parallelschuld mit den Darlehensrückzahlungsforderungen führt zu einer rechtsgeschäftlich hergestellten Akzessorietät. Diese Quasi-Akzessorietät hat aber keine Auswirkungen auf die Abstraktheit, denn diese beschreibt nur das Verhältnis zum Rechtsgrund. Der Rechtsgrund ist bei der Parallelschuld die Sicherungsabrede, zu der keinerlei Verknüpfung hergestellt wird. Abstraktheit und Akzessorietät schließen sich aber nicht gegenseitig aus, sondern stehen in keinerlei Verhältnis zueinander.

bb) Voraussetzungen des abstrakten Schuldversprechens

Die Akzessorietät wirkt sich nicht auf die Abstraktheit eines Rechts aus. Wie die Hypothek und das Pfandrecht zeigen, gibt es auch abstrakte Rechte, die gleichzeitig akzessorisch sind. Fraglich ist allerdings, ob die Voraussetzungen der Abstraktheit bei der Parallelschuld gegeben sind. Unbestritten ist, dass die Abstraktheit eintritt, wenn die Parteien bei Begründung des Schuldversprechens Abstraktionswillen haben[501]. Wann dieser Abstraktionswille gegeben ist, ist allerdings in Rechtsprechung und Schrifttum umstritten.

aaa) Rechtsprechung: Auslegung des Parteiwillens

Grundsätzlich geht der BGH davon aus, dass bei den Vertragsparteien ein Abstraktionswille gegeben ist, wenn „das Versprechen die Verpflichtung von ihren wirtschaftlichen und rechtlichen Zusammenhängen loslöst und rein auf den Leistungswillen des Versprechenden abstellen soll, so dass der Gläubiger sich zur Begründung seines Anspruchs nur auf das Versprechen zu berufen braucht“[502]. Ob so ein Versprechen vereinbart worden ist, ermittelt der BGH anhand der allgemeinen Auslegungsgrundsätze[503], d.h. insbesondere dem Wortlaut der Vereinbarung und den Interessen der Parteien, aber auch anderen Umständen des

---

501 *Marburger*, in: Staudinger, BGB, Vorbem zu §§ 780 ff, Rn. 7.

502 BGH, Urt. v. 21.01.1976, VIII ZR 148/74, NJW 1976, S. 567, unter 2. a) der Gründe; vgl. auch BGH, Urt. v. 23.01.1997, IX ZR 297/95, NJW 1997, S. 1435, unter B. I. 1. der Gründe.

503 BGH, Urt. v. 18.05.1995, VII ZR 11/94, NJW-RR 1995, S. 1391, unter II. 1. der Gründe.

Versprechens[504]. Teilweise stellt er bei der Auslegung auch auf formale Kriterien ab. So hat er ein abstraktes Schuldversprechen verneint, weil der Schuldgrund in der schriftlichen Erklärung angegeben war und dieser Umstand die Einordnung als abstraktes Schuldversprechen verhindere[505]. Die Rechtsprechung des BGH ist sehr einzelfallbezogen und lässt sich kaum kategorisieren. Eine Subsumtion der Parallelschuld unter die BGH-Entscheidungen fällt daher sehr schwer. Es fällt allerdings auf, dass der BGH dem Wortlaut der Vereinbarung erhebliche Bedeutung beimisst[506], insbesondere wenn die Vertragsparteien das Schuldversprechen unter anwaltlicher Beratung abgegeben haben[507]. In diesem Fall könnten nach Ansicht des BGH nur ganz gewichtige Gründe eine Auslegung entgegen dem Wortlaut rechtfertigen.

Legt man diese zuletzt erwähnten Grundsätze des BGH zu Grunde, so müsste der BGH m. E. vorliegend ein abstraktes Schuldversprechen annehmen. Denn die Vertragsdokumentation spricht ausdrücklich von einem abstrakten Schuldversprechen („*a separate and independent obligation*“[508]), teilweise sogar unter Hinweis auf die entsprechende Norm. Dass die Vertragsparteien sich im Fall eines wirtschaftlich so wichtigen Vorgangs wie einem syndizierten Kredit anwaltlich beraten lassen, ist der Regelfall. Die Annahme eines abstrakten Schuldversprechens könnte also nur dann abgelehnt werden, wenn ganz gewichtige Gründe gegen den Wortlaut sprechen. Gewichtige Gründe gegen die Einordnung als abstraktes Schuldversprechen könnte man darin sehen, dass der Schuldgrund für die Parallelschuld in den Vertragsdokumenten angegeben ist. In diesem Fall hatte der BGH einmal entschieden, dass ein abstraktes Schuldversprechen nicht angenommen werden könne[509]. In dem besagten Fall war aber die Einordnung des Schuldversprechens noch offen. Die Vertragsparteien hatten nur eine Verpflichtungsabrede formuliert und diese unter bestimmte Voraussetzungen (für den BGH „der Schuldgrund“) gestellt. Eine rechtliche Einordnung des Schuldversprechens selbst fand in dem Vertragsdokument nicht statt, sondern wurde erst i.R. des Prozesses vorgenommen. Somit gab es keinen eindeutigen Wortlaut, die Rechtsnatur der Vereinbarung war vielmehr offen. Im Fall der Parallelschuld wurde aber eine Einordnung durch die Parteien schon vorgenommen und zwar ausdrücklich und unter anwaltlicher Beratung, so dass eine Vergleichbarkeit zu dem BGH-Fall

504 BGH, Urt. v. 23.01.1997, IX ZR 297/95, NJW 1997, S. 1435, unter B. I. 1. der Gründe; BGH, Urt. v. 18.05.1995, VII ZR 11/94, NJW-RR 1995, S. 1391, unter II. 1. der Gründe.
505 BGH, Urt. v. 14.10.1998, XII ZR 66/97, NJW 1999, S. 574, unter 2. b) der Gründe.
506 BGH, Urt. v. 18.05.1995, VII ZR 11/94, NJW-RR 1995, S. 1391, unter II. 1. der Gründe.
507 BGH, Urt. v. 30.11.1977, VIII ZR 69/76, WM 1978, S. 266, unter II. 1. b).
508 Für den Vertragstext s. unten im Anhang I, unter A. (*Parallel-Debt*-Modell).
509 BGH, Urt. v. 14.10.1998, XII ZR 66/97, NJW 1999, S. 574, unter 2. b) der Gründe.

nicht gegeben ist. Vielmehr ist der Wortlaut der Parallelschuld so deutlich, dass anzunehmen ist, dass der BGH in diesem Fall ein abstraktes Schuldversprechen annehmen würde.

bbb) Literatur: Erforderlichkeit der Abstraktheit

In der Literatur wird teilweise vertreten, dass ein Abstraktionswille dann vorliege, wenn die Abstraktheit erforderlich ist, um den erstrebten Erfolg zu erreichen[510]. *Marbuger* begründet diese Sichtweise mit zwei Argumenten: Erstens sei die Abstraktheit niemals Selbstzweck, sondern nur ein Mittel zur Erreichung eines von den Parteien erstrebten anderweitigen Zwecks[511]. Daher könne der Parteiwille nur dann auf die Abstraktheit abzielen, wenn sie zur Erreichung des anderen Zwecks notwendig ist. Zweitens seien die Kriterien der Rechtsprechung lediglich als Indizien zu verstehen, die niemals zwingend seien, sondern in der Praxis eher zufällig und auch umkehrbar erschienen[512]. Daher sei das Kriterium der Erforderlichkeit die einzige zuverlässige Quelle, um auf den Abstraktionswillen der Parteien schließen zu können.

Würde man dieser Ansicht folgen, so müsste die Abstraktheit der Parallelschuld erforderlich sein, um die Besicherung der Darlehensforderungen zu erreichen. Die Parteien des syndizierten Kredites wählen das abstrakte Schuldversprechen als Grundlage der Parallelschuld, weil sie eine Forderung schaffen wollen, die unabhängig von der Syndizierung der Darlehensforderungen besteht. Es kommt ihnen darauf an, dass keine Rechtsgrundverknüpfung zu den Darlehensforderungen entsteht, da sonst bei der Syndizierung der Darlehensforderungen auch die Parallelschuld erlöschen würde. Ob dazu aber die Abstraktheit der Parallelschuld erforderlich ist, erscheint zweifelhaft. Denn Rechtsgrund der Parallelschuld ist ohnehin die Sicherungsabrede. Eine Rechtsgrundverknüpfung mit den Darlehensverträgen käme daher nicht in Betracht. In dieser Hinsicht könnte das Schuldversprechen auch als kausales bestehen. Allerdings ist zu beachten, dass bei einem kausalen Schuldversprechen der Sicherungszweck Tatbestandsmerkmal der Parallelschuld würde[513]. Bei Wegfall des Sicherungszwecks würde daher die Parallelschuld sofort unwirksam werden. Damit würde den akzessorischen Sicherheiten der Boden entzogen. Im Fall des abstrakten Schuldversprechens hingegen wird der Sicherungszweck durch die Sicherungsabrede

510 *Marburger*, in: Staudinger, BGB, Vorbem zu §§ 780 ff, Rn. 8; *Hüffer*, in: MünchKomm, BGB, § 780, Rn. 19.

511 *Marburger*, in: Staudinger, BGB, Vorbem zu §§ 780 ff, Rn. 8.

512 *Ders.*, a.a.O., Rn. 12.

513 Vgl. *Häuser/Welter*, in: Soergel, BGB, § 781, Rn. 10.

ausgedrückt und ist damit nicht Tatbestandsmerkmal der Parallelschuld. Sollte der Sicherungszweck einmal fehlen (weil der Sicherungsfall nicht eingetreten ist, z. B. weil der Kreditnehmer seine Schulden vertragsgemäß tilgt), führt dies im Fall des abstrakten Schuldversprechens nur zur Kondizierbarkeit bzw. Nicht-Durchsetzbarkeit der Parallelschuld[514]. Die Parallelschuld besteht aber grundsätzlich weiter und kann damit Grundlage für die akzessorischen Sicherheiten sein. Somit ist im Hinblick auf den Sicherungszweck die Abstraktheit der Parallelschuld ebenfalls erforderlich. Auch die Literatur müsste zu dem Ergebnis kommen, dass ein Abstraktionswille vorliegt.

ccc) Stellungnahme

Rechtsprechung und Literatur kommen m. E. im Fall der Parallelschuld zu dem Ergebnis, dass ein Abstraktionswille bei den Vertragsparteien vorliegt.

Das Ergebnis überzeugt im Hinblick auf die allgemeinen Auslegungsregeln des BGB. Denn ob ein Abstraktionswille gegeben ist oder nicht, ist in erster Linie eine Auslegungsfrage[515]. Die von der Rechtsprechung und Literatur angegebenen Kriterien sind nur Indizien, die bei der Auslegung gem. §§ 133, 157 BGB hilfreich sein sollen. Sie ersetzen damit keinesfalls die allgemeinen Auslegungskriterien wie Wortlaut und Interesse der Parteien. Ist für einen bestimmten Vertrag die Schriftform vorgeschrieben, so kommt regelmäßig dem Wortlaut der Erklärung besonderes Gewicht bei der Auslegung zu[516]. Der Zweck des Schriftformerfordernisses aus § 780 BGB ist die Schaffung einer klaren Beweislage[517]. Diesem Zweck kann nur nachgekommen werden, wenn dem Wortlaut der Erklärung primäre Bedeutung zukommt. Wie der BGH schon für das abstrakte Schuldversprechen entschieden hat, sollte in diesem Fall nur dann eine andere Auslegung vorgenommen werden, wenn gewichtige Gründe gegen den Wortlaut sprechen[518]. „Gewichtige Gründe", die hier gegen die Annahme eines abstrakten Schuldversprechens sprechen, sind nicht ersichtlich. Wie die Auslegung anhand der Kriterien der Literatur ergeben hat, ist die Annahme eines abstrakten Schuldversprechens sogar erforderlich, um die Parteiinteressen zu befriedigen. Daher ist in der Parallelschuld ein abstraktes Schuldversprechen i.S. des § 780 BGB zu sehen.

---

514 Vgl. *Schnauder*, NJOZ 2010, S. 1663 (1668).

515 *Marburger*, in: Staudinger, BGB, Vorbem zu §§ 780 ff, Rn. 9.

516 Vgl. für § 781 BGB, *Häuser/Welter*, in: Soergel, BGB, § 781, Rn. 12.

517 Vgl. für § 781 BGB, BGH, Urt. v. 08. 12. 1992, XI ZR 96/92, BGHZ 121, S. 1, unter II. 2. b) bb) der Gründe.

518 BGH, Urt. v. 30. 11. 1977, VIII ZR 69/76, WM 1978, S. 266, unter II. 1. b) der Gründe.

cc) Ergebnis

Die Auslegung der Vertragsvereinbarung ergibt, dass die Parteien Abstraktionswillen haben. Die Parallelschuld stellt daher ein „echtes" abstraktes Schuldversprechen i.S. des § 780 BGB dar. Durch die vertraglichen Verknüpfungen zu den Darlehensforderungen entsteht eine Art „rechtsgeschäftlicher Akzessorietät", die aber die Abstraktheit des Schuldversprechens – entgegen der Ansicht der h.Lit. – nicht berührt.

3. Kein Verstoß gegen den Bestimmtheitsgrundsatz

Etwas problematisch mag das *Parallel-Debt*-Modell im Hinblick auf die variable Höhe der Parallelschuld erscheinen. Das abstrakte Schuldversprechen besteht typischerweise in einer festen Höhe und ist nicht veränderbar. Knüpft man die Höhe der Parallelschuld an die der Darlehensforderungen, so ergibt sich eine Forderung in wechselnder Höhe. In dieser Hinsicht könnte sich ein Problem mit dem sachenrechtlichen Bestimmtheitsgrundsatz ergeben, denn der Umfang und Bestand des Pfandrechts richtet sich nach dem der Forderung. Ist die Forderung unbestimmt, ist also auch das Pfandrecht unbestimmt.

Der Bestimmtheitsgrundsatz ist ein zentrales Prinzip des Sachenrechts. Er besagt, dass die dinglichen Rechte wegen ihrer absoluten Wirkung ggü. jedermann einwandfrei zugeordnet werden müssen[519]. Das bedeutet, dass der Umfang der dinglichen Verfügung sowie der Berechtigte aus der dinglichen Verfügung eindeutig ermittelbar sein müssen. Dies gilt auch für die Kreditsicherheiten. Da sich der Umfang des Pfandrechts nach demjenigen der gesicherten Forderung richtet, verlangt der Bestimmtheitsgrundsatz für das Pfandrecht einerseits, dass sich die gesicherte Forderung dem Grunde nach ermitteln lässt und andererseits, dass der Forderungsgläubiger bekannt ist[520].

a) Bestimmbarkeit der Forderung

Grundsätzlich können Forderungen an die Höhe anderer Forderungen anknüpfen[521]. Für den Fall, dass das Konsortialdarlehen noch gar nicht ausgereicht worden ist, fragt sich aber, was mit der quasi-akzessorischen Parallelschuld geschieht. Da das Konsortialdarlehen noch nicht valutiert, müsste auch die Parallelschuld bei „0" liegen. Da eine nennbetragslose Forderung aber nicht existieren

519 *Wolf/Wellenhofer*, Sachenrecht, 28. Aufl. 2013, § 3, Rn. 8 f.

520 *Bassenge*, in: Palandt, BGB, § 1204, Rn. 11; *Damrau*, in: MünchKomm, BGB, § 1204, Rn. 23.

521 Vgl. oben unter A. II. 2. b) aa) bbb) ii) (Akzessorisches Verpflichtungsgeschäft).

kann[522], erlischt die Parallelschuld in diesem Fall komplett. Damit würde dem Pfandrecht die Forderung entzogen. Für das Pfandrecht ist das allerdings kein Problem, denn es kann auch für zukünftige Forderungen bestellt werden (§ 1204 Abs. 2 BGB). Voraussetzung ist aber, dass diese bestimmbar sind[523]. Das Pfandrecht bezieht sich dann nicht auf die aktuelle (fehlende) Parallelschuld, sondern auf die zukünftig neu entstehende. Diese zukünftige Parallelschuld ist eine bestimmbare Forderung, denn ihre (Maximal-)Höhe ergibt sich aus der Gesamthöhe aller zukünftigen Darlehensrückzahlungsforderungen. Diese sind durch den gesamten Kreditrahmen begrenzt, so dass es nicht zu einer „unendlichen" Haftung kommt[524]. Sollte die Parallelschuld also einmal wegen ihrer Quasi-Akzessorietät erlöschen, so bezieht sich das Pfandrecht auf die zukünftig neu entstehende Parallelschuld. Insofern kommt das *Parallel-Debt*-Modell einer Kontokorrentbürgschaft gleich, bei der sich die Haftung des Bürgen ebenfalls auf zukünftig entstehende Forderungen bezieht, die immer wieder neu entstehen und erlöschen können. Der BGH hält die Kontokorrentbürgschaft für mit dem Bestimmtheitsgrundsatz (der auch i.R. des § 765 Abs. 2 BGB gilt) vereinbar[525]. Selbst bei höhenmäßig nicht begrenzter Haftung hat der BGH die Kontokorrentbürgschaft für zulässig erachtet, wenn sie sich auf alle Forderungen aus einer „bankmäßigen Geschäftsverbindung" bezieht[526]. Für die Einhaltung des Bestimmtheitsgrundsatzes kommt es nicht darauf an, dass der Anspruchsgrund schon bei Bestellung der Sicherheit bekannt gewesen ist, so dass mit dem Entstehen der Forderung gerechnet werden konnte[527]. Es reicht vielmehr aus, wenn sich die Forderung aus einer bestimmten Geschäftsbeziehung ergibt. Die Parallelschuld knüpft an die Darlehensrückzahlungsforderungen an, die sich aus dem insgesamt festgelegten Kreditrahmen ergeben (der auch für die Neukonsorten gilt). Zwischen dem Kreditnehmer/Sicherungsgeber und dem Sicherheitentreuhänder besteht die Parallelschuld als bestimmte Geschäftsbeziehung. Die Besi-

522 Dies ergibt sich m. E. schon aus der Legaldefinition des Anspruchs aus § 194 Abs. 1 BGB, denn einen Nullbetrag kann man nicht von jemand anderem verlangen.

523 Das gilt grundsätzlich auch für die Schiffshypothek (vgl. § 8 Abs. 1 S. 2 SchRG) und das Registerpfandrecht an Luftfahrzeugen (§ 2 LuftFzgG). Aufgrund der hier erforderlichen Publizität ist allerdings immer ein bestimmter Geldbetrag einzutragen, vgl. § 24 Abs. 1 LuftFzgG und § 24 Abs. 1 SchRG. Für die Fälle wechselnder Forderungshöhe kann aber auf das Höchstbetragspfandrecht zurückgegriffen werden, vgl. § 3 LuftFzgG und § 75 SchRG. Diese entsprechen der Regelung der Höchstbetragshypothek gem. § 1190 BGB.

524 Eine höhenmäßige Begrenzung ist aber noch nicht einmal Voraussetzung für die Bestimmbarkeit der Forderung, vgl. *Bassenge*, in: Palandt, BGB, § 1204, Rn. 11.

525 Vgl. BGH, Urt. v. 07. 11. 1985, IX ZR 40/85, NJW 1986, S. 928, unter I. 1. der Gründe.

526 BGH, Urt. v. 03. 02. 1965, VIII ZR 70/63, NJW 1965, S. 965.

527 Vgl. BGH, Urt. v. 17. 12. 1980, VIII ZR 307/79, NJW 1981, S. 756, unter I. 2. b) der Gründe.

cherung eines abstrakten Schuldversprechens in wechselnder Höhe widerspricht daher nicht dem Bestimmtheitsgrundsatz[528].

b) Bestimmtheit des Gläubigers

Der Gläubiger der gesicherten Forderung (Parallelschuld) ist der Sicherheitentreuhänder. Der Sicherheitentreuhänder ist dauerhaft in dem Konsortium vorhanden. Er besteht unabhängig von den Syndizierungen der Konsortialbanken und ist damit auch zukünftig der Gläubiger der Parallelschuld und des Pfandrechts. Damit ist der Gläubiger ausreichend bestimmt.

c) Ergebnis

Bei der Bestellung des Pfandrechts ist Bestimmbarkeit gegeben. Damit entsteht das Pfandrecht schon mit der Bestellung und nicht erst bei Entstehen der gesicherten Forderung, vgl. § 1204 Abs. 2 BGB[529]. An dieser Stelle ist die Akzessorietät des Pfandrechts gelockert. Allerdings erlischt das Pfandrecht, wenn endgültig feststeht, dass es nicht mehr entstehen kann, z. B. weil der Kredit vollständig zurückgeführt wurde.

4. Kein Verstoß gegen den Grundsatz der Typenfixierung bzw. keine Umgehung des Akzessorietätsgrundsatzes

In der Literatur wird diskutiert, ob die Konstruktion der *Parallel-Debt* gegen den Grundsatz der Typenfixierung verstößt[530] bzw. ob in der *Parallel-Debt*-Konstruktion eine unzulässige Umgehung des Akzessorietätsgrundsatzes liegt[531]. Der Unterschied zwischen Verstoß und Umgehung liegt in den herangezogenen Kriterien. Während der Verstoß auf die rein formelle Vereinbarkeit mit dem Gesetz abstellt,

528 **Kritisch** *Schnauder*, NJOZ 2010, S. 1663 (1668).

529 Vgl. dazu grundlegend BGH, Urt. v. 26.01.1983, VIII ZR 257/81, BGHZ 86, S. 340, unter II. 4. b) bb) der Gründe.

530 **Bejahend:** *Harpering*, Die Übertragung akzessorisch besicherter Forderungen im Rahmen von *syndicated loans*, S. 138; **verneinend:** *Apfelbaum*, Die Verpfändung der Mitgliedschaft in der Aktiengesellschaft, S. 252 ff.; *Böttcher*, Das abstrakte Schuldversprechen in der Kreditsicherung, S. 208; *Förl*, RNotZ 2007, S. 433 (453); *Danielewsky/Dettmar*, WM 2008, S. 713 (714 f.); *Hoffmann*, WM 2009, S. 1452 (1455 f.); *Schnauder*, NJOZ 2010, S. 1663 (1667); *Willer*, AcP 209 (2009), S. 807 (818 ff.); *Freitag/Mülbert*, in: Staudinger, BGB, § 488, Rn. 178.

531 **Verneinend:** *Apfelbaum*, Die Verpfändung der Mitgliedschaft in der Aktiengesellschaft, S. 254 ff.; *Böttcher*, Das abstrakte Schuldversprechen in der Kreditsicherung, S. 208 f.; *Danielewsky/Dettmar*, WM 2008, S. 713 (714 f.).

ist bei der Umgehung die materielle Vereinbarkeit mit den Wertungen des Gesetzes entscheidend.

a) Kein Verstoß gegen den Grundsatz der Typenfixierung

Der sachenrechtliche Typenzwang setzt sich zum einen aus dem *numerus clausus* der Sachenrechte und zum anderen aus dem Grundsatz der Typenfixierung zusammen[532]. Ersterer besagt, dass die Vertragsparteien sich nur derjenigen sachenrechtlichen Instrumente bedienen können, die vom Gesetz (bzw. durch Richterrecht) zur Verfügung gestellt werden. Neubildungen durch Parteivereinbarung sind ausgeschlossen. Der Grundsatz der Typenfixierung besagt, dass die gesetzlich zur Verfügung gestellten sachenrechtlichen Instrumente nur in der gesetzlich vorgesehenen Form verwendet werden dürfen. Sie dürfen also nicht modifiziert werden[533]. Durch den Typenzwang wird die Vertragsfreiheit der Parteien zu Gunsten der Rechtssicherheit und Verkehrsfähigkeit eingeschränkt[534].

Betrachtet man die Konstruktion der *Parallel-Debt*, so könnte ein Verstoß gegen den Grundsatz der Typenfixierung vorliegen. Dieser liegt zwar nicht darin, dass die Parallelschuld in ihrer Ausgestaltung von dem typischen abstrakten Schuldversprechen abweicht, denn die Parallelschuld unterliegt als schuldrechtliches Instrument gerade nicht dem Typenzwang. Betrachtet man aber die gesamte *Parallel-Debt*-Konstruktion, so ist unverkennbar, dass die akzessorische Sicherheit nicht diejenige Forderung besichert, die sie nach den wirtschaftlichen Interessen der Parteien besichern soll (nämlich die Darlehensrückzahlungsforderungen), sondern eine „Hilfsforderung" in Form des abstrakten Schuldversprechens (die Parallelschuld). Der einzige Zweck des abstrakten Schuldversprechens ist es, den Bestand der akzessorischen Sicherheit zu gewährleisten. Insofern wird die Parallelschuld in der Literatur auch als „Sicherheitenträger" bezeichnet[535]. Weil das Pfandrecht über die Parallelschuld mit den eigentlichen Darlehensrückzahlungsforderungen verbunden ist, sprechen andere von einer „wirtschaftlichen Akzessorietät" zwischen Pfandrecht und Darlehensrückzahlungsforderungen[536]. Diesen Bezeichnungen ist gemeinsam, dass sie das Verhältnis der akzessorischen Sicherheit, Parallelschuld und Darlehensforderung als eine juristische Hilfskonstruktion beschreiben, die nicht den wirtschaftlichen Willen der Parteien widerspiegelt. Denn aus wirtschaftlicher Sicht wollen die

---

532 *Baur/Stürner*, Sachenrecht, § 1 II, Rn. 7.

533 Vgl. dazu schon oben im 1. Teil, unter C. III. 2. (Verzicht auf die Akzessorietät).

534 *Wolf/Wellenhofer*, Sachenrecht, § 3, Rn. 2.

535 Vgl. *Willer*, AcP 209 (2009), S. 807.

536 *Danielewsky/Dettmar*, WM 2008, S. 713 (713).

Parteien nicht die Parallelschuld besichern, sondern die Darlehensforderungen. Streng genommen besteht also eine akzessorische Sicherheit, deren zugehörige Forderung lediglich dazu dient, dem Akzessorietätsgrundsatz zu entsprechen sowie die Höhe der Sicherheit festzulegen. Aus der Tatsache, dass die akzessorische Sicherheit nicht die „gewollten" Forderungen besichert, schließt *Harpering*, dass ein Verstoß gegen das Akzessorietätsprinzip vorliege[537]. Dies wird von der h.Lit. abgelehnt[538].

Harperings Argumentation beruht im Wesentlich auf dem Urteil des BGH vom 13.02.1957[539]. In diesem Urteil hatte der BGH entschieden, dass ein Pfandrecht, das für eine Forderung besteht, die weder eingezogen noch erfüllt werden darf, wegen Verstoßes gegen den Akzessorietätsgrundsatz unwirksam sei. Als Begründung führte der BGH an, dass die Forderung in diesem Fall bloß dazu diene, die Höhe des Pfandrechts zu bestimmen und keine eigenständige Bedeutung habe. Sie sei daher nicht geeignet, eine Grundlage für das Pfandrecht zu bilden. Das Pfandrecht würde damit forderungslos und verlöre seine Akzessorietät. Dies sei nicht mit dem Grundsatz der Typenfixierung vereinbar, da das Gesetz kein forderungsloses Pfandrecht kenne.

Die Begründung des BGH ist jedoch auf den Fall der Parallelschuld nicht übertragbar. Die Urteilsgründe des BGH basierten auf zwei Annahmen. Erstens sprach der akzessorische Charakter des Pfandrechts gegen die von den Parteien angestrebte Konstruktion. Denn akzessorische Sicherheiten bestehen grundsätzlich als „Anhänge" einer Forderung[540]. Die Forderung ist also das Hauptrecht, die Sicherheit das Nebenrecht. Durch die Konstruktion der Streitparteien im BGH-Fall sollte dieses Verhältnis umgekehrt werden, denn wenn die Forderung weder eingezogen noch erfüllt werden kann, das Pfandrecht aber verwertet werden darf, so wird das Pfandrecht zum Hauptrecht und die Forderung zum Nebenrecht. Das Pfandrecht gleicht in diesem Fall einer isolierten Grundschuld, die als eigenständiges Recht an einem Grundstück, einen Anspruch begründet. Eine solche eigenständige Bedeutung können aber akzessorische Sicherheiten aufgrund ihrer gesetzlich angeordneten Forderungsgebundenheit nicht erhalten. Daher sah der

---

537 *Harpering*, Die Übertragung akzessorisch besicherter Forderungen im Rahmen von *syndicated loans*, S. 138, unter Hinweis auf BGH, Urt. v. 13.02.1957, IV ZR 183/56, BGHZ 23, S. 293.

538 *Apfelbaum*, Die Verpfändung der Mitgliedschaft in der Aktiengesellschaft, S. 252 ff.; *Böttcher*, Das abstrakte Schuldversprechen in der Kreditsicherung, S. 208; *Förl*, RNotZ 2007, S. 433 (453); *Danielewsky/Dettmar*, WM 2008, S. 713 (714 f.); *Hoffmann*, WM 2009, S. 1452 (1455 f.); *Schnauder*, NJOZ 2010, S. 1663 (1667); *Willer*, AcP 209 (2009), S. 807 (818 ff.); *Freitag/Mülbert*, in: Staudinger, BGB, § 488, Rn. 178.

539 BGH, Urt. v. 13.02.1957, IV ZR 183/56, BGHZ 23, S. 293. Für den Sachverhalt und die Urteilsbegründung vgl. oben im 1. Teil, unter C. III. 2. (Verzicht auf die Akzessorietät).

540 Vgl. dazu oben im 1. Teil, unter C. I. (Begriff).

BGH in der Konstruktion einen Verstoß gegen den Akzessorietätsgrundsatz und mithin gegen den Grundsatz der Typenfixierung. Zweitens führte die Konstruktion der Streitparteien zu einem Erlöschen der Forderung und damit des Pfandrechts. Denn wenn der Schuldner die Verbindlichkeit nicht erfüllen darf und der Gläubiger die Forderung nicht einziehen darf, so besteht kein Schuldverhältnis i.S. des BGB. Grundlage eines Schuldverhältnisses ist einerseits das Recht des Gläubigers, eine Leistung zu verlangen (vgl. die Legaldefinition des Anspruchs in § 194 Abs. 1 BGB) und andererseits das Recht des Schuldners, die Leistung zu erbringen und damit die Verbindlichkeit zu erfüllen. Zwar können beide Rechte beschränkt (so kann z.B. das Recht zu erfüllen, hinausgeschoben werden), jedoch niemals komplett ausgeschlossen werden. Sind diese beiden elementaren Rechte eines Schuldverhältnisses ausgeschlossen, so besteht begrifflich kein Schuldverhältnis und damit auch keine Forderung. Mangels Forderung kann aber auch keine akzessorische Sicherheit bestehen.

Diese beiden vom BGH angeführten Urteilsgründe treffen auf die *Parallel-Debt*-Konstruktion nicht zu. Denn die Parallelschuld ist ein erfüllbarer und einziehbarer Anspruch. Zwar führt die Erfüllung der Parallelschuld zur Anrechnung auf die Darlehensforderungen[541], dies lässt aber ihre Anspruchsqualität nicht entfallen. Denn das Wesen des Anspruches ist es, dass er erfüllt und eingezogen werden kann. Die Gesamterfüllungswirkung ist bloß Ausdruck einer wirtschaftlichen Einheit, wie sie z.B. auch bei der Gesamtgläubigerschaft besteht, vgl. § 429 Abs. 3 BGB i.V.m. § 422 BGB. Wie bei der Gesamtgläubigerschaft auch[542], lässt die Gesamterfüllungswirkung aber nicht die Anspruchsqualität entfallen. Auch soll die akzessorische Sicherheit im Fall der Parallelschuld nicht eine eigenständige Bedeutung erhalten oder primäres Erfüllungsobjekt sein. Sie wird – dem Akzessorietätsgrundsatz entsprechend – als Nebenrecht eingesetzt, um die Parallelschuld zu besichern. Dass aus wirtschaftlicher Perspektive nicht die Parallelschuld, sondern die Darlehensforderungen besichert werden sollen, ist kein Verstoß gegen den Grundsatz der Typenfixierung. Der Verstoß stellt auf rein formaljuristische Kriterien ab. Er verlangt im Zusammenhang mit der Akzessorietät nur, dass für die akzessorische Sicherheit (irgendeine) erfüllbare und einziehbare Forderung besteht. Diese kann auch in der Parallelschuld liegen. Dass mit dieser Konstruktion das formaljuristische Ergebnis nicht dem wirtschaftlich ge-

541 Vgl. dazu oben unter A. II. 1. (Struktur des Modells).
542 Trotz Gesamterfüllungswirkung steht jedem Gesamtgläubiger ggü. dem Schuldner ein eigenständiger und voll wirksamer Anspruch zu, vgl. BGH, Urt. v. 04.03.1959, V ZR 181/57, BGHZ 29, S. 363, unter 4. der Gründe. Näheres dazu unten unter A. III. 1. a) (Funktionsweise der Gesamtgläubigerschaft gem. § 428 BGB).

wünschten entspricht, ist keine Frage des Verstoßes (gegen den Grundsatz der Typenfixierung), sondern der Umgehung.

b) Umgehung oder Institutsmissbrauch?

Ein Verstoß gegen den Grundsatz der Typenfixierung liegt demnach nicht vor. Ein Verstoß bedeutet begrifflich nur das Nichteinhalten formaler Kriterien. Das Einhalten formaler Kriterien (hier Bestand einer erfüllbaren und einziehbaren Forderung) sagt aber noch nichts darüber aus, ob das *Parallel-Debt*-Modell auch materiell den Wertungen des Akzessorietätsgrundsatzes entspricht. Die materielle Übereinstimmung mit den Wertungen des Gesetzes wird von der Frage nach einer Umgehung erfasst. Für die Umgehung ist charakteristisch, dass sie formaljuristisch den Anforderungen des Gesetzes entspricht, aber nicht im Einklang mit den materiellen Wertungen des Gesetzes steht[543]. In der Literatur wird das Problem der Umgehung nur von wenigen erörtert[544]. Der überwiegende Teil der Autoren begnügt sich mit der Feststellung, dass die *Parallel-Debt*-Konstruktion keinen *Verstoß* gegen den Akzessorietätsgrundsatz darstelle. Die anspruchsvollere Frage ist aber die nach der *Umgehung* des Akzessorietätsgrundsatzes.

Das Vorliegen einer Umgehung gesetzlicher Vorschriften führt nicht *per se* zu einer Unwirksamkeit der gewählten Konstruktion. Sollte eine Umgehung festgestellt werden, so ist zu klären, ob die Umgehung unzulässig ist. Die Umgehung ist unzulässig, wenn sie den materiellen gesetzlichen Wertungen widerspricht. Doch selbst bei Bejahung einer Umgehung ist die Rechtsfolge nicht zwangsläufig die Unwirksamkeit der gesamten Konstruktion. Teilweise wird auch durch eine geltungserhaltende Reduktion eine Anpassung erreicht. Im Nachfolgenden soll untersucht werden, ob das *Parallel-Debt*-Modell eine (unzulässige) Umgehung des Akzessorietätsgrundsatzes darstellt.

aa) H.Lit.: Zulässige Umgehung des Akzessorietätsgrundsatzes

Diejenigen Autoren, die sich mit der Frage der Umgehung auseinandersetzen, bejahen eine Umgehung der Erlöschens- und Zuständigkeitsakzessorietät[545]. Von

543 Vgl. die Definition bei *Schurig*, in: FS Ferid, 1978, S. 375 (407 f.).

544 In Betracht gezogen wird es von *Apfelbaum*, Die Verpfändung der Mitgliedschaft in der Aktiengesellschaft, S. 254 ff.; *Böttcher*, Das abstrakte Schuldversprechen in der Kreditsicherung, S. 208 f.; *Danielewsky/Dettmar*, WM 2008, S. 713 (714 f.).

545 *Apfelbaum*, Die Verpfändung der Mitgliedschaft in der Aktiengesellschaft, S. 254 ff.; *Böttcher*, Das abstrakte Schuldversprechen in der Kreditsicherung, S. 208 f.; *Danielewsky/Dettmar*, WM 2008, S. 713 (714 f.).

Böttcher und *Apfelbaum* wird allerdings vertreten, dass die Umgehungsfunktion der (Sicherheiten-)Treuhandschaft wesensmäßig immanent sei und deshalb nicht *per se* einen unzulässigen Institutsmissbrauch darstelle. Ob ein unzulässiger Institutsmissbrauch vorliegt, machen beide Autoren davon abhängig, ob gesetzlichen Wertungen widersprochen wird. Für *Böttcher* ist dies nicht der Fall, da für den Schuldner keine wirtschaftliche Mehrbelastung entstehe, somit der Schuldnerschutz ausreichend gewährleistet sei. *Apfelbaum* sieht durch § 1252 BGB drei Zwecke verwirklicht: Schuldnerschutz, Schutz nachrangiger Sicherungsnehmer und die Verhinderung eines beliebigen Forderungsaustausches. Alle drei Zwecke werden nach seiner Ansicht i.R. der *Parallel-Debt*-Konstruktion gewahrt, so dass ein materieller Widerspruch zu den gesetzlichen Wertungen der Akzessorietät nicht angenommen werden könne. Sowohl *Böttcher* als auch *Apfelbaum* und *Danielewsky/Dettmar* ziehen zudem einen Vergleich zu den von der Rechtsprechung anerkannten Umgehungsinstrumenten der abstrahierten Hypothek und/oder Sicherungsübereignung. Nach ihrer Ansicht ist der Fall der *Parallel-Debt* mit denen der abstrahierten Hypothek und/oder der Sicherungsübereignung vergleichbar, so dass kein unzulässiger Institutsmissbrauch vorliegen könne. Darüber hinaus vertreten alle Autoren, dass sowohl die besicherte Forderung als auch das Pfandrecht inhaltlich zweckfrei seien, so dass man die mit der *Parallel-Debt* verfolgten Zwecke nicht als Beurteilungsmaßstab für die rechtliche Zulässigkeit heranziehen könne[546]. Es sei vielmehr ausreichend, wenn irgendeine Forderung für das Pfandrecht zur Verfügung stehe. Welcher Zweck mit dieser Forderung verfolgt wird, dürfe keine Rolle spielen.

bb) Stellungnahme

Das *Parallel-Debt*-Modell dient dazu, das Erlöschen der akzessorischen Sicherheiten bei Syndizierung der gesicherten Forderungen zu verhindern und eine zentrale Sicherheitenverwaltung zu ermöglichen[547]. Es geht also darum, die Nachteile der Zuständigkeitsakzessorietät zu vermeiden. Darin könnte einerseits eine Umgehung des Akzessorietätsgrundsatzes, andererseits aber auch ein Institutsmissbrauch vorliegen.

546 So auch *Böttcher*, Das abstrakte Schuldversprechen in der Kreditsicherung, S. 211.

547 Vgl. dazu oben im 1. Teil, unter D. (Akzessorische Sicherheiten und syndizierte Kredite).

aaa) Abgrenzung von Umgehung und Institutsmissbrauch

In der Diskussion um die *Parallel-Debt*-Konstruktion werden die beiden Begriffe Umgehung und Institutsmissbrauch teilweise miteinander gleichgesetzt[548]. Tatsächlich handelt es sich um unterschiedliche Instrumente, die sich zwar überschneiden können, sich aber in der Regel gegenseitig ausschließen[549]. Dies erkennt man schon an der unterschiedlichen dogmatischen Herleitung der beiden Instrumente. Während der Institutsmissbrauch bei § 242 BGB zu verorten ist[550], wird die Umgehung von der h.Lit. als eine Frage der Gesetzesauslegung bzw. Analogie verstanden[551].

Nicht nur im Hinblick auf die Rechtsgrundlage, sondern auch im Hinblick auf die Voraussetzungen, unterscheiden sich Umgehung und Institutsmissbrauch. Der Institutsmissbrauch ist eine Unterform des Rechtsmissbrauchs. Der Rechtsmissbrauch erfasst im Wesentlichen zwei Fälle: den individuellen Rechtsmissbrauch und den Institutsmissbrauch[552]. Im Fall des individuellen Rechtsmissbrauchs wird ein *subjektives* Recht gegen seinen eigentlichen Zweck eingesetzt, um die Gegenpartei zu schädigen. Bei einem Institutsmissbrauch werden *sonstige* Rechtsinstitute oder Rechtsnormen zweckwidrig eingesetzt. Bei der Gesetzesumgehung hingegen geht es darum, dass eine Partei „bewusst und zweckbestimmt den Tatbestand einer bindenden Norm vermeidet und (bzw. oder) den einer anderen Norm erfüllt"[553]. Ziel der Gesetzesumgehung ist es, die Anwendung bestimmter Regeln zu vermeiden bzw. die Anwendung bestimmter anderer Regeln zu erreichen. Vereinfacht lässt sich also sagen, dass bei der Gesetzesumgehung eine bestimmte Regel umgangen werden soll, beim Institutsmissbrauch aber die Regel missbraucht werden soll[554]. Der Unterschied zwischen Missbrauch und Umgehung besteht in der Zielrichtung der missbilligten Handlung.

---

548 Z. B. bei *Böttcher*, Das abstrakte Schuldversprechen in der Kreditsicherung, S. 208, die von einer „Gesetzesumgehung im Sinne eines Institutionenmissbrauchs" spricht.

549 Vgl. die Ausführungen bei *Benecke*, Gesetzesumgehung im Zivilrecht, 2004, S. 148 und *Schurig*, in: FS Ferid, S. 375 (406).

550 *Looschelders/Olzen*, in: Staudinger, BGB, § 242, Rn. 214; *Grüneberg*, in: Palandt, BGB, § 242, Rn. 40; *Heinrich*, in: FS Laufs, 2006, S. 585 (591); **a.A.** *Teichmann*, in: Soergel, BGB, § 242 BGB, Rn. 11.

551 *Schurig*, in: FS Ferid, S. 375 (378) m.w.N.

552 Vgl. zum Ganzen *Looschelders/Olzen*, in: Staudinger, BGB, § 242, Rn. 217; *Grüneberg*, in: Palandt, BGB, § 242, Rn. 40

553 *Schurig*, in: FS Ferid, S. 375 (407).

554 *Benecke*, Gesetzesumgehung im Zivilrecht, S. 50.

bbb) Keine Umgehung des Akzessorietätsgrundsatzes

In der Literatur wird mehrfach eine (wenn auch als zulässig erachtete) Umgehung des Akzessorietätsgrundsatzes durch die *Parallel-Debt-* Konstruktion festgestellt[555]. Eine Umgehung ist nach der eben festgelegten Abgrenzung jedoch nur dann anzunehmen, wenn die Anwendung einer bestimmten Regel vermieden oder die einer anderen bestimmten Regel erreicht werden soll. Dazu lässt sich zunächst einmal feststellen, dass der Akzessorietätsgrundsatz auch i.R. des *Parallel-Debt*-Modells zur Anwendung gelangt. Schließlich ist die Sicherheit akzessorisch an die Parallelschuld gebunden. Deshalb ist an dieser Stelle fraglich, ob überhaupt eine Umgehung vorliegen kann, wenn doch die Anwendung des Akzessorietätsgrundsatzes gar nicht vermieden wird.

Vermeidung heißt, dass die Anwendung von Regeln, die im Normalfall gelten, durch spezielle Gestaltungen ausgeschlossen wird. Der Akzessorietätsgrundsatz hat folgende Regeln zum Inhalt: die Entstehungs-, Erlöschens-, Umfangs-, Durchsetzungs- und Zuständigkeitsakzessorietät[556]. An diesen Merkmalen ändert sich durch die *Parallel-Debt*-Gestaltung überhaupt nichts, denn die Sicherheit ist in diesen Punkten mit der Parallelschuld verknüpft. Entgegen der Ansicht in der Literatur kommt es also nicht zu einer Umgehung der Erlöschensakzessorietät. Die Parallelschuld wiederum ist akzessorisch mit den Darlehensforderungen verknüpft, so dass sogar (mittelbar) eine Akzessorietät zwischen der Sicherheit und den Darlehensforderungen besteht. Der Unterschied ist jedoch, dass nicht mehr diejenigen Sicherungsnehmer sind, denen wirtschaftlich die Sicherheit zugute kommen soll, sondern ein Dritter, nämlich der Sicherheitentreuhänder. Insofern könnte einzig eine Umgehung der Zuständigkeitsakzessorietät vorliegen. Diese wäre gegeben, wenn die Zuständigkeitsakzessorietät verlangte, dass der wirtschaftliche Profiteur der Sicherheit auch der rechtliche Sicherheitennehmer sein muss. Diese Frage ist – soweit ersichtlich – in der Literatur noch nicht besprochen worden und war auch noch nicht Gegenstand einer gerichtlichen Entscheidung. Einzige Erkenntnisquelle in diesem Zusammenhang ist das Gesetz.

Die Zuständigkeitsakzessorietät leitet sich beim Pfandrecht aus § 1250 Abs. 1 BGB, bei der Hypothek aus § 1153 BGB und allgemein auch aus § 401 Abs. 1 BGB

555 *Apfelbaum*, Die Verpfändung der Mitgliedschaft in der Aktiengesellschaft, S. 254 ff.; *Böttcher*, Das abstrakte Schuldversprechen in der Kreditsicherung, S. 208 f.; *Danielewsky/Dettmar*, WM 2008, S. 713 (714 f.). Vgl. dazu auch oben unter A. II. 4. b) aa) (H.Lit.: Zulässige Umgehung des Akzessorietätsgrundsatzes).

556 Vgl. dazu oben im 1. Teil, unter B. I. 3. (Akzessorische und nicht-akzessorische Sicherheiten).

ab[557]. Diese Normen beziehen sich indes nur auf den Fall der Forderungsübertragung. Zuständigkeitsakzessorietät in diesem Sinne bedeutet, dass die akzessorische Sicherheit immer derjenigen Person zuzuordnen ist, die auch Inhaber der Forderung ist. M.a.W.: Wer keine Forderung hat, kann auch nicht Inhaber einer akzessorischen Sicherheit sein. Insofern ist die Zuständigkeitsakzessorietät im Zusammenhang mit der Entstehungs- und Erlöschensakzessorietät zu sehen. Denn wenn das Pfandrecht nicht ohne eine Forderung entstehen und bestehen kann, kann es auch nicht ohne eine Forderung übertragen werden. Ziel der Zuständigkeitsakzessorietät ist es daher, zu verhindern, dass durch die Forderungsübertragung ein forderungsloses Pfandrecht entsteht. Insofern dienen die §§ 1204 Abs. 1, 1250 Abs. 1, 1252 BGB einem einheitlichen Ziel. Durch das Zusammenspiel dieser Normen soll ausgeschlossen werden, dass der Forderungsgläubiger neben seinem Anspruch (z. B. aus einem Darlehensvertrag) einen weiteren unabhängigen Anspruch erhält, der zu einer Verdoppelung der wirtschaftlichen Belastung beim Schuldner führte[558]. Welcher Forderung das Pfandrecht zugeordnet werden soll, schreibt der Akzessorietätsgrundsatz jedoch nicht vor. Es wäre ein fragwürdiger Zustand, wenn i.R. eines Kreditsicherungsverhältnisses ein Gericht überprüfen könnte, ob die Parteien auch die „richtige" Forderung gesichert haben. Welche Forderung gesichert wird, steht in dem freien Ermessen der Parteien und wird nicht von der Zuständigkeitsakzessorietät vorbestimmt. Denn die Auswahl der zu besichernden Forderung bestimmt den Sicherungszweck[559]. Die Bestimmung des Sicherungszwecks ist aber allein Angelegenheit der Parteien und kann nicht objektiv überprüft werden. Inhalt der Zuständigkeitsakzessorietät ist es also nicht, dass der *wirtschaftliche* Gläubiger mit dem *rechtlichen* Sicherungsnehmer identisch ist[560]. Es wird lediglich verlangt, dass irgendeine Forderung für die Sicherheit besteht. Welche das ist, bleibt den Parteien überlassen. Ist die Identität von wirtschaftlichem Gläubiger und rechtlichem Sicherungsnehmer aber nicht Regelungsinhalt der Akzessorietät, so kann sie auch nicht Gegenstand einer Umgehung sein. Denn umgangen werden können nur zwingende Regelungen. Zu diesen gehört es aber nicht, dass wirtschaftlicher und rechtlicher Sicherungsnehmer identisch sind.

---

557 Vgl. dazu oben im 1. Teil, unter B. I. 3. (Akzessorische und nicht-akzessorische Sicherheiten). §§ 1153, 1250 BGB sind damit nur Wiederholungen des § 401 Abs. 1 BGB, vgl. *Damrau*, in: MünchKomm, BGB, § 1250, Rn. 1.

558 Vgl. dazu die Ausführungen oben im 1. Teil, unter C. IV. (Sinn und Zweck der Akzessorietät).

559 Vgl. *Bülow*, Recht der Kreditsicherheiten, Rn. 840.

560 Dies scheint auch das RG so zu sehen. Es hatte nämlich den Fall einer treuhänderischen Übertragung einer Hypothek (samt Forderung) für zulässig erachtet, vgl. RG, Urt. v. 20. 03. 1912, V 352/11, RGZ 79, S. 121.

Es liegt damit schon gar keine Umgehung durch die *Parallel-Debt*-Konstruktion vor. Dieser Aspekt wird in der Literatur übersehen. Zwar stellen *Apfelbaum*[561] und *Danielewsky/Dettmar*[562] fest, dass es dem Parteiwillen überlassen sein muss, zu bestimmen, welche Forderung durch das Pfandrecht besichert werden soll. Jedoch sehen sie nicht, dass dadurch nicht nur die Umgehung zulässig ist, sondern schon der Tatbestand einer Umgehung gar nicht gegeben ist. Auf die Zulässigkeit einer Umgehung braucht damit gar nicht eingegangen zu werden. Daher ist auch der Vergleich[563] mit der Diskussion um die Zulässigkeit der Sicherungsübereignung überflüssig. Die Sicherungsübereignung wurde teilweise als unzulässige Umgehung des Publizitätsgrundsatzes beim Pfandrecht angesehen, da die für die Verpfändung notwendige Besitzübertragung bei der Übereignung nicht notwendig ist (vgl. § 930 BGB)[564]. Mittlerweile ist die Sicherungsübereignung aber unstreitig zulässig[565] und wird auch in anderen Gesetzen als selbstverständlich vorausgesetzt, vgl. z. B. § 51 Nr. 1 InsO oder § 39 Abs. 2 Nr. 1 S. 2 AO. Der Vergleich zur *Parallel-Debt*-Gestaltung hinkt an dieser Stelle, weil durch die Sicherungsübereignung die bei der Pfandrechtsbestellung notwendige Besitzübertragung tatsächlich vermieden wird. Es liegt insofern eine echte Umgehung (der Pfandrechtsvorschriften) vor. Wie gezeigt, werden aber im Fall der *Parallel-Debt*-Gestaltung die Pfandrechtsvorschriften überhaupt nicht umgangen. Im Gegenteil: Sie werden weiterhin angewandt, nur dass der Forderungsgläubiger nicht gleichzeitig der wirtschaftlich Berechtigte ist. Dass der Forderungsgläubiger und wirtschaftliche Berechtigte identisch sein müssen, wird aber vom Akzessorietätsgrundsatz gerade nicht verlangt.

ccc) Kein Missbrauch des Instituts „abstraktes Schuldversprechen"

Dass keine Umgehung des Akzessorietätsgrundsatzes vorliegt, sagt noch nichts über die Zulässigkeit des *Parallel-Debt*-Modells aus. Statt dessen könnte ein unzulässiger Institutsmissbrauch vorliegen. Der Institutsmissbrauch ist ein eigenständiges Instrument und geht keinesfalls in der Umgehung auf.

---

561 *Apfelbaum*, Die Verpfändung der Mitgliedschaft in der Aktiengesellschaft, S. 255.

562 *Danielewsky/Dettmar*, WM 2008, S. 713 (715).

563 *Apfelbaum*, Die Verpfändung der Mitgliedschaft in der Aktiengesellschaft, S. 255; *Böttcher*, Das abstrakte Schuldversprechen in der Kreditsicherung, S. 211; *Danielewsky/Dettmar*, WM 2008, S. 713 (714).

564 Vgl. *Canaris*, in: FS Flume, Bd. I, 1978, S. 371 (412).

565 Vgl. *Bülow*, Recht der Kreditsicherheiten, Rn. 1100, m.w.N.; *Wolf/Wellenhofer*, Sachenrecht, § 15, Rn. 4; *Gaul*, AcP 168 (1968), S. 351 (357 f.).

Dafür ist zunächst zu klären, welches „Institut" missbraucht werden soll. In der *Parallel-Debt*-Konstellation wird ein anderer als der wirtschaftlich Berechtigte eingesetzt, um die akzessorischen Sicherheiten zu halten und zu verwalten. Dieser Tätigkeit kann er nur nachkommen, wenn ihm selbst eine Forderung bestellt wird, was durch eine Parallelschuld in Form des abstrakten Schuldversprechens erreicht wird. Es könnte also das Institut „abstraktes Schuldversprechen" missbraucht werden, um eine den Wünschen den Parteien entsprechende Konstellation abzubilden.

Allgemein liegt ein Institutsmissbrauch vor, wenn die Anwendung des Rechtsinstituts zu untragbaren Ergebnissen führen würde[566]. Das Besondere des Institutsmissbrauchs besteht darin, dass sich die Untragbarkeit des Ergebnisses nicht aus dem Verhalten des Gläubigers ergibt, sondern aus dem Sinn und Zweck des Rechtsinstituts[567]. Daher sind durch Auslegung die „Durchschnittsanforderungen zu ermitteln, die an die Ausübung einer institutionellen Rechtsposition gestellt werden"[568]. Danach ist zu überprüfen, ob die in Rede stehende Person diese Anforderungen im konkreten Fall erfüllt. Tut sie dies nicht, liegt ein Institutsmissbrauch vor.

Anforderungen an die Verwendung einer Norm kann es nur geben, wenn die Norm einen ganz bestimmten Zweck verfolgt. Dies gibt es vor allem im Steuerrecht, in dem vorteilhafte Tatbestände nur bei Erfüllung eines bestimmten Zwecks eingreifen. Werden Gestaltungen gewählt, die zwar formell den vorteilhaften Tatbestand erfüllen, aber nicht dem Sinn und Zweck der Regelung entsprechen, sondern nur Steuerersparnissen dienen, wird der Vorteil aufgrund der Missbrauchsvorschrift des § 42 Abs. 2 AO versagt[569]. Normen, die nur bei Erzielung eines bestimmten Zwecks angewandt werden, sind im Privatrecht nur selten anzutreffen[570]. Insbesondere die allgemeinen Rechtsgeschäfte wie z. B. die Über-

566 *Heinrich*, in: FS Laufs, S. 585 (592).
567 *Looschelders/Olzen*, in: Staudinger, BGB, § 242, Rn. 218.
568 *Heinrich*, in: FS Laufs, S. 585 (591).
569 Z. B. wenn durch den Einsatz von Familienmitgliedern als Vermieter Betriebsausgaben generiert werden sollen, vgl. BFH, Urt. v. 17.01.1991, IV R 132/85, BStBl. II 1991, S. 607 oder wenn der Tochter von einem Elternteil Geld geschenkt wurde, was diese danach an den anderen Elternteil als verzinstes Darlehen vergibt, vgl. BFH, Urt. v. 26.03.1996, IX R 51/92, BStBl. II 1996, S. 443.
570 Ein Beispiel aus dem Verfahrensrecht bietet das KG, Urt. v. 20.04.1972, 8 U 1831.71, OLGZ 1973, S. 1. Der Kläger hatte, um die Vorschrift des § 566 BGB zu umgehen, eine Zwangsversteigerung künstlich herbeigeführt und anschließend von dem Kündigungsrecht des § 57a ZVG Gebrauch gemacht. Hierbei handelte es sich um einen Institutsmissbrauch des § 57a ZVG. Weitere Beispiele bei *Benecke*, Gesetzesumgehung im Zivilrecht, S. 148 f.

eignung[571] sind zweckfrei. Gleiches gilt für das hier in Rede stehende abstrakte Schuldversprechen, das ebenfalls keinen bestimmten Zweck verfolgt[572]. Dementsprechend sind auch keine besonderen Anforderungen an seine Verwendung zu stellen. Eine Beschränkung des abstrakten Schuldversprechens auf die Verwendung zu einem bestimmten Zweck wäre ein nicht zu rechtfertigender Eingriff in die Vertragsfreiheit. Mangels Anforderungen an die Verwendung des abstrakten Schuldversprechens kann also auch kein Institutsmissbrauch vorliegen.

Dieses Ergebnis wird von der Zulässigkeit der ähnlich gestrickten „abstrahierten Hypothek" bestätigt. Die abstrahierte Hypothek ist eine Hypothek, die zur Besicherung eines abstrakten Schuldversprechens eingesetzt wird[573]. Das abstrakte Schuldversprechen wird dabei zusätzlich zur eigentlichen Darlehensrückzahlungsforderung vereinbart. Dies ist insbesondere dann sinnvoll, wenn das Darlehen in wechselnder Höhe valutiert und somit die Darlehensrückzahlungsforderung(en) wegen ihrer Unbestimmtheit nicht der sofortigen Zwangsvollstreckung unterworfen werden können und die Hypothek bei Nichtvalutierung des Darlehens Gefahr läuft, in eine Eigentümergrundschuld umgewandelt zu werden. Das abstrakte Schuldversprechen bietet für diese beiden Probleme Abhilfe. Es wird in einer starren Summe vereinbart und kann damit der sofortigen Vollstreckbarkeit gem. § 794 Nr. 5 ZPO unterworfen werden. Außerdem besteht das abstrakte Schuldversprechen auch dann, wenn das Darlehen nicht valutiert, so dass die Hypothek sich nicht in eine Eigentümergrundschuld wandelt, sondern nur nicht durchsetzbar ist. Die abstrahierte Hypothek wird seit jeher von der Rechtsprechung[574] und der h.Lit.[575] anerkannt. Die Argumente sollen hier nicht sämtlich vorgetragen werden, sondern nur soviel: Der historische Gesetzgeber hatte bei der Kodifikation des BGB schon die abstrahierte Hypothek im Blick und hat diese ausdrücklich für zulässig erklärt[576]. In den Motiven zum BGB wird dabei

---

571 Vgl. in diesem Zusammenhang vor allem die (an dieser Stelle vergleichbare) Diskussion um die Sicherungsübereignung, *Bülow*, Recht der Kreditsicherheiten, Rn. 1100.

572 So auch *Böttcher*, Das abstrakte Schuldversprechen in der Kreditsicherung, S. 211.

573 Vgl. zur abstrahierten Hypothek im Ganzen *Heinze*, AcP 211, S. 105 (111 ff.).

574 Vgl. z.B. OLG Köln, Beschl. v. 19.04.2013, 2 Wx 54/13, RNotZ 2013, S. 361; OLG Düsseldorf, Beschl. v. 14.08.1995, 3 Wx 206/95, NJW-RR 1996, S. 111; OLG Stuttgart, Beschl. v. 03.10.1978, 8 W 340/78, NJW 1979, S. 222.

575 Vgl. *Ansgar/Staudinger*, in: Schulze, BGB, § 1113, Rn. 14; *Berger*, in. Jauernig, BGB, Vor § 1113, Rn. 17; *Böttcher*, Das abstrakte Schuldversprechen in der Kreditsicherung, S. 166 ff. und S. 175 ff.; *Bülow*, Recht der Kreditsicherheiten, Rn. 174; *Habersack*, in: MünchKomm, BGB, § 780, Rn. 32; *Heinze*, AcP 211 (2011), S. 105 (127 ff.); **zweifelnd** *Baur/Stürner*, Sachenrecht, § 36, Rn. 79 und § 40, Rn. 46.

576 *Mugdan*, Die gesammten Materialien zum Bürgerlichen Gesetzbuch für das Deutsche Reich, Bd. III (Sachenrecht), Motive, S. 609.

herausgestellt, dass es für die Hypothek nur wesentlich sei, dass *irgendeine* Forderung bestehe, und diese könne auch aus einem abstrakten Schuldversprechen stammen. Damit wird ersichtlich, dass auch schon der historische Gesetzgeber keine inhaltlichen Anforderungen an die Verwendung des abstrakten Schuldversprechens gestellt hat. Daraus kann geschlossen werden, dass die Forderung aus einem abstrakten Schuldversprechen zweckfrei ist (zumindest, was die Gründe der Akzessorietät anbelangt). Ein Missbrauch des Instituts „abstraktes Schuldversprechen" liegt daher nicht vor.

c) Kein Verstoß gegen § 307 Abs. 1 BGB

Problematisch könnte die Vereinbarkeit mit dem AGB-Recht sein. Für gewöhnlich wird der Abschluss der Kredit- und Kreditsicherungsverträge von Anwaltskanzleien betreut, die die Verträge aus vorgefertigten Mustern erstellen. Somit kann der Kreditgeber (seltener wohl der Kreditnehmer) leicht als Verwender von allgemeinen Geschäftsbedingungen erscheinen. In diesem Fall unterliegt er der Inhaltskontrolle des § 307 Abs. 1 BGB[577].

Ob die Verwendung des *Parallel-Debt*-Modells eine unangemessene Benachteiligung für den Kreditnehmer bzw. Sicherungsgeber darstellt, wird durch einen Vergleich der Situation mit und ohne die in Frage stehende Klausel ermittelt[578]. Die Unangemessenheit kann sich nicht nur aus einer Klausel i.S. einer isolierten Vereinbarung, sondern auch aus dem gesamten Vertragsinhalt ergeben[579]. Vorliegend ist damit die Situation mit Sicherheitentreuhänder mit der Situation ohne den Sicherheitentreuhänder zu vergleichen. In letzterer Situation würden also die Konsortialbanken selbst Sicherungsnehmer sein und nicht der Sicherheitentreuhänder.

In der Situation des *Parallel-Debt*-Modells könnte eine unangemessene Benachteiligung des Kreditnehmers bzw. Sicherungsgebers liegen, weil keine unmittelbare Verknüpfung vom Sicherungsmittel zu den Darlehensforderungen besteht. I.R. des *Parallel-Debt*-Modells besteht nur eine mittelbare Verknüpfung über die Parallelschuld. Ohne den Sicherheitentreuhänder würde eine unmittelbare Ver-

577 Da die Kreditnehmer/Sicherungsgeber bei syndizierten Krediten i. d. R. Unternehmer i.S. des § 14 BGB sind, sind die §§ 308, 309 BGB nicht anwendbar, vgl. § 310 Abs. 1 S. 1 BGB. § 307 BGB ist damit alleiniger Prüfungsmaßstab für die Inhaltskontrolle. § 307 Abs. 2 Nr. 1 BGB ist hingegen nicht einschlägig, da eine Umgehung des Akzessorietätsgrundsatzes bereits abgelehnt wurde und somit auch keine Abweichung von gesetzlichen Regelungen vorliegt. Daher kommt für die Inhaltskontrolle nur § 307 Abs. 1 BGB in Betracht.

578 Vgl. BGH, Urt. v. 29.05.1991, IV ZR 187/90, NJW 1991, S. 2763, unter II. 1. der Gründe.

579 Vgl. BGH, Beschl. v. 02.12.1992, VIII ARZ 5/92, NJW 1993, S. 532, unter II. 2. der Gründe.

knüpfung zwischen den Darlehensforderungen und dem Sicherungsmittel bestehen. I.R. der *Parallel-Debt*-Konstruktion wird die Verbindung zu den Darlehensforderungen durch die Zwischenschaltung eines Sicherheitentreuhänders „verlängert". Aufgrund der quasi-akzessorischen Verknüpfung der Parallelschuld zu den Darlehensforderungen haben aber Veränderungen bei den Darlehensforderungen auch Auswirkungen auf das Sicherungsmittel. Die Veränderungen müssen nur erst über den Sicherheitentreuhänder „durchgeleitet" werden. Damit kommt es zwar nur zu einer *mittelbaren* Verknüpfung. Diese entspricht aber in ihrem Schuldnerschutzgehalt der einer *unmittelbaren* Verknüpfung. Denn sollten einmal die Darlehensvaluta ausgeschöpft sein und der Kreditnehmer alle Schulden getilgt haben, so wird die akzessorische Sicherheit im Fall des *Parallel-Debt*-Modells ebenso erlöschen wie bei einer unmittelbaren Verknüpfung. Der Kreditnehmer braucht neben der Schuldentilgung keinerlei weitere Rechtshandlungen vorzunehmen, um die akzessorische Sicherheit zum Erlöschen zu bringen[580]. Es entsteht keine wirtschaftliche Mehrbelastung für den Kreditnehmer. Eine unangemessene Benachteiligung scheidet damit aus.

d) Ergebnis

Die *Parallel-Debt*-Konstruktion stellt weder einen Verstoß gegen den Grundsatz der Typenfixierung noch eine Umgehung der Erlöschens- oder Zuständigkeitsakzessorietät dar. Auch liegt kein unzulässiger Institutsmissbrauch des abstrakten Schuldversprechens oder eine unangemessene Benachteiligung gem. § 307 Abs. 1 BGB vor.

5. Umgehung des Prioritätsgrundsatzes

In dem Abschluss der Parallelschuld (§ 780 BGB) könnte eine unzulässige Umgehung des Prioritätsgrundsatzes liegen. Denn durch die Einschaltung eines Sicherheitentreuhänders werden (mittelbar) nicht nur die ursprünglichen Konsorten erstrangig besichert, sondern auch später dazu tretende Neukonsorten[581]. Sollte *nach* der Bestellung des Pfandrechts für den Sicherheitentreuhänder, aber *vor* dem Eintritt eines Neukonsorten in das Konsortium, einem Dritten ein Pfandrecht bestellt werden, so würde der Dritte – nach der Konstruktion der *Parallel-Debt* – ein zweitrangiges Pfandrecht erhalten. Der Neukonsorte hätte aus der Gläubi-

---

580 Auch in Fragen der Durchsetzbarkeit ist der Kreditnehmer bzw. Sicherungsgeber ausreichend geschützt, vgl. dazu oben unter A. II. 1. (Struktur des Modells).

581 Vgl. dazu oben im 1. Teil, unter D. II. 4. (Ergebnis und Lösungsansatz).

gervereinbarung mit den anderen Konsortialbanken und dem Sicherheitentreuhänder einen schuldrechtlichen Anspruch auf Befriedigung aus einem erstrangigen Pfandrecht. Wirtschaftlich (wenn auch nicht dinglich) kann der Neukonsorte also über ein erstrangiges Pfandrecht verfügen, obwohl er zeitlich nach der Pfandrechtsbestellung für den Drittgläubiger seine Forderung erhalten hat[582]. Gäbe es den Sicherheitentreuhänder nicht, müsste dem Neukonsorten selbst ein Pfandrecht bestellt werden. Da die Syndizierung im Wege der Novation erfolgt[583], würden die Pfandrechte der Altkonsorten zunächst erlöschen und müssten dann für die Neukonsorten neu bestellt werden. Das Pfandrecht des Neukonsorten wäre ggü. zeitlich vorher bestellten Pfandrechten eines Drittgläubigers nachrangig. Ohne den Sicherheitentreuhänder könnte der Neukonsorte damit nur zweitrangig besichert werden. Dies ist überhaupt ein Grund für die Verwendung des *Parallel-Debt*-Modells[584]. Durch die Einschaltung eines Sicherheitentreuhänders soll die Rangstelle für die Neukonsorten blockiert werden. Diese können wirtschaftlich auf ein erstrangiges Pfandrecht zugreifen, das ihnen ohne den Sicherheitentreuhänder nicht zustünde. Aus wirtschaftlicher Sicht wird also der Drittgläubiger durch den Einsatz des Sicherheitentreuhänders ggü. dem Neukonsorten übervorteilt.

Dieses Vorgehen erfüllt den Tatbestand der Umgehung[585]. Denn ohne die Parallelschuld würde der Prioritätsgrundsatz insofern Anwendung finden, als dass es für die Rangordnung unter den Gläubigern darauf ankäme, zu welchem Zeitpunkt ihnen ein Pfandrecht bestellt worden ist (vgl. § 1209 BGB). Unter Anwendung der Parallelschuld kommt es für den Zugriff auf ein erstrangiges Pfandrecht nicht mehr darauf an, zu welchem Zeitpunkt dem jeweiligen Gläubiger ein Pfandrecht bestellt wurde, sondern nur darauf, ob ein Gläubiger Mitglied des Konsortiums ist oder nicht. Die Konsorten können dauerhaft auf ein erstrangiges Pfandrecht zugreifen, wohingegen es außenstehenden Gläubigern niemals möglich ist, ein erstrangiges Pfandrecht zu erwerben. Der Prioritätsgrundsatz gelangt damit nicht zur Anwendung. Die Umgehung ist allerdings nicht *per se* unzulässig. Sie ist nur dann unzulässig, wenn die Nichtanwendung der umgangenen Norm

---

582 Für den Rang eines Pfandrechts ist nur die Bestellung desselben und nicht die Forderungsentstehung maßgeblich, vgl. § 1209 BGB. Im Folgenden wird dennoch auf die Forderungsentstehung als Vergleichszeitpunkt abgestellt, da ab diesem Moment eine mittelbare Besicherung des Neukonsorten über den Sicherheitentreuhänder erfolgt.

583 Vgl. dazu oben im 1. Teil, unter A. V. 3. (Novation).

584 Vgl. dazu oben im 1. Teil, unter D. II. 4. (Ergebnis und Lösungsansatz).

585 Zum Tatbestand der Umgehung vgl. oben unter A. II. 4. b) (Umgehung oder Institutsmissbrauch?).

den materiellen Wertungen des Gesetzes widerspricht[586]. Es ist damit zu prüfen, ob die Blockierung der Rangstelle durch den Sicherheitentreuhänder mit den kreditsicherungsrechtlichen Wertungen des BGB vereinbar ist.

a) Unzulässigkeit der Umgehung

Der Prioritätsgrundsatz gilt grundsätzlich für alle dinglichen Kreditsicherheiten[587], für das Pfandrecht ist er in § 1209 BGB ausdrücklich kodifiziert[588]. Das Prioritätsprinzip ist grundlegend für das Verhältnis aller Verfügungsgeschäfte untereinander und ein zwingender Bestandteil des Sachenrechts[589]. Er kann daher durch rechtsgeschäftliche Vereinbarung nicht außer Kraft gesetzt werden. Wegen des zwingenden drittschützenden Charakters des Prioritätsgrundsatzes liegt es nahe, die Umgehung von vorneherein als unzulässig einzustufen. Dies gilt allerdings nicht, wenn es Ausnahmen vom Prioritätsgrundsatz gäbe und das *Parallel-Debt*-Modell diesen Ausnahmen wertungsmäßig entspräche. Eine Ausnahme vom Prioritätsgrundsatz ist die Besicherung zukünftiger Forderungen. Zwar sieht der Prioritätsgrundsatz grundsätzlich vor, dass diejenigen Forderungen vorrangig besichert werden, die schon bei der Pfandrechtsbestellung bestehen, vgl. § 1204 Abs. 1 BGB. Später entstehende Forderungen müssen insofern durch neue nachrangige Pfandrechte besichert werden, § 1209 BGB. Ausnahmsweise können aber von einem vorrangigen Pfandrecht auch später entstehende Forderungen erfasst werden, wenn diese zumindest bestimmbar sind[590]. Gesetzlich ist dies in § 1204 Abs. 2 (i.V.m. § 1273 Abs. 2) BGB geregelt. Darüber hinaus könnte eine weitere Ausnahme vorliegen, wenn beim Pfandrecht die Forderungsauswechslung zulässig wäre. Die Forderungsauswechslung ist gesetzlich nicht geregelt. Ihre Zulässigkeit müsste zunächst geklärt werden. § 1204 Abs. 2 BGB und die Frage nach der Zulässigkeit der Forderungsauswechslung legen als (potentielle) Ausnahmeregelungen vom Prioritätsgrundsatz den Beurteilungsmaßstab für die Zulässigkeitsprüfung der Parallelschuld fest. Denn über die Parallelschuld werden Forderungen (wirtschaftlich) vorrangig besichert, die zeitlich erst nachträglich entstehen. Das *Parallel-Debt*-Modell bewegt sich damit nur dann i.R. des Prioritätsprinzips, wenn die Forderungen der Neukonsorten als zukünftige Forderungen i.S. des § 1204 Abs. 2 BGB angesehen werden könnten oder die Forderung der Altkonsorten mit derjenigen der Neukonsorten ausgetauscht werden könnte. Diese

586 Vgl. *Schurig*, in: FS Ferid, S. 375 (399 ff.); *Benecke*, Gesetzesumgehung im Zivilrecht, S. 111 ff.
587 *Wilhelm*, Sachenrecht, Rn. 2460; *Wiegand*, in: Staudinger, BGB, § 1209, Rn. 2.
588 § 1209 BGB gilt auch für das Pfandrecht an Rechten, vgl. § 1273 Abs. 2 BGB.
589 Vgl. *Wiegand*, in: Staudinger, BGB, § 1209, Rn. 9.
590 BGH, Urt. v. 26.01.1983, VIII ZR 257/81, BGHZ 86, S. 340, unter II. 4. b) bb) der Gründe.

beiden Problempunkte liefern insofern die Anhaltspunkte darüber, ob die Blockierung der Rangstelle durch einen Sicherheitentreuhänder nach der Gesetzeskonzeption zulässig ist. Denn würde man die Forderungen der Neukonsorten als zukünftige Forderungen i.S. des § 1204 Abs. 2 BGB einordnen oder eine Forderungsauswechslung beim Pfandrecht für zulässig halten, wäre eine vorrangige Besicherung der Neukonsorten auch ohne den Einsatz der Parallelschuld möglich. Die Parallelschuld wäre dann nur eine zulässige vertragliche Ausgestaltung des Prioritätsgrundsatzes.

aa) Keine zukünftige Forderung i.S. des § 1204 Abs. 2 BGB

Gem. § 1204 Abs. 2 Alt. 1 BGB können auch zukünftig entstehende Forderungen schon früher und damit erstrangig gesichert werden. Sollte es sich bei den Forderungen der Neukonsorten um Forderungen handeln, die schon bei der Pfandrechtsbestellung für den Sicherheitentreuhänder hätten antizipiert werden können, so wäre es mit den Wertungen des Gesetzes vereinbar, dass der Neukonsorte ggü. dem Drittgläubiger wirtschaftlich vorrangig abgesichert ist. Denn die Forderung des Neukonsorten könnte dann auch ohne die Parallelschuld vorrangig abgesichert werden. Andererseits läge aber keine zukünftige Forderung vor, wenn die Neuforderungen gänzlich nicht antizipierbar waren und somit einem völlig neuen Rechtsverhältnis entstammten. Dann könnten sie nicht mehr von der Wertung des § 1204 Abs. 2 BGB profitieren und müssten als echte Neuforderungen im „wirtschaftlichen" Rang zurücktreten.

Hoffmann[591] und *Apfelbaum*[592] gehen an dieser Stelle fälschlicherweise auf § 1210 BGB ein und begründen die Zulässigkeit der *Parallel-Debt* mit einer Parallele zu dieser Norm. *Hoffmann*[593] unterscheidet danach, ob die Neuforderung nur eine Erhöhung der alten Forderung sei oder ob es sich um „echte" Neuforderungen handelt. In ersterem Fall sei eine erstrangige Besicherung in Anlehnung an § 1210 BGB zulässig, in letzterem Fall sei ein Verstoß gegen das Prioritätsprinzip festzustellen. Nach seiner Ansicht muss im Einzelfall geprüft werden, ob die neue Forderung noch vom Umfang der ursprünglichen gedeckt sei oder ob es sich um eine komplett andere Forderung handele, die neu abgesichert werden müsste. In letzterem Fall sei eine erstrangige Besicherung nicht möglich. *Apfelbaum*[594] geht einen ähnlichen Weg, zieht aber noch drastischere Folgen. Für ihn sind nachrangige Pfandgläubiger überhaupt nicht schützenswert, da sie wegen der Mög-

---

591 *Hoffmann*, WM 2009, S. 1452 (1456).
592 *Apfelbaum*, Die Verpfändung der Mitgliedschaft in der Aktiengesellschaft, S. 260.
593 *Hoffmann*, WM 2009, S. 1452 (1455 f.).
594 *Apfelbaum*, Die Verpfändung der Mitgliedschaft in der Aktiengesellschaft, S. 260.

lichkeit des § 1210 BGB mit einer nachträglichen Erweiterung der Forderung immer rechnen müssten. In der Konstellation der *Parallel-Debt* liege es nahe, dass die Forderung „ausgewechselt" würde und daher müsse sich ein dritter Pfandgläubiger auch eine nachrangige Besicherung gefallen lassen. *Apfelbaum* nimmt dabei überhaupt keine Differenzierungen vor, sondern hält die *Parallel-Debt*-Gestaltung in dieser Hinsicht für uneingeschränkt zulässig.

Die Parallele zu § 1210 BGB widerspricht der rechtlichen Ausgestaltung der Syndizierung. Die Syndizierung wird im Wege der Novation vorgenommen[595]. Die Novation hat zur Folge, dass das alte Schuldverhältnis erlischt und ein neues Schuldverhältnis entsteht. Es besteht keinerlei Identität zwischen dem alten und dem neuen Schuldverhältnis[596]. Die Forderung, die aus der Novation entsteht, ist keine Erweiterung der alten Forderung, sondern eine neue Forderung. Sie ist kein *plus* zur alten Forderung, sondern ein *aliud*. Daher kann § 1210 BGB für die rechtliche Beurteilung der *Parallel-Debt*-Gestaltung keine Bedeutung haben, denn § 1210 BGB bezieht sich auf den Umfang ein und derselben Forderung und nicht auf die Einbeziehung neuer Forderungen[597]. § 1210 BGB betrifft z. B. die Einbeziehung von Verzugszinsen, die im Zusammenhang mit der Forderung entstehen. Die Einbeziehung einer Forderung aus einem komplett neuen Schuldverhältnis ist von § 1210 BGB nicht gedeckt, weil es sich dann nicht mehr um „die Forderung in deren jeweiligem Bestand" handelt, sondern eine ganz andere Forderung. Insofern liegt auch *Förl* falsch, wenn er behauptet, es könne nicht darauf ankommen, ob die Forderung per Abtretung oder Novation übertragen würde[598]. *Förl* differenziert danach, wann die Forderung des jeweiligen Konsorten entstanden ist[599]. So sollen Forderungen, die aus dem ursprünglichen Kreditvertrag herrühren[600], ohne Verstoß gegen das Prioritätsprinzip erstrangig besichert werden können. Als Begründung führt *Förl* an, dass eine einmal erstrangig besicherte Forderung auch erstrangig besichert bleibt, selbst wenn sie übertragen wird, vgl. § 1250 BGB[601]. Dabei soll es keinen Unterschied machen, ob die Forderung per Abtretung oder Novation übertragen wird. Die Forderung bliebe nach *Förl* in jedem Fall die ursprüngliche und könnte somit ohne Verstoß gegen das Prioritätsprinzip erstrangig abgesichert werden. Die Unterscheidung zwischen Abtretung und Novation ist

---

595 Vgl. oben im 1. Teil, unter A. V. 6. (Anwendung in der Bankenpraxis).

596 Vgl. zur Novation insgesamt oben im 1. Teil, unter A. V. 3. (Novation).

597 *Wiegand*, in: Staudinger, BGB, § 1210, Rn. 5.

598 *Förl*, RNotZ 2007, S. 433 (454).

599 *Ders.*, a.a.O., S. 454 f.

600 Auch hier wird wieder der unechte Konsortialkredit zu Grunde gelegt. Zu seinem Aufbau vgl. oben im 1. Teil, unter A. II. 2. (Unechter Konsortialkredit).

601 *Förl*, RNotZ 2007, S. 433 (454).

aber genau der entscheidende Umstand. Würde die Forderung per Abtretung übertragen, so würde das Pfandrecht gem. § 1250 Abs. 1 S. 1 BGB mit übergehen. Das zeigt, dass es sich in diesem Fall um ein und dieselbe Forderung handelt. Die Forderungsidentität bleibt gewahrt, so dass auch eine Erhaltung des Rangs gerechtfertigt ist. Bei einer Novation entsteht die Forderung aber aus einem ganz anderen Schuldverhältnis, so dass keine Forderungsidentität mehr gegeben ist. Insofern liegt auch keine „Übertragung", sondern eine „Neubegründung" vor. Eine Rangwahrung entspricht nicht der Funktionsweise der Novation. Da eine neue Forderung vorliegt, kann § 1210 BGB nicht als Maßstab herangezogen werden.

Stattdessen gibt § 1204 Abs. 2 BGB darüber Aufschluss, ob die *Parallel-Debt*-Konstruktion unzulässig ist. Denn § 1204 Abs. 2 Alt. 1 BGB bezieht sich gerade auf die Einbeziehung neuer (anderer) Forderungen, die bisher noch nicht von dem Pfandrecht besichert werden. So können die Parteien Forderungen besichern, die erst zukünftig noch entstehen. Wären die Forderungen der Neukonsorten solche zukünftigen Forderungen i.S. des § 1204 Abs. 2 BGB, so dürften keine Bedenken gegen die Zulässigkeit der *Parallel-Debt*-Gestaltung bestehen.

Allerdings sind die durch Novation entstandenen Forderungen der Neukonsorten keine „zukünftigen Forderungen" i.S. des § 1204 Abs. 2 BGB. Denn damit für eine zukünftige Forderung ein Pfandrecht bestellt werden kann, muss die Forderung zumindest bestimmbar sein[602]. Für die Bestimmbarkeit reicht nicht nur der Schuldgrund aus, sondern es muss zumindest auch der Gläubiger bekannt sein[603]. Dies ist notwendig, um das dingliche Recht einwandfrei zuordnen zu können[604]. Die Neukonsorten sind zum Zeitpunkt der Pfandrechtsbestellung nicht bekannt. Die Syndizierung erfolgt nach dem jeweiligen Bedürfnis und Interesse der einzelnen Konsortialbanken. Es kann damit weder antizipiert werden, *ob* die Konsortialbanken ihre Forderungen syndizieren, noch, mit *welcher* anderen Bank sie die Syndizierung durchführen werden. Der Gläubiger der zukünftigen Forderung ist damit weder bekannt noch bestimmbar. Für eine solche Forderung kann kein Pfandrecht bestellt werden. Die Wertungen des § 1204 Abs. 2 BGB sprechen damit gegen eine zulässige (wirtschaftliche) erstrangige Besicherung der Neukonsorten.

---

602 BGH, Urt. v. 26.01.1983, VIII ZR 257/81, BGHZ 86, S. 340, unter II. 4. b) bb) der Gründe.
603 So schon RG, Urt. v. 02.12.1911, V 266/11, RGZ 78, S. 26 (27 f.); *Damrau*, in: MünchKomm, BGB, § 1204, Rn. 23; für die Bestimmbarkeit bei § 765 Abs. 2 BGB vgl. BGH, Urt. v. 12.07.2001, IX ZR 358/00, NJW 2001, S. 3327, unter II. 2. der Gründe; für die Bestimmbarkeit i.R. des § 1113 Abs. 2 BGB vgl. *Bassenge*, in: Palandt, BGB, § 1113, Rn. 9.
604 Vgl. *Wolf/Wellenhofer*, Sachenrecht, § 3, Rn. 9.

bb) Keine zulässige Forderungsauswechslung durch Syndizierung

Die Einbeziehung der Forderungen der Neukonsorten in die erstrangige Besicherung wäre allerdings zulässig, wenn beim Pfandrecht eine Forderungsauswechslung möglich wäre. Denn dann könnten die Neukonsorten nach der Syndizierung ihre Forderungen an die Stelle der Forderungen der Altkonsorten setzen und sich somit – auch ohne den Sicherheitentreuhänder – ein erstrangiges Pfandrecht zu eigen machen. Die Syndizierung im Wege der Novation enthält i.E. nichts anderes als eine Forderungsauswechslung (und eben keine Forderungsübertragung)[605].

Die Forderungsauswechslung ist beim Pfandrecht gesetzlich nicht vorgesehen. Während das Hypothekenrecht eine Regelung zur Forderungsauswechslung vorsieht (vgl. § 1180 BGB), fehlt diese beim Pfandrecht. Das lässt darauf schließen, dass die Forderungsauswechslung beim Pfandrecht nicht zulässig ist[606].

Böttcher weist demgegenüber darauf hin, dass der historische Gesetzgeber es lediglich verkannt habe, dass auch beim Pfandrecht ein Bedürfnis für eine Rangwahrung bestehe[607] und schließt daraus, dass die Forderungsauswechslung auch beim Pfandrecht möglich sein müsse. Dies lässt sich nicht belegen. Im Verlauf der Gesetzgebung zum BGB wurden unterschiedliche Möglichkeiten der Rangwahrung beim Pfandrecht diskutiert und teilweise auch umgesetzt. Eine rangwahrende Pfandrechtsbestellung ist z. B. über § 1256 Abs. 2 BGB möglich[608]. Gem. § 1256 Abs. 1 S. 1 BGB erlischt das Pfandrecht grundsätzlich, wenn das Eigentum an der Pfandsache auf den Inhaber der gesicherten Forderung übertragen wird. Bestehen an der Pfandsache mehrere Pfandrechte, so rücken die übrigen Pfandrechtsgläubiger infolge des Pfandrechtsuntergangs in ihrem Rang auf. Um das Aufrücken der übrigen Pfandrechte zu verhindern, sieht § 1256 Abs. 2 BGB vor, dass der Fortbestand des Pfandrechts beim Eigentümer der Pfandsache fingiert werden kann, wenn er ein rechtliches Interesse daran hat. Ein rechtliches Interesse an dem Fortbestand des Pfandrechts hat der Eigentümer der Pfandsache, wenn er einen weiteren Gläubiger vorrangig besichern will[609]. § 1256 Abs. 2 BGB beweist, dass der Gesetzgeber das Bedürfnis nach einer rangwahrenden Pfandrechtsbestellung gesehen hat. Die Forderungsauswechslung hat er dennoch nicht geregelt,

605 So auch *Wacke*, DNotZ 2000, S. 615 (630).

606 Vgl. *Bassenge*, in: Palandt, BGB, § 1204, Rn. 10; *Damrau*, in: MünchKomm, BGB, § 1204, Rn. 24; *Mühl*, in: Soergel, BGB, § 1204, Rn. 19; so i.E. auch schon das OLG Karlsruhe, Urt. v. 27. 10. 1906, OLGZ 15 (1907), S. 393; **a.A.** *Wacke*, DNotZ 2000, S. 615 (630).

607 *Böttcher*, Das abstrakte Schulversprechen in der Kreditsicherung, S. 184 f.

608 Die Norm gilt auch für Pfandrechte an Rechten, vgl. RG, Urt. v. 11. 05. 1937, VII 304/36, RGZ 154, S. 378 (382 f.).

609 Vgl. *Bassenge*, in: Palandt, BGB, § 1256, Rn. 2; *Damrau*, in: MünchKomm, BGB, § 1256, Rn. 4.

so dass anzunehmen ist, dass die Forderungsauswechslung bewusst nicht mit in das BGB aufgenommen wurde. Auch die historischen Gesetzesmaterialien sprechen gegen die Zulässigkeit der Forderungsauswechslung. Die von *Böttcher* angeführten Textstellen beziehen sich zwar auf mehrere Fälle der Rangwahrung, nicht jedoch auf den Fall der Forderungsauswechslung. In der ersten Textstelle wird die Zulassung eines Eigentümerpfandrechtes diskutiert:

> „Zur Anerkennung eines anomalen, der Eigentümerhypothek entsprechenden Pfandrechtes ohne Forderung oder an eigener Sache liegt ein praktisches Bedürfniß nicht vor. Wenn der Eigenthümer, welcher zugleich der persönliche Schuldner ist und deshalb nicht die Abtretung der gesicherten Forderung erlangen kann [...], den Gläubiger befriedigt, kann denkbarerweise der Eigenthümer ein Interesse haben, daß die durch eine Aufwendung aus seinem sonstigen Vermögen herbeigeführte Befreiung des Pfandes nicht anderen Personen, denen gegenüber er zu derartigen Aufwendungen nicht verpflichtet ist, zu Gute komme, falls denselben Pfandrechte oder Nießbrauchsrechte zustehen, welche in Folge der Befreiung des Pfandes im Range verbessert werden. Ein genügender Grund, mit Rücksicht auf ein solches Interesse Besonderheiten zu bestimmen und dem Eigenthümer eine anomale Rechtsposition zuzusprechen, liegt indessen nicht vor."[610]

Aus dieser Textstelle lässt sich nichts über die Zulässigkeit einer Forderungsauswechslung ableiten. Forderungsauswechslung und Eigentümerpfandrecht haben nichts miteinander zu tun. Auch im Hypothekenrecht sind diese beiden Instrumente gesondert geregelt, vgl. § 1163 Abs. 1 S. 2 BGB und § 1180 Abs. 1 BGB. Die Forderungsauswechslung verfolgt ein anderes Ziel als das Eigentümerpfandrecht. Die Forderungsauswechslung kommt dem Gläubiger zu Gute und eröffnet ihm die Möglichkeit, den Sicherungszweck seines Pfandrechtes zu ändern. Das Eigentümerpfandrecht hingegen käme dem Eigentümer zu Gute, denn er könnte durch das Eigentümerpfandrecht entscheiden, wie er die Rangstelle weiter vergibt. Aussagen zum Eigentümerpfandrecht sind daher nicht geeignet, die Zulässigkeit der Forderungsauswechslung beim Pfandrecht zu begründen.

Die zweite von *Böttcher* angeführte Textstelle bezieht sich auf die Rangänderung i.S. des heutigen § 880 BGB:

> „Eine Aenderung der Rangordnung im Wege des Rechtsgeschäftes kann selbstverständlich durch rechtsgeschäftliche Aufhebung und Neubegründung unter Betheiligten derjenigen Personen, deren Rechte eine Aenderung erfahren, herbeigeführt werden. Die Zulassung einer Rangabtretung mit dinglicher Wirkung durch Vertrag zwischen dem vorgehenden und dem nachfolgenden Pfandgläubiger ist wegen der Seltenheit der mehrfachen Belastung eines

---

610 *Mugdan*, Die gesammten Materialien zum Bürgerlichen Gesetzbuch für das Deutsche Reich, Bd. III (Sachenrecht), Motive, S. 840.

Pfandes nicht Bedürfnis und kann auch nicht, wie ähnliche Verträge des Immobilienrechts [...], genügend kundbar gemacht werden."[611]

Die Möglichkeit der Rangänderung wurde für das Pfandrecht also abgelehnt, da es für eine Seltenheit gehalten wurde, dass mehrere Pfandrechte an einer Sache bestehen. Falls eine Rangänderung notwendig sein sollte, so sei sie dadurch zu erreichen, dass man das vorrangige Pfandrecht aufhebe und neu bestelle, so dass nachrangige Pfandrechte aufrücken können. Auch aus dieser Textstelle lässt sich indes nichts über die Zulässigkeit der Forderungsauswechslung beim Pfandrecht ableiten, denn die Rangänderung hat ebenfalls nichts mit der Forderungsauswechslung zu tun. Die Rangänderung hat es zum Ziel, das Rangverhältnis unter mehreren schon bestehenden Pfandrechten zu ändern. Die Forderungsauswechslung dient hingegen dazu, eine neue Forderung für das Pfandrecht einzusetzen. Damit ist zwar auch eine Rangwahrung verbunden, inhaltlich geht es aber um die Änderung des Sicherungszwecks und nicht die Änderung der Rangverhältnisse. Zudem vollzieht sich die Rangänderung nur unter Einigung des zurücktretenden und des vortretenden Gläubigers, vgl. § 880 Abs. 2 S. 1 BGB, während die Forderungsauswechslung ein Rechtsakt zwischen dem Gläubiger und dem Schuldner wäre und dritte Gläubiger nicht involvieren würde. Damit lässt sich aus den Erwägungen zur Rangabrede keine Erkenntnis über die Zulässigkeit der Forderungsauswechslung gewinnen.

Fest steht damit, dass die Forderungsauswechslung für das Pfandrecht weder im BGB vorgesehen ist noch aus einer rechtshistorischen Betrachtung abgeleitet werden kann. Da aber im Sachenrecht der Typenzwang gilt, kann eine Forderungsauswechslung mit dinglicher Wirkung beim Pfandrecht so lange nicht vorgenommen werden, wie sie im Gesetz nicht geregelt ist. Die Forderungsauswechslung ist damit beim Pfandrecht unzulässig.

cc) Ergebnis

Gäbe es den Sicherheitentreuhänder nicht, könnten die Forderungen der Neukonsorten weder als zukünftige Forderungen i.S. des § 1204 Abs. 2 BGB noch über eine Forderungsauswechslung von einem erstrangigen Pfandrecht erfasst werden. Die Einbeziehung der Forderungen der Neukonsorten in die erstrangige Besicherung geht damit über die Reichweite des nach dem Prioritätsgrundsatz Zulässigen hinaus. Sie stellt eine unzulässige Umgehung des Prioritätsgrundsatzes

---

611 *Mugdan*, Die gesammten Materialien zum Bürgerlichen Gesetzbuch für das Deutsche Reich, Bd. III (Sachenrecht), Motive, S. 806.

dar. Dieses Ergebnis ist im Hinblick auf die Funktionsweise der Novation konsequent. Die Neukonsorten erhalten durch die Novation eine neue Forderung, die mit der alten Forderung (und mit dem schon bestehenden Pfandrecht) nichts mehr gemeinsam hat. Damit ist nicht nur eine belastungsfreie Neuaufstellung des Schuldverhältnisses verbunden, sondern auch der Verlust der Rangstelle[612]. Durch den Einsatz eines Sicherheitentreuhänders kann dieses Ergebnis nicht verhindert werden. Ansonsten könnte die dingliche Rangstelle durch einen Sicherheitentreuhänder dauerhaft blockiert und über schuldrechtliche Abreden sichergestellt werden, dass seine Vertragspartner auf ein erstrangiges Pfandrecht zugreifen können. Die Parallelschuld stellt damit eine unzulässige Umgehung des Prioritätsgrundsatzes dar.

b) Rechtsfolge

Rechtsfolge der Umgehung ist, dass die umgangene Norm zur Anwendung gelangt[613]. Daher ist im vorliegenden Fall das Prioritätsprinzip so anzuwenden, wie es ohne den Sicherheitentreuhänder zur Anwendung gelangen würde. Dem benachteiligten Drittgläubiger wird damit wieder die Teilhabe am Prioritätsgrundsatz ermöglicht. In der Praxis bedeutet dies: Sollte zeitlich vor dem Eintritt eines Neukonsorten einem Drittgläubiger ein Pfandrecht eingeräumt werden, so ist dieser vorrangig vor den Neukonsorten aus dem Pfandgegenstand zu befriedigen. Bei der Verwertung des Pfandrechtes kommt der Erlös damit zunächst den Altkonsorten zugute, danach wird der Drittgläubiger befriedigt und wenn der Erlös dann noch ausreicht auch die Neukonsorten. Sollte diese Rangfolge im Einzelfall nicht eingehalten werden und sollten die Neukonsorten entgegen der eben festgestellten Wertung vorrangig Zugriff auf den Erlös aus dem Pfandrecht haben, so müssen sie diesen dem Drittgläubiger gem. den Vorschriften der ungerechtfertigten Bereicherung herausgeben. Da sie durch die Geltung des Prioritätsprinzips nur nachrangig zu befriedigen sind, haben sie in diesem Fall den Erlös aus dem vorrangigen Pfandrecht ohne Rechtsgrund erlangt.

Im Verhältnis der (Alt- und Neu-)Konsorten zueinander ändert sich durch die Feststellung einer Umgehung des Prioritätsgrundsatzes nichts. Denn die Besicherung aller Konsortialbanken beruht auf einer nur schuldrechtlichen Verein-

612 **A.A.** *Wacke*, DNotZ 2000, S. 615 (626 f.), der aufgrund seiner Einordnung des Sicherungsverhältnisses als Befriedigungsgemeinschaft davon ausgeht, dass bei einer Novation das Pfandrecht erhalten und übertragen wird, so dass der Rang gewahrt bleibt. Diese Ansicht wurde hier aber bereits abgelehnt, vgl. oben im 1. Teil, unter D. II. (Schicksal der akzessorischen Sicherheiten bei der Syndizierung).

613 *Schurig*, in: FS Ferid, S. 375 (408).

barung mit dem Sicherheitentreuhänder. Tritt ein Neukonsorte dieser Vereinbarung bei, so wird er Vertragspartner der Altkonsorten und des Sicherheitentreuhänders. Dadurch erhält er einen Anspruch auf Teilhabe an dem dem Sicherheitentreuhänder bestellten Pfandrecht. Die Konsortialbanken können daher ihre Befriedigung untereinander nach freiem Belieben regeln.

Dieses Ergebnis mag für die Konsortialbanken unbefriedigend erscheinen. Ihm kann aber durch vertragliche Regelungen zumindest schuldrechtlich Abhilfe geschaffen werden. So können die Konsortialbanken den Kreditnehmer/Sicherungsgeber verpflichten, keine anderen gleichrangigen Sicherheiten zu bestellen (sog. „*Pari-Passu*-Klauseln")[614]. Sollte der Kreditnehmer/Sicherungsgeber dennoch einem Dritten ein Pfandrecht gleichen Ranges bestellen, so sind die Konsortialbanken zur sofortigen Kündigung des Kreditvertrages berechtigt. Von den *Pari-Passu*-Klauseln lässt sich daher zumindest eine disziplinierende Wirkung erwarten.

c) Sonderfall: Schiffshypothek und Registerpfandrecht an Luftfahrzeugen

Sollten eine Schiffshypothek oder ein Registerpfandrecht an Luftfahrzeugen als akzessorische Sicherheit für die Parallelschuld bestehen, so liegt keine unzulässige Umgehung des Prioritätsgrundsatzes vor. Denn sowohl bei der Schiffshypothek (§ 55 Abs. 1 S. 1 SchiffRG) als auch bei dem Registerpfandrecht an Luftfahrzeugen (§ 55 Abs. 1 S. 1 LuftFzgG) ist die Möglichkeit der Forderungsauswechslung vorgesehen. Offenbar geht der Gesetzgeber davon aus, dass das Prioritätsprinzip bei entsprechender Einigung zwischen Gläubiger und Eigentümer sowie registerlicher Publizität ggü. dem Willen der Parteien zurücktritt. Eventuelle Drittgläubiger müssen also damit rechnen, dass es zu einer Forderungsauswechslung kommt. Übertragen auf den Fall der *Parallel-Debt*-Gestaltung heißt das, dass in diesem Fall auch die Einbeziehung der Forderungen der Neukonsorten zulässig ist. Daher ist in diesem Fall kein unzulässige Umgehung des Prioritätsgrundsatzes anzunehmen.

d) Ergebnis

Sofern die Parallelschuld durch ein Pfandrecht (an Rechten) abgesichert wird, stellt sie eine unzulässige Umgehung des Prioritätsgrundsatzes dar. In der Rechtsfolge ist das Prioritätsprinzip so anzuwenden, wie es ohne die Parallelschuld gelten würde. Demnach wird ein Drittgläubiger, dem ein Pfandrecht be-

---

614 Vgl. dazu oben im 1. Teil, unter B. I. 4. b) (Auflagen).

stellt wird, bevor ein Neukonsorte dem Konsortium beitritt, ggü. diesem vorrangig besichert. Die Konsortialbanken können allerdings ihre Ränge untereinander schuldrechtlich selbst bestimmen, da sie allesamt gegenseitige Vertragspartner sind. Diese Rangbestimmung hat indes nur schuldrechtliche Wirkung und ändert nichts an dem dinglichen Rang[615]. § 1209 BGB ist insofern nicht abdingbar. Im Bereich der Schiffshypothek und dem Registerpfandrecht an Luftfahrzeugen stellt das *Parallel-Debt*-Modell keine unzulässige Umgehung des Prioritätsgrundsatzes dar.

6. Zusammenfassung

Das *Parallel-Debt*-Modell ist das in der Praxis wohl beliebteste Gestaltungsmittel, um einen syndizierten Kredit akzessorisch zu besichern. Das Modell sieht vor, dass dem Sicherheitentreuhänder eine Forderung eingeräumt wird, die immer der Höhe entspricht, in der auch die einzelnen Darlehen der Konsortialbanken valutieren. Die Parallelschuld spiegelt damit die Gesamthöhe aller Rückzahlungsforderungen der Konsortialbanken wider. Dadurch wird erreicht, dass der Sicherheitentreuhänder über eine eigene Forderung verfügt, die als Grundlage für die akzessorischen Sicherheiten genutzt werden kann. Die Parallelschuld wird so vereinbart, dass sie in ihrem Bestand, ihrer Höhe und ihrer Durchsetzbarkeit unmittelbar den Darlehensrückzahlungsforderungen entspricht. Damit ist die Parallelschuld nicht durchsetzbar, wenn die Darlehensrückzahlungsforderungen nicht durchsetzbar sind („Einredeerstreckung"). Tilgt der Kreditnehmer die Darlehensverbindlichkeiten, so erlischt auch die Parallelschuld in entsprechender Höhe („Gesamterfüllungswirkung"). Zudem muss der Sicherheitentreuhänder den Bestand und die Höhe der Darlehensrückzahlungsforderungen beweisen, um in entsprechender Höhe aus der Parallelschuld vorgehen bzw. das Pfandrecht verwerten zu können.

In der Literatur wird die Einordnung der Parallelschuld kontrovers diskutiert. Die Autoren sind sich dabei einig, dass die Parallelschuld nicht die für das abstrakte Schuldversprechen (§ 780 BGB) typischen Charakteristika aufweist. Denn das abstrakte Schuldversprechen bestehe typischerweise losgelöst von anderen Rechten. Wenn man es über eine Einredeerstreckung oder Gesamterfüllungswirkung mit einem anderen Recht verknüpfe, verliere das Schuldversprechen seine Abstraktheit. Daher wird von der h.Lit. angenommen, bei der Parallelschuld handele es sich um ein untypisches abstraktes Schuldversprechen, das aber im Hinblick auf die Vertragsfreiheit zulässig sei. Nach hier vertretener Auffassung handelt es sich bei der Parallelschuld indes um ein „echtes" abstraktes Schuld-

615 Vgl. *Bassenge*, in: Palandt, BGB, § 1209, Rn. 1; *Damrau*, in: MünchKomm, BGB, § 1209, Rn. 2.

versprechen i.S. des § 780 BGB. Die Wirkungen der Gesamterfüllung und der Einredeerstreckung betreffen nicht die Abstraktheit des Schuldversprechens, sondern seine Akzessorietät. Wie aber bereits im 1. Teil dieser Arbeit dargestellt wurde, stehen Abstraktheit und Akzessorietät in keinem Verhältnis zueinander. Die Abstraktheit beschreibt die Unabhängigkeit des Schuldversprechens von seinem Rechtsgrund. Rechtsgrund der Parallelschuld ist aber die Sicherungsabrede und nicht der jeweilige Darlehensvertrag. Die Parallelschuld ist damit von ihrem Rechtsgrund – der Sicherungsabrede – unabhängig. Die Akzessorietät beschreibt die Verknüpfung (irgend-)eines Rechts mit (irgend-)einem anderen Recht. Eine solche Verknüpfung findet zwischen der Parallelschuld und den Darlehensverträgen der Konsortialbanken statt. Die Darlehensverträge stellen aber nicht den Rechtsgrund der Parallelschuld dar. Daher wird die Abstraktheit des Schuldversprechens durch die Akzessorietät der Parallelschuld nicht berührt. Abstraktheit und Akzessorietät schließen sich nicht gegenseitig aus, sondern stehen in keinem Verhältnis zueinander. Dies zeigt sich daran, dass die meisten akzessorischen Rechte gleichzeitig abstrakt sind (z. B. Hypothek, Pfandrecht). Akzessorietät gibt es zudem auch bei schuldrechtlichen Verträgen, so z. B. bei der Bürgschaft. Im Bereich der schuldrechtlichen Vertragsfreiheit ist die Akzessorietät nicht dem Typenzwang unterworfen, d. h. sie kann – anders als beim Pfandrecht oder der Hypothek – durch vertragliche Vereinbarung aufgelöst und auch hergestellt werden. Daher wurde von der Rechtsprechung auch die Garantie, die eine akzessorietätslose Bürgschaft darstellt, anerkannt. Die Idee eines „Typenzwangs im Schuldrecht“ ist abzulehnen. Daher ist es ohne Weiteres zulässig, das abstrakte Schuldversprechen akzessorisch auszugestalten. Ob in diesem Fall noch von „Akzessorietät“ gesprochen werden kann, sei dahingestellt. Denn bei enger Auslegung der Akzessorietät beschreibt dieser Begriff nur diejenigen Verknüpfungen, die per Gesetz hergestellt werden. Bei rechtsgeschäftlich hergestellter Akzessorietät erscheint es passender, von „Quasi-Akzessorietät“ zu sprechen.

Der Parallelschuld wird darüber hinaus vorgeworfen, durch sie werde der Akzessorietätsgrundsatz in unzulässiger Weise umgangen. Dieser Vorwurf wird darauf gestützt, dass das Pfandrecht nicht diejenige Forderung besichert, die wirtschaftlich gesichert werden soll (die Darlehensrückzahlungsforderungen), sondern nur eine Hilfsforderung, die aus wirtschaftlicher Sicht keine Bedeutung hat (die Parallelschuld). Eine Umgehung kann jedoch nur angenommen werden, wenn der Akzessorietätsgrundsatz vorschriebe, welche Forderung die gesicherte Forderung zu sein hat. Eine solche Regelungsweite kann aber für den Akzessorietätsgrundsatz nicht festgestellt werden. Ziel der Akzessorietät ist es, die Entstehung eines forderungslosen Pfandrechts zu verhindern. Dies drückt sich insbesondere in der Entstehungs-, Erlöschens-, aber auch der Zuständigkeitsakzessorietät aus. Demgegenüber schreibt der Akzessorietätsgrundsatz nicht vor, dass der *wirtschaftliche* Gläubiger mit dem *juristischen* Sicherheitennehmer identisch sein muss. Die Auswahl der gesicherten Forderung bleibt daher dem Parteiwillen überlassen. Der Akzessorietätsgrundsatz stellt damit nur sicher, dass der Kreditnehmer nicht aus Sicherheit und Forderung doppelt in Anspruch genommen werden kann. Diese Gefahr besteht beim *Parallel-Debt*-Modell nicht, denn zwischen der gesicherten Forderung (Parallelschuld) und dem Pfandrecht besteht Akzessorietät. Dass die Parteien wirtschaftlich eine Besicherung der Darlehensrückzahlungsforderungen bezwecken, hat für den Akzessorietätsgrundsatz keine Bedeutung.

Ebenso wenig stellt die Parallelschuld einen Institutsmissbrauch dar. Der Institutsmissbrauch setzt voraus, dass ein Rechtsinstitut (hier das abstrakte Schuldversprechen) entgegen seinem gesetzlich vorgesehenen Sinn und Zweck verwendet wird. Das abstrakte Schuldversprechen verfolgt indes keinen bestimmten gesetzlichen Zweck. Es kann somit für jegliche Zwecke verwendet werden, auch um eine Forderung zu besichern, die wirtschaftlich gar nicht besichert werden soll. Daher ist in der Parallelschuld auch kein Institutsmissbrauch zu sehen.

Problematisch ist aber schließlich, dass über die Parallelschuld die Rangstelle des Pfandrechts für später hinzutretende Neukonsorten blockiert werden kann. Das *Parallel-Debt*-Modell sieht vor, dass dem Sicherheitentreuhänder die Sicherheiten zentral bestellt werden und er diese ggf. verwertet und den Verwertungserlös an die Konsortialbanken auskehrt. Für Neukonsorten, die erst später über Syndizierungen in das Konsortium eintreten, hat diese Konstruktion den Vorteil, dass sie einen schuldrechtlichen Anspruch auf Erlösauskehr aus der Verwertung eines erstrangigen Pfandrechts haben. Wäre ihnen selbst ein Pfandrecht bestellt worden, so hätten sie bei der Verwertung im Rang zurücktreten müssen, § 1209 BGB (Prioritätsprinzip). Diese Nachrangigkeit für später eintretende Neukonsorten wird durch das *Parallel-Debt*-Modell vermieden. Das *Parallel-Debt*-Modell hat damit für Drittgläubiger, denen vor Eintritt der Neukonsorten in das Konsortium ein Pfandrecht bestellt worden ist, nachteilige Folgen. Denn ohne den Sicherheitentreuhänder und seine Parallelschuld hätte den Neukonsorten ein eigenes Pfandrecht bestellt werden müssen, das ggü. dem Pfandrecht des Drittgläubigers nachrangig wäre. Das *Parallel-Debt*-Modell umgeht damit den Prioritätsgrundsatz. Der Prioritätsgrundsatz ist aber aufgrund seiner drittschützenden Wirkung ein zwingender Bestandteil der sachenrechtlichen Bestimmungen und kann nicht durch vertragliche Vereinbarungen außer Kraft gesetzt werden. Zwar hat die Vertragsfreiheit grundsätzlich erheblichen Spielraum, dieser findet aber insbesondere dann seine Grenzen, wenn Drittinteressen betroffen sind. Werden die Drittinteressen ausdrücklich geschützt (wie bei § 1209 BGB) und lassen sich auch aus den gesetzlichen Wertungen keine Ausnahmen von diesem Schutz herleiten, so muss die Vertragsfreiheit zurücktreten. Die Umgehung des Prioritätsgrundsatzes durch das *Parallel-Debt*-Modell ist daher unzulässig. In der Rechtsfolge wird dem Drittgläubiger die Teilhabe am Prioritätsprinzip wieder eingeräumt. Das bedeutet für die Parallelschuld, dass bei Verwertung der Pfandrechte zunächst die Altkonsorten zu befriedigen sind, danach zwischenzeitlich besicherte Drittgläubiger und zuletzt die später in das Konsortium eintretenden Neukonsorten. Die *Parallel-Debt*-Konstruktion kann daher das Ziel der vorrangigen Besicherung aller Konsortialbanken nicht erreichen.

III. Das *Joint-Creditor*-Modell

Ein weiteres Modell zur akzessorischen Besicherung des Sicherheitentreuhänders ist das sog. „*Joint-Creditor*-Modell". Das *Joint-Creditor*-Modell ist eher ein Exot unter den hier vorgestellten Modellen. Soweit ersichtlich, wird es in der Praxis kaum eingesetzt[616] und auch in der Literatur hat es nur wenig Resonanz erfahren[617]. Die nachstehenden Ausführungen sind eine Gelegenheit, diese Lücke in der Literatur zu schließen.

1. Struktur des Modells

Wie das *Parallel-Debt*-Modell versucht auch das *Joint-Creditor*-Modell, die Nachteile der akzessorischen Sicherheiten dadurch zu vermeiden, dass die Sicherheiten einem Sicherheitentreuhänder zentral bestellt werden[618]. Um dem Sicherheitentreuhänder die dafür notwendige Forderung zur Verfügung zu stellen, bedient sich das *Joint-Creditor*-Modell – wie der Name schon sagt – der Figur der Gesamtgläubigerschaft gem. § 428 BGB.

---

616 Vgl. *Hoffmann*, WM 2009, S. 1452 (1453, Fn. 6).

617 Die einzigen Autoren, die dieses Modell ansatzweise analysieren, sind *Apfelbaum*, Die Verpfändung der Mitgliedschaft in der Aktiengesellschaft, S. 265 ff.; *Böttcher*, Das abstrakte Schuldversprechen in der Kreditsicherung, S. 198 f.; *Danielewsky/Dettmar*, WM 2008, S. 713 (717 f.); *Harpering*, Die Übertragung akzessorisch besicherter Forderungen im Rahmen von *syndicated loans*, S. 152 ff.

618 Vgl. dazu oben unter 2. Teil (Lösungswege zur akzessorischen Besicherung syndizierter Kredite).

a) Funktionsweise der Gesamtgläubigerschaft gem. § 428 BGB

Die Gesamtgläubigerschaft ist ein Unterfall der Mehrheit von Gläubigern. Bei der Mehrheit von Gläubigern ist zu unterscheiden:

- Hat der Schuldner mehrere Gläubiger mit jeweils unterschiedlichen unabhängigen Forderungen, so stehen die Gläubiger in keiner besonderen Rechtsbeziehung zueinander. Die Forderungen sind getrennt voneinander zu betrachten (sog. „kumulierte Forderungen"[619]).
- Ist der Schuldner zu einer einheitlichen Leistung ggü. mehreren verschiedenen Gläubigern verpflichtet und ist die Leistung teilbar, so liegt eine Teilgläubigerschaft i.S. des § 420 BGB vor. Die Unterscheidung zwischen der Teilgläubigerschaft und dem o.g. Fall kumulierter Forderungen ist nicht immer einfach. Entscheidend ist die Art der Leistung[620]. Ist die Leistung des Schuldners für die Gläubiger eine einheitliche, aber teilbare Leistung, so liegt Teilgläubigerschaft vor. Wird die Leistung schon nicht einheitlich erbracht, so liegen nur kumulierte Forderungen vor.
- Handelt es sich hingegen um eine einheitliche, unteilbare Leistung, so liegt Mitgläubigerschaft i.S. des § 432 BGB vor.
- Schließlich gibt es noch die Gesamtgläubigerschaft i.S. des § 428 BGB. Sie unterscheidet sich von den anderen Gläubigermehrheiten dadurch, dass mehreren Gläubigern ein und dieselbe Leistung gemeinschaftlich zusteht. Das bedeutet, dass zwar alle Gläubiger die ganze Leistung fordern können, der Schuldner aber nur einmal zur Leistung verpflichtet ist. Die Aufteilung der Leistung erfolgt dann im Innenverhältnis der Gläubiger gem. § 430 BGB. Die Gesamtgläubigerschaft ist das Spiegelbild zur Gesamtschuldnerschaft gem. § 421 BGB[621].

Die dogmatische Funktionsweise der Gesamtgläubigerschaft war lange Zeit umstritten[622]. Nach heute einhelliger Meinung (sog. „Mehrheitstheorie") führt das Vorliegen einer Gesamtgläubigerschaft dazu, dass zwischen jedem Gesamtgläubiger und dem Schuldner ein eigenes Schuldverhältnis entsteht[623]. Die Gesamt-

619 Die Bezeichnung stammt von *Selb*, Mehrheiten von Gläubigern und Schuldnern, 1984, S. 12.

620 Vgl. auch *Selb*, Mehrheiten von Gläubigern und Schuldnern, S. 238 mit anschaulichen Beispielen.

621 Vgl. *Meier*, AcP 205 (2005), S. 858 (862), die die Existenz der Gesamtgläubigerschaft maßgeblich auf diese Spiegelbildlichkeit zurückführt.

622 Vgl. zum Streitstand zwischen **Einheitstheorie** und **Mehrheitstheorie** *Rütten*, Mehrheit von Gläubigern, S. 150 ff.

623 So schon BGH, Urt. v. 04.03.1959, V ZR 181/57, BGHZ 29, S. 363, unter 4. der Gründe; *Looschelders*, in: Staudinger, BGB, § 428, Rn. 2; *Bydlinski*, in: MünchKomm, BGB, § 428, Rn. 3;

gläubigerschaft fasst die verschiedenen Schuldverhältnisse nur zusammen und unterwirft sie hinsichtlich bestimmter Handlungen gemeinschaftlichen Rechtsfolgen. Die Handlung eines Gesamtgläubigers oder die des Schuldners ggü. einem Gesamtgläubiger zeitigt in diesen Fällen auch Rechtsfolgen für die anderen Gesamtgläubiger[624]. Insofern spricht *Larenz* davon, dass die Forderungen der Gesamtgläubiger nur „relativ selbstständig" seien und sie im Hinblick auf den Tilgungsakt wiederum voneinander abhängig seien[625]. Das ist für den Schuldner vorteilhaft, denn er muss die Leistung nicht nach den unterschiedlichen Gläubigeranteilen aufteilen, sondern kann im Ganzen an jeden Gläubiger leisten, vgl. § 428 S. 1 BGB. Die Gläubiger müssen dann die Aufteilung im Innenverhältnis übernehmen, § 430 BGB. Damit wird der Nachteil der Gläubigermehrheit vom Schuldner auf die Gläubiger verlagert[626]. Der Vorteil der Mehrheitstheorie liegt für die Gläubiger indessen darin, dass jeder Gesamtgläubiger über seine Forderung grundsätzlich frei verfügen kann. Die Frage ist dann immer nur, ob diese Verfügung nur für ihn selbst wirkt (Einzelwirkung) oder auch Einfluss auf die Forderungen der anderen Gesamtgläubiger hat (Gesamtwirkung). Für einige Fälle hat das Gesetz dies geregelt (z. B. die Abtretung, vgl. § 429 Abs. 3 S. 2 BGB), andere Fälle sind aber noch ungeklärt[627].

b) Anwendung im *Joint-Creditor*-Modell

Im Folgenden wird die Struktur des *Joint-Creditor*-Modells anhand der wesentlichen Merkmale dargestellt. Für einen Einblick in die Kautelarpraxis wird auf den Vertragstext im Anhang verwiesen[628].

Die Funktionsweise der Gesamtgläubigerschaft soll zur akzessorischen Besicherung von Konsortialkrediten ausgenutzt werden. Um den Sicherheitentreuhänder mit einer (besicherbaren) Forderung auszustatten, wird von Anfang an vertraglich vereinbart, dass der Sicherheitentreuhänder mit jedem (auch zukünftigen) Mitglied des Konsortiums eine Gesamtgläubigerschaft ggü. dem Kreditnehmer bildet. Unter Anwendung der Mehrheitstheorie soll dadurch ein eigenes

---

Rütten, Mehrheit von Gläubigern, S. 153; *Grüneberg*, in: Palandt, BGB, § 428, Rn. 1; *Selb*, Mehrheiten von Gläubigern und Schuldnern, S. 244.

624 Das sind gem. § 429 BGB im Wesentlichen der Gläubigerverzug (Abs. 1), die Konfusion (Abs. 2) und die Erfüllung und ihre Surrogate (Abs. 3 S. 1).

625 Somit seien die (relativ) selbstständigen Forderungen in einer „höheren Einheit" des Schuldverhältnisses miteinander verbunden, *Larenz*, Lehrbuch des Schuldrechts, Bd. I, S. 626.

626 Vgl. *Medicus*, JuS 1980, S. 697 (698).

627 So z. B. die Frage nach der Wirkung eines Erlassvertrages, vgl. dazu *Looschelders*, in: Staudinger, BGB, § 429, Rn. 19 ff.

628 Für den Vertragstext vgl. unten im Anhang I, unter B. (*Joint-Creditor*-Modell).

Schuldverhältnis zwischen dem Sicherheitentreuhänder und dem Kreditnehmer entstehen. Aus diesem Schuldverhältnis erwächst dem Sicherheitentreuhänder eine Forderung, auf die dann die akzessorische Sicherheit bestellt werden kann. Entsteht also bei einer Konsortialbank ein Darlehensrückzahlungsanspruch, so entsteht dieser automatisch auch bei dem Sicherheitentreuhänder, da dieser mit der Konsortialbank zusammen eine Gesamtgläubigerschaft bildet. Die übrigen Konsortialbanken sollen nach Ansicht der h.Lit. Teilgläubiger i.S. des § 420 BGB sein[629].

Weiterhin wird vereinbart, dass den Sicherheitentreuhänder keine Auszahlungspflicht bzgl. des Darlehens trifft[630], so dass er zwar Inhaber der Rückzahlungsforderung wird, aber nicht die Pflichten aus dem Darlehensvertrag erfüllen muss. In der Praxis wird teilweise vereinbart, dass entweder nur der Sicherheitentreuhänder[631] oder nur die Konsortialbanken[632] berechtigt sein sollen, die Forderung geltend zu machen. In diesem Fall sind nicht sämtliche Gläubiger berechtigt, sondern nur ein bestimmter. *Diem* nennt diesen Fall eine „atypische Gesamtgläubigerschaft“[633].

Sollten die Konsortialbanken (also die Gesamtgläubiger) ihre Forderungen im Wege der Syndizierung veräußern, so wird einhellig vertreten, dass dies keine Auswirkungen auf die Forderung des Sicherheitentreuhänders habe, da die Novation nur Einzelwirkung zeitige[634]. Dadurch gebe es für den Bestand der akzessorischen Sicherheit bei dem Sicherheitentreuhänder keine Gefahr.

2. Einordnung des *Joint-Creditor*-Modells als Gesamtgläubigerschaft

An der Qualifizierung des *Joint-Creditor*-Modells als Gesamtgläubigerschaft i.S. des § 428 BGB wird in der Literatur nicht gezweifelt[635]. Eine Subsumtion unter die

---

629 *Apfelbaum*, Die Verpfändung der Mitgliedschaft in der Aktiengesellschaft, S. 267; *Böttcher*, Das abstrakte Schuldversprechen in der Kreditsicherung, S. 198.

630 *Apfelbaum*, Die Verpfändung der Mitgliedschaft in der Aktiengesellschaft, S. 266; *Danielewsky/Dettmar*, WM 2008, S. 713 (717).

631 *Diem*, Akquisitionsfinanzierungen, § 42, Rn. 4.

632 *Danielewsky/Dettmar*, WM 2008, S. 713 (717).

633 *Diem*, Akquisitionsfinanzierungen, § 42, Rn. 4.

634 *Apfelbaum*, Die Verpfändung der Mitgliedschaft in der Aktiengesellschaft, S. 269; *Böttcher*, Das abstrakte Schuldversprechen in der Kreditsicherung, S. 199; *Danielewsky/Dettmar*, WM 2008, S. 713 (718); *Harpering*, Die Übertragung akzessorisch besicherter Forderungen im Rahmen von *syndicated loans*, S. 148.

635 *Apfelbaum*, Die Verpfändung der Mitgliedschaft in der Aktiengesellschaft, S. 265; *Böttcher*, Das abstrakte Schuldversprechen in der Kreditsicherung, S. 198; *Danielewsky/Dettmar*, WM 2008,

Tatbestandsmerkmale findet aber nirgends statt und damit auch keine Auseinandersetzung mit der Frage, ob das *Joint-Creditor*-Modell in dieser Form überhaupt eine Gesamtgläubigerschaft darstellen kann und wer die Gesamtgläubiger sind.

a) Voraussetzungen und Rechtsfolge der Gesamtgläubigerschaft

Der Wortlaut des § 428 S. 1 BGB verlangt für die Annahme einer Gesamtgläubigerschaft, dass

- es mehrere Gläubiger gibt,
- jeder Gläubiger die ganze Leistung fordern kann und
- der Schuldner nur zur einmaligen Leistung verpflichtet ist.

Sind diese Voraussetzungen erfüllt, ordnet § 428 S. 1 BGB an, dass der Schuldner mit befreiender Wirkung an jeden Gläubiger leisten kann. Dem Schuldner entsteht also ein Wahlrecht im Hinblick darauf, ggü. welchem Gesamtgläubiger er erfüllt. Dieses Wahlrecht dient allein dem Schutz des Schuldners und kann daher mit seiner Zustimmung abbedungen werden[636]. Es kann also auch vertraglich bestimmt werden, dass nur an einen Gesamtgläubiger mit befreiender Gesamtwirkung geleistet werden kann.

b) Subsumtion des *Joint-Creditor*-Modells unter § 428 S. 1 BGB

Im Folgenden wird untersucht, ob das *Joint-Creditor*-Modell die Voraussetzungen des § 428 S. 1 BGB erfüllt.

aa) Mehrere Gläubiger

Es wird vertraglich vereinbart, dass der Sicherheitentreuhänder zusammen mit den Konsortialbanken Gesamtgläubiger der jeweiligen Darlehensrückzahlungsansprüche werden soll. Damit gibt es mehrere Gläubiger, so dass die erste Voraussetzung gegeben ist.

S. 713 (717); *Harpering*, Die Übertragung akzessorisch besicherter Forderungen im Rahmen von *syndicated loans*, S. 152.

636 *Looschelders*, in: Staudinger, BGB, § 428, Rn. 8. Der BGH, Urt. v. 11.07.1979, VIII ZR 215/78, NJW 1979, S. 2038, unter II. der Gründe, hat es für zulässig erachtet, dass dem Schuldner die Leistung an einen Gesamtgläubiger verboten wird, dessen Forderung der Beschlagnahme unterliegt.

bb) Jeder Gläubiger kann die ganze Leistung fordern

Fragwürdig erscheint aber der teilweise postulierte Zusatz, dass entweder nur der Sicherheitentreuhänder[637] oder nur die jeweilige Konsortialbank[638] aus der Forderung vorgehen dürfe. Denn § 428 S. 1 BGB verlangt, dass es mehrere Gläubiger gibt, die jeweils die ganze Leistung fordern können. Zwar wird grundsätzlich angenommen, dass die Regeln zur Gläubigermehrheit dispositives Recht seien und daher der Gestaltungsmacht der Parteien unterlägen[639]. Dies kann sich allerdings nur auf die Vereinbarung *zusätzlicher* Tatbestandsmerkmale bzw. die Abänderung der Rechtsfolge (wie die Einschränkung des Wahlrechts des Schuldners) beziehen. Denn die aus der Gesamtgläubigerschaft folgende (teilweise) Gesamtwirkung ist eine Ausnahme von dem Grundsatz der Relativität der Schuldverhältnisse. Will man von diesem Grundsatz abweichen und die Rechtsfolgen der Gesamtgläubigerschaft erreichen, so geht dies nur bei Erfüllung der gesetzlichen Tatbestandsmerkmale. Im *Joint-Creditor*-Modell wird die Geltung des gesetzlich vorgesehenen Modells der Gesamtgläubigerschaft angestrebt, um sich die Rechtswirkungen der Mehrheitstheorie zunutze zu machen. In diesem Fall müssen die gesetzlichen Mindestvoraussetzungen erfüllt werden. Damit ist es zwingend, dass es mehrere Gläubiger gibt, von denen jeder die ganze Leistung verlangen kann[640].

Diese Annahme wird auch durch die Geltung der oben dargestellten Mehrheitstheorie[641] unterstützt. Die Mehrheitstheorie geht davon aus, dass bei Vorliegen der Voraussetzungen der Gesamtgläubigerschaft ein eigenständiges Schuldverhältnis zwischen jedem Gesamtgläubiger und dem Schuldner entsteht. Nur aus der Dogmatik dieser Theorie entsteht die Forderung, die nach dem *Joint-Creditor*-Modell dazu dienen soll, die Grundlage für die akzessorische Sicherheit darzustellen. Würde man einer der Parteien vertraglich untersagen, aus der Forderung gegen den Schuldner vorzugehen, würde genau dieses Ergebnis konterkariert. Wie der BGH in seinem Grundlagenurteil zur Akzessorietät des Pfandrechts klargestellt hat, kann eine Forderung, die (dauerhaft) nicht durchgesetzt werden darf, nicht Grundlage eines Schuldverhältnisses sein[642]. Denn Grundlage eines

---

637 *Diem*, Akquisitionsfinanzierungen, § 42, Rn. 4 („atypische Gesamtgläubigerschaft").

638 *Danielewsky/Dettmar*, WM 2008, S. 713 (717).

639 *Medicus*, JuS 1980, S. 697 (699).

640 Davon geht auch der BGH aus, vgl. BGH, Urt. v. 11.07.1979, VIII ZR 215/78, NJW 1979, S. 2038, unter III. 2. a) der Gründe. In dem Fall ging es darum, dass bei einem von zwei Gesamtgläubigern die Forderung beschlagnahmt wurde. Für die Dauer der Beschlagnahme war nach Ansicht des BGH die Gesamtgläubigerschaft aufgehoben.

641 Vgl. oben unter A. III. 1. a) (Funktionsweise der Gesamtgläubigerschaft gem. § 428 BGB).

642 BGH, Urt. v. 13.02.1957, IV ZR 183/56, BGHZ 23, S. 293; vgl. dazu oben im 1. Teil, unter C. III. 2. (Verzicht auf die Akzessorietät).

Schuldverhältnisses ist es, dass der Gläubiger von dem Schuldner eine Leistung verlangen kann, vgl. § 241 Abs. 1 S. 1 BGB. Würde man dem Gläubiger dauerhaft verbieten, die Forderung durchzusetzen, könnte kein Schuldverhältnis zustande kommen[643]. Die Rechtsfolge der Gesamtgläubigerschaft würde von Anfang an unmöglich. Voraussetzung und Rechtsfolge bedingen sich hier also gegenseitig (und nicht nur einseitig). Insofern ist es für die Annahme des § 428 S. 1 BGB zwingend, dass alle Gläubiger aus der Forderung vorgehen dürfen. Raum für „atypische Gesamtgläubigerschaften" ist hier – sofern man die Rechtsfolgen der Mehrheitstheorie erreichen will – nicht. Daher kann keine Gesamtgläubigerschaft entstehen, wenn entweder dem Sicherheitentreuhänder oder der Konsortialbank untersagt wird, aus der Forderung gegen den Kreditnehmer vorzugehen.

cc) Schuldner ist nur zur einmaligen Leistung verpflichtet

Dadurch, dass die Parteien eine Gesamtgläubigerschaft („*joint creditor*") vereinbaren, geben sie zu erkennen, dass der Kreditnehmer nur einmal leisten soll. Die letzte Voraussetzung ist gegeben.

dd) Ergebnis

Sind sowohl der Sicherheitentreuhänder als auch die Konsortialbank zur Einziehung der Darlehensrückzahlungsforderung berechtigt, liegt eine Gesamtgläubigerschaft i.S. des § 428 BGB vor.

c) Rechtsfolge

Als Rechtsfolge entsteht eine Gesamtgläubigerschaft zwischen einer jeden Konsortialbank und dem Sicherheitentreuhänder. Es entstehen also mehrere parallele (zwei-Personen-)Gesamtgläubigerschaften[644] ggü. dem Kreditnehmer. Der Sicherheitentreuhänder ist an jeder Gesamtgläubigerschaft beteiligt. Der Mehrheitstheorie folgend erhält der Sicherheitentreuhänder aus jeder Gesamtgläubigerschaft eine eigenständige Darlehensrückzahlungsforderung. Die Gesamtgläubigerschaft und damit die Darlehensrückzahlungsforderung des Sicherheitentreuhänders entsteht aber erst in dem Zeitpunkt, in dem der Konsortialbank der Darlehensrückzahlungsanspruch entsteht.

---

643 Dies gilt umso mehr, als dass für den Sicherheitentreuhänder auch keine Pflichten ggü. dem Kreditnehmer entstehen sollen. Damit hätte dann der Sicherheitentreuhänder weder ein Recht noch eine Pflicht. So ein Schuldverhältnis sieht das BGB nicht vor.

644 So auch *Apfelbaum*, Die Verpfändung der Mitgliedschaft in der Aktiengesellschaft, S. 267.

d) Verhältnis der übrigen Konsortialbanken untereinander

Nicht ganz eindeutig ist, in welchem Verhältnis die Konsortialbanken zueinander stehen. In der Literatur wird angenommen, sie seien Teilgläubiger i.S. des § 420 BGB[645]. Das ist m. E. nicht der Fall. Denn die Teilgläubigerschaft setzt voraus, dass eine einheitliche (aber teilbare) Leistung erbracht wird[646]. Dadurch grenzt sie sich zu dem Normalfall der kumulierten Forderungen ab, bei denen die Leistung gerade nicht einheitlich erfolgt. Bei den kumulierten Forderungen handelt es sich um mehrere verschiedene Forderungen, die nebeneinander bestehen, aber inhaltlich nichts miteinander zu tun haben. Im Fall des unechten Konsortialkredites, der der Betrachtung zu Grunde gelegt wird[647], kann zwar der Kredit einheitlich ausbezahlt werden, jedoch wird er nicht einheitlich zurückgezahlt. Vielmehr gestaltet sich die Rückzahlung je nach Kreditvertrag im Hinblick auf den Rückzahlungszeitraum, die Höhe der Zinsen, die Tilgungsart etc. höchst unterschiedlich[648]. Aus rechtlicher Sicht haben die Rückzahlungsforderungen der Konsortialbanken nichts miteinander zu tun. Sie werden nur in tatsächlicher Hinsicht zusammengefasst und zentral verwaltet. Der Kreditnehmer erbringt also mit der Rückzahlung keine einheitliche Leistung, die dann unter den Konsortialbanken aufgeteilt wird. Vielmehr leistet der Kreditnehmer an jede einzelne Bank separat und unter ganz unterschiedlichen Umständen. Daher liegt hier keine Teilgläubigerschaft i.S. des § 420 BGB vor, sondern der Regelfall getrennter (kumulierter) Forderungen.

3. Vertragliche Vereinbarung der Gesamtgläubigerschaft

§ 428 BGB trifft keine Aussage darüber, ob die Gesamtgläubigerschaft nur aufgrund von Gesetz oder auch von Rechtsgeschäft entstehen kann. Deshalb wird die vertragliche Vereinbarung einer Gesamtgläubigerschaft uneingeschränkt für zulässig erachtet[649]. Voraussetzung dafür ist aber, dass auch der Schuldner an dem Vertrag beteiligt wird[650].

---

645 *Apfelbaum*, Die Verpfändung der Mitgliedschaft in der Aktiengesellschaft, S. 267; *Böttcher*, Das abstrakte Schuldversprechen in der Kreditsicherung, S. 198.

646 Vgl. *Selb*, Mehrheiten von Gläubigern und Schuldnern, S. 12, 237 f.

647 Vgl. dazu oben im 1. Teil, unter A. II. 2. (Unechter Konsortialkredit).

648 Für die unterschiedlichen Ausgestaltungsmöglichkeiten (u. a. Senior- und Mezzanine-Kreditlinien) vgl. nur *Diem*, Akquisitionsfinanzierung, § 5, Rn. 1 ff.

649 BGH, Urt. v. 05.03.1975, VIII ZR 97/73, BGHZ 64, S. 67, unter III. 1. b) der Gründe; *Bydlinski*, in: MünchKomm, BGB, § 428, Rn. 4; *Grüneberg*, in: Palandt, BGB, § 428, Rn. 1.

650 BGH, Urt. v. 05.03.1975, VIII ZR 97/73, BGHZ 64, S. 67, unter III. 1. b) der Gründe.

Im Fall des *Joint-Creditor*-Modells wird unter Beteiligung des Kreditnehmers von Anfang an vertraglich vereinbart, dass der Sicherheitentreuhänder Gesamtgläubiger aller jetzigen und zukünftigen Konsortialbanken ist. Da die später eintretenden Konsortialbanken diesem Vertrag ebenfalls beitreten oder zumindest (konkludent) zustimmen, wird die Gesamtgläubigerschaft vertraglich begründet. Dies ist zulässig.

4. Auswirkungen der Syndizierung auf die Gesamtgläubigerschaft

Fraglich ist, welche Auswirkungen die Syndizierung einer Kreditbeteiligung auf die Forderung des Sicherheitentreuhänders hat. Ziel des *Joint-Creditor*-Modells ist es, dem Sicherheitentreuhänder eine Forderung zu verschaffen, die dauerhaft und unabhängig von den Syndizierungsaktivitäten der Konsortialbanken besteht[651]. Da die Syndizierung im Wege der Novation erfolgt[652], ist zu klären, welche Auswirkungen die Novation der Forderung eines Gesamtgläubigers auf die Forderungen der anderen Gesamtgläubiger hat. I. E. kommt es darauf an, ob die Novation Einzel- oder Gesamtwirkung hat.

a) H.Lit.: Einzelwirkung

In der Literatur wird überwiegend vertreten, die Novation habe nur Einzelwirkung[653]. Als Argument wird angeführt, der einzelne Gesamtgläubiger sei nicht dazu befugt, in die Rechtsstellung der anderen Gesamtgläubiger einzugreifen[654]. Da die Novation ein Erlöschen des alten Schuldverhältnisses zur Folge hat[655], wird befürchtet, dass ein Gesamtgläubiger bei Annahme einer Gesamtwirkung die Forderungen der anderen Gesamtgläubiger durch einfachen Vertrag mit dem Schuldner zum Erlöschen bringen könnte. Dies entspreche aber nicht seiner Verfügungsmacht, die sich nur auf seine eigene Forderung bezieht und nicht auf die der anderen. Der novierende Gesamtgläubiger soll daher nur seine Forderung zum Erlöschen bringen und an ihre Stelle eine neue setzen können. Die Forderungen der anderen Gesamtgläubiger sollen hingegen bestehen bleiben. Wenn aber der Schuldner auf die durch Novation entstandene Forderung des neuen

---

651 Vgl. oben unter 2. Teil (Lösungswege zur akzessorischen Besicherung syndizierter Kredite).

652 Vgl. oben im 1. Teil, unter A. V. 6. (Anwendung in der Bankenpraxis).

653 *Gernhuber*, Die Erfüllung und ihre Surrogate, S. 415; *Bydlinski*, in: MünchKomm, BGB, § 429, Rn. 6; *Looschelders*, in: Staudinger, BGB, § 429, Rn. 31; **a.A.** *Meier*, AcP 205 (2005), S. 858 (866), die § 429 Abs. 3 i.V.m. § 423 BGB anwenden will.

654 *Gernhuber*, Die Erfüllung und ihre Surrogate, S. 415.

655 Vgl. oben im 1. Teil, unter A. V. 3. (Novation).

Gesamtgläubigers leistet, so sollen auch die Forderungen der anderen Gesamtgläubiger entsprechend erlöschen und diesen soll ein entsprechender Ausgleichsanspruch aus § 430 BGB zustehen[656]. Wenn der Schuldner auf die Forderungen der anderen Gesamtgläubiger leistet, so soll auch die (novierte) Schuld des anderen Gesamtgläubigers erlöschen gem. § 429 Abs. 3 S. 1 i.V.m. § 422 Abs. 1 S. 1 BGB. I. E. wird also so getan, als hätte sich an der Gesamtgläubigerschaft nichts geändert. Die novierte Forderung soll die alte Forderung des novierenden Gesamtgläubigers ersetzen und damit Teil der Gesamtgläubigerschaft werden, so dass die §§ 428 ff. BGB fortgelten.

Aus dieser Dogmatik wird geschlossen, dass auch die Syndizierung nur Einzelwirkung habe[657]. Demnach führe die Syndizierung von Darlehensrückzahlungsforderungen durch die Konsortialbanken nicht zum Erlöschen der Forderung des Sicherheitentreuhänders. Die akzessorische Sicherheit soll folglich weiterbestehen.

b) Stellungnahme

Die Annahme der Einzelwirkung soll verhindern, dass einem Gesamtgläubiger durch die Novation mehr Verfügungsmacht eingeräumt wird als ihm zusteht. Da sich seine Verfügungsmacht nur auf seine eigene Forderung beziehe, sollen seine Rechtshandlungen keine Auswirkungen auf die Forderungen der anderen Gesamtgläubiger haben. Die Grundannahme, dass niemand über mehr Rechte verfügen kann als ihm zustehen, ist zwar zutreffend, jedoch leitet die h.M. daraus eine falsche Rechtsfolge für die Novation ab. Die h.M. führt zu einer Fiktion einer Gesamtgläubigerschaft, die dem Charakter der Novation widerspricht. M. E. ist nicht pauschal von einer Einzelwirkung der Novation auszugehen, sondern es sind die Regeln zum Erlassvertrag (§ 423 BGB) entsprechend anzuwenden.

Die Novation ist ein Vertrag zwischen Schuldner und Gläubiger, der einerseits das bestehende Schuldverhältnis zum Erlöschen bringt und anstatt seiner ein neues Schuldverhältnis begründet[658]. Die Novation ist damit eine Kombination von Aufhebungsvertrag und Neubegründung eines Schuldverhältnisses. Die Rechtsfolgen eines Aufhebungsvertrages sind für die Gesamtgläubigerschaft im Gesetz nicht geregelt. Allerdings sieht das Gesetz für den Erlass (§ 397 Abs. 1 BGB)

---

656 *Gernhuber*, Die Erfüllung und ihre Surrogate, S. 415.

657 *Apfelbaum*, Die Verpfändung der Mitgliedschaft in der Aktiengesellschaft, S. 269; *Böttcher*, Das abstrakte Schuldversprechen in der Kreditsicherung, S. 199; *Danielewsky/Dettmar*, WM 2008, S. 713 (718); *Harpering*, Die Übertragung akzessorisch besicherter Forderungen im Rahmen von *syndicated loans*, S. 168.

658 Vgl. oben im 1. Teil, unter A. V. 3. (Novation).

einer Forderung in § 429 Abs. 3 S. 1 BGB i.V.m. § 423 BGB eine eindeutige Regelung vor. Der Aufhebungsvertrag unterscheidet sich von dem Erlass einer Forderung nur dadurch, dass er sich auf das ganze Schuldverhältnis bezieht, während sich der Erlass nur auf eine einzelne Forderung bezieht[659]. Der Erlass ist damit nur ein *minus* zum Aufhebungsvertrag, so dass die Regelung zum Erlass erst recht für den Aufhebungsvertrag gelten muss (*argumentum minore ad maius*). Da die Novation einen Aufhebungsvertrag enthält, ist gem. § 429 Abs. 3 S. 1 BGB auch § 423 BGB (analog) anzuwenden.

Ob der Erlassvertrag i.R. einer Gesamtgläubigerschaft Einzel- oder Gesamtwirkung entfaltet, ist umstritten.

aa) H.M.: Beschränkte Gesamtwirkung

Nach der h.M.[660] ist der Verweis auf § 423 BGB zu weit geraten. Aus der bereits genannten Erwägung, dass ein Gesamtgläubiger nicht die Verfügungsmacht über die Forderungen der anderen Gesamtgläubiger haben kann („Niemand kann mehr Rechte übertragen, als er selbst hat"), soll § 429 Abs. 3 S. 2 i.V.m. § 423 BGB teleologisch reduziert werden[661]. Demnach soll der Erlass nur eine „beschränkte Gesamtwirkung" haben[662]. Damit ist gemeint, dass der Erlass durch einen Gesamtgläubiger nur insoweit Gesamtwirkung haben kann, wie der Gesamtgläubiger über die Forderung der anderen verfügen kann. Die Höhe des „Gesamterlasses" richtet sich daher nach dem dem erlassenden Gesamtgläubiger zustehenden Anteil gem. § 430 BGB. Stehen also drei Gläubiger im Gesamtgläubigerverhältnis zueinander und haben alle Gläubiger einen gleichen Ausgleichsanspruch, so erlöschen bei einem vollständigen Erlass durch einen Gesamtgläubiger die Forderungen der übrigen Gläubiger i.H.v. jeweils 1/3. Die h.M. begründet ihre Ansicht damit, dass die Rechtsfolge der beschränkten Gesamtwirkung den wirtschaftlichen Interessen der Parteien am besten gerecht werde[663].

---

659 *Grüneberg*, in: Palandt, BGB, § 311, Rn. 7.

660 BGH, Urt. v. 04.03.1986, VI ZR 234/84, NJW 1986, S. 1862, unter II. 3. der Gründe; *Bydlinski*, in: MünchKomm, BGB, § 429, Rn. 5; *Wacke*, AcP 170 (1970), S. 42 (73); *Looschelders*, in: Staudinger, BGB, § 429, Rn. 19 ff.; *Selb*, Mehrheiten von Gläubigern und Schuldnern, S. 256 ff.; *Grüneberg*, in: Palandt, BGB, § 429, Rn. 1; *Medicus*, JuS 1980, S. 697 (703, Fn. 83).

661 Zwar wird in der Literatur der Begriff der „teleologischen Reduktion" nicht gebraucht, die Vorgehensweise der h.M. entspricht aber genau der teleologischen Reduktion.

662 BGH, Urt. v. 04.03.1986, VI ZR 234/84, NJW 1986, S. 1862, unter II. 4. der Gründe; *Looschelders*, in: Staudinger, BGB, § 429, Rn. 19 ff.

663 Vgl. vor allem *Wacke*, AcP 170 (1970), S. 42 (73 f.) und *Gernhuber*, Die Erfüllung und ihre Surrogate, S. 389.

bb) A.A.: Abhängig vom Parteiwillen

Eine andere Ansicht wendet hingegen § 423 (i.V.m. § 429 Abs. 3 S. 1) BGB wortlautgetreu an und geht davon aus, dass es von dem Willen des erlassenden Gesamtgläubigers und des Schuldners abhänge, ob Gesamt- oder Einzelwirkung eintrete[664]. Sie beruft sich einerseits auf den klaren Wortlaut der Norm und andererseits auf deren Entstehungsgeschichte. Der historische Gesetzgeber habe durchaus gesehen, dass eine Gesamtwirkung verheerende Wirkung für die anderen Gesamtgläubiger habe und sich dennoch bewusst für diese Möglichkeit entschieden[665]. Eine teleologische Reduktion verbiete sich daher.

cc) Stellungnahme

Der h.M. ist zuzugeben, dass die Rechtsstellung der anderen Gesamtgläubiger und die Tatsache berücksichtigt werden muss, dass deren Forderung nicht durch einen einfachen Erlass-/Aufhebungsvertrag zwischen dem Schuldner und einem anderen Gesamtgläubiger zunichte gemacht werden kann. Zwar kann der Gesamtgläubiger sie auch durch Erfüllungshandlungen und Erfüllungssurrogate zunichte machen[666]. Jedoch enthält die Befugnis, eine Forderung einzuziehen, nicht zugleich auch die Befugnis, die Forderung zu erlassen[667]. Dies wird schon daraus ersichtlich, dass die Gesamtwirkung der Erfüllung in der Struktur der Gesamtgläubigerschaft angelegt ist. Das Charakteristikum der Gesamtgläubigerschaft ist es, im Hinblick auf die Erfüllung für den Schuldner insofern eine Erleichterung herbeizuführen, als dass er an jeden Gesamtgläubiger mit befreiender Wirkung leisten kann, vgl. § 428 S. 1 BGB. Während also die Möglichkeit, die Forderungen der anderen Gesamtgläubiger durch Annahme der Erfüllung (und damit auch der Erfüllungssurrogate) zum Erlöschen zu bringen, Grundlage der Gesamtgläubigerschaft ist, gilt dies für den Erlass nicht[668]. Aus teleologischer Sicht muss die Annahme der Gesamtwirkung eines Erlasses daher besonders gerechtfertigt

---

664 *Meier*, AcP 205 (2005), S. 858 (866); *Rütten*, Mehrheit von Gläubigern, S. 196 ff.; *Langenfeld*, Das Innenverhältnis bei den Gläubigermehrheiten nach §§ 420 bis 432 BGB, 1994, S. 93 ff.; *Böttcher*, in: Erman, BGB, 14. Aufl. 2014, § 429, Rn. 5; *Larenz*, Lehrbuch des Schuldrechts, Bd. I, S. 626.

665 Vgl. vor allem *Rütten*, Mehrheit von Gläubigern, S. 196 f.

666 Deshalb plädiert *Meier*, AcP 205 (2005), S. 858 (866) dafür, auch dem Erlass Gesamtwirkung zukommen zu lassen, wenn dies von den Parteien gewollt ist.

667 *Selb*, Mehrheiten von Gläubigern und Schuldnern, S. 257.

668 Vgl. auch *Mugdan*, Die gesammten Materialien zum Bürgerlichen Gesetzbuch für das Deutsche Reich, Bd. II (Recht der Schuldverhältnisse), Motive, S. 164 f.

werden[669]. Eine materielle Rechtfertigung ist aber im Vergleich zu dem eigentlichen Anwendungsbereich des § 423 BGB nicht ersichtlich. In direkter Anwendung gehört § 423 BGB zum Gesamtschuldverhältnis. I.R. eines Gesamtschuldverhältnisses ist es nachvollziehbar, dass der Erlass Gesamtwirkung entfalten kann, denn ein „Gesamterlass" hat begünstigende Wirkung für die anderen Gesamtschuldner. I.R. der Gesamtgläubigerschaft hat der „Gesamterlass" aber belastende Wirkung für die übrigen Gesamtgläubiger[670]. Es wäre daher ungerechtfertigt, ohne eine entsprechende Verfügungsbefugnis des erlassenden Gesamtgläubigers, die Gesamtwirkung von seinem und dem Willen des Schuldners abhängig zu machen. Der historische Gesetzgeber hat trotz der erkannten materiellen Widersprüche den Verweis auf § 423 BGB bewusst eingebaut. Mangels planwidriger Regelungslücke[671] verbietet sich daher eine teleologische Reduktion. Will man dem Willen des Gesetzgebers und dem Wortlaut nicht jede Bedeutung absprechen, so muss man einen Kompromiss zwischen der Interessenlage der Parteien und dem Wortlaut des Gesetzes finden.

Der Konflikt zwischen Wortlaut und dem Interesse der Parteien kann m. E. aufgelöst werden. Dem Wortlaut kann man dadurch gerecht werden, dass man § 429 Abs. 3 S. 1 i.V.m. § 423 BGB zunächst einmal so anwendet, wie es gesetzlich vorgeschrieben ist. Es entscheidet also in erster Linie der Parteiwille darüber, ob Gesamt- oder Einzelwirkung vorliegt. Dem wirtschaftlichen Interesse der Parteien kann aber dadurch Rechnung getragen werden, dass man Gesamt- oder Einzelwirkung nur bei entsprechender zweifelsfreier Vereinbarung zwischen Schuldner und erlassendem Gesamtgläubiger annimmt. Sollte keine Regelung getroffen worden sein oder sollten Zweifel am Parteiwillen bestehen, so ist m. E. dem Erlass beschränkte Gesamtwirkung beizumessen. Es sollte daher die Vermutung bestehen, dass der Parteiwille auf die beschränkte Gesamtwirkung abzielt. Nur bei entgegenstehender (ausdrücklicher oder konkludenter) Vereinbarung ist demnach Einzel- oder Gesamtwirkung anzunehmen. Auf diese Weise findet der Wortlaut des Gesetzes Anwendung, im Zweifel ist aber den Interessen der Parteien über die bestmögliche Alternative gedient.

---

669 Die Rechtfertigung des historischen Gesetzgebers ist dabei recht einfach ausgefallen. Er rechtfertigt die Gesamtwirkung eines Erlasses damit, dass ein Gesamtgläubiger die Erlasswirkung mithilfe der Erfüllung sowieso herbeiführen könne, indem er nach erfolgter Leistung dem Schuldner den zur Erfüllung hingegebenen Gegenstand wieder zurückgibt, vgl. *Mugdan*, Die gesammten Materialien zum Bürgerlichen Gesetzbuch für das Deutsche Reich, Bd. II (Recht der Schuldverhältnisse), Motive, S. 165.

670 Vgl. *Selb*, Mehrheiten von Gläubigern und Schuldnern, S. 257.

671 Die planwidrige Regelungslücke ist Grundvoraussetzung der teleologischen Reduktion, vgl. BGH, Beschl. v. 20.01.2005, IX ZB 134/04, NJW 2005, S. 1508, unter II. 3. b) aa) (1) der Gründe.

dd) Anwendung der Regeln zum Erlassvertrag auf die Syndizierung

Wie dargestellt, enthält die Novation einen Aufhebungsvertrag und ist dementsprechend dem Regime des § 429 Abs. 3 S. 1 i.V.m. § 423 BGB zu unterstellen. Bei der Novation entscheidet also ebenfalls der Parteiwille über das Vorliegen einer Einzel- oder Gesamtwirkung, im Zweifel ist aber von beschränkter Gesamtwirkung auszugehen. Warum die h.Lit. für die Novation pauschal von einer reinen Einzelwirkung ausgeht, obwohl sie für den Erlass die beschränkte Gesamtwirkung annimmt, ist nicht nachvollziehbar. Eine Begründung dafür liefert sie nicht.

aaa) (Beschränkte) Gesamtwirkung

Fehlt es an einer Abrede oder bestehen Zweifel am Parteiwillen, so kommt es zu einer beschränkten Gesamtwirkung, d. h.: Die Forderung des Sicherheitentreuhänders aus der Gesamtgläubigerschaft erlischt in der Höhe, wie die novierende Konsortialbank an der Darlehensrückzahlungsforderung berechtigt war. Die Darlehensrückzahlungsforderung steht wirtschaftlich allein den Konsortialbanken zu. Der Sicherheitentreuhänder hat keinen eigenen wirtschaftlichen Anteil an der Darlehensrückzahlungsforderung. Leistet der Kreditnehmer auf die Verbindlichkeit ggü. dem Sicherheitentreuhänder, so ist dieser gem. § 430 BGB zu 100 % ggü. der Konsortialbank ausgleichspflichtig. Die Konsortialbanken haben also volle Verfügungsmacht auch über die Forderung des Sicherheitentreuhänders. Dementsprechend erlischt die Forderung des Sicherheitentreuhänders im Fall der beschränkten Gesamtwirkung in voller Höhe. Insoweit ist im Fall der Syndizierung kein Unterschied zwischen beschränkter und (unbeschränkter) Gesamtwirkung auszumachen.

Der Nachteil der beschränkten Gesamtwirkung ist normalerweise, dass der Kreditnehmer bei seiner Zustimmung zu einer Novation wissen muss, in welcher Höhe der entsprechende Gesamtgläubiger zum Innenausgleich gem. § 430 BGB berechtigt gewesen ist. Denn wenn in dieser Höhe die Verbindlichkeit erlischt, so sollte es der Kreditnehmer vermeiden, i.R. der Novation eine Forderung zu erzeugen, die höher ist als der Ausgleichsanspruch des novierenden Gesamtgläubigers. Ansonsten würde die Verbindlichkeit in einer geringeren Höhe erlöschen als die Forderung aus der Novation wert ist. Wenn sich dieses Problem auch regelmäßig i.R. eines Erlassvertrages i.S. des § 423 BGB stellt[672], so ist es in der vorliegenden Konstellation nicht relevant. Denn die Darlehensrückzahlungsfor-

672 Vgl. *Rütten*, Mehrheit von Gläubigern, S. 199, der aber davon ausgeht, dass die Ermittlung des Ausgleichsanspruches aus dem Innenverhältnis der Gesamtgläubiger für den Schuldner zu verschmerzen sei.

derungen stehen alleine den Konsortialbanken zu und nicht dem Sicherheitentreuhänder. Der Ausgleichsanspruch der (novierenden) Konsortialbanken besteht also immer zu 100 %. Damit entspricht die Höhe, in der die Forderung erlischt, der vollen Höhe der Darlehensrückzahlungssumme. Der Kreditnehmer kann also die (ihm bekannten) Valuta als Erlöschenssumme zugrunde legen.

bbb) Einzelwirkung

Sollte der ausdrückliche oder konkludente Parteiwille unzweifelhaft auf die Einzelwirkung gerichtet sein, so ist im Hinblick auf die alte Forderung der novierenden Konsortialbank ein *pactum de non petendo* anzunehmen[673]. Die alte Forderung bleibt also grundsätzlich bestehen, ist aber dauerhaft nicht durchsetzbar[674]. Die Forderung des Sicherheitentreuhänders ist grundsätzlich voll durchsetzbar und kann weiterhin Grundlage für die akzessorischen Sicherheiten sein.

Dieses Ergebnis mag zunächst von den Konsortialbanken gewünscht sein, da dadurch die Forderung als Grundlage der akzessorischen Kreditsicherheiten nicht erlischt. Jedoch führt das Erlöschen der Forderung des Sicherheitentreuhänders im Wege der (beschränkten) Gesamtwirkung ebenfalls nicht zum Erlöschen der akzessorischen Kreditsicherheiten. Denn der Sicherheitentreuhänder ist im *Joint-Creditor*-Modell der Gesamtgläubiger aller aktuellen und auch zukünftigen Konsortialbanken. Damit wird ihm zu Beginn ein Pfandrecht bestellt, das sich nicht nur auf die aktuellen Darlehensrückzahlungsforderungen der Altkonsorten bezieht, sondern auch auf die zukünftigen Forderungen der Neukonsorten. Dementsprechend können die durch Novation zukünftig entstehenden Forderungen gem. § 1204 Abs. 2 (i.V.m. § 1273 Abs. 2) BGB schon von Anfang an gesichert werden, wenn sie bestimmbar sind. Bestimmbarkeit liegt vor, wenn die Forderung dem Grunde nach zu ermitteln ist und der Gläubiger bekannt ist[675]. Sollten die Forderungen der Neukonsorten unter den identischen Konditionen wie die der Alt-

---

673 Vgl. *Wacke*, AcP 170 (1970), S. 42 (73); *Looschelders*, in: Staudinger, BGB, § 429, Rn. 20.

674 Dieses Ergebnis wird in der Literatur (vgl. Fn. 673) als wirtschaftlich sinnlos eingestuft, da der Schuldner dem anderen Gesamtgläubiger weiterhin verpflichtet bleibt und der erlassende bzw. novierende Gesamtgläubiger im Innenverhältnis gem. § 430 BGB weiterhin zum Ausgleich verpflichtet bleibt. Die Einzelwirkung bringt also wirtschaftlich keinerlei Veränderung. Vorliegend besteht der Unterschied indes darin, dass dem Sicherheitentreuhänder seine Forderung aus der Gesamtgläubigerschaft erhalten bleibt.

675 *Bassenge*, in: Palandt, BGB, § 1204, Rn. 11; *Damrau*, in: MünchKomm, BGB, § 1204, Rn. 23.

konsorten stehen[676], so ist die Forderung dem Grunde nach ermittelbar. Da der Gläubiger der Forderung (Sicherheitentreuhänder!) ebenfalls bekannt ist, ist der Bestimmtheitsgrundsatz eingehalten[677]. Dementsprechend werden auch die zukünftigen in Folge der Novation entstehenden Forderungen des Sicherheitentreuhänders durch das Pfandrecht gesichert. Damit spielt das Erlöschen der Forderungen aus der Gesamtgläubigerschaft zu den Altkonsorten für den Bestand der akzessorischen Sicherheiten keine Rolle. Aus kreditsicherungsrechtlicher Sicht ist es daher irrelevant, ob der Syndizierung Einzel- oder Gesamtwirkung beigemessen wird.

I. E. ist die (beschränkte) Gesamtwirkung sogar empfehlenswerter. Denn die Einzelwirkung führt im Laufe der Zeit zu merkwürdigen Ergebnissen. Man stelle sich vor, ein und dieselbe Forderung wird mehrfach mit Einzelwirkung syndiziert. Bei keiner Syndizierung kommt es zu einem Erlöschen der Rückzahlungsforderung des Sicherheitentreuhänders. Auch die Forderung des novierenden Altkonsorten erlischt nicht, sondern ist nur nicht durchsetzbar. Das Gesamtschuldverhältnis zwischen dem Altkonsorten und dem Sicherheitentreuhänder bleibt also bestehen. Mit dem eintretenden Neukonsorten entsteht aber nach der Vertragsdokumentation ebenfalls ein Gesamtgläubigerverhältnis. Somit entstehen rechtlich schon zwei Gesamtgläubigerverhältnisse, obwohl wirtschaftlich nur eins gewollt ist. Tritt keine Erfüllung ein, so bleibt das Gesamtgläubigerverhältnis zwischen Altkonsorte und Sicherheitentreuhänder dauerhaft bestehen. Das führt dazu, dass der Sicherheitentreuhänder über mehr Forderungen verfügt, als er eigentlich sichern soll. Zwar ist davon auszugehen, dass die Forderungen aus der Gesamtgläubigerschaft mit dem Altkonsorten nicht mehr durchsetzbar sind[678], die akzessorische Sicherheit würde dennoch in einer Höhe bestehen, die nicht dem wirtschaftlich Gewollten entspricht. Zudem wird der Altkonsorte nicht endgültig aus seiner Gläubigerstellung entlassen. Zwar kann er nicht mehr aus seiner Darlehensrückzahlungsforderung vorgehen (*pactum de non petendo*), das Gesamtgläubigerverhältnis besteht aber immer noch fort. Mit der Syndizierung wollen sich die Konsortialbanken jedoch jeglicher Verbindung zu ihrer alten

---

676 Dies wird i.d.R. der Fall sein, da sich die Konditionen der einzelnen Kreditlinien aus dem Krediteröffnungsvertrag ergeben und einheitlich geregelt sind. Zum Krediteröffnungsvertrag vgl. Fn. 67.

677 Vgl. zum Ganzen beim *Parallel-Debt*-Modell oben unter A. II. 3. (Kein Verstoß gegen den Bestimmtheitsgrundsatz).

678 Aus der Parteivereinbarung oder auch aus dem Zweck der Gesamtgläubigerschaft kann sich eine Gesamtwirkung im Hinblick auf die Einreden ergeben, vgl. *Looschelders*, in: Staudinger, BGB, § 425, Rn. 9. Es kann also von Anfang an so sein, dass Einreden, die ggü. der Forderung der Konsortialbank bestehen auch ggü. derjenigen des Sicherheitentreuhänders gelten.

Gläubigerstellung entledigen. Dieses Ziel erreicht man mit der (beschränkten) Gesamtwirkung besser.

c) Ergebnis

Die Wirkung der Syndizierung ergibt sich in erster Linie aus der (ausdrücklichen oder konkludenten) Parteivereinbarung zwischen dem Kreditnehmer und der syndizierenden Konsortialbank. Im Zweifel ist eine beschränkte Gesamtwirkung anzunehmen, die sich aber im Fall des Konsortialkredites nicht von der (unbeschränkten) Gesamtwirkung unterscheidet. Das Erlöschen der Forderung des Sicherheitentreuhänders aus dem Gesamtgläubigerverhältnis mit dem Altkonsorten stellt kein Problem dar, da die akzessorische Sicherheit auch schon die Forderungen des Sicherheitentreuhänders aus zukünftigen Gesamtgläubigerschaften abdeckt. Die (beschränkte) Gesamtwirkung stellt damit keine Gefahr für den Bestand der akzessorischen Sicherheiten dar und ist im Hinblick auf die zukünftige Entwicklung des Forderungsbestandes beim Sicherheitentreuhänder auch empfehlenswert.

5. Sonstige Zulässigkeitsprobleme

I.Ü. lassen sich die beim *Parallel-Debt*-Modell diskutierten Zulässigkeitsprobleme auf das *Joint-Creditor*-Modell übertragen.

Es liegt weder ein Verstoß noch eine Umgehung des Akzessorietätsgrundsatzes bzw. des Grundsatzes der Typenfixierung vor. Denn auch beim *Joint-Creditor*-Modell wird der Akzessorietätsgrundsatz eingehalten. Die akzessorische Verknüpfung findet allerdings nur zu der Forderung des Sicherheitentreuhänders aus der Gesamtgläubigerschaft statt, nicht zu der Forderung der jeweiligen Konsortialbank. Da aber – wie beim *Parallel-Debt*-Modell festgestellt[679] – die Zuständigkeitsakzessorietät nicht die Zuordnung einer bestimmten Forderung zu der Sicherheit verlangt, sondern die Auswahl der gesicherten Forderung dem Parteiwillen überlassen ist, liegt auch hier weder ein Verstoß noch eine Umgehung vor. Es kann zudem kein Institutsmissbrauch festgestellt werden. An die Verwendung der Gesamtgläubigerschaft werden keine teleologischen Anforderungen gestellt. Die Gesamtgläubigerschaft ist ebenso zweckfrei wie das abstrakte Schuldversprechen[680]. Mangels besonderer Anforderungen an die Verwendung

---

679 Vgl. dazu oben unter A. II. 4. (Kein Verstoß gegen den Grundsatz der Typenfixierung bzw. keine Umgehung des Akzessorietätsgrundsatzes).

680 Vgl. zum abstrakten Schuldversprechen beim *Parallel-Debt*-Modell oben unter A. II. 4. b) bb) (Stellungnahme).

der Gesamtgläubigerschaft, kann daher kein Institutsmissbrauch festgestellt werden.

Allerdings liegt in der Vereinbarung der Gesamtgläubigerschaft eine Umgehung des Prioritätsprinzips. Das Prioritätsprinzip schützt Drittgläubiger in jeder denkbaren Konstellation, unabhängig von der gewählten Rechtskonstruktion. Es kann daher weder durch ein abstraktes Schuldversprechen noch durch eine Gesamtgläubigerschaft oder eine sonstige Rechtskonstruktion außer Kraft gesetzt werden. Sollte einem Dritten ein Pfandrecht bestellt worden sein, bevor ein Neukonsorte dem Konsortium neu beigetreten ist, so hat der Dritte ein Recht auf vorrangige Befriedigung aus seinem Pfandrecht bevor der Neukonsorte befriedigt wird (Teilhabe am Prioritätsprinzip)[681].

6. Zusammenfassung

Das *Joint-Creditor*-Modell bedient sich – wie das *Parallel-Debt*-Modell – eines Sicherheitentreuhänders, dem zentral alle Sicherheiten bestellt werden. Damit ihm die akzessorischen Sicherheiten bestellt werden können, benötigt er eine eigene Forderung. Diese erhält er über eine Gesamtgläubigerschaft i.S. der §§ 428 ff. BGB. Der Kreditnehmer vereinbart mit den Konsortialbanken und dem Sicherheitentreuhänder, dass der Sicherheitentreuhänder zusammen mit jeder einzelnen Konsortialbank Gesamtgläubiger des Kreditnehmers ist. Die Gesamtgläubigerschaft bezieht sich auf die jeweiligen Kreditrückzahlungsforderungen der Konsortialbanken. Aus der Gesamtgläubigerschaft erhält der Sicherheitentreuhänder eine Kreditrückzahlungsforderung in jeweils voller Höhe, vgl. § 428 S. 1 BGB. Damit stehen dem Sicherheitentreuhänder aus jeder Gesamtgläubigerschaft mit den Konsortialbanken die jeweiligen Kreditrückzahlungsforderungen zu. Diese kann er als Grundlage für das Pfandrecht verwenden.

Fraglich war zunächst, ob das *Joint-Creditor*-Modell überhaupt als Gesamtgläubigerschaft i.S. des § 428 BGB eingeordnet werden kann. In der Praxis wird die Gesamtgläubigerschaft teilweise so verwendet, dass nur die Konsortialbank aus ihrer Forderung vorgehen darf, nicht aber der Sicherheitentreuhänder. Dadurch fällt eine der Voraussetzungen der Gesamtgläubigerschaft („jeder die ganze Leistung fordern kann“, vgl. § 428 S. 1 BGB) weg. Ob in diesem Fall noch die Rechtswirkungen der §§ 428 ff. BGB eintreten können, ist zweifelhaft. Zwar handelt es sich bei §§ 428 ff. BGB um schuldrechtliche Vorschriften, die einer vertraglichen Abänderung zugänglich sind. Dies kann sich nach hier vertretener

681 Vgl. zum Ganzen beim *Parallel-Debt*-Modell oben unter A. II. 5. (Umgehung des Prioritätsgrundsatzes).

Auffassung aber nur auf die Rechtsfolge oder die Vereinbarung zusätzlicher Tatbestandsmerkmale beziehen, nicht auf die Abänderung des gesetzlich vorgesehenen (Mindest-)Tatbestands. Dies liegt vor allem daran, dass die Gesamtgläubigerschaft eine gesetzliche Ausnahme von der Relativität der Schuldverhältnisse ist. Will man sich dieser gesetzlichen Ausnahme bedienen, so muss man die Mindestvoraussetzungen der Gesamtgläubigerschaft erfüllen. Werden abweichende Vereinbarungen getroffen, die nicht die Mindestvoraussetzungen des § 428 BGB erfüllen, können auch nicht die Wirkungen der Gesamtgläubigerschaft zur Entfaltung gelangen. Raum für „atypische Gesamtgläubigerschaften" besteht daher nicht. Für das *Joint-Creditor*-Modell ist es somit zwingend erforderlich, dass sowohl die Konsortialbanken als auch der Sicherheitentreuhänder die Kreditrückzahlung fordern können.

Weiterhin war zu prüfen, welche Auswirkungen die Syndizierung einer Darlehensrückzahlungsforderung durch eine Konsortialbank auf den Bestand der Sicherheiten hat. Die h.Lit. nimmt diesbezüglich an, dass die Novation nur Einzelwirkung entfalte, d.h. nur die Forderung der novierenden Konsortialbank soll erlöschen, nicht aber die des Sicherheitentreuhänders. Dadurch soll die Forderung für das Pfandrecht bestehen bleiben und dieses nicht untergehen. Die Ansicht der h.Lit. beachtet m.E. nicht die Systematik der Regeln zur Gesamtgläubigerschaft. In § 429 Abs. 3 S. 1 BGB wird für die Gesamtgläubigerschaft auf § 423 BGB, d.h. die Auswirkungen eines Erlasses auf die Gesamtschuldnerschaft verwiesen. Die Regeln zum Erlass sind auf die Novation anzuwenden. Denn die Novation enthält nach hier vertretener Auffassung zwei unterschiedliche Maßnahmen: einmal die Aufhebung des alten Schuldverhältnisses und gleichzeitig die Begründung eines neuen Schuldverhältnisses. Die Aufhebung ist nur ein *plus* zum Erlassvertrag. Während sich der Erlassvertrag nur auf eine einzelne Forderung bezieht, bezieht sich der Aufhebungsvertrag auf das ganze Schuldverhältnis. Die Regeln zum Erlass sind daher auf den Aufhebungsvertrag erst recht anwendbar (*argumentum minore ad maius*). Es kann daher für die Novation nicht pauschal Einzelwirkung angenommen werden. § 423 BGB macht die Wirkung des Erlasses vielmehr davon abhängig, ob die Vertragsparteien Gesamt- oder Einzelwirkung beabsichtigen. Nach hier vertretener Auffassung ist daher grundsätzlich der Parteiwille entscheidend. Ist der Parteiwille aber nicht feststellbar oder bestehen Zweifel am Parteiwillen, so ist m.E. eine beschränkte Gesamtwirkung anzunehmen. Beschränkte Gesamtwirkung bedeutet, dass der erlassende Gesamtgläubiger die Forderung des anderen Gesamtgläubigers nur insoweit zum Erlöschen bringen kann, wie er selbst über die Forderung zu verfügen berechtigt ist. Die Höhe des „Gesamterlöschens" richtet sich damit nach der internen Ausgleichspflicht der Gesamtgläubiger untereinander.

Diese Wertungen sind auf die Syndizierung zu übertragen. Syndiziert eine Konsortialbank ihre Kreditrückzahlungsforderung, ohne dass eine Einzelwirkung (ausdrücklich oder konkludent) vereinbart worden ist, so erlischt damit die Forderung des Sicherheitentreuhänders in der Höhe, in der er ggü. der Konsortialbank ausgleichspflichtig ist (beschränkte Gesamtwirkung). Da die Mittel aus der Kreditrückzahlungsforderung zu 100 % den Konsortialbanken zustehen, erlischt die Forderung des Sicherheitentreuhänders in voller Höhe. Vereinbaren die Konsortialbank und der Kreditnehmer allerdings eine Einzelwirkung, so bleibt die Forderung des Sicherheitentreuhänders bestehen.

In Bezug auf die übrigen Zulässigkeitsprobleme wie die Umgehung des Akzessorietätsgrundsatzes und die Einhaltung des Prioritätsgrundsatzes wurde auf die Ausführungen zum *Parallel-Debt*-Modell verwiesen. I.R. des *Joint-Creditor*-Modells wird der Akzessorietätsgrundsatz ebenso eingehalten wie beim *Parallel-Debt*-Modell, denn hier wie dort verlangt der Akzessorietätsgrundsatz nicht, dass der wirtschaftliche Gläubiger und der rechtliche Sicherheitennehmer identisch sind. Es liegt damit keine Umgehung des Akzessorietätsgrundsatzes vor, wenn eine Forderung besichert wird, die nach wirtschaftlichen Gesichtspunkten gar nicht gesichert werden soll. Den Prioritätsgrundsatz kann das *Joint-Creditor*-Modell ebenso wenig außer Kraft setzen wie das *Parallel-Debt*-Modell. Aufgrund des zwingenden drittschützenden Charakters des Prioritätsgrundsatzes stellt das *Joint-Creditor*-Modell ebenfalls eine unzulässige Umgehung des Prioritätsprinzips dar. Rechtsfolge der Unzulässigkeit des *Joint-Creditor*-Modells ist die Teilhabe des Dritten am Prioritätsprinzip. Ein zwischenzeitlich besicherter Drittgläubiger ist daher vorrangig vor einem später hinzutretenden Neukonsorten zu befriedigen.

IV. Ergebnis von Teil A des 2. Teils

In Teil A. des 2. Teils wurde gezeigt, wie Konsortialkredite über den Einsatz eines Sicherheitentreuhänders gesichert werden können. Es hat sich dabei gezeigt, dass im Hinblick auf die rechtliche Wirksamkeit das *Parallel-Debt*-Modell ebenso Bestand hat wie das *Joint-Creditor*-Modell. Das *Joint-Creditor*-Modell scheint in der Praxis keine nennenswerte Verwendung zu finden. *Hoffmann* führt dies darauf zurück, dass die „rechtlichen Erwägungen nicht vollends überzeugen können“[682]. Wie vorstehend gezeigt wurde, kann das *Joint-Creditor*-Modell aber ebenso gut (oder schlecht) verwendet werden wie das *Parallel-Debt*-Modell. Die rechtliche Ausgestaltung erweist sich als genauso wirksam wie die des *Parallel-Debt*-Modells.

682 *Hoffmann*, WM 2009, S. 1452 (1453, unter Fn. 6).

Bedenken haben sich bei beiden Modellen nur im Hinblick auf den Prioritätsgrundsatz ergeben. Dieser kann durch rechtsgeschäftliche Vereinbarungen nicht umgangen werden und erlangt aufgrund der gesetzlichen Wertungen in beiden Modellen volle Geltung. Das Ziel der rangwahrenden Besicherung von Neukonsorten kann also durch den Einsatz eines Sicherheitentreuhänders nicht erreicht werden.

B. Akzessorische Besicherung der Konsortialbanken

In Teil A wurde gezeigt, dass die akzessorische Besicherung eines Sicherheitentreuhänders einen Weg darstellt, den Bestand der Pfandrechte zu gewährleisten. Daneben bietet es sich auch an, den Konsortialbanken selbst die akzessorischen Sicherheiten zu bestellen. Da die Konsortialbanken über eine Rückzahlungsforderung verfügen, hat dieser Weg den Vorteil, dass keine „künstliche" Forderung für den Sicherheitentreuhänder kreiert werden muss. Sie entspricht der üblichen Variante der Besicherung des Kreditgebers und ist daher auch weniger komplex. Darüber hinaus bietet sie zusätzliche Sicherheit für die Konsortialbanken, da auch der Sicherheitentreuhänder in die Insolvenz geraten kann und die ihm bestellen Sicherheiten dann in die Insolvenzmasse fallen können[683]. Es kann also durchaus ratsam sein, (auch) den Konsortialbanken die akzessorischen Sicherheiten zu bestellen. Die konstruktive Ausgestaltung im Einzelnen richtet sich danach, ob Alt- oder Neukonsorten besichert werden sollen. Den folgenden Ausführungen wird das – praktisch wohl bedeutsamste – Pfandrecht an Rechten (insbesondere an GmbH-Anteilen) und Wertpapieren zugrunde gelegt. Unter B. I. 4. (Schiffshypothek und Registerpfandrecht i.R. des *Future-Pledgee*-Modells) wird separat auf die Schiffshypothek und das Registerpfandrecht an Luftfahrzeugen eingegangen.

I. Das *Future-Pledgee*-Modell

Die Besicherung der Altkonsorten – d. h. derjenigen Konsortialbanken, die zu dem Ursprungskonsortium gehören – ist unproblematisch. Da diese zur Zeit der Pfandrechtsbestellung schon Teil des Konsortiums sind, können ihnen die akzessorischen Sicherheiten ohne Weiteres bestellt werden.

Problematisch ist die Besicherung etwaiger Neukonsorten, d. h. solcher Konsortialbanken, die erst über eine Sekundärsyndizierung Teil des Konsortiums werden. Diese Konsortialbanken sind bei der Pfandrechtsbestellung noch nicht bekannt, sondern stoßen erst dann zu dem Konsortium, wenn ein Altkonsorte eine Syndizierung vornimmt. Zwar könnten diesen Neukonsorten ebenfalls die akzessorischen Sicherheiten bestellt werden. Dies hätte aber zwei wesentliche Nachteile: Erstens bedeutet die Sicherheitenbestellung erheblichen zeitlichen und finanziellen Aufwand, insbesondere durch die Beurkundungspflicht bei einer

683 Vgl. dazu *Diem*, Akquisitionsfinanzierungen, § 54, Rn. 16 ff. sowie *Bourgeois*, BKR 2011, S. 103 (109). Zu den insolvenzrechtlichen Fragen insgesamt vgl. zudem unten den 3. Teil (Der syndizierte Kredit in der Insolvenz).

GmbH-Anteilsverpfändung gem. §§ 1274 Abs. 1 S. 1 BGB i.V.m. § 15 Abs. 3 GmbHG. Zweitens bedeutet die spätere Pfandrechtsbestellung, dass das Pfandrecht nachrangig ist, vgl. § 1209 BGB. Um diese beiden ungewünschten Folgen zu vermeiden, bedient sich die Praxis des sog. „*Future-Pledgee*-Modells". Das *Future-Pledgee*-Modell kann isoliert oder zusätzlich zum *Parallel-Debt*-Modell oder *Joint-Creditor*-Modell eingesetzt werden[684].

1. Struktur des Modells

Im Folgenden wird die Struktur des *Future-Pledgee*-Modells anhand der wesentlichen Merkmale dargestellt. Für einen Einblick in die Kautelarpraxis wird auf den Vertragstext im Anhang verwiesen[685].

Über das *Future-Plegdee*-Modell soll sich die Funktionsweise der Stellvertretung zunutze gemacht werden. Das Modell sieht vor, dass die akzessorischen Sicherheiten den Altkonsorten unmittelbar bestellt werden und der Sicherheitentreuhänder i.R. der Pfandrechtsbestellung als Stellvertreter für die noch unbekannten zukünftigen Neukonsorten („*Future Pledgees*") auftritt gem. § 164 Abs. 1, 3 BGB. Der Sicherungsgeber gibt damit ggü. dem Sicherheitentreuhänder ein Angebot auf Bestellung eines Pfandrechts ab, das dieser stellvertretend für die noch unbekannten Neukonsorten annimmt. Da der Neukonsorte zum Zeitpunkt der Annahme durch den Sicherheitentreuhänder noch unbekannt ist, kommt nach dem Verständnis der h.Lit. eine wirksame Pfandrechtsbestellung erst in dem Zeitpunkt zustande, in dem der Neukonsorte dem Konsortium beitritt und die Stellvertretung genehmigt (§ 184 Abs. 1 BGB)[686]. Der Neukonsorte wird dann Pfandrechtsinhaber, der Sicherheitentreuhänder hat ihm das Pfandrecht als Stellvertreter vermittelt. Da aber die Genehmigung gem. § 184 Abs. 1 BGB Rückwirkung entfaltet, soll das Pfandrecht *ex tunc* zum Zeitpunkt der Stellvertretungshandlung entstehen und damit nicht nachrangig sein. Zudem soll die erneute notarielle Beurkundung (gem. § 1274 Abs. 1 BGB i.V.m. § 15 Abs. 3 GmbHG) wegen der Formfreiheit der Genehmigung (§ 182 Abs. 2 BGB) entbehrlich sein.

---

684 *Danielewsky/Dettmar*, WM 2008, S. 713 (715).

685 Für den Vertragstext vgl. unten im Anhang I, unter C. (*Future-Pledgee*-Modell).

686 *Apfelbaum*, Die Verpfändung der Mitgliedschaft in der Aktiengesellschaft, S. 249; *Danielewsky/Dettmar*, WM 2008, S. 713 (716); *Diem*, Akquisitionsfinanzierungen, § 55, Rn. 22; *Förl*, RNotZ 2007, S. 433 (445); *Schrell/Kirchner*, ZBB 2002, S. 230 (231); **a.A.** (keine Pfandrechtsentstehung wegen Verstoßes gegen das Bestimmtheitsgebot) *Böttcher*, Das abstrakte Schuldversprechen in der Kreditsicherung, S. 196; *Harpering*, Die Übertragung akzessorisch besicherter Forderungen im Rahmen von *syndicated loans*, S. 151.

2. Wirksame Stellvertretung

Das *Future-Pledgee*-Modell ist eine Stellvertretung unbekannter Dritter. Ob diese Konstruktion im Hinblick auf zivilrechtliche Grundsätze wirksam und zulässig ist, wird im Folgenden untersucht.

Für die Stellvertretung sieht § 164 Abs. 1 BGB drei Voraussetzungen vor:

- der potentielle Stellvertreter muss eine eigene Willenserklärung abgeben,
- die Willenserklärung muss im Namen des potentiell Vertretenen abgegeben werden,
- die Willenserklärung muss mit Vertretungsmacht abgegeben werden.

Die erste Voraussetzung dient der Abgrenzung zur Botenschaft[687]. Im Gegensatz zur Stellvertretung gibt der Bote keine eigene Willenserklärung ab, sondern übermittelt nur eine fremde Willenserklärung. Da der zu besichernde Neukonsorte zur Zeit der Abgabe der Willenserklärung noch gar nicht bekannt ist, gibt es keinen Dritten, dessen Willenserklärung übermittelt werden könnte. Die Willenserklärung des Sicherheitentreuhänders kann daher nur eine eigene sein. Die erste Voraussetzung ist unproblematisch gegeben.

a) Offenkundigkeitsprinzip

Bei der Stellvertretung muss die Willenserklärung „im Namen des Vertretenen" abgegeben werden. Mit dieser Voraussetzung wird das sog. „Offenkundigkeitsprinzip" umschrieben. Das Offenkundigkeitsprinzip soll sicherstellen, dass dem Vertragspartner bekannt wird, mit wem er in Rechtsbeziehungen tritt[688]. Dies könnte nicht gewährleistet werden, wenn ihm verborgen bliebe, wer der Vertretene (und damit sein endgültiger Vertragspartner) ist[689]. Das *Future-Pledgee*-Modell sieht eine Stellvertretung für einen noch unbekannten Neukonsorten vor. Der Sicherheitentreuhänder kann bei Abgabe der Annahmeerklärung niemanden

---

687 Vgl. *Musielak/Hau*, Grundkurs BGB, Rn. 1252; *Ellenberger*, in: Palandt, BGB, Einf v § 164, Rn. 11.

688 *Musielak/Hau*, Grundkurs BGB, Rn. 1257; *Brox/Walker*, Allgemeiner Teil des BGB, 37. Aufl. 2013, Rn. 524; *Wolf/Neuner*, Allgemeiner Teil des Bürgerlichen Rechts, 10. Aufl. 2012, § 49, Rn. 44; *Leptien*, in: Soergel, BGB, vor § 164, Rn. 22.

689 Für *K.Schmidt*, JuS 1987, S. 425 (426) schützt das Offenkundigkeitsprinzip nicht nur den Vertragspartner, sondern auch den Rechtsverkehr allgemein, da es im Bereich rechtsgeschäftlicher Verfügungen Klarheit darüber schaffe, welche Sache/Forderung wem zusteht. Dies ist m. E. aber keine Frage des stellvertretungsrechtlichen Offenkundigkeitsprinzips, sondern des sachenrechtlichen Publizitätsgrundsatzes. Versteht man das Offenkundigkeitsprinzip im Sinne *K.Schmidts*, so haben Offenkundigkeitsprinzip und Publizitätsprinzip denselben Ursprung, vgl. dazu *Einsele*, JZ 1990, S. 1005 (1006).

benennen, den er vertritt. Er weiß selbst noch nicht einmal, für wen er als Stellvertreter auftritt. Der Vertretene ist damit weder be*nannt* noch be*kannt*. Es erscheint fraglich, ob in dieser Hinsicht das *Future-Pledgee*-Modell dem Offenkundigkeitsprinzip genügt.

aa) H.M.: Stellvertretung unbekannter Dritter als Anwendungsfall des Offenkundigkeitsprinzips

Grundsätzlich ist zwischen einer Stellvertretung für einen (objektiv) unbekannten und einen (nur) unbenannten Dritten zu unterscheiden[690]. Unbekannt ist der Dritte, wenn objektiv noch nicht feststeht, wen die Folgen des Rechtsgeschäfts treffen sollen. Der Stellvertreter weiß also noch nicht einmal selbst, wen er vertritt. Ist der Vertretene indes nur unbenannt, so kann er dennoch objektiv bekannt sein. Der Stellvertreter benennt den Vertretenen nur nicht i.R. der Abgabe seiner Willenserklärung. Ist der Vertretene unbekannt, so ist er zwangsläufig auch unbenannt.

Dem Wortlaut des § 164 Abs. 1 S. 1 BGB („im Namen des Vertretenen") könnte man entnehmen, dass der Vertreter den Vertretenen zur Wahrung des Offenkundigkeitsprinzips benennen muss[691]. § 164 Abs. 1 S. 2 BGB räumt aber ein, dass sich die Stellvertretung auch aus den Umständen ergeben kann. Eine ausdrückliche Benennung des Vertretenen verlangt § 164 BGB mithin nicht[692].

Dass sich die Stellvertretung auch aus den Umständen ergeben kann, sagt noch nichts darüber aus, wie bestimmt diese Umstände sein müssen, damit sie dem Offenkundigkeitsprinzip genügen. Dieser Aspekt betrifft nicht die Benennung, sondern die Bestimmtheit bzw. Bestimmbarkeit des Vertretenen (also die objektive Bekanntheit). Der BGH ist an dieser Stelle großzügig. Für den BGH muss der Vertretene zum Zeitpunkt der Abgabe der Willenserklärung noch nicht bekannt sein, sondern kann auch nachträglich durch den Vertreter oder sonstige Umstände bestimmt werden[693]. Dies zeigt sich an einem Urteil des BGH vom 23.06. 1988[694]. In dem Fall ging es um das sog. „Bauherrenmodell"[695]. Eine noch zu

---

690 So auch *K.Schmidt*, JuS 1987, S. 425 (431).

691 *Leptien*, in: Soergel, BGB, § 164, Rn. 12 vertritt insofern, der Wortlaut des § 164 BGB könnte missverständlich sein.

692 BGH, Urt. v. 16.04.1957, VIII ZR 216/56, WM 1957, S. 710; BGH, Urt. v. 17.12.1987, VII ZR 299/86, NJW-RR 1988, S. 475, unter 1. a) der Gründe.

693 BGH, Urt. v. 23.06.1988, III ZR 84/87, NJW 1989, S. 164, unter II. 5, so auch schon das RG, Urt. v. 02.03.1933, VI 350/32, RGZ 140, S. 335 (337 f.).

694 BGH, Urt. v. 23.06.1988, III ZR 84/87, NJW 1989, S. 164.

gründende Bauherrengemeinschaft (GbR) hatte, vertreten durch eine Treuhand-GmbH, einen Darlehensvertrag mit einer Bank geschlossen. Durch die Stellvertretung sollte jedes zukünftige Mitglied der Bauherrengemeinschaft „automatisch" Darlehensschuldner werden. Der BGH hielt diese Konstruktion aufgrund der Privatautonomie für zulässig, so dass die zum Zeitpunkt des Abschlusses des Darlehensvertrages noch unbekannten Dritten mit Eintritt in die Bauherrengemeinschaft Darlehensschuldner wurden[696]. In einem weiteren Fall ging der BGH sogar noch weiter und ließ die Vertretung einer zur Zeit der Abgabe der Willenserklärung noch nicht existenten GmbH zu, sofern diese nachträglich als Vertretene bestimmt wird[697]. Nach der BGH-Rechtsprechung ist es also ausreichend, wenn nur die Tatsache der Stellvertretung, nicht aber die konkrete Person des Vertretenen offengelegt wird. Aus der Sicht des BGH muss der Geschäftsherr zum Zeitpunkt der Abgabe der Willenserklärung weder benannt noch objektiv bekannt sein. Es reicht aus, wenn der Geschäftsherr nachträglich bestimmt wird. Dieser Ansicht hat sich die h.Lit. angeschlossen[698].

Nach der BGH-Rechtsprechung ist die Vertretung unbekannter Dritter mit dem Offenkundigkeitsgrundsatz vereinbar. Die h.Lit. wendet die BGH-Rechtsprechung unmittelbar auf das *Future-Pledgee*-Modell an und vertritt die Ansicht, es sei kein Verstoß gegen § 164 BGB festzustellen[699].

---

695 Das Bauherrenmodell war eine in den 1980er Jahren besonders beliebte Kapitalanlagemethode. Die Anleger gründeten eine Bauherren-GbR, die über eine Treuhandgesellschaft Immobilien errichten ließ und anschließend vermietete. Bei der Finanzierung des Bauvorhabens wurde erhebliches Fremdkapital eingesetzt. Da aber die Anleger über das Modell als Immobilienhersteller und nicht Immobilienerwerber handelten, waren die Nebenkosten (z. B. Darlehenszinsen, Notarkosten, Gebühren ggü. dem Treuhänder) als Werbungskosten sofort abziehbar. Das schaffte mitunter erhebliche Steuervorteile, die viele Anleger zu einer Beteiligung im Bauherrenmodell bewegte. Vgl. zum Ganzen *Wolfsteiner*, DNotZ 1979, S. 579 ff.

696 BGH, Urt. v. 23.06.1988, III ZR 84/87, NJW 1989, S. 164, unter II. 5. der Gründe; **a.A.** noch *Ludwig*, DNotZ 1988, S. 697 ff. und das OLG Karlsruhe, Urt. v. 25.03.1987, 10 U 198/87, DNotZ 1988, S. 694 ff.

697 BGH, Urt. v. 18.09.1997, III ZR 226/96 NJW 1998, S. 62, unter I. 1. der Gründe.

698 Vgl. *Leptien*, in: Soergel, BGB, vor § 164, Rn. 28; *Ellenberger*, in: Palandt, BGB, § 164, Rn. 1; *Schramm*, in: MünchKomm, BGB, § 164, Rn. 20; *Schilken*, in: Staudinger, BGB, Vorbem zu §§ 164 ff, Rn. 35 m.w.N.

699 *Apfelbaum*, Die Verpfändung der Mitgliedschaft in der Aktiengesellschaft, S. 247; *Danielewsky/Dettmar*, WM 2008, S. 713 (716); *Harpering*, Die Übertragung akzessorisch besicherter Forderungen im Rahmen von *syndicated loans*, S. 148; *Schrell/Kirchner*, ZBB 2002, S. 230 (231).

bb) Stellungnahme

In der Tat scheint insbesondere der eben besprochene Bauherrengemeinschafts-Fall[700] mit dem *Future-Pledgee*-Modell vergleichbar. Beabsichtigt ist in beiden Fällen eine Stellvertretung durch einen (Sicherheiten-)Treuhänder für einen noch unbekannten Dritten. Im Fall des *Future-Pledgee*-Modells soll der Neukonsorte durch den Eintritt in das Konsortium automatisch Vertragspartner des Sicherheitengebers – und damit Pfandrechtsgläubiger – werden[701], im Fall des Bauherrenmodells soll der neue Bauherr durch Eintritt in die Bauherrengemeinschaft automatisch Vertragspartner des Darlehensgebers werden. Das Bauherrenmodell und das *Future-Pledgee*-Modell entsprechen sich also, so dass der BGH vorliegend keinen Verstoß gegen das Offenkundigkeitsprinzip feststellen dürfte.

Warum aus rechtsdogmatischer Sicht die Stellvertretung unbekannter Dritter zulässig ist, bleibt indessen das Geheimnis des BGH. Er begnügt sich mit folgender Feststellung:

> „Eine solche im Rahmen der Privatautonomie gewählte Vertragsgestaltung begegnet unter den gegebenen Umständen keinen rechtlichen Bedenken."[702]

Allein der Hinweis auf die Privatautonomie vermag aber nicht eine inhaltliche Auseinandersetzung mit dem zwingenden Offenkundigkeitsprinzip zu ersetzen. Auch in der Literatur wird – mit Ausnahme von *Förl*[703] (dazu sogleich) – von niemandem erörtert, warum die Stellvertretung unbekannter Dritter als zulässig einzuordnen ist. Für das *Future-Pledgee*-Konzept wird entweder auf die o.g. BGH-Rechtsprechung, die Vertragsfreiheit oder § 95 HGB verwiesen, ohne die Argumente näher zu beleuchten[704].

Einen Hinweis auf den rechtsdogmatischen Hintergrund gibt *Karsten Schmidt* in seinem viel zitierten Aufsatz aus dem Jahr 1987:

---

700 BGH, Urt. v. 23.06.1988, III ZR 84/87, NJW 1989, S. 164.

701 Vgl. dazu unten im Anhang I, unter C. (*Future-Pledgee*-Modell).

702 BGH, Urt. v. 23.06.1988, III ZR 84/87, NJW 1989, S. 164, unter II. 5. der Gründe.

703 *Förl*, RNotZ 2007, S. 433 (436 ff.)

704 Z.B. bei *Danielewsky/Dettmar*, WM 2008, S. 713 (716): „Die Vertretung eines noch nicht bekannten Dritten wird für Verpflichtungsgeschäfte überwiegend für zulässig erachtet, denn für einen Vertragsschluss mittels eines Stellvertreters ist es lediglich erforderlich, aber auch ausreichend, dass der Vertretene individualisierbar und bestimmbar ist.") oder *Schrell/Kirchner*, ZBB 2002, S. 230 (230): „Die Unbedenklichkeite dieser Gestaltung steht im Grundsatz außer Frage. Begründet wird sie einerseits mit dem Grundsatz der Vertragsfreiheit, andererseits mit der Regelung des § 95 HGB.") oder *Apfelbaum*, Die Verpfändung der Mitgliedschaft in der Aktiengesellschaft, S. 247 („Während die Zulässigkeit dieser Konstruktion bei schuldrechtlichen Verträgen wegen § 95 I HGB außer Zweifel steht, ...").

„Die Privatautonomie gestattet es einer Partei, sich zu binden, obwohl notwendige Bestimmungen des Vertrags noch von der anderen Seite festgelegt werden müssen. Das gilt für die Bestimmung von Leistungspflichten [...], aber auch für die Identität des Vertragspartners."[705]

K.Schmidt stellt also für die Zulässigkeit der Vertretung unbekannter Dritter darauf ab, dass der das Angebot Erklärende auch dann seiner Willenserklärung Bindungswirkung zukommen lassen könne, wenn er die Bestimmung einzelner Vertragsbestimmungen einem anderen überlasst. Offenbar ist für ihn die Stellvertretung unbekannter Dritter dann zulässig, wenn und weil ein Angebot auch ggü. einem noch unbekannten Vertragspartner bindend ist.

K.Schmidts Rückgriff auf die Regeln der §§ 145 ff. BGB überzeugt. Denn die Stellvertretung ist nur eine Sonderform der Abgabe und Annahme von Willenserklärungen. Entgegen dem üblichen Muster, das §§ 145, 147 BGB zugrunde liegt, sieht § 164 BGB nicht die Abgabe und Annahme von Willenserklärungen unmittelbar zwischen zwei Personen, sondern die Zwischenschaltung eines Dritten vor. Das Offenkundigkeitsprinzip soll dabei gewährleisten, dass trotz der Einschaltung des Dritten der wahre Vertragspartner erkennbar bleibt. Die identischen Erwägungen liegen auch dem Bestimmtheitserfordernis des § 145 BGB zugrunde. Denn die Bindungswirkung des § 145 BGB kann nach unbestrittener Auffassung nur dann eintreten, wenn die wesentlichen Vertragsbestimmungen (sog. *„essentialia negotii"*) wie Vertragsgegenstand, Vertragstyp, die Gegenleistung und eben auch die Vertragspartner bestimmt sind[706]. Ansonsten würde man der Willenserklärung des Antragenden eine Bindungswirkung zusprechen, ohne dass der Antragende (im Wesentlichen) wüsste, worauf er sich einlässt. Sowohl dem Bestimmtheitsgrundsatz des § 145 BGB als auch dem Offenkundigkeitsprinzip des § 164 BGB liegt also die Erwägung zugrunde, dass eine vertragliche Bindung nur eintreten kann, wenn der Vertragspartner bestimmt ist. Die Wertung beider Fälle muss daher parallel laufen, m.a.W.: Ist das Angebot an einen noch unbekannten Vertragspartner i.R. des § 145 BGB zulässig, ist auch die Stellvertretung für einen unbekannten Dritten zulässig. In diesem Sinne äußert sich auch *Förl*, der das *Future-Pledgee*-Modell dann für zulässig erachtet, wenn sein Ergebnis auch über einen sukzessiven Vertragsschluss erreicht werden könnte[707].

---

705 *K.Schmidt*, JuS 1987, S. 425 (431).
706 Vgl. *Bork*, in: Staudinger, BGB, § 145, Rn. 17, *Wolf*, in: Soergel, BGB, § 145, Rn. 4.
707 *Förl*, RNotZ 2007, S. 433 (436 ff.).

aaa) Die Bestimmtheit i.R. einer *invitatio ad incertam personam*

Die Bindungswirkung eines Angebots an einen unbekannten Dritten ist i.R. einer sog. „*invitatio ad incertam personam*" für § 145 BGB grundsätzlich anerkannt[708]. Bei einem Angebot *ad incertam personam* wird die Willenserklärung ggü. einem noch unbekannten Vertragspartner erklärt. Die Willenserklärung geht damit zunächst einmal ins Leere. Der Willenserklärung ist aber durch Auslegung gem. § 133 BGB Bindungswirkung beizumessen, wenn der potentielle Vertragspartner zumindest bestimmbar ist[709]. So hat der BGH im Fall einer Internetauktion das Angebot auf der Internetplattform als bindende Willenserklärung i.S. des § 145 BGB angesehen, obwohl der Adressat der Willenserklärung (nämlich der Höchstbietende) noch gar nicht feststand[710]. Die für die Bindungswirkung erforderliche Bestimmbarkeit war für den BGH aber dadurch gewährleistet, dass sich das Angebot an den jeweils Höchstbietenden richtete. Damit sei der Adressat des Angebots ausreichend bestimmbar[711]. Die konkrete Bestimmung des Angebotsempfängers kann daher nach der BGH-Rechtsprechung zunächst offen bleiben, wenn sich aus der Auslegung ergibt, mit wem der Antragende i.E. den Vertrag abschließen will. Dies kann der Höchstbietende, das Mitglied einer Bauherrengemeinschaft[712], u.U. aber auch jedermann[713] sein. Die *invitatio ad incertam personam* ist dann ein bindendes Angebot i.S. des § 145 BGB.

bbb) Die Bestimmtheit i.R. des *Future-Pledgee*-Modells

Die Rechtsprechung zur *invitatio ad incertam personam* ist aufgrund der vergleichbaren Situation auf das Problem der Stellvertretung unbekannter Dritter zu übertragen. Das Offenkundigkeitsprinzip ist damit gewahrt, wenn der Geschäftsherr aus einem Personenkreis zumindest bestimmbar ist. Der Sicherheitentreuhänder tritt i.R. des *Future-Pledgee*-Modells als Stellvertreter für alle zukünftigen Neukonsorten auf. Die Vertretenen lassen sich aus dem (zukünftigen) Kreis der Konsortiumsmitglieder bestimmen. Damit ist die erforderliche Be-

---

708 *Bork*, in: Staudinger, BGB, § 145, Rn. 19.

709 So auch *Förl*, RNotZ 2007, S. 433 (438).

710 Vgl. BGH, Urt. v. 03.11.2004, VIII ZR 375/03, NJW 2005, S. 53, unter II. 2. a) bb) der Gründe; BGH, Urt. v. 07.11.2001, VIII ZR 13/01, BGHZ 149, S. 129, unter II. 3. b) bb) der Gründe.

711 Vgl. insbesondere BGH, Urt. v. 07.11.2001, VIII ZR 13/01, BGHZ 149, S. 129, unter II. 3. b) bb) der Gründe.

712 Vgl. dazu oben unter B. I. 2. a) aa) (H.M.: Stellvertretung unbekannter Dritter als Anwendungsfall des Offenkundigkeitsprinzips).

713 Ein bindendes Angebot an jedermann wird wohl wegen des umfangreichen Adressatenkreises nur bei Alltagsgeschäften anzunehmen sein, vgl. *Bork*, in: Staudinger, BGB, § 145, Rn. 19.

stimmbarkeit gegeben. Das Offenkundigkeitsprinzip wird durch das *Future-Pledgee*-Modell eingehalten.

cc) Kein „Geschäft für den, den es angeht"

In der Literatur wird teilweise vertreten, bei der Stellvertretung des Sicherheitentreuhänders für die Neukonsorten handele es sich um ein „offenes Geschäft für den, den es angeht"[714]. Sofern damit das „offene Geschäft für den, den es angeht" als Umschreibung der direkten Stellvertretung unbekannter Dritter verwendet wird, ist die Wortwahl misslungen[715]. Denn das „(echte) Geschäft für den, den es angeht" unterscheidet sich erheblich von der Stellvertretung unbekannter Dritter. Ein „(echtes) Geschäft für den, den es angeht" liegt vor, wenn es dem Vertragspartner gleichgültig ist, mit wem er kontrahiert. In diesem Fall bedarf er auch nicht des durch das Offenkundigkeitsprinzip vermittelten Schutzes[716]. Deshalb kommt das Rechtsgeschäft selbst dann mit dem Geschäftsherren zustande, wenn die Stellvertretung gar nicht offengelegt wird[717]. Das „(echte) Geschäft für den, den es angeht" stellt somit eine Ausnahme vom Offenkundigkeitsprinzip dar. Während das Offenkundigkeitsprinzip im Regelfall verlangt, dass „im Namen des Vertretenen" gehandelt wird, wird beim „Geschäft für den, den es angeht" auf diese Voraussetzung verzichtet. Insofern sind das „(echte) Geschäft für den, den es angeht" und die Stellvertretung unbekannter Dritter wesensverschieden. Während bei ersterem gänzlich auf die Offenkundigkeit verzichtet wird, wird bei letzterer ausdrücklich im Namen des (unbekannten) Dritten gehandelt[718]. Das „Geschäft für den, den es angeht" ist vor allem bei Bargeschäften des täglichen Lebens anzufinden. Darüber hinaus wird es aber kaum anzunehmen sein[719]. Denn sobald es sich um außergewöhnliche, komplexe oder (finanziell) bedeutsame Geschäfte handelt, kann nicht davon ausgegangen werden, dass es dem Vertragspartner gleichgültig ist, mit wem er kontrahiert.

---

714 *Diem*, Akquisitionsfinanzierungen, § 55, Rn. 17; *Böttcher*, Das abstrakte Schuldversprechen in der Kreditsicherung, S. 195.

715 So i.E. auch *Danielewsky/Dettmar*, WM 2008, S. 713 (715); *Harpering*, Die Übertragung akzessorisch besicherter Forderungen im Rahmen von *syndicated loans*, S. 149; *Schrell/Kirchner*, ZBB 2002, S. 230 (230 f.).

716 *Ellenberger*, in: Palandt, BGB, § 164, Rn. 8; *Wolf/Neuner*, Allgemeiner Teil des Bürgerlichen Rechts, § 49, Rn. 50.

717 BGH, Urt. v. 21.12.1954, I ZR 13/54, NJW 1955, S. 587, unter IV. 5. der Gründe.

718 *Leptien*, in: Soergel, BGB, vor § 164, Rn. 25; *Schramm*, in: MünchKomm, BGB, § 164, Rn. 20; *Schilken*, in: Staudinger, BGB, Vorbem zu §§ 164 ff, Rn. 51.

719 *Schilken*, in: Staudinger, BGB, Vorbem zu §§ 164 ff, Rn. 53; beachte aber auch die **Gegenbeispiele** bei *Leptien*, in: Soergel, BGB, vor § 164, Rn. 31 f.

Das *Future-Pledgee*-Modell kann aus zwei Gründen schon kein „Geschäft für den, den es angeht“ sein. Erstens ist nicht davon auszugehen, dass es dem Sicherheitengeber gleichgültig ist, wem er die Sicherheiten bestellt. Vielmehr will er sie nur solchen Banken bestellen, die als Mitglieder des Konsortiums an der Kreditfinanzierung beteiligt sind. Eine Gleichgültigkeit wie bei einem Bargeschäft des täglichen Lebens liegt hier fern. Zweitens wird – ausweislich der Vertragsdokumentation[720] – die Stellvertretung offengelegt. Der Sicherheitentreuhänder handelt ausdrücklich im Namen eines (noch unbekannten) Geschäftsherren, so dass i.E. der Offenkundigkeitsgrundsatz gewahrt ist. Für diesen Fall bedarf es schon keines Rückgriffs auf die Figur des „Geschäfts für den, den es angeht“[721]. Ein „Geschäft für den, den es angeht“ kann daher für das *Future-Pledgee*-Modell nicht angenommen werden[722].

b) Keine Rückwirkung der Genehmigung

Zu einer wirksamen Stellvertretung bedarf es zuletzt noch der Vertretungsmacht. Die Vertretungsmacht muss zum Zeitpunkt der Abgabe der Willenserklärung vorliegen[723]. Zum Zeitpunkt des Empfangs des Angebots des Sicherungsgebers und der Abgabe der Annahmeerklärung hat der Sicherheitentreuhänder noch keine Vertretungsmacht, weil gar nicht feststeht, wer der Vertretene ist. Damit scheidet eine wirksame Stellvertretung zunächst aus.

aa) H.M.: Keine Rückwirkung der Genehmigung

Der Mangel an Vertretungsmacht kann aber nachträglich durch Genehmigung des Vertretenen geheilt werden, § 177 Abs. 1 BGB. Die Genehmigung entfaltet grundsätzlich Rückwirkung gem. § 184 Abs. 1 BGB. Sobald der Neukonsorte in das Konsortium eintritt, erfolgt die Genehmigung der Stellvertretung ggü. dem Sicherheitentreuhänder. Die Genehmigung kann ausdrücklich oder konkludent erfolgen[724]. Durch den Eintritt in das Konsortium gibt der Neukonsorte zu er-

---

720 Für den Vertragstext vgl. unten im Anhang I, unter C. (*Future-Pledgee*-Modell).

721 Vgl. *Leptien*, in: Soergel, BGB, vor § 164, Rn. 25; *Schramm*, in: MünchKomm, BGB, § 164, Rn. 20; *Schilken*, in: Staudinger, BGB, Vorbem zu §§ 164 ff, Rn. 51.

722 So i.E. auch die h.Lit., vgl. *Danielewsky/Dettmar*, WM 2008, S. 713 (715); *Harpering*, Die Übertragung akzessorisch besicherter Forderungen im Rahmen von *syndicated loans*, S. 149; *Schrell/Kirchner*, ZBB 2002, S. 230 (230 f.).

723 *Wolf/Neuner*, Allgemeiner Teil des Bürgerlichen Rechts, § 49, Rn. 38.

724 Vgl. BGH, Urt. v. 22.02.2005, XI ZR 41/04, NJW 2005, S. 1488, unter II. 2. b) dd) (2) der Gründe; BGH, Urt. v. 14.05.2002, XI ZR 155/01, NJW 2002, S. 2325, unter II. 3. c) der Gründe.

kennen, dass er an dem Finanzierungsvorhaben teilhaben möchte und dementsprechend auch besichert werden möchte. Durch den Beitritt zum Konsortialvertrag akzeptiert er zudem die Kreditsicherungspolitik des Konsortiums und gibt damit zu erkennen, dass er mit dem *Future-Pledgee*-Modell einverstanden ist. Damit hat er zumindest konkludent die Stellvertretung genehmigt. Als Rechtsfolge wird die Stellvertretung normalerweise rückwirkend wirksam, vgl. § 184 Abs. 1 BGB, so dass *ex tunc* ein Pfandrecht entstehen müsste. Im Fall der Stellvertretung unbekannter Dritter wird aber einhellig vertreten, dass keine Rückwirkung eintrete[725]. Das Rechtsgeschäft komme nur *ex nunc* zustande.

Eine rechtsdogmatische Auseinandersetzung mit der Rückwirkung i.R. der Stellvertretung unbekannter Dritter findet allerdings nicht statt. Der BGH stellt bloß fest:

> „Eine Rückwirkung entsprechend §§ 177 I, 184 I BGB findet nicht statt.“[726]

Einen Hinweis gibt wiederum *K.Schmidt* in seinem schon erwähnten Aufsatz aus dem Jahr 1987:

> „Muss der richtige Vertragspartner erst noch gefunden werden (*unbekannter* Vertragspartner), so wird man – selbst wenn er das Geschäft nach § 177 BGB genehmigt – nur ein Wirksamwerden *ex nunc* annehmen dürfen, weil sich die Vorstellung eines Vertragsverhältnisses ohne Vertragspartner kaum in das Bild der Rechtsgeschäftslehre einfügt.“[727]

Nach *K.Schmidt* liegt also die *ex-nunc*-Wirkung daran, dass bei einer Rückwirkung ein Vertrag für einen Zeitraum zustande käme, in dem noch gar kein Vertragspartner identifizierbar war. Ohne Vertragspartner kann es aber auch keinen Vertrag geben. Aufgrund dieser Erwägungen scheint die h.Lit. auch der Genehmigung eines Neukonsorten i.R. des *Future-Pledgee*-Modells keine Rückwirkung zugestehen zu wollen[728]. Denn die Genehmigung könne nur die mangelnde Vertre-

---

725 Vor allem *Ludwig*, NJW 1983, S. 2792 (2795) und *K.Schmidt*, JuS 1987, S. 425 (431); i.Ü. auch der BGH, Urt. v. 18.09.1997, III ZR 226/96, NJW 1998, S. 62, unter I. 1. der Gründe sowie *Leptien*, in: Soergel, BGB, vor § 164, Rn. 28; *Schramm*, in: MünchKomm, BGB, § 164, Rn. 20; *Schilken*, in: Staudinger, BGB, Vorbem zu §§ 164 ff, Rn. 51.

726 BGH, Urt. v. 18.09.1997, III ZR 226/96, NJW 1998, S. 62, unter I. 1. der Gründe.

727 *K.Schmidt*, JuS 1987, S. 425 (431).

728 *Apfelbaum*, Die Verpfändung der Mitgliedschaft in der Aktiengesellschaft, S. 249; *Böttcher*, Das abstrakte Schuldversprechen in der Kreditsicherung, S. 197; *Danielewsky/Dettmar*, WM 2008, S. 713 (716 f.); *Diem*, Akquisitionsfinanzierungen, § 55, Rn. 23; *Harpering*, Die Übertragung akzessorisch besicherter Forderungen im Rahmen von *syndicated loans*, S. 148 f.; *Schrell/Kirchner*, ZBB 2002, S. 230 (231).

tungsmacht heilen, nicht aber den Mangel des fehlenden Vertragspartners[729]. Mangels Rückwirkung entstehe das Pfandrecht daher erst zum Zeitpunkt der Genehmigung. Infolge des Prioritätsprinzips gem. § 1209 BGB sei das Pfandrecht des Neukonsorten daher ggü. demjenigen der Altkonsorten nachrangig.

bb) Stellungnahme

Der h.M. ist nur i.E. zuzustimmen. Denn die Argumentation der h.M. greift m. E. nur für Verfügungsgeschäfte und nicht für Verpflichtungsgeschäfte. Die Ablehnung der Rückwirkung ist nämlich vor allem dem sachenrechtlichen Bestimmtheitsgrundsatz und nicht der allgemeinen Rechtsgeschäftslehre geschuldet.

aaa) Grundsätzlich Rückwirkung gem. §§ 177 Abs. 1, 184 Abs. 1 BGB

Grundsätzlich ist der Genehmigung im Fall der Stellvertretung für einen unbekannten Dritten Rückwirkung gem. §§ 177 Abs. 1, 184 Abs. 1 BGB beizumessen. Der Hinweis von *K.Schmidt*, dass die Rückwirkung deswegen nicht eintreten könne, weil sonst ein Vertragsverhältnis ohne Vertragsparteien zustande käme[730], berücksichtigt nicht das dem Stellvertretungsrecht zugrunde liegende sog. „Repräsentationsprinzip".

Das Stellvertretungsrecht des BGB beruht auf dem Repräsentationsprinzip[731]. Die von *G.F.Puchta* entwickelte Repräsentationstheorie besagt, dass der Stellvertreter derjenige ist, der die Willenserklärungen abgibt und somit das Rechtsgeschäft herbeiführt[732]. Im Gegensatz dazu steht die von *C.F.v.Savigny* entwickelte sog. „Geschäftsherrentheorie", nach der die vom Stellvertreter abgegebene Willenserklärung als eine solche des Geschäftsherren anzusehen ist[733]. In der Rechtsfolge unterscheiden sich die beiden Theorien dadurch, dass die Repräsentationstheorie ein Rechtsgeschäft des Vertreters annimmt, dessen Rechtsfolgen aber nur für und gegen den Geschäftsherren gelten, wohingegen nach der Geschäftsherrentheorie durch die Stellvertretung ein eigenes Rechtsgeschäft des Geschäftsherren zustande kommt. Bei der Verfassung des BGB wurde schließlich das Repräsentationsprinz zugrunde gelegt. Die 1. Kommission formulierte es wie folgt:

---

729 *Apfelbaum*, Die Verpfändung der Mitgliedschaft in der Aktiengesellschaft, S. 249.
730 Vgl. *K.Schmidt*, JuS 1987, S. 425 (431).
731 Vgl. *Mugdan*, Die gesammten Materialien zum Bürgerlichen Gesetzbuch für das Deutsche Reich, Bd. I (Allgemeiner Teil), 1899, Motive, S. 226.
732 *Pawlowski*, JZ 1996, S. 125 (125).
733 *Ders.*, ebenda.

> „Das Geschäft ist ein Geschäft des Vertreters; aber es wird dem Vertretenen so zugerechnet, als ob es von ihm vorgenommen worden wäre.“[734]

Das bedeutet, dass man bei der Stellvertretung unterscheiden muss zwischen dem Abschluss des Vertretergeschäfts und den Wirkungen, die das Vertretergeschäft nach außen zeitigt. Den Abschluss des Vertretergeschäfts nenne ich die „innere Wirksamkeit“, die Wirkungen nach außen die „äußere Wirksamkeit“. Für den Abschluss des Vertretergeschäfts (also die innere Wirksamkeit) kommt es nur auf die Umstände beim Stellvertreter an[735]. Zur Entfaltung der Rechtsfolgen nach außen kommt es darauf an, ob der Geschäftsherr sich die Stellvertretung zu eigen macht. Dies dokumentiert er i.d.R. durch die Erteilung einer Vollmacht[736]. Damit wird deutlich, dass die Vertretungsmacht keine Voraussetzung für den Abschluss des Vertretergeschäfts ist, sondern nur dafür, dass die Rechtsfolgen aus dem Vertretergeschäft den Geschäftsherren treffen[737]. Gibt der Stellvertreter eine eigene Willenserklärung in fremden Namen ab, so kommt es dadurch zum Abschluss eines Rechtsgeschäfts (innere Wirksamkeit). Dieses wirkt aber nur dann für und gegen den Geschäftsherren, wenn der Stellvertreter Vertretungsmacht hatte (äußere Wirksamkeit). Dieses Verständnis wird durch den Wortlaut der Stellvertretungsregeln bestätigt. So lautet § 177 Abs. 1 BGB: „*Schließt jemand* ohne Vertretungsmacht im Namen eines anderen *einen Vertrag*, [...]“ und § 178 S. 1 BGB: „[...] es sei denn, dass er den Mangel der Vertretungsmacht bei dem *Abschluss des Vertrags* gekannt hat“ (Hervorhebung jeweils durch Verfasser). In beiden Fällen geht der Wortlaut des Gesetzes von einem Vertragsschluss aus, obwohl ein Vertreter ohne Vertretungsmacht gehandelt hat. Damit steht fest: Hat der Stellvertreter eine Willenserklärung (in fremdem Namen) abgegeben und existiert dazu eine korrespondierende Willenserklärung, so kommt es zum Abschluss eines Rechtsgeschäfts[738]. Das Erfordernis der Vertretungsmacht hat auf die Entstehung des Rechtsgeschäfts keinen Einfluss, sondern regelt nur, wen die Rechtsfolgen des Vertretergeschäfts treffen. Um Missverständnissen vorzubeugen, sei noch darauf hingewiesen, dass der Vertragsschluss zwischen dem Stellvertreter und dem Vertragsparnter zu keiner Berechtigung oder Verpflichtung des Stellvertreters

---

734 *Mugdan*, Die gesammten Materialien zum Bürgerlichen Gesetzbuch für das Deutsche Reich, Bd. I (Allgemeiner Teil), Motive, S. 226.

735 *Leenen*, in: FS Canaris, Bd. I, 2007, S. 699 (711 f.).

736 Ausnahmsweise wird dem Geschäftsherren das Vertretergeschäft auch ohne bewussten Willensakt, sondern nur aufgrund von Rechtsschein zugerechnet, so z.B. bei der Anscheinsvollmacht.

737 *Leenen*, in: FS Canaris, Bd. I, S. 699 (711 f.).

738 So auch *Schilken*, in: Staudinger, BGB, § 177, Rn. 8.

führt. Dieser hat in fremden Namen gehandelt und nicht für sich selbst. Somit ist er aus dem Rechtsgeschäft weder berechtigt noch verpflichtet.

Damit wird der Begründung der h.M. – soweit sie denn gegeben wird – der Boden entzogen. Denn mit der Repräsentationstheorie kommt es in dem Moment, in dem der Stellvertreter für einen unbekannten Dritten eine Willenserklärung abgibt, zu einem Vertragsschluss zwischen Stellvertreter und Vertragspartner. Dieses Rechtsgeschäft entfaltet nur keine äußere Wirksamkeit, d.h. aus dem Vertretergeschäft entstehen keine unmittelbaren Rechtsfolgen, weil der Stellvertreter noch ohne Vertretungsmacht handelt (sog. „schwebende Unwirksamkeit")[739]. Kommt es später zur Genehmigung der Stellvertretung, so kann die h.M. der Rückwirkung nicht entgegen halten, dass ein Vertragsschluss ohne Vertragspartner undenkbar sei. Denn ein Vertragsschluss hat schon zwischen dem Vertragspartner und dem Vertreter stattgefunden. Die h.M. kann ihr Argument nur unter Geltung der Geschäftsherrentheorie aufrecht erhalten. Denn in der Tat wäre es denklogisch unmöglich, wenn man das Vertretergeschäft als ein eigenes Rechtsgeschäft des Geschäftsherren ansähe, dieser aber zur Zeit des Abschlusses des Vertretergeschäfts als Vertragspartner gar nicht bekannt ist.

Das BGB geht aber den Weg des Repräsentationsprinzips. Die Genehmigung führt damit – genauso wie die im Vorhinein erteilte Vollmacht – dazu, dass nur die Rechtsfolgen aus dem (fremden) Vertretergeschäft den Geschäftsherren treffen. Es entsteht kein Eigengeschäft des Geschäftsherren. Die Genehmigung gem. §§ 177 Abs. 1, 184 Abs. 1 BGB bewirkt damit zweierlei:

i. eine Aktivierung der äußeren Wirksamkeit des Vertretergeschäfts und
ii. eine Zuordnung der Rechtsfolgen aus dem Vertretergeschäft zu dem Geschäftsherren.

Beide Wirkungen werden von § 184 Abs. 1 BGB so fingiert, als hätten sie schon beim Abschluss des Vertretergeschäfts stattgefunden. § 184 Abs. 1 BGB geht – dem Repräsentationsprinzip folgend – davon aus, dass ein Vertragsschluss zwischen dem Vertreter und dem Vertragspartner stattgefunden hat. Er setzt damit nicht voraus, dass zum Zeitpunkt des Vertragsschlusses der Geschäftsherr als potentieller Vertragspartner schon fest stand. Denn die Fiktion soll ja gerade den Geschäftsherren an die Stelle des Vertreters setzen und das – fingiert – auch für die Vergangenheit. Die Rechtswirkungen der Genehmigung werden insofern auch dadurch beschrieben, dass der Geschäftsherr das Vertretergeschäft „an sich zie-

739 Es entstehen lediglich die gesetzlich vorgesehenen Rechtsfolgen der §§ 177 ff. BGB, aber keine Rechtsfolgen aus dem Vertretergeschäft selbst.

hen" kann[740]. Diese Umschreibung ist zutreffend, denn bei §§ 177 Abs. 1, 184 Abs. 1 BGB geht es nicht darum zu prüfen, ob in der Vergangenheit ein Vertragsschluss zwischen dem Geschäftsherren und dem Vertragspartner möglich gewesen wäre. Es geht darum, dass sich ein bisher unbeteiligter Dritter so an dem Rechtsgeschäft beteiligen kann, dass er von Beginn an als Vertragspartner angesehen wird. Bei dieser reinen Fiktion kann es keine Rolle spielen, ob der Geschäftsherr in der Vergangenheit bekannt oder unbekannt war.

Der Einwand, § 184 Abs. 1 BGB heile nur den Mangel der Vertretungsmacht und deswegen könne es bei der Stellvertretung für einen unbekannten Dritten nicht zu einem rückwirkenden Vertragsschluss kommen[741], geht fehl. Denn die Vertretungsmacht stellt keine Voraussetzung für den Vertragsschluss zwischen dem Stellvertreter und dem Vertragspartner dar. Die fehlende Vertretungsmacht ist für den Vertragsschluss irrelevant. Das Fehlen der Vertretungsmacht kann somit nicht als Mangel des Vertretergeschäfts angesehen werden. Angenommen zwischen A und B sei ein Kaufvertrag geschlossen worden, der keinen besonderen Formvorschriften unterliegt. Der Kaufvertrag unterliege auch sonst keinen Mängeln und B trete als Stellvertreter für einen unbekannten Dritten auf. Gemäß dem Repräsentationsprinzip kommt es zu einem Vertragsabschluss zwischen A und B. Aufgrund der mangelnden Vertretungsmacht entfaltet das Rechtsgeschäft nur noch keine Rechtswirkung. Sobald aber der Geschäftsherr bestimmt wird und das Rechtsgeschäft von A und B genehmigt, führt dies dazu, dass die Rechtsfolgen aus dem mangelfreien Rechtsgeschäft dem Geschäftsherren zugeordnet werden. Das Beispiel zeigt, dass § 184 Abs. 1 BGB gar nichts mit der Heilung von Mängeln zu tun hat. Denn das Vertretergeschäft ist schon mangelfrei. Die fehlende Vertretungsmacht beim Abschluss des Vertretergeschäfts kann keinen „Mangel" des Vertretergeschäfts darstellen, weil sie schon keine Voraussetzung für das Entstehen des Vertretergeschäfts ist[742]. Die Vertretungsmacht ist nur Voraussetzung dafür, dass die Rechtsfolgen aus dem Vertretergeschäft dem Geschäftsherren zugeordnet werden können. Eine Heilung von Mängeln nimmt § 184 Abs. 1 BGB damit ohnehin nicht vor, sie ist aber bei der Stellvertretung für unbekannte Dritte grundsätzlich auch nicht notwendig. § 184 Abs. 1 BGB hat nur die o.g. beiden Funktionen (Auslösen der äußeren Wirksamkeit, Zuordnung der Rechtsfolgen) und diese können auch für einen Geschäftsherren erfüllt werden, der in der Vergangenheit unbekannt war. Bei einer Stellvertretung für unbekannte Dritte i.R.v. Verpflich-

---

740 So z. B. bei *Brox/Walker*, Allgemeiner Teil des BGB, Rn. 594; *Medicus*, Allgemeiner Teil des BGB, Rn. 975; *Schramm*, in: MünchKomm, BGB, § 177, Rn. 1.

741 *Apfelbaum*, Die Verpfändung der Mitgliedschaft in der Aktiengesellschaft, S. 249.

742 Vgl. *Leenen*, in: FS Canaris, Bd. I, S. 699 (711 f.).

tungsgeschäften ist der Genehmigung daher grundsätzlich Rückwirkung beizumessen.

bbb) Keine Rückwirkung bei der Stellvertretung unbekannter Dritter i.R.v. Verfügungsgeschäften

Fraglich ist allerdings, ob die Rückwirkung auch für dingliche Verfügungen angenommen werden kann. § 184 Abs. 1 BGB unterscheidet grundsätzlich nicht zwischen obligatorischen und dinglichen Rechtsgeschäften. Als Bestandteil des Allgemeinen Teils des BGB gilt die Norm gleichermaßen für das Schuldrecht wie für das Sachenrecht. Kommt es i.R. dinglicher Verfügungsgeschäfte zu einer Stellvertretung, so sind grundsätzlich auch die §§ 177 Abs. 1, 184 Abs. 1 BGB anwendbar[743]. So kann Eigentum oder ein Pfandrecht ebenso rückwirkend entstehen wie vertragliche Ansprüche.

Für den Fall der Stellvertretung unbekannter Dritter i.R.v. Verfügungsgeschäften kann die Rückwirkung aber nicht zum Zug kommen. Denn die Verfügung zugunsten eines unbekannten Dritten widerspricht dem sachenrechtlichen Bestimmtheitsgrundsatz und kann über §§ 177 Abs. 1, 184 Abs. 1 BGB nicht nachgeholt werden. Der Bestimmtheitsgrundsatz verlangt, dass ein dingliches Recht jederzeit zweifelsfrei zugeordnet werden kann[744]. Er ist damit dem stellvertretungsrechtlichen Offenkundigkeitsgrundsatz ähnlich, aber nicht mit ihm identisch. Beide Prinzipien haben insofern eine gewisse Ähnlichkeit, als dass sie der Identifizierung des Geschäftspartners dienen. Allerdings unterscheiden sie sich in dem Umfang des Bestimmtheitsgrades und ihrer Schutzrichtung. Wie gezeigt, reicht es für das Offenkundigkeitsprinzip aus, wenn der Geschäftspartner zunächst noch unbekannt ist, aber aufgrund von gewissen Umständen zumindest bestimmbar ist[745]. Für den sachenrechtlichen Bestimmtheitsgrundsatz reicht dies nicht aus. Denn der Bestimmtheitsgrundsatz verlangt eine einwandfreie Zuordnung der dinglichen Rechte zu Personen. Eine dingliche Zuordnung *ad incertam personam* wäre mit dem Bestimmtheitsgrundsatz unvereinbar[746]. Dies liegt vor allem darin begründet, dass die dinglichen Rechte absolute Wirkung entfalten. Dies können sie nur tun, wenn eindeutig ist, wem welches dingliche Recht zusteht. Der Bestimmtheitsgrundsatz schützt demnach den allgemeinen Rechtsverkehr. Beim

---

743 *Ellenberger*, in: Palandt, BGB, § 184, Rn. 2; *Gursky*, in: Staudinger, BGB, § 184, Rn. 32; *Bayreuther*, in: MünchKomm, BGB, § 184, Rn. 12.

744 Vgl. zum Bestimmtheitsgrundsatz allgemein oben unter A. II. 3. (Kein Verstoß gegen den Bestimmtheitsgrundsatz).

745 Vgl. dazu oben unter B. I. 2. a) bb) (Stellungnahme).

746 Zweifelnd auch *K.Schmidt*, JuS 1987, S. 425 (431).

Offenkundigkeitsprinzip geht es indes nur um den Schutz des Vertragspartners, also einen relativen Schutz[747]. Will der Vertragspartner sich ggü. einem noch unbekannten Dritten binden, so steht es ihm i.R. seiner Privatautonomie frei, sich mit einem geringeren Schutzniveau zufrieden zu geben. Der Umfang des Offenkundigkeitsprinzips bestimmt sich damit auch nach dem Willen des Vertragspartners. Der Bestimmtheitsgrundsatz vermittelt hingegen einen absoluten Schutz. Sein Umfang ist daher starr und nicht durch die Privatautonomie veränderbar.

Zur Zeit der Einigung zwischen Sicherungsgeber und Sicherheitentreuhänder über die Pfandrechtsbestellung ist der Pfandrechtsgläubiger noch gänzlich unbekannt. Zwar kommt die Pfandrechtsbestellung aufgrund des Repräsentationsprinzips schon zwischen dem Sicherungsgeber und dem Sicherheitentreuhänder zustande. Das Pfandrecht kann aber wegen zweier unterschiedlicher Umstände nicht entstehen. Erstens hat der Stellvertreter keine Vertretungsmacht und zweitens ist der Geschäftsherr (im sachenrechtlichen Sinne) nicht bestimmt. Die Vertretungsmacht kann zwar durch die spätere Genehmigung des Neukonsorten nachträglich erreicht werden. Die sachenrechtliche Unbestimmtheit ist aber ein Mangel des Vertretergeschäfts, der nicht rückwirkend geheilt werden kann. Denn die Genehmigung gem. §§ 177 Abs. 1, 184 Abs. 1 BGB heilt (überhaupt) keine Mängel des Vertretergeschäfts, sondern führt nur dazu, dass die Rechtsfolgen aus einem Vertretergeschäft einem Dritten zugeordnet werden[748]. Dem Geschäftsherren würde hier also für den Rückwirkungszeitraum ein unbestimmtes Verfügungsgeschäft zugeordnet werden, das dem sachenrechtlichen Bestimmtheitsgrundsatz widerspricht[749]. Das Rechtsgeschäft kann damit erst dann die Rechtsfolgen ggü. dem Geschäftsherren entfalten, wenn auch die notwendige sachenrechtliche Bestimmtheit erreicht ist. Dieser Zeitpunkt liegt in dem Beitritt des Neukonsorten zum Konsortium und der damit einhergehenden Genehmigung der Pfandrechtsbestellung. Daher kann das Pfandrecht nur *ex nunc* entstehen, d. h. zum Zeitpunkt der Genehmigung.

---

747 **A.A.** *K.Schmidt*, JuS 1987, S. 425 (426), für den das Offenkundigkeitsprinzip auch den Rechtsverkehr schützt, weil klar sein müsse, wem welches Recht/welche Sache zusteht. Meine Ausführungen zeigen aber, dass dies keine Frage des Offenkundigkeitsprinzips ist, sondern des Bestimmtheitsgrundsatzes.

748 Vgl. *Brox/Walker*, Allgemeiner Teil des BGB, Rn. 595; *Schilken*, in: Staudinger, BGB, § 177, Rn. 9; *Schramm*, in: MünchKomm, BGB, § 177, Rn. 43; so auch schon das RG, Urt. v. 19.03.1936, IV 277/35, RGZ 150, S. 385 (387).

749 An der Einhaltung des Bestimmtheitsgrundsatzes ebenfalls zweifelnd *Freitag/Mülbert*, in: Staudinger, BGB, § 488, Rn. 177.

cc) Zwischenergebnis
Das Pfandrecht entsteht für den Neukonsorten erst zum Zeitpunkt der Genehmigung und nicht rückwirkend. Da es für den Rang des Pfandrechts auf den Zeitpunkt der Bestellung ankommt (§ 1209 BGB), erhält der Neukonsorte ein Pfandrecht, das ggü. den Pfandrechten der Altkonsorten nachrangig ist.

c) Ergebnis
Das *Future-Pledgee*-Konzept stellt eine direkte Stellvertretung eines noch unbekannten Neukonsorten dar. Trotz der Unbekanntheit des Neukonsorten kann der Sicherheitentreuhänder bei der Pfandrechtsbestellung als Stellvertreter auftreten, ohne gegen das Offenkundigkeitsprinzip zu verstoßen. Die Vertretungsmacht erhält der Sicherheitentreuhänder durch die Genehmigung des Neukonsorten gem. § 177 Abs. 1 BGB. Die Genehmigung entfaltet grundsätzlich Rückwirkung gem. § 184 Abs. 1 BGB. Dies gilt aber nicht im Fall der Stellvertretung unbekannter Dritter i.R.v. Verfügungsgeschäften. Wegen des sachenrechtlichen Bestimmtheitsgrundsatzes kann das Pfandrecht erst ab dem Zeitpunkt der Genehmigung durch den Neukonsorten entstehen. Der Neukonsorte erhält damit kein erstrangiges Pfandrecht.

Das *Future-Pledgee*-Konzept schafft an dieser Stelle unnötige Probleme. Wie *Förl*[750] überzeugend darlegt, könnte das Ergebnis des *Future-Pledgee*-Konzepts auch durch ein Angebot *ad incertam personam* und eine sukzessive Annahme durch den Neukonsorten erreicht werden, ohne dass ein Stellvertreter eingesetzt würde. Damit könnten die Probleme, die sich aus der Stellvertretung für einen unbekannten Dritten ergeben, vermieden werden. Der ursprüngliche Grund für den Einsatz des Stellvertreters war es u. a., die Bestellung eines rangwahrenden Pfandrechts zu ermöglichen. Dieses Ziel wird aber – wie gezeigt – nicht erreicht. Das *Future-Pledgee*-Modell kann damit nur noch seine Berechtigung haben, wenn es zur Vermeidung von Formvorschriften führt.

3. Formbedürftigkeit der Genehmigung
Die Verpfändung von Rechten richtet sich nach den für die Übertragung des Rechts maßgeblichen Vorschriften, § 1274 Abs. 1 S. 1 BGB. Danach unterliegt die Verpfändung des Rechts besonderen Formvorschriften, wenn auch die Übertragung des Rechts besonderen Formvorschriften unterliegt. Besonders bedeutsam ist die Vorschrift im Fall der GmbH-Anteilsverpfändung, denn diese ist gem. § 1274 Abs. 1

750 *Förl*, RNotZ 2007, S. 433 (436 ff.).

S. 1 BGB i.V.m. § 15 Abs. 3 GmbHG notariell zu beurkunden. Für das *Future-Pledgee*-Konzept stellt sich damit die Frage, ob nicht nur die Verpfändung zwischen Sicherungsgeber und Sicherheitentreuhänder der notariellen Beurkundung bedarf, sondern auch die spätere Genehmigung durch den Neukonsorten. Grundsätzlich ist die Genehmigung formfrei möglich, § 182 Abs. 2 BGB. Dadurch würde aber die Formvorschrift des § 1274 Abs. 1 S. 1 BGB i.V.m. § 15 Abs. 3 GmbHG überhaupt nicht zur Geltung gelangen. Es kommt damit zum Konflikt zwischen den speziellen Formvorschriften des GmbHG und § 182 Abs. 2 BGB. Je nach dem, ob man dem GmbHG oder § 182 Abs. 2 BGB den Vorrang gewährt, kommt man zu einer Formbedürftigkeit oder nicht.

a) H.M.: § 182 Abs. 2 BGB verdrängt alle Formvorschriften

Allgemein wird § 182 Abs. 2 BGB der Vorrang ggü. speziellen Formvorschriften des GmbHG gegeben. Insbesondere im Verhältnis zu § 15 Abs. 3, 4 GmbHG wird von der h.Lit. ausdrücklich vertreten, dass eine Genehmigung der formwirksam vorgenommenen Anteilsabtretung oder des Anteilskaufvertrages keiner notariellen Beurkundung bedürfe, sondern formfrei sei[751].

Der BGH hat in ständiger Rechtsprechung zu § 311b Abs. 1 S. 1 BGB entschieden, dass die Genehmigung eines formwirksam abgeschlossenen Grundstückkaufvertrages gem. § 182 Abs. 2 BGB formfrei sei[752]. Damit hat er Bestrebungen in der Literatur, die in gewissen Fällen der Genehmigung entgegen § 182 Abs. 2 BGB eine Formbedürftigkeit annehmen wollen[753], eine Absage erteilt. Er begründet sein Verständnis u. a. mit dem eindeutigen Wortlaut des § 182 Abs. 2 BGB und der Systematik der Formvorschriften:

> „Der Gesetzgeber hat sich im Interesse der Rechtssicherheit und zur Vermeidung praktischer Schwierigkeiten bewußt für eine Formfreiheit auch in den Fällen entschieden, in denen das Vertretergeschäft beurkundungsbedürftig ist [...]. Es gibt deshalb keine Lücke, die über eine restriktive Auslegung gegen den Gesetzeswortlaut geschlossen werden müßte oder könnte. Es muß grundsätzlich dem Gesetzgeber überlassen bleiben, mit welcher Rigorosität er einen

751 Vgl. *Ebbing*, in: Michalski, GmbHG, 2. Aufl. 2010, § 15, Rn. 91; *Altmeppen*, in: Roth/Altmeppen, GmbHG, § 15, Rn. 74; *Verse*, in: Henssler/Strohn, Gesellschaftsrecht, § 15 GmbHG, Rn. 58; *Fastrich*, in: Baumbach/Hueck, GmbHG, § 15, Rn. 23; **a.A.** für § 2 GmbHG das OLG Köln, Beschl. v. 28.03.1995, 2 Wx 13/95, NJW-RR 1996, S. 550.

752 Vgl. insbesondere BGH, Urt. v. 25.02.1994, V ZR 63/93, BGHZ 125, S. 218, unter B. I. 3. der Gründe; zuletzt auch BGH, Urt. v. 02.04.2004, V ZR 107/03, NJW 2004, S. 2382, unter II. 1. a) aa) der Gründe; i.Ü. urteilte so auch schon das RG, Urt. v. 02.03.1933, VI 350/32, RGZ 140, S. 335 (337 f.).

753 Z.B. *Medicus*, Allgemeiner Teil des BGB, Rn. 1017; *Tiedtke*, JZ 1990, S. 75 (76).

bestimmten Gesetzeszweck [...] umfassend durchsetzen und dabei andere hochrangige Rechtswerte (z. B. Rechtssicherheit und Praktikabilität) hintansetzen will. Eine solche Abwägung hat er, wie sich aus den Gesetzesmaterialien ergibt, in § 182 II BGB im Sinne einer nur begrenzten Berücksichtigung von Formzwecken bewußt und damit verbindlich vorgenommen. Dementsprechend hat der Gesetzgeber in den Fällen, in denen die Interessenabwägung anders ausfiel und die Einhaltung einer Form für die Zustimmung deshalb ausnahmsweise notwendig und zweckmäßig erschien, dies auch ausdrücklich so geregelt (vgl. z. B. §§ 1516 II S. 3; 1517 I S. 2; 1730; 1750 I S. 2; 2120 S. 2 BGB)."[754]

Bei einem solch rigorosen Verständnis des § 182 Abs. 2 BGB dürfte der BGH auch keinerlei Ausnahmen im Verhältnis zu den Formvorschriften des GmbHG machen. Und so entschied er auch in einem Fall vom 25.09.1996[755]. In dem Fall hatte eine Kläger-GmbH ihre Anteile an einer GmbH („K-GmbH") an eine andere GmbH („A-GmbH") verkaufen wollen. Zum Zeitpunkt des (notariell beurkundeten) Abschlusses des Anteilskaufvertrages befand sich die A-GmbH noch in der Gründung und war auch noch nicht im Handelsregister eingetragen. Der Beklagte trat als Stellvertreter für die noch zu gründende A-GmbH auf und erklärte in ihrem Namen die Annahme des Angebots auf Abschluss eines GmbH-Anteilskaufvertrages. Gleichzeitig verpflichtete sich der Geschäftsführer der A-GmbH in einer privatschriftlichen Urkunde dazu, innerhalb von vier Wochen nach Eintragung der A-GmbH in das Handelsregister den Anteilskaufvertrag zu genehmigen. Der BGH vertrat dabei die Ansicht, dass die Verpflichtung des Geschäftsführers zur späteren Genehmigung des Anteilskaufvertrages keiner notariellen Beurkundung bedurft hätte, da die spätere Genehmigung ebenfalls gem. § 182 Abs. 2 BGB formfrei sei[756]. Dabei verweist der BGH auf seine ständige Rechtsprechung zu § 311b Abs. 1 S. 1 BGB[757]. Nach Ansicht des BGH müssen alle speziellen Formvorschriften ggü. § 182 Abs. 2 BGB zurücktreten. Aufgrund des eindeutigen Wortlauts sieht der BGH dort keinen Spielraum für eine einschränkende Auslegung des § 182 Abs. 2 BGB.

Übertragen auf das *Future-Pledgee*-Modell ist daher anzunehmen, dass die h.M. im Fall des *Future-Pledgee*-Konzepts § 182 Abs. 2 BGB den Vorrang ggü. § 1274 Abs. 1 S. 1 BGB i.V.m. § 15 Abs. 3 GmbHG einräumen würde. Die Genehmigung der Pfandrechtsbestellung durch den Neukonsorten müsste daher nach Ansicht der h.M. selbst dann formfrei erfolgen dürfen, wenn die Pfandrechtsbestellung selbst gem. § 1274 Abs. 1 S. 1 BGB i.V.m. § 15 Abs. 3 GmbHG notariell zu beurkunden wäre.

---

754 BGH, Urt. v. 25.02.1994, V ZR 63/93, BGHZ 125, S. 218, unter B. I. 3. a) der Gründe.
755 BGH, Urt. v. 25.09.1996, VIII ZR 172/95, NJW 1996, S. 3338.
756 BGH, a.a.O., unter II. 1. b) der Gründe.
757 Vor allem BGH, Urt. v. 25.02.1994, V ZR 63/93, BGHZ 125, S. 218.

b) *Förl:* Formbedürftigkeit gem. § 1274 Abs. 1 S. 1 BGB i.V.m. § 15 Abs. 3 GmbHG

Förl, der als einziger im Zusammenhang mit dem *Future-Pledgee*-Modell die Frage der Beurkundungspflicht bearbeitet, vertritt die Ansicht, dass sowohl die Verpfändung zwischen dem Sicherungsgeber und Sicherheitentreuhänder als auch die spätere Genehmigung des Neukonsorten der notariellen Beurkundung bedürfen[758]. *Förl* begründet seine Ansicht aber mit der Annahme, dass nicht alles das beurkundet wurde, was zum beurkundungspflichtigen Inhalt nach § 1274 Abs. 1 S. 1 BGB i.V.m. § 15 Abs. 3 GmbHG gehört. Zum beurkundungspflichtigen Inhalt nach § 15 Abs. 3 GmbHG gehört zwingend auch der Erwerber des GmbH-Anteils[759]. Konsequenterweise soll nach *Förl* bei § 1274 Abs. 1 S. 1 BGB i.V.m. § 15 Abs. 3 GmbH auch der Pfandrechtsgläubiger zum beurkundungspflichtigen Inhalt gehören. Da der Pfandrechtsgläubiger (also der Neukonsorte) aber bei der Pfandrechtsbestellung zwischen Sicherungsgeber und Sicherheitentreuhänder noch unbekannt ist, sei diese Pfandrechtsbestellung zunächst einmal formnichtig gem. § 125 S. 1 BGB. Der Vertragsschluss könne später wirksam zustande kommen, wenn der Pfandrechtsgläubiger nachträglich bestimmt würde. Die Bestimmung müsse dann aber notariell beurkundet werden.

c) Stellungnahme

Folgte man der BGH-Rechtsprechung, wäre eindeutig § 182 Abs. 2 BGB der Vorrang zu geben. Die Genehmigung durch den Neukonsorten wäre damit formfrei möglich. Dies ist rechtstechnisch konsequent, denn die Genehmigung nach § 182 Abs. 2 BGB stellt nach der Gesetzeskonzeption nur eine Bedingung für die (äußere) Wirksamkeit des Vertretergeschäfts dar[760]. Damit ist die Genehmigung ein von dem Vertretergeschäft unabhängiger rechtsgeschäftlicher Akt, der nicht denselben Regeln unterliegt wie das Vertretergeschäft. Es ist daher konsequent, bzgl. der Geltung von Formvorschriften zwischen dem Vertretergeschäft und der Genehmigung zu unterscheiden[761]. Die strikte Formlosigkeit, die der BGH vertritt, steht damit im Einklang mit der Systematik des Gesetzes. Die Ansicht *Förls* hingegen beachtet zu wenig den Wortlaut des § 182 Abs. 2 BGB. *Förl* geht allein von dem

---

758 *Förl*, RNotZ 2007, S. 433 (445 ff.)

759 Dies ist unstreitig, da zu dem beurkundungspflichtigen Inhalt zumindest die *essentialia negotii* gehören, vgl. *Reichert/Weller*, in: MünchKomm, GmbHG, § 15, Rn. 56; *Altmeppen*, in: Roth/Altmeppen, GmbHG, § 15, Rn. 70; *Ebbing*, in: Michalski, GmbHG, § 15, Rn. 89.

760 Vgl. *Mugdan*, Die gesammten Materialien zum Bürgerlichen Gesetzbuch für das Deutsche Reich, Bd. I (Allgemeiner Teil), Motive, S. 241.

761 *Gursky*, in: Staudinger, BGB, § 182, Rn. 23.

Beurkundungsumfang des § 15 Abs. 3 GmbHG aus, ohne die Norm in Verhältnis zum Wortlaut von § 182 Abs. 2 BGB zu setzen.

Allerdings ist zu beachten, dass der Sinn und Zweck der Formvorschriften in der Lösung des BGH überhaupt nicht berücksichtigt wird. Der Sinn und Zweck des § 1274 Abs. 1 S. 1 BGB i.V.m. § 15 Abs. 3 GmbHG liegt vor allem in der Beweisfunktion der Beurkundung und wird durch die strikte Anwendung des § 182 Abs. 2 BGB völlig konterkariert. Insofern stehen sich der Wortlaut von § 182 Abs. 2 BGB und der Sinn und Zweck von § 1274 Abs. 1 S. 1 BGB i.V.m. § 15 Abs. 3 GmbHG diametral gegenüber. Das Problem des Widerstreits von Stellvertretungsrecht und speziellen Formvorschriften stellt sich auch i.R. des § 167 Abs. 2 BGB. Es liegt daher nahe, zu prüfen, ob sich aus der Dogmatik zu § 167 Abs. 2 BGB ein Schluss darauf ziehen lässt, ob § 182 Abs. 2 BGB oder § 1274 Abs. 1 S. 1 BGB i.V.m. § 15 Abs. 3 GmbHG der Vorzug zu geben ist.

aa) Übertragung der Dogmatik zu § 167 Abs. 2 BGB?

I.R. des § 167 Abs. 2 BGB ist es allgemeine Meinung, dass der Wortlaut der Norm zu weit geht und teleologisch reduziert werden muss. Vom BGH wird daher verlangt, dass die Erteilung einer Vollmacht zum Erwerb oder zur Veräußerung eines Grundstückes die Form des Vertretergeschäfts erfüllen muss, wenn die Vollmacht unwiderruflich erteilt wird[762]. Neben der Unwiderruflichkeit hat der BGH keine weiteren generellen Kriterien aufgestellt, sondern entscheidet im Einzelfall, ob die Vollmachterteilung entgegen § 167 Abs. 2 BGB formbedürftig sein soll. Seine Rechtsprechung bezieht sich dabei zumeist nur auf den Erwerb bzw. die Veräußerung von Grundstücken, mitunter aber auch auf die unwiderrufliche Vollmachterteilung zur Abgabe einer Bürgschaft[763]. Die h.Lit. geht ebenfalls von einer teleologischen Reduktion des § 167 Abs. 2 BGB aus, nimmt diese aber generalisierend in den Fällen vor, in denen die Vollmacht unwiderruflich erteilt wird und der Formvorschrift neben der Beweisfunktion auch eine Warnfunktion inne-

---

762 St. Rspr. des BGH, vgl. Urt. v. 23.02.1979, V ZR 171/77, NJW 1979, S. 2306 m.w.N.; gleiche Tendenz schon beim RG, Urt. v. 28.04.1911, II 466/10, RGZ 76, S. 182 (183 f.).

763 BGH, Urt. v. 29.02.1996, IX ZR 153/95, BGHZ 132, S. 119, unter II 2. c) der Gründe. Das lässt möglicherweise den Schluss zu, dass auch der BGH seine Rechtsprechung dahingehend verallgemeinern will, dass § 167 Abs. 2 BGB in allen Fällen teleologisch reduziert werden muss, in denen die Vollmacht unwiderruflich erteilt wird und der Formvorschrift des Vertretergeschäfts eine Warnfunktion zukommt.

wohnt[764]. Sie ergänzt damit die Rechtsprechung des BGH um das Kriterium der Warnfunktion.

Die teleologische Reduktion von § 167 Abs. 2 BGB wird damit begründet, dass sich der Geschäftsherr durch die Erteilung einer unwiderruflichen Vollmacht genauso bindet wie bei der Vornahme des formbedürftigen Rechtsgeschäfts selbst und in diesem Fall die Erteilung einer formlosen Vollmacht zur Umgehung der Formvorschriften genutzt werden könne[765]. Zudem werde durch die Erteilung der Vollmacht das Vertretergeschäft erst rechtlich möglich, so dass eine strikte Trennung von formbedürftigem Vertretergeschäft und formloser Vollmacht nicht sinnvoll möglich sei[766]. Fraglich ist, ob diese zu § 167 Abs. 2 BGB entwickelte Dogmatik auf § 182 Abs. 2 BGB übertragen werden kann.

aaa) H.M.: Keine Übertragung der Dogmatik von § 167 Abs. 2 BGB auf § 182 Abs. 2 BGB

Eine Übertragung der Dogmatik von § 167 Abs. 2 BGB auf § 182 Abs. 2 BGB wird von der h.M. abgelehnt[767]. Begründet wird die Ablehnung mit der mangelnden Vergleichbarkeit von § 167 Abs. 2 BGB und § 182 Abs. 2 BGB. Während bei der Erteilung einer Vollmacht das Rechtsgeschäft erst noch abzuschließen sei und die Warnfunktion daher noch sinnvoll erfüllt werden müsse, liege bei der Genehmigung bereits ein formgültiges Rechtsgeschäft vor, bei dem die Warnfunktion schon ggü. dem Stellvertreter erfüllt worden sei[768]. Zudem wird auf die Gesetzessystematik abgestellt. So habe der Gesetzgeber die Zustimmung i.S. des § 182 BGB an verschiedenen Stellen ausdrücklich formbedürftig ausgestaltet, z.B. bei §§ 1516 Abs. 2, 1750 Abs. 1 oder 2120 BGB. Dass er an diesen Stellen ausdrücklich eine Formbedürftigkeit für die Zustimmung angeordnet hat, deute daraufhin, dass er daneben keine weiteren Ausnahmen von der Formfreiheit der Genehmigung i.S. des § 182 Abs. 2 BGB zulassen wollte[769]. Weiterhin sei dem historischen Gesetzgeber die Tragweite seiner Entscheidung bewusst gewesen. Er habe sich aber aus

---

764 *Leptien*, in: Soergel, BGB, § 167, Rn. 11 f.; *Schilken*, in: Staudinger, BGB, § 167, Rn. 20; *Medicus, Allgemeiner Teil des BGB*, Rn. 929; *Schramm*, in: MünchKomm, BGB, § 167, Rn. 19; *Dörner*, in: Schulze, BGB, § 167, Rn. 5; *Ellenberger*, in: Palandt, BGB, § 167, Rn. 2.

765 Vgl. BGH, Urt. v. 11.07.1952, V ZR 80/52, NJW 1952, S. 1210; so auch schon das RG, Urt. v. 29.03.1922, V 493/21, RGZ 104, S. 236 (237).

766 *Schilken*, in: Staudinger, BGB, § 167, Rn. 20.

767 BGH, Urt. v. 25.02.1994, V ZR 63/93, BGHZ 125, S. 218, unter B. I. 3 c) der Gründe; *Gursky*, in: Staudinger, BGB, § 182, Rn. 27 f.; *Ellenberger*, in: Palandt, BGB, § 182, Rn. 2; *Schramm*, in: MünchKomm, BGB, § 182, Rn. 17 f.; *Leptien*, in: Soergel, BGB, § 182, Rn. 5

768 *Schramm*, in: MünchKomm, BGB, § 177, Rn. 38.

769 *Schramm*, in: MünchKomm, BGB, § 182, Rn. 17 f.

Praktikabilitätserwägungen und zur Wahrung der Rechtssicherheit ausdrücklich dagegen entschieden, für die Genehmigung i.S. des § 182 Abs. 2 BGB ausnahmsweise eine Formbedürftigkeit anzuordnen[770]. Zuletzt wird angeführt, dass § 182 Abs. 2 BGB weitestgehend leerlaufen würde, wenn man die Warnfunktion bei jeder Genehmigung berücksichtigen wolle. Da fast jede Formvorschrift eine Warnfunktion enthalte, würde § 182 Abs. 2 BGB in diesem Fall kaum zur Anwendung gelangen, wohingegen § 167 Abs. 2 BGB nur in Fällen der unwiderruflichen Vollmacht teleologisch reduziert werde, ein großer Anwendungsbereich (für die widerrufliche Vollmacht) also noch erhalten bliebe[771].

bbb) A.A.: Gleichlauf von § 167 Abs. 2 BGB und § 182 Abs. 2 BGB

Eine Minderansicht plädiert allerdings für einen Gleichlauf der Wertungen von § 167 Abs. 2 BGB und § 182 Abs. 2 BGB[772]. Dies wird vor allem damit begründet, dass die Genehmigung im Gegensatz zur Vollmachterteilung zu einer unmittelbaren Bindung des Geschäftsherren führt[773]. Der entscheidende Rechtsakt, der die Folgen des Rechtsgeschäfts auslöst, sei die Genehmigung und nicht das Vertretergeschäft. Die Warn- und Schutzfunktion der Formvorschriften sei daher bei der Genehmigung sogar noch stärker notwendig als bei der Vollmachtserteilung[774]. Insofern sei § 182 Abs. 2 BGB in gleicher Weise teleologisch zu reduzieren wie § 167 Abs. 2 BGB. Erfüllt die Formvorschrift also eine Warnfunktion, so sei die Genehmigung entgegen dem Wortlaut von § 182 Abs. 2 BGB ebenfalls formbedürftig.

ccc) Stellungnahme

Ein Gleichlauf von § 167 Abs. 2 BGB und § 182 Abs. 2 BGB ist aufgrund der gleichen Rechtskonstruktion von Vollmachterteilung und Genehmigung angezeigt. Die Unabhängigkeit von der Formbedürftigkeit des Vertretergeschäfts liegt nach der Vorstellung des historischen Gesetzgebers sowohl bei der Vollmacht als auch bei der Genehmigung darin begründet, dass beide eine selbstständige Willenserklärung darstellen, die isoliert vom Vertretergeschäft zu betrachten sind (sog. „Ab-

---

770 BGH, Urt. v. 25.02.1994, V ZR 63/93, BGHZ 125, S. 218, unter B. I. 3 a) der Gründe.
771 *Gursky*, in: Staudinger, BGB, § 182, Rn. 27 f.
772 *Schilken*, in: Staudinger, BGB, § 177, Rn. 10; *Medicus*, Allgemeiner Teil des BGB, Rn. 976; *Einsele*, DNotZ 1996, S. 835.
773 *Schilken*, in: Staudinger, BGB, § 177, Rn. 10.
774 *Medicus*, Allgemeiner Teil des BGB, Rn. 976.

straktionsprinzip")[775]. Da weder die Vollmachterteilung noch die Genehmigung Tatbestandsmerkmal des Vertretergeschäfts sind, sind sie unabhängig vom Vertretergeschäft zu beurteilen. Demnach sind auf sie die allgemeinen Regeln zur Willenserklärung anzuwenden, d.h. die Vollmachterteilung und die Genehmigung können grundsätzlich stillschweigend oder ausdrücklich erklärt werden. Ein Formzwang für die Vollmacht und Genehmigung müsste daher ausdrücklich gesetzlich angeordnet werden[776]. Die 2. Kommission hat sich aber gegen eine solche gesetzliche Anordnung bei der Genehmigung entschieden, weil sie davon ausging, dass die Erwägungen, die die Schutz- und Warnfunktion i.R. des Vertretergeschäfts erforderlich machen, auf die Genehmigung i.d.R. nicht zutreffen[777]. Um zu vermeiden, dass einige Genehmigungen ungerechtfertigterweise einem Formzwang unterworfen würden, müsste in jedem Einzelfall erforscht werden, ob die Schutz- und Warnfunktion auch auf die Genehmigung zutreffe oder nicht. Diese einzelfallbezogene Prüfung wurde aber für äußerst unpraktikabel erachtet, weswegen sich der Gesetzgeber pauschal für die ausnahmslose Formfreiheit entschieden hat[778]. Weiterhin weist die 2. Kommission auch daraufhin, dass die Genehmigung formfrei ausgestaltet werden müsse, weil auch die Vollmachterteilung nicht die Form des Vertretergeschäfts einhalten muss[779]. Aus den Erwägungen der 2. Kommission zeigt sich, dass Vollmachterteilung und Genehmigung wegen ihrer ähnlichen Rechtsstruktur grundsätzlich gleichbehandelt werden müssen.

Es ist daher unverständlich, warum die h.M. bei § 167 Abs. 2 BGB eine teleologische Reduktion vornimmt, bei § 182 Abs. 2 BGB aber nicht. Zwar verweist *Schramm* darauf, dass die Konstellation jeweils anders gelagert sei[780]: So liege bei § 182 Abs. 2 BGB bereits ein formgültiges Rechtsgeschäft vor und die Warnfunktion

---

775 Vgl. zur **Vollmacht** *Flume*, Allgemeiner Teil des Bürgerlichen Rechts, Bd. 2, 2. Aufl. 1975, § 52 2a); zur **Genehmigung** *Mugdan*, Die gesammten Materialien zum Bürgerlichen Gesetzbuch für das Deutsche Reich, Bd. I (Allgemeiner Teil), Protokolle, S. 358.

776 Vgl. zur Genehmigung *Mugdan*, Die gesammten Materialien zum Bürgerlichen Gesetzbuch für das Deutsche Reich, Bd. I (Allgemeiner Teil), Protokolle, S. 358.

777 *Mugdan*, Die gesammten Materialien zum Bürgerlichen Gesetzbuch für das Deutsche Reich, Bd. I (Allgemeiner Teil), Protokolle, S. 359 mit folgendem Beispiel: „Liege z.B. ein Schenkungsversprechen über eine fremde Sache vor, und ertheile ihr Eigenthümer gegen volle Entschädigung seine Einwilligung, so liege in Wahrheit der Zustimmung ein Kauf zu Grunde und es komme mithin der für die Formvorschrift des § 440 [heute: § 518 BGB, Anm. d. Verf.] maßgebende Gesichtspunkt, den unüberlegten Abschluß von einseitig onerosen Geschäften zu verhüten, nicht in Betracht."

778 *Mugdan*, Die gesammten Materialien zum Bürgerlichen Gesetzbuch für das Deutsche Reich, Bd. I (Allgemeiner Teil), Protokolle, S. 359.

779 *Ders.*, a.a.O., S. 358.

780 *Schramm*, in: MünchKomm, BGB, § 177, Rn. 38.

sei schon ggü. dem Stellvertreter erfüllt worden, während bei § 167 Abs. 2 BGB das Rechtsgeschäft noch nicht abgeschlossen worden sei, so dass die Warnfunktion erst noch erfüllt werden müsse. Diese Feststellung ist zweifellos richtig, lässt aber eher einen anderen Schluss zu: Da bei § 182 Abs. 2 BGB schon ein formgültiges Rechtsgeschäft vorliegt, ist die Erteilung der Genehmigung noch viel „gefährlicher" als die Vollmachterteilung. Denn die Genehmigung führt unmittelbar die Rechtsfolgen aus dem Rechtsgeschäft herbei, während es bei der Vollmachterteilung noch offen bleibt, ob der Vertreter die Vollmacht überhaupt einsetzt[781]. Somit kann anhand dieses Arguments keine unterschiedliche Behandlung von Vollmacht und Genehmigung begründet werden.

Auch lässt das Argument der h.M.[782], dass der Gesetzgeber die Fälle, in denen die Zustimmung einem Formzwang unterstellt werde, ausdrücklich geregelt habe (vgl. §§ 1516 Abs. 2, 1750 Abs. 1 oder 2120 BGB), nicht den Schluss zu, dass bei § 182 Abs. 2 BGB im Gegensatz zu § 167 Abs. 2 BGB keine teleologische Reduktion möglich sei. Denn für die Vollmachterteilung sind im Gesetz ebenso ausdrücklich Fälle vorgesehen, in denen diese formbedürftig ist, vgl. z.B. §§ 1904 Abs. 2, 1906 Abs. 5, 1945 Abs. 3 BGB. Wenn die ausdrückliche Anordnung der Formbedürftigkeit ein Argument für die Unzulässigkeit der teleologischen Reduktion sein soll, so gilt dieses für § 167 Abs. 2 BGB ebenso wie für § 182 Abs. 2 BGB. Auch hier lässt die Gesetzessystematik eher den Schluss zu, dass Vollmachterteilung und Genehmigung gleich zu behandeln sind.

Aus der offensichtlichen im Gesetz angelegten Gleichbehandlung von Genehmigung und Vollmachterteilung folgt, dass das Argument der h.M., der historische Gesetzgeber habe die Genehmigung ausnahmslos formfrei ausgestalten wollen und diese Entscheidung sei grundsätzlich zu akzeptieren[783], nicht verfängt. Denn wollte die h.M. die Grundentscheidung des historischen Gesetzgebers i.R. des § 182 Abs. 2 BGB akzeptieren, so müsste sie dies auch i.R. des § 167 Abs. 2 BGB tun. Somit dürfte sie § 167 Abs. 2 BGB ebenfalls nicht teleologisch reduzieren. Die Entscheidung, § 167 Abs. 2 BGB teleologisch zu reduzieren, ist allerdings im Hinblick auf die besonderen Funktionen der Formvorschriften richtig. Denn durch § 167 Abs. 2 BGB könnten sonst die Formvorschriften vollständig ausgehebelt werden[784]. Deshalb nahm schon das RG eine Korrektur des § 167 Abs. 2 BGB vor, um den Missbrauch der formlosen Vollmacht zu verhindern:

---

781 In diesem Sinne auch *Medicus*, Allgemeiner Teil des BGB, Rn. 976.

782 *Schramm*, in: MünchKomm, BGB, § 182, Rn. 17 f.

783 So vor allem der BGH, Urt. v. 25.02.1994, V ZR 63/93, BGHZ 125, S. 218, unter B. I. 3 a) der Gründe.

784 Vgl. BGH, Urt. v. 11.07.1952, V ZR 80/52, NJW 1952, S. 1210.

„Getroffen werden mit dieser Rechtsprechung [...] hauptsächlich die Fälle, in denen die Vollmacht sich nur als das äußere Gewand darstellt, in Wirklichkeit aber als Teil eines einheitlichen, der Form des § 313 BGB [heute: § 311b Abs. 1 BGB, Anm. d. Verf.] unterliegenden Rechtsgeschäfts erscheint, und, mag sie auch in einer besonderen Urkunde ausgestellt sein und den äußeren Eindruck der Abstraktheit hervorrufen, in Wirklichkeit schon demselben Zweck dienen soll und tatsächlich dient, wie das Hauptgeschäft, also in Wahrheit doch nur eine zugunsten der Gegenseite abgegebene verpflichtende Veräußerungserklärung sein sollte, wobei die Bestimmung der Unwiderruflichkeit der Vollmacht eine gewisse Rolle spielt.“[785]

Insofern ist die Entscheidung des historischen Gesetzgebers zur strikten Trennung von formbedürftigem Vertretergeschäft und formloser Vollmacht in Teilen zu korrigieren. Allerdings ist diese Korrektur wegen des Gleichlaufs von Vollmachterteilung und Genehmigung auch bei § 182 Abs. 2 BGB vorzunehmen.

Damit sind §§ 167 Abs. 2, 182 Abs. 2 BGB gleichermaßen für die Fälle teleologisch zu reduzieren, in denen der Sinn und Zweck der Formvorschriften bei wortlautgetreuer Anwendung der Normen außer Kraft verfehlt werden könnte. Dies ist – der h.Lit. entsprechend – bei § 167 Abs. 2 BGB der Fall, wenn die Vollmacht unwiderruflich erteilt wird und die auf das Vertretergeschäft anzuwendende Formvorschrift eine Warnfunktion hat. Denn in diesem Fall erscheint die Vollmacht als Teil eines einheitlichen Rechtsgeschäfts, bei dem sich der Geschäftsherr genauso bindet, als wenn er das Vertretergeschäft selbst vornähme. Bei § 182 Abs. 2 BGB ist – anders als bei § 167 Abs. 2 BGB – keine Beschränkung auf bestimmte Rechtsgeschäfte (wie die unwiderrufliche Vollmacht) möglich. Damit besteht – wie die h.M. betont[786] – bei § 182 Abs. 2 BGB die Gefahr, dass bei Übertragung der Grundsätze zu § 167 Abs. 2 BGB die Norm leerläuft, da fast jeder Formvorschrift eine Warnfunktion innewohnt. Daher ist m. E. im Einzelfall zu prüfen, ob durch den Einsatz des Stellvertreters die Funktionen der Formvorschrift konterkariert werden. Für die Warnfunktion ist insofern zu prüfen, ob sie schon ggü. dem Vertreter erfüllt worden ist und damit auch ggü. dem Genehmigenden als eingehalten anzusehen ist. Dies dürfte i. d. R. anzunehmen sein, denn wenn der Geschäftsherr einen Vertreter einsetzt, ist ihm dessen Wissen gem. § 166 Abs. 1 BGB zuzurechnen. Der BGH wendet § 166 Abs. 1 BGB im Allgemeinen nicht nur auf die Fälle der Zurechnung von Willensmängeln an, sondern generell als sog. „Wissenszurechnung“. Der BGH formuliert dies so:

„Aufgrund des dieser Vorschrift [§ 166 Abs. 1 BGB, Anm. d. Verf.] zu entnehmenden allgemeinen Rechtsgedankens muß sich – unabhängig von einem Vertretungsverhältnis – der-

785 RG, Urt. v. 29.03.1922, V 493/21, RGZ 104, S. 236 (237).
786 *Gursky*, in: Staudinger, BGB, § 182, Rn. 27 f.

> jenige, der einen anderen mit der Erledigung bestimmter Angelegenheiten in eigener Verantwortung betraut, das in diesem Rahmen erlangte Wissen des anderen zurechnen lassen."[787]

Für die Einhaltung der Warnfunktion bedeutet dies, dass sie auch ggü. dem Stellvertreter erfüllt werden kann und anschließend gem. § 166 Abs. 1 BGB analog dem Geschäftsherren zuzurechnen ist. Daher ist i.R. des § 182 Abs. 2 BGB von einer Einhaltung der Warnfunktion der Formvorschrift auszugehen, wenn der Stellvertreter notariell belehrt worden ist[788]. Insofern ist auch kein Leerlaufen des § 182 Abs. 2 BGB zu befürchten. Denn wenn die notarielle Belehrung ggü. dem Stellvertreter stattgefunden hat, kann – in Bezug auf die Warnfunktion – § 182 Abs. 2 BGB voll durchgreifen.

Der Vergleich von § 167 Abs. 2 BGB und § 182 Abs. 2 BGB zeigt, dass bei § 182 Abs. 2 BGB nicht generalisierend darauf abgestellt werden kann, ob der Formvorschrift eine Warnfunktion zukommt oder nicht. Vielmehr ist im Einzelfall zu prüfen, ob der Sinn und Zweck der Formvorschriften trotz des Einsatzes des Stellvertreters entsprochen wird. Bei § 167 Abs. 2 BGB lässt sich dies generalisierend feststellen, da bei einer formlos erteilten unwiderruflichen Vollmacht die Warnfunktion keinesfalls eingehalten werden kann. Bei § 182 Abs. 2 BGB ist eine Generalisierung jedoch nur schwer möglich. Die Warnfunktion kann zwar dadurch eingehalten werden, dass die notarielle Belehrung ggü. dem Stellvertreter erfolgt und sich der Geschäftsherr das Wissen aus dieser Belehrung gem. § 166 Abs. 1 BGB zurechnen lassen muss. Die Einhaltung anderer Funktionen der Formvorschrift muss aber im Einzelfall geprüft werden.

bb) Anwendung auf das *Future-Pledgee*-Modell

Demnach kommt es grundsätzlich darauf an, ob im Einzelfall die Funktionen der auf das Vertretergeschäft anzuwendenden Formvorschriften erfüllt werden. Für das *Future-Pledgee*-Modell bedeutet dies, dass § 182 Abs. 2 BGB dann ggü. § 1274 Abs. 1 S. 1 BGB i.V.m. § 15 Abs. 3 GmbHG Vorrang hat, wenn die Formfunktionen des § 15 Abs. 3 GmbHG hinreichend erfüllt werden. § 15 Abs. 3 GmbHG hat zwei Funktionen: einmal die Verhinderung des spekulativen Handels mit GmbH-Anteilen und zweitens eine Beweisfunktion.

---

787 BGH, Urt. v. 25.03.1982, VII ZR 60/81, BGHZ 83, S. 293, unter III. 3. a) der Gründe.

788 In dieser Hinsicht äußert sich auch *Schramm*, in: MünchKomm, BGB, § 177, Rn. 38, der vertritt, dass der Genehmigende nach Rücksprache mit dem notariell belehrten Vertreter die vorhandenen Risiken des Rechtsgeschäfts überschauen kann.

aaa) Verhinderung des spekulativen Handels

Zunächst soll durch § 15 Abs. 3 GmbHG der spekulative Handel mit GmbH-Geschäftsanteilen verhindert werden[789]. In Bezug auf diesen Zweck ist der BGH allerdings nicht besonders restriktiv. In seinem Urteil vom 10.03.2008[790] hatte eine GmbH („O-GmbH") bestanden, deren zwei Gesellschafter eine GbR („O-GbR") gründeten. Die O-GbR war zu einem geringen Anteil an der O-GmbH beteiligt. Die O-GbR verfolgte sonst keine weiteren Tätigkeiten. Die beiden Gesellschafter verkauften ihre Anteile an der O-GbR an drei Mitarbeiter der O-GmbH. Dadurch sollten diese Mitarbeiter am Gewinn der O-GmbH mittelbar beteiligt werden, was zur weiteren Motivation der Mitarbeiter führen sollte. Der Verkauf der Anteile an der O-GbR sowie die nachfolgende Abtretung erfolgten ohne notarielle Beurkundung. Teile der Literatur vertreten in diesem Zusammenhang die Ansicht, dass der Verkauf und die Abtretung eines GbR-Anteils dann notariell beurkundet werden müsse, wenn sich die Tätigkeit der GbR auf das Halten und Verwalten von GmbH-Anteilen beschränke[791]. In diesem Fall sei eine unzulässige Umgehung des § 15 Abs. 3, 4 GmbHG anzunehmen und die Vorschrift daher analog auf den GbR-Anteilserwerb anzuwenden. Dieser Ansicht folgte der BGH indes nicht[792]. Für ihn führt die Tatsache, dass sich die Tätigkeit der GbR allein auf das Halten und Verwalten von GmbH-Anteilen beschränkt, nicht zu einer Umgehung der Formvorschriften des GmbHG, wenn die mittelbare Beteiligung über die GbR einen legitimen Zweck verfolgt und auf andere Weise sichergestellt ist, dass kein spekulativer Handel mit den GmbH-Anteilen stattfindet[793]. Beides sah der BGH in dem Fall als verwirklicht an, denn die O-GbR diente der Mitarbeiterbeteiligung und nicht der Erleichterung der spekulativen Handels. Zudem war über den Gesellschaftsvertrag festgelegt, dass die Anteile an der O-GbR nur an Mitarbeiter der O-GmbH veräußert werden durften, wodurch ein spekulativer Handel ausgeschlossen sei[794].

---

789 BGH, Urt. v. 24.03.1954, II ZR 23/523, BGHZ 13, S. 49, unter I. der Gründe; zuletzt auch BGH, Urt. v. 10.03.2008, II ZR 312/06, NJW-RR 2008, S. 773, unter II. 2. a) aa) der Gründe.

790 BGH, Urt. v. 10.03.2008, II ZR 312/06, NJW-RR 2008, S. 773.

791 Z. B. *Schäfer*, in: MünchKomm, BGB, § 719, Rn. 36 m.w.N.

792 BGH, Urt. v. 10.03.2008, II ZR 312/06, NJW-RR 2008, S. 773, unter II. 2.

793 So i.E. auch schon BGH, Urt. v. 24.03.1954, II ZR 23/53, BGHZ 13, S. 49, unter I. der Gründe.

794 Deutlich strenger ist der BGH, wenn es um die Umgehung des § 311b Abs. 1 BGB geht. § 311b Abs. 1 BGB wendet er häufiger analog auf andere formfreie Rechtsgeschäfte an, wie z. B. die Erteilung einer Vollmacht gem. § 167 Abs. 2 BGB, vgl. dazu grundlegend BGH, Urt. v. 11.07.1952, V ZR 80/52, NJW 1952, S. 1210. Dies liegt aber vor allem daran, dass § 311b Abs. 1 BGB den Verkäufer vor leichtfertigen Veräußerungen schützen soll und somit eine Warn- und Schutzfunktion hat, was für § 15 Abs. 3, 4 GmbHG nicht gilt, vgl. dazu BGH, Urt. v. 24.03.1954, II ZR 23/

Ähnliche Erwägungen treffen auch für das *Future-Pledgee*-Modell zu, denn durch den Einsatz eines Stellvertreters für einen unbekannten Dritten soll nur die Besicherung der Konsortialbanken erreicht werden. Dieses Ziel dürfte der BGH als legitimen Zeck einstufen. Die Konsortialbanken verfolgen nicht das Ziel, mit den GmbH-Anteilen zu handeln, sondern beabsichtigen eine effektive Besicherung ihrer Rückzahlungsforderungen. Darüber hinaus ist das bloße Pfandrecht für den spekulativen Handel des verpfändeten GmbH-Anteils ohnehin ungeeignet. Zwar kann durch Verwertung des Pfandrechts i.E. die Übertragung des GmbH-Anteils erreicht werden. Durch den besonderen Verwertungsprozess im Wege der Zwangsvollstreckung (§ 1277 BGB) ist aber ein spekulativer Handel mit dem GmbH-Anteil ausgeschlossen. Bevor es überhaupt zu einem Wechsel der Inhaberschaft an dem GmbH-Anteil kommt, müsste zunächst einmal Pfandreife eintreten (d. h. i. d. R. Zahlungsverzug), es muss die Verwertung durch öffentliche Versteigerung vorgenommen werden und dadurch ein Erwerber der GmbH-Anteile gefunden werden. Der Verwertungsprozess beim Pfandrecht eignet sich keineswegs zu einem spekulativen Handel mit GmbH-Anteilen. In dieser Hinsicht widerspricht das *Future-Pledgee*-Modell nicht § 15 Abs. 3 GmbHG.

bbb) Beweisfunktion

Weiterhin wird durch § 15 Abs. 3 GmbHG eine Beweisfunktion verfolgt[795]. Da bei GmbH-Anteilen kein Verbriefungsanspruch wie bei Aktien besteht[796], ist es zur Herstellung von Rechtssicherheit notwendig, die Abtretung der GmbH-Anteile notariell zu beurkunden[797]. Durch die notarielle Urkunde kann zweifelsfrei nachvollzogen werden, wer Inhaber des GmbH-Anteils ist. Dies ist nicht nur für den Rechtsverkehr bedeutend, denn der materielle Inhaber des GmbH-Anteils ist im Handelsregister als Gesellschafter einzutragen (§ 40 Abs. 1 GmbHG). Auch für die GmbH selbst ist die zweifelsfreie Zuordnung der Gesellschaftsanteile unerlässlich, denn nur die Gesellschafter sind gewinnberechtigt (§ 29 Abs. 1 S. 1 GmbHG).

Die Beweisfunktion des § 15 Abs. 3 GmbHG wird über § 1274 Abs. 1 S. 1 BGB auch bei der Bestellung des Pfandrechts berücksichtigt. Denn was für die Inhaberschaft am GmbH-Anteil gilt, gilt auch für die Inhaberschaft am Pfandrecht. Hier

---

523, BGHZ 13, S. 49, unter I. der Gründe. Die Übertragung der strengeren BGH-Rechtsprechung zu § 311b Abs. 1 BGB auf § 15 Abs. 3 GmbHG ist daher nicht möglich.

795 BGH, Urt. v. 24.03.1954, II ZR 23/523, BGHZ 13, S. 49, unter I. der Gründe sowie *Altmeppen*, in: Roth/Altmeppen, GmbHG, § 15, Rn. 66; *Ebbing*, in: Michalski, GmbHG, § 15, Rn. 112.

796 Vgl. dazu oben im 1. Teil, unter B. II. 1. b) (Verpfändung der Mitgliedschaft in einer AG).

797 BGH, Urt. v. 24.03.1954, II ZR 23/523, BGHZ 13, S. 49, unter I. der Gründe.

wie da muss klar sein, wem das (beschränkte dingliche) Recht zusteht. Zwar wird dies beim Pfandrecht auch davon abhängig gemacht, wem die gesicherte Forderung zusteht, vgl. § 1250 Abs. 1 S. 1 (i.V.m. § 1273 Abs. 2) BGB. Dafür muss aber zunächst einmal feststehen, bei wem das Pfandrecht ursprünglich entstanden ist. Der ursprüngliche Pfandrechtsgläubiger ist danach Ausgangspunkt der weiteren Pfandrechtsübertragungen, so dass über eine Kette zweifelsfrei festgestellt werden kann, wem das Pfandrecht zusteht. Zur Ermittlung des Ausgangspunkts muss der ursprüngliche Pfandrechtsgläubiger zweifelsfrei feststehen. § 1274 Abs. 1 S. 1 BGB stellt dies dadurch sicher, dass die Entstehung des Pfandrechts notariell beurkundet wird. Für die persönliche Zuordnung ist es aber elementar, dass der (erste) Pfandrechtsgläubiger in die notarielle Urkunde mit aufgenommen wird[798]. Eine notarielle Urkunde, die auf einen noch zu benennenden Dritten lautet, kann die von § 1274 Abs. 1 S. 1 BGB i.V.m. § 15 Abs. 3 GmbHG bezweckte Beweisfunktion nicht erfüllen, weil ohne Pfandrechtsgläubiger das erste Glied in der Zuordnungskette fehlt. Beim *Future-Pledgee*-Modell ist somit nicht sicher feststellbar, bei wem das Pfandrecht entstanden ist. Die Beweisfunktion kann nicht erfüllt werden.

d) Ergebnis

Beim *Future-Pledgee*-Modell stehen sich § 182 Abs. 2 BGB und § 1274 Abs. 1 S. 1 BGB i.V.m. § 15 Abs. 3 GmbHG gegenüber, so dass fraglich ist, welche Norm der anderen vorgeht. Nach hier vertretener Ansicht kommt es darauf an, dass der Sinn und Zweck der Formvorschriften durch § 182 Abs. 2 BGB nicht unterlaufen wird. Insofern ist § 182 Abs. 2 BGB – wie § 167 Abs. 2 BGB – teleologisch zu reduzieren und es ist im Einzelfall zu prüfen, ob der Sinn und Zweck der Formvorschriften erfüllt wird. Das *Future-Pledgee*-Modell lässt durch die Verwendung eines Stellvertreters für einen unbekannten Dritten die Beweisfunktion des § 1274 Abs. 1 S. 1 BGB i.V.m. § 15 Abs. 3 GmbHG vollständig unberücksichtigt. Daher unterliegt die Genehmigung der Pfandrechtsbestellung der notariellen Beurkundung gem. § 1274 Abs. 1 S. 1 BGB i.V.m. § 15 Abs. 3 GmbHG analog. Sollte die Genehmigung nicht notariell beurkundet werden, ist die Pfandrechtsbestellung nichtig gem. § 125 S. 1 BGB.

Aus der hier dargestellten Systematik ist erkennbar, dass bei dem Einsatz eines Stellvertreters für einen unbekannten Dritten § 182 Abs. 2 BGB generell nicht zur Anwendung gelangt. Denn jeder Formvorschrift wohnt auch eine Beweisfunktion

---

798 Insofern verlangt auch § 15 Abs. 3 GmbHG zwingend, dass die Person des Anteilserwerbers in die Urkunde mit aufgenommen wird, vgl. *Ebbing*, in: Michalski, GmbHG, § 15, Rn. 116; *Fastrich*, in: Baumbach/Hueck, GmbHG, 20. Aufl. 2013, § 15, Rn. 22. Diese Wertung ist auf § 1274 Abs. 1 BGB zu übertragen.

inne, die bei der Stellvertretung für einen unbekannten Dritten niemals erfüllt werden kann, da ein Vertragspartner in der Urkunde nicht genannt wird. Damit wird § 182 Abs. 2 BGB aber nicht der Anwendungsbereich genommen. Denn bei Einsatz eines „normalen" Stellvertreters, bei dem der Geschäftsherr von Anfang an bekannt ist, dürfte die Genehmigung regelmäßig formfrei möglich sein. In diesem Fall ist nämlich durch Nennung des Geschäftsherren in der Urkunde die Beweisfunktion erfüllt und die notarielle Belehrung wird über § 166 Abs. 1 BGB dem Geschäftsherren zugerechnet (Warnfunktion). Damit läuft § 182 Abs. 2 BGB für den Regelfall nicht leer. Dass die Stellvertretung für einen unbekannten Dritten nicht in den Anwendungsbereich des Wortlauts von § 182 Abs. 2 BGB fällt, ist demgegenüber konsequent. § 182 Abs. 2 BGB bestimmt die Formfreiheit nur, weil der historische Gesetzgeber eine strikte Trennung von Genehmigung und Vertretergeschäft vornahm. Diese Trennung erscheint aber dann nicht mehr gerechtfertigt, wenn die Genehmigung „als Teil eines einheitlichen [...] Rechtsgeschäfts erscheint"[799]. Dies ist beim *Future-Pledgee*-Modell anzunehmen, denn mit dem Einsatz eines Stellvertreters für einen unbekannten Dritten ist lediglich die Vorwegnahme der Pfandrechtsbestellung beabsichtigt. Ziel des *Future-Pledgee*-Modells ist es, ein erstrangiges Pfandrecht für die Neukonsorten herzustellen, ohne dass diesen ggü. die Formvorschrift des § 1274 Abs. 1 S. 1 BGB i.V.m. § 15 Abs. 3 GmbHG greift. Die Stellvertretung der unbekannten Neukonsorten ist damit nur die Vorwegnahme der ohnehin beabsichtigten Pfandrechtsbestellung, ähnlich wie bei der unwiderruflichen Erteilung einer Vollmacht zum Grundstückserwerb. Hier wie da steht für die Parteien der Erwerbsvorgang schon fest. Der Stellvertreter dient nur dem Zweck der Verwirklichung anderer Ziele (z. B. Rangwahrung). Damit erscheinen Stellvertretung und Vertretergeschäft nicht mehr als getrennte Rechtsgeschäfte, wie es der historische Gesetzgeber im Auge hatte, sondern als einheitliches Rechtsgeschäft. In diesen Fällen ist es daher geboten, die rechtshistorisch vorgesehene strikte Trennung von Genehmigung und Vertretergeschäft im Hinblick auf die Einhaltung der Formvorschriften wieder aufzuheben.

4. Schiffshypothek und Registerpfandrecht i.R. des *Future-Pledgee*-Modells

Für die Schiffshypothek und das Registerpfandrecht an Luftfahrzeugen bietet das *Future-Pledgee*-Modell ebenfalls keinerlei Vorteile. Zwar muss die Einigung über die Pfandrechtsbestellung nicht notariell beurkundet werden. Sowohl die Schiffshypothek als auch das Registerpfandrecht sind aber eintragungspflichtig,

799 RG, Urt. v. 29. 03. 1922, V 493/21, RGZ 104, S. 236 (237).

vgl. § 8 Abs. 2, § 3 Abs. 1 SchRG und § 5 Abs. 1 LuftFzgG. Zum eintragungspflichtigen Inhalt gehört auch der Pfandrechtsgläubiger, vgl. § 24 Abs. 1 S. 1 SchRG und § 24 Abs. 1 S. 1 LuftFzgG. Ist der Pfandrechtsgläubiger unbekannt, kann auch kein Pfandrecht eingetragen werden. Durch die Stellvertretung unbekannter Dritter kann somit kein Pfandrecht entstehen. Schiffshypothek und Registerpfandrecht entstehen erst zu dem Zeitpunkt, in dem der Pfandrechtsgläubiger bekannt ist und in das jeweilige Register eingetragen wird. Eine Rückwirkung ist aufgrund der Registerpublizität ausgeschlossen. Es führt daher kein Weg daran vorbei, die Schiffshypothek und das Registerpfandrecht für jede Konsortialbank einzeln (neu) zu bestellen[800].

II. Zusammenfassung

Da der Sicherheitentreuhänder ebenfalls insolvent werden kann, bietet sich neben seiner Besicherung auch die Besicherung der Konsortialbanken selbst an. Da die Neukonsorten bei der Pfandrechtsbestellung noch nicht bekannt sind, kann ihnen jedoch nicht zeitgleich zu den Altkonsorten ein Pfandrecht bestellt werden. Würde man den Neukonsorten später selbst das Pfandrecht bestellen, so würden sie nur ein nachrangiges Pfandrecht erhalten, vgl. § 1209 BGB. Um diese Nachrangigkeit zu vermeiden, bedient sich die Praxis des *Future-Pledgee*-Modells. Beim *Future-Pledgee*-Modell tritt der Sicherheitentreuhänder bei der Pfandrechtsbestellung als Stellvertreter für die noch unbekannten Neukonsorten auf. Die Pfandrechtsbestellung ist zunächst schwebend unwirksam, vgl. § 177 Abs. 1 BGB. Sobald der Neukonsorte in das Konsortium eintritt, genehmigt er die Stellvertretung durch den Sicherheitentreuhänder, so dass die Pfandrechtsbestellung wirksam wird, vgl. § 184 Abs. 1 BGB.

Zunächst war zu klären, ob die Stellvertretung unbekannter Dritter generell zulässig ist. Die Rechtsprechung des BGH gibt Grund zu der Annahme, dass die Stellvertretung unbekannter Dritter dann zulässig ist, wenn das Angebot an einen Unbekannten („*invitatio ad incertam personam*") zulässig ist. Die Stellvertretung unbekannter Dritter und das Angebot an einen Unbekannten müssen nach hier vertretener Ansicht parallel verlaufen, weil sich in beiden Fällen der Anbietende rechtsverbindlich ggü. einem noch Unbekannten verpflichten will. Ob noch ein Stellvertreter dazwischen geschaltet ist oder nicht, spielt keine Rolle. Das Angebot an einen Unbekannten wird grundsätzlich als zulässig erachtet, weil es gem.

800 So i.E. für die Schiffshypothek auch *Böttcher*, Das abstrakte Schuldversprechen in der Kreditsicherung, S. 195.

§ 145 BGB allein vom Willen des Anbietenden abhängt, ob er sich ggü. einem noch Unbekannten verpflichtet. Als einzige Voraussetzung wird i.R. des § 145 BGB verlangt, dass der Kreis der möglichen (unbekannten) Vertragspartner bestimmbar ist. Dieser Dogmatik folgend ist die Stellvertretung unbekannter Dritter zulässig, wenn der unbekannte Dritte bestimmbar ist. Dies ist beim *Future-Pledgee*-Modell der Fall, denn als zukünftige Pfandrechtsgläubiger kommen nur diejenigen Banken in Betracht, die Mitglieder des Konsortiums werden. Der Kreis der möglichen Pfandrechtsgläubiger ist auf die Mitglieder des Konsortiums beschränkt, so dass Bestimmbarkeit vorliegt. Die Stellvertretung eines unbekannten Neukonsorten ist damit zulässig.

Weiterhin war die Wirkung der Genehmigung durch den Neukonsorten zu prüfen. Grundsätzlich entfaltet die Genehmigung Rückwirkung, vgl. § 184 Abs. 1 BGB. Damit könnte man annehmen, dass bei einer Genehmigung durch den Neukonsorten das Pfandrecht rückwirkend entsteht. Der Neukonsorte würde damit ein erstrangiges Pfandrecht erwerben. Nach allgemeiner Ansicht entfaltet die Genehmigung bei der Stellvertretung unbekannter Dritter aber keine Rückwirkung, so dass im Fall des *Future-Pledgee*-Konzepts das Pfandrecht nur *ex nunc* entstünde. Dieser Ansicht kann nicht vollständig gefolgt werden. Sofern sich die Genehmigung auf ein schwebendes Verpflichtungsgeschäft bezieht, ist kein Grund ersichtlich, warum das Verpflichtungsgeschäft nur für die Zukunft wirksam werden sollte. Der Wortlaut des § 184 Abs. 1 BGB ist insofern eindeutig. Zwar wird teilweise darauf verwiesen, dass dann im Rückwirkungszeitraum ein Vertrag mit jemanden zustande käme, der zu der Zeit noch gar nicht bekannt gewesen ist und der Vertragsschluss mit einem Unbekannten der allgemeinen Rechtsgeschäftslehre widerspreche. Dieses Argument kann aber im Bereich der Stellvertretung nicht überzeugen, denn nach der im BGB vorherrschenden Repräsentationstheorie kommt bereits zwischen dem Stellvertreter und dem Vertragspartner ein Vertrag zustande (vgl. den Wortlaut von § 177 Abs. 1 BGB: „Schließt jemand [...] einen Vertrag, [...]“). Die Rechtswirkungen dieses Vertrags werden nur rückwirkend einer Person zugeordnet, die beim Vertragsschluss noch nicht wirksam vertreten war. Wenn aber schon zwischen dem Stellvertreter und dem Vertragspartner ein Vertragsschluss zustande kommt, kann es nicht gegen die allgemeine Rechtsgeschäftslehre verstoßen, wenn die Rechtsfolgen aus diesem Vertrag rückwirkend einen bei Vertragsschluss noch unbekannten Dritten treffen. Daher ist für Verpflichtungsgeschäfte eine Rückwirkung nach § 184 Abs. 1 BGB anzunehmen. Ausgeschlossen ist die Rückwirkung nach hier vertretener Ansicht allerdings bei Verfügungsgeschäften, denn eine rückwirkende Zuordnung von dinglichen Rechten zu einem noch unbekannten Dritten wäre mit dem Bestimmtheitsgrundsatz nicht vereinbar. Dieser verlangt, dass dingliche Rechte jederzeit klar und eindeutig zugeordnet werden können. Es würde zu erheblicher

Rechtsunsicherheit führen, wenn dingliche Rechte einem Unbekannten bestellt werden könnten. Daher entsteht das Pfandrecht im Fall des *Future-Pledgee*-Konzepts erst in dem Zeitpunkt, in dem der Pfandrechtsgläubiger bekannt wird, d. h. ab dem Zeitpunkt der Genehmigung. Der Neukonsorte erhält damit ein nachrangiges Pfandrecht.

Zuletzt war zu klären, ob das *Future-Pledgee*-Modell zur Vermeidung von Formvorschriften führt. Dies ist besonders bei der Verpfändung von GmbH-Anteilen von Relevanz, da diese eine notarielle Beurkundung gem. § 1274 Abs. 1 S. 1 BGB i.V.m. § 15 Abs. 3 GmbHG verlangt. Während die Pfandrechtsvorschriften eine spezielle Form vorsehen, stellt das Stellvertretungsrecht eine vollständige Befreiung von Formvorschriften zur Verfügung, vgl. § 182 Abs. 2 BGB. Damit war zu prüfen, welche der beiden Normen Vorrang hat. Nach hier vertretener Auffassung ist § 182 Abs. 2 BGB genau so teleologisch zu reduzieren wie § 167 Abs. 2 BGB. Bei § 167 Abs. 2 BGB ist es allgemeine Meinung, dass die Vollmachterteilung dann nicht formlos möglich ist, wenn der Vollmachtgeber sich durch die Vollmachterteilung schon so bindet, als würde er selbst das Vertretergeschäft vornehmen. Denn in diesem Fall verlangt es der Sinn und Zweck der Formvorschriften (z. B. Warnfunktion), dass diese auch ggü. dem Vollmachtgeber erfüllt werden. Eine Bindung des Vollmachtgebers, die das Einhalten der Formvorschriften erforderlich macht, ist anzunehmen, wenn die Vollmacht unwiderruflich erteilt wird und der Formvorschrift eine Warnfunktion zukommt. Diese Wertungen aus § 167 Abs. 2 BGB sind – entgegen der h.M. – auch auf § 182 Abs. 2 BGB zu übertragen. Denn der in § 167 Abs. 2 BGB und § 182 Abs. 2 BGB angeordneten Formfreiheit liegt derselbe Rechtsgedanke zugrunde. Hier wie dort ist der historische Gesetzgeber davon ausgegangen, dass die Formfreiheit geboten sei, weil man strikt trennen müsse zwischen Vertretergeschäft und Vollmachterteilung/Genehmigung (sog. „Abstraktionsprinzip"). Die Vollmachterteilung und Genehmigung stellen selbstständige Willenserklärungen dar, die isoliert von dem Vertretergeschäft zu betrachten sind. Demnach gelten für die Vollmachterteilung und Genehmigung auch die allgemeinen Regeln für Willenserklärungen, d. h. diese sind ohne gesetzliche angeordneten Formzwang ausdrücklich oder stillschweigend möglich. Der historische Gesetzgeber hat sich gegen die Anordnung eines Formzwangs entschieden, weil er der Ansicht war, dass die rechtspolitischen Erwägungen, die das Vertretergeschäft formbedürftig werden lassen (z. B. Schutz- und Warnfunktion der Formvorschriften), auf die Vollmachterteilung und Genehmigung i. d. R. nicht zutreffen. Diese Vorstellung musste in der Praxis bald korrigiert werden, denn es traten Fälle auf, in denen auf die Vollmachterteilung genau das gleiche Schutz-

und Warnbedürfnis zutraf wie auf das Vertretergeschäft[801]. Die Rechtsprechung ging zu einer teleologischen Reduktion des § 167 Abs. 2 BGB über, weigerte sich aber, § 182 Abs. 2 BGB ebenfalls teleologisch zu reduzieren. Nach dem hier Dargestellten sind aber aus den konzeptionellen Erwägungen des historischen Gesetzgebers Vollmachterteilung und Genehmigung gleich zu behandeln. Für § 182 Abs. 2 BGB ist daher ebenfalls eine teleologische Reduktion vorzunehmen, wenn der Sinn und Zweck der auf das Vertretergeschäft anwendbaren Formvorschrift durch die Genehmigung konterkariert würde. Die Formvorschrift des § 1274 Abs. 1 S. 1 BGB i.V.m. § 15 Abs. 3 GmbHG verfolgt zwei Zwecke: erstens die Verhinderung des spekulativen Handels mit GmbH-Geschäftsanteilen und zweitens eine Beweisfunktion. Der erste Zweck wird durch das *Future-Pledgee*-Modell nicht berührt. Allerdings wird die Beweisfunktion nicht erfüllt. Denn § 1274 Abs. 1 S. 1 BGB i.V.m. § 15 Abs. 3 GmbHG dient dazu, den Pfandrechtsgläubiger zweifelsfrei identifizieren zu können. Dies stellt das Gesetz dadurch sicher, dass die Verpfändung des GmbH-Geschäftsanteils nur durch notarielle Beurkundung erfolgen kann. Der Pfandrechtsgläubiger erscheint dadurch auf einer notariellen Urkunde. Beim *Future-Pledgee*-Konzept, das sich der Figur eines Stellvertreters für einen unbekannten Dritten bedient, ist diese Beweisfunktion nicht erfüllt, denn der Pfandrechtsgläubiger ist bei der notariellen Beurkundung noch gar nicht bekannt. In der Urkunde wird nur der Stellvertreter erwähnt, nicht aber der spätere Pfandrechtsgläubiger. Daher wird die Beweisfunktion durch den Einsatz eines Stellvertreters für einen unbekannten Dritten vereitelt. § 182 Abs. 2 BGB ist in diesem Fall teleologisch zu reduzieren. Die Genehmigung bedarf der notariellen Beurkundung, damit der Pfandrechtsgläubiger ebenfalls in die notarielle Urkunde aufgenommen wird. Das *Future-Pledgee*-Konzept kann daher das beabsichtigte Ziel der Vermeidung von Formvorschriften nicht erreichen.

801 Vgl. z. B. RG, Urt. v. 29.03.1922, V 493/21, RGZ 104, S. 236.

C. Ergebnis des 2. Teils, Praxisempfehlung und Ausblick

Im zweiten Teil wurden drei Modelle aufgezeigt, die in der Praxis verwendet werden, um die akzessorische Besicherung von syndizierten Krediten zu ermöglichen. Grundsätzlich kann man zwischen der Besicherung eines Sicherheitentreuhänders (*Parallel-Debt*-Modell und *Joint-Creditor*-Modell) und der Besicherung der Konsortialbanken selbst (*Future-Pledgee*-Modell) unterscheiden. Aufgabe des zweiten Teils war es, die Modelle im Hinblick auf bürgerlich-rechtliche Aspekte zu untersuchen. Die Existenzberechtigung des *Future-Pledgee*-Modells wird durch die Ausführungen in Frage gestellt. Denn die selbst gesteckten Ziele (Rangwahrung und Vermeidung von Formvorschriften) kann es nicht erreichen. Will man die Neukonsorten eigenständig besichern, so führt kein Weg daran vorbei, ihnen jeweils ein eigenes Pfandrecht zu bestellen. Dieses Pfandrecht ist nachrangig und seine Bestellung muss – sofern es sich auf GmbH-Anteile bezieht – in jedem Fall notariell beurkundet werden. Weiterhin wurde gezeigt, dass das *Parallel-Debt*-Modell und das *Joint-Creditor*-Modell im Einklang mit bürgerlich-rechtlichen Grundsätzen eingesetzt werden können. Allerdings vermögen sie nicht den sachenrechtlichen Prioritätsgrundsatz außer Kraft zu setzen, sondern sind so anzuwenden, dass dieser zur Geltung gelangt. Die Neukonsorten sind damit ggü. Altkonsorten und Drittgläubigern, denen zeitlich vorher ein Pfandrecht bestellt wurde, nachrangig besichert.

Aus bürgerlich-rechtlicher Sicht ist der Einsatz des *Parallel-Debt*-Modells oder des *Joint-Creditor*-Modells empfehlenswert. Eine vorrangige Besicherung der Neukonsorten können diese Modelle aber ebenfalls nicht gewährleisten. Die Konsortialbanken sind daher auf den Einsatz von *Pari-Passu*-Klauseln angewiesen. Diese verpflichten den Kreditnehmer dazu, sicherzustellen, dass die Forderungen und Sicherheiten der Konsortialbanken immer im ersten Rang stehen. Sollte der Kreditnehmer einem Dritten eine gleichrangige Forderung oder Sicherheit bestellen, so sind die Konsortialbanken zur sofortigen Kündigung des Kredites berechtigt. Um ihr Kündigungsrecht wirksam ausüben zu können, ist es notwendig, dass die Konsortialbanken rechtzeitig von der Pfandrechtsbestellung ggü. dem Drittgläubiger erfahren. Daher müssen die *Pari-Passu*-Klauseln mit einem entsprechenden Informationsanspruch ggü. dem Kreditnehmer einhergehen.

Der Kreditnehmer kann die *Pari-Passu*-Klauseln nur einhalten, wenn er den Drittgläubiger dazu bewegen kann, eine nachrangige Sicherheit zu akzeptieren. Nachrangig bedeutet in diesem Fall, dass der Drittgläubiger im Verwertungsfall nach (den Altkonsorten und) den Neukonsorten befriedigt würde. Fraglich ist, wie die Nachrangigkeit rechtstechnisch zu erreichen ist. Eine einfache Lösung wäre es, wenn die Gläubiger untereinander ihre Ränge mit dinglicher Wirkung bestimmen könnten. So könnte dem Drittgläubiger das Pfandrecht mit sofortiger

Wirkung bestellt werden, er könnte aber einen Rangrücktritt ggü. den Konsortialbanken erklären. Da noch nicht geklärt ist, ob Rangabreden mit dinglicher Wirkung beim Pfandrecht zulässig sind[802], ist aber derzeit von einem solchen Vorgehen abzuraten. Alternativ ist daher auf Maßnahmen zurückzugreifen, durch die sichergestellt werden kann, dass das Pfandrecht erst zu einem Zeitpunkt entsteht, in dem mit keiner weiteren Syndizierung mehr zu rechnen ist. Rechtstechnisch kann dies dadurch erreicht werden, dass die Pfandrechtsbestellung mit dem Drittgläubiger unter der aufschiebenden Bedingung (§ 158 Abs. 1 BGB) vorgenommen wird, dass die Konsortialfinanzierung beendet ist (d.h. wenn der Kreditnehmer seine Schulden ggü. dem Konsortium getilgt hat und keine weiteren Kreditmittel mehr von dem Konsortium abrufen kann), das Konsortium zur Sicherheitenverwertung übergeht, der Kreditnehmer einen Insolvenzantrag stellt usw. Als Bedingungseintritt können somit all diejenigen Punkte aufgenommen werden, bei denen nicht mehr damit zu rechnen ist, dass ein Neukonsorte in das Konsortium eintritt. Für den Drittgläubiger bestehen bei dieser Lösung keine rechtlichen Nachteile. Denn über § 161 Abs. 1 BGB ist er vor weiteren Verfügungen des Kreditnehmers während der Schwebezeit geschützt.

Nachdem die bürgerlich-rechtliche Zulässigkeit der unterschiedlichen Modelle überprüft worden ist, wird im Folgenden der Fokus auf die Bewährung der Modelle in der Insolvenz gelegt. Die Betrachtung geht jetzt von der reinen Bestellung der Sicherheiten einen Schritt weiter zur Verwertung der Sicherheiten in der Insolvenz. Bürgerlich-rechtliche Zulässigkeit und insolvenzrechtliche Bewährung ergänzen sich gegenseitig zu einer umfassenden Tauglichkeitsempfehlung.

---

802 **Für die Zulässigkeit von Rangabreden mit dinglicher Wirkung:** *Westermann/Gursky/Eickmann, Sachenrecht,* § 130, Rn. 3; *Habersack*, in: Soergel, BGB, § 1209, Rn. 5; wohl auch das BAG, Urt. v. 16.05.1990, 4 AZR 145/90, NJW 1990, S. 2641, unter II. der Gründe; **dagegen (bloß schuldrechtliche Wirkung):** *Damrau*, in: MünchKomm, BGB, § 1209, Rn. 2; *Wiegand*, in: Staudinger, BGB, § 1209, Rn. 9; *Berger*, in: Jauernig, BGB, § 1209, Rn. 2; *Bassenge*, in: Palandt, BGB, § 1209, Rn. 1.

3. Teil: Der syndizierte Kredit in der Insolvenz

Kreditsicherheiten werden eingesetzt, um die Wahrscheinlichkeit zu erhöhen, dass der „Gesicherte" die ihm versprochene Leistung erhält[803]. Die Kreditsicherheiten haben ihre Bedeutung nur in der Krise des Schuldners. Der Begriff der Krise umschreibt einen Zeitraum, „in dem sich negative wirtschaftliche Entwicklungen im Unternehmen oder seinem Umfeld ereignet haben, die nach Art und Umfang geeignet sind, dessen Lebensfähigkeit ernsthaft zu gefährden"[804]. Die Krise umfasst mehrere Stadien, die von der Strategie- oder Absatzkrise bis zur Insolvenz i.S. der §§ 17–19 InsO reichen können[805]. Kreditsicherheiten können daher sowohl vorübergehenden Liquiditätsengpässen als auch der endgültigen Insolvenz ausgesetzt sein. In letzterem Fall bemisst sich der Wert der Kreditsicherheit an ihrem Bestand im Insolvenzverfahren[806]. Zwar soll die Kreditsicherheit vor allem durch ihre Verwertung vor der Insolvenz ihre Funktion erfüllen. Man wird aber nicht davon ausgehen können, dass dem Darlehensgeber immer rechtzeitig vor Eröffnung des Insolvenzverfahrens die Sicherheitenverwertung gelingt. Sobald ein (vorläufiger) Insolvenzverwalter eingesetzt ist, geht die Verwertungsbefugnis bzgl. aller Gegenstände des Schuldners grundsätzlich auf den Insolvenzverwalter über, vgl. § 89 Abs. 1 InsO. Die Kreditsicherheit hat dann nur noch einen Wert, wenn sie ihrem Inhaber einen Vorteil bei der Verwertung im Insolvenzverfahren verschafft. Daher ist es unumgänglich, bei der Wahl der Sicherheitenstruktur die insolvenzrechtlichen Folgen zu betrachten.

Im letzten Teil dieser Arbeit werden die im 2. Teil dargestellten kreditsicherungsrechtlichen Modelle einer insolvenzrechtlichen Folgenbetrachtung unterzogen. Ziel des 3. Teils ist es, das Modell herauszufiltern, das den Konsortialbanken die beste Stellung im Insolvenzverfahren verschafft. Die Folgenbetrachtung wird dabei für drei unterschiedliche Szenarien durchgespielt: die Insolvenz des Darlehensnehmers, die Insolvenz des Sicherheitentreuhänders und zuletzt die Insolvenz einer Konsortialbank. Die Insolvenz des Sicherheitentreuhänders oder einer Konsortialbank mag auf den ersten Blick als kein besonders naheliegendes Szenario erscheinen, schließlich trägt weder der Sicherheitentreuhänder noch eine Konsortialbank Tilgungs- oder Zinslasten aus dem Konsortialkredit. Auch generell schien zu Beginn des 21. Jahrhunderts die Insolvenz einer Bank geradezu ausgeschlossen. Mit der Bankenkrise ab dem Jahr 2008 ist allerdings deutlich geworden, dass Banken – vor allem durch ihre

803 Vgl. dazu oben im 1. Teil, unter B. I. 1. (Begriff).
804 *Von Kanitz*, Bilanzkunde für Juristen, Rn. 886.
805 Vgl. dazu oben im 1. Teil, unter B. I. 1. (Begriff).
806 *Bülow*, Recht der Kreditsicherheiten, Rn. 1

Aktivitäten im Wertpapiergeschäft – ebenso insolvenzgefährdet sind wie andere Unternehmen[807]. Insbesondere die Investmentbanken, hierzulande aber auch die großen Universalbanken sowie einzelne Landesbanken, nehmen häufig als Konsortialbank oder Sicherheitentreuhänder an Akquisitionsfinanzierungen teil und sind gleichzeitig in riskanten Wertpapiergeschäften engagiert. So haben im Zuge der Bankenkrise 2008 zahlreiche Banken staatliche Rettungsmaßnahmen in Anspruch nehmen müssen, die gleichzeitig in diversen Konsortialkrediten engagiert waren oder sind, z. B. die West LB (wurde abgewickelt), die Commerzbank AG (Stärkung des Eigenkapitals mit staatlichen Mitteln), die Bayern LB und die HSH Nordbank (beide haben staatliche Garantien erhalten)[808]. Alle diese Banken waren oder sind regelmäßig als Konsortialführer oder -bank bzw. Sicherheitentreuhänder i.R.v. Konsortialkrediten tätig. Es ist daher durchaus denkbar, dass ein Sicherheitentreuhänder oder eine Konsortialbank insolvent wird und sich folglich die Frage stellt, wie mit den bestellten Kreditsicherheiten zu verfahren ist.

---

807 Diese Erkenntnis lässt sich anhand der Literatur beispielhaft illustrieren. So beschied z. B. *Obermüller*, Insolvenzrecht in der Bankpraxis, 7. Aufl. 2007, Rn. 5.447 – offenbar noch nicht von den Erfahrungen der Bankenkrise 2008 geprägt – der Insolvenz des Konsortialführers „nur theoretische Bedeutung". In der 8. Aufl. 2011, Rn. 5.807 führt er hingegen an, dass die nicht auszuschließende Insolvenz des Konsortialführers immer wieder Anlass zur Diskussion gebe.

808 Ein Überblick über die staatlichen Rettungsmaßnahmen i.R. der Bankenkrise 2008 ist unter http://www.fmsa.de/de/fmsa/soffin/Berichte/index.html („Historischer Überblick über die Maßnahmen des SoFFin") abrufbar (Abruf vom 12. 08. 2014).

A. Allgemeine Auswirkungen der Insolvenz

Mit der Eröffnung des Insolvenzverfahrens geht die Verwaltungs- und Verfügungsbefugnis über die dem Schuldner gehörenden Gegenstände auf den Insolvenzverwalter über, § 80 Abs. 1 InsO (sog. „Insolvenzbeschlag“). Auch wenn das Eigentum an den Gegenständen nach dem Insolvenzbeschlag bei dem Schuldner verbleibt, kann dieser nicht mehr selbstständig über sein Vermögen verfügen[809]. Aber auch die Gläubiger können nicht mehr ohne Weiteres auf das Vermögen des Schuldners zugreifen. Für sie gilt das (Einzel-)Vollstreckungsverbot gem. § 89 InsO. Die Verwertungsbefugnis bzgl. des Schuldnervermögens steht grundsätzlich allein dem Insolvenzverwalter zu. Dieser verwertet das Schuldnervermögen zentral und kehrt den Erlös in gleichmäßigen Quoten an die Insolvenzgläubiger aus. Der Insolvenzbeschlag dient damit der Realisierung der gemeinschaftlichen Befriedigung aller Gläubiger. Das Insolvenzverfahren stellt insofern eine Sonderform der Zwangsvollstreckung dar[810]. Im Gegensatz zur üblichen Einzelvollstreckung nach dem 8. Buch der ZPO ist in der InsO eine Gesamtvollstreckung vorgesehen. Gesamtvollstreckung bedeutet, dass nicht jeder Gläubiger selbstständig gegen den Schuldner vorgehen darf, um seine Forderung zu befriedigen, sondern alle Gläubiger gemeinschaftlich befriedigt werden, vgl. § 1 S. 1 InsO. Das für die Einzelvollstreckung geltende Prioritätsprinzip wird durch das Prinzip der gleichmäßigen Befriedigung aller Gläubiger („*par conditio creditorum*“) ersetzt[811]. Durch die gleichmäßige Befriedigung aller Gläubiger soll ein „Wettlauf der Gläubiger“ verhindert werden. Ein Wettlauf der Gläubiger wird vom Gesetzgeber nur dann als gerecht empfunden, wenn das Vermögen des Schuldners ausreicht, um alle Gläubiger zu befriedigen[812]. Sollte das Vermögen nicht mehr zur Begleichung aller Forderungen ausreichen, so führt ein Wettlauf der Gläubiger zu ungerechten Ergebnissen, weil eventuelle Individualvorteile einzelner Gläubiger (z. B. auf Grund von besseren Beziehungen zum Schuldner oder Informations- und Zeitvorsprüngen) immer zu Lasten der anderen Gläubiger wirken[813]. Der Vorteil des einen Gläubigers hat damit zwangsweise den Schaden eines anderen Gläubigers zur

---

809 *Reischl*, Insolvenzrecht, Rn. 186 f.

810 Das Insolvenzrecht ist allerdings nicht ausschließlich Prozessrecht, sondern beinhaltet auch viele materiell-rechtliche Regelungen, vgl. zum Ganzen *Pape*, in: Uhlenbruck, InsO, 13. Aufl. 2010, § 4, Rn. 1.

811 BGH, Urt. v. 13.07.1983, VIII ZR 246/82, BGHZ 88, S. 147, unter A. II. 2. der Gründe.

812 *Ganter/Lohmann*, in: MünchKomm, InsO, 3. Aufl. 2013, § 1, Rn. 51; vgl. auch *Stürner*, ZZP 99 (1986), S. 291 (327).

813 Sehr instruktiv zur Rechtfertigung des Gläubigergleichbehandlungsgrundsatzes *Häsemeyer*, KTS 43 (1982), S. 507 (516 f.).

Folge. Dieser ist umso größer, je höher die Forderung des bevorzugten Gläubigers ist. Um diese wechselseitige Einflußnahme der Gläubiger untereinander auszugleichen, werden in der Insolvenz die Gläubiger grundsätzlich gleichbehandelt[814]. Die Gläubiger bilden in der Insolvenz des Schuldners eine Haftungsgemeinschaft.

Der Grundsatz der gleichmäßigen Befriedigung aller Gläubiger bedeutet, dass das Vermögen des Schuldners grundsätzlich unter den Gläubigern zu gleichen Anteilen verteilt wird. Im Regelfall erhalten die Insolvenzgläubiger für ihre Forderungen nur eine Befriedigungsquote, d. h. ihre Forderungen ggü. dem Schuldner werden nur anteilig erfüllt. Dies liegt vor allem daran, dass das Vermögen des insolventen Schuldners i. d. R. nicht ausreicht, um sämtliche Gläubiger zu befriedigen. Da aber im Insolvenzverfahren die Gläubiger grundsätzlich gleichmäßig befriedigt werden sollen, müssen alle Insolvenzgläubiger einen Abschlag auf ihre Forderungen hinnehmen. Für die Insolvenzgläubiger ergibt sich daher im Regelverfahren nur eine durchschnittliche Befriedigungsquote von 3,6 %[815].

Da Forderungen alleine keine verlässliche Befriedigung versprechen, ist die Bestellung von Kreditsicherheiten umso wichtiger, denn die Gläubiger von Kreditsicherheiten werden in der Insolvenz privilegiert (vgl. §§ 49, 50, 51 Nr. 1 InsO, dazu später mehr). Dadurch kann der insolvenzbedingte Forderungsausfall vermieden werden. Für die Kreditsicherheiten besteht allerdings die Gefahr, dass diese über die Insolvenzanfechtung verloren gehen. Der Insolvenzverwalter kann mit dem Instrument der Insolvenzanfechtung Leistungen, die vor der Insolvenzantragstellung vom Schuldner ggü. einem Gläubiger erbracht worden sind, zur Insolvenzmasse zurück verlangen, vgl. §§ 129 ff. InsO. Davon erfasst ist ausdrücklich auch die Bestellung von Kreditsicherheiten (vgl. den Wortlaut der §§ 130 Abs. 1 S. 1, 131 Abs. 1 S. 1, 135 Abs. 1 Nr. 1 InsO: „Sicherung [...] gewährt"). Die Kreditsicherheiten können also nur dann die Befriedigungsaussichten eines Darlehensgebers erhöhen, wenn sie ihrerseits in der Insolvenz Bestand haben.

Der Darlehensgeber eines insolventen Schuldners sieht sich damit zwei wesentlichen Risiken ausgesetzt: einerseits dem Risiko, dass seine Forderung nur zu einem geringen Teil befriedigt wird, andererseits, dass eine ihm ggü. bestellte Kreditsicherheit durch die Insolvenzanfechtung nachträglich entfällt. Ziel der Finanzierungsstruktur ist es daher, den Darlehensrückzahlungsanspruch, zumindest aber die Bestellung der Kreditsicherheit so auszugestalten, dass die Kreditsicherheit keiner Insolvenzanfechtung unterliegt und sie dem Darlehensgeber die vorrangige Befriedigung seiner Forderung ermöglicht. Sind diese beiden

---

814 *Häsemeyer*, KTS 43 (1982), S. 507 (517).

815 Institut für Mittelstandsforschung Bonn, Die Quoten der Insolvenzgläubiger in Regel- und Insolvenzplanverfahren, 2009, S. 12, abrufbar unter: http://www.ifm-bonn.org//uploads/tx_ifmstudies/IfM-Materialien-186.pdf (Abruf vom 12. 08. 2014).

Voraussetzungen gegeben, spricht man von „Insolvenzfestigkeit“. Allgemein gilt ein Recht als insolvenzfest, wenn es auch nach der Eröffnung des Insolvenzverfahrens in gleichem Maße werthaltig bleibt wie außerhalb der Insolvenz. Forderungen sind daher insolvenzfest, wenn bei ihrer Befriedigung keine Abschläge hingenommen werden müssen[816]. Kreditsicherheiten sind insolvenzfest, wenn sie nicht der Insolvenzanfechtung unterliegen. Ziel von Darlehensgebern ist es generell, ihre Forderungen und Kreditsicherheiten insolvenzfest auszugestalten.

816 Vgl. auch *Reuter*, NZI 2010, S. 167 (167).

B. Szenario 1: Insolvenz des Darlehensnehmers/Sicherungsgebers

Das erste Szenario widmet sich der Insolvenz des Darlehensnehmers, der gleichzeitig auch Sicherungsgeber ist. Die Insolvenz des Kreditnehmers ist der wohl wahrscheinlichste Insolvenzfall bei einem syndizierten Kredit. Man darf nicht vergessen, dass syndizierte Kredite vor allem zu Akquisitionszwecken genutzt werden und die Höhe der Fremdkapitalmittel die der bereitgestellten Eigenmittel oftmals bei weitem übersteigt, um den sog. *„leverage effect"* zu erreichen[817]. Die Schuldenlast, die auf dem Kreditnehmer liegt, ist damit enorm und bei auch nur geringfügig negativer Abweichung des tatsächlichen vom prognostizierten Geschäftsergebnis kann die hohe Schuldenlast den Kreditnehmer in die Insolvenz führen. Es wird für die folgende Untersuchung unterstellt, dass über das Vermögen des Darlehensnehmers das Insolvenzverfahren eröffnet worden ist. Bei dieser insolvenzrechtlichen Folgenbetrachtung steht das Schicksal der Kreditsicherheiten im Vordergrund. Verfahrensrechtliche Fragen werden nur geklärt, wenn sie für das jeweilige Modell von besonderer Relevanz sind.

I. *Parallel-Debt*-Modell

Zur Erinnerung[818]: Dem *Parallel-Debt*-Modell liegt ein abstraktes Schuldversprechen i.S. des § 780 BGB zu Grunde. Der Darlehensnehmer verspricht dem Sicherheitentreuhänder eine Schuld, die sich in ihrem Entstehen, ihrer Höhe, ihrem Erlöschen und ihrer Durchsetzbarkeit nach den Darlehensrückzahlungsforderungen der einzelnen Konsortialbanken richtet (sog. „Parallelschuld"). Dadurch entsteht ein „quasi-akzessorisches abstraktes Schuldversprechen", das wiederum als Grundlage für die akzessorischen Sicherheiten genutzt wird. Der Darlehensnehmer bestellt dem Sicherheitentreuhänder die akzessorischen Sicherheiten auf die Parallelschuld. Den einzelnen Konsortialbanken werden selbst keine akzessorischen Sicherheiten bestellt. Diese erhalten nur einen vertraglichen Anspruch ggü. dem Sicherheitentreuhänder, der sie nach Verwertung der akzessorischen Sicherheiten zur (anteiligen) Erlösauskehr berechtigt.

---

817 Vgl. dazu oben im 1. Teil, unter A. I. (Möglichkeiten der Unternehmensfinanzierung).

818 Für eine ausführliche Darstellung der Modellstruktur vgl. oben im 2. Teil, unter A. II. 1. (Struktur des Modells).

1. Gläubigergruppen

Im Insolvenzverfahren werden die Gläubiger in unterschiedliche Gläubigergruppen eingeteilt. Die Einordnung in eine bestimmte Gläubigergruppe hat erheblichen Einfluss auf die Befriedigungschancen des jeweiligen Gläubigers. Der Sicherheitentreuhänder und die Konsortialbanken sind jeweils Gläubiger des insolventen Kreditnehmers. Es stellt sich für sie die Frage, in welche Gläubigergruppe sie einzuordnen sind. Nachfolgend werden die allgemeinen Grundsätze zur Einordnung der Gläubigergruppen dargestellt und anschließend der Sicherheitentreuhänder und die Konsortialbanken den unterschiedlichen Gläubigergruppen zugeordnet.

Im Insolvenzverfahren gilt der Grundsatz der gleichmäßigen Befriedigung aller Gläubiger (*par conditio creditorum*). Die insolvenzrechtliche Gleichbehandlung vollzieht sich aber nicht unterschiedslos. Vielmehr wird nur „Gleiches gleich, aber Ungleiches ungleich“ behandelt[819]. Im Insolvenzverfahren werden die Gläubiger in unterschiedliche Gruppen unterteilt, die in einem Rangverhältnis zueinander stehen. Die Gläubigergleichbehandlung erfolgt nur *innerhalb* der gleichen Gläubigergruppe[820]. *Zwischen* den Gläubigergruppen erfolgt eine abgestufte Befriedigung, d.h. das Schuldnervermögen wird primär an vorrangige Gläubigergruppen verteilt und nur das nach vollständiger Befriedigung der vorrangigen Gläubiger übriggebliebene Restvermögen wird an die nachrangigen Gläubiger ausgekehrt. Durch diese abgestufte Befriedigung wird das Schuldnervermögen sukzessive geschmälert. Während die vorrangigen Gläubiger noch aus dem vollen Vermögen des Schuldners schöpfen können, müssen sich die nachrangigen Gläubiger mit dem Vermögensteil zufrieden geben, der nach vollständiger Befriedigung der vorrangigen Gläubiger übrig bleibt. Dadurch erhalten nicht alle Gläubiger die gleiche Befriedigungsquote, sondern es werden die vorrangigen Gläubiger mitunter voll befriedigt, während die nachrangigen Gläubiger mit einem kompletten Forderungsausfall rechnen müssen[821]. Dieser Umstand erklärt, warum

---

819 *Baur/Stürner*, Zwangsvollstreckungs-, Konkurs- und Vergleichsrecht, Bd. II Insolvenzrecht, 12. Aufl. 1990, Rn. 5.37.

820 Darüber hinaus bestehen noch weitere Ungleichbehandlungen, so werden einige Gläubiger nicht nur vorrangig befriedigt, sondern es können einige auch weiterhin ggü. dem Insolvenzverwalter aufrechnen, andere hingegen nicht, vgl. §§ 94 ff. InsO. Sehr kritisch im Hinblick auf die gemeinschaftliche Befriedigung auch *Becker*, in: Nerlich/Römermann, InsO, Stand: April 2002, § 1, Rn. 22 ff.

821 Auch in Bezug auf die Verwertungsbefugnis bestehen erhebliche Unterschiede. Während für die Insolvenzgläubiger i.S. der §§ 38, 39 InsO das Vollstreckungsverbot gem. § 89 Abs. 1 InsO gilt, bleiben die Aussonderungsberechtigten und Massegläubiger weiterhin zur Einzelvollstreckung berechtigt. Bei den Absonderungsberechtigten kommt es darauf an, ob der Insolvenzverwalter den für die (im Rang weit hinten stehenden) Insolvenzgläubiger i.S. des § 38 InsO nur eine durchschnittliche Befriedigungsquote i.H.v. 3,6 % erreicht wird und für die nachrangigen Insolvenzgläubiger i.S. des § 39 InsO i.d.R. überhaupt nichts mehr übrig bleibt[822]. Es ist daher ein Ansinnen von darlehensgebenden Banken, zu den privilegierten Gläubigergruppen zu gehören und nicht zu den (nachrangigen) Insolvenzgläubigern. Als Gläubigergruppen sieht die InsO vor: die Aussonderungsberechtigten (§§ 47, 48 InsO), die Absonderungsberechtigten (§§ 49 – 52 InsO), die Massegläubiger (§§ 53 – 55 InsO), die Insolvenzgläubiger (§ 38 InsO) und die nachrangigen Insolvenzgläubiger (§ 39 InsO).

a) Die Aussonderungsberechtigten (§§ 47, 48 InsO)

Mit der Eröffnung des Insolvenzverfahrens nimmt der Insolvenzverwalter die Gegenstände, die sich beim Schuldner befinden, in seinen Besitz. Das beim Schuldner vorgefundene Vermögen wird als „Ist-Masse" bezeichnet[823]. Die Ist-Masse muss aber nicht gänzlich ihm gehören, sondern kann auch Dritten zuzuordnen sein. Da sich das Insolvenzverfahren (wie jede Vollstreckungshandlung) nur auf das Schuldnervermögen beziehen darf[824], haben die betroffenen Dritten einen Anspruch darauf, dass ihr Gegenstand aus der Ist-Masse ausgeschieden und nicht zugunsten der Insolvenzgläubiger verwertet wird. Die abweichende Vermögenszugehörigkeit können die betroffenen Dritten über die Aussonderung gem. § 47 S. 1 InsO geltend machen. Über die Aussonderung wird die Ist-Masse zur sog. „Soll-Masse" bereinigt. Die Soll-Masse entspricht schließlich der Insolvenzmasse i.S. des § 35 Abs. 1 InsO, in die die Gesamtvollstreckung stattfinden kann[825]. Die Bereinigung der Ist-Masse zur Soll-Masse gehört zu den Verwaltungsaufgaben des Insolvenzverwalters, sie ist insofern „Masseverwaltung"[826]. Der Begriff der „Aussonderung" ist dabei nicht mit der „Herausgabe" gleichzusetzen, auch wenn der Herausgabeanspruch ein typischer Fall der Aussonderung ist[827]. Aussonderung bedeutet in erster Linie die Geltendmachung der Massefremdheit[828]. Über die

---

zu verwertenden Gegenstand im Besitz hat oder die zu verwertende Forderung zur Sicherheit abgetreten wurde (§ 166 InsO), vgl. zum Ganzen *Breuer*, in: MünchKomm, InsO, § 89, Rn. 11 ff.

822 Vgl. zu den nachrangigen Insolvenzgläubigern *Reischl*, Insolvenzrecht, Rn. 385.

823 *Uhlenbruck*, in: Uhlenbruck, InsO, § 148, Rn. 1; zur Terminologie insgesamt vgl. *Thole*, in: K.Schmidt, InsO, 18. Aufl. 2013, § 47, Rn. 3.

824 Vgl. BGH, Urt. v. 05.11.1953, IV ZR 95/53, NJW 1954, S. 190, unter 2. c) der Gründe.

825 *Ganter*, in: MünchKomm, InsO, § 47, Rn. 4.

826 *Häsemeyer*, Insolvenzrecht, 4. Aufl. 2007, Rn. 11.27.

827 *Brinkmann*, in: Uhlenbruck, InsO, § 47, Rn. 111; *Ganter*, in: MünchKomm, InsO, § 47, Rn. 480.

828 *Anders*, in: Nerlich/Römermann, InsO, § 47, Stand: September 2005, Rn. 3.

Aussonderung kann also die Verwertung des aussonderungsfähigen Gegenstandes zur Insolvenzmasse untersagt werden oder bloß die Nichtzugehörigkeit zur Insolvenzmasse festgestellt werden[829]. Die Aussonderung ist in gewisser Weise mit der Drittwiderspruchsklage nach § 771 ZPO vergleichbar[830].

Zu den aussonderungsberechtigten Gläubigern gehören sowohl dinglich (§ 47 S. 1 Alt. 1 InsO) als auch schuldrechtlich (§ 47 S. 1 Alt. 2 InsO) Berechtigte. Als dinglich Berechtigte sind vor allem die Eigentümer von Sachen erfasst. Ausdrücklich nicht erfasst sind aber die Sicherungseigentümer, vgl. § 51 Nr. 1 Alt. 1 InsO. Zu den schuldrechtlich Berechtigten gehören vor allem diejenigen Forderungsinhaber, die einen schuldrechtlichen Herausgabeanspruch haben, wie z. B. aus § 546 BGB oder § 604 BGB. Bloße Verschaffungsansprüche wie § 433 Abs. 1 S. 1 BGB gehören nicht dazu[831]. Parallel zu den Sicherungseigentümern gehören auch die Sicherungszessionare nicht zu den Aussonderungsberechtigten, vgl. § 51 Nr. 1 Alt. 2 InsO. Zu den schuldrechtlich Berechtigten kann unter gewissen Voraussetzungen auch der Treugeber gehören[832].

Das Vorliegen eines Aussonderungsrechts gem. § 47 InsO richtet sich nach alledem danach, ob der Gegenstand zum substantiellen Vermögen des Schuldners gehört oder nicht[833]. Gehört er nicht zum substantiellen Vermögen des Schuldners, kann der Gläubiger Aussonderung verlangen, d. h. die Massefremdheit geltend machen. Der aussonderungsfähige Gegenstand unterliegt dann nicht dem Insolvenzbeschlag und darf nicht zur Insolvenzmasse verwertet werden. Gehört der Gegenstand zum substantiellen Vermögen des Schuldners, so bleibt der Gegenstand der Insolvenzmasse erhalten und kann zur Befriedigung der Insolvenzgläubiger genutzt werden. Bei Kreditsicherheiten ist dies immer dann der Fall, wenn das Fremdeigentum nur ein Pfandrecht ersetzt, wie z. B. beim Sicherungseigentum oder bei der Sicherungszession.

b) Die Absonderungsberechtigten (§§ 49 – 52 InsO)

Ähnlich privilegiert sind auch die Absonderungsberechtigten i.S. der §§ 49 – 52 InsO. Das Bestehen eines Absonderungsrechts begründet zwar nicht die Massefremdheit eines Gegenstandes, es ermöglicht dem Gläubiger aber eine (ab-)

---

829 Zu den verschiedenen Rechtsmitteln vgl. *Ganter*, in: MünchKomm, InsO, § 47, Rn. 479.
830 Vgl. BGH, Urt. v. 10. 02. 2011, IX ZR 73/10, NJW 2011, S. 1282, unter II. 3. d) der Gründe.
831 *Brinkmann*, in: Uhlenbruck, InsO, § 47, Rn. 75; *Ganter*, in: MünchKomm, InsO, § 47, Rn. 347.
832 Zu der umfangreichen Rechtsprechung zum Aussonderungsrecht des Treugebers vgl. unten unter C. I. 1. a) (Die Rechtsprechung zum Aussonderungsrecht des Treugebers).
833 Vgl. *Reischl*, Insolvenzrecht, Rn. 281.

gesonderte Befriedigung aus dem betroffenen Gegenstand[834]. Damit gehört der Gegenstand – im Gegensatz zu den aussonderungsfähigen Gegenständen – zur Insolvenzmasse, die Verwertung erfolgt aber weitestgehend unabhängig vom Insolvenzverfahren. Die Verwertung richtet sich nach den Regeln der Einzelvollstreckung. Sollte der Erlös nicht ausreichen, um den Gläubiger mit seiner Forderung zu befriedigen, so ist er in Höhe des Forderungsausfalls Insolvenzgläubiger, § 52 S. 2 InsO. In diesem Fall kann er mit der ausgefallenen Forderung als Insolvenzgläubiger (§ 38 InsO) am Insolvenzverfahren teilnehmen und ist nicht mehr privilegiert. Die persönliche Haftung des Schuldners ist damit gegenüber der Haftung aus dem Absonderungsgegenstand nachrangig[835].

Das Absonderungsrecht ist für die Kreditwirtschaft von besonderer Bedeutung. Denn zu den absonderungsberechtigten Gläubigern gehören vor allem die Grundpfandrechtsgläubiger sowie Schiffspfandrechtsgläubiger und Registerpfandrechtsgläubiger (§ 49 InsO), die sonstigen Pfandrechtsgläubiger (§ 50 InsO) und die Sicherungseigentümer sowie Sicherungszessionare (§ 51 Nr. 1 InsO). Zudem werden durch das Absonderungsrecht nicht nur die bisher aufgelaufenen Tilgungs- und Zinsforderungen vorrangig befriedigt, sondern auch solche Zinsforderungen, die erst nach der Eröffnung des Insolvenzverfahrens entstehen[836]. Dies ist ein erheblicher Vorteil, da Zinsansprüche sonst nur als nachträgliche Insolvenzforderungen geltend gemacht werden können, § 39 Abs. 1 Nr. 1 InsO. Das bürgerlich-rechtliche Kreditsicherungssystem führt damit nicht nur zu einer Absicherung in vorinsolvenzlichen Krisenzeiten, sondern verschafft auch im Insolvenzverfahren eine besondere Privilegierung.

c) Massegläubiger (§§ 53 – 55 InsO)

Eine weitere privilegierte Gläubigergruppe sind die Massegläubiger i.S. der §§ 53 – 55 InsO. Die Massegläubiger werden aus der Insolvenzmasse befriedigt, sie nehmen also regulär am Insolvenzverfahren teil. Ihre Forderungen werden allerdings im Rang vor denjenigen der Insolvenzgläubiger befriedigt, § 53 InsO. Bevor überhaupt Geld an die Insolvenzgläubiger fließt, werden zunächst alle Massegläubiger (voll) befriedigt. Da die Massegläubiger „vorweg" zu befriedigen sind, gilt für sie auch nicht die Vollstreckungssperre des § 89 Abs. 1 InsO[837]. Sie bleiben

834 *Ganter*, in: MünchKomm, InsO, § 47, Rn. 12 beschreibt das Aussonderungsrecht als „haftungsrechtliche Trennung" wohingegen das Absonderungsrecht nur die „Zuerkennung eines Vorzugsrecht" sei.

835 Vgl. *Thole*, in: K.Schmidt, InsO, § 52, Rn. 1.

836 BGH, Urt. v. 17.07.2008, IX ZR 132/07, NJW 2008, S. 3064.

837 *Breuer*, in: MünchKomm, InsO, § 89, Rn. 15.

über die Eröffnung des Insolvenzverfahrens hinaus zur Einzelvollstreckung berechtigt.

Als privilegierte Masseforderungen werden u. a. behandelt:

- die Kosten des Insolvenzverfahrens (Gerichtskosten, Vergütung und Auslagen des Insolvenzverwalters und der Mitglieder des Gläubigerausschusses, §§ 53 Alt. 1, 54 InsO),
- Verbindlichkeiten, die durch Handlungen des (vorläufigen) Insolvenzverwalters begründet werden (§§ 53 Alt. 2, 55 Abs. 1 Nr. 1 Alt. 1, Abs. 2 InsO),
- Verbindlichkeiten aus gegenseitigen Verträgen, soweit deren Erfüllung zur Insolvenzmasse verlangt wird (§§ 53 Alt. 2, 55 Abs. 1 Nr. 2 Alt. 1 InsO),
- Verbindlichkeiten aus einer ungerechtfertigten Bereicherung der Masse (§§ 53 Alt. 2, 55 Abs. 1 Nr. 3 InsO).

Der Zweck dieser bevorzugten Befriedigung besteht teilweise darin, dass die Privilegierten in besonderer Weise zu einem bestimmten Handeln motiviert werden sollen. So ist anzunehmen, dass kein Insolvenzverwalter ein Insolvenzverfahren übernehmen würde, wenn seine Auslagen nicht erstattet würden und seine Vergütung nicht gezahlt würde (§§ 53 Alt. 1, 54 InsO)[838]. Weiterhin würde kaum jemand Verträge mit dem (vorläufigen) Insolvenzverwalter abschließen, wenn er sich nur auf die Befriedigungsquote verlassen müsste und nicht bevorzugt befriedigt würde (§ 55 Abs. 1 Nr. 1, Abs. 2 InsO)[839]. Deshalb werden die Verbindlichkeiten, die durch Handlungen des Insolvenzverwalters begründet werden, nicht nur als Masseforderungen behandelt, sondern können auch bei einem Forderungsausfall als Schadensersatzforderung ggü. dem Insolvenzverwalter geltend gemacht werden, § 61 InsO. Dadurch ist die Rückzahlung von Verbindlichkeiten, die durch Handlungen des Insolvenzverwalters entstehen, geradezu garantiert.

Gleichermaßen bevorzugt sind die Gläubiger, denen aus (teilweise) nicht erfüllten gegenseitigen Verträgen, deren Erfüllung der Insolvenzverwalter verlangt hat (§ 103 InsO), Forderungen erwachsen (§ 55 Abs. 1 Nr. 2 Alt. 1 InsO). Grundsätzlich wird der Erfüllungsanspruch des Gläubigers aus gegenseitigen Verträgen mit der Eröffnung des Insolvenzverfahrens undurchsetzbar gem. § 320 BGB[840]. Dafür erhält der Gläubiger einen Anspruch auf Schadensersatz wegen Nichterfüllung, den er als Insolvenzforderung i.S. des § 38 InsO geltend machen muss[841]. Gleichermaßen wird aber auch die ursprüngliche Forderung des Schuldners/In-

838 *Thole*, in: K.Schmidt, InsO, § 54, Rn. 2.
839 *Hefermehl*, in: MünchKomm, InsO, § 55, Rn. 1 und 5.
840 BGH, Urt. v. 01.03.2007, IX ZR 81/05, NJW 2007, S. 1594, unter II. 1. b) aa) der Gründe.
841 BGH, Urt. v. 14.12.1983, VIII ZR 352/82, BGHZ 89, S. 189, unter II. 1. b) aa) der Gründe.

solvenzverwalters undurchsetzbar (§ 320 BGB), so dass der gegenseitige Vertrag von beiden Seiten nicht mehr erfüllt werden kann[842]. Jedoch steht es dem Insolvenzverwalter – im Gegensatz zum Gläubiger – zu, seinen Anspruch durchsetzbar werden zu lassen, indem er gem. § 103 InsO Erfüllung verlangt. Wird der Gläubiger auf diese Weise zur Vertragserfüllung nach Eröffnung des Insolvenzverfahrens gezwungen, so soll ihm als Ausgleich der Anspruch auf die volle Gegenleistung erhalten bleiben[843]. Da dieser Anspruch aus einer Handlung des Insolvenzverwalters entsteht (Ausübung des Erfüllungswahlrechts), gilt auch für diesen Anspruch die Ausfallhaftung des Insolvenzverwalters nach § 61 InsO[844]. Sollte der Insolvenzverwalter die Erfüllung ablehnen, können die Betroffenen mit ihrer Schadensersatzforderung wegen Nichterfüllung nur als Insolvenzgläubiger am Verfahren teilnehmen, § 103 Abs. 2 S. 2 InsO.

Der Grund für die Privilegierung der Forderungen aus ungerechtfertigter Bereicherung liegt in dem bürgerlich-rechtlichen Bereicherungsverbot, das über § 55 Abs. 1 Nr. 3 InsO in das Insolvenzrecht übertragen wird. So soll auch im Insolvenzverfahren kein Gläubiger einen Vorteil aus einem ungerechtfertigten Zufluss von Vermögenswerten erzielen können[845].

Es wird deutlich, dass die Massegläubiger gute Aussichten haben, dass ihre Forderungen in voller Höhe beglichen werden. Ihre Privilegierung geht allerdings zu Lasten der ihnen nachgeordneten Insolvenzgläubiger.

d) Insolvenzgläubiger (§ 38 InsO)

Nachdem die aussonderungsberechtigten Gläubiger ihre Gegenstände ausgesondert haben und die absonderungsberechtigten Gläubiger durch die isolierte Verwertung der mit Absonderungsrechten behafteten Gegenstände befriedigt worden sind, ist die Insolvenzmasse schon erheblich geschmälert. Aus dieser

---

842 Vgl. BGH, Urt. v. 20.12.1988, IX ZR 50/88, BGHZ 106, S. 236, unter II. 3. a) der Gründe.

843 Der gleiche Hintergrund gilt auch für die Fälle, in denen der Gläubiger aufgrund gesetzlicher Fortführungspflichten (z.B. § 108 InsO) gezwungen ist, seine vertraglichen Pflichten auch nach der Eröffnung des Insolvenzverfahrens zu erfüllen, vgl. BGH, Urt. v. 06.11.1978, VIII ZR 179/77, BGHZ 72, S. 263, unter II. 2. der Gründe.

844 Einen Sonderfall bilden allerdings die sog. „oktroyierten Masseverbindlichkeiten". Diese bestehen unabhängig von der Ausübung eines Wahlrechts durch den Insolvenzverwalter fort. Erfasst werden insbesondere Miet-, Pacht- und Dienstverhältnisse gem § 108 InsO. Da diese ohne eine Handlung des Insolvenzverwalters fortbestehen, entsteht grundsätzlich keine Ausfallhaftung nach § 61 InsO. Die Ausfallhaftung entsteht nur, wenn und sobald der Insolvenzverwalter die erste Kündigungsmöglichkeit verstreichen lässt, vgl. zum Ganzen *Sinz*, in: Uhlenbruck, InsO, § 61, Rn. 6 m.w.N.

845 *Thole*, in: K.Schmidt, InsO, § 55, Rn. 2.

verbleibenden Insolvenzmasse werden sodann die Massegläubiger vollständig befriedigt, wodurch eine weitere Verringerung der Insolvenzmasse eintritt. Aus der übriggebliebenen Insolvenzmasse werden nunmehr die Insolvenzgläubiger i.S. des § 38 InsO befriedigt. Dass für jeden Insolvenzgläubiger nur eine Befriedigungsquote von durchschnittlich 3,6 % erreicht wird, ist in Anbetracht der vorherigen Verringerungen der Insolvenzmasse nicht verwunderlich.

Die Insolvenzgläubiger sind in § 38 InsO als diejenigen Gläubiger definiert, „die einen zur Zeit der Eröffnung des Insolvenzverfahrens begründeten Vermögensanspruch gegen den Schuldner haben". Aus der Systematik der InsO ergibt sich zudem, dass Insolvenzgläubiger nur diejenigen Gläubiger sind, die nicht zu den privilegierten Gläubigern i.S. der §§ 47–55 InsO gehören[846].

e) Nachrangige Insolvenzgläubiger (§ 39 InsO)

Nach den Insolvenzgläubigern werden die nachrangigen Insolvenzgläubiger befriedigt. In Anbetracht der schon für die Insolvenzgläubiger niedrigen Befriedigungsquote muss für die nachrangigen Insolvenzgläubiger mit einem vollständigen Forderungsausfall gerechnet werden. Ob die nachrangigen Insolvenzgläubiger eine eigenständige Gläubigergruppe darstellen, erscheint zweifelhaft. Es liegt näher, sie als Untergruppe der Insolvenzgläubiger zu begreifen[847]. Wegen ihres niedrigeren Befriedigungsrangs werden sie hier aber gesondert dargestellt.

Die für diese Arbeit einzig relevante Fallgruppe unter den nachrangigen Insolvenzgläubigern sind die Gesellschafterdarlehen gem. § 39 Abs. 1 Nr. 5 InsO. Gesellschafterdarlehen und Darlehen, die diesen wirtschaftlich entsprechen, werden als nachrangige Insolvenzforderungen behandelt, wenn es sich um eine Gesellschaft handelt, bei der weder eine natürliche Person noch eine Gesellschaft, bei der eine natürliche Person persönlich haftender Gesellschafter ist, persönlich haftet, § 39 Abs. 1 Nr. 5, Abs. 4 S. 1 InsO. Eine Ausnahme gilt nur für Gesellschafter, die ihre Anteile an der insolventen Gesellschaft erworben haben, um diese zu sanieren, § 39 Abs. 4 S. 2 InsO (sog. „Sanierungsprivileg"). In diesem Fall rangieren die Rückzahlungsforderungen aus bestehenden oder neu gewährten Darlehen als Insolvenzforderungen i.S. des § 38 InsO. Von der Nachrangigkeit i.S. des § 39 Abs. 1 Nr. 5 InsO ebenfalls ausgenommen ist der Gesellschafter, der mit 10 % oder weniger am Stamm-/Grundkapital beteiligt ist, § 39 Abs. 5 InsO (sog.

---

846 Zwar können auch Absonderungsberechtigte gleichzeitig Insolvenzgläubiger sein. Dies gilt aber nur insoweit, wie sie auf die abgesonderte Befriedigung verzichtet haben oder sie bei ihnen ausgefallen ist, vgl. § 52 S. 2 InsO.

847 *Mylich*, ZHR 176 (2012), S. 547 (557).

„Kleinbeteiligtenprivileg"). Generell ist zu beachten, dass die Nachrangigkeit nach § 39 InsO bestehende Absonderungsrechte unberührt lässt. Der nachrangige Insolvenzgläubiger bleibt also weiterhin zur abgesonderten Befriedigung berechtigt[848]. Gerade für die Gesellschaftergläubiger stellt sich aber die Gefahr, dass die Sicherheit über die Insolvenzanfechtung gem. § 135 Abs. 1 Nr. 1 InsO verloren geht[849] oder der abgesonderten Befriedigung zumindest die Einrede der Anfechtbarkeit (§ 146 Abs. 2 InsO) entgegensteht.[850].

Die Behandlung von Gesellschafterdarlehen wurde durch das Gesetz zur Modernisierung des GmbH-Rechts und zur Bekämpfung von Missbräuchen („MoMiG")[851] auf eine vollständig neue Grundlage gestellt. Vor Einführung des MoMiG wurde die Behandlung von Gesellschafterdarlehen in der Insolvenz im Gesellschaftsrecht geregelt, vgl. §§ 32a[852], 32b[853] GmbHG a.F. sowie §§ 129a[854], 172a[855] HGB a.F. (sog. „Eigenkapitalersatzrecht")[856]. Im Eigenkapitalersatzrecht wurde ein Gesellschafter, der seiner Gesellschaft in der Krise ein Darlehen zur Verfügung stellt oder ein vorher gewährtes Darlehen in der Krise nicht abzieht („stehen lassen")[857], in der Insolvenz der Gesellschaft nachrangig befriedigt, wenn ein ordentlicher Kaufmann in dieser Krise dem Unternehmen Eigenkapital zugeführt hätte, § 32a Abs. 1 GmbHG a.F. Da der Rechtsprechung der durch die gesetzlichen Regeln (sog. „Novellenregeln") vorgesehene Gläubigerschutz nicht weit

---

848 Vgl. BGH, Urt. v. 17.07.2008, IX ZR 132/07, NJW 2008, S. 3064, unter II. 2. c) der Gründe. Ob das auch für die Gesellschafterdarlehen i.S. des § 39 Abs. 1 Nr. 5 InsO gilt, ist unter der neuen Rechtslage nicht eindeutig. Der BGH hat die Frage ausdrücklich offen gelassen, vgl. BGH, Urt. v. 28.06.2012, IX ZR 191/11, BGHZ 193, S. 378, unter II. 3. der Gründe. Für eine Darstellung der Gesamtproblematik vgl. *Bloß/Zugelder*, NZG 2011, S. 332.

849 Vgl. dazu unten unter B I. 3. a) dd) (Gesellschafterdarlehen (§ 135 InsO)).

850 § 146 Abs. 2 InsO verhindert auch die abgesonderte Befriedigung, vgl. *Büteröwe*, in: K.Schmidt, InsO, § 146, Rn. 15.

851 Das Gesetz zur Modernisierung des GmbH-Rechts und zur Bekämpfung von Missbräuchen (MoMiG) vom 23.10.2008 ist am 01.11.2008 in Kraft getreten, BGBl. 2008, Teil I, S. 2026.

852 Für den Gesetzestext vgl. unten im Anhang II, unter A. (§ 32a GmbHG a.F.).

853 Für den Gesetzestext vgl. unten im Anhang II, unter B. (§ 32b GmbHG a.F.).

854 Für den Gesetzestext vgl. unten im Anhang II, unter C. (§ 129a HGB a.F.).

855 Für den Gesetzestext vgl. unten im Anhang II, unter D. (§ 172a HGB a.F.).

856 Das Eigenkapitalersatzrecht galt kraft gesetzlicher Anordnung ausdrücklich für die GmbH sowie für die oHG und die KG, wenn bei diesen keine natürliche Person persönlich haftete. Auf die AG wurden die Eigenkapitalersatzregeln grundsätzlich analog angewandt, vgl. grundlegend BGH, Urt. v. 26.03.1984, II ZR 171/83, BGHZ 90, S. 381, unter I. 2. ff. der Gründe. Der BGH schränkte die Eigenkapitalersatzregeln aber insofern ein, als sie nur auf diejenigen Aktionäre Anwendung finden sollten, die über eine Sperrminorität verfügen, vgl. BGH, Urt. v. 09.05.2005, II ZR 66/03, NZG 2005, S. 712.

857 Zum Stehenlassen von Gesellschafterdarlehen vgl. BGH, Urt. v. 07.11.1994, II ZR 270/93, BGHZ 127, S. 336, unter III. 2. a) der Gründe.

genug ging, wandte sie daneben ihre eigenen Regeln an (sog. „Rechtsprechungsregeln")[858]. Die Rechtsprechung qualifizierte die kapitalersetzenden Gesellschafterdarlehen in haftendes Eigenkapital um[859]. Damit galten für die Gesellschafterdarlehen die Kapitalerhaltungsregeln nach §§ 30, 31 GmbHG a.F. analog[860]. Dies konnte im Einzelfall zu einem Rückzahlungsverbot gem. § 30 Abs. 1 GmbHG a.F. analog und – nach erfolgter Rückzahlung – einem Erstattungsanspruch gem. § 31 Abs. 1 GmbHG a.F. analog führen[861]. Über die Rechtsprechungsregeln sollte die Finanzierungsverantwortung[862] (später: Finanzierungsfolgenverantwortung[863]) des Gesellschafters in der Krise seiner Gesellschaft berücksichtigt werden. Finanzierungsfolgenverantwortung bedeutet, dass der Gesellschafter durch seine Finanzierungsentscheidung das Risiko seiner Investition nicht auf die externen Gläubiger verlagern dürfen soll. Denn würde man den Gesellschafter wie einen externen Darlehensgeber behandeln, könnte er aufgrund seiner im Vergleich zu externen Gläubigern besseren Informationsmöglichkeiten im Krisenfall sein Darlehenskapital rechtzeitig abziehen und dadurch das Stamm-/Grundkapital der Gesellschaft angreifen. Die externen Gläubiger müssten sich hingegen mit dem ausgezehrten Stammkapital begnügen, weil ihnen ein entsprechender Informationsvorsprung fehlt[864]. Das Eigenkapitalersatzrecht hatte damit keine Nachschusspflicht für den Gesellschafter zum Zweck. Dem Gesellschafter sollte nur verwehrt sein, sich über die Gewährung eines Gesellschafterdarlehens in der Krise das Stamm-/Grundkapital seiner Gesellschaft auszahlen zu lassen. Darüber hinaus zielte das Eigenkapitalersatzrecht auch darauf ab, eine Insolvenzverschleppung zu Lasten der anderen Gläubiger zu verhindern. Denn wenn der Gesellschafter seiner Gesellschaft in der Krise Darlehen zur Verfügung stellt, kann für Drittgläubiger der Eindruck entstehen, die Gesellschaft sei solvent. Dieser Eindruck könnte sie zur weiteren Kreditgewährung veranlassen, wodurch der Gesellschaft neue Risiken aufgebürdet würden[865]. I. E. fasste der BGH die Finanzierungsfolgenverantwortung folgendermaßen zusammen:

> „Muß der Gesellschafter erkennen, daß die Gesellschaft in Zukunft ohne seine Hilfe nicht mehr lebensfähig ist, hat er ihr entweder seine weitere Unterstützung zu versagen und dadurch die Liquidation herbeizuführen, oder er hat, wenn er sich zur Fortsetzung seiner Hilfe

---

858 BGH, Urt. v. 26.03.1984, II ZR 171/83, BGHZ 90, S. 381, unter III. 2. der Gründe.
859 So schon BGH, Urt. v. 21.09.1981, II ZR 104/80, BGHZ 81, S. 311, unter 2. der Gründe.
860 Grundlegend BGH, Urt. v. 26.03.1984, II ZR 14/84, BGHZ 90, S. 370, unter III. der Gründe.
861 *Diem*, BKR 2002, S. 1034 (1037).
862 BGH, Urt. v. 19.09.1988, II ZR 255/87, BGHZ 105, S. 168, unter 1. a) der Gründe.
863 BGH, Urt. v. 07.11.1994, II ZR 270/93, BGHZ 127, S. 336, unter III. 2. c) bb) der Gründe.
864 BGH, Urt. v. 26.03.1984, II ZR 171/83, BGHZ 90, S. 381, unter I. 4. der Gründe.
865 BGH, Urt. v. 16.10.1989, II ZR 307/88, BGHZ 109, S. 55, unter 1. b) der Gründe.

entschließt, diese auf eigene Gefahr der Gesellschaft zu belassen, bis ihr Stammkapital wieder auf andere Weise gedeckt ist."[866]

Die Rechtsprechungsregeln wurden durch das MoMiG schließlich ausdrücklich aufgehoben, vgl. § 30 Abs. 1 S. 2 GmbHG[867]. Gesellschafterdarlehen bleiben nunmehr ausschließlich dem Fremdkapital zugeordnet und werden als nachrangige Insolvenzforderungen im Insolvenzverfahren berücksichtigt. Das Rückzahlungsverbot gem. § 30 Abs. 1 GmbHG a.F. analog und der Erstattungsanspruch gem. § 31 Abs. 1 GmbHG a.F. analog gelten nicht mehr[868]. Zudem wurde die Differenzierung zwischen Darlehen, die in Krisenzeiten (sog. „kapitalersetzende Darlehen"), und solchen, die im „Regelbetrieb" gewährt werden, durch das MoMiG aufgegeben. Alle Formen der Gesellschafterfremdfinanzierung werden nun gleichbehandelt[869]. Weiterhin ist die Regelung der Gesellschafterdarlehen vom Gesellschaftsrecht in das Insolvenzrecht verlagert worden, um der Kritik an der unsystematischen Stellung des Eigenkapitalersatzrechts[870] zu entsprechen. Die Behandlung von Gesellschafterdarlehen in der Insolvenz wird nunmehr ausschließlich von der InsO erfasst[871]. Das hat zur Folge, dass Rückzahlungen aus Gesellschafterdarlehen grundsätzlich immer geleistet werden können. Die Korrektur erfolgt bei späterer Eröffnung des Insolvenzverfahrens über das Vermögen der Gesellschaft. Nur in diesem Fall kann die Tilgung des Gesellschafterdarlehens über die Insolvenzanfechtung rückgängig gemacht werden[872].

f) Zusammenfassung

Das Insolvenzrecht stellt eine Sonderform der Vollstreckung dar. Während sich außerhalb der Insolvenz die Vollstreckung im Wege der Einzelvollstreckung vollzieht, findet im Insolvenzverfahren eine Gesamtvollstreckung statt. Gesamt-

---

866 BGH, ebenda.

867 Das alte Eigenkapitalersatzrecht und die dazugehörigen Rechtsprechungsregeln finden aber auf Insolvenzverfahren, die vor dem 01.11.2008 eröffnet worden sind weiterhin Anwendung, vgl. BGH, Urt. v. 26.01.2009, II ZR 260/07, BGHZ 179, S. 249.

868 Dafür unterliegen Rückzahlungen aus Gesellschafterdarlehen nunmehr eventuell der Insolvenzanfechtung nach § 135 Abs. 1 InsO, vgl dazu unten unter B. I. 3. a) dd) (Gesellschafterdarlehen (§ 135 InsO)).

869 Vgl. dazu *K.Schmidt/Herchen*, in: K.Schmidt, InsO, § 39, Rn. 31.

870 Vgl. den insoweit richtungsweisenden Aufsatz von *Huber/Habersack*, BB 2006, S. 1 (4 f.).

871 *Gehrlein*, BB 2008, S. 846 (849).

872 Diese Neuregelung wird teilweise kritisiert, weil der Gesellschafter die Rückzahlung nun nur noch über die Jahresfrist des § 135 Abs. 1 Nr. 2 InsO retten muss und das gezahlte Geld dann nicht mehr zurückzahlen muss, vgl. *Altmeppen*, NJW 2008, S. 3601 (3608).

vollstreckung heißt, dass nicht jeder Gläubiger einzeln ggü. dem Schuldner seine Forderung durchsetzt, sondern alle Gläubiger gemeinsam. Dadurch soll verhindert werden, dass bei einer schlechten Finanzlage des Schuldners ein Wettlauf der Gläubiger stattfindet. Darüber hinaus soll i.R. der Gesamtvollstreckung eine gleichmäßige Befriedigung aller Gläubiger erreicht werden (*par conditio creditorum*). Gleichmäßige Befriedigung der Gläubiger bedeutet nicht, dass alle Gläubiger gleichbehandelt werden. Die Gleichbehandlung vollzieht sich nur innerhalb bestimmter Gläubigergruppen. Im Insolvenzverfahren existieren fünf Gläubigergruppen: die Aussonderungsberechtigten, die Absonderungsberechtigten, die Massegläubiger, die Insolvenzgläubiger und die nachrangigen Insolvenzgläubiger. Die Aussonderungsberechtigten können aufgrund dinglicher oder schuldrechtlicher Ansprüche geltend machen, dass bestimmte Gegenstände nicht zum Vermögen des Schuldners gehören und daher nicht zur Insolvenzmasse verwertet werden dürfen. Die Aussonderung erfolgt weitestgehend unabhängig vom Insolvenzverfahren. Die Absonderungsberechtigten werden aus der isolierten Verwertung von Gegenständen aus dem Vermögen des Schuldners befriedigt. Die Absonderung vollzieht sich ebenfalls außerhalb des Insolvenzverfahrens. Zwar gehört der dem Absonderungsrecht unterliegende Gegenstand zur Insolvenzmasse, der Verwertungserlös steht aber zuvorderst dem jeweiligen Absonderungsberechtigten zu. Die nach Aussonderung und Absonderung verbleibende Insolvenzmasse dient vorrangig dazu, die Massegläubiger zu befriedigen. Erst nach deren vollständiger Befriedigung wird die übrige Insolvenzmasse dazu verwendet, die Insolvenzgläubiger so weit wie möglich zu befriedigen. Nach der vollständigen Befriedigung der Insolvenzgläubiger werden die nachrangigen Insolvenzgläubiger befriedigt. Für sie steht i.d.R. kein Vermögen mehr zur Verfügung. Im Insolvenzverfahren kommt es damit zu einer abgestuften Befriedigung zwischen den verschiedenen Gläubigergruppen. Je nach Gruppenzugehörigkeit, haben die Gläubiger geringe oder gute Befriedigungsaussichten.

Darlehensgeber, denen Kreditsicherheiten bestellt wurden, sind Absonderungsberechtigte i.S. der §§ 50 Abs. 1, 51 Nr. 1 InsO. Sie werden bei der Verwertung des Schuldnervermögens grundsätzlich vorrangig befriedigt.

g) Einordnung des Sicherheitentreuhänders und der Konsortialbanken

Im *Parallel-Debt*-Modell sind der Sicherheitentreuhänder und die Konsortialbanken in unterschiedliche Gläubigergruppen einzuteilen. Nur der Sicherheitentreuhänder verfügt über die akzessorischen Kreditsicherheiten. Das für Akquisitionsfinanzierungen besonders wichtige[873] Pfandrecht an Gesellschaftsanteilen verschafft ihm ein Absonderungsrecht gem. § 50 Abs. 1 InsO. Der Sicherheitentreuhänder ist also mit seiner Forderung aus der Parallelschuld zur abgesonderten Befriedigung an dem jeweiligen Gesellschaftsanteil berechtigt. Die Konsortialbanken hingegen verfügen über keine akzessorischen Sicherheiten und genießen damit auch keine insolvenzrechtlichen Privilegien. Mit ihren Darlehensrückzahlungsansprüchen sind sie bloße Insolvenzgläubiger gem. § 38 InsO[874].

Diese Aufteilung ist gewollt, denn der Sicherheitentreuhänder soll die Sicherheitenverwaltung und -verwertung zentral übernehmen. Über den Konsortialvertrag und die Gläubigervereinbarung ist er den Konsortialbanken schuldrechtlich zur anteiligen Auskehr des Verwertungserlöses verpflichtet, so dass diese indirekt von seiner Stellung als Absonderungsberechtigter profitieren. Die Gläubigervereinbarung entstammt aber nur dem Innenverhältnis und hat keine Auswirkungen auf die Gruppenzugehörigkeit der Konsortialbanken. Die Einordnung als Absonderungsberechtigter bestimmt sich allein nach der dinglichen Zuordnung der Kreditsicherheiten, schuldrechtliche Bindungen des Sicherheitentreuhänders ggü. den Konsortialbanken lassen kein Absonderungsrecht für diese entstehen[875].

2. Verdoppelung der Forderung

Durch die Einräumung des quasi-akzessorischen abstrakten Schuldversprechens kommt es bei dem *Parallel-Debt*-Modell zur einer Verdoppelung der Forderungen. Da der Finanzierungsstruktur ein unechter Konsortialkredit zugrunde liegt[876], besteht zwischen jeder Konsortialbank und dem Darlehensnehmer ein Kreditvertrag, aus dem den Konsortialbanken nach Valutierung jeweils ein Darlehensrückzahlungsanspruch entsteht. Gleichzeitig erhält der Sicherheitentreuhänder eine Forderung aus dem abstrakten Schuldversprechen (der Parallelschuld). Mit der Eröffnung des Insolvenzverfahrens werden alle Forderungen fällig gestellt (§ 41 Abs. 1 InsO), so dass die Darlehensrückzahlungsforderungen der Konsorti-

---

873 Vgl. dazu oben im 1. Teil, unter B. II. 1. (Denkbare Kreditsicherheiten i.R.v. Akquisitionsfinanzierungen).

874 Im Einzelfall kann es vorkommen, dass den Konsortialbanken einzelne nicht-akzessorische Kreditsicherheiten bestellt werden. In diesem Fall sind sie regelmäßig als Absonderungsberechtigte gem. § 51 Nr. 1 InsO einzuordnen. Dieser Fall soll hier aber außer Betracht bleiben.

875 Vgl. BGH, Urt. v. 21.02.2008, IX ZR 255/06, NJW-RR 2008, S. 780, unter II. 2. d) cc) der Gründe.

876 Vgl. dazu ausführlich oben im 1. Teil, unter A. II. 2. (Unechter Konsortialkredit).

albanken und die Parallelschuld des Sicherheitentreuhänders nebeneinander bestehen. Verfahrensrechtlich stellt sich die Frage, ob bzw. wie diese beiden Forderungen im Insolvenzverfahren geltend gemacht werden können.

Durch die Vereinbarung einer Gesamterfüllungswirkung wird im *Parallel-Debt*-Modell sichergestellt, dass der Darlehensnehmer nicht doppelt leisten muss. Wenn er die Parallelschuld erfüllt, so erlischt in gleicher Höhe auch die Rückzahlungsforderung der jeweiligen Konsortialbank, und wenn er die Rückzahlungsforderung erfüllt, erlischt auch in gleicher Höhe die Parallelschuld. Es liegt nahe, die wirtschaftliche Einmalbelastung des Darlehensnehmers auch innerhalb des Insolvenzverfahrens zu berücksichtigen. Aus wirtschaftlicher Sicht spricht viel dafür, dass im Insolvenzverfahren entweder nur der Sicherheitentreuhänder seine Parallelschuld oder nur die Konsortialbank ihre Rückzahlungsforderung geltend machen kann. Aber auch aus den gesetzlichen Wertungen der InsO kann abgeleitet werden, dass in diesem Fall nur eine Forderung im Insolvenzverfahren geltend gemacht werden kann. Denn eine ähnliche Konstellation wird von § 44 InsO erfasst. § 44 InsO regelt den Fall der Insolvenz eines Gesamtschuldners. Für die Gesamtschuldner ist in § 422 Abs. 1 S. 1 BGB eine Gesamterfüllungswirkung vorgesehen. Leistet einer der Gesamtschuldner, so wird automatisch auch der andere Gesamtschuldner von seiner Schuld frei, weil der Gläubiger nur berechtigt ist, die Leistung einmalig zu fordern. Der leistende Gesamtschuldner kann in diesem Fall (anteilig) Regress von dem anderen Gesamtschuldner verlangen, § 426 Abs. 2 BGB. Sollte über das Vermögen einer der Gesamtschuldner das Insolvenzverfahren eröffnet werden, sieht § 44 InsO vor, dass in erster Linie der Gläubiger dazu berechtigt ist, seine Forderung gegen den Insolvenzverwalter geltend zu machen. Nur wenn der Gläubiger seine Forderung nicht geltend macht, kann der andere Gesamtschuldner seine eventuell bestehende Regressforderung ggü. dem Insolvenzverwalter geltend machen. Die Begrenzung auf die Forderung des Gläubigers hat ihren Grund darin, dass aus wirtschaftlicher Sicht die Forderung des Gläubigers und die Regressforderung des anderen Gesamtschuldners identisch sind[877]. Aus dieser wirtschaftlichen Betrachtung wird das sog. „Verbot der Doppelanmeldung" abgeleitet[878]. Demnach sollen Forderungen, die außerhalb des Insolvenzverfahrens nur zur einmaligen Leistung verpflichten, durch das Insolvenzverfahren wirtschaftlich nicht verdoppelt werden[879]. Diese wirtschaftliche Betrachtungsweise lässt sich auf das *Parallel-Debt*-Modell übertragen. Auch

---

877 Begründung zum Entwurf einer Insolvenzordnung (InsO) vom 15.04.1992, BT-Drs. 12/2443, S. 124; vgl. BGH, Urt. v. 21.12. 1970, VIII ZR 50/69, BGHZ 55, S. 117, unter I. 1. c) der Gründe.

878 Vgl. *Bitter*, in: MünchKomm, InsO, § 44, Rn. 1; *Knof*, in: Uhlenbruck, InsO, § 44, Rn. 1.

879 Vgl. BGH, Urt. v. 11.10.1984, IX ZR 80/83, NJW 1985, S. 1159, unter II. 2. b) der Gründe.

die Parallelschuld soll keine wirtschaftliche Doppelbelastung für den Darlehensnehmer nach sich ziehen. Für sie ist vertraglich – ebenso wie gesetzlich für die Gesamtschuld – eine Gesamterfüllungswirkung vorgesehen, so dass außerhalb des Insolvenzverfahrens der Darlehensnehmer niemals gleichzeitig auf die Parallelschuld und die Darlehensrückzahlungsforderung leisten muss. Die Parallelschuld ist vielmehr wirtschaftlich mit den Darlehensrückzahlungsforderungen der Konsortialbanken identisch, so dass auch für diesen Fall das „Verbot der Doppelanmeldung" gelten muss. Demnach ist festzuhalten, dass im Insolvenzverfahren entweder nur der Anspruch aus der Parallelschuld oder der Darlehensrückzahlungsanspruch angemeldet werden kann.

Nach der Konzeption des § 44 InsO ist vorrangig der Gläubiger der „Hauptforderung" zur Geltendmachung berechtigt[880]. Übertragen auf die Parallelschuld bedeutet dies, dass primär die Konsortialbanken zur Geltendmachung ihrer Darlehensrückzahlungsforderungen berechtigt sind. Die Parallelschuld ist nur als quasi-akzessorische Nebenforderung dem Darlehensrückzahlungsanspruch zugeordnet. Sie ist vollständig von den Darlehensrückzahlungsansprüchen abhängig. Dementsprechend sind in erster Linie die Konsortialbanken zur Geltendmachung ihrer Darlehensrückzahlungsansprüche berechtigt. Nur wenn diese auf die Anmeldung ihrer Forderungen verzichten, kann der Sicherheitentreuhänder seine Forderung aus der Parallelschuld ggü. dem Insolvenzverwalter geltend machen[881]. Den Konsortialbanken wird es aber daran gelegen sein, dass der Sicherheitentreuhänder seine Forderung aus der Parallelschuld im Insolvenzverfahren anmelden kann. Denn die Konsortialbanken selbst sind mit ihren einfachen Darlehensrückzahlungsansprüchen nur Insolvenzgläubiger i.S. des § 38 InsO und wären damit auf eine Befriedigungsquote angewiesen. Der Sicherheitentreuhänder hält hingegen sämtliche akzessorischen Sicherheiten und ist damit absonderungsberechtigt gem. §§ 49 ff. InsO. Er kann im Insolvenzverfahren in voller Höhe auf die mit Absonderungsrechten belegten Gegenstände zugreifen. An dem Erlös, den er dadurch erzielt, partizipieren die Konsortialbanken durch ihre schuldrechtlichen Ansprüche auf Erlösauskehr ggü. dem Sicherheitentreuhänder. Es ist daher empfehlenswert, im Vorhinein vertraglich festzulegen, dass die Konsortialbanken dem Sicherheitentreuhänder bei der Forderungsanmeldung den Vortritt lassen.

---

880 *Knof*, in: Uhlenbruck, InsO, § 44, Rn. 8.

881 Über § 44 InsO kann damit eindeutig ermittelt werden, wer seine Forderung in der Insolvenz geltend machen kann. Einer vertraglichen Vereinbarung wie *Diem*, Akquisitionsfinanzierungen, § 42, Rn. 5, vorschlägt, bedarf es daher nur, falls die Gläubiger ihre Anmeldereihenfolge anders regeln wollen.

3. Anfechtungsmöglichkeiten des Insolvenzverwalters

Die dem Sicherheitentreuhänder bestellten Pfandrechte verschaffen ihm zwar ein Absonderungsrecht gem. § 51 Nr. 1 InsO und damit die Möglichkeit der privilegierten Befriedigung im Insolvenzverfahren. Diese Privilegierung hat aber nur dann Bestand, wenn die Kreditsicherheiten nicht der Insolvenzanfechtung i.S. der §§ 129 ff. InsO unterliegen. Um die Gefahr des Verlusts von Kreditsicherheiten im Insolvenzverfahren darzustellen, wird im Folgenden – nach einer allgemeinen Einführung in das Recht der Insolvenzanfechtung – überprüft, welchen Anfechtungstatbeständen der Sicherheitentreuhänder ausgesetzt ist.

a) Grundlagen der Insolvenzanfechtung

Die Insolvenzanfechtung gem. §§ 129 ff. InsO ist ein besonders wirksames Instrument des Insolvenzverwalters. Durch die Insolvenzanfechtung kann der Insolvenzverwalter Rechtshandlungen, die der Schuldner in einem gesetzlich festgelegten Zeitraum[882] vor der Stellung des Insolvenzantrags (§ 13 InsO) vorgenommen hat, rückgängig machen. Die Insolvenzanfechtung führt dabei nicht – wie die Anfechtung nach § 142 Abs. 1 BGB – zu einer Unwirksamkeit des Rechtsgeschäfts. Durch die wirksame Insolvenzanfechtung wird nur ein schuldrechtlicher Rückübertragungsanspruch des Insolvenzverwalters begründet, vgl. § 143 InsO[883]. Die Insolvenzanfechtung ermöglicht es damit dem Insolvenzverwalter, Gegenstände, die durch Leistungen des Schuldners verloren gegangen sind, wieder zur Insolvenzmasse „zurückzuholen“[884]. Dies ist für den Ausgang des Insolvenzverfahrens besonders wichtig. Denn oftmals führt die Anreicherung der Insolvenzmasse durch die Insolvenzanfechtung überhaupt erst dazu, dass eine Quote an die Insolvenzgläubiger ausgekehrt werden kann[885].

Die Grundlagen der Insolvenzanfechtung werden in § 129 InsO festgelegt. Demnach sind alle diejenigen Rechtshandlungen anfechtbar, die vor der Eröffnung des Insolvenzverfahrens vorgenommen worden sind und die die Insolvenzgläubiger benachteiligen. Der Wortlaut des § 129 InsO ist irreführend, denn angefochten werden nicht die Rechtshandlungen, sondern die vermögensrechtliche Folge der Rechtshandlung[886]. Als Rechtshandlung kommen sowohl Wil-

---

882 Dieser Zeitraum variiert je nach Anfechtungsgrund. So kann der Anfechtungszeitraum zwischen 1 Monat (z.B. § 131 Abs. 1 Nr. 1 InsO) und 10 Jahren (z.B. § 133 Abs. 1 InsO) liegen.

883 S. auch BGH, Urt. v. 21.09.2006, IX ZR 235/04, NZI 2007, S. 42, unter II. 2. b) der Gründe.

884 Die Rechtsnatur der Insolvenzanfechtung ist umstritten, für eine übersichtliche Darstellung der verschiedenen dogmatischen Ansätze vgl. *Henckel*, in: Jaeger, InsO, § 143, Rn. 3 ff.

885 *Reischl*, Insolvenzrecht, Rn. 570.

886 BGH, Urt. v. 05.04.2001, IX ZR 216/98, BGHZ 147, S. 233, unter III. 1. der Gründe.

lenserklärungen als auch Realakte und rechtsgeschäftsähnliche Handlungen in Betracht[887]. Es sind die Rechtsfolgen sowohl von Verpflichtungs- als auch Verfügungsgeschäften anfechtbar. Eine Gläubigerbenachteiligung liegt vor, wenn die Befriedigungsmöglichkeiten der Insolvenzgläubiger beeinträchtigt werden[888]. Dies kann geschehen durch Verminderung der Aktivmasse, Vermehrung der daraus zu begleichenden Verbindlichkeiten (Passivmasse) oder auf andere Weise[889]. Liegt eine Rechtshandlung und eine kausale Gläubigerbenachteiligung vor, so ist grundsätzlich eine Insolvenzanfechtung nach den weiteren Voraussetzungen der §§ 130 – 146 InsO möglich. In den §§ 130 – 146 InsO sind detaillierte Regeln für die Insolvenzanfechtung getroffen. Die für diese Arbeit relevanten Anfechtungstatbestände sind die Deckungsanfechtung gem. § 130 InsO, die unmittelbar nachteiligen Rechtshandlungen nach § 132 InsO, die vorsätzliche Benachteiligung gem. § 133 InsO sowie die Gesellschafterdarlehen gem. § 135 InsO. Die Deckungsanfechtung nach §§ 130, 131 InsO wird zusammen mit der Anfechtung nach § 132 InsO auch als „besondere Insolvenzanfechtung" bezeichnet, während die Anfechtungstatbestände der §§ 133 – 135 InsO auch als „allgemeine Insolvenzanfechtung" bezeichnet werden[890].

Die Insolvenzanfechtung ist ein erheblicher Eingriff in die Rechtssicherheit. Gläubiger, denen vor der Insolvenzantragstellung Leistungen vom Schuldner erbracht worden sind, sehen sich der Gefahr ausgesetzt, dass sie die erhaltenen Gegenstände an den Insolvenzverwalter zurückgeben müssen und stattdessen nur eine deutlich niedrigere Befriedigungsquote erhalten. Die in der Insolvenzanfechtung liegende Beeinträchtigung der Rechtssicherheit hat aber eine – je nach Anfechtungsgrund unterschiedliche – Berechtigung. Die besondere Insolvenzanfechtung nach §§ 130 – 132 InsO dient der Durchsetzung der insolvenzrechtlichen Haftungsordnung (gleichmäßige Befriedigung aller Gläubiger)[891]. Durch die besondere Insolvenzanfechtung soll verhindert werden, dass der Schuldner einzelne Gläubiger in einem Krisenzeitraum, in dem wirtschaftlich schon die Merkmale einer Insolvenz erfüllt sind, aber noch kein Insolvenzantrag gestellt ist (sog.

---

887 *Häsemeyer*, Insolvenzrecht, Rn. 21.28.

888 So ausdrücklich der Gesetzgeber, vgl. die Begründung zum Entwurf einer Insolvenzordnung (InsO) vom 15.04.1992, BT-Drs. 12/2443, S. 157.

889 BGH, Urt. v. 16.11.2007, IX ZR 194/04, BGHZ 174, S. 228, unter II. 1. d) aa) der Gründe; vgl. auch *Henckel*, in: Jaeger, InsO, § 129, Rn. 77.

890 Dieser Begriff ist dem Umstand geschuldet, dass die Tatbestände der §§ 130 – 132 InsO nur innerhalb des Insolvenzverfahrens geltend gemacht werden können, während die Tatbestände der §§ 133 – 135 InsO auch außerhalb des Insolvenzverfahrens (nämlich i.R. der §§ 3, 4, 6 AnfG) berücksichtigt werden, vgl. *Hirte*, in: Uhlenbruck, InsO, § 130, Rn. 1.

891 Vgl. zum Grundsatz der gleichmäßigen Befriedigung aller Gläubiger oben unter B. I. 1. (Gläubigergruppen).

„materielle Insolvenz“), befriedigt und damit die für die übrigen Gläubiger zur Verfügung stehende Insolvenzmasse schmälert[892]. Seine Zahlungen gehen in diesem Fall zu Gunsten einzelner Gläubiger, die besonders informiert sind („Insider“) oder die einen besonderen Druck auf den Schuldner ausüben können. Die Verfügung verringert aber aufgrund der schon bestehenden materiellen Insolvenz des Schuldners die für die anderen Gläubiger zur Verfügung stehende Insolvenzmasse, was nach dem Grundsatz der gleichmäßigen Befriedigung aller Gläubiger unzulässig ist[893]. Durch die besondere Insolvenzanfechtung wird damit die Insolvenzmasse vorgreiflich geschützt und die insolvenzrechtliche Haftungsordnung auch für den Zeitraum der materiellen Insolvenz durchgesetzt[894]. Die §§ 133, 134 InsO haben nicht die Durchsetzung der insolvenzrechtlichen Haftungsordnung zum Ziel, sondern sollen sicherstellen, dass die Befriedigungschancen aller Gläubiger gleich bleiben[895]. Dem Schuldner steht es nicht zu, die Befriedigungschancen gleichrangiger Gläubiger dadurch einseitig zu beeinflussen, dass er einzelne Gläubiger zu Lasten der anderen wissentlich bevorzugt[896]. Über §§ 133, 134 InsO soll also nicht die Insolvenzmasse vor Schmälerungen geschützt werden, sondern die Befriedigungschancen einzelner Gläubiger. §§ 133, 134 InsO können somit als Fortsetzung des in §§ 3, 4 AnfG vorgesehenen (Einzel-)Gläubigerschutzes begriffen werden[897]. Durch die Eröffnung des Insolvenzverfahrens kommt das Ergebnis der Anfechtung aber nicht mehr dem einzelnen Gläubiger zugute, sondern der Insolvenzmasse (vgl. auch § 16 AnfG). § 135 InsO ist ebenfalls Teil der allgemeinen Insolvenzanfechtung. § 135 InsO liegt jedoch die unwiderlegliche Vermutung zugrunde, dass der Gesellschafter als „Insider“ über besondere Informations- und Einflussnahmemöglichkeiten verfügt, die es ihm ermöglichen, sich noch rechtzeitig vor der Insolvenz bei der Gesellschaft seine Außenstände einzuziehen bzw. sie zu besichern[898]. Dieser auf der Gesellschafterstellung beruhende Individualvorteil führt ebenfalls zu einer

---

892 BGH, Urt. v. 15.03.1972, VIII ZR 159/70, BGHZ 58, S. 240, unter 2. der Gründe.

893 Vgl. *Kirchhof*, in: MünchKomm, InsO, vor §§ 129 bis 147, Rn. 2.

894 Vgl. *Häsemeyer*, Insolvenzrecht, Rn. 21.02; vgl auch BGH, Urt. v. 10.02.2005, IX ZR 211/02, BGHZ 162, S. 143, unter II. 2. b) aa) der Gründe.

895 BGH, Urt. v. 10.02.2005, IX ZR 211/02, BGHZ 162, S. 143, unter II. 2. b) bb) der Gründe.

896 *Kayser*, in: MünchKomm, InsO, § 133, Rn. 1 A sowie BGH, Urt. v. 10.02.2005, IX ZR 211/02, BGHZ 162, S. 143, unter II. 2. b) bb) der Gründe.

897 Der Tatbestand dieser Normen ist daher auch identisch, vgl. zum Ganzen *Schoppmeyer*, ZIP 2009, S. 600 (603).

898 BGH, Urt. v. 17.02.2011, IX ZR 131/10, BGHZ 188, S. 363, unter II. 2. b) cc) (2) der Gründe. Vgl. auch *Noack*, DB 2007, S. 1395 (1398); *Thole*, ZHR 176 (2006), S. 513 (524).

ungleichen Verteilung der Befriedigungschancen und wird daher über § 135 InsO eliminiert[899].

Durch die Möglichkeit der Insolvenzanfechtung kommt es zu einem Widerstreit zwischen dem Vertrauensschutz der Gläubiger und der Freiheit des Schuldners, über sein Vermögen so zu verfügen, wie er will. Über die Tatbestandsmerkmale der einzelnen Anfechtungsgründe wird versucht, durch eine typisierende Betrachtung einen Ausgleich zwischen der Privatautonomie des Schuldners und dem Vertrauensschutz der Gläubiger zu schaffen[900]. Die für die vorliegende Arbeit wichtigsten Tatbestände der Insolvenzanfechtung werden im Folgenden überblicksartig dargestellt. Mangels Relevanz für den vorliegenden Fall wird auf die §§ 131, 134, 136, 137 InsO nicht gesondert eingegangen.

aa) Deckungsanfechtung (§ 130 InsO)

Von § 130 InsO wird die sog. „Deckungsanfechtung" erfasst. Die Deckungsanfechtung hat in der Praxis die größte Bedeutung unter den Anfechtungstatbeständen[901]. Unter „Deckung" wird diejenige Rechtshandlung verstanden, mit der ein Gläubiger eine Sicherung oder Befriedigung erlangt[902]. Die von § 130 InsO erfasste Deckung muss in einem gewissen Zeitraum (bis zu drei Monate) vor der Insolvenzantragstellung erfolgt sein. Dieser Zeitraum wird vom Gesetz als Krisenzeitraum eingestuft, in dem wirtschaftlich gesehen schon Insolvenz vorliegt und daher das Prioritätsprinzip ggü. der gleichmäßigen Befriedigung aller Gläubiger zurücktreten muss (sog. „materielle Insolvenz")[903]. Die insolvenzrechtliche Haftungsordnung soll nach der Gesetzeskonzeption nicht nur für den Zeitraum des Insolvenzverfahrens (der „formellen" Insolvenz) gelten, sondern auch für die davor liegende wirtschaftliche („materielle") Insolvenz[904]. Die materielle Insolvenz tritt i. d. R. schon viel früher ein als die formelle. Denn die (drohende) Zahlungsunfähigkeit (§§ 17, 18 InsO) oder Überschuldung (§ 19 InsO) wird sich schon über eine längere Zeit hingestreckt haben, bevor der Insolvenzantrag endgültig gestellt wird. In diesem Zeitraum nimmt der Schuldner typischerweise Zahlungen vor, durch die Vermögenswerte beiseite geschafft oder kurzfristig Liquidität erzielt

---

899 Vgl. *Gehrlein*, in: MünchKomm, InsO, § 135, Rn. 10.
900 *Häsemeyer*, Insolvenzrecht, Rn. 21.06.
901 *Wegener*, NJW 2010, S. 3607 (3607).
902 *Reischl*, Insolvenzrecht, Rn. 627.
903 Vgl. BGH, Urt. v. 10. 02. 2005, IX ZR 211/02, BGHZ 162, S. 143, unter II. 2. b) aa) der Gründe.
904 Vgl. *Reischl*, Insolvenzrecht, Rn. 571; vgl. auch BGH, Urt. v. 25. 09. 1972, VIII ZR 216/71, BGHZ 59, S. 230, unter 1. der Gründe.

werden soll[905]. Hintergrund der Deckungsanfechtung ist es also, den insolvenzrechtlichen Grundsatz der gleichmäßigen Befriedigung aller Gläubiger sowohl in der materiellen als auch in der formellen Insolvenz durchzusetzen.

Bei der kongruenten Deckung erhält der Gläubiger tatsächlich nur das, was ihm rechtlich zusteht. Damit entspricht die kongruente Deckung grundsätzlich der objektiven Anspruchslage. Eine Anfechtung des Leistungserfolgs ist daher nur gerechtfertigt, wenn subjektive Makel hinzutreten[906]. Als subjektive Makel kommen gem. § 130 Abs. 1 InsO die Kenntnis des Gläubigers von der Zahlungsunfähigkeit (Nr. 1 und 2) oder des Eröffnungsantrags (Nr. 2) in Betracht. Gem. § 130 Abs. 2 InsO muss der Gläubiger dafür nicht zwingend die Zahlungsunfähigkeit bzw. den Eröffnungsantrag positiv kennen. Es reicht vielmehr die Kenntnis von Umständen aus, die zwingend auf die Zahlungsunfähigkeit oder die Stellung des Eröffnungsantrag schließen lassen. Auch wenn es der Gesetzeswortlaut nicht vermuten lässt, reicht für die Kenntnis grob fahrlässige Unkenntnis aus[907]. Diese wird insbesondere bei Banken relevant, die durch Prüfung der Konten des Schuldners über die Zahlungsunfähigkeit Kenntnis erlangen können[908]. Der Anfechtungszeitraum für diese Rechtshandlungen beträgt drei Monate vor Stellung des Insolvenzantrags, vgl. § 130 Abs. 1 S. 1 Nr. 1 InsO.

bb) Unmittelbar nachteilige Rechtshandlungen (§ 132 InsO)

Der Anfechtungsgrund des § 132 InsO liegt in der unmittelbaren Benachteiligung der Insolvenzgläubiger. Damit unterscheidet sich § 132 InsO von der Deckungsanfechtung vor allem durch den Benachteiligungszusammenhang. Während von §§ 130, 131 InsO jede (auch mittelbare) Gläubigerbenachteiligung erfasst wird, greift § 132 InsO nur bei unmittelbarer Gläubigerbenachteiligung. Der Hintergrund der Anfechtung nach § 132 InsO entspricht aber demjenigen nach §§ 130, 131 InsO: Durch § 132 InsO soll ebenfalls der Grundsatz der gleichmäßigen Befriedigung aller Gläubiger für den Zeitraum der materiellen Insolvenz durchgesetzt werden[909].

---

905 *De Bra*, in: Braun, InsO, 6. Aufl. 2014, § 129, Rn. 3, 4.

906 Vgl. die Begründung zum Entwurf einer Insolvenzordnung (InsO) vom 15.04.1992, BT-Drs. 12/2443, S. 158.

907 So die Begründung zum Entwurf einer Insolvenzordnung (InsO) vom 15.04.1992, ebenda. Der BGH geht sogar noch weiter und lässt teilweise auch einfache Fahrlässigkeit ausreichen, vgl. zu § 131 Abs. 2 S. 1 InsO BGH, Urt. v. 22.01.2004, IX ZR 39/03, BGHZ 157, S. 350, unter III. 2. a) der Gründe.

908 *Reischl*, Insolvenzrecht, Rn. 651.

909 *Kayser*, in: MünchKomm, InsO, § 132, Rn. 1.

Von § 132 Abs. 1 InsO werden zunächst einmal nur Rechts*geschäfte* und nicht sämtliche Rechts*handlungen* erfasst. Darunter fallen vor allem Verträge und deren Erfüllungsgeschäfte[910]. Rechts*handlungen* werden allerdings von § 132 Abs. 2 InsO erfasst, wenn durch sie der Schuldner ein Recht verliert oder nicht mehr geltend machen kann oder durch die ein vermögensrechtlicher Anspruch gegen ihn erhalten oder durchsetzbar wird. Diese Fallgruppe umfasst vor allem Unterlassungen, die unter Geltung der KO oftmals nur unter den strengeren Voraussetzungen der vorsätzlichen Benachteiligung gem. § 133 InsO angefochten werden konnten[911]. § 132 Abs. 2 InsO betrifft demnach insbesondere Rechtshandlungen wie die unterlassene Einlegung von Rechtsbehelfen, die unterlassene Erhebung einer Einrede oder die unterlassene Anfechtung nach §§ 119 ff. BGB[912]. § 132 Abs. 2 InsO soll diese Fälle aus dem strengen Anwendungsbereich der vorsätzlichen Benachteiligung herausnehmen und der erleichterten Anfechtung nach dem heutigen § 132 InsO unterstellen[913].

cc) Vorsätzliche Benachteiligung (§ 133 InsO)

Der Anfechtungsgrund des § 133 InsO liegt in dem vorsätzlichen und missbilligenswerten Verhalten des Schuldners. § 133 InsO zielt damit nicht – wie die §§ 130 – 132 InsO – auf die Einbeziehung von Rechtshandlungen im Krisenzeitraum (der materiellen Insolvenz) ab, sondern will vor allem sozial inadäquates Verhalten des Schuldners erfassen[914]. Durch das Verhalten des Schuldners kommt zum Ausdruck, dass er einen einzelnen Gläubiger vorsätzlich zu Lasten der anderen Gläubiger bevorteilen will. Dieses Verhalten wird als unzulässig eingestuft, weil es einem Schuldner grundsätzlich nicht zusteht, einzelne Gläubiger zu bevorzugen, wenn die Forderungen der anderen Gläubiger gleichrangig sind[915]. Durch § 133 InsO sollen damit die grundsätzlich gleichen Befriedigungschancen aller Gläubiger gewahrt und über die Eröffnung des Insolvenzverfahrens hinaus

910 *Hirte*, in: Uhlenbruck, InsO, § 132, Rz 2, 3.
911 Vgl. die Begründung zum Entwurf einer Insolvenzordnung (InsO) vom 15.04.1992, BT-Drs. 12/2443, S. 159.
912 Vgl. *Hirte*, in: Uhlenbruck, InsO, § 132, Rn. 13.
913 Vgl. die Begründung zum Entwurf einer Insolvenzordnung (InsO) vom 15.04.1992, BT-Drs. 12/2443, S. 159.
914 *Bork*, in: FS G.Fischer, 2008, S 37 (49); *Thole*, KTS 2007, S. 293 (314); *Fawzy/Köchling*, ZInsO 2014, S. 1073 (1073); mit Erweiterungen auch *Schoppmeyer*, ZIP 2009, S. 600 (602 f.); vgl. auch BGH, Urt. v. 10.02.2005, IX ZR 211/02, BGHZ 162, S. 143, unter II. 2. b) bb) der Gründe („missbilligt bestimmte Verhaltensweisen des Schuldners").
915 BGH, Urt. v. 10.02.2005, IX ZR 211/02, BGHZ 162, S. 143, unter II. 2. b) bb) der Gründe; *Kayser*, in: MünchKomm, InsO, § 133, Rn. 1a.

geschützt werden. § 133 InsO ist somit als insolvenzrechtliche Fortsetzung des Gläubigerschutzes aus § 3 AnfG zu sehen[916].

Im Tatbestand des § 133 InsO muss der Schuldner objektiv eine Rechtshandlung vorgenommen haben, die zumindest mittelbar die Gläubiger benachteiligt. Subjektiv muss der Schuldner eine Gläubigerbenachteiligung zumindest für möglich halten. Als Indizien für den Vorsatz zieht der BGH die Kenntnis der (drohenden) Zahlungsunfähigkeit[917] oder auch das Vorliegen einer inkongruenten Deckung mit gewissen Liquiditätszweifeln[918] heran. Der Anfechtungsgegner muss subjektiv die Gläubigerbenachteiligung zumindest billigend in Kauf nehmen. Gem. § 133 Abs. 1 S. 2 InsO wird die Kenntnis des Anfechtungsgegners vermutet, wenn er von der (drohenden) Zahlungsunfähigkeit des Schuldners und der Gläubigerbenachteiligung wusste. Als Anfechtungsgegner kommen nicht nur Insolvenzgläubiger, sondern auch sonstige Personen, insbesondere auch Zwischenpersonen in Betracht. Der Anfechtungszeitraum für vorsätzlich gläubigerbenachteiligende Rechtshandlungen beträgt zehn Jahre.

dd) Gesellschafterdarlehen (§ 135 InsO)

§ 135 InsO ergänzt § 39 Abs. 1 Nr. 5 InsO und ersetzt zusammen mit §§ 39 Abs. 1 Nr. 5, Abs. 4, Abs. 5, 44a, 143 Abs. 3 InsO das alte Eigenkapitalersatzrecht[919]. Während § 39 Abs. 1 Nr. 5 InsO den Nachrang von Forderungen aus Gesellschafterdarlehen begründet, schafft § 135 InsO ein Anfechtungsrecht für Befriedigungen und Sicherungen, die in Bezug auf Forderungen aus Gesellschafterdarlehen geleistet werden. Dadurch wird die Sonderbehandlung der Gesellschafterdarlehen (§ 39 Abs. 1 Nr. 5 InsO) im Vorfeld der Insolvenz vor Umgehungen geschützt[920]. Das Eigenkapitalersatzrecht sah für diesen Fall eine Auszahlungssperre für Gesellschafterdarlehen aus § 30 GmbHG a.F. analog vor und schützte so die Insolvenzmasse vor Beeinträchtigungen durch den Gesellschafter, wenn sich die Gesellschaft in der Krise befand[921]. Der Schutz der Insolvenzmasse erfolgte damit schon *ex-ante*. Durch § 135 InsO wird dieser Schutz aber

---

916 Vgl. *Schoppmeyer*, ZIP 2009, S. 600 (603).

917 BGH, Urt. v. 20.12.2007, IX ZR 93/06, NZI 2008, S. 231, unter II. 2. b) bb) der Gründe.

918 BGH, Urt. v. 11.03.2004, IX ZR 160/02, NZI 2004, S. 372, unter II. 1. c) bb) der Gründe.

919 Vgl. *Altmeppen*, in: Roth/Altmeppen, GmbHG, Anh §§ 32a, b, Rn. 3; vgl. auch *Gehrlein*, in: MünchKomm, InsO, § 135, Rn. 13.

920 *Henckel*, in: Jaeger, InsO, § 129, Rn. 6.

921 Vgl. zuerst BGH, Urt. v. 26.11.1979, II ZR 104/77, BGHZ 75, S. 334.

in das insolvenzrechtliche Anfechtungsrecht verschoben und damit auf eine reine *ex-post*-Betrachtung[922].

Der Anwendungsbereich von § 39 Abs. 1 Nr. 5 InsO und § 135 InsO ist identisch. Beide Normen gelten nur für Gesellschaften, die weder eine natürliche Person noch eine Gesellschaft als persönlich haftenden Gesellschafter haben, bei der ein persönlich haftender Gesellschafter eine natürlich Person ist, §§ 39 Abs. 4, 135 Abs. 4 InsO.

Als anfechtbare Rechtsfolgen kommen gem. § 135 Abs. 1 InsO wiederum Sicherungen und Befriedigungen in Betracht. Die Tatbestandsmerkmale der Sicherung/Befriedigung entsprechen inhaltlich denen der Deckungsanfechtung gem. §§ 130, 131 InsO[923]. Für absonderungsberechtigte Gesellschafter ist die Insolvenzanfechtung besonders gefährlich, denn über § 135 Abs. 1 Nr. 1 InsO können sie nachträglich die ihnen bestellten Kreditsicherheiten verlieren und sind dann nur noch als nachrangige Insolvenzgläubiger gem. § 39 Abs. 1 Nr. 5 InsO zu befriedigen. Dies bedeutet i. d. R. einen Totalausfall.

ee) Ausschluss der Anfechtung nach § 142 InsO („Bargeschäftsprivileg")

Die Anfechtung ist generell ausgeschlossen, wenn für die Leistung des Schuldners unmittelbar eine gleichwertige Gegenleistung erbracht wird, § 142 InsO (sog. „Bargeschäftsprivileg"). Die Rechtsprechung war seit jeher der Ansicht, dass ein solches Bargeschäft die anderen Gläubiger nicht benachteilige, weil der Insolvenzmasse für das entzogene Vermögen eine gleichwertige Gegenleistung zufließe[924]. Neben dieser insolvenzrechtlichen Rechtfertigung traten nach und nach auch rechtspolitische Gründe hinzu. So soll das Bargeschäftsprivileg auch verhindern, dass der Schuldner in der Krise vom Geschäftsverkehr ausgeschlossen wird, weil „selbst die von ihm abgeschlossenen wertäquivalenten Bargeschäfte der Anfechtung unterliegen"[925]. Das Bargeschäftsprivileg findet nur dann keine Anwendung, wenn die Voraussetzungen einer vorsätzlichen Benachteiligung (§ 133 InsO) vorliegen.

---

922 Vgl. zum gesetzgeberischen Konzept die Begründung zum Entwurf eines Gesetzes zur Modernisierung des GmbH-Rechts und zur Bekämpfung von Missbräuchen (MoMiG) vom 25.07. 2007, BT-Drs. 16/6140, S. 42; vgl. auch *Thole*, ZHR 176 (2012), S. 513 (514).

923 *Hirte*, in: Uhlenbruck, InsO, § 135, Rn. 13.

924 Vgl. schon RG, Urt. v. 28.09.1920, VII 93/20, RGZ 100, S. 62 (64); BGH, Urt. v. 09.02.1955, IV ZR 173/54, NJW 1955, S. 709, unter 3. der Gründe und danach st. Rspr. vgl. BGH, Urt. v. 21.05. 1980, VIII ZR 40/79, NJW 1980, S. 1961, unter III. 1. und 2. der Gründe.

925 Vgl. die Begründung zum Entwurf einer Insolvenzordnung (InsO) vom 15.04.1992, BT-Drs. 12/2443, S. 167.

Als Leistung kommen vermögenswerte Leistungen jeglicher Art in Betracht, so z. B. auch die Bestellung von Sicherheiten[926]. Für die Unmittelbarkeit der Leistungen kommt es darauf an, dass diese in einem einheitlichen Vorgang und in engem zeitlichen Zusammenhang ausgetauscht werden[927]. Demnach ist die Unmittelbarkeit bei einem mehraktigen Erwerb i. d. R. nicht gegeben[928]. Um die Bedeutung des Unmittelbarkeitskriteriums deutlich zu machen, kann die Bestellung von Sicherheiten herangezogen werden. Diese unterfällt dann dem Bargeschäftsprivileg, wenn sie unmittelbar gegen Auszahlung des Kredites erfolgt. Sollten die Sicherheiten aber für einen schon ausgereichten Kredit nachträglich geändert oder ergänzt werden, so fehlt es an dem für § 142 InsO notwendigen Unmittelbarkeitszusammenhang[929].

Für die Gleichwertigkeit der Leistungen kommt es darauf an, dass diese sich in ihrem objektiven Wert entsprechen. Die dem Schuldner erbrachte Gegenleistung kann allerdings auch höherwertig sein[930]. Der unmittelbare Leistungsaustausch muss zudem auf einer Parteivereinbarung zwischen dem Schuldner und dem Gläubiger beruhen[931]. Der Leistungsaustausch darf somit nicht rechtsgrundlos erfolgen. I. E. muss der Leistungsaustausch eine kongruente Befriedigung darstellen[932].

ff) Zusammenfassung

Die Insolvenzanfechtung i.S. der §§ 129 ff. InsO ist eine Besonderheit des Insolvenzverfahrens. Sie ermöglicht es dem Insolvenzverwalter, Rechtshandlungen des Schuldners anzufechten und die damit gewährten Leistungen zur Insolvenzmasse „zurück zu holen“. Die Insolvenzanfechtung führt dabei nicht zur Unwirksamkeit der Rechtshandlung, sondern begründet nur einen schuldrechtlichen Anspruch des Insolvenzverwalters auf Rückgewähr der Leistung.

Durch die Insolvenzanfechtung wird einem Gläubiger die erhaltene Leistung rückwirkend wieder entzogen. Diese Rückabwicklung stellt einen erheblichen Eingriff in die Rechtssicherheit dar. Der Eingriff ist allerdings unter verschiedenen Gesichtspunkten gerechtfertigt. So zielen die §§ 130 – 132 InsO darauf ab, den Grundsatz der gleichmäßigen Befriedigung aller Gläubiger auf den Zeitraum der

926 Vgl. *Ganter/Weiland*, in: K.Schmidt, InsO, § 142, Rn. 13 ff.
927 BGH, Urt. v. 06.12.2007, IX ZR 113/06, NZI 2008, S. 173, unter II. 3. b).
928 Vgl. *Ganter/Weiland*, in: K.Schmidt, InsO, § 142, Rn. 27.
929 Vgl. *Reischl*, Insolvenzrecht, Rn. 721.
930 Vgl. BGH, Urt. v. 17.06.2004, IX ZR 2/01, NZI 2004, S. 491.
931 BGH, Urt. v. 23.09.2010, IX ZR 212/09, NZI 2010, S. 897, unter II. 2. b) aa) der Gründe.
932 BGH, ebenda.

materiellen Insolvenz zu erstrecken. Dies ist gerechtfertigt, weil aus wirtschaftlicher Sicht der Schuldner i. d. R. schon vor der Stellung des Insolvenzantrags einen der Eröffnungsgründe i.S. der §§ 17 ff. InsO erfüllt und somit auch für diesen Zeitraum die insolvenzrechtliche Haftungsordnung gelten muss. §§ 133, 134 InsO hingegen haben nicht die Durchsetzung der insolvenzrechtlichen Haftungsordnung in der materiellen Insolvenz zum Ziel, sondern die Wahrung der gleichen Befriedigungschancen aller Gläubiger. Grundsätzlich ist der Schuldner nicht berechtigt, die Befriedigungschancen eines Gläubigers zu Lasten der anderen zu erhöhen. Sollte er so die anderen Gläubiger wissentlich benachteiligen, sind diese einzeln über das AnfG geschützt. Nach Eintritt der Insolvenz geht aber das Anfechtungsrecht auf den Insolvenzverwalter über (vgl. auch § 16 AnfG). Über §§ 133, 134 InsO wird somit der Gläubigerschutz aus §§ 3, 4 AnfG in das Insolvenzverfahren übertragen. § 135 InsO betrifft schließlich den Sonderfall der Gesellschafterdarlehen. Über § 135 InsO soll die Nachrangigkeit der Gesellschafterdarlehen aus § 39 Abs. 1 Nr. 5 InsO vor Umgehungen im Vorfeld der Insolvenz geschützt werden. Um einen schonenden Ausgleich zwischen dem Vertrauensschutz der Gläubiger und dem berechtigten Interesse an der Insolvenzanfechtung zu erreichen, wird das Anfechtungsrecht des Insolvenzverwalters in den verschiedenen Anfechtungstatbeständen der §§ 130 ff. InsO typisiert. Die Anfechtungstatbestände bringen in ihren Voraussetzungen die Interessen des Anfechtungsgegners und die der Gläubiger/Insolvenzmasse in Einklang.

b) Anfechtungsmöglichkeiten i.R. des *Parallel-Debt*-Modells

Sollte der Insolvenzverwalter die Bestellung der Pfandrechte anfechten können, so wären diese zur Masse zurück zu gewähren bzw. aufzuheben (§ 143 Abs. 1 InsO)[933]. Würde er die Vereinbarung der Parallelschuld anfechten, so wäre diese gem. § 143 Abs. 1 InsO zurück zu gewähren bzw. für unwirksam zu erklären. Ohne eine wirksame Parallelschuld könnten aber auch die akzessorischen Sicherheiten nicht mehr bestehen und würden damit erlöschen[934]. Sowohl bei Anfechtung der Sicherheitenbestellung als auch der Vereinbarung der Parallelschuld würde das Absonderungsrecht nachträglich erlöschen[935]. Der Sicherheitentreuhänder könnte dann nur als einfacher Insolvenzgläubiger (§ 38 InsO) am Insolvenzverfahren teilnehmen und müsste sich mit der Befriedigungsquote zufrieden geben.

933 *Kirchhof*, in: MünchKomm, InsO, § 143, Rn. 43; *Hirte*, in: Uhlenbruck, InsO, § 143, Rn. 12.
934 Zur Erlöschensakzessorietät vgl. oben im 1. Teil, unter B. I. 3. (Akzessorische und nichtakzessorische Sicherheiten).
935 Falls der Insolvenzverwalter die Sicherheitenbestellung nicht anfechten sollte, so kann er aber zumindest die abgesonderte Befriedigung verweigern gem. § 146 Abs. 2 InsO.

Die Befriedigungsquote würde er im Anschluss anteilig an die Konsortialbanken auskehren. Insgesamt müssten diese erhebliche Abschläge auf ihre Rückzahlungs- und Zinsforderungen hinnehmen.

Die Insolvenzanfechtung ist eine Gefahr, die sich für jeden Kreditgeber unabhängig von der Form des gewährten Kredites stellt. Sie ist insofern nicht spezifisch mit der Finanzierung in Form eines syndizierten Kredites verbunden. Allerdings ergeben sich bei den syndizierten Krediten einige Besonderheiten, die es bei der Strukturierung der Finanzierung zu beachten gilt. Diese Besonderheiten werden im Folgenden dargestellt.

aa) Ermittlung des richtigen Anfechtungsgegners

Zunächst ist zu klären, gegen wen sich die Insolvenzanfechtung richtet (sog. „Anfechtungsgegner"). Den Anfechtungsgegner treffen die Rechtsfolgen aus der Anfechtung, d.h. er muss den aus der Insolvenzmasse ausgeschiedenen Gegenstand zurück gewähren (§ 143 Abs. 1 S. 1 InsO) oder Wertersatz leisten, wenn ihm die Rückgabe nicht möglich ist (§ 143 Abs. 1 S. 2 InsO). In der Rechtsfolge lebt seine alte Forderung wieder auf, § 144 Abs. 1 InsO. Mit dieser nimmt er dann am Insolvenzverfahren teil, so dass er das volle Insolvenzrisiko des Schuldners trägt. Der Anfechtungsgegner wird allgemein danach bestimmt, wem der aus dem Schuldnervermögen ausgeschiedene Gegenstand übertragen worden ist[936]. Das muss nicht immer der direkte Geschäftspartner sein, sondern kann auch eine dahinterstehende Person sein. So ist in den Fällen der mittelbaren Zuwendung (z.B. über einen Finanzdienstleister) immer der Hintermann der Anfechtungsgegner, weil im wirtschaftlichen Ergebnis die Zuwendung nur diesem zugute kommt[937]. Unter der KO sollte nach Ansicht des BGH der Anfechtungsgegner im Gleichlauf zum Bereicherungsschuldner i.S. der §§ 812 ff. BGB zu bestimmen sein[938].

Im *Parallel-Debt*-Modell werden die Pfandrechte dem Sicherheitentreuhänder bestellt. Dieser hält die Kreditsicherheiten treuhänderisch für die Konsortialbanken. Hat der Sicherheitentreuhänder keinen eigenen Anteil an dem syndizierten Kredit, so handelt er rein fremdnützig[939]. Treuhänder, die rein fremdnützig handeln, kommen regelmäßig nicht als Anfechtungsgegner in Betracht, weil sie keinen eigenen wirtschaftlichen Vorteil aus der anfechtbaren Rechtshandlung

---

936 *Büteröwe*, in: K.Schmidt, InsO, § 143, Rn. 4.

937 *Hirte*, in: Uhlenbruck, InsO, § 129, Rn. 83 mit umfangreichen Beispielen aus der Rechtsprechung.

938 BGH, Urt. v. 16.09.1999, IX ZR 204/98, BGHZ 142, S. 284, unter II. 2. a) der Gründe.

939 Vgl. dazu oben im 2. Teil, unter A. I. 2. d) (Ausübung in fremden Interesse).

ziehen[940]. So hat der BGH entschieden, dass bei einer Situation, in der ein Treuhänder Leistungen lediglich an seinen Treugeber weiterleitet, der Treugeber Anfechtungsgegner ist[941]. Doch auch wenn der Sicherheitentreuhänder keinen eigenen wirtschaftlichen Vorteil aus der Sicherheitenbestellung erhält, ist er dennoch als Anfechtungsgegner anzusehen, wenn er den aus dem Schuldnervermögen erhaltenen Gegenstand nicht weiterleiten muss. In diesem Fall hat nur er etwas aus dem Schuldnervermögen erlangt. Solange er die erhaltene Rechtsposition (hier: die Verwertungsbefugnis in Form des Pfandrechts) nicht an die Konsortialbanken weiterleitet, haben diese nichts aus dem Schuldnervermögen erlangt[942]. Die Konsortialbanken profitieren zwar i.E. wirtschaftlich von der Sicherheitenbestellung, weil der Sicherheitentreuhänder über die Treuhandabrede schuldrechtlich an sie gebunden ist. Dieser wirtschaftliche Vorteil beruht aber auf der Treuhandabrede und diese haben die Konsortialbanken nicht aus dem Schuldnervermögen erlangt[943]. Stellt man i.R. des § 143 Abs. 1 InsO richtigerweise allein auf die Gegenstände ab, die aus dem *Schuldner*vermögen ausgeschieden sind[944], kommt als Anfechtungsgegner ausschließlich der Sicherheitentreuhänder in Betracht[945]. Insofern unterscheidet sich die Rückgewähr i.S. der §§ 812 ff. BGB von der i.S. des § 143 InsO: Während i.R. der §§ 812 ff. BGB der Bereicherungsschuldner auch Vermögensvorteile herausgeben muss, die er nicht aus dem Vermögen des Entreicherten erhalten hat, ist bei der Insolvenzanfechtung nur das herauszugeben, was aus dem Schuldnervermögen ausgeschieden ist[946].

---

940 *Kirchhof*, in: MünchKomm, InsO, § 143, Rn. 5.

941 *Kirchhof*, in: MünchKomm, InsO, § 143, Rn. 5.

942 Auch in sonstigen Fällen ist der Treuhänder solange als Anfechtungsgegner anzusehen, wie er die empfangenen Leistungen noch nicht an die Gläubiger weitergeleitet hat, vgl. *Hirte*, in: Uhlenbruck, InsO, § 143, Rn. 43.

943 Vgl. dazu auch BGH, Urt. v. 09. 12. 1993, IX ZR 100/93, BGHZ 124, S. 298, unter II. 3. b) bb) der Gründe.

944 So ausdrücklich der BGH, ebenda: „Zurückzugewähren ist deshalb das, was durch die anfechtbare Handlung aus dem Vermögen des Schuldners weggegeben worden ist, und nicht das, was in das Vermögen des Anfechtungsgegners gelangt ist."

945 **A.A.** offenbar *Hirte*, in: Uhlenbruck, InsO, § 129, Rn. 87D, der für den Fall, dass ein Dritter eine Grundschuld treuhänderisch für die Gläubiger des Schuldners hält, davon ausgeht, dass nur die Gläubiger Anfechtungsgegner sind. Dies ist verwunderlich, denn es fragt sich dann, was der Gläubiger, dem ja die Grundschuld dinglich gar nicht zusteht, herausgeben soll.

946 Vgl. BGH, Urt. v. 02. 07. 1990, II ZR 243/89, BGHZ 112, S. 40, unter I. 1. a) bb) der Gründe: „Entreicherungs- und Bereicherungsgegenstand brauchen nicht identisch zu sein (...).".

bb) Allgemeine Voraussetzungen der Insolvenzanfechtung (§ 129 InsO)

Die Grundlagen der Insolvenzanfechtung werden in § 129 InsO gelegt. Demnach sind nur solche Rechtshandlungen der Insolvenzanfechtung unterworfen, die die Insolvenzgläubiger benachteiligen. Um überhaupt für die Insolvenzanfechtung in Betracht zu kommen, müsste das *Parallel-Debt*-Modell diese beiden Kriterien erfüllen.

aaa) Rechtshandlung

Eine Rechtshandlung ist jede Form der Willensbetätigung, die eine rechtliche Wirkung auslöst[947]. Der Begriff ist weit auszulegen[948] und umfasst Rechtsgeschäfte, geschäftsähnliche Handlungen und Realakte[949], gem. § 129 Abs. 2 InsO auch Unterlassungen. Damit kommen als anfechtbare Handlungen i.R. des *Parallel-Debt*-Modells sowohl die reine Sicherheitenbestellung als auch die Einräumung der Parallelschuld in Betracht.

bbb) Gläubigerbenachteiligung

Eine Gläubigerbenachteiligung entsteht nach insolvenzrechtlichen Gesichtspunkten, wenn die Befriedigung der Gläubiger beeinträchtigt wird[950]. Dementsprechend wird eine Gläubigerbenachteiligung in allen Fällen angenommen, in denen es entweder zu einer Verringerung der Aktivmasse oder zu einer Erhöhung der Passivmasse beim Schuldner kommt[951].

Nach diesem Muster führt die Vereinbarung einer Parallelschuld zu einer Gläubigerbenachteiligung. Durch die Parallelschuld wird eine zusätzliche Verbindlichkeit begründet und damit die Passivmasse des Schuldners erhöht[952]. Dies schmälert die Befriedigungsaussichten der anderen Gläubiger.

Auch die Bestellung einer Sicherheit führt zu einer Gläubigerbenachteiligung[953]. Denn nicht nur Rechtshandlungen, die konkret das Schuldnervermögen beeinflussen, stellen eine Gläubigerbenachteiligung dar. Vielmehr ist jede

---

947 BGH, Urt. v. 12.02.2004, IX ZR 98/03, NJW 2004, S. 1660, unter II. 1. b) aa) der Gründe.
948 So ausdrücklich der Gesetzgeber, vgl. die Begründung zum Entwurf einer Insolvenzordnung (InsO) vom 15.04.1992, BT-Drs. 12/2443, S. 157.
949 *K.Schmidt*, in: K.Schmidt, InsO, § 129, Rn. 26.
950 Vgl. die Begründung zum Entwurf einer Insolvenzordnung (InsO) vom 15.04.1992, BT-Drs. 12/2443, S. 157.
951 BGH, Urt. v. 16.11.2007, IX ZR 194/04, BGHZ 174, S. 228, unter II. 1. d) aa) der Gründe.
952 So auch *Schnauder*, NJOZ 2010, S. 1663 (1669); *Willer*, AcP 209 (2009), S. 807 (830).
953 Vgl. *K.Schmidt*, in: K.Schmidt, InsO, § 129, Rn. 61.

Rechtshandlung benachteiligend, durch die die Befriedigung der Gläubiger „verkürzt (vermindert), vereitelt, erschwert oder verzögert wird“[954]. Durch die Bestellung eines Pfandrechts erhält der Sicherheitentreuhänder ein Absonderungsrecht gem. § 51 Nr. 1 InsO. Das Absonderungsrecht ermöglicht dem Pfandgläubiger eine abgesonderte Befriedigung, d. h. der mit dem Absonderungsrecht belegte Gegenstand steht ausschließlich ihm zur Befriedigung zur Verfügung[955]. Damit wird die Insolvenzmasse im Verwertungsfall um diesen Gegenstand verkleinert, den anderen Gläubigern wird durch die Absonderung Haftungsmasse entzogen. Daher ist auch die Sicherheitenbestellung eine gläubigerbenachteiligende Rechtshandlung. In §§ 130 Abs. 1 S. 1, 131 Abs. 1, 135 Abs. 1 Nr. 1 InsO ist sie dementsprechend als anfechtbare Rechtshandlung ausdrücklich vorgesehen.

ccc) Ergebnis

Sowohl die Vereinbarung der Parallelschuld als auch die Bestellung der Sicherheiten stellen eine gläubigerbenachteiligende Rechtshandlung i.S. des § 129 InsO dar. Die Grundvoraussetzungen für eine Insolvenzanfechtung sind damit gegeben. Die weiteren Voraussetzungen richten sich nach den jeweiligen Anfechtungstatbeständen.

cc) Besondere Voraussetzungen der einzelnen Anfechtungstatbestände

Das Vorliegen der jeweiligen Anfechtungsvoraussetzungen kann hier nicht im Einzelnen geprüft werden, da eine solche Prüfung in Anbetracht der Einzelfallabhängigkeit kaum generalisierend durchgeführt werden kann. Im Folgenden sollen aber einige Besonderheiten der Insolvenzanfechtung aufgezeigt werden, die sich gerade bei der *Parallel-Debt*-Gestaltung ergeben.

aaa) Ausgeschlossene Anfechtungstatbestände

Für die *Parallel-Debt*-Konstruktion nicht einschlägig sind die §§ 131, 134 InsO. Die inkongruente Deckung gem. § 131 InsO setzt voraus, dass dem Gläubiger eine Leistung erbracht wird, die ihm nicht oder nicht so zusteht[956]. Der Sicherheitentreuhänder hat aber aus der Sicherungsabrede immer einen Anspruch auf die

---

954 Vgl. die Begründung zum Entwurf einer Insolvenzordnung (InsO) vom 15.04.1992, BT-Drs. 12/2443, S. 157.

955 Zum Absonderungsrecht vgl. oben unter B. I. 1. b) (Die Absonderungsberechtigten (§§ 49 – 52 InsO)).

956 Vgl. oben unter B. I. 3. a) aa) (Deckungsanfechtung (§ 130 InsO)).

Bestellung der Sicherheit und auch auf die Vereinbarung der Parallelschuld[957]. Daher besteht für Inkongruenz i.S. des § 131 InsO kein Raum.

Für § 134 InsO bedarf es wiederum einer unentgeltlichen Leistung. Als unentgeltliche Leistungen werden nicht nur Schenkungen erfasst, sondern alle Leistungen, denen keine gleichwertige Gegenleistung gegenübersteht. Der BGH vertritt die Ansicht, dass sich die Unentgeltlichkeit/Entgeltlichkeit eines „Hilfsgeschäfts" (wie z.B. der Sicherheitenbestellung oder der Vereinbarung eines Schuldanerkenntnisses) nach dem Hauptgeschäft richtet[958]. Erfasst man die Vereinbarung der Parallelschuld und die Pfandrechtsbestellung als Hilfsgeschäfte des Darlehensvertrags, so ist darauf abzustellen, ob der Darlehensvertrag entgeltlich oder unentgeltlich vereinbart wurde. Der syndizierte Kredit wird nicht ohne entsprechende Zinspflichten vereinbart, es handelt sich mithin um einen entgeltlichen Darlehensvertrag i.S. des § 488 BGB. Dementsprechend sind auch die Vereinbarung der Parallelschuld[959] und die Sicherheitenbestellung als entgeltlich anzusehen. § 134 InsO scheidet daher mangels Unentgeltlichkeit ebenfalls pauschal aus.

bbb) Kenntnis des Sicherheitentreuhänders/Konsortialführers (§§ 130, 132, 133 Abs. 1 InsO)

Die Tatbestände der §§ 130, 132 InsO haben subjektive Merkmale. Sie setzen beim Anfechtungsgegner voraus, dass dieser zur Zeit der Vornahme des Rechtsgeschäfts/der Rechtshandlung entweder die Zahlungsunfähigkeit des Schuldners (§§ 130 Abs. 1 Nr. 1, 132 Abs. 1 Nr. 1 InsO) oder die Stellung des Insolvenzeröffnungsantrags (§§ 130 Abs. 1 Nr. 2, 132 Abs. 1 Nr. 2 InsO) kennt. Dabei reicht es aus, wenn der Anfechtungsgegner nur die Umstände kennt, die zwingend auf die Zahlungsunfähigkeit oder den Eröffnungsantrag schließen lassen, §§ 130 Abs. 2, 132 Abs. 3 InsO. Zudem wird es als hinreichend angesehen, wenn der Anfechtungsgegner nicht positive Kenntnis von den Umständen hatte, sondern bloß grob fahrlässige Unkenntnis[960]. Die Feststellung dieser subjektiven Merkmale ist eine Frage des Einzelfalls. Generell hervorheben lässt sich jedoch Folgendes: Der Sicherheitentreuhänder, der i.d.R. identisch ist mit dem Konsortialführer, verfügt

957 Vgl. dazu oben im 2. Teil, unter A. II. 2. b) aa) aaa) (Rechtsgrund der Parallelschuld).

958 BGH, Urt.v. 12.07.1990, IX ZR 245/89, BGHZ 112, S. 136, unter A. I. 3. b) der Gründe; danach st. Rspr. des BGH, vgl. Urt. v. 18.03.2010, IX ZR 57/09, NZI 2010, S. 439, unter II. 1. b) der Gründe.

959 So auch *Willer*, AcP 209 (2009), S. 807 (832 f.).

960 Vgl. die Begründung zum Entwurf einer Insolvenzordnung (InsO) vom 15.04.1992, BT-Drs. 12/2443, S. 158; vgl. i.Ü. oben unter B. I. 3. a) aa) (Deckungsanfechtung (§ 130 InsO)).

über erhebliche Informationen über den Kreditnehmer, entweder weil er sie vor Abschluss des Kreditvertrages eingeholt hat oder weil er als Hausbank des Kreditnehmers ohnehin dauerhaft Einsicht in dessen Kontenbewegungen hat[961]. Daher hat der Sicherheitentreuhänder im Regelfall auch Kenntnis von den Umständen, die zwingend auf die Zahlungsunfähigkeit oder den Eröffnungsantrag schließen lassen. Doch selbst wenn er sich die notwendigen Informationen grob fahrlässig nicht beschafft hat, so kann ihm über §§ 130 Abs. 2, 132 Abs. 3 InsO dennoch eine subjektive Kenntnis unterstellt werden[962]. Die grobe Fahrlässigkeit lässt sich bei Kreditinstituten i. d. R. leicht begründen, weil diese bei Krediten gewisser Größenordnung auch aufsichtsrechtlich verpflichtet sind, sich die wirtschaftlichen Verhältnisse des Kreditnehmers vor der Kreditgewährung offen legen zu lassen, vgl. § 18 KWG. Ist gesetzlich eine so elementare Sorgfaltspflicht wie die Bonitätsprüfungspflicht gem. § 18 KWG[963] vorgesehen, so kann ein Verstoß dagegen sehr leicht auf grober Fahrlässigkeit beruhen[964].

Etwas strenger bei der Annahme der Kenntnis ist hingegen § 133 Abs. 1 InsO. Dieser verlangt positive Kenntnis vom Gläubigerbenachteiligungsvorsatz des Schuldners. Grob fahrlässige Unkenntnis reicht in diesem Fall nicht aus[965]. Gem. § 133 Abs. 1 S. 2 InsO wird die positive Kenntnis aber vermutet, wenn der Anfechtungsgegner wusste, dass die Zahlungsunfähigkeit drohte und dass die Handlung die Gläubiger benachteiligte. Auch hier greifen wieder die besonderen Informationsrechte des Sicherheitentreuhänders. Durch seinen Informationszugriff auf die finanzielle Lage des Kreditnehmers wird bei ihm i. d. R. die Kenntnis der drohenden Zahlungsunfähigkeit vorliegen. Sofern er darüber hinaus auch noch positiv wusste, dass die anderen Gläubiger durch die Rechtshandlung be-

---

961 Dabei muss die Bank insgesamt sicherstellen, dass die relevanten Informationen die entsprechenden Entscheidungsträger erreichen. Tut sie dies nicht, so muss sie sich die Kenntnisse eines von ihr bestellten und ermächtigten Bediensteten zurechnen lassen, vgl. BGH, Urt. v. 15. 12. 2005, IX ZR 227/04, NJW-RR 2006, S. 771, unter III. 2. der Gründe.

962 Vgl. *Reischl*, Insolvenzrecht, Rn. 651.

963 § 18 KWG ist für die Banken von elementarer Bedeutung, weil sie vorwiegend mit Fremdgeldern arbeiten. Die Bedeutung der Norm kommt auch in den zahlreichen Rundschreiben der BaFin zum Ausdruck, vgl. *Bock*, in: Boos/Fischer/Schulte-Mattler, KWG, 4. Aufl. 2012, § 18, Rn. 1.

964 So hat der BGH bei der Verletzung elementarer und eindeutiger Unfallverhütungsvorschriften befunden, dass der rein objektive Verstoß dagegen schon einen Schluss auf die grobe Fahrlässigkeit zulasse, vgl. BGH, Urt. v. 18. 10. 1988, VI ZR 15/88, NJW-RR 1989, S. 339, unter II. 1. b) aa) und II. 2. der Gründe.

965 BGH, Urt. v. 30. 06. 2011, IX ZR 155/08, BGHZ 190, S. 201, unter II. 2. c) bb) der Gründe.

nachteiligt würden, kann er in den Anwendungsbereich des § 133 Abs. 1 InsO geraten[966].

ccc) Gesellschafterdarlehen (§ 135 InsO)

Einen Sonderfall bildet die Anfechtung von Sicherungen und Befriedigungen von Gesellschafterdarlehen i.S. des § 135 InsO. Zwar ist der Sicherheitentreuhänder kein Gesellschafter des Kreditnehmers. Unter den Voraussetzungen der sog. „Pfandgläubiger-Entscheidung"[967] kann aber auch er dem Anfechtungsrecht gem. § 135 InsO unterliegen. Voraussetzung dafür ist, dass der Sicherheitentreuhänder als sog. „atypischer Pfandgläubiger" einzuordnen ist. Ist dies der Fall, so unterliegt er uneingeschränkt dem Anfechtungstatbestand des § 135 InsO[968]. Die Pfandgläubiger-Entscheidung ist ein zentrales Problem bei syndizierten Krediten. Ihr ist daher ein eigenständiger Abschnitt gewidmet, auf den an dieser Stelle verwiesen wird[969]. Festzuhalten ist hier nur, dass § 135 Abs. 1 InsO als Anfechtungstatbestand grundsätzlich auch ggü. dem Sicherheitentreuhänder in Betracht kommt und dieser Anfechtungstatbestand für den Insolvenzverwalter besonders günstig ist. Denn neben den Voraussetzungen des Vorliegens eines Gesellschafterdarlehens bzw. der Einordnung als atypischer Pfandgläubiger verlangt § 135 InsO nur, dass die anzufechtende Handlung innerhalb eines mitunter sehr langen Anfechtungszeitraums (für Sicherungsgeschäfte 10 Jahre) stattgefunden haben muss. Wegen des langen Anfechtungszeitraums kann der atypische Pfandgläubiger regelmäßig nur dann einer Anfechtung gem. § 135 InsO entgehen, wenn er unter das Sanierungsprivileg[970] oder Kleinbeteiligtenprivileg fällt, vgl. §§ 135 Abs. 4, 39 Abs. 4 S. 2, Abs. 5 InsO.

---

966 **A.A.** *Schnauder*, NJOZ 2010, S. 1663 (1669), der den Anfechtungstatbestand des § 133 Abs. 1 InsO wegen der subjektiven Voraussetzungen praktisch für ausgeschlossen hält. Auch *Willer*, AcP 209 (2009), S. 807 (832) hält § 133 Abs. 1 InsO für ausgeschlossen, da es „wegen des Anspruchs auf Abgabe des Sicherungsversprechens bzw. auf Sicherheitenbestellung an einer Gläubigerbenachteiligung fehlt". Durch das Vorliegen eines Rechtsgrundes wird aber nur die inkongruente Deckung (§ 131 InsO) ausgeschlossen. Bei der Prüfung der Gläubigerbenachteiligung sind Verpflichtungs- und Verfügungsgeschäft getrennt voneinander zu beurteilen, vgl. *K.Schmidt*, in: K.Schmidt, InsO, § 129, Rn. 42.

967 BGH, Urt. v. 13.07.1992, II ZR 251/91, BGHZ 119, S. 191.

968 So ausdrücklich auch *Gehrlein*, in: MünchKomm, InsO, § 135, Rn. 20; *de Bra*, in: Braun, InsO, § 135, Rn. 11.

969 Vgl. dazu unten, unter B. I. 4. (Der Sicherheitentreuhänder als atypischer Pfandgläubiger).

970 Vgl. dazu *Diem*, Akquisitionsfinanzierungen, § 52, Rn. 23 ff.

ddd) Ergebnis

Die besonderen Voraussetzungen der einzelnen Anfechtungstatbestände sind für den Sicherheitentreuhänder unterschiedlich gefährlich. Während §§ 131, 134 InsO von vorneherein ausscheiden, ist die Anwendung der §§ 130, 132, 133 Abs. 1 InsO grundsätzlich möglich. Besonders risikoreich ist in diesem Zusammenhang die spezielle Informationslage, die dem Sicherheitentreuhänder aufgrund seiner Stellung als Bank zukommt und die die von diesen Tatbeständen geforderte Kenntnis bedeuten kann. Ein besonders relevanter Anfechtungstatbestand ist § 135 InsO, da dieser auch auf atypische Pfandgläubiger uneingeschränkte Anwendung findet und nur sehr geringe Möglichkeiten zur Überwindung (Sanierungs- und Kleinbeteiligtenprivileg) bietet.

dd) Eingreifen des Bargeschäftsprivilegs gem. § 142 InsO

Schutz für alle anfechtbaren Rechtsgeschäfte verspricht das Bargeschäftsprivileg gem. § 142 InsO. Wer als Gläubiger eines Bargeschäftsprivileg eine Leistung vom Schuldner erhält, braucht keinerlei Anfechtung durch den Insolvenzverwalter zu fürchten. Dementsprechend liegt es im besonderen Interesse der Konsortialbanken, dass die Sicherheitenbestellung zwischen Sicherheitentreuhänder und Kreditnehmer/Sicherungsgeber ein solches Bargeschäft darstellt.

aaa) Vorliegen der Voraussetzungen im *Parallel-Debt*-Modell

Hat der Schuldner eine anfechtbare Leistung erbracht, so wird deren Erbringung über § 142 InsO geschützt, wenn der Anfechtungsgegner eine unmittelbare und gleichwertige Gegenleistung erbracht hat[971]. Als Leistung kommt auch die Bestellung einer Sicherheit in Frage oder die Vereinbarung der Parallelschuld (= abstraktes Schuldversprechen). Als eine unmittelbare und gleichwertige Gegenleistung kommt die Auszahlung des syndizierten Kredits in Betracht. Grundsätzlich wird die Bestellung einer Sicherheit (und damit hier auch die Vereinbarung der Parallelschuld) dann als unanfechtbar i.S. des § 142 InsO angesehen, wenn mit der Sicherheitenbestellung zeitgleich die der Sicherheit entsprechenden Darlehensvaluta ausgereicht werden[972]. In der Darlehensvalutierung liegt damit grundsätzlich eine unmittelbare und gleichwertige Gegenleistung. Problematisch sind aber die Fälle, in denen die Sicherheit für eine zukünftige Forderung bestellt

---

971 Für die Voraussetzungen im Einzelnen vgl. oben unter B. I. 3. a) ee) (Ausschluss der Anfechtung nach § 142 InsO („Bargeschäftsprivileg")).

972 BGH, Urt. v. 19.03.1998, IX ZR 22/97, BGHZ 138, S. 291, unter B. III. 4. der Gründe.

wird oder die Darlehensmittel sukzessive abgerufen werden. In beiden Fällen kann das Unmittelbarkeitserfordernis nicht eingehalten werden, weil Leistung (Sicherheitenbestellung) und Gegenleistung (Darlehensauszahlung) nicht in engem zeitlichen Zusammenhang stehen. Zwar lässt der BGH bei der Ermittlung des zeitlichen Zusammenhangs eine Toleranzgrenze zu[973], deren Umfang ist aber immer von dem konkreten Einzelfall abhängig. Grundsätzlich bestimmt der BGH den Umfang der Toleranzgrenze danach, um was für eine Art Leistung es sich handelt und wie sich dieser Leistungsaustausch nach den Gepflogenheiten des Geschäftsverkehrs vollzieht[974]. Vor diesem Hintergrund erachtet es der BGH für unschädlich, wenn sich die Grundschuldeintragung aufgrund grundbuchrechtlicher Vorgänge zweieinhalb Monate lang hinzieht[975]. Zu beachten ist allerdings, dass er diesen Zeitraum nur wegen der speziellen Eintragungspflicht der Grundschuld akzeptiert hat. Bei der bloß notariell zu beurkundenden Verpfändung von Gesellschaftsanteilen ist davon auszugehen, dass der BGH nur die übliche Bearbeitungszeit als Toleranzgrenze akzeptiert[976]. Bei einer Pfandrechtsbestellung für zukünftige Forderungen ist daher davon auszugehen, dass das Unmittelbarkeitsprinzip nicht eingehalten werden kann.

Für das *Parallel-Debt*-Modell ist dieses Ergebnis problematisch, da es den Konsortialbanken darauf ankommt, eine erstrangige Sicherheit zu erhalten. Die Erstrangigkeit können sie nur erreichen, wenn dem Sicherheitentreuhänder das Pfandrecht für die zukünftig entstehenden Darlehensrückzahlungsforderungen bestellt wird, § 1204 Abs. 2 BGB[977]. Denn dadurch entsteht das Pfandrecht schon unmittelbar bei Bestellung, auch wenn die Darlehensmittel noch nicht ausgezahlt worden sind. Es ist damit ggü. späteren Pfandrechtsbestellungen vorrangig (§ 1209 BGB). Das Unmittelbarkeitserfordernis kann in diesem Fall aber nicht eingehalten werden, denn Sicherheitenbestellung und Darlehensauszahlung stehen in keinem engen zeitlichen Zusammenhang mehr. Es wird daher alternativ vorgeschlagen, die Entstehung der Sicherheit unter die aufschiebende Bedingung der Darlehensauszahlung zu stellen, § 158 Abs. 1 BGB[978]. Dadurch erfolgen Sicherheitenbestellung und Darlehensauszahlung gleichzeitig und das Unmittelbarkeitserfordernis ist erfüllt. Das Pfandrecht entsteht dann aber zeitlich später, so dass keine Erstrangigkeit mehr erreicht werden kann. Diese Lösung widerspricht also dem Ziel der Konsortialbanken, ihre Forderungen erstrangig besichern zu

---

973 Vgl. zum Ganzen *Hirte*, in: Uhlenbruck, InsO, § 142, Rn. 14.
974 BGH, Urt. v. 13.04.2006, IX ZR 158/05, BGHZ 167, S. 190, unter IV. 2. a) der Gründe.
975 BGH, Urt. v. 26.01.1977, VIII ZR 122/75, NJW 1977, S. 718, unter II. 2. b) der Gründe
976 Vgl. *Obermüller*, Insolvenzrecht in der Bankpraxis, 8. Aufl. 2011, Rn. 6.100.
977 Vgl. dazu oben im 2. Teil, unter A. II. 3. (Kein Verstoß gegen den Bestimmtheitsgrundsatz).
978 Für die *Parallel-Debt*-Konstruktion ausdrücklich *Schnauder*, NJOZ 2010, S. 1663 (1669).

lassen. An dieser Stelle kommt es zur Kollision von Kreditsicherungsrecht und Insolvenzrecht: Entweder es steht die Erstrangigkeit des Pfandrechts im Vordergrund und es wird auf das Bargeschäftsprivileg verzichtet oder es wird die Unanfechtbarkeit gem. § 142 InsO erreicht, dafür besteht aber das Risiko einer Nachrangigkeit bei der Verwertung der Kreditsicherheit.

bbb) Anwendbarkeit des § 142 InsO i.R.v. Gesellschafterdarlehen

Mögen auch die Voraussetzungen des Bargeschäftsprivilegs im Einzelnen erfüllt sein, so stellt sich bei den Gesellschafterdarlehen bzw. bei Darlehen von atypischen Pfandgläubigern ein noch allgemeineres Problem. Es ist umstritten, ob § 142 InsO überhaupt auf Gesellschafterdarlehen und deren Besicherung Anwendung finden kann. Da § 135 InsO auf atypische Pfandgläubiger angewandt wird, ist dieses Problem auch für den Sicherheitentreuhänder i.R. eines syndizierten Kredites von besonderer Bedeutung.

i) E.A.: § 142 InsO gilt nicht für Gesellschafterdarlehen

Einer Ansicht nach ist das Bargeschäftsprivileg auf Gesellschafterdarlehen grundsätzlich nicht anwendbar[979]. Als Argument wird vorgebracht, dass es der Zweck des § 142 InsO nicht erforderlich mache, Gesellschafterdarlehen mit dem Bargeschäftsprivileg auszustatten[980]. § 142 InsO ziele alleine darauf ab, dem Schuldner weiterhin die Teilnahme am Geschäftsverkehr zu ermöglichen. Dieser Zweck sei nicht gefährdet, wenn Befriedigungen oder Sicherungen von Forderungen aus Gesellschafterdarlehen nicht vom Bargeschäftsprivileg profitieren. Denn durch die uneingeschränkte Anfechtbarkeit der Gesellschafterdarlehen würden externe Gläubiger nicht benachteiligt, der Geschäftsverkehr wäre also nicht betroffen. Weiterhin verdiene der Gesellschafter auch keinen besonderen Schutz, da er als „Insider" über besondere Informations- und Einflussnahmemöglichkeiten verfüge und sich somit ausreichend über den Zustand seiner Gesellschaft in Kenntnis setzen könne[981]. Eine Einbeziehung in den Schutzbereich des § 142 InsO sei aus dieser Perspektive nicht gerechtfertigt. Systematisch wird von dieser Ansicht vorgebracht, dass § 135 InsO der inkongruenten Deckung aus § 131 InsO ähnele, weil beide Normen „verdächtige" Zahlungen erfassten[982].

---

979 *Henkel*, ZInsO 2009, S. 1577; *ders.*, ZInsO 2010, S. 2209 (2212 f.); *Haas*, ZInsO 2007, S. 617 (624); *Hölzle*, ZIP 2010, S. 913 (915).

980 *Henkel*, ZInsO 2010, S. 2209 (2213); *ders.*, ZInsO 2009, S. 1577 (1578).

981 *Haas*, ZInsO 2007, S. 617 (624).

982 *Henkel*, ZInsO 2009, S. 1577 (1579).

§ 142 InsO finde aber auf § 131 InsO keine Anwendung[983], so dass konsequenterweise auch auf § 135 InsO das Bargeschäftsprivileg nicht anzuwenden sei. Zuletzt wird auf einen Wertungswiderspruch hingewiesen[984]: §§ 130 – 132 InsO würde keine Entsprechung im AnfG gegenüberstehen, wohl aber §§ 133, 135 InsO. Im AnfG gebe es kein Bargeschäftsprivileg, so dass es widersprüchlich erscheine, warum sich im Fall der Anfechtung nach der InsO der Gläubiger auf das Bargeschäftsprivileg berufen könne, nicht aber im Fall der Anfechtung nach dem AnfG. Es sei daher eine fehlerhafte Konzeption, wenn § 142 InsO für § 133 InsO ausdrücklich ausgenommen sei, nicht aber für § 135 InsO.

ii) H.M.: § 142 InsO gilt auch für Gesellschafterdarlehen

Die h.M. hält hingegen das Bargeschäftsprivileg für uneingeschränkt anwendbar[985]. Sie leitet ihre Ansicht in erster Linie daraus ab, dass der Wortlaut von § 142 InsO keine Einschränkung für § 135 InsO vorsieht[986]. Weiterhin trage das Argument der fehlenden Schutzwürdigkeit des Gesellschafters nicht, da § 142 InsO nicht die Gläubiger, sondern den Schuldner schützen wolle[987]. Auf eine eventuelle Schutzunwürdigkeit des Gesellschafters könne es daher nicht ankommen. Vielmehr sei allein entscheidend, ob die Handlungsfähigkeit des Schuldners erhalten bleibt, und dies könne nur gewährleistet werden, wenn das Bargeschäftsprivileg auch für die Gesellschafterdarlehen gelte[988].

iii) Stellungnahme

Methodischer Ausgangspunkt dieser Fragestellung müssen die Voraussetzungen der teleologischen Reduktion sein. Die teleologische Reduktion ist das Pendant zur Analogie[989]. Die teleologische Reduktion greift immer dann ein, wenn der Anwendungsbereich einer Norm über ihren Wortlaut hinaus ermittelt werden soll. Im Gegensatz zur Analogie führt die teleologische Reduktion aber nicht zu einem breiteren Anwendungsbereich der Norm, sondern zu einem verkürzten. Die te-

---

983 BGH, Urt. v. 13.04.2006, IX ZR 158/05, BGHZ 167, S. 190, unter IV. 1. d) der Gründe.
984 *Henkel*, ZInsO 2009, S. 1577 (1580); *ders.*, ZInsO 2010, S. 2209 (2213).
985 *Thole*, ZInsO 2011, S. 1425 (1430); *ders.*, ZHR 176 (2012), S. 513 (543); *Rühle*, ZIP 2009, S. 1358 (1361); *Habersack*, ZIP 2007, S. 2145 (2150, Fn. 76); *Gehrlein*, BB 2008, S. 846 (853); *Ganter/Weiland*, in: K.Schmidt, InsO, § 142, Rn. 10; *Kirchhof*, in: MünchKomm, InsO, § 142, Rn. 22; *Hirte*, in: Uhlenbruck, InsO, § 142, Rn. 3.
986 *Ganter/Weiland*, in: K.Schmidt, InsO, § 142, Rn. 10.
987 *Rühle*, ZIP 2009, S. 1358 (1361).
988 *Ders.*, ebenda.
989 Vgl. *Larenz*, Methodenlehre der Rechtswissenschaft, 6. Aufl. 1991, S. 391.

leologische Reduktion bewirkt, dass eine Norm, obwohl ihr Wortlaut den betroffenen Sachverhalt mit einschließt, nicht zur Anwendung gelangt[990]. Der o.g. Ansicht, die § 142 InsO grundsätzlich nicht auf Gesellschafterdarlehen anwenden will, liegt damit – wenn auch unausgesprochen – eine teleologische Reduktion zu Grunde. Denn der Wortlaut von § 142 InsO sieht keine Einschränkung in Bezug auf § 135 InsO vor, so dass man einen Anwendungsausschluss für Gesellschafterdarlehen nur über eine teleologische Reduktion erreichen kann.

Die teleologische Reduktion setzt – wie die Analogie – zunächst eine planwidrige Regelungslücke voraus[991]. Ob eine planwidrige Regelungslücke vorliegt, lässt sich vor allem danach beurteilen, ob der Gesetzgeber den betroffenen Fall mit der Norm erfassen wollte oder nicht[992]. Für die Annahme, dass der Gesetzgeber die Gesellschafterdarlehen vom Anwendungsbereich des § 142 InsO ausschließen wollte, besteht im Fall des § 142 InsO m. E. kein Raum. Die Gesetzesmaterialien zur InsO lassen nicht erkennen, dass der Gesetzgeber die Gesellschafterdarlehen vom Anwendungsbereich des Bargeschäftsprivilegs ausnehmen wollte. Im Gegenteil: Dadurch, dass er § 133 Abs. 1 InsO ausdrücklich aus dem Anwendungsbereich des § 142 InsO herausgenommen hat, ergibt sich im Umkehrschluss, dass er alle anderen Anfechtungstatbestände gerade mit einschließen wollte. Es kann kaum ein Redaktionsversehen sein, dass sowohl bei der Verabschiedung der InsO, bei der das richterrechtlich entwickelte Bargeschäftsprivileg in Gesetzesform gegossen wurde[993], als auch bei der Verabschiedung des MoMiG, das die Gesellschafterdarlehen komplett neu geregelt hat, davon abgesehen worden ist, § 142 InsO im Hinblick auf § 135 InsO zu beschränken. Vielmehr spricht die Tatsache, dass die Beschränkung für § 133 Abs. 1 InsO ausdrücklich genannt wurde, nicht aber für § 135 InsO, gegen eine planwidrige Regelungslücke.

An diesem Ergebnis ändert es auch nichts, dass § 142 InsO vom BGH nicht i.R. der Anfechtung nach § 131 InsO angewandt wird[994]. Mit der systematischen

---

990 *Ders.*, ebenda.

991 BGH, Beschl. v. 20.01.2005, IX ZB 134/04, NJW 2005, S. 1508, unter II. 3. b) aa) (1) der Gründe.

992 Vgl. BGH, Urt. v. 26.11.2008, VIII ZR 200/05, BGHZ 179, S. 27, unter B. I. 3. b) aa) der Gründe.

993 In der KO oder GesO gab es eine dem § 142 InsO vergleichbare Vorschrift nicht, die Rechtsprechung hatte aber schon eine inhaltsgleiche Rechtsregel – samt der Einschränkung für § 133 InsO (bzw. § 31 KO, § 10 Abs. 1 Nr. 1 GesO) – herausgearbeitet, vgl. dazu grundlegend BGH, Urt. v. 30.09.1993, IX ZR 227/92, BGHZ 123, S. 320, unter II. 2. der Gründe; für das Bargeschäftsprivileg allgemein vgl. auch schon das RG, Urt. v. 28.09.1920, VII 93/20, RGZ 100, S. 62 (64); ihm folgend der BGH, Urt. v. 09.02.1955, IV ZR 173/54, NJW 1955, S. 709 und danach st. Rspr., vgl. BGH, Urt. v. 21.05.1980, VIII ZR 40/79, NJW 1980, S. 1961.

994 So das Argument von *Henkel*, ZInsO 2009, S. 1577 (1579).

Ähnlichkeit zwischen § 131 InsO und § 135 InsO kann die Übertragung der Rechtsprechung zu § 131 InsO auf § 135 InsO nicht gerechtfertigt werden, denn der Ausschluss des § 131 InsO liegt nur daran, dass diese Norm den Tatbestand des Bargeschäftsprivilegs *per se* nicht erfüllen kann. Die inkongruente Deckung i.S. des § 131 InsO stellt mangels Rechtsgrundes keine unmittelbare Gegenleistung i.S. des § 142 InsO dar[995]. Das Vorliegen einer gleichwertigen Gegenleistung ist aber unverzichtbares Tatbestandsmerkmal des § 142 InsO. Die inkongruente Deckung kann daher schon aufgrund ihrer Eigenartigkeit den Tatbestand des Bargeschäftsprivilegs niemals erfüllen. Gleiches gilt i.Ü. für die unentgeltliche Leistung i.S. des § 134 InsO, die mangels gleichwertiger Gegenleistung ebenfalls niemals den Tatbestand des § 142 InsO erfüllen kann[996]. Sowohl für § 131 InsO als auch für § 134 InsO ist die Anwendung des § 142 InsO also ausgeschlossen, weil beide Anfechtungstatbestände eine nicht gleichwertige Gegenleistung zum Inhalt haben. Ganz anders verhält es sich aber mit den Gesellschafterdarlehen und deren Besicherung. Diese Rechtshandlungen können durchaus eine gleichwertige Gegenleistung i.S. des § 142 InsO darstellen (s. o.). Im Hinblick auf die Anwendbarkeit des Bargeschäftsprivilegs ist daher keine Vergleichbarkeit mit der Konstellation der §§ 131, 134 InsO gegeben. Die Gründe für die Nicht-Anwendung von §§ 131, 134 InsO und § 135 InsO sind nicht aufeinander übertragbar.

Damit ist schon keine planwidrige Regelungslücke gegeben. Es kommt nicht mehr auf die von der a.A. vorgebrachten Wertungsgesichtspunkte an. Auch wenn diese teilweise durchaus beachtlich sind[997], vermögen sie nicht über den hier eindeutigen Willen des Gesetzgebers hinwegzuhelfen. Denn solange keine planwidrige Regelungslücke besteht, ist jede Rechtsfortbildung unzulässig[998].

ee) Ergebnis

Die Insolvenzanfechtung stellt für die dem Sicherheitentreuhänder bestellten Sicherheiten eine denkbare Gefahr da. Über die Insolvenzanfechtung kann erreicht werden, dass der Sicherheitentreuhänder die ihm bestellten Sicherheiten wieder zurück gewähren muss und dadurch sein Absonderungsrecht verliert. Die

---

995 BGH, Urt. v. 30.09.1993, IX ZR 227/92, BGHZ 123, S. 320, unter IV. 1. a) der Gründe.

996 *Leithaus*, in: Andres/Leithaus, InsO, 3. Aufl. 2014, § 142, Rn. 5; *Kirchhof*, in: MünchKomm, InsO, § 142, Rn. 22.

997 So ist z. B. der Hinweis von *Henkel*, ZInsO 2009, S. 1577 (1580) auf den widersprüchlichen Umstand, dass die Geltung des Bargeschäftsprivilegs im Insolvenzverfahren die Anfechtung von Befriedigungen/Sicherungen von Gesellschafterdarlehen verhindere, außerhalb des Insolvenzverfahrens deren Anfechtung aber möglich sei (§ 6 AnfG), nicht von der Hand zu weisen.

998 *Larenz*, Methodenlehre der Rechtswissenschaft, S. 373 f.

Insolvenzanfechtung muss ggü. dem Sicherheitentreuhänder erklärt werden, weil nur dieser etwas aus dem Schuldnervermögen erlangt hat. Als Anfechtungstatbestände kommen grundsätzlich nur §§ 131, 132 InsO und § 133 InsO in Betracht. Sollte der Sicherheitentreuhänder als atypischer Pfandgläubiger einzuordnen sein, so ist darüber hinaus § 135 InsO als Anfechtungstatbestand relevant. Diesem kann sich der Sicherheitentreuhänder entziehen, wenn er unter das Kleinbeteiligten- oder Sanierungsprivileg (§§ 135 Abs. 4, 39 Abs. 4 S. 2, Abs. 5 InsO) fällt.

Die Insolvenzanfechtung ist generell ausgeschlossen, wenn die Sicherheitenbestellung ein Bargeschäft i.S. des § 142 InsO darstellt. Das Bargeschäftsprivileg gem. § 142 InsO ist nach hier vertretener Auffassung auch auf Gesellschafterdarlehen und deren Besicherung anwendbar, wenn die Sicherheitenbestellung und die Darlehensauszahlung in unmittelbarem zeitlichen Zusammenhang erfolgen. Sollte das Pfandrecht für eine zukünftige Forderung bestellt werden, so kann das Unmittelbarkeitserfordernis grundsätzlich nicht eingehalten werden. Die Unmittelbarkeit i.S. des § 142 InsO kann in diesem Fall nur dadurch erreicht werden, dass die Pfandrechtsbestellung unter der aufschiebenden Bedingung (§ 158 Abs. 1 BGB) der Darlehensauszahlung vereinbart wird. Dadurch wird aber die Pfandrechtsentstehung auf den Zeitpunkt der Darlehensauszahlung hinausgeschoben. Die Erstrangigkeit des Pfandrechts kann nicht mehr gewährleistet werden, vgl. § 1209 BGB. An dieser Stelle muss entweder der Erstrangigkeit oder der Unanfechtbarkeit der Vorrang gegeben werden. Beide Vorteile können nicht erreicht werden.

4. Der Sicherheitentreuhänder als atypischer Pfandgläubiger

Unter dem vor dem 01.11.2008 geltenden Eigenkapitalersatzrecht hatte der BGH entschieden, dass ein Pfandgläubiger in der Insolvenz des Schuldners wie ein Gesellschafter zu behandeln ist, wenn ihm neben seiner Stellung als Pfandgläubiger auch gewisse Einflussnahmerechte übertragen worden sind (im Folgenden die „Pfandgläubiger-Entscheidung")[999]. Der BGH schuf damit die Figur des sog. „atypischen Pfandgläubigers". Die BGH-Entscheidung zog erhebliche Aufmerksamkeit in der Literatur nach sich und sorgte in der Bankenpraxis für Unsicherheit, weil oftmals als insolvenzfest gewähnte Sicherheiten wegen der Anwendung der §§ 32a, 32b GmbHG a.F., 135 InsO nunmehr wertlos zu sein schienen[1000]. Das Urteil hat für syndizierte Kredite eine besondere Bedeutung, denn i.R.v. syndizierten Krediten werden dem Sicherheitentreuhänder vor allem Pfandrechte als

999 BGH, Urt. v. 13.07.1992, II ZR 251/91, BGHZ 119, S. 191.
1000 Vgl. die Bedenken bei *von Hagemeister/Bültmann*, WM 1997, S. 549 (553 f.).

Kreditsicherheiten bestellt[1001]. Gleichzeitig obliegt dem Sicherheitentreuhänder regelmäßig auch die Verwaltung des Kredites. Zu diesem Zweck werden für ihn sog. „Ersatzsicherheiten" vereinbart, durch die er bestimmte Einflussnahme- und Informationsrechte ggü. dem Kreditnehmer erhält[1002]. In der Person des Sicherheitentreuhänders kommt es daher bei syndizierten Krediten regelmäßig zum Zusammentreffen von Pfandgläubigerstellung und Informations- bzw. Einflussnahmerechten. Sollten die dem Sicherheitentreuhänder eingeräumten Ersatzsicherheiten einen gesellschafterähnlichen Einfluss begründen, läuft der Sicherheitentreuhänder Gefahr, als atypischer Pfandgläubiger eingeordnet zu werden und dem Insolvenzanfechtungsrecht gem. § 135 Abs. 1 Nr. 1 InsO zu unterfallen. Dadurch würden die Sicherheiten, die er treuhänderisch für die anderen Konsortialbanken hält, wegfallen. Das privilegierende Absonderungsrecht gem. § 51 Nr. 1 InsO wäre in der Folge beseitigt. Es ist daher unerlässlich, bei der Analyse der Sicherheitenstruktur eines syndizierten Kredites die Möglichkeit des Verlustes der Kreditsicherheiten über die Insolvenzanfechtung gem. § 135 Abs. 1 Nr. 1 InsO zu überprüfen.

Mit dem MoMiG 2008 wurde das Eigenkapitalersatzrecht abgeschafft, so dass sich die Frage stellt, ob die zum Eigenkapitalersatzrecht ergangene Pfandgläubiger-Entscheidung unter dem neuen Recht noch anwendbar ist. Wegen der Weitergeltung des Eigenkapitalersatzrechts für Altfälle[1003], ist die BGH-Entscheidung aber – unabhängig vom Ergebnis dieser Frage – weiterhin relevant.

a) Die BGH-Entscheidung vom 13.07.1992 („Pfandgläubiger-Entscheidung")

Dem BGH-Urteil zum „atypischen Pfandgläubiger"[1004] lag folgender – vereinfachter – Sachverhalt zu Grunde: Es bestand eine Unternehmensgruppe („F-Unternehmensgruppe"), zu der verschiedene Gesellschaften gehörten, u.A. die F-GmbH & Co. KG und die F-GmbH. Die F-GmbH & Co. KG war als Gesamtschuldnerin zu einem Kredit, den die F-GmbH bei ihrer Hausbank aufgenommen hatte, beigetreten (kumulativer Schuldbeitritt). Als Sicherheit für die Verpflichtung aus dem Schuldbeitritt verpfändeten die Kommanditisten der F-GmbH & Co. KG ihre Anteile einschließlich der dazugehörigen Gewinnbezugsrechte an die Hausbank der F-GmbH. Darüber hinaus wurde vereinbart, dass die F-GmbH & Co. KG nur dann

1001 Vgl. dazu oben im 1. Teil, unter B. II. (Kreditsicherheiten für syndizierte Kredite).
1002 Vgl. zu den Ersatzsicherheiten oben im 1. Teil, unter B. I. 4. (Sonderfall: Ersatzsicherheiten).
1003 Das alte Eigenkapitalersatzrecht und die dazugehörigen Rechtsprechungsregeln finden auf Insolvenzverfahren, die vor dem 01.11.2008 eröffnet worden sind, weiterhin Anwendung, vgl. BGH, Urt. v. 26.01.2009, II ZR 260/07, BGHZ 179, S. 249.
1004 BGH, Urt. v. 13.07.1992, II ZR 251/91, BGHZ 119, S. 191.

Zahlungen zu leisten hatte, wenn ihre Steuerbilanz einen Gewinn auswies, und dass die F-GmbH & Co. KG und ihre Gesellschafter verpflichtet waren, vor wichtigen Entscheidungen und Vereinbarungen, welche die Gesellschaft und das Gesellschaftsverhältnis betrafen, die Zustimmung der Bank einzuholen. Weiterhin ließ sich die Bank alle bestehenden und zukünftigen Ansprüche der Gesellschafter der F-GmbH & Co. KG auf Auszahlung und Entnahme eines Gewinns, auf den Abfindungsanspruch im Fall des Austritts, auf den Liquidationserlös sowie auf Kaufpreiszahlung im Fall der Anteilsveräußerung zur Sicherheit abtreten. Ungefähr 1,5 Jahre später verschlechterte sich die Wirtschaftslage der F-GmbH & Co. KG. Die Bank forderte daraufhin die Geschäftsführung der F-GmbH & Co. KG zur Vermeidung einer sofortigen Kreditkündigung dazu auf, dem Einsatz einer Unternehmensberatung zuzustimmen. In der Folgezeit verdrängten die Mitarbeiter der Unternehmensberatung faktisch die bisherige Geschäftsführung der F-GmbH & Co. KG und übernahmen alleine die Leitung des Unternehmens. Während dieser Zeit verkauften die Unternehmensberater Warenvorräte der F-GmbH & Co. KG in erheblichem Umfang und führten die Erlöse (ca. 2,6 Mio. DM) zur Tilgung von Schulden an die Bank ab. Im weiteren Verlauf wurden die Gesellschafter der F-GmbH & Co. KG dazu veranlasst, die alte Geschäftsführung abzuberufen und eine neue – von der Unternehmensberatung vorgeschlagene – Geschäftsführung einzusetzen. Darüber hinaus sollten sie sich mit der umgehenden Bestellung eines Beirats mit Aufsichtsratfunktionen bereit erklären. Drei Monate später wurde über das Vermögen der F-GmbH & Co. KG das Konkursverfahren eröffnet. Der Konkursverwalter verlangte – gestützt auf Anfechtungsvorschriften – die Tilgungszahlungen von der Bank zurück.

Aus Sicht des BGH stand dem Konkursverwalter ein Anspruch auf Rückzahlung der Tilgungsleistungen an die Bank gem. §§ 32a KO[1005], 32a[1006], 32b[1007] GmbHG a.F., 172a HGB a.F.[1008] zu, weil die Bank als gesellschaftergleicher Dritter i.S. des § 32a Abs. 3 S. 1 GmbHG a.F. ein Darlehen gewährt hatte. Der BGH begründete seine Auffassung damit, dass die Bank durch ihren umfangreichen rechtlichen und faktischen Einfluss auf die Geschäftsführung der F-GmbH & Co. KG nicht mehr dem gesetzlichen Leitbild des typischen Pfandgläubigers entsprochen habe, sondern eine mitgliedschaftsähnliche Stellung in der F-GmbH & Co. KG erhalten habe. Dafür spreche einerseits, dass der Bank vermögenswerte Rechte übertragen wurden, die sonst nur einem Gesellschafter zustehen (z.B. Gewinnbezugsrecht, Abfindungsansprüche, Anspruch auf Liquidationserlös und

1005 Für den Gesetzestext vgl. unten im Anhang II, unter E. (§ 32a KO).
1006 Für den Gesetzestext vgl. unten im Anhang II, unter A. (§ 32a GmbHG a.F.).
1007 Für den Gesetzestext vgl. unten im Anhang II, unter B. (§ 32b GmbHG a.F.).
1008 Für den Gesetzestext vgl. unten im Anhang II, unter D. (§ 172a HGB a.F.).

Kaufpreis bei Anteilsveräußerung). Andererseits konnte die Bank aber auch in erheblichen Maße in die verfassungsmäßigen Rechte der Gesellschafter eingreifen, insbesondere dadurch, dass wichtige Entscheidungen, die das Gesellschaftsverhältnis betrafen (z. B. Fassung des Gewinnverwendungsbeschlusses, Änderung des Gesellschaftsvertrages etc.), nicht ohne Zustimmung der Bank getroffen werden durften. Durch den Einsatz der in ihrem Interesse handelnden Unternehmensberatung sicherte sich die Bank darüber hinaus erheblichen Einfluss auf die Geschäftsführung der F-GmbH & Co. KG. In einer Gesamtbetrachtung kam der BGH damit zu dem Schluss, dass die Position der Bank nicht mehr der eines üblichen Pfandgläubigers entspreche, der bloß das Verwertungsrecht an dem Gesellschaftsanteil hält, sondern sowohl rechtlich als auch faktisch der eines Gesellschafters gleichkomme. Die Position sei insofern mit der eines atypischen stillen Gesellschafters vergleichbar. Der atypische Pfandgläubiger sei – so wie der atypische stille Gesellschafter – in die Finanzierungsverantwortung für die Gesellschaft mit einzubeziehen. Die Darlehensgewährung durch die Bank sei somit unter § 32a Abs. 3 GmbHG a.F. zu subsumieren. In der Konsequenz musste die Bank die ihr gewährten Tilgungsleistungen an den Konkursverwalter zurück gewähren.

Der BGH-Entscheidung lag der Vergleich zum atypischen stillen Gesellschafter zu Grunde, auf den der BGH schon zuvor die Eigenkapitalersatzregeln angewandt hatte[1009]. Für die Entscheidung, ob ein Dritter als einem Gesellschafter vergleichbar anzusehen und damit in die Finanzierungsverantwortung der Gesellschaft einzubeziehen ist (vgl. § 32a Abs. 3 S. 1 GmbHG a.F.), orientierte sich der BGH daran, welche Befugnisse dem Pfandgläubiger bzw. dem stillen Gesellschafter nach dem gesetzlichen Leitbild zustehen. Für den Pfandgläubiger nimmt der BGH an, dass jener nach der Gesetzeskonzeption nur dazu berechtigt sein soll, sich über die Verwertung des Pfandgegenstandes zu befriedigen (§ 1277 BGB). Im Regelfall bleibe der verpfändende Gesellschafter in der Ausübung seiner Mitgliedschaftsrechte frei und der Pfandgläubiger habe keinerlei Einfluss auf die Geschicke der Gesellschaft. Mangels unternehmerischen Einflusses sei es in diesem Fall nicht gerechtfertigt, den typischen Pfandgläubiger in die Finanzierungsverantwortung zu nehmen, d. h. den Eigenkapitalersatzregeln zu unterwerfen. Anders sei dies aber, wenn die Position des Pfandgläubigers im wirtschaftlichen Ergebnis der eines Gesellschafters gleich kommt. In diesem Fall trage der Pfandgläubiger spiegelbildlich zu seinen Einflussnahmemöglichkeiten auch eine Finanzierungsverantwortung, die zur Anwendung des Eigenkapitalersatzrechts führen müsse.

1009 BGH, Urt. v. 07. 11. 1988, II ZR 46/88, BGHZ 106, S. 7.

Unter dem alten Eigenkapitalersatzrecht führte die Einordnung als atypischer Pfandgläubiger zur Umqualifizierung des Darlehens in Eigenkapital[1010]. Das hatte nicht nur zur Folge, dass der Drittgläubiger als nachrangiger Insolvenzgläubiger befriedigt wurde, sondern auch die ihm vom Schuldner bestellten Kreditsicherheiten freigeben musste[1011]. Der atypische Pfandgläubiger stand i.E. ohne Kreditsicherheiten dar.

b) Fortgeltung der BGH-Entscheidung nach Einführung des MoMiG

Im Bereich der Akquisitionsfinanzierung, in der sehr viel auf Ersatzsicherheiten zurückgegriffen wird[1012], laufen Banken seit der Pfandgläubiger-Entscheidung Gefahr, unter die Rechtsprechung zum atypischen Pfandgläubiger zu fallen. Umso höher sind die Hoffnungen, dass die Figur des atypischen Pfandgläubigers in dem neu aufgestellten Sonderrecht der Gesellschafterdarlehen keinen Platz mehr findet[1013]. Es ist daher von äußerster Brisanz, ob der BGH nach der Einführung des MoMiG seine Pfandgläubiger-Rechtsprechung aufrecht erhält.

Diese Frage kann nur durch einen Vergleich der dogmatischen Hintergründe (der Normzwecke) von Eigenkapitalersatzrecht und MoMiG beantwortet werden[1014]. Denn der Normzweck gibt Aufschluss darüber, welche Fälle die jeweilige Regelung erfassen soll. Liegt dem Eigenkapitalersatzrecht und dem MoMiG der gleiche Normzweck zugrunde, so ist davon auszugehen, dass beide Regelungswerke ihrem Sinn und Zweck nach dieselben Fälle erfassen, der atypische Pfandgläubiger mithin auch weiterhin dem Sonderrecht der Gesellschafterdarlehen unterworfen ist.

1010 Vgl. dazu oben unter B. I. 1. e) (Nachrangige Insolvenzgläubiger (§ 39 InsO)).

1011 BGH, Urt. v. 26.01.2009, II ZR 213/07, BGHZ 179, S. 278, unter II. 2. der Gründe; vgl. auch *Priester*, in: FS Helmrich, 1994, S. 721 (721); *Altmeppen*, ZIP 1993, S. 1677 (1677).

1012 Vgl. dazu oben im 1. Teil, unter B. I. 4. (Sonderfall: Ersatzsicherheiten).

1013 Das vertreten vor allem *Habersack*, ZIP 2008, S. 2385 (2388) und *Huber*, in: FS Priester, 2007, S. 259 (279 f.); weiter auch *Diem*, Akquisitionsfinanzierungen, § 51, Rn. 8H und *Freitag*, WM 2007, S. 1681 (1682).

1014 In diese Richtung auch *K.Schmidt*, in: Liber Amicorum für Martin Winter, 2011, S. 601 (614); *Habersack*, ZIP 2008, S. 2385 (2386); *Huber*, in: FS Priester, S. 259 (280 f.); *Bork*, ZGR 2007, S. 250 (257 f.).

aa) Normzweck des Eigenkapitalersatzrechts

Der Normzweck des Eigenkapitalersatzrechts war Gegenstand jahrelanger, kontroverser Diskussionen[1015]. Für den Gesetzgeber war entscheidend, dass der Gesellschafter durch die eigenkapitalersetzenden Darlehen die außenstehenden Gläubiger schädige, weil er der Gesellschaft in der Krise Fremdkapital zugeführt habe, obwohl ein ordentlicher Kaufmann zu dieser Zeit Eigenkapital zugeführt hätte[1016]. Dadurch, dass die GmbH zur Zeit der Darlehensgewährung unterkapitalisiert sei, gewinne das Darlehen „der Sache nach die Natur einer Einlage"[1017]. Die BGH-Entscheidungen vermittelten demgegenüber einen uneinheitlichen Eindruck von der Dogmatik des Eigenkapitalersatzrechts. So war das maßgebliche Kriterium in der Rechtsprechung zwar die Finanzierungsfolgenverantwortung[1018]. Was diese bedeutete, erörterte der BGH aber sehr unterschiedlich. Mal sollte sie den Gesellschafter dazu bringen, eine ordnungsgemäße Unternehmensfinanzierung zu gewährleisten, d. h. bei einer Krise der Gesellschaft diese entweder zu liquidieren oder ihr Eigenkapital zur Verfügung zustellen[1019]. Mal sollte sie verhindern, dass der Gesellschafter über Fremdkapital nach außen den Eindruck einer solventen Gesellschaft erweckt und somit Drittkapitalgeber zur Kreditgewährung an eine eigentlich insolvente Gesellschaft veranlasst[1020]. An anderer Stelle deutete der BGH wiederum an, dass die Finanzierungsfolgenverantwortung verhindern solle, dass der Gesellschafter Finanzierungsentscheidungen zu Lasten außenstehender Gläubiger treffe[1021] und bewegte sich damit nah an der gesetzgeberischen Intention. Der Begriff der Finanzierungsfolgenverantwortung erschien damit nur als Oberbegriff für verschiedene Ausprägungen des Eigenkapitalersatzrechts[1022]. Eine Herleitung der Finanzierungsfolgenverantwortung blieb

---

1015 Für einen Überblick über die verschiedenen Rechtfertigungsgründe für das Eigenkapitalersatzrecht vgl. *Cahn*, AG 2005, S. 217 (218 ff.).

1016 Vgl. die Begründung zum Entwurf eines Gesetzes zur Änderung des Gesetzes betreffend die Gesellschaften mit beschränkter Haftung und anderer handelsrechtlicher Vorschriften vom 15. 12. 1977, BT-Drs. 8/1347, S. 39.

1017 Vgl. die Gesetzesbegründung zum Entwurf eines Gesetzes zur Änderung des Gesetzes betreffend die Gesellschaften mit beschränkter Haftung und anderer handelsrechtlicher Vorschriften vom 15. 12. 1977, ebenda.

1018 Vgl. z. B. BGH, Urt. v. 26. 03. 1984, II ZR 171/83, BGHZ 90, S. 381, unter I. 4. der Gründe; BGH, Urt. v. 19. 09. 1988, II ZR 255/87, BGHZ 105, S. 168, unter 1. a) der Gründe; BGH, Urt. v. 07. 11. 1994, II ZR 270/93, BGHZ 127, S. 336, unter III. 2. c) bb) der Gründe.

1019 BGH, Urt. v. 16. 10. 1989, II ZR 307/88, BGHZ 109, S. 55, unter 1. b) der Gründe.

1020 BGH, ebenda.

1021 BGH, Urt. v. 26. 03. 1984, II ZR 171/83, BGHZ 90, S. 381, unter I. 4. der Gründe.

1022 Ähnlich auch *Cahn*, AG 2005, S. 217 (218), für den die „Finanzierungsfolgenverantwortung" allenfalls eine zusammenfassende Bezeichnung für andere Sachgründe ist, selbst aber keine Begründung für die Umqualifizierung von Fremdkapital in Eigenkapital liefert.

der BGH schuldig. Er begnügte sich regelmäßig mit einem Hinweis auf die Gesellschafterstellung, die die Finanzierungsfolgenverantwortung *ipso iure* mit sich bringe[1023]. Der BGH begründete damit letztendlich einen Grundsatz der ordnungsgemäßen Unternehmensfinanzierung, dessen Herkunft er aber nicht deutlich werden ließ[1024].

Doch auch von der Literatur wurde der Grund für die Finanzierungsfolgenverantwortung des Gesellschafters kaum beleuchtet[1025]. Zumeist wurden die in der Rechtsprechung aufgeführten Gründe (ordnungsgemäße Unternehmensfinanzierung; keine Täuschung außenstehender Gläubiger; keine Finanzierungsentscheidung zu Lasten außenstehender Gläubiger) bloß wiedergegeben, ohne den tieferen Hintergrund der Finanzierungsfolgenverantwortung zu erforschen. Die vom BGH angeführten Gründe stellen aber m. E. keine dogmatische Rechtfertigung für die Finanzierungsfolgenverantwortung des Gesellschafters dar. Sie sind nur verschiedene Ausprägungen der Finanzierungsfolgenverantwortung des Gesellschafters. Für die dogmatische Herleitung des Konzepts des Eigenkapitalersatzrechts muss nach weiter dahinter liegenden Ursachen gesucht werden[1026].

Das alte Eigenkapitalersatzrecht bestand aus Novellenregeln (§§ 32a, 32b GmbHG a.F.) und Rechtsprechungsregeln (§§ 30, 31 GmbHG a.F. analog). Die Novellenregeln enthielten Aussagen zur Behandlung von Gesellschafterdarlehen in der Insolvenz und waren somit im Gesellschaftsrecht falsch verortet[1027]. Die Rechtsprechungsregeln hingegen basierten auf den gesellschaftsrechtlichen Kapitalerhaltungsgrundsätzen und stellten damit einen dem Insolvenzrecht vorgelagerten Gläubigerschutz dar. Damit spricht schon einmal die systematische Stellung und der Inhalt der Regeln dafür, dass das Eigenkapitalersatzrecht in Wahrheit auf zwei Säulen stand: einerseits der insolvenzrechtlichen und andererseits der gesellschaftsrechtlichen Behandlung von Gesellschafterdarlehen. Diese rein formale Unterscheidung spiegelt sich auch im Normzweck wider. Dem Eigenkapitalersatzrecht lag kein einheitlicher Normzweck zugrunde, sondern je nachdem, welche Regelungen einschlägig waren (Novellenregeln oder Rechtsprechungsregeln), war der dogmatische Hintergrund der Sonderbehandlung von Gesellschafterdarlehen ein anderer.

1023 Grundlegend BGH, Urt. v. 19.09.1988, II ZR 255/87, BGHZ 105, S. 168, unter 1. a) der Gründe; danach st. Rspr. vgl. BGH, Urt. v. 07.11.1994, II ZR 270/93, BGHZ 127, S. 336, unter III. 2. c) bb) der Gründe.

1024 Vgl. *Engert*, ZGR 2004, S. 813 (817).

1025 Mit einer ausführlicheren Auseinandersetzung sticht nur hervor *Huber*, in: FS Priester, S. 259 (264 ff.).

1026 So auch *Engert*, ZGR 2004, S. 813, Fn. 4.

1027 Vgl. den für das MoMiG modellstehenden Aufsatz von *Huber/Habersack*, BB 2006, S. 1 (4 f.).

Die Rechtsprechungsregeln waren auf eine analoge Anwendung der §§ 30, 31 GmbHG a.F. gestützt. Es wird bereits aufgrund des systematischen Standortes deutlich, dass der Hintergrund der Rechtsprechungsregeln im Recht der Kapitalerhaltung liegen muss. Die dogmatische Rechtfertigung der Rechtsprechungsregeln ist nicht eine kaum bestimmbare Finanzierungsfolgenverantwortung. Der tiefer liegende Grund für die Anwendung der Rechtsprechungsregeln ist die Verhinderung der Umgehung der gesellschaftsrechtlichen Pflicht zur Kapitalerhaltung. Die Kapitalerhaltung hat ihren Grund in der beschränkten persönlichen Haftung des Gesellschafters. Die beschränkte persönliche Haftung des Gesellschafters ist nur gerechtfertigt, wenn der Gesellschafter zunächst ein gewisses Stammkapital aufbringt und sich dieses dann nicht mehr auszahlen lässt[1028]. Durch dieses austarierte System von beschränkter Haftung und Kapitalaufbringung/Kapitalerhaltung profitiert der Gesellschafter davon, nicht persönlich haften zu müssen, den Gläubigern der Gesellschaft steht aber gleichzeitig ein garantierter und im Handelsregister einsehbarer Haftungsfonds zur Verfügung. Der Normzweck der Rechtsprechungsregeln war es, zu verhindern, dass der Gesellschafter seine Pflichten aus der Kapitalerhaltung dadurch umgeht, dass er der Gesellschaft ein Darlehen ausreicht und sich dieses – unter effektiver Verringerung des Stammkapitals (sog. „Unterbilanz“[1029]) – wieder auszahlen lässt. Denn in diesem Fall würde er durch die Darlehensauszahlung den für die Gläubiger vorgesehenen Haftungsfonds aufzehren und diese somit schädigen, obwohl er weiterhin von einer beschränkten Haftung profitiert. Die von der Rechtsprechung entwickelte Finanzierungsfolgenverantwortung ist somit nur eine Umschreibung verschiedener Einzelausprägungen des Gläubigerschutzes durch Kapitalerhaltung. Dieses Ergebnis klingt auch beim BGH selbst an, wenn er feststellt:

> „Hat er [der Gesellschafter, Anm. d. Verf.] das Darlehen anstelle der dringend benötigten Eigenmittel gegeben, um der Gesellschaft das Überleben zu ermöglichen, und hat er so den Anschein ausreichender Kapitalausstattung hervorgerufen, so setzt er sich entgegen Treu und Glauben und *dem Zweck der gesetzlichen Kapitalerhaltungsvorschriften* [Hervorh. d. Verf.] in Widerspruch zu seinem Verhalten, wenn er der Gesellschaft die Darlehensvaluta wieder entzieht, bevor der mit ihrer Hergabe verfolgte Zweck nachhaltig erreicht ist.“[1030]

1028 BGH, Urt. v. 27.09.1999, II ZR 371/98, BGHZ 142, S. 315, unter B. I. 4. der Gründe: „Für das Privileg der fehlenden persönlichen Gesellschafterhaftung ist bei Wahl der Rechtsform der GmbH aber der im Gesetz vorgesehene „Preis“ in Form der Pflichten zur Aufbringung und Erhaltung eines Mindestkapitals und der Registerpublizität zu zahlen.“

1029 Der Begriff „Unterbilanz“ beschreibt den Zustand, dass das gesetzlich oder vertraglich vorgesehene Stammkapital einer GmbH nicht mehr ungeschmälert vorhanden ist, vgl. *von Kanitz*, Bilanzkunde für Juristen, Rn. 555.

1030 BGH, Urt. v. 26.03.1984, II ZR 171/83, BGHZ 90, S. 381, unter I. 4. der Gründe.

Ganz anders verhielt es sich mit den Novellenregeln (§§ 32a, 32b GmbHG a.F. und § 135 InsO a.F.[1031]). §§ 32a, 32b GmbHG a.F. waren insolvenzrechtliche Vorschriften[1032] und im Zusammenhang mit § 135 InsO a.F. zu lesen. § 32a Abs. 1 GmbHG a.F. sah die Subordination von Gesellschafterdarlehen vor, i.V.m. § 135 InsO a.F. begründete er ein Anfechtungsrecht des Insolvenzverwalters für Befriedigungen und Sicherungen von Ansprüchen aus Gesellschafterdarlehen. §§ 32a, 32b GmbHG a.F. standen nicht nur systematisch an der falschen Stelle, sondern ihnen lag auch ein anderer Normzweck als den Rechtsprechungsregeln zu Grunde.

§ 135 InsO a.F. verfolgte die Durchsetzung des allgemeinen zwangsvollstreckungsrechtlichen Grundsatzes, dass das Schuldnervermögen den Gläubigern grundsätzlich unverkürzt zur Verfügung steht[1033]. Verkürzungen des Schuldnervermögens akzeptiert das Zwangsvollstreckungsrecht grundsätzlich nur, wenn die Verkürzungen dem allgemeinen Risiko, das ein Gläubiger beim Abschluss des Geschäfts mit einkalkulieren muss, zuzuordnen sind[1034]. Solche allgemeinen Vermögensverkürzungen können entweder durch eigenes Verschulden des Schuldners (z. B. falsche Management-Entscheidungen) oder durch äußere Umstände (z. B. Naturkatastrophen, Wirtschaftskrisen) entstehen[1035]. Verkürzungen des Schuldnervermögens, die vom Schuldner bewusst und gewollt herbeigeführt worden sind, werden von der zwangsvollstreckungsrechtlichen Haftungsordnung nicht akzeptiert. Denn bei diesen beeinträchtigt der Schuldner bewusst und gewollt das Recht eines jeden Gläubigers[1036] darauf, dass diesem das komplette Schuldnervermögen vollständig zur Haftung zur Verfügung steht[1037]. Der Schuldner stellt seine eigenen Interessen vor diejenigen der Gläubiger[1038], was in Anbetracht seiner eingegangenen Verpflichtung unzulässig ist. Dementsprechend kann man die Vermögensverkürzungen durch den Schuldner einteilen in sozial adäquate (zulässige) Vermögensverkürzungen und sozial inadäquate (unzuläs-

---

1031 Für den Gesetzestext vgl. unten im Anhang II, unter F. (§ 135 InsO a.F.).

1032 *Huber/Habersack*, BB 2006, S. 1 (4).

1033 Für den Umfang des zur Vollstreckung zur Verfügung stehenden Vermögens vgl. *Gaul/Schilken/Becker-Eberhard*, Zwangsvollstreckungsrecht, § 34, Rn. 5.

1034 *Lind*, Zur Auslegung von § 133 InsO, insbesondere im System der Anfechtungstatbestände, S. 36.

1035 Beispiele von *Lind*, Zur Auslegung von § 133 InsO, insbesondere im System der Anfechtungstatbestände, S. 36.

1036 Vgl. zu diesem allgemeinen Befriedigungsrecht der Gläubiger grundlegend BGH, Urt. v. 25.03.1999, IX ZR 223/97, BGHZ 141, 173, unter II. 2. a) der Gründe.

1037 Vgl. *Paulus*, in: Kübler/Prütting/Bork, AnfG, Stand: März 2001, § 1, Rn. 1.

1038 *Lind*, Zur Auslegung von § 133 InsO, insbesondere im System der Anfechtungstatbestände, S. 37.

sige) Vermögensverkürzungen[1039]. Der Schutz der Gläubiger vor solchen unzulässigen Vermögensverkürzungen vollzieht sich außerhalb des Insolvenzverfahrens durch das AnfG, innerhalb des Insolvenzverfahrens durch die allgemeinen Anfechtungstatbestände[1040]. Zu den *allgemeinen* Anfechtungstatbeständen gehören §§ 133, 134, 135 InsO[1041]. Diese verfolgen im Gegensatz zur *besonderen* Insolvenzanfechtung gem. §§ 130, 131, 132 InsO nicht die Verwirklichung der *besonderen* insolvenzrechtlichen Haftungsordnung (= Gläubigergleichbehandlung), sondern die der *allgemeinen* zwangsvollstreckungsrechtlichen Haftungsordnung, die soeben geschildert wurde. Deshalb finden auch §§ 133 – 135 InsO allesamt eine Entsprechung außerhalb des Insolvenzverfahrens (vgl. §§ 3, 4, 6 AnfG), nicht aber §§ 130 – 132 InsO. Die Tatbestände der §§ 133 – 135 InsO erfassen dabei jeweils einen vertypten Fall der sozial inadäquaten Vermögensverkürzung beim Schuldner. Der Begriff der „sozialen Inadäquanz" ist an dieser Stelle nicht wie eine umfassende moralische Abwertung von Gesellschafterdarlehen zu verstehen. Die soziale Inadäquanz ergibt sich nur dann, wenn der Schuldner nicht mehr in der Lage oder auch nicht mehr willens ist (vgl. § 2 AnfG), seine Verbindlichkeiten zu bedienen. Denn nur in diesem Fall geht die Vermögensverkürzung zu Lasten der Gläubiger. Sollte die Gesellschaft aber keinerlei finanziellen Problemen unterliegen, so dass die Bedienung der Schulden ordnungsgemäß abläuft, besteht für eine soziale Inadäquanz kein Raum. Der Begriff der „sozialen Inadäquanz" ist damit wie ein Korrektiv zwischen der Finanzierungsfreiheit des Gesellschafters und den Interessen der Gesellschaftsgläubiger zu verstehen[1042]. Nur wenn letzteren durch die Handlungen des Gesellschafters ein Schaden entsteht, greift das Korrektiv ein, um die Finanzierungsfreiheit des Gesellschafters zu begrenzen.

Warum die Vermögensverkürzung in den Fällen der allgemeinen Insolvenzanfechtung als sozial inadäquat angesehen wird, ist bei jeder Vorschrift unterschiedlich zu beurteilen. Für § 133 InsO wurde der besondere die soziale Inadäquanz begründende Umstand bereits erläutert[1043]. Geht es um § 135 InsO, so muss erörtert werden, warum die Befriedigung und Sicherung von Forderungen aus Gesellschafterdarlehen eine sozial inadäquate Vermögensverkürzung dar-

1039 *Lind*, Zur Auslegung von § 133 InsO, insbesondere im System der Anfechtungstatbestände, S. 37; *Schoppmeyer*, ZIP 2009, S. 600 (602 f.).

1040 Beiden Anfechtungsformen soll nach dem Willen des Gesetzgebers auch ein einheitlicher Zweck zugrunde liegen, vgl. die Begründung zum Entwurf eines Einführungsgesetzes zur InsO (EGInsO) vom 24.11.1992, BT-Drs. 12/3803, S. 55.

1041 Vgl. dazu oben unter B. I. 3. a) (Grundlagen der Insolvenzanfechtung).

1042 Ähnlich sah *Priester*, in: FS Helmrich, S. 721 (729) auch die Finanzierungsfolgenverantwortung als eine Einschränkung der Finanzierungsfreiheit des Gesellschafters.

1043 Vgl. dazu oben unter B. I. 3. a) cc) (Vorsätzliche Benachteiligung (§ 133 InsO)).

stellen. Die Inadäquanz der Sicherung und Befriedigung von Forderungen aus Gesellschafterdarlehen liegt in den besonderen Einflußnahme- und Informationsrechten, die einem Gesellschafter typischerweise zustehen. Gerade bei der GmbH hat der Gesellschafter sehr starke Rechte und kann schon *qua* Gesetz seinen Willen in der Gesellschaft durchsetzen[1044]. Bei diesem erheblichen Einfluss erscheint es widersprüchlich, den Gesellschafter-Gläubiger wie eine außenstehende Person zu behandeln. Vielmehr wird das von der Gesellschaft verfolgte Interesse demjenigen des Gesellschafters angepasst. Man könnte behaupten, Gesellschaftsinteresse und Gesellschafterinteresse seien identisch. Hat man dies aber festgestellt, so ist erkennbar, warum die vollstreckungsrechtliche Haftungsordnung die Gesellschafterdarlehen einem besonderen Regime unterstellt. Es wurde oben dargestellt, dass es als sozial inadäquate Vermögensverkürzung angesehen wird, wenn der Schuldner aus reinem Eigennutz sein Vermögen schmälert. Ist das Interesse von Gesellschaft und Gesellschafter wegen der Informations- und Einflussrechte identisch, so handelt der Schuldner (also die Gesellschaft) in reinem Eigennutz, wenn sie dem Gesellschafter das Darlehen zurückzahlt oder dafür Sicherheiten bestellt. Die eigennützige Verkürzung des Schuldnervermögens wurde damit durch § 135 InsO a.F. i.V.m. §§ 32a GmbHG a.F. verhindert. Diesen Zweck hat der BGH einst selbst festgestellt:

> „Mit dieser Gleichstellung soll verhindert werden, daß ein Gesellschafter, der die notleidende Gesellschaft nicht durch die sonst gebotene Hergabe fehlenden Eigenkapitals, sondern durch Darlehen über Wasser zu halten sucht, das damit verbundene Finanzierungsrisiko auf außenstehende Gläubiger abwälzen kann; ein solcher Gläubiger soll nicht in der Erwartung, sein Geld aufgrund besserer Informationsmöglichkeiten notfalls noch beizeiten in Sicherheit bringen zu können, auf dem Rücken der Gesellschaftsgläubiger spekulieren dürfen."[1045]

Dieser Zweck kann indes nicht für die in § 32a Abs. 1 GmbHG a.F. (bzw. dem zweckidentischen § 39 Abs. 1 Nr. 5 InsO[1046]) vorgesehene Subordination von Gesellschafterdarlehen gelten[1047]. Denn die allgemeine vollstreckungsrechtliche

1044 Vgl. vor allem das Recht, die Geschäftsführung zu überwachen und sie auszuwechseln, § 46 Nr. 4, 5 GmbHG und das übergeordnete Weisungsrecht des GmbH-Gesellschafters, vgl. zu letzterem *Altmeppen*, in: Roth/Altmeppen, GmbHG, § 37, Rn. 3 ff.

1045 BGH, Urt. v. 26.03.1984, II ZR 171/83, BGHZ 90, S. 381, unter I. 4. der Gründe.

1046 Dass der Normzweck von § 32a Abs. 1 GmbHG a.F. und § 39 Abs. 1 Nr. 5 InsO identisch ist, lässt sich auch aus der Begründung zum Entwurf eines Gesetzes zur Modernisierung des GmbH-Rechts und zur Bekämpfung von Missbräuchen (MoMiG) vom 25.07.2007, BT-Drs. 16/6140, S. 42 erkennen: „Das Anliegen von § 32a Abs. 1 ist der Sache nach seit Inkrafttreten der InsO 1999 dort in § 39 geregelt."

1047 So auch der BGH, Urt. v. 17.02.2011, IX ZR 131/10, BGHZ 188, S. 363, unter II. 2. b) cc) (2) der Gründe; vgl. auch *Noack*, DB 2007, S. 1395 (1398); *Thole*, ZHR 176 (2006), S. 513 (524).

Haftungsordnung verlangt nur, die Gläubiger vor sozial inadäquaten Vermögenskürzungen des Schuldners zu schützen. Durch die Vereinbarung und das Stehenlassen eines Gesellschafterdarlehens wird aber nicht das Vermögen des Schuldners (also der Gesellschaft) in sozial inadäquater Weise verkürzt, denn solange der Gesellschafter das Darlehen nicht abzieht oder besichert, hat er seine besonderen Einflussnahme- und Informationsmöglichkeiten gar nicht wahrgenommen. Doch auch wenn man die besondere insolvenzrechtliche Haftungsordnung (Gläubigergleichbehandlung) zu Grunde legt, kann man nicht recht nachvollziehen, warum Gesellschafterdarlehen subordiniert sind. Schließlich fordert die insolvenzrechtliche Haftungsordnung die gleichmäßige Befriedigung aller Gläubiger, für eine Subordination einzelner Forderungen gibt die insolvenzrechtliche Haftungsordnung keinen Anlass. Der Hintergrund der in § 32a Abs. 1 GmbHG a.F. vorgesehenen Subordination von Gesellschafterdarlehen wird insofern nicht auf den ersten Blick erkennbar[1048]. Der Grund für die Subordination von Gesellschafterdarlehen ergibt sich m. E. erst aus einer ökonomischen Analyse der Vorschrift: Durch die Subordination gem. § 32a Abs. 1 GmbHG a.F. sollten Risiken und Chancen beim Gesellschafter wieder zusammengeführt werden. Denn ökonomisch betrachtet, zahlt sich die Finanzierungsleistung des Gesellschafters wegen seiner Gewinnbeteiligung überproportional aus, während die externen Gläubiger – unabhängig von der wirtschaftlichen Entwicklung des Schuldners – auf ihren fixen Zinssatz angewiesen sind[1049]. Investiert der Gesellschafter in seine Gesellschaft und wird die Investition dort gewinnbringend genutzt, partizipiert er über seine Gewinnbeteiligung übermäßig am Erlös. Gelingt die Investition aber nicht und endet die Gesellschaft in der Insolvenz, so könnte sich der Gläubiger – ohne § 32a Abs. 1 GmbHG a.F. – über die Insolvenzquote seinen Verlust mit den anderen Gläubigern teilen. Damit kommt es zu einem Ungleichgewicht zwischen Risiko und Chance. Während der Gesellschafter die Chancen seiner Investition ggü. den anderen Gläubigern übermäßig ausnutzen kann, muss er das Risiko seiner Investition nicht übermäßig tragen. Für den Gesellschafter schafft diese Konstellation einen Risikoanreiz[1050]. Die Subordination nach § 32a Abs. 1 GmbHG a.F. sorgte also dafür, dass die Konsequenzen des Risikos und der Chancen des Gesellschafters wieder in Einklang gebracht werden, und führte dazu, dass die Gesellschafter keine allzu risikoreichen Geschäfte zu Lasten der anderen Gläubiger eingehen. Die in § 32a Abs. 1 GmbHG a.F. vorgesehene Risiko- und Chan-

---

1048 **Kritisch** zu § 39 Abs. 1 Nr. 5 InsO auch *Altmeppen*, NJW 2008, S. 3601 (3603).

1049 *Engert*, ZGR 2004, S. 813 (819); *Fleischer*, Finanzplankredite und Eigenkapitalersatz im Gesellschaftsrecht, 1995, S. 88 f.

1050 *Engert*, ZGR 2004, S. 813 (822 f.); *Fleischer*, ZGR 2001, S. 1 (12); ähnlich auch *Thole*, ZHR 176 (2012), S. 513 (527).

cenverteilung wurde zusätzlich durch die in § 135 InsO a.F. enthaltene Insolvenzanfechtung vor Umgehungen geschützt. Denn letztendlich gelangt der insolvenzrechtliche Nachrang niemals zur Anwendung, wenn die Forderungen des Gesellschafters vor der Insolvenz getilgt oder besichert werden können und er dann entweder überhaupt nicht am Insolvenzverfahren teilnimmt (weil seine Forderungen durch Befriedigung erloschen sind, § 362 BGB) oder als Privilegierter abgesondert befriedigt wird (weil ihm eine Sicherheit eingeräumt wurde, §§ 49–51 InsO)[1051]. Über die Insolvenzanfechtung kann der Insolvenzverwalter die dem Gesellschafter gewährten Tilgungs- oder Sicherungsleistungen zurückholen und zur Masse verwerten. Dadurch verliert der Gesellschafter-Gläubiger seine Individualvorteile und muss – dem in § 32a Abs. 1 GmbHG a.F. niedergelegten Zweck entsprechend – als nachrangiger Insolvenzgläubiger am Insolvenzverfahren teilnehmen.

Der Zweck der Novellenregeln lässt sich damit so zusammenfassen: § 32a Abs. 1 GmbHG a.F. diente dem ökonomisch motivierten Ausgleich von Risiken und Chancen beim Gesellschafter, § 135 InsO a.F. i.V.m. § 32a GmbHG a.F. diente der Durchsetzung der allgemeinen zwangsvollstreckungsrechtlichen Haftungsordnung und sorgte darüber hinaus dafür, dass der in § 32a Abs. 1 GmbHG a.F. niedergelegte ökonomische Zweck nicht umgangen werden konnte.

Vom Normzweck her war das alte Eigenkapitalersatzrecht somit zwei- (bzw. drei-)geteilt. Die Rechtsprechungsregeln dienten der Durchsetzung der gesellschaftsrechtlichen Kapitalerhaltungspflichten, die Novellenregeln der Durchsetzung der allgemeinen zwangsvollstreckungsrechtlichen Haftungsordnung und der Herstellung der ökonomischen „Symmetrie von Risiko und Chancen“[1052].

bb) Normzweck der Sonderregeln für Gesellschafterdarlehen nach dem MoMiG

Die Rechtsprechungsregeln sind durch das MoMiG beseitigt worden. Zudem ist die Sonderbehandlung der Gesellschafterdarlehen vom Gesellschaftsrecht vollständig in das Insolvenzrecht verlagert worden. Gleichzeitig ist die Qualifikation als kapitalersetzende Darlehen weggefallen. Für die Einstufung als nachrangiges Gesellschafterdarlehen kommt es nicht mehr darauf an, ob das Darlehen in der Krise der Gesellschaft gezahlt wurde. Alle Gesellschafterdarlehen werden nunmehr den gleichen Sonderregeln unterstellt. Damit wird eins augenfällig: Der Gesetzgeber wollte die Gesellschafterdarlehen aus dem Anwendungsbereich der

---

1051 Der Nachrang von Gesellschafterdarlehen tritt ggü. einem Absonderungsrecht zurück, vgl. dazu oben unter B. I. 1. e) (Nachrangige Insolvenzgläubiger (§ 39 InsO)).

1052 Ausdruck von *Fleischer*, Finanzplankredite und Eigenkapitalersatz im Gesellschaftsrecht, S. 88.

Kapitalerhaltung herauslösen und einer ausschließlich insolvenzrechtlichen Lösung zuführen[1053]. Das bedeutet nicht, dass sich das Ziel der Sonderregelung geändert hat. Sowohl das Eigenkapitalersatzrecht als auch das neue Recht der Gesellschafterdarlehen haben den Gläubigerschutz zum Ziel. Das Eigenkapitalersatzrecht verfolgte den Gläubigerschutz aber zweigleisig: über die dem Kapitalerhaltungsrecht entstammenden Rechtsprechungsregeln und über die dem Insolvenzrecht entstammenden Novellenregeln. Das MoMiG baut nur noch auf den Schutz durch insolvenzrechtliche Normen. Die zur Kapitalerhaltung gehörenden Normzweckerwägungen fallen weg.

Die Finanzierungsfolgenverantwortung baute allein auf dem Normzweck der Kapitalerhaltungsregeln auf und konnte damit nur die Rechtsprechungsregeln rechtfertigen. Für die Novellenregeln hatte sie – entgegen dem Wortlaut vieler BGH-Urteile[1054] – schon unter dem Eigenkapitalersatzrecht keine Bedeutung. Das führt zu dem zwingenden Schluss, dass die Finanzierungsfolgenverantwortung *de lege lata* keine Rolle mehr spielt[1055]. Da sie lediglich ein Ausfluss der Kapitalerhaltungsgrundsätze war und diese für den dogmatischen Hintergrund der Neuregelung keine Rolle mehr spielen, muss das Konzept der Finanzierungsfolgenverantwortung aufgegeben worden sein.

Anders verhält es sich hingegen mit dem dogmatischen Konzept, das hinter den Novellenregeln (§§ 32a, 32b GmbHG a.F., 135 InsO a.F.) stand. Dieses Schutzkonzept wurde vom MoMiG übernommen und ausgebaut. Die entscheidenden Regelungen für die Sonderbehandlung von Gesellschafterdarlehen sind nunmehr §§ 39 Abs. 1 Nr. 5, 135 InsO n.F. Diese beiden Normen sind aber vom Regelungsgehalt identisch mit den Novellenregeln, so dass dieselben Norm-

---

1053 Diese Lösung sollte der Vereinfachung der Behandlung von Gesellschafterdarlehen dienen und damit insbesondere der mittelständischen Wirtschaft Rechtssicherheit und Rechtsklarheit bringen, vgl. die Begründung zum Entwurf eines Gesetzes zur Modernisierung des GmbH-Rechts und zur Bekämpfung von Missbräuchen (MoMiG) vom 25.07.2007, BT-Drs. 16/6140, S. 42.

1054 So bezog sich der BGH in der Pfandgläubiger-Entscheidung gerade auch auf die Finanzierungsfolgenverantwortung, obwohl dort nur § 32a Abs. 3 GmbHG a.F. ausgelegt werden sollte, vgl. BGH, Urt. v. 13.07.1992, II ZR 251/91, BGHZ 119, S. 191, unter I. 2. der Gründe: „Ist die Stellung des Pfandgläubigers im Einzelfall vergleichbar ausgestaltet und hat er insbesondere auch ähnlich weitreichende Befugnisse zur Einflußnahme auf Geschäftsführung und Gestaltung der Gesellschaft, so trägt auch ein solcher ‚atypischer' Pfandgläubiger die Finanzierungsverantwortung für die Gesellschaft und ist mithin Normadressat des § 32a III GmbHG."

1055 **Gleiche Ansicht** *Huber*, in: FS Priester, S. 259 (271 ff.); *Habersack*, ZIP 2008, S. 2385 (2387); *Gehrlein*, BB 2011, S. 3 (7); für eine **Fortgeltung** des Prinzips der Finanzierungsfolgenverantwortung plädieren hingegen vor allem *K.Schmidt*, in: Liber Amicorum für Martin Winter, S. 601 (614 ff.); *Altmeppen*, NJW 2008, S. 3601 (3602); *Bork*, ZGR 2007, S: 251 (257 f.); wohl auch der BGH, Urt. v. 21.02.2013, IX ZR 32/12, BGHZ 196, S. 220, unter II. 2. a) bb) (2) der Gründe.

zweckerwägungen zutreffen, die auch schon auf §§ 32a, 32b GmbHG a.F. (i.V.m. § 135 InsO a.F.) zutrafen. § 39 Abs. 1 Nr. 5 InsO hat – wie § 32a Abs. 1 GmbHG a.F. – die Zusammenführung von Risiko und Chancen des Gesellschafters zum Ziel und soll verhindern, dass der Gesellschafter, der als Gewinnberechtigter in besonderem Maße von dem Erfolg seiner Gesellschaft profitiert, bei der Insolvenz seiner Gesellschaft wie ein externer Gläubiger behandelt wird. Bei ökonomischer Betrachtung verhindert § 39 Abs. 1 Nr. 5 InsO das auch im Zuge der Bankenkrise 2008 besonders bekannt gewordene Problem des *„moral hazard“*. Als *„moral hazard“* (engl. für „moralisches Wagnis“) wird das Problem beschrieben, dass Systeme und Strukturen ihre Akteure dazu verleiten, sich leichtsinnig zu verhalten[1056]. Dieses Problem realisiert sich auch bei der Gesellschafterfremdfinanzierung. Ohne die Subordination nach § 39 Abs. 1 Nr. 5 InsO könnte der Gesellschafter nämlich die Früchte seiner Fremdfinanzierung alleine (bzw. mit den anderen Gesellschaftern) ausschöpfen, während er die insolvenzbedingten Verluste aus seiner Fremdfinanzierung mit den anderen (außenstehenden) Gläubigern teilen könnte. In Anlehnung an die politische Diskussion i.R. der Bankenrettung könnte man behaupten, dass der Gesellschafter seine Gewinne privatisiert, seine Verluste aber sozialisiert[1057]. Daraus ergibt sich das klassische ökonomische Problem des *moral hazard*, das über § 39 Abs. 1 Nr. 5 InsO gebannt wird[1058]. § 135 InsO hingegen schützt § 39 Abs. 1 Nr 5 InsO weiterhin vor Umgehungen und verfolgt – wie § 32a GmbHG a.F. i.V.m. § 135 InsO a.F. – die Durchsetzung der allgemeinen zwangsvollstreckungsrechtlichen Haftungsordnung. Die zwangsvollstreckungsrechtliche Haftungsordnung soll die Befriedigungschancen der Gläubiger dadurch schützen, dass sozial inadäquate Vermögensverkürzungen durch den Schuldner rückgängig

---

1056 Im Zuge der Bankenkrise 2008 hatte sich dieses Problem daraus ergeben, dass viele Banken aufgrund ihrer „Systemrelevanz“ damit rechnen konnten, bei drohender Insolvenz vom Staat gerettet zu werden. Dies verleitete sie zu leichtsinnigem Verhalten, weil sie davon ausgehen konnten, dass sie die Konsequenzen ihrer Geschäfte nicht selbst tragen mussten. Für eine anschauliche Erklärung des Problems des *moral hazard* vgl. *Admati/Hellwig*, The Bankers' New Clothes, S. 41 ff. und 136 ff. Zu den wirtschaftswissenschaftlichen Grundlagen des *moral hazard* vgl. *Richter/Furubotn*, Neue Institutionenökonomik, 4. Aufl. 2010, S. 225 ff.

1057 Diese These wurde im Zusammenhang mit der Eurorettung besonders prominent von *Sahra Wagenknecht* vertreten, z.B. in ihrer Rede im Bundestag v. 19.07.2012, abrufbar unter: http://www.sahra-wagenknecht.de/de/article/1348.sie-versenken-erneut-milliarden-im-schwarzen-loch-des-finanzmarkts.html sowie ausdrücklich in einer Pressemitteilung v. 02.02.2012, abrufbar unter: http://www.sahra-wagenknecht.de/de/article/1201.deutsche-bank-gewinn-gehoert-den-steuerzahlern.html (jeweils Abruf vom 12.08.2014).

1058 Das wird allerdings von *Cahn*, AG 2005, S. 217 (223) **bestritten**, weil die Insolvenzquote ohnehin so niedrig sei, dass eine Einordnung als Insolvenzgläubiger auch nicht sehr viel mehr Vorteile brächte.

gemacht werden. Der Gesellschafter, der durch seine Informationsmöglichkeiten über die Lage der Gesellschaft besser Bescheid weiß als die externen Gläubiger, hat i.d.R. genug Einfluss in der Schuldnergesellschaft, um noch rechtzeitig vor dem Insolvenzbeschlag seine Darlehensmittel aus der Gesellschaft – ohne besondere Verluste – abzuziehen bzw. zu besichern[1059]. Diese Gefahr wird von der InsO als eine sozial inadäquate Folge der besonderen Rechte eines Gesellschafters eingestuft, da dieser damit sein rein eigenes Interesse mit demjenigen der Gesellschaft gleichsetzen kann. Gesellschafter- und Gesellschaftsinteresse sind damit identisch, so dass die Gesellschaft (also der Schuldner) zum reinen Eigennutz handelt, wenn sie ihrem Gesellschafter das Darlehen zurückzahlt bzw. besichert. Diese Wertung steht auch im Einklang mit dem Kleinbeteiligtenprivileg gem. §§ 39 Abs. 5, 135 Abs. 4 InsO. Wenn § 135 InsO maßgeblich auf den Einfluss des Gesellschafters abstellt, so ist es konsequent, Kleinbeteiligte von der Vorschrift auszunehmen. In Bezug auf die Novellenregeln ist damit der Normzweck vom Eigenkapitalersatzrecht und dem neuen Recht identisch geblieben. Nach wie vor ist aber bei der Normzweckermittlung zwischen § 135 InsO und § 39 Abs. 1 Nr. 5 InsO zu trennen[1060].

cc) Schlussfolgerungen für die Pfandgläubiger-Entscheidung

Die Reformierung durch das MoMiG hat durch die Aufhebung der Rechtsprechungsregeln das Sonderrecht der Gesellschafterdarlehen von dem Prinzip der Finanzierungsfolgenverantwortung gelöst. Die aus der Kapitalerhaltungspflicht abgeleitete Finanzierungsfolgenverantwortung spielt im neuen Recht keine Rolle mehr. Gleich geblieben ist aber der Normzweck der Novellenregeln, d.h. die Symmetrie von Risiko und Chancen (§ 39 Abs. 1 Nr. 5 InsO) und die Durchsetzung der vollstreckungsrechtlichen Haftungsordnung (§ 135 InsO).

Der BGH begründete die Pfandgläubiger-Entscheidung ursprünglich damit, dass er den atypischen Pfandgläubiger – wie den atypischen stillen Gesellschafter

1059 Das hat auch der BGH unter dem Eigenkapitalersatzrecht anerkannt, vgl. BGH, Urt. v. 26.03.1984, II ZR 171/83, BGHZ 90, S. 381, unter I. 4. der Gründe. Ausdrücklich hat er dies dann unter dem neuen Recht festgestellt, vgl. BGH, Urt. v. 17.02.2011, IX ZR 131/10, BGHZ 188, S. 363, unter II. 2. b) cc) (2) der Gründe und für die Besicherung speziell BGH, Urt. v. 18.07.2013, IX UR 219/11, BGHZ 198, S. 64, unter II. 1. c) dd) der Gründe. Vgl. auch *Noack*, DB 2007, S. 1395 (1398); *Thole*, ZHR 176 (2006), S. 513 (524).

1060 Die Trennung zwischen den unterschiedlichen Normzwecken war unter dem Eigenkapitalersatzrecht nicht selbstverständlich. Der BGH verwendete die Finanzierungsfolgenverantwortung als „Generalrechtfertigung" für das Eigenkapitalersatzrecht. Dies hat erhebliche Bedeutung für die Einordnung als atypischer Pfandgläubiger, vgl. dazu unten unter B. I. 4. c) aa) aaa) (Eine Frage der Analogie).

– aufgrund der erheblichen Einflussnahmemöglichkeiten auf die Geschäftsführung der Schuldnergesellschaft in die Finanzierungsfolgenverantwortung eines Gesellschafters hineinzog[1061]. Da die Finanzierungsfolgenverantwortung aber nicht mehr Teil des Sonderrechts der Gesellschafterdarlehen ist, liegt die Vermutung nahe, dass der BGH den Fall heutzutage anders entscheiden müsste. Dies liegt allerdings nur daran, dass der BGH in seiner damaligen Entscheidung m. E. den falschen Normzweck zugrunde gelegt hat. Wie erläutert, lag den Novellenregeln – auf die es im Pfandgläubiger-Fall gerade ankam (§ 32a Abs. 3 GmbHG a.F. sollte ausgelegt werden) – nicht das Konzept der Finanzierungsfolgenverantwortung zu Grunde. Die Finanzierungsfolgenverantwortung war eine Folge der Kapitalerhaltungspflicht und damit nur für die Rechtsprechungsregeln (§§ 30, 31 GmbHG a.F. analog) relevant. Der vom BGH geprüfte eigentlich dem Konkursrecht zugeordnete § 32a Abs. 3 GmbHG a.F. war im Pfandgläubiger-Fall im Zusammenhang mit § 32a KO zu sehen. Entscheidend war damit der konkursrechtliche Normzweck und dieser bestand darin, sozial inadäquate Vermögensverkürzungen wieder rückgängig zu machen. Der Pfandgläubiger-Entscheidung lag also die Frage zu Grunde, ob die Zahlungen an den atypischen Pfandgläubiger im Hinblick auf die Insolvenzanfechtung nach § 32a KO i.V.m. § 32a Abs. 3 GmbHG a.F. als sozial inadäquat einzustufen waren. Dafür kam es nicht darauf an, ob dem Pfandgläubiger Finanzierungsfolgenverantwortung oblag, sondern ob seine rechtlichen und faktischen Möglichkeiten im konkreten Fall es unter vollstreckungsrechtlichen Gesichtspunkten rechtfertigten, die Zahlungsleistungen zurück zu fordern. Dies musste in dem entschiedenen Fall bejaht werden, denn durch die umfangreichen Einflussnahmemöglichkeiten des Pfandgläubigers konnte dieser die Schuldnergesellschaft zu einer Zahlung veranlassen, die ihm zugute kam, den anderen Gläubigern aber zu Lasten ging. Der Pfandgläubiger hatte damit eine Stellung inne, die normalerweise nur einem Gesellschafter zukommt und deshalb als sozial inadäquat einzustufen war. Aus diesem Grund war die Gleichstellung von atypischem Pfandgläubiger und Gesellschafterdarlehen gerechtfertigt. Die Rechtfertigung ergibt sich also nicht aus dem Gesichtspunkt der Finanzierungsfolgenverantwortung, sondern der sozialen Inadäquanz der Darlehensrückzahlung. Basierte aber die Pfandgläubiger-Entscheidung in Wahrheit nicht auf einer Finanzierungsfolgenverantwortung des atypischen Pfandgläubigers, sondern der sozialen Inadäquanz der Darlehensrückzahlung, so kann die Pfandgläubiger-

1061 BGH, Urt. v. 13.07.1992, II ZR 251/91, BGHZ 119, S. 191, unter I. 2. der Gründe: „Ist die Stellung des Pfandgläubigers im Einzelfall vergleichbar ausgestaltet und hat er insbesondere auch ähnlich weitreichende Befugnisse zur Einflußnahme auf Geschäftsführung und Gestaltung der Gesellschaft, so trägt auch ein solcher ‚atypischer' Pfandgläubiger die Finanzierungsverantwortung für die Gesellschaft und ist mithin Normadressat des § 32a III GmbHG."

Entscheidung auch in dem neuen Recht dogmatisch verankert werden. Von diesem Ergebnis scheint schließlich auch der Gesetzgeber auszugehen, wenn er feststellt, dass „der bisherige § 32a Abs. 3 Satz 1 GmbHG in personeller (Dritte) und sachlicher Hinsicht übernommen" wird[1062]. Dieser gesetzgeberischen Aussage ist der BGH bereits in Bezug auf Darlehen von verbundenen Unternehmen[1063] und atypischen stillen Gesellschaftern gefolgt[1064].

c) Anwendung der Pfandgläubiger-Entscheidung auf den Sicherheitentreuhänder

Die Pfandgläubiger-Entscheidung spielt gerade für Akquisitionsfinanzierungen eine bedeutsame Rolle, weil bei diesen das Pfandrecht an Gesellschaftsanteilen oftmals mit sog. Ersatzsicherheiten kombiniert wird[1065]. Als Ersatzsicherheiten kommen Zusicherungen (sog. „*Representations*") und Auflagen (sog. „*Covenants*") in Betracht[1066]. Diese schuldrechtlichen Kreditsicherheiten können in Kombination mit einem bestellten Pfandrecht an Gesellschaftsanteilen – auch nach Inkrafttreten des MoMiG – eine Einordnung als atypischer Pfandgläubiger nach sich ziehen. Dies eröffnet die Möglichkeit der Insolvenzanfechtung gem. § 135 InsO, so dass Kreditsicherheiten u. U. zurückgewährt werden müssen (§ 135 Abs. 1 Nr. 1 InsO i.V.m. § 143 Abs. 1 InsO). Ein eventuell bestehendes Absonderungsrecht (§ 51 Nr. 1 InsO) würde nachträglich entfallen. Der Sicherheitentreuhänder wäre dann auf den (niedrigen) Erlös aus der Befriedigungsquote angewiesen. Um einem solchen Schicksal zu entgehen, muss die Sicherheitenstruktur i.R. eines syndizierten Kredites so angepasst werden, dass der Sicherheitentreuhänder nicht als atypischer Pfandgläubiger dasteht. Dringend geboten ist es daher, allgemein gültige Kriterien herauszuarbeiten, nach denen sich die Einordnung des atypischen Pfandgläubigers richtet.

aa) Allgemeine Regeln für die Einordnung als atypischer Pfandgläubiger

Die Einordnung als atypischer Pfandgläubiger ist eine Einzelfallentscheidung. Es kommt immer auf die konkrete Gestaltung und darauf an, wie weit die Einfluss-

---

1062 Vgl. die Begründung zum Entwurf eines Gesetzes zur Modernisierung des GmbH-Rechts und zur Bekämpfung von Missbräuchen (MoMiG) vom 25.07.2007, BT-Drs. 16/6140, S. 56.

1063 BGH, Urt. v. 21.02.2013, IX ZR 32/12, BGHZ 196, S. 220, unter II. 1. b) und II 2. a) der Gründe.

1064 BGH, Urt. v. 28.06.2012, IX ZR 191/11, BGHZ 193, S. 378, unter II. 1. der Gründe.

1065 Vgl. dazu oben im 1. Teil, unter B. II. (Kreditsicherheiten für syndizierte Kredite).

1066 Vgl. dazu oben im 1. Teil, unter B. I. 4. (Sonderfall: Ersatzsicherheiten).

nahmemöglichkeiten des Pfandgläubigers gehen. Der BGH stellt in der Pfandgläubiger-Entscheidung keine allgemein verbindlichen Kriterien auf, anhand derer entschieden werden kann, ob eine bestimmte Einzelfallgestaltung als atypische Verpfändung anzusehen ist oder nicht. Der BGH führt lediglich aus:

> „Anders verhält es sich jedoch, wenn sich der Pfandgläubiger durch weitergehende Nebenabreden eine Position einräumen läßt, die nach ihrer konkreten Ausgestaltung im wirtschaftlichen Ergebnis der Stellung eines Gesellschafters gleich- oder jedenfalls nahekommt [...]. Eine solche atypische Ausgestaltung des Pfandrechts an einem Gesellschaftsanteil kann aus der Sicht des Eigenkapitalersatzrechts im Ergebnis keiner anderen Beurteilung unterliegen als die Stellung eines atypischen stillen Gesellschafters. In bezug auf ihn hat der *Senat* bereits wiederholt ausgesprochen, dass er für die Anwendung der Eigenkapitalersatzregeln einem Gesellschafter gleichzustellen ist, wenn ihm in atypischer Weise weitreichende Befugnisse zur Einflußnahme auf die Geschäftsführung und die Gestaltung der Gesellschaft eingeräumt sind, insbesondere wenn er wie ein Gesellschafter die Geschicke der Gesellschaft mitzubestimmen berechtigt ist [...]. Ist die Stellung des Pfandgläubigers im Einzelfall vergleichbar ausgestaltet und hat er insbesondere auch ähnlich weitreichende Befugnisse zur Einflußnahme auf Geschäftsführung und Gestaltung der Gesellschaft, so trägt auch ein solcher ‚atypischer' Pfandgläubiger die Finanzierungsverantwortung für die Gesellschaft und ist mithin Normadressat des § 32a III GmbHG."[1067]

Dieser recht weichen Umschreibung dessen, was einen atypischen Pfandgläubiger ausmacht, können nicht sehr viele Kriterien dafür entnommen werden, wie man eine Sicherheitenstruktur aufbaut, ohne in den Anwendungsbereich des atypischen Pfandgläubigers zu fallen. Dementsprechend versuchen sich diverse Autoren immer wieder daran, einen Leitfaden dafür aufzustellen, was man als Pfandgläubiger darf und was nicht[1068]. Insbesondere in Bezug auf die sog. „*Financial Covenants*" hat sich eine sehr lebhafte Diskussion darüber entwickelt, wie weit die Ersatzsicherheiten gehen dürfen, um den Kreditgeber davor zu bewahren, nicht als gesellschaftergleicher Dritter angesehen zu werden[1069]. Eine verallgemeinerungsfähige Richtlinie lässt sich aber nur schwer entwickeln. Die unterschiedlichen Ansätze sind i. d. R. einzelfallorientiert oder stellen wiederum nur recht unbestimmte Kriterien auf. Mit dem nachfolgenden Ansatz soll der Versuch unternommen werden, die Einordnung als gesellschaftergleicher Dritter auf handfestere Kriterien zu stützen.

1067 BGH, Urt. v. 13.07.1992, II ZR 251/91, BGHZ 119, S. 191, unter I. 2. der Gründe.

1068 Vgl. z. B. *Diem*, BKR 2002, S. 1034 (1039) und *Schwintowski/Dannischewski*, ZIP 2005, S. 840 (844).

1069 Vgl. vor allem *Servatius*, Gläubigereinfluss durch Covenants, 2008, S. 526 ff.; *Fleischer*, ZIP 1998, S. 313; *Fromm*, GmbHR 2003, S. 1114; *Schwintowski/Dannischewski*, ZIP 2005, S. 840.

aaa) Eine Frage der Analogie

Ausgangspunkt müssen §§ 39 Abs. 1 Nr. 5, 135 InsO sein. Denn die Einbeziehung eines Pfandgläubigers in den Anwendungsbereich der §§ 39 Abs. 1 Nr. 5, 135 InsO kann sich methodisch nur über eine Analogie vollziehen. Dies wird umso deutlicher, als dass der Wortlaut von § 32a Abs. 3 GmbHG a.F.[1070] ausdrücklich „Dritte" mit einbezog, während in §§ 39 Abs. 1 Nr. 5, 135 InsO „Dritte" – auch nach Verabschiedung des MoMiG – nicht erwähnt werden. Durch eine wortlautgetreue Anwendung der neuen Normen zu den Gesellschafterdarlehen würde der atypische Pfandgläubiger also nicht erfasst. Ein atypischer Pfandgläubiger könnte nur dann in den Anwendungsbereich der §§ 39 Abs. 1 Nr. 5, 135 InsO fallen, wenn die Voraussetzungen einer Analogie vorliegen. Die Analogie setzt voraus, dass erstens eine planwidrige Regelungslücke besteht[1071] und zweitens eine vergleichbare Interessenlage[1072]. Eine planwidrige Regelungslücke ist ausweislich der Gesetzesmaterialien zu bejahen, denn der Gesetzgeber führt aus, dass „der bisherige § 32a Abs. 3 Satz 1 GmbHG in personeller (Dritte) und sachlicher Hinsicht übernommen" wird[1073]. Gleichzeitig sollte die Sonderregelung der Gesellschafterdarlehen vollständig im Insolvenzrecht verankert werden[1074]. Weder der Wortlaut von § 135 InsO noch der von § 39 Abs. 1 Nr. 5 InsO bezieht aber – anders als noch der Wortlaut des § 32a Abs. 3 GmbHG a.F. – außenstehende Dritte mit ein[1075]. Der Gesetzgeber scheint zwar zu beabsichtigen, dass außenstehende Dritte in das Recht der Gesellschafterdarlehen einbezogen werden, diese Absicht spiegelt sich aber nicht im Gesetzeswortlaut wider. Es entsteht somit eine Regelungslücke, die ausweislich der Gesetzesmaterialien nicht beabsichtigt ist[1076].

1070 Für den Gesetzestext vgl. unten im Anhang II, unter A. (§ 32a GmbHG a.F.).

1071 BGH, Urt. v. 13.11.2001, X ZR 134/00, BGHZ 149, S. 165, unter II. 2. b) bb) der Gründe.

1072 BGH, Urt. v. 13.07.1988, IVa ZR 55/87, BGHZ 105, S. 140, unter II. 2. a) der Gründe.

1073 Vgl. die Begründung zum Entwurf eines Gesetzes zur Modernisierung des GmbH-Rechts und zur Bekämpfung von Missbräuchen (MoMiG) vom 25.07.2007, BT-Drs. 16/6140, S. 56.

1074 Vgl. die Begründung zum Entwurf eines Gesetzes zur Modernisierung des GmbH-Rechts und zur Bekämpfung von Missbräuchen (MoMiG) vom 25.07.2007, BT-Drs. 16/6140, S. 42.

1075 Vgl. auch *Kleindiek*, in: Lutter/Hommelhoff, GmbHG, 18. Aufl. 2012, Anh zu § 64, Rn. 120; *K.Schmidt*, in: Liber Amicorum für Martin Winter, S. 601 (616); *Huber*, in: FS Priester, S. 259 (279 f.).

1076 Der BGH behandelt die Frage nach der Einbeziehung Dritter als Auslegungsproblem. Demnach sollen Darlehen Dritter von dem Tatbestandsmerkmal der „gleichgestellten Forderungen" erfasst werden, vgl. BGH, Urt. v. 21.02.2013, IX ZR 32/12, BGHZ 196, S. 220, unter II. 1. c) der Gründe. M. E. ist der Weg über die Analogie methodisch präziser, denn Dritte werden vom Wortlaut eindeutig nicht erfasst. I. E. dürften die beiden Ansätze aber zu gleichen Ergebnissen führen, denn die gleichgestellten Forderungen müssen einem Gesellschafterdarlehen wirtschaftlich entsprechen. Diese Voraussetzung kommt letztendlich der für eine Analogie notwendigen „vergleichbaren Interessenlage" gleich.

Die zweite Voraussetzung der Analogie ist eine vergleichbare Interessenlage. Bei einem Vergleich der Interessenlage ist aufgrund des unterschiedlichen Normzwecks wieder zwischen § 39 Abs. 1 Nr. 5 InsO und § 135 InsO zu trennen. Das Anfechtungsrecht gem. § 135 InsO beruht darauf, dass dem Gesellschafter bestimmte Informations- und Einflussnahmemöglichkeiten zustehen, die es ihm ermöglichen, seine Darlehensvaluta rechtzeitig vor der Insolvenz abzuziehen und damit eine sozial inadäquate Befriedigung oder Sicherung zu erlangen[1077]. Bei der Beurteilung der Kriterien für die Einordnung als atypischer Pfandgläubiger muss es damit darauf ankommen, ob der Pfandgläubiger Informations- und Einflussrechte erhält, die es ihm – wie einem Gesellschafter – ermöglichen, sein Darlehen rechtzeitig vor der Insolvenz abzuziehen. Diese Grundannahme stimmt mit der Aussage des BGH überein, dass es insbesondere auf die „Befugnisse zur Einflußnahme auf Geschäftsführung und Gestaltung der Gesellschaft“ ankomme[1078]. Sie entspricht auch den gesetzlichen Wertungen, die dem Kleinbeteiligtenprivileg (§§ 135 Abs. 4, 39 Abs. 5 InsO) zugrunde liegen. Das Kleinbeteiligtenprivileg berücksichtigt, dass nur geringfügige Beteiligungen keinen derartigen Einfluss auf die Gesellschaft vermitteln, dass eine Insolvenzanfechtung gerechtfertigt wäre[1079]. Diese Wertungen sind auf den Pfandgläubiger zu übertragen. Hat der Pfandgläubiger demnach keinen derartigen Einfluss auf den Schuldner, dass er eine vorrangige Behandlung seiner Person beanspruchen kann, bleibt er ein typischer Pfandgläubiger und ist nicht in den Anwendungsbereich der Sonderregeln zu den Gesellschafterdarlehen einzubeziehen.

Bei der Beurteilung der Einflussnahmemöglichkeiten eines Pfandgläubigers dient als Orientierung das gesetzliche Leitbild eines typischen GmbH-Gesellschafters[1080], denn der BGH stellt umgekehrt auch darauf ab, ob der Pfandgläubiger dem gesetzlichen Leitbild aus §§ 1273 ff. BGB entspricht[1081]. Generell lassen sich die Rechte eines GmbH-Gesellschafters in verfassungsmäßige Rechte (z. B. §§ 46 ff. GmbHG) und kapitalbezogene Rechte (z. B. §§ 29, 72 GmbHG) einteilen[1082]. Kapitalbezogene Rechte sind solche, aus denen im Einzelfall ein geldwerter Anspruch erwachsen kann (z. B. das Gewinnbezugsrecht oder das Recht, im Fall der Liquidation einen Teil des Liquidationserlöses beanspruchen zu können). Ver-

1077 *Mylich*, ZHR 176 (2012), S. 547 (565 f.).

1078 BGH, Urt. v. 13.07.1992, II ZR 251/91, BGHZ 119, S. 191, unter I. 2. der Gründe.

1079 Vgl. die Begründung zum Entwurf eines Gesetzes zur Verbesserung der Wettbewerbsfähigkeit deutscher Konzerne an internationalen Kapitalmärkten und zur Erleichterung der Aufnahme von Gesellschafterdarlehen (KapAEG), BT-Drs. 13/7141, S. 11 f.

1080 Für den Aktionär vgl. unten unter B. I. 4. d) (Atypischer Pfandgläubiger in der AG).

1081 BGH, Urt. v. 13.07.1992, II ZR 251/91, BGHZ 119, S. 191, unter I. 1. der Gründe.

1082 Vgl. *Roth*, in: Roth/Altmeppen, GmbHG, § 45, Rn. 1.

fassungsmäßige Rechte sind solche, die dem Gesellschafter Befugnisse geben, die sich nicht auf die kapitalmäßige Situation beziehen, sondern auf die innere Ordnung der Gesellschaft (z. B. das Recht auf Teilnahme an der Gesellschafterversammlung, das Stimmrecht in der Gesellschafterversammlung). Entscheidend für die Einordnung als atypischer Pfandgläubiger können nur die verfassungsmäßigen Rechte sein. Denn die kapitalbezogenen Rechte geben nur ein Recht auf Teilhabe an dem Vermögen der Gesellschaft, nicht aber auf Einflussnahme in der Gesellschaft. Wenn also der BGH für die Einflussnahmemöglichkeiten des Pfandgläubigers auf die Geschäftsführung und Gestaltung der Gesellschaft abstellt, so spricht dies dafür, dass nur die (faktische) Übertragung von verfassungsmäßigen Gesellschafterrechten die Stellung als atypischer Pfandgläubiger begründen kann[1083].

Die verfassungsmäßigen Rechte lassen sich noch einmal unterteilen in die mitgliedschaftsrechtlichen Verwaltungsrechte und die sonstigen dispositiven verfassungsmäßigen Rechte. Verwaltungsrechte sind solche Rechte, die dem Gesellschafter kraft seiner Mitgliedschaft zustehen und nicht übertragbar sind (sog. „Abspaltungsverbot“)[1084]. Dazu zählen das Recht auf Teilnahme an Gesellschafterversammlungen, das Stimmrecht in der Gesellschafterversammlung, Informationsrechte und Schutzrechte für Minderheitsgesellschafter[1085]. Den Verwaltungsrechten stehen die dispositiven verfassungsmäßigen Gesellschafterrechte gegenüber. Diese sind vor allem in den §§ 46 ff. GmbHG kodifiziert. Die dort aufgezählten Gesellschafterrechte sind typisierte Abbildungen dessen, was nach dem gesetzgeberischen Leitbild einem Gesellschafter zusteht[1086]. Sie können von der Gesellschafterversammlung (§ 48 Abs. 1 GmbHG) bzw. dem Alleingesellschafter (§ 48 Abs. 3 GmbHG) ausgeübt werden, teilweise aber auch auf Dritte verlagert werden.

Die verfassungsmäßigen Gesellschafterrechte verschaffen aber nicht alle einen Einfluss, der die Stellung als atypischer Pfandgläubiger rechtfertigt. Vielmehr ist danach zu differenzieren, ob der Pfandgläubiger im Einzelfall „aktiv“ unternehmerisch tätig wird oder nur „passiv“ sein Kreditsicherungsinteresse verfolgt. Der Pfandgläubiger verhält sich passiv, wenn er in dem Schuldnerunternehmen auf eine Entscheidungsfindung durch andere vertraut. Der Pfandgläubiger wird hingegen aktiv unternehmerisch tätig, wenn er selbst Einfluss auf die Entschei-

1083 Ähnlich auch *Dreher*, ZGR 1994, S. 144 (149), der nur die Übertragung von Verwaltungsrechten für schädlich erachtet.

1084 BGH, Urt. v. 25.02.1965, II ZR 287/63, BGHZ 43, S. 261, unter III. der Gründe.

1085 Vgl. *Zöllner*, in: Baumbach/Hueck, GmbHG, § 45, Rn. 3.

1086 Vgl. *Liebscher*, in: MünchKomm, GmbHG, § 46, Rn. 3.

dungsfindung beim Kreditnehmer nimmt[1087]. So wird ein Pfandgläubiger, dem Auskunfts- und Einsichtsansprüche i.S.v. § 51a GmbHG zustehen, bei dem Schuldnerunternehmen nicht aktiv unternehmerisch tätig, sondern trifft nur passive Maßnahmen, um die Rückzahlung seines Kredites zu sichern. Die Einräumung von Informations- und Auskunftsansprüchen begründet daher alleine nicht die Stellung als atypischer Pfandgläubiger. Demgegenüber wird der Pfandgläubiger aktiv unternehmerisch tätig, wenn ihm das Stimmrecht in der Gesellschafterversammlung faktisch übertragen wird und er dieses ausübt. In diesem Fall erhält er gesellschaftergleichen Einfluss, so dass er als atypischer Pfandgläubiger einzuordnen ist. Auch wird er aktiv unternehmerisch tätig, wenn er die Geschäftsführung abberuft oder einsetzt (vgl. § 46 Nr. 5 GmbHG) oder Maßregeln zur Prüfung und Überwachung der Geschäftsführung aufstellt (vgl. § 46 Nr. 6 GmbHG)[1088]. Die Gestaltung der Gesellschaft kann er zudem beeinflussen, wenn es ihm *de facto* möglich ist, eine Satzungsänderung herbeizuführen (vgl. § 53 Abs. 1 GmbHG) oder ein Zustimmungserfordernis für sog. Grundlagengeschäfte[1089] zu seinen Gunsten besteht. Auch wenn dem Pfandgläubiger ein übergeordnetes Weisungsrecht für die laufenden Geschäfte[1090] zustehen sollte, kann er bei dem Schuldnerunternehmen aktiv unternehmerisch tätig werden. Insgesamt lässt sich festhalten, dass im Einzelfall zu unterscheiden ist, ob die (faktische) Einflussnahme eine aktive unternehmerische Beteiligung im Schuldnerunternehmen ermöglicht oder nur in passiver Weise dem Kreditsicherungsinteresse dient. Bei aktiver unternehmerischer Einflussnahme im Schuldnerunternehmen entsteht ein gesellschaftergleicher Einfluss für den Pfandgläubiger und dieser ist in den Anwendungsbereich des § 135 InsO einzubeziehen.

Schwieriger ist es allerdings, für den atypischen Pfandgläubiger eine vergleichbare Interessenlage im Hinblick auf § 39 Abs. 1 Nr. 5 InsO (vormals § 32a Abs. 1 GmbHG a.F.) festzustellen. Der Hintergrund dieser Norm ist ein ökonomischer[1091]. Er dient dazu, Risiken und Chancen des Gesellschafters in Einklang zu bringen. Diese Erwägungen treffen auf den atypischen Pfandgläubiger nicht zu, denn seine Chancen bestehen nicht in einem übermäßigen Erlös

---

1087 Kriterien nach *Servatius*, Gläubigereinfluss durch Covenants, S. 536 ff.

1088 Ein dem § 46 Nr. 6 GmbHG entsprechendes Weisungsrecht hat der BGH ausdrücklich als Auslöser für die Einordnung als kapitalersetzendes Darlehen anerkannt, vgl. BGH, Urt. v. 05.05. 2008, II ZR 108/07, NJW-RR 2008, S. 1134, unter II. 1. der Gründe.

1089 Die h.Lit. erkennt solch ein Zustimmungserfordernis für Gesellschafter an, vgl. *Stephan/ Tieves*, in: MünchKomm, GmbHG, § 37, Rn. 129 m.w.N.

1090 Dieses wird ebenfalls für GmbH-Gesellschafter grundsätzlich angenommen, vgl. *Altmeppen*, in: Roth/Altmeppen, GmbHG, § 37, Rn. 3.

1091 Vgl. dazu oben unter B. I. 4. b) aa) (Normzweck des Eigenkapitalersatzrechts).

aus dem Erfolg seiner Kreditvergabe. Im Gegensatz zum „echten" Gesellschafter kann der Pfandgläubiger – unabhängig davon, ob seine Finanzierung zu einem gewinnträchtigen Ergebnis bei der Gesellschaft geführt hat oder nicht – nur den ihm vorher versprochenen Betrag beanspruchen[1092]. Ohne Gewinnbeteiligung sind seine Chancen nicht höher als die der anderen Gläubiger. Das gilt selbst dann, wenn ihm kapitalbezogene Gesellschafterrechte verpfändet oder sogar übertragen worden sind. Denn selbst wenn die einzelnen Gewinnansprüche des Gesellschafters an den Pfandgläubiger abgetreten worden sind, so kann er sich doch i.E. nur in Höhe seiner vorher festgelegten Forderung befriedigen, niemals darüber hinaus. Dies ist für die Verpfändung von vermögenswerten Rechten in § 1282 Abs. 1 S. 2 BGB ausdrücklich vorgesehen und wird für die Sicherungsabtretung über das Instrument der Übersicherung (§ 138 BGB) sichergestellt. Daher ist es auch nicht gerechtfertigt, ihn im Insolvenzfall den anderen Gläubigern ggü. zu subordinieren. Seine Gewinnsituation entspricht vielmehr derjenigen aller anderen außenstehenden Gläubiger. Für eine vergleichbare Interessenlage i.S. des § 39 Abs. 1 Nr. 5 InsO besteht daher – trotz seiner sonst gesellschafterähnlichen Stellung – grundsätzlich kein Raum. Eine Ausnahme kann höchstens für die Fälle gelten, in denen dem Kreditgeber die Möglichkeit eingeräumt wird, über seinen bloßen Zinsanspruch hinaus am Unternehmenserfolg zu partizipieren (sog. „*Equity-Kicker*")[1093]. In diesen Fällen ist es gerechtfertigt, die Forderungen des Kreditgebers ebenso zu subordinieren wie die Forderungen eines Gesellschafters. Insofern ist auch im Hinblick auf § 39 Abs. 1 Nr. 5 InsO eine vergleichbare Interessenlage gegeben. Ob der BGH die Trennung zwischen § 39 Abs. 1 Nr. 5 InsO und § 135 InsO ebenfalls vornimmt, muss allerdings bezweifelt werden. Unter dem Eigenkapitalersatzrecht hatte er nicht zwischen dem Normzweck von § 32a Abs. 1 GmbHG a.F. und dem von § 32a Abs. 1 GmbHG i.V.m. § 32a KO unterschieden. Für ihn war die Finanzierungsfolgenverantwortung die grundlegende teleologische Rechtfertigung des gesamten Eigenkapitalersatzrechts[1094], so dass er sowohl die Novellen- als auch die Rechtsprechungsregeln auf den atypischen Pfandgläubiger anwandte. Für Differenzierungen zwischen den einzelnen Normen bestand in der Rechtsprechung des BGH kein Raum. Nach Inkrafttreten des MoMiG hat sich der BGH allerdings schon dahingehend geäußert, dass der

1092 Aus diesem Grund lehnten *Altmeppen*, ZIP 1993, S. 1677 (1680) und *Habersack*, ZGR 2000, S. 384 (399) die Gleichstellung von Pfandgläubiger und Gesellschafter schon unter dem Eigenkapitalersatzrecht ab.

1093 Dies kann z.B. dadurch geschehen, dass der Kreditgeber die Möglichkeit hat, sein Fremdkapital beizeiten in Eigenkapital umzuwandeln, vgl. dazu *Schrell/Kirchner*, BKR 2003, S. 13 (15).

1094 Vgl. dazu oben unter B. I. 4. b) aa) (Normzweck des Eigenkapitalersatzrechts).

Normzweck von § 39 Abs. 1 Nr. 5 InsO und § 135 InsO nicht identisch sei und dass die gesetzliche Subordination gem. § 39 Abs. 1 Nr. 5 InsO nicht mit dem Informationsvorsprung des Gesellschafters gerechtfertigt werden könne[1095]. In der jüngeren Rechtsprechung des BGH steht vielmehr der fehlgehende Risikoanreiz im Vordergrund, der sich für den Gesellschafter ergibt, wenn seine Forderungen ggü. der Gesellschaft vorrangig befriedigt würden[1096]. Dies könnte ein erster Schritt in die Richtung sein, nur § 135 InsO auf den atypischen Pfandgläubiger anzuwenden.

I. E. kann eine vergleichbare Interessenlage daher in Bezug auf § 135 InsO eintreten, regelmäßig aber nicht in Bezug auf § 39 Abs. 1 Nr. 5 InsO. Bei der Prüfung der Analogievoraussetzungen i.R. des § 135 InsO ist zwischen verfassungsmäßigen Gesellschafterrechten und kapitalbezogenen Gesellschafterrechten zu unterscheiden. Nur die Übertragung von verfassungsmäßigen Gesellschafterrechten kann eine vergleichbare Interessenlage auslösen, nicht aber die Übertragung von kapitalbezogenen Gesellschafterrechten. Bei den verfassungsmäßigen Gesellschafterrechten löst wiederum nur die (faktische) Übertragung derjenigen Rechte die Einordnung als atypischer Pfandgläubiger aus, die eine aktive unternehmerische Beteiligung im Schuldnerunternehmen ermöglichen. Dazu gehören nicht bloße Informations- und Auskunftsansprüche. Hingegen führt die Übertragung der Befugnis zur Abberufung und Einstellung von Geschäftsführern, zur Überwachung und Kontrolle der Geschäftsführer sowie die Befugnis zur Satzungsänderung zur Einordnung als atypischer Pfandgläubiger.

bbb) Überprüfung der Kriterien anhand der Pfandgläubiger-Entscheidung

Im Folgenden sollen die eben hergeleiteten Kriterien unter den Sachverhalt der Pfandgläubiger-Entscheidung[1097] subsumiert werden, um zu überprüfen, ob die Entscheidung des BGH auch nach dem MoMiG gleichermaßen ausfallen würde. In der Pfandgläubiger-Entscheidung waren sowohl kapitalbezogene als auch verfassungsmäßige Gesellschafterrechte faktisch übertragen worden, so dass es für den BGH auf die Unterscheidung nicht mehr ankam. Er konnte sich damit begnügen, dass „*spätestens* [Hervorh. d. Verf.] [...] mit der faktischen Entmachtung der bisherigen Geschäftsführung“[1098] der Pfandgläubiger einem Gesellschafter gleich zu stellen war.

1095 BGH, Urt. v. 17.02.2011, IX ZR 131/10, BGHZ 188, S. 363, unter II. 2. b) bb) (2) der Gründe.
1096 BGH, Urt. v. 18.07.2013, IX ZR 219/11, BGHZ 198, S. 64, unter II. 1. c) dd) (1) der Gründe.
1097 Für den Sachverhalt vgl. oben unter B. I. 4. a) (Die BGH-Entscheidung vom 13.07.1992 („Pfandgläubiger-Entscheidung“)).
1098 BGH, Urt. v. 13.07.1992, II ZR 251/91, BGHZ 119, S. 191, unter III. der Gründe.

M.E. konnte es in der Pfandgläubiger-Entscheidung nur auf die faktische Übertragung der einflussvermittelnden verfassungsmäßigen Gesellschafterrechte ankommen, da nur dies dem Normzweck des heutigen § 135 InsO entspricht. Die Insolvenzanfechtung gem. § 135 InsO soll verhindern, dass der Gesellschafter über seine besonderen Informations- und Einflussnahmemöglichkeiten sein gewährtes Darlehen rechtzeitig vor der Insolvenz aus der Gesellschaft abziehen kann und somit die Insolvenzmasse für die außenstehenden Gläubiger mindert[1099]. Denn dadurch könnte sich der Gesellschafter einen Individualvorteil verschaffen, der zu Lasten der anderen Gläubiger wirkt und damit dem insolvenzrechtlichen Grundsatz der Gläubigergleichbehandlung widerspricht. Diese Gefahr besteht beim atypischen Pfandgläubiger nur, wenn er über entsprechende Einflussnahmemöglichkeiten bei der Schuldnergesellschaft verfügt. Solche Einflussnahmemöglichkeiten können ihm nur bestimmte verfassungsmäßige Gesellschafterrechte verschaffen, nicht aber die kapitalbezogenen Gesellschafterrechte. In der Pfandgläubiger-Entscheidung waren nach dieser Konzeption zwei Umstände ausschlaggebend: Erstens musste die Geschäftsführung der Schuldnergesellschaft und ihre Gesellschafter vor jeder wichtigen Entscheidung die Zustimmung der Bank einholen und zweitens hatte die Bank unter Androhung der Kreditkündigung dafür gesorgt, dass die Geschäftsführer der Schuldnergesellschaft ausgetauscht wurden. Die Zustimmungspflicht der Bank als Pfandgläubiger entspricht der Zustimmungspflicht bei außergewöhnlichen Geschäften, die nach der h.Lit. den Gesellschaftern der GmbH zusteht[1100]. Der Austausch der Geschäftsführung stellt wiederum ein verfassungsmäßiges Gesellschafterrecht dar, das in § 46 Nr. 5 GmbHG ausdrücklich kodifiziert ist. Mit diesen beiden Umständen konnte der Pfandgläubiger in dem BGH-Fall unternehmerischen Einfluss nehmen wie ein Gesellschafter und aktiv sicherstellen, dass seine Finanzmittel rechtzeitig vor der Insolvenz des Schuldners an ihn zurückgezahlt wurden. Irrelevant sind nach hier vertretener Auffassung die Abtretung der kapitalbezogenen Gesellschafteransprüche (zukünftige Ansprüche auf Auszahlung eines Gewinns oder Entnahme, auf Abfindung oder auf den Liquidationsüberschuss sowie auf Zahlung des Kaufpreises im Falle der Anteilsveräußerung), weil diese Ansprüche keinen Einfluss innerhalb der Schuldnergesellschaft vermitteln und damit auch nicht nach dem Normzweck des § 135 InsO mit einzubeziehen sind.

Für eine analoge Anwendung des § 39 Abs. 1 Nr. 5 InsO (bzw. § 32a Abs. 1 GmbHG a.F.) bestand allerdings kein Raum. Denn die Übertragung gesellschaf-

---

1099 Vgl. dazu oben unter B. I. 4. b) bb) (Normzweck der Sonderregeln für Gesellschafterdarlehen nach dem MoMiG).

1100 Vgl. *Stephan/Tieves*, in: MünchKomm, GmbHG, § 37, Rn. 129 m.w.N.

terähnlicher Rechte auf einen Pfandgläubiger lässt nach hier vertretener Auffassung solange keine vergleichbare Interessenlage im Hinblick auf § 39 Abs. 1 Nr. 5 InsO entstehen, wie der Kreditgeber neben seinem Zinsanspruch nicht auch zusätzlich am Unternehmensgewinn beteiligt wird. Da eine solche eigenkapitalähnliche Beteiligung in der Pfandgläubiger-Entscheidung nicht gegeben war, wäre § 32a Abs. 1 GmbHG a.F. nicht anzuwenden gewesen.

bb) Beurteilung für den Sicherheitentreuhänder i.R. des *Parallel-Debt*-Modells

Das Risiko der Gleichstellung mit einem Gesellschafter i.S. des § 135 Abs. 1 Nr. 1 InsO kann bei einem Sicherheitentreuhänder erheblich sein. Der Sicherheitentreuhänder ist oftmals identisch mit dem Konsortialführer und übernimmt damit die Verwaltung des Konsortialkredites. In dieser Funktion werden für ihn unterschiedliche Ersatzsicherheiten vereinbart. Für das *Parallel-Debt*-Modell sind die sog. „*Pari-Passu*-Klauseln“ besonders wichtige Ersatzsicherheiten[1101]. Sie sind notwendiger Bestandteil des *Parallel-Debt*-Modells, um den sich aus dem Prioritätsprinzip ergebenden Problemen zu begegnen. Sie stellen Ersatzsicherheiten dar und verpflichten den Kreditnehmer schuldrechtlich dazu, keine gleich- oder höherrangigen Kreditsicherheiten zu bestellen. Damit wird die Geschäftsführung der Schuldnergesellschaft in ihrer Handlungsfreiheit zwar gebunden, zu einer Übertragung verfassungsmäßiger Gesellschafterrechte kommt es aber nicht. Im Gegenteil: Die Vereinbarung von *Pari-Passu*-Klauseln stellt lediglich einen Einzelakt rechtsgeschäftlicher Vertragsfreiheit dar und hat keinerlei Einfluss auf die Geschäftsführung im Ganzen. Die isolierte Vereinbarung von *Pari-Passu*-Klauseln kann daher nicht zur Einordnung als atypischer Pfandgläubiger führen. Wohl kann sie aber in Kombination mit zahlreichen anderen Verpflichtungen die Stellung als atypischer Pfandgläubiger begründen. Denn werden Einzelverpflichtungen in erheblicher Zahl dergestalt miteinander kombiniert, dass die Geschäftsführung der Schuldnergesellschaft im wirtschaftlichen Ergebnis keine relevante Entscheidung mehr ohne die Zustimmung des Pfandgläubigers treffen kann, so geriert sich dieser wie ein Gesellschafter und die Einordnung als atypischer Pfandgläubiger ist gerechtfertigt.

Ebenfalls typisch für Akquisitionsfinanzierungen ist die Vereinbarung von Informationsrechten für den Sicherheitentreuhänder[1102]. Selbst wenn diese in einem Ausmaß vereinbart sind, das dem des § 51a GmbHG gleichkommt, kann dadurch aber nicht die Einordnung als atypischer Pfandgläubiger resultieren, weil

---

1101 Vgl. oben im 2. Teil, unter A. II. 5. b) (Rechtsfolge).

1102 Vgl. dazu oben im 1. Teil, unter B. I. 4. b) (Auflagen).

das Informationsrecht aus § 51a GmbHG keinen aktiven unternehmerischen Einfluss auf die Geschäftsführung und Gestaltung der Gesellschaft gibt, sondern allenfalls Voraussetzung dafür ist. Solange sich die Ersatzsicherheiten auf bloße Informations- und Auskunftsrechte beziehen, besteht daher keine Gefahr der Einordnung als atypischer Pfandgläubiger.

d) Atypischer Pfandgläubiger in der AG

In den bisherigen Ausführungen wurde das Recht der GmbH überprüft und dieses mit der Figur des atypischen Pfandgläubigers in Übereinstimmung gebracht. Fraglich ist, ob auch die Verpfändung von Aktien in Kombination mit entsprechenden Ersatzsicherheiten zur Einstufung als atypischer Pfandgläubiger führen kann. Dies wurde im Eigenkapitalersatzrecht von *Diem* bestritten, weil der Vorstand der AG nicht weisungsgebunden sei und deshalb schon gar kein Einfluss auf ihn ausgeübt werden könne (vgl. § 76 Abs. 1 AktG)[1103]. Auch der BGH scheint eine Übertragung auf die AG abzulehnen, weil das Kriterium der Einflussnahme für ihn bei der AG wegen der Weisungsfreiheit des Vorstandes nicht gegeben sei[1104]. Nach der Abschaffung des Eigenkapitalersatzrechts stellt sich aber die Frage, ob diese Ansicht noch im Einklang mit dem Gesetz steht. Denn der nunmehr relevante § 135 InsO unterscheidet nicht zwischen AG und GmbH, vielmehr stellt §§ 135 Abs. 4, 39 Abs. 4 S. 1 InsO den GmbH-Gesellschafter einem Aktionär gleich. Nach dem Willen des Gesetzgebers soll die Neuregelung der Gesellschafterdarlehen rechtsformneutral ausgestaltet sein[1105], so dass die Regeln zu den Gesellschafterdarlehen für Aktionäre und GmbH-Gesellschafter gleichermaßen gelten. Aber auch der Sinn und Zweck des § 135 InsO spricht dagegen, die Verpfändung von Aktien aus dem Anwendungsbereich der Pfandgläubiger-Entscheidung herauszunehmen. Der für § 135 Abs. 1 InsO tragende Grund ist die mögliche Einflussnahme des Gesellschafters auf die Gesellschaft. Die Einflussnahme muss dabei nicht allein rechtlicher Natur sein, sondern bezieht sich vor allem auch auf die tatsächlichen Umstände. Selbst wenn der Vorstand einer AG rein rechtlich nicht weisungsgebunden ist[1106], so bedeutet dies nicht, dass er auch tatsächlich völlig losgelöst von den Interessen einzelner Aktionäre handelt. Selbst nur gering beteiligte Aktionäre können faktisch erheblichen unternehmerischen Einfluss aus-

---

1103 *Diem*, BKR 2002, S. 1034 (1037).
1104 BGH, Urt. v. 05.05.2008, II ZR 108/07, NJW-RR 2008, S. 1134, unter II. 2. b) der Gründe.
1105 Vgl. die Begründung zum Entwurf eines Gesetzes zur Modernisierung des GmbH-Rechts und zur Bekämpfung von Missbräuchen (MoMiG) vom 25.07.2007, BT-Drs. 16/6140, S. 56 f.
1106 Dies ist in Anbetracht des § 76 Abs. 1 AktG unumstritten, vgl. *Hüffer*, AktG, § 76, Rn. 10.

üben[1107]. Dass dies trotz der Regelung in § 76 Abs. 1 AktG bei der AG nicht ausgeschlossen ist, zeigen schon die Regelungen zum faktischen Konzern (§§ 311 ff. AktG). Durch das Entstehen eines faktischen Konzerns wird § 76 Abs. 1 AktG nicht durchbrochen, es entsteht *de iure* kein Weisungsrecht des herrschenden Unternehmens[1108]. *De facto* werden die Geschicke der AG aber von einer anderen Gesellschaft gelenkt[1109]. Das AktG erkennt diese Konstellationen an und lässt den faktischen Einfluss zu, sofern er nicht zu Nachteilen der abhängigen AG führt[1110]. Dieser Gedanke rechtfertigt die Übertragung der Pfandgläubiger-Rechtsprechung auf die AG. Wie in einem faktischen Konzern kann auch der atypische Pfandgläubiger in einer AG faktisch Einfluss auf den Vorstand nehmen und somit seine eigenen Interessen zu Lasten der anderen Gläubiger durchsetzen. Die Pfandgläubiger-Entscheidung hat gezeigt, dass dies vor allem auch durch den Austausch der Geschäftsführung möglich ist[1111]. Rein rechtlich war der Pfandgläubiger dort auch nicht befugt, die Geschäftsführung auszutauschen. Dadurch, dass er aber über eine potentielle Kreditkündigung erheblichen Druck auf die Gesellschafter ausgeübt hat, konnte er die Geschäftsführung *de facto* austauschen, auch wenn *de iure* dieses Recht immer noch bei den Gesellschaftern lag. Dementsprechend kann auch bei der AG nicht auf die reine Rechtslage (§ 76 Abs. 1 AktG) abgestellt werden, sondern müssen die tatsächlichen Umstände darauf hinweisen, dass der Pfandgläubiger Einfluss in der Gesellschaft hat. Da § 135 InsO gerade solche Konstellationen erfassen soll, ist die Anwendung der Norm im Bereich der Aktienverpfändung ebenfalls angezeigt.

e) Ergebnis

Die Pfandgläubiger-Entscheidung behält auch nach Inkrafttreten des MoMiG ihre Bedeutung. Sie ist für syndizierte Kredite von besonderer Relevanz, weil dem Sicherheitentreuhänder regelmäßig Pfandrechte an Gesellschaftsanteilen bestellt werden und ihm gleichzeitig in der Form von Ersatzsicherheiten eine Einfluss-

---

1107 Dies stellen für das neue Recht der Gesellschafterdarlehen ausdrücklich fest *Bayer/Graff*, DStR 2006, S. 1654 (1659); *Gehrlein*, BB 2008, S. 846 (852); *Poepping*, BKR 2009, S. 150 (155).

1108 *Hüffer*, AktG, § 311, Rn. 48.

1109 Dazu kann sie sich verschiedener anderer Mittel bedienen, vgl. *Altmeppen*, in: MünchKomm, AktG, 3. Aufl. 2010, § 311, Rn. 402 f.

1110 *Hüffer*, AktG, § 311, Rn. 6 f. Die Zulässigkeit des faktischen Konzerns entstammt auch der Erkenntnis, dass es unmöglich ist, faktischen Einfluss zu verhindern, vgl. *Altmeppen*, in: MünchKomm, AktG, Vor § 311, Rn. 11 f. und § 311, Rn. 402.

1111 Die Abberufungsmöglichkeiten des Aufsichtsrats (§ 84 AktG) hält der BGH indes gerade nicht für eine ausreichende Einflussnahmemöglichkeit, vgl. BGH, Urt. v. 05.05.2008, II ZR 108/07, NJW-RR 2008, S. 1134, unter II. 2. b) der Gründe.

nahme in der Schuldnergesellschaft ermöglicht wird. Nach hier vertretener Auffassung begründet nur die aktiv unternehmerische Einflussnahme eine Einordnung als atypischer Pfandgläubiger. Verhält sich der Sicherheitentreuhänder lediglich passiv, um sein Kreditsicherungsinteresse zu befriedigen, so ist eine Einordnung als atypischer Pfandgläubiger nicht gerechtfertigt. Die Pfandgläubiger-Entscheidung ist nicht nur im Fall der Verpfändung von GmbH-Anteilen zu beachten, sondern auch im Fall der Verpfändung von Aktien.

5. Zusammenfassung

Beim *Parallel-Debt*-Modell kommt es zu einer Forderungsverdoppelung. Die Konsortialbanken verfügen über Darlehensrückzahlungsforderungen, der Sicherheitentreuhänder über die Parallelschuld. Da dem Sicherheitentreuhänder die akzessorischen Sicherheiten eingeräumt worden sind, steht ihm ein Absonderungsrecht gem. § 51 Nr. 1 InsO zu. Die Konsortialbanken, denen keine akzessorischen Sicherheiten zustehen, können nur als einfache Insolvenzgläubiger am Insolvenzverfahren teilnehmen (§ 38 InsO).

Die Forderungsverdoppelung ist im Hinblick auf die Anmeldungsberechtigung im Insolvenzverfahren zu regeln. Zwar haben die Konsortialbanken im *Parallel-Debt*-Modell eigene Darlehensrückzahlungsforderungen, die von der Parallelschuld „gespiegelt" werden. Dennoch soll der Schuldner nur einmal leisten müssen, so dass eine Gesamterfüllungswirkung vereinbart wird. Die Wertungen des § 44 InsO machen für die Fälle der Gesamterfüllungswirkung deutlich, dass nur ein Gläubiger anmeldungsberechtigt sein kann und nicht beide. § 44 InsO liegt dabei der Gedanke zu Grunde, dass in erster Linie der Gläubiger der Hauptforderung anmeldungsberechtigt ist und der Gläubiger der Nebenforderung nur dann, wenn der Hauptgläubiger von seinem Anmeldungsrecht keinen Gebrauch macht. Übertragen auf das *Parallel-Debt*-Modell bedeutet dies, dass als Hauptgläubiger die Konsortialbanken vorrangig zur Forderungsanmeldung berechtigt sind. Da diese nur als einfache Insolvenzgläubiger (§ 38 InsO) einzuordnen sind, der Sicherheitentreuhänder aber Absonderungsberechtigter i.S. des § 51 Nr. 1 InsO ist, ist es empfehlenswert, im Vorfeld zu vereinbaren, dass nicht die Konsortialbanken, sondern der Sicherheitentreuhänder zur Forderungsanmeldung berechtigt ist. Dieser kann im Insolvenzverfahren sein Absonderungsrecht geltend machen und durch den Erlös die Konsortialbanken befriedigen.

Das wohl gewichtigste Problem im Zusammenhang mit dem *Parallel-Debt*-Modell ist die mögliche Einordnung des Sicherheitentreuhänders als atypischer Pfandgläubiger. Unter dem bis zum 31.10.2008 geltenden Eigenkapitalersatzrecht hatte der BGH befunden, dass ein Pfandgläubiger, dem gesellschafterähnliche Einflussnahmemöglichkeiten eingeräumt werden, in der Insolvenz der Schuldnergesellschaft wie ein Gesellschafter zu behandeln ist. Dies brachte nach Ansicht des BGH den Verlust des Absonderungsrechts sowie den insolvenzrechtlichen Nachrang der Rückzahlungsforderungen mit sich. Der BGH begründete seine Entscheidung damit, dass der atypische Pfandgläubiger – im Gegensatz zum typischen Pfandgläubiger – über erhebliche Einflussnahmemöglichkeiten in der Gesellschaft verfüge (z.B. durch die Möglichkeit, die Geschäftsführung der Schuldnergesellschaft auszutauschen) und ihn daher die einem Gesellschafter zukommende Finanzierungsfolgenverantwortung treffe. Da die Entscheidung aber noch zu dem überkommenen Eigenkapitalersatzrecht ergangen war, stellt sich die Frage, ob der BGH nach der umfangreichen Reformierung des Rechts der Gesellschafterdarlehen durch das MoMiG 2008 seine Grundsätze zum atypischen Pfandgläubiger aufrecht erhalten wird. Die Beantwortung der Frage hängt im Wesentlichen davon ab, ob der Normzweck von Eigenkapitalersatzrecht und reformiertem Recht gleich geblieben ist. Die Rechtsprechung rechtfertigte das gesamte Eigenkapitalersatzrecht unter dem Stichwort „Finanzierungsfolgenverantwortung“ mit einer einheitlichen dogmatischen Grundlage. Den Hintergrund der Finanzierungsfolgenverantwortung ließ der BGH jedoch offen und stellte oftmals nur auf ihre Einzelausprägungen ab. Nach hier vertretener Ansicht war das Eigenkapitalersatzrecht indes dogmatisch zweigeteilt. Die Rechtsprechungsregeln bauten auf den Kapitalerhaltungspflichten aus §§ 30, 31 GmbHG a.F. auf. Die Finanzierungsfolgenverantwortung des Gesellschafters diente damit dem Gläubigerschutz durch Kapitalerhaltung. Die Rechtsprechungsregeln waren somit gesellschaftsrechtlicher Natur. Die Novellenregeln waren hingegen insolvenzrechtlicher Natur und verfolgten damit auch einen anderen Zweck. Die Novellenregeln dienten einerseits der Zusammenführung von wirtschaftlichen Risiken und Chancen beim Gesellschafter (Subordination nach § 32a Abs. 1 GmbHG a.F.), andererseits der Beseitigung sozial inadäquater Vermögensverschiebungen zu Lasten außenstehender Gläubiger (§§ 32a GmbHG a.F., 135 InsO a.F.). Der den Novellenregeln innewohnende Zweck wird nach dem MoMiG aufrecht erhalten und ist heute in § 39 Abs. 1 Nr. 5 InsO (Symmetrie von Risiken und Chancen) sowie § 135 InsO (Rückgängigmachen von sozial inadäquaten Vermögensverschiebungen) berücksichtigt.

Mit dem MoMiG sind die Rechtsprechungsregeln ausdrücklich aufgehoben worden, vgl. § 30 Abs. 1 S. 3 GmbHG. Damit ist auch das dogmatische Fundament der Rechtsprechungsregeln – die Finanzierungsfolgenverantwortung – obsolet geworden. Das Recht nach dem MoMiG basiert nur noch auf den von den Novellenregeln verfolgten Zwecken. Da der BGH die Pfandgläubiger-Entscheidung mit der Finanzierungsfolgenverantwortung des atypischen Pfandgläubigers begründete, könnte man daher vertreten, dass die Pfandgläubiger-Entscheidung mit dem neuen Recht unvereinbar sei. Dem ist nach hier vertretener Auffassung indes nicht zuzustimmen. Der BGH hatte in der Pfandgläubiger-Entscheidung m. E. fälschlicherweise die Finanzierungsfolgenverantwortung als dogmatische Grundlage herangezogen. Wie erwähnt, unterschied der BGH in seiner Rechtsprechung nicht zwischen den verschiedenen Normzwecken, sondern ordnete sie einheitlich dem Konzept der Finanzierungsfolgenverantwortung zu. Nach den hiesigen Ausführungen ist aber zwischen den gesellschaftsrechtlichen Rechtsprechungsregeln und den insolvenzrechtlichen Novellenregeln zu differenzieren. In der Pfandgläubiger-Entscheidung waren nicht die den Rechtsprechungsregeln zugrundeliegenden Kapitalerhaltungspflichten entscheidend, sondern die konkursrechtlichen Wertungen aus §§ 32a KO, 32a GmbHG a.F. Da diese mit in das neue Recht übernommen worden sind, ist die Pfandgläubiger-Entscheidung auch mit der Rechtslage nach dem MoMiG dogmatisch vereinbar. Bei der Anwendung der §§ 39 Abs. 1 Nr. 5, 135 InsO auf den atypischen Pfandgläubiger ist allerdings der Normzweck der jeweils einschlägigen Regeln zu beachten. Es wurde hier herausgearbeitet, dass wegen des unterschiedlichen Normzwecks von § 39 Abs. 1 Nr. 5 InsO und § 135 InsO nur letztere Norm auf den atypischen Pfandgläubiger Anwendung finden kann. Da der Pfandgläubiger bei der Befriedigung seiner Forderungen in der Höhe immer auf den Nominalbetrag seiner Forderungen beschränkt ist und an einem eventuell höheren Gewinn nicht partizipiert, kann der von § 39 Abs. 1 Nr. 5 InsO verfolgte Zweck (die Anpassung von Risiken und Chancen beim Gesellschafter) nicht auf den atypischen Pfandgläubiger übertragen werden. Eine Subordination seiner Forderungen ggü. denjenigen der anderen Gläubiger wäre mangels Gewinnbeteiligung nicht gerechtfertigt. Eine Ausnahme gilt nur, wenn der Pfandgläubiger ausnahmsweise über sog. „*Equity-Kicker*" am Unternehmenserfolg partizipieren kann. § 135 InsO ist wiederum uneingeschränkt auf den Pfandgläubiger anwendbar, wenn diesem Einflussnahmemöglichkeiten eingeräumt werden, die eine aktive unternehmerische Beteiligung in dem Schuldnerunternehmen ermöglichen. Eine aktive unternehmerische Beteiligung ist gegeben, wenn der Kreditgeber nicht nur passiv auf eine Entscheidungsfindung durch andere im Schuldnerunternehmen vertraut, sondern in die Entscheidungsfindung im Schuldnerunternehmen eingreift. Dazu gehören vor allem die Überwachung von und die Weisungsbefugnis ggü. den Geschäftsführern sowie der Austausch der Geschäftsführung. Die Übertragung von kapitalbezogenen Rechten führt nicht zur Einordnung als atypischer Pfandgläubiger. Infolge einer erfolgreichen Anfechtung verlöre der Sicherheitentreuhänder sein Absonderungsrecht und müsste als einfacher Insolvenzgläubiger (§ 38 InsO) am Insolvenzverfahren teilnehmen. Der an die Konsortialbanken ausgekehrte Erlös wäre deutlich geringer als wenn der Sicherheitentreuhänder weiterhin zur Absonderung berechtigt bliebe.

Neben § 135 InsO waren auch weitere Anfechtungstatbestände zu prüfen. Tatbestandlich unmöglich sind die §§ 131, 134 InsO. §§ 130, 132, 133 InsO hingegen kommen auch für den Sicherheitentreuhänder als Anfechtungstatbestände in Betracht. §§ 130, 132, 133 InsO haben allesamt subjektive Merkmale (z. B. Kenntnis der Zahlungsunfähigkeit) zur Voraussetzung. Diese subjektiven Tatbestandsvoraussetzungen beim Anfechtungsgegner festzustellen, ist eine Frage des Einzelfalls. Für den Sicherheitentreuhänder ist allerdings zu beachten, dass er als Bank nicht nur regelmäßig die Möglichkeit hat, einen besonderen Einblick in die finanzielle Lage des Schuldners zu erlangen, sondern mitunter auch verpflichtet sein kann, sich über die finanzielle Lage des Kreditnehmers zu informieren (vgl. § 18 KWG). Die Möglichkeiten, von der Zahlungsunfähigkeit des Schuldners Kenntnis zu erlangen, sind daher bei einer Bank – insbesondere einer Hausbank – sehr groß. Zudem ist i.R.v. §§ 130 Abs. 2, 132 Abs. 3 InsO bloß grob fahrlässige Unkenntnis der Zahlungsunfähigkeit schädlich. Die grobe Fahrlässigkeit kann im Hinblick auf die bankspezifischen Bonitätsprüfungspflichten (§ 18 KWG) leicht festgestellt werden.

Zuletzt war noch zu klären, ob für die Sicherheitenbestellung ggü. dem Sicherheitentreuhänder das Bargeschäftsprivileg (§ 142 InsO) greifen kann. Dies ist immer dann problematisch, wenn der Sicherheitentreuhänder als atypischer Pfandgläubiger einzuordnen ist und damit in den Anwendungsbereich von § 135 InsO fällt. Für die Anfechtung nach § 135 InsO ist umstritten, ob das Bargeschäftsprivileg greift. Nach hier vertretener Ansicht geben sowohl die Gesetzgebungsgeschichte als auch Wortlaut und Systematik des § 142 InsO keinen Anlass für eine teleologische Reduktion der Norm. Dementsprechend ist m. E. § 142 InsO uneingeschränkt auf Gesellschafterdarlehen anwendbar. Um in den Anwendungsbereich des § 142 InsO zu fallen, muss aber mit der Leistung des Schuldners (der Sicherheitenbestellung) unmittelbar eine gleichwertige Gegenleistung erbracht werden. Die unmittelbare Gegenleistung liegt bei der Sicherheitenbestellung i.d.R. in der zeitgleichen Auszahlung der Darlehensvaluta. Sollten die Darlehensmittel aber erst später nach der Sicherheitenbestellung abgerufen werden, so kann das Unmittelbarkeitserfordernis nicht mehr eingehalten werden. Abhilfe schafft die Sicherheitenbestellung unter der aufschiebenden Bedingung der Darlehensauszahlung. Damit wird aber auch die Entstehung der Sicherheit zeitlich verzögert, was im Hinblick auf den für die Kreditsicherheiten geltenden Prioritätsgrundsatz problematisch ist.

II. *Joint-Creditor*-Modell

Die insolvenzrechtlichen Folgen, die beim *Parallel-Debt*-Modell auftreten, sind auch beim *Joint-Creditor*-Modell zu verzeichnen. Dies liegt vor allem an der den beiden Modellen zugrunde liegenden Struktur: Sowohl *Parallel-Debt*-Modell als auch *Joint-Creditor*-Modell bedienen sich eines Sicherheitentreuhänders, der anstelle der Konsortialbanken die akzessorischen Sicherheiten hält und verwaltet. Hier wie da ist der Sicherheitentreuhänder i.d.R. auch der Konsortialführer und übernimmt damit nicht nur die Verwaltung der Kreditsicherheiten, sondern auch die des syndizierten Kredites. Der Unterschied zwischen den beiden Modellen besteht nur darin, dass sich beide unterschiedlicher Techniken bedienen, um den Sicherheitentreuhänder mit der für die akzessorischen Sicherheiten notwendigen Forderung auszustatten. Während man sich im *Parallel-Debt*-Modell mit dem abstrakten Schuldversprechen behilft, macht sich das *Joint-Creditor*-Modell die Gesamtgläubigerschaft zunutze[1112]. Der Sicherheitentreuhänder wird Gesamtgläubiger einer jeden Konsortialbank und damit Inhaber der jeweiligen Darlehensrückzahlungsforderung, die dann wiederum als Grundlage für die akzessorischen Sicherheiten genutzt werden kann. Der Struktur der Gesamtgläubigerschaft entsprechend, führt dieses Modell ebenfalls zu einer Verdoppelung der Forderungen, obwohl der Schuldner i.E. nur einmal leisten muss. Das *Joint-Creditor*-Modell stellt damit einen Fall der Gesamterfüllungswirkung dar und ist daher wie das *Parallel-Debt*-Modell auch unter dem Licht des § 44 InsO zu betrachten[1113]. Um sich das dem Sicherheitentreuhänder zustehende Absonderungsrecht zunutze machen zu können, ist es daher empfehlenswert, vorher vertraglich zu vereinbaren, dass die Konsortialbanken ihre Forderungen in der Insolvenz des Schuldners nicht anmelden, so dass der Sicherheitentreuhänder sein Absonderungsrecht im Insolvenzverfahren geltend machen kann.

Die Gefahr, dass der Sicherheitentreuhänder als atypischer Pfandgläubiger eingeordnet wird, besteht beim *Joint-Creditor*-Modell ebenso wie beim *Parallel-Debt*-Modell. Bzgl. der hiermit verbundenen Problematik wird auf die Ausführungen i.R. des *Parallel-Debt*-Modells verwiesen[1114].

Die Kreditsicherheiten sind nicht nur der Anfechtungsmöglichkeit nach § 135 InsO ausgesetzt, sondern darüber hinaus auch den Anfechtungstatbestände gem. §§ 130, 132, 133 InsO. In Bezug auf diese Anfechtungstatbestände sind die

1112 Vgl. dazu oben im 2. Teil, unter A. III. 1. (Struktur des Modells).
1113 Vgl. dazu oben unter B. I. 2. (Verdoppelung der Forderung).
1114 Vgl. dazu oben unter B. I. 4 (Der Sicherheitentreuhänder als atypischer Pfandgläubiger).

obigen Ausführungen zum *Parallel-Debt*-Modell ebenfalls übertragbar[1115]. Gewissen Schutz kann der Sicherheitentreuhänder über die Geltung des Bargeschäftsprivilegs erlangen. Dieses findet nach hier vertretener Auffassung nicht nur auf §§ 130, 132 InsO Anwendung, sondern auch auf Gesellschafterdarlehen bzw. Darlehen von atypischen Pfandgläubigern i.S. des § 135 InsO[1116].

Damit lässt sich i.E. festhalten, dass im ersten Insolvenzszenario keine insolvenzrechtlichen Unterschiede zwischen dem *Parallel-Debt*-Modell und dem *Joint-Creditor*-Modell bestehen. Die schon für bürgerlich-rechtliche Fragen festgestellte Gleichwertigkeit von *Parallel-Debt*-Modell und *Joint-Creditor*-Modell[1117] setzt sich damit im Insolvenzrecht fort.

III. *Future-Pledgee*-Modell

Das *Future-Pledgee*-Modell ist aus insolvenzrechtlicher Sicht am Unproblematischsten. I.R. des *Future-Pledgee*-Modells übernimmt der Sicherheitentreuhänder keine eigenen Kreditsicherheiten, sondern agiert nur als Stellvertreter für die später neu hinzutretenden Konsortialbanken[1118]. Im *Future-Pledgee*-Modell werden die Kreditsicherheiten den Konsortialbanken bestellt, so dass bei diesen die Rückzahlungsforderung und Kreditsicherheit vereint sind. Dies stellt den Regelfall in der Kreditwirtschaft dar, so dass insofern keine insolvenzrechtlichen Besonderheiten festzustellen sind. Demgemäß kommen auch i.R. des *Future-Pledgee*-Modells die Anfechtungstatbestände der §§ 130, 132, 133 InsO in Betracht und können unter den o.g. Voraussetzungen[1119] zu einem Verlust der Kreditsicherheiten führen. Ist die Anfechtung erfolgreich, so tritt beim *Future-Pledgee*-Modell der Verlust der Kreditsicherheit aber nur bei der jeweiligen Konsortialbank und nicht zentral beim Sicherheitentreuhänder ein. Damit bleiben andere Konsortialbanken zunächst unbehelligt, wenn ggü. einer Konsortialbank die Insolvenzanfechtung erfolgreich ist.

Fraglich ist allerdings, ob auch die Rechtsprechung zum atypischen Pfandgläubiger beim *Future-Pledgee*-Modell eingreift. Dies mag man in der Hinsicht bezweifeln, dass beim *Future-Pledgee*-Modell Einflussnahmemöglichkeiten und Pfandgläubigerstellung auseinanderfallen. Handelt der Sicherheitentreuhänder

---

1115 Vgl. dazu oben unter B. I. 3. b) cc) (Besondere Voraussetzungen der einzelnen Anfechtungstatbestände).
1116 Vgl. dazu oben unter B. I. 3. b) dd) (Eingreifen des Bargeschäftsprivilegs gem. § 142 InsO).
1117 Vgl. dazu oben im 2. Teil, unter A. IV. (Ergebnis von Teil A des 2. Teils).
1118 Vgl. dazu oben im 2. Teil, unter B. I. 1. (Struktur des Modells).
1119 Vgl. dazu oben unter B. I. 3. b) (Anfechtungsmöglichkeiten i.R. des *Parallel-Debt*-Modells).

gleichzeitig als Konsortialführer, so wird ihm die Verwaltung des Kredites übertragen. In dieser Funktion hat er die ordnungsgemäße Aus- und Rückzahlung der Kreditmittel zu kontrollieren und das Vorliegen eventueller Kündigungsgründe zu überprüfen. Zu diesem Zweck werden ihm faktische und rechtliche Informations- und Einflussnahmemöglichkeiten eingeräumt. Beim *Future-Pledgee*-Modell ist aber nicht der Sicherheitentreuhänder der Pfandgläubiger, sondern die Konsortialbanken. Werden diesen nicht ebenfalls die Informations- und Einflussnahmemöglichkeiten eingeräumt, so kommt es beim *Future-Pledgee*-Modell zum Auseinanderfallen von Pfandgläubigerstellung und Einflussnahmemöglichkeiten. Das rein formale Auseinanderfallen von Pfandgläubigerstellung und Einflussnahmemöglichkeiten hindert aber nicht die Anwendung der Pfandgläubiger-Rechtsprechung auf die Konsortialbanken. Die Einordnung als atypischer Pfandgläubiger soll dafür sorgen, dass sozial inadäquate Vermögensverschiebungen verhindert werden[1120]. Sozial inadäquate Vermögensverschiebungen können nicht nur dann entstehen, wenn dem Pfandgläubiger unmittelbar selbst Einflussnahmemöglichkeiten eingeräumt werden, sondern auch dann, wenn er diese mittelbar über eine andere Person wahrnimmt. So hatte in der Pfandgläubiger-Entscheidung auch nicht die Bank selbst ihre Mitarbeiter in das Schuldnerunternehmen entsandt, um dort Zahlungen zu ihren Gunsten zu veranlassen, sondern sie hatte als faktisch neue Geschäftsführung eine Unternehmensberatung beim Schuldnerunternehmen installiert[1121]. Ihren Einfluss hatte die Bank über die in ihrem Interesse handelnde Unternehmensberatung geltend gemacht. Der bloß mittelbare Einfluss steht aber der Einordnung als atypischer Pfandgläubiger nicht entgegen, denn dem Normzweck entsprechend ist die Art und Weise, wie der Pfandgläubiger Einfluss auf den Schuldner nimmt, irrelevant. Der Einfluss kann sowohl rechtlicher als auch rein faktischer Natur sein, er kann durch unmittelbare Weisungen des Pfandgläubigers oder auch mittelbar durch den Einsatz einer vom Pfandgläubiger gesteuerten Mittelsperson erreicht werden. Auch der Sicherheitentreuhänder i.R. des *Future-Pledgee*-Modells wird von den Konsortialbanken letztendlich als Mittelsperson eingesetzt, um die Interessen des Konsortiums beim Schuldner durchzusetzen. I.d.R. ist der Sicherheitentreuhänder überhaupt nicht am Konsortialkredit beteiligt, so dass er ausschließlich im Interesse der Konsortialbanken handelt. Sind allein dem Sicherheitentreuhänder die Einflussnahmemöglichkeiten eingeräumt und macht er seinen Einfluss bei der Schuldnergesellschaft geltend, so geschieht dies im Interesse der Konsortialbanken.

1120 Vgl. oben unter B. I. 4. c) aa) (Allgemeine Regeln für die Einordnung als atypischer Pfandgläubiger).

1121 Zum Sachverhalt vgl. oben unter B. I. 4. a) (Die BGH-Entscheidung vom 13.07.1992 („Pfandgläubiger-Entscheidung“)).

Dementsprechend müssen die Konsortialbanken i.R. des *Future-Pledgee*-Modells als atypische Pfandgläubiger angesehen werden, wenn der Sicherheitentreuhänder einen gesellschafterähnlichen Einfluss in ihrem Interesse ausübt. Würde man rein formal danach unterscheiden, ob Pfandgläubigerstellung und Einflussnahme unmittelbar in einer Person vereinigt sind, so wäre Umgehungskonstellationen leicht der Weg bereitet. Stellt man aber richtigerweise auf den Normzweck von § 135 InsO ab, so kann es keinen Unterschied machen, ob die Konsortialbanken selbst den Einfluss bei der Schuldnergesellschaft geltend machen oder ob ein Dritter für sie den Einfluss ausübt. Durch diese Normzweckbetrachtung kommt es auch nicht zu Rechtsunsicherheiten. Die oben aufgestellten allgemeinen Kriterien für die Einordnung des atypischen Pfandgläubigers[1122] bleiben weiterhin bestehen. Sie sind in einem ersten Schritt bei der Person anzuwenden, die den Einfluss unmittelbar geltend macht (hier also der Sicherheitentreuhänder). Erfüllt diese Person die Kriterien für den atypischen Pfandgläubiger, ist in einem zweiten Schritt zu prüfen, ob dieser Einfluss einem Pfandgläubiger zugerechnet werden kann. Dies kann auch eine außenstehende Person sein, in dessen Interesse die Person mit unmittelbaren Einfluss handelt.

Im *Future-Pledgee*-Modell sind die Konsortialbanken selbst die Anfechtungsgegner. Denn im Gegensatz zum *Parallel-Debt*-Modell[1123] und *Joint-Creditor*-Modell[1124] hat der Sicherheitentreuhänder nichts aus dem Schuldnervermögen erlangt. Die Kreditsicherheiten haben beim *Future-Pledgee*-Modell die Konsortialbanken selbst erlangt und halten sie auch im eigenen Interesse. Daher sind sie in allen Fällen der Anfechtungsgegner.

Damit gelten für das *Future-Pledgee*-Modell keine außergewöhnlichen Besonderheiten. Die Konsortialbanken sind Pfandgläubiger und Darlehensgeber zugleich und nehmen insofern als Absonderungsberechtigte (§ 51 Nr. 1 InsO) am Insolvenzverfahren des Schuldners teil. Sie sind aber ebenso auch der Insolvenzanfechtung gem. §§ 130, 132, 133, 135 InsO ausgesetzt und können darüber ihre Absonderungsrechte wieder verlieren. Dem Sicherheitentreuhänder kommt nur als einflussvermittelnde Zwischenperson Bedeutung zu.

1122 Vgl. oben unter B. I. 4. c) aa) (Allgemeine Regeln für die Einordnung als atypischer Pfandgläubiger).

1123 Vgl. dazu oben unter B. I. 3. b) aa) (Ermittlung des richtigen Anfechtungsgegners).

1124 Vgl. dazu oben unter B. II. (*Joint-Creditor*-Modell).

IV. Ergebnis für Szenario 1

Die Insolvenz des Kreditnehmers führt bei einem syndizierten Kredit zu erheblichen Gefahren für den Bestand der Kreditsicherheiten. Die Gefahren gehen namentlich von dem dem Insolvenzverwalter zustehenden Anfechtungsrecht aus. Der Anfechtungsgegner ist dabei je nach Modell unterschiedlich. Während beim *Parallel-Debt*-Modell und *Joint-Creditor*-Modell dem Sicherheitentreuhänder die Kreditsicherheiten bestellt werden und er somit Anfechtungsgegner ist, sind beim *Future-Pledgee*-Modell die Konsortialbanken selbst Inhaber der Kreditsicherheiten und damit Anfechtungsgegner. Bei einer erfolgreichen Anfechtung müssen der Sicherheitentreuhänder bzw. die Konsortialbanken die ihnen bestellten Kreditsicherheiten zur Insolvenzmasse zurück gewähren, so dass damit verbundene Absonderungsrechte erlöschen und die bisher gesicherten Forderungen nur noch als einfache Insolvenzforderungen (§ 38 InsO) am Insolvenzverfahren teilnehmen können.

Der wohl relevanteste Anfechtungstatbestand dürfte § 135 Abs. 1 Nr. 1 InsO sein. In analoger Anwendung erfasst dieser auch diejenigen Kreditsicherheiten, die einem atypischen Pfandgläubiger bestellt worden sind. Als atypischer Pfandgläubiger kommen im *Parallel-Debt*-Modell und *Joint-Creditor*-Modell der Sicherheitentreuhänder, im *Future-Pledgee*-Modell die Konsortialbanken in Betracht. Daher ist in der Kautelarpraxis besonders darauf zu achten, dass die Einflussnahmemöglichkeiten des jeweiligen Pfandgläubigers nicht so weit gehen, dass dieser als atypisch einzuordnen ist. Um eine solche Einordnung zu vermeiden, wurden Kriterien entwickelt[1125], mit deren Hilfe sich die Einordnung als atypischer Pfandgläubiger zumindest eingrenzen lässt. Ein Problem stellt die Anwendung des Bargeschäftsprivilegs gem. § 142 InsO dar. Das Bargeschäftsprivileg kann nur dann auf die Bestellung der Kreditsicherheiten Anwendung finden, wenn zeitgleich die Darlehensauszahlung erfolgt. Werden die Darlehensmittel erst später abgerufen, das Pfandrecht aber mit sofortiger Wirkung bestellt (§ 1204 Abs. 2 BGB), so kann das Unmittelbarkeitserfordernis nicht eingehalten werden.

1125 Vgl. dazu oben unter B. I. 4. c) aa) (Allgemeine Regeln für die Einordnung als atypischer Pfandgläubiger).

C. Szenario 2: Insolvenz des Sicherheitentreuhänders

Das zweite Szenario widmet sich der Insolvenz des Sicherheitentreuhänders. Die Insolvenz des Sicherheitentreuhänders ist für die Konsortialbanken von ähnlich wichtiger Bedeutung wie die des Kreditnehmers/Sicherungsgebers. Denn der Sicherheitentreuhänder hält i.R. des *Parallel-Debt*-Modells und des *Joint-Creditor*-Modells die akzessorischen Sicherheiten treuhänderisch für die Konsortialbanken. Sollte über sein Vermögen das Insolvenzverfahren eröffnet werden, so stellt sich die Frage, wem die akzessorischen Kreditsicherheiten insolvenzrechtlich zuzuordnen sind. Dieses Problem ist indes nur für das *Parallel-Debt*-Modell und das *Joint-Creditor*-Modell von Relevanz, denn beim *Future-Pledgee*-Modell hält der Sicherheitentreuhänder keine Sicherheiten. Dementsprechend hat die Insolvenz des Sicherheitentreuhänders i.R. des *Future-Pledgee*-Modells keine Bedeutung für den Bestand der Kreditsicherheiten. Das *Future-Pledgee*-Modell wird daher in der folgenden Betrachtung nicht berücksichtigt.

I. *Parallel-Debt*-Modell

Im *Parallel-Debt*-Modell werden die akzessorischen Kreditsicherheiten von einem Sicherheitentreuhänder zentral gehalten. Sollte über das Vermögen des Sicherheitentreuhänders das Insolvenzverfahren eröffnet werden, sehen sich die Konsortialbanken der Gefahr ausgesetzt, dass die Kreditsicherheiten in die Insolvenzmasse fallen und damit ihrer Verwendung entzogen sind. Sie stünden damit ggü. dem Kreditnehmer ohne (akzessorische) Sicherheiten dar.

1. Bestehen eines Aussonderungsrechts für die Konsortialbanken

Die Zugehörigkeit von Gegenständen zu fremden Vermögen wird im Insolvenzrecht über die Aussonderung berücksichtigt. Wem ein Aussonderungsrecht i.S. des § 47 InsO zusteht, dessen Gegenstände werden nicht zur Insolvenzmasse gezählt. Diese Gegenstände unterliegen nicht der insolvenzrechtlichen Haftungsordnung, sondern den Grundsätzen der Einzelvollstreckung, § 47 S. 2 InsO. Stünde den Konsortialbanken ein Aussonderungsrecht bzgl. des Pfandrechts zu, müssten sie nicht den Verlust desselben bei der Insolvenz des Sicherheitentreuhänders fürchten. Ein Aussonderungsrecht kann für die Konsortialbanken entstehen, wenn diese als Treugeber bzgl. der akzessorischen Kreditsicherheiten anzusehen wären.

Denn dem Treugeber steht nach allgemeiner Meinung ein Aussonderungsrecht gem. § 47 InsO an dem Treugut zu[1126]. Das Aussonderungsrecht des Treugebers leitet sich aus der dem § 47 InsO eigenen Weise der Vermögenszuordnung ab. Die Vermögenszuordnung nach § 47 InsO vollzieht sich nicht nur nach dinglichen (§ 47 S. 1 Alt. 1 InsO), sondern auch nach schuldrechtlichen Gesichtspunkten (§ 47 S. 1 Alt. 2 InsO). Der BGH bezeichnet diese Vermögenszuordnung zuweilen als „wirtschaftliche Betrachtungsweise" bzw. das Treugut als „wirtschaftliches Eigentum" des Treugebers[1127]. Durch die „wirtschaftliche Betrachtungsweise" soll gewährleistet werden, dass die Vollstreckung nur in das tatsächliche Vermögen des Schuldners stattfindet[1128]. Über die Aussonderung werden Gegenstände, die nicht zum substantiellen Vermögen des Schuldners gehören, aus der Insolvenzmasse ausgeschieden[1129]. Durch diese sog. „Bereinigung der Ist-Masse zur Soll-Masse" wird das dem Insolvenzverfahren zur Verfügung stehende Haftungsvermögen identifiziert[1130]. Nach dieser Bereinigung bezieht sich die insolvenzrechtliche Haftungsordnung nur auf das Vermögen, das nach tatsächlichen Gesichtspunkten dem Schuldner zuzuordnen ist.

Der rein fremdnützige Treuhänder hält das Treugut ausschließlich im Interesse des Treugebers. Der Treuhänder ist zwar formaljuristisch der Inhaber des dinglichen Rechts, über schuldrechtliche Absprachen ist er aber an die Interessen des Treugebers gebunden, d. h. der Treuhänder kann seine formaljuristische Position nicht so ausüben, wie es gesetzlich vorgesehen ist. Dementsprechend wird vom BGH auch nicht der Treuhänder als „wirtschaftlicher" oder „materieller" Eigentümer i.S. des § 47 S. 1 InsO angesehen, sondern der Treugeber. Der Treuhänder ist hingegen nur „formeller" Eigentümer[1131]. Dementsprechend ist aus insolvenzrechtlicher Sicht das Treugut dem Treugeber zuzurechnen. Anders verhält es sich, wenn der Treuhänder das Treugut auch zu eigenen Zwecken nutzt. In diesem Fall ist das Treugut vollständig dem Vermögen des Treuhänders zuzurechnen[1132]. Es besteht dann kein Aussonderungsrecht für den Treugeber.

1126 Für den BGH war diese Erkenntnis schon Ende der 1950er Jahre Gewohnheitsrecht, vgl. BGH, Urt. v. 07.04.1959, VIII ZR 219/57, NJW 1959, S. 1223, unter II. der Gründe.

1127 Z. B. BGH, Urt. v. 05.11.1953, IV ZR 95/53, BGHZ 11, S. 37, unter 2. a) und 2. c) der Gründe; BGH, Urt. v. 19.11.1992, IX ZR 45/92, NJW-RR 1993, S. 301, unter II. und II. 1. der Gründe.

1128 Vgl. schon das RG, Urt. v. 10.10.1917, V 159/17, RGZ 91, S. 12 (14 f.); ihm folgend auch der BGH, Urt. v. 05.11.1953, IV ZR 95/53, NJW 1954, S. 190, unter 2. c) der Gründe.

1129 Vgl. dazu oben unter B. I. 1. a) (Die Aussonderungsberechtigten (§§ 47, 48 InsO)).

1130 *Brinkmann*, in: Uhlenbruck, InsO, § 47, Rn. 2.

1131 Vgl. BGH, Urt. v. 19.11.1992, IX ZR 45/92, NJW-RR 1993, S. 301, unter II. der Gründe; für § 771 ZPO vgl. auch schon BGH, Urt. v. 05.11.1953, IV ZR 95/53, NJW 1954, S. 190, unter 2. c) der Gründe.

1132 BGH, Urt. v. 16.12.1970, VIII ZR 36/69, NJW 1971, S. 559, unter 2. c) der Gründe.

Als Aussonderungsberechtigter braucht der Treugeber nicht am Insolvenzverfahren teilzunehmen, sondern wird nach den Grundsätzen der Einzelzwangsvollstreckung befriedigt, § 47 S. 2 InsO. Das Treugut gehört nicht zur Insolvenzmasse. Der Treugeber ist damit besser abgesichert als ein Sicherungsnehmer, dessen Sicherungsgut in die Insolvenzmasse fällt und dem „nur“ ein Absonderungsrecht zusteht[1133] (vgl. §§ 49, 50, 51 Nr. 1 InsO). Trotz dieses umfassenden Schutzes des Treugebers ist zu beachten, dass die Treugeberstellung leicht zu erreichen ist. Im Optimalfall braucht nur ein Vertrag abgeschlossen zu werden, in dem durch bestimmte Klauseln erreicht wird, dass der Treuhänder einen Gegenstand im Interesse des Treuhänders hält. Dadurch können Treuhänder und Treugeber ohne Weiteres die Insolvenzmasse zu Lasten der Insolvenzgläubiger schmälern. Die Gefahr einer missbräuchlichen Verwendung der Treuhand liegt auf der Hand. Die Rechtsprechung hat sich daher seit jeher bemüht, die Entstehung des Aussonderungsrechts des Treugebers unter zusätzliche Voraussetzungen zu stellen, durch die die Herstellung eines Treuhandverhältnisses erschwert wird. Die Entwicklung dieser Rechtsprechung wird im Folgenden nachgezeichnet und schließlich auf das *Parallel-Debt*-Modell übertragen, um zu überprüfen, ob den Konsortialbanken ein Aussonderungsrecht bzgl. der dem Sicherheitentreuhänder bestellten akzessorischen Kreditsicherheiten zusteht.

a) Die Rechtsprechung zum Aussonderungsrecht des Treugebers

Das RG beschränkte das Aussonderungsrecht auf solche Treugeber, die dem Treuhänder einen Gegenstand unmittelbar übereignet haben[1134]. Nach Ansicht des RG konnte nur diejenige Treuhand ein Aussonderungsrecht begründen, bei der ein Gegenstand unmittelbar vom Treugeber an den Treuhänder übereignet wurde:

> „Von einem solchen [einem Treuhandverhältnis, Anm. d. Verf.] kann man schon nach allgemeinen Verkehrsbegriffen, jedenfalls aber im Rechtssinne, nur dann sprechen, wenn der eine (Treugeber) aus seinem Vermögen dem anderen (Treuhänder) einen Gegenstand zu treuen Händen anvertraut, d. h. übereignet, und zwar derart, daß der andere das übertragene Recht im eigenen Namen ausüben, aber zu seinem Vorteil gebrauchen soll. Das Treugut scheidet hierbei rechtlich, wenn auch nicht wirtschaftlich aus dem Vermögen des Treugebers aus.“[1135]

1133 Vgl. dazu oben unter B. I. 1. b) (Die Absonderungsberechtigten (§§ 49 – 52 InsO)).

1134 Grundlegend RG, Urt. v. 19.02.1914, VII 448/13, RGZ 84, S. 214 (217 f.); danach auch RG, Urt. v. 10.10.1917, V 159/17, RGZ 91, S. 12 (16).

1135 RG, Urt. v. 19.02.1914, VII 448/13, RGZ 84, S. 214 (217 f.).

Stand dem Treuhänder der Gegenstand von Anfang an zu und stimmte dieser nur einer schuldrechtlichen Zweckbindung zu (sog. „Vereinbarungstreuhand“)[1136] oder wurde das dingliche Recht von einem Dritten auf den Treuhänder übertragen (sog. „Erwerbstreuhand“)[1137], wurde die Treuhand nicht als „Treuhand im Rechtssinne“ anerkannt, denn in diesen Fällen fehle es an dem Merkmal des „Anvertrauens zu treuen Händen“:

> „Der Begriff des Treuhänderverhältnisses würde aber völlig ins Unbestimmte zerfließen, wenn man dabei vom Erfordernisse des ‚Anvertrauens zu treuen Händen‘ ganz absehen und ein solches Verhältnis überall schon da als vorhanden ansehen wollte, wo jemand im Auftrag eines anderen für dessen Rechnung, aber im eigenen Namen handelt.“[1138]

Das RG begründete damit das sog. „Unmittelbarkeitsprinzip“, das als Voraussetzung für das Aussonderungsrecht des Treugebers die Übereignung des Treuguts vom Treugeber auf den Treuhänder erforderte. Vom RG anerkannt wurde nur die sog. „Übertragungstreuhand“, bei der der Treuhänder das Treugut unmittelbar vom Treugeber erwirbt. Das Unmittelbarkeitserfordernis leitete das RG vordergründig aus dem Begriff des „Anvertrauens zu treuen Händen“ ab und erweckte somit den Eindruck, dass die Unmittelbarkeit begriffsnotwendiges Merkmal der Treuhand sei.

Der BGH übernahm grundsätzlich das vom RG entwickelte Unmittelbarkeitsprinzip[1139], ließ aber gleichzeitig Ausnahmen zu. So gestand er dem Treugeber ein Aussonderungsrecht in den Fällen zu, in denen Zahlungen zwar von einem Dritten an den Treuhänder geleistet wurden, diese aber auf einem sog. „Anderkonto“[1140] verbucht wurden[1141] oder die Zahlungen auf Forderungen erfolgten, die

1136 RG, ebenda.

1137 RG, Urt. v. 10. 10. 1917, V 159/17, RGZ 91, S. 12 (16): Durch eine solche Übereignung von Seiten Dritter (...) konnte ein Treuhandverhältnis zwischen der Gesellschaft und den nunmehrigen Gesellschaftern nicht begründet werden.“

1138 RG, Urt. v. 19. 02. 1914, VII 448/13, RGZ 84, S. 214 (217 f.).

1139 Indirekt schon in BGH, Urt. v. 05. 11. 1953, IV ZR 95/53, BGHZ 11, S. 37, unter 2. b) der Gründe, ausdrücklich dann in BGH, Urt. v. 07. 04. 1959, VIII ZR 219/57, NJW 1959, S. 1223, unter II. der Gründe.

1140 Ein Anderkonto ist eine spezielle Form des Treuhandkontos. Der Kontoinhaber führt das Konto also treuhänderisch für den Treugeber. Das Besondere des Anderkontos ist aber, dass es nur bestimmten Berufsständen vorbehalten ist (z. B. Steuerberatern, Rechtsanwälten und Notaren) und schon begrifflich allein der Verwaltung fremder Gelder dient, vgl. dazu § 1 Abs. 1 S. 2 der Sonderbedingungen für Anderkonten und Anderdepots von Rechtsanwälten und Gesellschaften von Rechtsanwälten (abgedruckt z. B. in: Baumbach/Hopt, HGB, 2. Teil. Handelsrechtliche Nebengesetze, unter Ziffer (9) a)). Damit wird bei einem Anderkonto der Treuhandcharakter *qua* Rechtsform offenkundig.

1141 BGH, Urt. v. 05. 11. 1953, IV ZR 95/53, BGHZ 11, S. 37, unter 2. b) der Gründe.

nur in der Person des Treugebers entstehen konnten[1142]. In beiden Fällen ging der BGH davon aus, dass die Zahlungen offenkundig dem Vermögen des Treugebers zuzuordnen waren[1143] und deshalb keine unmittelbare Verfügung von dem Treugeber auf den Treuhänder notwendig war. In der Literatur wird diese Rechtsprechung als „Offenkundigkeitsprinzip" bezeichnet[1144]. Das Offenkundigkeitsprinzip hat der BGH immer nur dann herangezogen, wenn das Unmittelbarkeitsprinzip nicht erfüllt war. Nach eigener Aussage des BGH stellt das Offenkundigkeitsprinzip keine allgemeine Voraussetzung für die Annahme einer Treuhand „im Rechtssinne" dar[1145]. Das Offenkundigkeitsprinzip ist damit eine Ausnahme-Rechtsprechung zum grundsätzlich weitergeltenden Unmittelbarkeitsprinzip.

Schließlich erweiterte der BGH die Rechtsprechung zum Aussonderungsrecht des Treugebers um eine weitere Voraussetzung. Neben der Unmittelbarkeitsvoraussetzung soll das Aussonderungsrecht für den Treugeber nur dann entstehen, wenn der auszusondernde Gegenstand zumindest bestimmbar ist[1146]. Für die Praxis bedeutet das, dass das Treugut vom Eigengut des Treuhänders getrennt gehalten werden muss. Es muss nach außen deutlich werden, dass eine Vermögenstrennung zwischen den Gegenständen des Treuhänders und Treugebers besteht. Sobald vertretbare Gegenstände aus den beiden Vermögen miteinander vermischt werden (z. B. Zahlungen zugunsten des Treuhänders auf dem Treuhandkonto), erlischt das Aussonderungsrecht[1147]. Unschädlich ist es allerdings, wenn der Treuhänder das Treugut mehrerer Treugeber miteinander vermischt[1148]. Diese objektive Vermögenstrennung wird darüber hinaus um ein subjektives Merkmal ergänzt. So hat der BGH entschieden, dass der Treuhänder auch in dem Willen handeln muss, das Treugut ausschließlich für den Treugeber zu halten[1149]. Verwendet er das Treugut für eigene Zwecke, so erlischt ebenfalls das Aussonderungsrecht des Treugebers. Dementsprechend kommt ein Aussonderungsrecht des Treugebers nur bei der ausschließlich fremdnützigen Treuhand in Frage.

1142 BGH, Urt. v. 07.04.1959, VIII ZR 219/57, NJW 1959, S. 1223, unter II. der Gründe.

1143 So i.Ü. auch der BFH, Urt. v. 12.08.1964, II 125/62 U, unter II. 3. der Gründe.

1144 Vgl. *Ganter*, in: MünchKomm, InsO, § 47, Rn. 357b.

1145 BGH, Urt. v. 01.07.1993, IX ZR 251/92, NJW 1993, S. 2622, unter II. 1. der Gründe.

1146 Grundlegend BGH, Urt. v. 24.06.2003, IX ZR 120/02, NJW-RR 2003, S. 1375, unter I. 2. a) der Gründe; zuletzt BGH, Beschl. v. 10.10.2013, IX ZR 67/12, ZIP 2013, S. 2421.

1147 BGH, Urt. v. 20.12.2007, IX ZR 132/06, NJW 2008, S. 1152.

1148 BGH, Urt. v. 24.06.2003, IX ZR 120/02, NJW-RR 2003, S. 1375, unter I. 2. a) der Gründe.

1149 So schon BGH, Urt. v. 07.04.1959, VIII ZR 219/57, NJW 1959, S. 1223, unter II. der Gründe; darüber hinaus auch BGH, Urt. v. 10.02.2011, IX ZR 49/10, BGHZ 188, S. 317, unter III. 1. b) aa) (1) und (2) der Gründe.

Nach alldem lässt sich feststellen, dass der BGH bei der Beurteilung des Aussonderungsrechts des Treugebers auf zwei Kriterien abstellt: das Unmittelbarkeitsprinzip und das Bestimmtheitsprinzip. Das Offenkundigkeitsprinzip ist nur für Ausnahmen von der Unmittelbarkeit relevant und ist keine generelle Voraussetzung für die Treuhand. In jüngster Zeit hat der BGH indes Zweifel daran geäußert, ob das Unmittelbarkeitsprinzip tatsächlich eine notwendige Voraussetzung für die Beurteilung von Treuhandverhältnissen ist[1150]. Stattdessen hat er in dem betroffenen Fall allein darauf abgestellt, wann die für das Treuhandverhältnis charakteristische schuldrechtliche Bindung des Treuhänders vereinbart wird. Wird dem Treuhänder ein Gegenstand von Anfang an mit schuldrechtlichen Einschränkungen übertragen, so sieht der BGH die Voraussetzungen für einen Aussonderungsanspruch des Treugebers grundsätzlich für gegeben an. Das gelte selbst dann, wenn das Treugut dem Treuhänder von einem Dritten übertragen worden ist (Erwerbstreuhand)[1151]. Ist aber der Treuhänder von Anfang an Inhaber des dinglichen Rechts und werden seine dinglichen Befugnisse nur nachträglich durch die Treuhandabrede eingeschränkt (Vereinbarungstreuhand), so kann nach Ansicht des BGH für den Treugeber kein Aussonderungsrecht mehr entstehen[1152]. Dadurch, dass der BGH in dieser Entscheidung ausdrücklich feststellte, dass es irrelevant sei, ob das Treugut von einem Dritten oder dem Treugeber selbst auf den Treuhänder übertragen wurde, liegt der Schluss nahe, dass es ihm nicht mehr auf das Unmittelbarkeitsprinzip ankommt[1153]. Ausdrücklich aufgegeben hat er es indes nicht, für die Fälle der Zahlung auf Konten des Treuhänders hat er es in jüngerer Zeit bekräftigt[1154]. Ob der BGH i.R. der Erwerbstreuhand dem Treugeber ein Aussonderungsrecht zugesteht, bleibt damit unsicher.

b) Anwendung der Rechtsprechung auf das *Parallel-Debt*-Modell

Die Entwicklung der Rechtsprechung zeigt, dass die Prüfung des Vorliegens eines Aussonderungsrechts für den Treugeber mit großen Unsicherheiten behaftet ist. Allein für die Übertragungstreuhand kann mit Sicherheit ein Aussonderungsrecht des Treugebers angenommen werden. Im Fall der Konsortialfinanzierung kommt es aber zu einer Erwerbstreuhand, denn der Sicherheitentreuhänder erhält die

1150 BGH, Urt. v. 24.06.2003, IX ZR 75/01, BGHZ 155, S. 227, unter II. 2. der Gründe.
1151 BGH, a.a.O., unter II. 2. c) der Gründe.
1152 BGH, ebenda.
1153 Eine Abkehr vom Unmittelbarkeitskriterium vermuten daher *Armbrüster*, DZWIR 2003, S. 485 (486 f.) und *Berger*, ZIP 2004, S. 1073 (1077).
1154 BGH, Urt. v. 10.02.2011, IX ZR 49/10, BGHZ 188, S. 317, unter III. 1. c) der Gründe.

Kreditsicherheiten vom Sicherungsgeber für die Konsortialbanken übertragen[1155]. Für die Erwerbstreuhand kann kaum zweifelsfrei beurteilt werden, ob die Rechtsprechung dem Treugeber ein Aussonderungsrecht zugestehen würde oder nicht. Es ist daher zu überprüfen, ob aus der oben dargestellten Rechtsprechungsdogmatik abgeleitet werden kann, ob die im *Parallel-Debt*-Modell vorliegende Erwerbstreuhand ein Aussonderungsrecht für die Konsortialbanken nach sich zieht oder nicht.

aa) H.Lit.: kein Aussonderungsrecht für die Konsortialbanken

Die h.Lit. geht davon aus, dass den Konsortialbanken im Fall der Insolvenz des Sicherheitentreuhänders kein Aussonderungsrecht gem. § 47 InsO zusteht[1156]. Größtenteils wird dies damit begründet, dass die Kreditsicherheiten vom Kreditnehmer – und nicht von den Konsortialbanken – auf den Sicherheitentreuhänder übertragen worden sind und daher das Unmittelbarkeitsprinzip nicht erfüllt sei[1157]. Die h.Lit. versagt also in diesem Zusammenhang der Erwerbstreuhand die insolvenzrechtliche Anerkennung. Zudem könne die Ausnahme-Rechtsprechung des BGH (Offenkundigkeitsprinzip) für den Konsortialkredit nicht greifen, weil sie sich nur auf den Sonderfall der Zahlung auf Treuhandkonten/Anderkonten beziehe und daher nicht verallgemeinerungsfähig sei[1158]. Teilweise wird ein Aussonderungsrecht aber auch aus ganz grundlegenden Erwägungen abgelehnt und dem Treugeber generell versagt[1159]. Aufgrund der Annahme, dass ein Aussonderungsrecht für die Konsortialbanken nicht bestehe, haben *Stürner*[1160] und *v. Rom*[1161] Alternativmodelle entwickelt, mit deren Hilfe das dem Sicherungsgeber zustehende Aussonderungsrecht auf die Konsortialbanken übertragen werden könne.

1155 Vgl. dazu oben im 2. Teil, unter A. I. 2. c) (Von einem anderen oder für ihn von einem Dritten).

1156 *Brinkmann*, in: Uhlenbruck, InsO, § 47, Rn. 41; *v. Rom*, WM 2008, S. 813 (814 f.); *Bourgeois*, BKR 2011, S. 103 (109); *Obermüller*, Insolvenzrecht in der Bankpraxis, Rn. 5.824 ff.; **zweifelnd** auch *Stürner*, KTS 2004, S. 259 (263); das Aussonderungsrecht des Treugebers generell **ablehnend** *Fridgen*, ZInsO 2004, S. 530 (536 ff.).

1157 *Brinkmann*, in: Uhlenbruck, InsO, § 47, Rn. 41; *v. Rom*, WM 2008, S. 813 (814 f.); *Bourgeois*, BKR 2011, S. 103 (109).

1158 *v. Rom*, WM 2008, S. 813 (815 und 818).

1159 *Fridgen*, ZInsO 2004, S. 530 (536 ff.).

1160 *Stürner*, KTS 2004, S. 259 (268 ff.).

1161 *v. Rom*, WM 2008, S. 813 (819 f.).

bb) E.A.: Aussonderungsrecht für die Konsortialbanken unter Geltung der Ausnahme-Rechtsprechung des BGH

Eine starke Mindermeinung vertritt hingegen die Ansicht, dass den Konsortialbanken ein Aussonderungsrecht zustehe, weil diese als Treugeber die Voraussetzungen der Ausnahme-Rechtsprechung des BGH[1162] zu den Treuhand- und Anderkonten erfüllten[1163]. Voraussetzung sei aber, dass ein außenstehender Dritter und keine Konsortialbank die treuhänderische Verwaltung der Kreditsicherheiten übernehme und nach außen erkennbar sei, dass der Dritte die Kreditsicherheiten ausschließlich im Interesse der Konsortialbanken halte. In diesem Fall sei das Treuhandverhältnis „offenkundig", so dass die Konsortialbanken über das vom BGH aufgestellte Offenkundigkeitsprinzip das Unmittelbarkeitserfordernis überwinden könne[1164].

cc) A.A.: uneingeschränktes Aussonderungsrecht für die Konsortialbanken

Nach einer weiteren Mindermeinung steht den Konsortialbanken ein Aussonderungsrecht zu, ohne dass es auf die Voraussetzungen des Offenkundigkeitsprinzips ankommt[1165]. Für *Reuter* stellt die Sicherheitenbestellung ggü. dem Sicherheitentreuhänder lediglich eine wirtschaftlich sinnvolle Verkürzung des Übertragungswegs dar, durch die verhindert werde, dass die Kreditsicherheiten zunächst den Konsortialbanken und danach dem Sicherheitentreuhänder bestellt werden müssen. Um so eine „kostspielige Förmelei" zu verhindern, müsse auch den Konsortialbanken ein Aussonderungsrecht zustehen[1166]. Nach dieser Ansicht ist die Erwerbstreuhand insolvenzrechtlich uneingeschränkt anzuerkennen.

dd) Stellungnahme

Ausgangspunkt der Prüfung ist der Sinn und Zweck des § 47 InsO. Über § 47 InsO soll sichergestellt werden, dass nur in das Vermögen vollstreckt wird, das dem Schuldner zuzuordnen ist[1167]. Zu diesem Zweck sorgt § 47 InsO dafür, dass das

---

1162 BGH, Urt. v. 05. 11. 1953, IV ZR 95/53, BGHZ 11, S. 37, unter 2. b) der Gründe und BGH, Urt. v. 07. 04. 1959, VIII ZR 219/57, NJW 1959, S. 1223, unter II. der Gründe.

1163 *Ganter*, in: MünchKomm, InsO, § 47, Rn. 363; *Schnauder*, NJOZ 2010, S. 1663 (1670); *Obermüller*, DB 1973, S. 1833 (1834 f.), **anders** aber jetzt *Obermüller*, Insolvenzrecht in der Bankpraxis, Rn. 5.824 ff.; wohl auch *Diem*, Akquisitionsfinanzierungen, § 54, Rn. 16 ff.

1164 Vgl. vor allem *Ganter*, in: MünchKomm, InsO, § 47, Rn. 363.

1165 *Reuter*, NZI 2010, S. 167 (173); wohl auch *Cranshaw*, WM 2009, S. 1682 (1688).

1166 *Reuter*, NZI 2010, S. 167 (173).

1167 BGH, Urt. v. 05. 11. 1953, IV ZR 95/53, NJW 1954, S. 190, unter 2. c) der Gründe.

Vermögen, das beim Insolvenzbeschlag im Besitz des Schuldners ist, um die Gegenstände bereinigt wird, die nach der insolvenzrechtlichen Haftungsordnung einem außenstehenden Gläubiger zuzuordnen sind[1168]. § 47 InsO ist eine Norm der Vermögenszuordnung. Die Vermögenszuordnung vollzieht sich in erster Linie nach dinglichen Gesichtspunkten[1169]. Davon abweichend sieht § 47 S. 1 Alt. 2 InsO aber auch eine Zuordnung nach schuldrechtlichen Gesichtspunkten („auf Grund eines [...] persönlichen Rechts") vor. Für die Zuordnung nach schuldrechtlichen Gesichtspunkten stellen das RG[1170], der BGH[1171] und auch die Literatur[1172] regelmäßig darauf ab, ob der Gegenstand nach wirtschaftlicher Betrachtung nicht dem rechtlichen Eigentümer zusteht, sondern einem Dritten. Der Begriff des wirtschaftlichen Eigentums ist an dieser Stelle indes irreführend, denn letztendlich kommt es nicht darauf an, wem wirtschaftlich die Sache zusteht, sondern wem nach der insolvenzrechtlichen Haftungsordnung der Gegenstand zuzuordnen ist[1173]. Es handelt sich nicht um eine wirtschaftliche Betrachtung, sondern um eine teleologische[1174]. In diesem Sinne spricht der BGH in jüngerer Zeit auch nicht mehr davon, wer wirtschaftlicher Eigentümer des Treuguts ist, sondern „welchem Vermögen der umstrittene Gegenstand nach Inhalt und Zweck der gesetzlichen Regelung haftungsrechtlich zuzuordnen ist"[1175].

Welche Bedeutung diese Unterscheidung für das Aussonderungsrecht des Treugebers hat, zeigt sich in einem Urteil des BGH vom 24.06.2003[1176]. In diesem Urteil entschied der BGH, dass das Treugut dem Vermögen des Treugebers auch

1168 *Andres*, in: Nerlich/Römermann, InsO, § 47, Stand: September 2005, Rn. 1.

1169 BGH, Urt. v. 24.06.2003, IX ZR 75/01, BGHZ 155, S. 227, unter II. 2. c) der Gründe.

1170 Vgl. RG, Urt. v. 10.10.1917, V 159/17, RGZ 91, S. 12 (14): „Das Reichsgericht hat in ständiger Rechtsprechung angenommen, daß ein Aussonderungsanspruch hinsichtlich solcher Vermögensgegenstände bestehe, die zwar formell im Eigentum des Gemeinschuldners stünden, materiell und wirtschaftlich aber nicht zu seinem Vermögen gehörten (...)".

1171 BGH, Urt. v. 19.11.1992, IX ZR 45/92, NJW-RR 1993, S. 301, unter II. und II. 1. der Gründe.

1172 Z. B. *Ganter*, ZInsO 2004, S. 1217 (1221 f.); *Coing*, Die Treuhand kraft privaten Rechtsgeschäfts, S. 101; *Fridgen*, ZInsO 2004, S. 530 (537 f.); *Obermüller*, DB 1973, S. 1833 (1837).

1173 Vgl. auch den BGH, Urt. v. 10.02.2011, IX ZR 73/10, NJW 2011, S. 1282, unter II. 3. a) der Gründe. **Kritisch** zum Begriff des wirtschaftlichen Eigentums auch *Gernhuber*, JuS 1988, S. 355 (358 f.) und *Henssler*, AcP 196 (1996), S. 37 (49); *Canaris*, in: FS Flume, Bd. I, S. 371 (406).

1174 Für eine Betrachtung auf der Grundlage des Sinn und Zwecks des § 47 InsO auch *Grundmann*, Der Treuhandvertrag, 1997, S. 89; *Henssler*, AcP 196 (1996), S. 37 (51 f.); *Armbrüster*, DZWIR 2003, S. 485 (487); vgl. auch schon *Serick*, Eigentumsvorbehalt und Sicherungsübertragung, Bd. II, S. 83.

1175 BGH, Urt. v. 10.02.2011, IX ZR 73/10, NJW 2011, S. 1282, unter II. 3. a) der Gründe; wohl zurückgehend auf BGH, Urt. v. 24.06.2003, IX ZR 75/01, BGHZ 155, S. 227, unter II. 1. c) der Gründe.

1176 BGH, Urt. v. 24.06.2003, IX ZR 75/01, BGHZ 155, S. 227.

dann zuzuordnen ist, wenn es dem Treuhänder von einem Dritten übertragen worden ist (Erwerbstreuhand):

> „Infolge der Vereinbarung mit dem Treugeber hat der Treuhänder das Eigentum – auch dann, wenn es ihm von einem Dritten übertragen wurde – nur in solcher Weise eingeschränkt erworben, dass dem Treugeber wegen seiner von Anfang an bestehenden Weisungsbefugnis der Gegenstand vermögensmäßig zuzuordnen ist."[1177]

Unverzichtbare Bedingung sei aber, dass der Treuhänder den Gegenstand von dem Dritten von Anfang an unter schuldrechtlichen Einschränkungen erhalten habe. Hat hingegen überhaupt keine Übertragung auf den Treuhänder stattgefunden, hat er also sein Eigentum nur nachträglich schuldrechtlich eingeschränkt (Vereinbarungstreuhand), könne eine von der dinglichen Rechtslage abweichende Vermögenszuordnung nicht anerkannt werden. Der BGH schließt mit dieser Entscheidung nur noch die Vereinbarungstreuhand vom Anwendungsbereich des § 47 InsO aus, bei der Übertragungstreuhand und Erwerbstreuhand soll dem Treugeber ein Aussonderungsrecht zustehen. Der BGH begründet seine Ansicht damit, dass die Treuhand für Zwecke des § 47 InsO nur dann anerkannt werden könne, wenn sie eine schuldrechtliche, aber auch dingliche Komponente habe (sog. „Zwei-Komponenten-Theorie"[1178]). Fehle eine der beiden Komponenten, könne keine Treuhand angenommen werden[1179].

Mit der dinglichen Komponente meint der BGH, dass der Treugeber den Gegenstand „auf den Treuhänder verlagert"[1180], also einen dinglichen Übertragungsakt vom Treugeber auf den Treuhänder. Damit greift der BGH auf das vom RG postulierte Unmittelbarkeitsprinzip zurück, benennt es nur anders[1181]. Der entscheidende Unterschied zur RG-Rechtsprechung besteht jedoch darin, dass der BGH nunmehr ausdrücklich die Übertragung des Treuguts von einem Dritten zulässt. Das RG hatte den Fällen der Erwerbstreuhand noch die vollstreckungsrechtliche Anerkennung versagt, weil ein Treuhandverhältnis begrifflich eine Vermögensübertragung vom Treugeber auf den Treuhänder voraussetze[1182]. Das BGH-Urteil vom 24.06.2003 stellt aber keinen Bruch mit der RG-Rechtsprechung

---

1177 BGH, a.a.O., unter II. 2. c) der Gründe.

1178 Begriff nach *Bitter*, Rechtsträgerschaft für fremde Rechnung, 2006, S. 61.

1179 BGH, Urt. v. 24.06.2003, IX ZR 75/01, BGHZ 155, S. 227, unter II. 2. b) der Gründe.

1180 BGH, ebenda.

1181 Ähnlich auch *Bitter*, Rechtsträgerschaft für fremde Rechnung, S. 63 f. (lediglich „Akzentverschiebung").

1182 RG, Urt. v. 10.10.1917, V 159/17, RGZ 91, S. 12 (16).

dar, sondern eine konsequente Weiterentwicklung des Unmittelbarkeitsprinzips unter der Beachtung des Normzwecks des § 47 S. 1 InsO[1183].

Das Unmittelbarkeitsprinzip ist nicht – wie das RG suggerierte[1184] – eine Frage des korrekten Sprachverständnisses des Treuhandbegriffs, sondern wurde nur aus einem vollstreckungsrechtlichen Normzweckverständnis heraus geboren. Diese Annahme wird zum einen dadurch bewiesen, dass die Rechtsprechung das Unmittelbarkeitskriterium bei der Treuhand nur dann aufgreift, wenn es um vollstreckungsrechtliche Fragen geht, nicht hingegen wenn es darum geht, ob die Treuhandabrede zu Einschränkungen der Verfügungsbefugnis des Treuhänders führt. Während der Treuhand im Vollstreckungsfall bei Unmittelbarkeit dingliche Wirkung beigemessen wird, ist ihr diese bei treuwidrigen Verfügungen des Treuhänders nicht beschieden (vgl. § 137 BGB)[1185]. Weiterhin weisen Widersprüche in der Treuhand-Rechtsprechung darauf hin, dass das Unmittelbarkeitskriterium auf einer vollstreckungsrechtlichen Zweckerwägung beruht. So unterschied schon das RG zwischen der „Treuhand im Rechtssinne“ oder „Treuhand im eigentlichen Sinne“, die ein Aussonderungsrecht des Treugebers zur Folge hat, und der „Treuhand im weiteren Sinne“, die kein Aussonderungsrecht des Treugebers zur Folge hat, aber schuldrechtlich den gleichen Regeln untersteht wie die Treuhand im Rechtssinne[1186]. Das RG hat diese Unterscheidung zwischen „Treuhand im eigentlichen Sinn“ und „Treuhand im weiteren Sinn“ wie folgt beschrieben:

> „Bei dem vom Kläger seiner Ehefrau erteilten Auftrage handelt es sich, wie schon oben hervorgehoben wurde, um ein fiduziarisches Geschäft. Unerheblich ist es für die Entscheidung, ob das hierdurch begründete Rechtsverhältnis als ein Treuhandverhältnis im eigentlichen oder deshalb nur im weiteren Sinn aufzufassen ist, weil der Treugeber das Treugut nicht unmittelbar aus seinem Vermögen dem Treuhänder übereignet, sondern dieser es auf andere Weise für Rechnung des Auftraggebers erworben hatte. In jedem Fall ergab sich nach Treu und Glauben aus dem Inhalt des Rechtsverhältnisses für Frau E. die Verpflichtung, das von ihr auftragsgemäß erworbene Eigentum jederzeit zur Verfügung des Klägers zu halten und darüber nur nach seinen Weisungen zu verfügen.“[1187]

1183 **A.A.** *Armbrüster*, DZWIR 2003, S. 485 (487) und *Ganter*, ZInsO 2004, S. 1217 (1223), die in der Entscheidung eine Abkehr vom Unmittelbarkeitsprinzip sehen. *Bitter*, Rechtsträgerschaft für fremde Rechnung, S. 62 f. und *Berger*, ZIP 2004, S. 1073 (1077) sehen in dem Urteil eine „Akzentverschiebung“ bzw. „Aufweichung“ des Unmittelbarkeitsprinzips.

1184 RG, Urt. v. 19.02.1914, VII 448/13, RGZ 84, S. 214 (217 f.).

1185 *Grundmann*, Der Treuhandvertrag, S. 89 und S. 316 f.; *Bitter*, Rechtsträgerschaft für fremde Rechnung, S. 112 ff.

1186 *Coing*, Die Treuhand kraft privaten Rechtsgeschäfts, S. 47; *Grundmann*, Der Treuhandvertrag, S. 82; *Cölle*, Der Hausbesitzbrief, 1969, S. 43 ff.

1187 RG, Urt. v. 27.03.1939, IV 275/38, RGZ 160, S. 52 (59).

Das RG stellt also fest, dass bei einer Treuhand im weiteren Sinn das Rechtsverhältnis vollstreckungsrechtlich nicht als Treuhandverhältnis einzuordnen ist, schuldrechtlich aber eine ebenso treuhänderische Bindung entsteht wie bei einer Treuhand im eigentlichen Sinn. Der BGH hat diese Rechtsprechung fortgeführt[1188]. Die Unterscheidung zwischen „schuldrechtlichem Treuhandverhältnis" auf der einen Seite und „insolvenzrechtlichem Treuhandverhältnis"[1189] auf der anderen Seite beweist einmal mehr, dass der Treuhandbegriff je nach Normzweck an unterschiedliche Voraussetzungen geknüpft wird[1190]. Dies belegt zuletzt auch ein Vergleich zum Treuhandbegriff des Steuerrechts. Für den BFH liegt ein Treuhandverhältnis vor, wenn „die mit der rechtlichen Eigentümer- bzw. Inhaberstellung verbundene Verfügungsmacht im Innenverhältnis zugunsten des Treugebers in einem Maße eingeschränkt ist, daß das rechtliche Eigentum bzw. die rechtliche Inhaberschaft als ‚leere Hülle' erscheint"[1191]. Das insolvenzrechtliche Kriterium der Unmittelbarkeit lehnt der BFH ausdrücklich ab und erkennt daher auch die Vereinbarungstreuhand uneingeschränkt an[1192]. Für den BFH ist nicht die dingliche Komponente entscheidend, sondern dass der Treuhänder dem Treugeber ggü. weisungsgebunden ist und der Treugeber das Treugut jederzeit zurückfordern kann[1193]. Der steuerrechtliche und insolvenzrechtliche Treuhandbegriff unterscheiden sich daher in ihren inhaltlichen Anforderungen. Die unterschiedlichen Anforderungen an die steuerrechtliche und insolvenzrechtliche Anerkennung der Treuhand rechtfertigen sich aus dem unterschiedlichen Zweck der beiden Rechtsgebiete. Während es beim Treuhandbegriff i.R. des § 47 InsO darauf ankommt, das tatsächliche Schuldnervermögen der insolvenzrechtlichen Haftungsordnung (gleichmäßige Befriedigung aller Gläubiger) zu unterwerfen, zielt der steuerrechtliche Treuhandbegriff darauf ab, das steuerbare Substrat des Steuerpflichtigen zu ermitteln (Leistungsfähigkeitsprinzip)[1194]. Dementsprechend

---

1188 Z.B. BGH, Urt. v. 14.12.1959, II ZR 187/57, BGHZ 31, S. 258, unter I. 1. der Gründe; vgl. auch BGH, Urt. v. 07.04.1959, VIII ZR 219/57, NJW 1959, S. 1223, unter II. der Gründe.

1189 Begriffe angelehnt an *Cölle*, Der Hausbesitzbrief, S. 43: „[...] obligatorischem Verhältnis Treugeber – Treuhänder und einem darüberhinausgehenden konkurs- und vollstreckungsrechtlich erheblichen Treuhandverhältnis [...]"; vgl. dazu auch *Serick*, Eigentumsvorbehalt und Sicherungsübertragung, Bd. II, S. 82.

1190 *Grundmann*, Der Treuhandvertrag, S. 80 f.

1191 BFH, Urt. v. 20.01.1999, I R 69/97, BStBl. II 1999, S. 514, unter II. 1. b) aa) der Gründe.

1192 BFH, Urt. v. 15.07.1997, VIII R 56/93, BStBl. II 1998, S. 152, unter II. 2. c) cc) der Gründe.

1193 BFH, Urt. v. 24.11.2009, I R 12/09, BStBl. II 2010, S. 590, unter II. 3. b) aa) der Gründe.

1194 Die Zuordnung von Wirtschaftsgütern ist Ausdruck der wirtschaftlichen Leistungsfähigkeit des Steuerpflichtigen, vgl. *Englisch*, in: Tipke/Lang, Steuerrecht, 21. Aufl. 2012, § 5, Rn. 140. Dementsprechend ist auch die Zuordnung des Treuguts eine Frage der wirtschaftlichen Leistungsfähigkeit.

ist die Einschränkung des Aussonderungsrechts durch das Unmittelbarkeitsprinzip bzw. die dingliche Komponente keine Folge eines zwingenden Begriffsverständnisses der Treuhand, sondern einer teleologischen Auslegung des § 47 S. 1 InsO. Genau genommen geht es nicht um das Verständnis des Treuhandbegriffs, sondern um das Verständnis des Merkmals „nicht zur Insolvenzmasse gehört" in § 47 S. 1 InsO. Was nicht zur Insolvenzmasse gehört, orientiert sich an dem insolvenzrechtlichen Grundsatz der gleichmäßigen Befriedigung aller Gläubiger und nicht am Begriffsverständnis der Treuhand oder einer wirtschaftlichen Betrachtung. Die Treuhand begründet daher ein Aussonderungsrecht des Treugebers, wenn und weil dies der Gläubigergleichbehandlung entspricht.

Auf dieser Linie bewegt sich auch der BGH in seinem Urteil vom 24.06.2003. Der BGH verlangt die dingliche Komponente, um zu verhindern, dass über eine bloß schuldrechtliche Einschränkung des Eigentums die Insolvenzmasse zu Lasten der anderen Gläubiger geschmälert werden könnte:

> „Aussonderungsrechte kraft rein schuldrechtlicher ‚Treuhandvereinbarungen' würden zudem für den Schuldner einen beträchtlichen Anreiz liefern, im Zusammenwirken mit einem ‚Treugeber' die Masse aushöhlende Vermögensverschiebungen vorzunehmen. Die Aufgabe des Verwalters, die Masse festzustellen und zu sichern, würde in einer mit dem Insolvenzzweck [d.h. der gleichmäßigen Befriedigung aller Gläubiger, Anm. d. Verf.] unvereinbaren Weise erschwert."[1195]

Darüber hinaus will der BGH durch sein Verständnis des Treuhandbegriffs Wertungswidersprüche bei der gleichmäßigen Befriedigung aller Gläubiger verhindern:

> „Kann der Sicherungsnehmer schon die Stellung eines zur Absonderung berechtigten Pfandgläubigers nicht ohne Übertragung eines dinglichen Rechts erlangen, so darf es ihm erst recht nicht möglich sein, ein Aussonderungsrecht im Konkurs des Sicherungsgebers allein dadurch zu erlangen, dass dessen Eigentümerbefugnisse eingeschränkt werden [...]."[1196]

Diese beiden Erwägungen des BGH zeigen, dass die Voraussetzungen der insolvenzrechtlich anerkannten Treuhand nicht auf einer Auslegung des Treuhandbegriffs beruhen, sondern auf einer Auslegung des Tatbestandsmerkmals „nicht zur Insolvenzmasse gehört" in § 47 S. 1 InsO. Dem BGH geht es darum, herauszufinden, ob es dem Grundsatz der gleichmäßigen Befriedigung aller Gläubiger widerspricht, dem Treugeber ein Aussonderungsrecht zuzugestehen und damit

---

1195 BGH, Urt. v. 24.06.2003, IX ZR 75/01, BGHZ 155, S. 227, unter II. 2. e) der Gründe.
1196 BGH, a.a.O., unter II. 2. d) der Gründe.

den Insolvenzgläubigern Haftungsmasse zu entziehen. Um für die Beurteilung ein rechtssicheres Kriterium aufzustellen, nimmt der BGH das Aussonderungsrecht pauschal an, wenn dem Treuhänder das Treugut vom Treugeber oder von einem Dritten eingeräumt worden ist und von Anfang an schuldrechtlich an das Interesse des Treugebers gebunden war. Dieses Kriterium ist das Ergebnis einer typisierenden Betrachtung der Fälle, in denen der BGH nicht die Gefahr der Gläubigerschädigung oder des Wertungswiderspruches zu anderen Sicherungsnehmern sieht und daher ein Aussonderungsrecht des Treugebers für gerechtfertigt hält. Diese beiden vom BGH vorgebrachten Argumente klingen auch schon beim RG an, wenn es feststellt:

> „Schon im Urteil RGZ. Bd. 84 S. 214 hat der erkennende Senat ausgeführt, daß der Begriff des Treuhandverhältnisses völlig ins Unbestimmte zerfließen würde, wenn man bei ihm vom Erfordernis des Anvertrauens zu treuen Händen ganz absehen und ein solches Verhältnis schon da als vorhanden annehmen wollte, wo jemand im Auftrag eines anderen für dessen Rechnung, aber im eigenen Namen eine Sache erwirbt. Damit würde auch die Begriffsgrenze der dinglichen und persönlichen Rechte zum Schaden des Verkehrs und der Kreditsicherheiten ohne Grund verwischt."[1197]

Zwar stellte das RG hier zunächst wieder auf den „Begriff" des Treuhandverhältnisses und seine „Begriffsgrenzen" ab, am Ende wird aber deutlich, dass es auch sachliche Gründe, nämlich der Verkehrsschutz und der Schutz der Kreditsicherheiten, zum Unmittelbarkeitsprinzip bewegen. Mit Verkehrsschutz und Schutz der Kreditsicherheiten meint das RG m. E. die beiden vom BGH vorgebrachten Argumente. Es will verhindern, dass durch eine bloß schuldrechtliche Abrede das Schuldnervermögen zu Lasten der anderen Gläubiger (Schaden des „Verkehrs") verringert werden kann und der Treugeber ohne dinglichen Übertragungsakt besser geschützt wäre als andere Sicherungsnehmer (Schaden „der Kreditsicherheiten")[1198]. Damit war die vom BGH nunmehr offen postulierte teleologische Betrachtung des § 47 S. 1 InsO auch schon in der RG-Rechtsprechung angelegt.

Hat man erkannt, dass hinter der dinglichen Komponente das Unmittelbarkeitsprinzip steckt und dass dieses kein der Treuhand immanentes Begriffsmerkmal ist und erst recht nicht auf einer wirtschaftlichen Betrachtungsweise beruht, sondern auf einer teleologischen Auslegung des Merkmals „zur Insolvenzmasse gehört" (§ 47 S. 1 InsO), fällt es nicht schwer, auch die Fälle der Ver-

---

1197 RG, Urt. v. 09.06.1931, VII 501/30, RGZ 133, S. 84 (89).

1198 Unter rechtspolitischen Erwägungen kann die Schlechterstellung der Kreditgeber auch einen Einfluss auf die Kreditwirtschaft überhaupt haben, vgl. *Canaris*, in: FS Flume, Bd. I, S. 371 (418 f.).

mögensübertragung von einem Dritten auf den Treuhänder mit dem Unmittelbarkeitsprinzip bzw. der „Zwei-Komponenten-Theorie“ in Einklang zu bringen. Eine Vermögensübertragung vom Treugeber auf den Treuhänder ist nämlich nach teleologischen Gesichtspunkten nicht nur dann gegeben, wenn der Treugeber selbst das Treugut auf den Treuhänder überträgt, sondern auch dann, wenn ein Dritter *für den Treugeber* das Treugut auf den Treuhänder überträgt. Dies zeigt schon ein Vergleich zum sog. „Geheißerwerb“. Der Geheißerwerb ist ein Sonderfall der Übereignung nach § 929 S. 1 BGB. Der Übereignungstatbestand nach § 929 S. 1 BGB verlangt neben der dinglichen Einigung und Berechtigung des Veräußernden auch die Übergabe i.S. einer Besitzverschaffung. Beim Geheißerwerb findet aber keine Besitzübertragung vom Veräußerer auf den Erwerber statt, sondern statt auf den Erwerber auf einen von dem Erwerber bestimmten Dritten (sog. „Geheißperson“). Nach allgemeiner Ansicht hat die Übergabe an die Geheißperson die Verwirklichung des Übereignungstatbestandes in der Person des Erwerbers zur Folge[1199]. Damit erhält der Erwerber das Eigentum selbst dann, wenn ihm ggü. keine Besitzverschaffung stattgefunden hat und die Geheißperson auch nicht sein Besitzdiener (§ 855 BGB) ist. Denn dadurch, dass der Veräußerer mit dem Gegenstand so verfährt, wie es der Erwerber verlangt, wird deutlich, dass eigentlich dem Erwerber die tatsächliche Sachherrschaft zusteht[1200]. Die Besitzverschaffung kann daher auch durch die Anweisung, einer Geheißperson den Besitz zu übertragen, erfüllt werden. Der Rechtsgedanke des Geheißerwerbs ist auf den Erwerb des Treuguts von einem Dritten übertragbar. In den Fällen, in denen der Treuhänder das Treugut für den Treugeber (d. h. mit anfänglicher schuldrechtlicher Einschränkung) erwirbt, tritt der Treuhänder ähnlich auf wie eine Geheißperson, nur mit dem Unterschied, dass nicht der Treugeber Erwerber des dinglichen Rechts ist, sondern der Treuhänder. Dadurch, dass der Treugeber den Dritten dazu veranlasst, das Treugut an den Treuhänder zu übertragen, manifestiert er nach außen hin, dass der Gegenstand eigentlich ihm (dem Treugeber) zuzuordnen ist. Durch die Anweisung an den Dritten, an den Treuhänder zu leisten, erscheint der Treugeber wie der Erwerber im Geheißerwerb, der nur den Übertragungsweg abkürzen will. Durch die Anweisung des Treugebers an den Dritten wird also deutlich, dass der übertragene Gegenstand vermögensrechtlich ihm (dem Treugeber) „gehört“ i.S. des § 47 S. 1 InsO. Die Erwerbstreuhand erfüllt damit auch die von der Rechtsprechung geforderte dingliche Komponente. Bei der Erwerbstreuhand besteht nach der typisierten Betrachtung des BGH also nicht die Gefahr der

---

1199 Grundlegend BGH, Urt. v. 30. 10. 1961, VII ZR 218/60, NJW 1962, S. 299, unter IV. der Gründe.

1200 Vgl. *Oechsler*, in: MünchKomm, BGB, § 929, Rn. 68 m.w.N.

Gläubigerschädigung, so dass es keinen Unterschied machen kann, ob der Dritte zunächst an den Treugeber leistet und dieser dann an den Treuhänder oder direkt an den Treuhänder. Dieses Ergebnis wird von einer bereicherungsrechtlichen Überprüfung bestätigt. Das Bereicherungsrecht wird als Kontrollmaßstab herangezogen, weil über die §§ 812 ff. BGB (ungerechtfertigte) Vermögensverschiebungen erfasst werden. Über die bereicherungsrechtlichen Grundsätze zur Dreiecksbeziehung kann daher herausgefunden werden, zwischen welchen Personen eine Leistungsbeziehung besteht und damit, wessen Vermögen bei welcher Person ausgesondert werden muss[1201]. In einem Anweisungsfall, wie derjenige der Treugutübertragung durch einen Dritten, besteht bereicherungsrechtlich keine Leistungsbeziehung zwischen dem Zuwendenden (dem Dritten) und dem Empfänger (dem Treuhänder), sondern zwischen dem Zuwendenden (dem Dritten) und dem Anweisenden (dem Treugeber) sowie zwischen dem Anweisenden (dem Treugeber) und dem Empfänger (dem Treuhänder)[1202]. Damit findet bereicherungsrechtlich eine Vermögensverschiebung zwischen dem Dritten und dem Treugeber sowie zwischen dem Treugeber und dem Treuhänder statt. Würde in einem dieser Leistungsbeziehungen der Rechtsgrund fehlen, könnte nicht der Dritte das Treugut vom Treuhänder heraus verlangen, sondern nur der Treugeber[1203]. Damit wird deutlich, dass zwischen Treugeber und Treuhänder eine Vermögensverschiebung stattgefunden hat. Der Treugeber hat also das Treugut auf den Treuhänder übertragen. Aus bereicherungsrechtlicher Sicht kann man daher auch mit dem strengen Unmittelbarkeitsverständnis des RG ein Aussonderungsrecht begründen.

Die insolvenzrechtliche Anerkennung der Erwerbstreuhand verstößt damit nicht gegen das Unmittelbarkeitsprinzip. Sie stellt nur eine systemkonforme Weiterentwicklung des Unmittelbarkeitsprinzips dar, das in Wirklichkeit auf einer teleologischen Auslegung des § 47 S. 1 InsO beruht. Wenn der Treugeber durch seine Anweisung, der Dritte solle direkt an den Treuhänder leisten, dokumentiert, dass das Treugut vermögensrechtlich ihm gehört, ist ihm daher ein Aussonderungsrecht zuzugestehen.

Für das *Parallel-Debt*-Modell bedeutet dieses Ergebnis, dass den Konsortialbanken als Treugeber der akzessorischen Sicherheiten ein Aussonderungsrecht gem. § 47 InsO zusteht. Denn die Konsortialbanken weisen den Sicherungsgeber an, das Pfandrecht unmittelbar an den Sicherheitentreuhänder zu bestellen und dokumentieren damit, dass ihnen das Treugut „gehört" i.S. des § 47 InsO. Das

---

1201 Vgl. *Serick*, Eigentumsvorbehalt und Sicherungsübertragung, Bd. II, S. 84.
1202 St. Rspr. des BGH, vgl. BGH, Urt. v. 31.05.1994, VI ZR 12/94, NJW 1994, S. 2357, unter III. 1. a) aa) der Gründe.
1203 Vgl. BGH, Urt. v. 29.04.2008, XI ZR 371/07, BGHZ 176, S. 234, unter III. 1. a) der Gründe.

Treuhandverhältnis zwischen den Konsortialbanken und dem Sicherheitentreuhänder erfüllt damit die vom BGH geforderte dingliche Komponente.

c) Ergebnis und Rechtsfolge

Damit steht fest, dass den Konsortialbanken ein uneingeschränktes Aussonderungsrecht zusteht. Das Aussonderungsrecht der Konsortialbanken ist – wie gezeigt – mit dem Unmittelbarkeitsprinzip vereinbar. Für das Aussonderungsrecht bedarf es daher keines Rückgriffs auf die Ausnahme-Rechtsprechung des BGH zu den Anderkonten.

Fraglich ist jedoch, welche Rechtsfolgen das Bestehen des Aussonderungsrechts für die Konsortialbanken hat. Das Bestehen eines Aussonderungsrechts bedeutet grundsätzlich, dass aus insolvenzrechtlicher Sicht der aussonderungsfähige Gegenstand nicht zum Vermögen des Schuldners gehört. Damit ist es dem Insolvenzverwalter verwehrt, den aussonderungsfähigen Gegenstand zur Insolvenzmasse zu verwerten (§ 159 InsO)[1204]. Überhaupt unterliegt der aussonderungsfähige Gegenstand nicht insolvenzrechtlichen Regelungen, seine Behandlung richtet sich vielmehr nach allgemeinen zivilrechtlichen/-prozessualen Regeln, § 47 S. 2 InsO[1205]. Um die Verwertung durch den Insolvenzverwalter zu verhindern, kann der aussonderungsberechtigte Gläubiger daher gerichtlich feststellen lassen, dass der Gegenstand ihm zusteht (Feststellungsklage), er kann gerichtlich darauf klagen, dass der Insolvenzverwalter die Verwertung des Gegenstandes unterlässt (Unterlassungsklage) oder er kann die Drittwiderspruchsklage (§ 771 ZPO) erheben, sobald der Insolvenzverwalter mit der Verwertung des aussonderungsfähigen Gegenstandes beginnt[1206]. Ob der aussonderungsberechtigte Gläubiger darüber hinaus weitere Ansprüche geltend machen kann, richtet sich nach der bürgerlich-rechtlichen Rechtslage, vgl. § 47 S. 2 InsO. So bedeutet das Bestehen eines Aussonderungsrechts nicht automatisch, dass der Aussonderungsberechtigte die Herausgabe des Gegenstandes verlangen kann. Selbst wenn das Aussonderungsrecht auf einem zivilrechtlichen Herausgabeanspruch (z. B. § 985 BGB) beruht, ist der Insolvenzverwalter nicht zur Herausgabe verpflichtet, wenn ihm z. B. ein Recht zum Besitz zusteht und er Vertragserfüllung gem. § 103 Abs. 1 InsO verlangt[1207]. Gegenseitige Verträge, aus denen sich z. B. Besitzrechte ableiten lassen, bleiben durch die Eröffnung des Insolvenzverfahrens

---

1204 *v. Rom*, WM 2008, S. 813 (815).

1205 Vgl. dazu auch *Brinkmann*, in: Uhlenbruck, InsO, § 47, Rn. 3.

1206 Vgl. *Ganter*, in: MünchKomm, InsO, § 47, Rn. 479 ff. und *Häsemeyer*, Insolvenzrecht, Rn. 11.28.

1207 *v. Rom*, WM 2008, S. 813 (815).

grundsätzlich unberührt[1208] und können nur unter den besonderen Voraussetzungen der §§ 103 ff. InsO beendet werden. Das Bestehen eines Aussonderungsrechts bedeutet damit zunächst einmal nur, dass der aussonderungsfähige Gegenstand nicht zur Befriedigung der Insovenzgläubiger herangezogen werden darf.

aa) Herausgabeanspruch der Konsortialbanken?

Diese Grundsätze gelten auch für den Fall des Sicherheitentreuhänders i.R. eines syndizierten Kredites. Allein aufgrund des Bestehens des Aussonderungsrechts können die Konsortialbanken nicht verlangen, dass der Insolvenzverwalter das Pfandrecht an sie herausgibt. Es ist vielmehr unter bürgerlich-rechtlichen Gesichtspunkten zu untersuchen, ob den Konsortialbanken neben dem Aussonderungsrecht ein Herausgabeanspruch bzgl. des Pfandrechts zusteht.[1209] Ein solcher Herausgabeanspruch könnte sich aus §§ 667 Alt. 1, 675 Abs. 1 BGB ergeben.

Der Treuhandvertrag ist bei Unentgeltlichkeit ein unvollkommen zweiseitiger Vertrag und bei Entgeltlichkeit ein gegenseitiger Vertrag[1210]. Der Treuhandvertrag ist zudem kein Vertrag eigener Art, sondern bei Unentgeltlichkeit ein Auftrag (§§ 662 ff. BGB) und bei Entgeltlichkeit ein Geschäftsbesorgungsvertrag (§ 675 BGB)[1211]. Da der Sicherheitentreuhänder für seine Tätigkeit eine Provision erhält[1212], stellt der Treuhandvertrag einen Geschäftsbesorgungsvertrag gem. § 675 BGB dar. Aus dem Geschäftsbesorgungsvertrag ergibt sich ein Herausgabeanspruch bzgl. aller Gegenstände, die der Geschäftsbesorger zur Ausführung erhält, §§ 667 Alt. 1, 675 Abs. 1 BGB. Wie soeben gezeigt, hat der Sicherheitentreuhänder das Pfandrecht von den Konsortialbanken zur treuhänderischen Verwahrung und Verwaltung übertragen erhalten[1213]. Er hat die Kreditsicherheiten zur Ausführung der Geschäftsbesorgung erhalten, so dass diesbezüglich ein Herausgabeanspruch gem. §§ 667 Alt. 1, 675 Abs. 1 BGB besteht. Dass der Gegenstand für den Geschäftsherren von einem Dritten auf den Geschäftsbesorger übertragen wurde, steht dem Herausgabeanspruch nicht entgegen[1214]. Für den

1208 BGH, Urt. v. 25.04.2002, IX ZR 313/99, BGHZ 150, S. 353, unter II. 2. b) bb) der Gründe.
1209 Vgl. *Brinkmann*, in: Uhlenbruck, InsO, § 47, Rn. 3.
1210 *Leptien*, in: Soergel, BGB, vor § 164, Rn. 57; *Coing*, Die Treuhand kraft privaten Rechtsgeschäfts, S. 109.
1211 BGH, Urt. v. 05.05.1969, VII ZR 79/67, WM 1969, S. 935, unter I. 1. a) dd) der Gründe; *Bäuerle*, in: Braun, InsO, § 47, Rn. 66; *Leptien*, in: Soergel, BGB, vor § 164, Rn. 57; *Coing*, Die Treuhand kraft privaten Rechtsgeschäfts, S. 154.
1212 *Diem*, Akquisitionsfinanzierungen, § 54, Rn. 7.
1213 Vgl. oben unter C. I. 1. b) dd) (Stellungnahme).
1214 Vgl. BGH, Urt. v. 11.03.2004, IX ZR 178/03, NJW-RR 2004, S. 1290, unter II. 1. der Gründe.

Geschäftsbesorgungsvertrag ist im Fall der Insolvenz in § 116 InsO allerdings das Erlöschen vorgesehen. Die Norm gilt wiederum nur bei der Insolvenz des Geschäftsherren und nicht des Geschäftsbesorgers, so dass sie hier keine Anwendung findet. Stattdessen ist § 103 InsO anwendbar, der für gegenseitige Verträge ein Erfüllungswahlrecht des Insolvenzverwalters vorsieht. § 103 InsO gilt für alle gegenseitigen Verträge, bei denen noch keine vollständige Erfüllung eingetreten ist. Das Erfüllungswahlrecht erklärt sich daraus, dass nach Ansicht des BGH durch die Eröffnung des Insolvenzverfahrens Verträge des Schuldners nicht in ihrem Bestand berührt werden, sondern nur in ihrer Durchsetzbarkeit[1215]. Die Verträge bestehen für die Dauer des Insolvenzverfahrens materiell-rechtlich fort, die aus dem Vertrag erwachsenden Ansprüche können aber vorübergehend nicht durchgesetzt werden. Ist ein gegenseitiger Vertrag noch nicht erfüllt, so steht es dem Insolvenzverwalter zu, über sein Erfüllungswahlrecht gem. § 103 InsO die Ansprüche wieder durchsetzbar (§ 103 Abs. 1 InsO) oder endgültig undurchsetzbar werden zu lassen (§ 103 Abs. 2 InsO)[1216].

aaa) Erfüllungsablehnung (§ 103 Abs. 2 InsO)

Ob nach der Ablehnung der Erfüllung ein Herausgabeanspruch für den Vertragspartner des Schuldners entsteht, ist umstritten.

i) H.M.: Erfüllungsablehnung zieht Herausgabeanspruch nach sich

Der BGH[1217] und die h.Lit.[1218] gehen davon aus, dass bei Dauerschuldverhältnissen mit der Erfüllungsablehnung das Besitzrecht für den geleisteten Gegenstand entfällt und ein Herausgabeanspruch entsteht. Argumentiert wird am Beispiel der Miete: Da durch die Erfüllungsablehnung feststehe, dass der Mieter endgültig nicht mehr die Überlassung der Mietsache (§ 535 Abs. 1 S. 1 BGB) verlangen könne, sei die Mietsache wieder herauszugeben[1219]. Die Erfüllungsablehnung bewirke, dass der Mietvertrag „insolvenzmäßig abzuwickeln“ sei und damit ohne den

1215 Grundlegend BGH, Urt. v. 25.04.2002, IX ZR 313/99, BGHZ 150, S. 353, unter II. 2. b) bb) der Gründe; danach Übernahme der Dogmatik für § 103 InsO durch BGH, Urt. v. 07.04.2005, IX ZR 138/04, NJW 2005, S. 2231, unter II. 2. b) aa) der Gründe.

1216 Vgl. *Wegener*, in: Uhlenbruck, InsO, § 103, Rn. 53.

1217 BGH, Urt. v. 01.03.2007, IX ZR 81/05, NJW 2007, S. 1594, unter III. 1. b) bb) der Gründe

1218 *Huber*, in: MünchKomm, InsO, § 103, Rn. 177; *Wegener*, in: Uhlenbruck, InsO, § 103, Rn. 183; *Jacoby*, in: Jaeger, InsO, § 103, Rn. 277 ff.; *Tintelnot*, in: Kübler/Prütting/Bork, InsO, Stand: November 2011, § 103, Rn. 298; wohl auch *Ganter*, ZInsO 2004, S. 1217 (1221).

1219 *Jacoby*, in Jaeger, InsO, § 103, Rn. 279.

Schutz der bürgerlich-rechtlichen Kündigungsvorschriften[1220]. Der Besitzer verfüge insofern über eine Rechtsposition, die ihm nach der insolvenzrechtlichen Haftungsordnung nicht zustehe und daher herauszugeben sei[1221]. Der BGH äußert sich nicht zur dogmatischen Grundlage seiner Auffassung. Hinter seiner Entscheidung scheint aber die Befürchtung zu stehen, dass es ohne den Herausgabeanspruch zu dem „unleidlichen" Zustand komme, dass der Vertragspartner wegen der Undurchsetzbarkeit seiner Forderung keine Erfüllung verlangen könnte, der Insolvenzverwalter aber weder zur Herausgabe verpflichtet noch zur Verwertung berechtigt wäre[1222]. Der aussonderungsfähige Gegenstand wäre beim Insolvenzverwalter nutzlos verfangen. Auf Grundlage dieser h.M. wird vertreten, die Konsortialbanken könnten nach Erfüllungsablehnung das Treugut ohne Weiteres heraus verlangen[1223].

ii) A.A.: Herausgabeanspruch besteht nur bei Beendigung des Vertragsverhältnisses

Nach einer Mindermeinung entsteht der Herausgabeanspruch erst, wenn das zugrunde liegende Vertragsverhältnis beendet worden ist[1224]. Diese Ansicht beruft sich maßgeblich auf das dogmatische Fundament der Rechtsprechung, die davon ausgeht, dass mit der Erfüllungsablehnung der Vertrag nun endgültig undurchsetzbar werde, i.Ü. aber fortbestehe. Solange der Vertrag noch fortbesteht, soll nach dieser Ansicht auch noch das Besitzrecht gegeben sein. Ein Herausgabeanspruch sei vor Vertragsbeendigung nicht zuzugestehen[1225]. Dementsprechend müssten die Vertragsparteien das Vertragsverhältnis (z. B. durch eine Kündigung) erst noch beenden, um den Herausgabeanspruch herbeizuführen. Von dieser Ansicht wird hervorgehoben, dass der Vertragspartner durchaus ein Interesse daran haben könnte, das Vertragsverhältnis nach Beendigung des Insolvenzver-

---

1220 *Jacoby*, in Jaeger, InsO, § 103, Rn. 279. So ausdrücklich auch der BGH, Urt. v. 01.03.2007, IX ZR 81/05, NJW 2007, S. 1594, unter III. 1. b) bb) der Gründe: „Der Insolvenzverwalter hat die Mietsache folglich an den Vermieter herauszugeben, wenn er nicht die Erfüllung des Mietvertrages wählt (§ 103 Abs. 1 InsO). Einer Kündigung bedarf es nicht."

1221 *Tintelnot*, in: Kübler/Prütting/Bork, InsO, Stand: November 2011, § 103, Rn. 299.

1222 Dieser Gedanke lag einst einer RG-Entscheidung zugrunde, vgl. RG, Urt. v. 12.05.1917, V 28/17, RGZ 90, S. 218 (220).

1223 *v. Rom*, WM 2008, S. 813 (819 f.); wohl auch *Stürner*, KTS 2004, S. 259 (266).

1224 *Bork*, in: FS Wellensiek, 2011, S. 201 (205); *Marwedel*, ZInsO 2011, S. 937 (942); *v. Wilmowsky*, ZInsO 2007, S. 731 (737).

1225 *Bork*, in: FS Wellensiek, S. 201 (205); *v. Wilmowsky*, ZInsO 2007, S. 731 (737).

fahrens unter gleichen Bedingungen fortzusetzen und die Herausgabe der Mietsache daher nicht interessengerecht sei[1226].

iii) Stellungnahme

Lehnt der Insolvenzverwalter die Erfüllung ab (§ 103 Abs. 2 InsO), so wird der Treuhandvertrag endgültig undurchsetzbar, materiell-rechtlich besteht er aber weiterhin fort[1227]. Nach dieser Dogmatik wird durch die Erfüllungsablehnung auch der Herausgabeanspruch gem. §§ 667 Alt. 1, 675 Abs. 1 BGB undurchsetzbar. Gleichwohl haben die Konsortialbanken einen Anspruch auf Herausgabe des dem Sicherheitentreuhänder bestellten Pfandrechts.

Der Anspruch kann sich m. E. aber nicht – wie teilweise angenommen[1228] – aus einer analogen Anwendung vertraglicher Herausgabeansprüche ergeben. Denn die von der h.M. vertretene Annahme, dass mit der Erfüllungsablehnung das Besitzrecht entfalle, ist in Anbetracht der neueren BGH-Rechtsprechung nicht zu halten. Wenn durch die Erfüllungsablehnung der Vertrag nur endgültig undurchsetzbar wird, so bedeutet dies, dass er i.Ü. fortbesteht und dementsprechend auch das Besitzrecht aufrecht erhalten bleibt. Anspruchsgrundlagen wie § 546 Abs. 1 BGB bauen allein darauf, dass der Vertrag als Rechtsgrundlage für die Besitzübertragung entfällt und damit die Herausgabe gerechtfertigt ist. Die Rechtsgrundlage entfällt aber – ausweislich der BGH-Rechtsprechung[1229] – nicht. Die Ansprüche aus dem Rechtsgrundgeschäft sind nur dauerhaft gehemmt. Dass bei einer dauerhaften Hemmung des Überlassungsanspruches der Überlassende dennoch zur Herausgabe verpflichtet ist, beweist aber § 813 BGB. § 813 BGB ist eine Ergänzung zur Leistungskondiktion nach § 812 Abs. 1 S. 1 Alt. 1 BGB[1230]. Durch § 813 BGB sollen die Fälle erfasst werden, in denen zwar der Rechtsgrund (und damit auch das Besitzrecht) noch besteht, der zugrunde liegende Anspruch aber dauerhaft gehemmt ist. Durch § 813 BGB wird also die Leistung auf eine dauerhaft undurchsetzbare Schuld der Leistung auf die Nichtschuld gleichgesetzt[1231]. Das BGB geht offenbar davon aus, dass es sowohl bei der Leistung auf eine Nichtschuld

---

1226 *Bork*, in: FS Wellensiek, S. 201 (205); *Marwedel*, ZInsO 2011, S. 937 (942).

1227 Vgl. BGH, Urt. v. 25.04.2002, IX ZR 313/99, BGHZ 150, S. 353, unter II. 2. b) bb) der Gründe

1228 Für eine analoge Anwendung des § 546 BGB plädiert z.B. *Jacoby*, in: Jaeger, InsO, § 103, Rn. 279.

1229 Vgl. BGH, Urt. v. 25.04.2002, IX ZR 313/99, BGHZ 150, S. 353, unter II. 2. b) bb) der Gründe

1230 *Sprau*, in: Palandt, BGB, § 813, Rn. 1; *Lorenz*, in: Staudinger, BGB, § 813, Rn. 2; *Schwab*, in: MünchKomm, BGB, § 813, Rn. 2.

1231 Vgl. *Mugdan*, Die gesammten Materialien zum Bürgerlichen Gesetzbuch für das Deutsche Reich, Bd. II (Recht der Schuldverhältnisse), Motive, S. 832.

als auch auf eine dauerhaft gehemmte Schuld im Interesse der Parteien liegt, den geleisteten Gegenstand wieder zurückzugeben. Die Erwägungen dafür treffen auch auf den Fall der Erfüllungsablehnung gem. § 103 Abs. 2 InsO zu[1232]: Es würde zu widersinnigen Situationen führen, wenn z. B. der Mieter die Mietsache behalten dürfte, obwohl er gar keinen Anspruch auf Gebrauchsüberlassung hat, der Vermieter die Sache aber nicht heraus verlangen kann, obwohl er gleichzeitig auch den Mietzins nicht mehr beanspruchen kann. Insofern ist der h.M. von der teleologischen Zielrichtung zuzustimmen. Der Herausgabeanspruch ist im Fall der Erfüllungsablehnung aber nicht aus § 546 BGB abzuleiten, sondern auf Grundlage der § 813 BGB zugrunde liegenden Wertung.

Die h.M. äußert sich in diesem Zusammenhang irritierend, wenn sie darauf abstellt, der Mietvertrag müsse „insolvenzmäßig rückabgewickelt" werden[1233]. Der Herausgabeanspruch kann sich nicht aus insolvenzrechtlichen Erwägungen ergeben, sondern nur aus bürgerlich-rechtlichen Normen. Ebenso wenig wie das Aussonderungsrecht automatisch einen Herausgabeanspruch begründet, kann die Erfüllungsablehnung *per se* einen Herausgabeanspruch begründen. Die Erfüllungsablehnung führt nur mittelbar zur Entstehung eines Herausgabeanspruchs, weil durch sie die vertraglichen Ansprüche dauerhaft undurchsetzbar werden und in diesem Fall die Wertungen des § 813 BGB für einen Herausgabeanspruch sprechen. Durch die Erfüllungsablehnung werden daher auch nicht die bürgerlich-rechtlichen Kündigungsvorschriften aufgehoben[1234]. Nach der neuen BGH-Rechtsprechung hat die Erfüllungsablehnung keine Auswirkung auf den Bestand des Vertrages, so dass eine Vertragsbeendigung auch nach Erfüllungsablehnung möglich ist[1235].

1232 Dass sich § 813 Abs. 1 S. 1 BGB ausweislich des Wortlauts („...eine Einrede entgegen*stand*...") nur auf die Fälle bezieht, in denen die Einrede schon bei der Vornahme der Leistung bestand, steht dem hier nicht entgegen. Das nachträgliche Eintreten einer entsprechenden Rechtslage ist m. E. in § 813 Abs. 1 S. 1 BGB nur deshalb nicht erfasst, weil der Gesetzgeber es für unwahrscheinlich hielt, dass der Anspruch zunächst erfüllt wird, sich danach aber eine dauerhafte Einrede ergibt (vgl. *Schwab*, in: MünchKomm, BGB, § 813, Rn. 2). Dementsprechend wendet die Rechtsprechung § 813 BGB auch in Fällen an, in denen sich die Einrede erst nach Leistungsvornahme ergibt, vgl. BGH, Urt. v. 15.01.1954, V ZR 165/52, MDR 1954, S. 286 sowie OLG Naumburg, Urt. v. 17.08.1998, 1 U 53/98, NJW-RR 1999, S. 1144. Dies **ablehnend** hingegen *Buck-Heeb*, in: Erman, BGB, § 813, Rn. 1.

1233 So *Jacoby*, in: Jaeger, InsO, § 103, Rn. 279.

1234 So aber *Jacoby*, in: Jaeger, InsO, § 103, Rn. 279.

1235 BGH, Urt. v. 17.11.2005, IX ZR 162/04, NJW 2006, S. 915, unter III. 1. b) cc) der Gründe.

bbb) Erfüllungswahl (§ 103 Abs. 1 InsO)

Verlangt der Insolvenzverwalter hingegen die Erfüllung des Treuhandvertrages (§ 103 Abs. 1 InsO), so wird der Treuhandvertrag unter unveränderten Bedingungen zwischen dem Insolvenzverwalter und den Konsortialbanken fortgesetzt[1236]. Die aus dem Vertrag entstehenden Ansprüche werden wieder uneingeschränkt durchsetzbar. Da der Vertrag unter unveränderten Bedingungen fortgesetzt wird, können die Konsortialbanken gem. §§ 667 Alt. 1, 675 Abs. 1 BGB vom Insolvenzverwalter die Herausgabe der Kreditsicherheiten verlangen[1237]. Zugegebenermaßen kann mit diesem Ergebnis der Zweck des § 103 Abs. 1 InsO nicht erfüllt werden. Im Regelfall bezweckt § 103 Abs. 1 InsO, dass der Insolvenzverwalter das aus dem Vertrag abzuleitende Besitzrecht aufrecht erhalten und dem Aussonderungsberechtigten entgegenhalten kann, um damit die organisatorische Einheit des Schuldnerbetriebs aufrecht zu erhalten[1238]. Dieses Ziel kann der Insolvenzverwalter bei einem jederzeitigen Herausgabeanspruch der Konsortialbanken nicht erreichen. § 667 BGB ist indes dispositiv[1239], d. h. der Treuhandvertrag kann durchaus ein dauerhaftes Besitzrecht des Treuhänders vorsehen. Ist im Treuhandvertrag ein Besitzrecht für den Sicherheitentreuhänder vorgesehen, so führt die Erfüllungswahl dazu, dass der Insolvenzverwalter das Pfandrecht für die vereinbarte Dauer des Besitzrechts nicht nach §§ 667 Alt. 1, 675 Abs. 1 BGB herausgeben muss. In diesem Fall kann § 103 Abs. 1 InsO auch wieder seine beabsichtigte Wirkung entfalten.

Ein vertraglich vereinbartes Besitzrecht des Insolvenzverwalters können die Konsortialbanken wiederum vereiteln, wenn es ihnen gelingt, den Treuhandvertrag zu beseitigen. Durch die Beendigung könnten die Konsortialbanken einen Herausgabeanspruch aus § 812 Abs. 1 S. 2 Alt. 1 BGB bzgl. der Kreditsicherheiten erlangen. Grundsätzlich bildet die Treuhandabrede den Rechtsgrund für die Bestellung der Kreditsicherheiten[1240]. Die Treuhandabrede stellt einen Geschäftsbesorgungsvertrag gem. § 675 BGB dar. Der Geschäftsbesorgungsvertrag gem. § 675 BGB unterliegt den Regeln des Auftragsrechts, in gewissen Fällen aber auch denen zum Dienst- oder Werkvertrag[1241]. Bzgl. der Beendigung des Geschäftsbe-

---

1236 Vgl. BGH, Urt. v. 10.08.2006, IX ZR 28/05, BGHZ 169, S. 43, unter II. 2. b) bb) (1) der Gründe.

1237 Die Herausgabe ist zwar nur eine Nebenpflicht des Geschäftsbesorgers, der Insolvenzverwalter hat aber auch Nebenpflichten zu erfüllen, vgl. *Brinkmann*, in: Uhlenbruck, InsO, § 47, Rn. 99.

1238 *Andersen Freihalter Rechtsanwaltsgesellschaft mbH*, Aus- und Absonderungsrechte in der Insolvenz, 1999, Rn. 381.

1239 BGH, Urt. v. 28.11.1996, III ZR 45/96, NJW-RR 1997, S. 778, unter 1. der Gründe.

1240 *Coing*, Die Treuhand kraft privaten Rechtsgeschäfts, S. 108.

1241 Vgl. die Übersicht der anwendbaren Regelungen bei *Sprau*, in: Palandt, BGB, § 675, Rn. 7.

sorgungsvertrages gelten für den Geschäftsbesorgungsvertrag allerdings nicht die Regeln des Auftragsrechts (§ 671 BGB), sondern die des Dienstvertrags- bzw. Werkvertragsrechts[1242]. Der Treuhandvertrag i.R. eines syndizierten Kredites zielt darauf ab, dass der Sicherheitentreuhänder für eine gewisse Dauer das Treugut im Interesse der Konsortialbanken verwahrt. Dabei ist nicht ein bestimmter Erfolg geschuldet, sondern nur die Tätigkeit des treuhänderischen Haltens und Verwaltens der Kreditsicherheiten. Dementsprechend stellt der Treuhandvertrag vorliegend einen Geschäftsbesorgungsvertrag in der Form eines Dienstvertrages gem. § 611 BGB dar[1243]. Die Beendigung des Treuhandvertrages richtet sich daher nach den Kündigungsfristen des § 621 BGB[1244], sofern nicht von einem außerordentlichen gesetzlichen Kündigungsrecht (§ 314 BGB) ausgegangen werden kann[1245]. Die Anwendung des § 621 BGB ist für die Konsortialbanken von Nachteil, denn können sie den Treuhandvertrag nur innerhalb gewisser Fristen beenden, hat der Sicherheitentreuhänder für die Laufzeit der Frist immer noch ein Besitzrecht bzgl. der Kreditsicherheiten. Sie können die Kreditsicherheiten nicht sofort heraus verlangen, sondern erst nach wirksamer Ausübung der ordentlichen Kündigung. § 621 BGB ist indes abdingbar[1246], so dass die Konsortialbanken abweichend von den gesetzlichen Kündigungsfristen vertraglich regeln können, dass der Treuhandvertrag jederzeit kündbar ist oder dass für den Fall der Insolvenz des Sicherheitentreuhänders ein außerordentliches Kündigungsrecht besteht. In diesem Fall steht den Konsortialbanken die Möglichkeit offen, den Treuhandvertrag rechtzeitig zu kündigen, wodurch *ex nunc* der Rechtsgrund zum Behaltendürfen der Kreditsicherheiten entfällt. Allerdings ist zu beachten, dass die Konsortialbanken im Hinblick auf die Sicherheitenverwaltung eine GbR bilden[1247], sie also die Kündigung nicht alleine aussprechen können, sondern – vorbehaltlich anderweitiger gesellschaftsvertraglicher Regelungen – nur unter Zustimmung aller Konsortialbanken, vgl. § 709 Abs. 1 BGB. Nach wirksamer Ausübung des Kündigungsrechts können die Konsortialbanken die Herausgabe der Kreditsicherheiten gem. § 812 Abs. 1 S. 2 Alt. 1 BGB verlangen.

1242 BGH, Urt. v. 19.05.1982, I ZR 68/80, NJW 1983, S. 42, unter III. 2. der Gründe.

1243 Vgl. *Diem*, Akquisitionsfinanzierungen, § 54, Rn. 8.

1244 *Diem*, Akquisitionsfinanzierungen, § 54, Rn. 19 ff. geht hier fälschlicherweise davon aus, der Treuhandvertrag sei unter Anwendung des § 671 Abs. 1 BGB jederzeit kündbar.

1245 *Obermüller*, Insolvenzrecht in der Bankpraxis, Rn. 5.820 tritt dafür ein, dass ein gesetzliches außerordentliches Kündigungsrecht (§ 314 BGB) besteht, weil die Insolvenz die Vertrauenswürdigkeit des uneigennützigen Treuhänders zerstöre.

1246 BGH, Urt. v. 25.11.1963, VII ZR 29/62, BGHZ 40, S. 235, unter 2. e) der Gründe.

1247 Vgl. dazu oben im 2. Teil, unter A. I. 3. (Bildung eines Sicherungspools).

bb) Inhaber des Herausgabeanspruchs

Fraglich ist zuletzt, an wen die Konsortialbanken die Herausgabe der Kreditsicherheiten verlangen können. Im Innenverhältnis können die Konsortialbanken die Herausgabe nur gemeinschaftlich regeln. Dies liegt daran, dass die Konsortialbanken im Hinblick auf die Sicherheitenverwaltung und -verwertung eine GbR bilden[1248]. Denn mit der Bestellung des Pfandrechts an den Sicherheitentreuhänder verfolgen die Konsortialbanken den gemeinschaftlichen Zweck der zentralen Sicherheitenverwaltung und -verwertung[1249]. Sie können daher – vorbehaltlich anderweitiger vertraglicher Absprachen – nur gemeinschaftlich regeln, auf wen das Pfandrecht zu übertragen ist, vgl. § 709 BGB. § 709 BGB regelt indes nur das Innenverhältnis der Konsortialbanken (die „Geschäftsführungsbefugnis")[1250]. Wem der Anspruch im Außenverhältnis zusteht, ergibt sich aus § 709 BGB nicht. Bilden die Konsortialbanken – wie im Regelfall – eine Innen-GbR[1251], so kann der GbR mangels Rechtsfähigkeit der Herausgabeanspruch nicht zustehen. Es liegt keine Gesellschaftsforderung vor. Im Außenverhältnis gilt § 432 BGB[1252], d. h. die Konsortialbanken bilden eine Mitgläubigerschaft. Sie können einzeln die Herausgabe des Pfandrechts verlangen, jedoch nur an alle gemeinschaftlich, vgl. § 432 Abs. 1 S. 1 BGB. Dieses Ergebnis ist interessengerecht, denn mit der Gründung einer Innen-GbR zeigen die Gesellschafter, dass eine Anspruchsberechtigung der GbR nicht eintreten soll. Es ist beabsichtigt, dass die Gesellschafter die Ansprüche weiterhin einzeln und im eigenen Namen geltend machen können, sie aber in gewisser Weise an das gemeinschaftliche Interesse gebunden sind.

1248 Vgl. dazu oben im 2. Teil, unter A. I. 3. (Bildung eines Sicherungspools).

1249 *Diem*, Akquisitionsfinanzierungen, § 53, Rn. 6 m.w.N. Irritierend nimmt *ders.*, a.a.O., § 54, Rn. 8, dann an, zwischen jeder Konsortialbank und dem Sicherheitentreuhänder komme ein einzelner Treuhandvertrag zustande.

1250 Vgl. *Schäfer*, in: MünchKomm, BGB, § 709, Rn. 9; *Sprau*, in: Palandt, BGB, Vorb v § 709, Rn. 1.

1251 Vgl. dazu oben im 2. Teil, unter A. I. 3. b) bb) (Abgrenzung zwischen Innen- und Außen-GbR?).

1252 Das RG, Urt. v. 09. 11. 1908, VI 661/07, RGZ 70, S. 32 (34) war dementsprechend auch der Ansicht, dass § 432 BGB im „Wesen der gesamten Hand" begründet sei. Vom BGH wird § 432 BGB indes nur wie eine Art Auffangnorm verstanden, die immer dann bei der GbR greift, wenn in der „besonderen Ordnung der Gesellschaft" nichts Abweichendes vorgesehen ist, vgl. BGH, Urt. v. 24. 02. 1954, II ZR 3/53, BGHZ 12, S. 308, unter II. 2. der Gründe. Dies muss bei der Innen-GbR immer der Fall sein, denn die Innen-GbR soll nicht nach außen auftreten, so dass es im Interesse der Gesellschafter liegt, die Ansprüche im eigenen Namen geltend zu machen.

Als Empfänger des Pfandrechts können die Konsortialbanken eine der ihrigen auswählen, wegen der damit verbundenen insolvenzrechtlichen Risiken[1253] wäre es aber empfehlenswert, dass die Konsortialbanken die Herausgabe an einen externen (neuen) Sicherheitentreuhänder verlangen. Der Insolvenzverwalter hat dann das Pfandrecht auf diesen neuen Sicherheitentreuhänder zu übertragen. Zu diesem Zweck muss er die Parallelschuld an diesen abtreten, so dass ihr das Pfandrecht folgt (§ 1250 Abs. 1 S. 1 BGB).

cc) Ergebnis

Den Konsortialbanken steht ein Aussonderungsrecht (§ 47 InsO) an den dem Sicherheitentreuhänder bestellten akzessorischen Kreditsicherheiten zu. Das Aussonderungsrecht bedeutet in erster Linie nur, dass der Insolvenzverwalter beim Sicherheitentreuhänder nicht auf das Pfandrecht zugreifen und dieses für die Masse verwerten darf (§ 159 InsO). Daneben steht den Konsortialbanken auch ein Herausgabeanspruch an dem Pfandrecht zu, wenn der Insolvenzverwalter die Erfüllung des Treuhandvertrages ablehnt. Wegen des ihnen zustehenden Aussonderungsrechts ist der Herausgabeanspruch der Konsortialbanken generell insolvenzfest. Wählt der Insolvenzverwalter die Erfüllung, so hängt der Herausgabeanspruch der Konsortialbanken davon ab, ob dem Sicherheitentreuhänder ein vertragliches Recht zum Besitz eingeräumt wurde und ob die Konsortialbanken zur Kündigung der Treuhandabrede berechtigt sind. Die Herausgabe können die Konsortialbanken nur an alle verlangen. Dabei bietet es sich an, dass sie gemeinschaftlich die Übertragung auf einen neuen externen Sicherheitentreuhänder verlangen.

2. Kein Aussonderungsrecht für den Kreditnehmer/Sicherungsgeber

In der Literatur wird teilweise vertreten, dass dem Sicherungsgeber/Kreditnehmer neben den Konsortialbanken ebenfalls ein Aussonderungsrecht an den Kreditsicherheiten zustehe[1254]. Dabei wird nicht zwischen akzessorischen und nicht-akzessorischen Kreditsicherheiten unterschieden[1255]. Das sich daraus ergebende

---

1253 Nach der BGH-Rechtsprechung kann ein Aussonderungsrecht für den Treugeber nur dann entstehen, wenn der Treuhänder rein fremdnützig handelt, vgl. dazu oben unter C. I. 1. a) (Die Rechtsprechung zum Aussonderungsrecht des Treugebers).

1254 *Stürner*, KTS 2004, S. 259 (264 ff.); *v. Rom*, WM 2008, S. 813 (815 f.).

1255 Vgl. z.B. für das Pfandrecht ausdrücklich *Brinkmann*, in: Uhlenbruck, InsO, § 47, Rn. 66; *Ganter*, in: MünchKomm, InsO, § 47, Rn. 329.

Problem des doppelten Aussonderungsrechts wird dadurch gelöst, dass der Sicherungsgeber sein Aussonderungsrecht auf die Konsortialbanken überträgt[1256].

Dieser Ansicht kann m. E. nicht gefolgt werden. Es ergibt sich für den Pfandrechtsbesteller kein Aussonderungsrecht an dem Pfandrecht, weil dieses haftungsrechtlich allein dem Pfandrechtsgläubiger zuzuordnen ist. Etwas anderes könnte man nur behaupten, wenn durch die Pfandrechtsbestellung ein Treuhandverhältnis zwischen dem Pfandrechtsbesteller und dem Pfandrechtsgläubiger entstünde, der Pfandrechtsbesteller also als Treugeber erschiene. Eine Sicherungstreuhand zwischen Sicherungsgeber und Sicherheitentreuhänder entsteht aber nur bei nicht-akzessorischen Kreditsicherheiten[1257]. Im Fall der Konsortialfinanzierung hätte dies eine doppelseitige Treuhand zur Folge (zwischen Sicherungsgeber und Sicherheitentreuhänder sowie zwischen Konsortialbanken und Sicherheitentreuhänder). Die doppelseitige Treuhand bedingte wiederum ein doppeltes Aussonderungsrecht. Bei den akzessorischen Kreditsicherheiten, die nur beschränkt-dingliche Rechte darstellen, entsteht aber mangels Vollrechtsübertragung gerade kein Treuhandverhältnis. Der Sicherheitentreuhänder erhält durch das Pfandrecht nur ein Verwertungsrecht, wodurch ihm keine überschießende Rechtsmacht im Außenverhältnis zuteil wird[1258]. Damit entsteht keine doppelseitige Treuhand und auch keine doppeltes Aussonderungsrecht.

Auch aus teleologischen Gesichtspunkten ist die Literaturansicht, die ein doppeltes Aussonderungsrecht annimmt, nicht nachvollziehbar. Der Pfandrechtsgläubiger hat sich das Pfandrecht als Sicherheit für hingegebene Vermögenswerte bestellen lassen, d. h. er hat eigene Mittel investiert, für die er bei Forderungsausfall über die Sicherheitenverwertung Kompensation erhalten möchte. Warum sollte in der Insolvenz des Pfandrechtsgläubigers diese alternative Befriedigungsmöglichkeit nicht fortbestehen? Kommt es während der Insolvenz des Pfandgläubigers zum Sicherungsfall, so muss der Insolvenzverwalter auf die bestellte Sicherheit zurückgreifen können, um eine Kompensation für die einst vom Pfandgläubiger (!) hergegebenen Vermögenswerte zu erhalten. Ansonsten hätte der Sicherungsgeber Vermögenswerte vom Pfandgläubiger erhalten, für die er im Fall der Insolvenz des Pfandgläubigers nicht mehr haften müsste. Das Pfandrecht ist daher nicht dem Vermögen des Pfandrechtsbestellers/Sicherungsgebers zuzuordnen.

Anders verhält es sich bei den nicht-akzessorischen Kreditsicherheiten, die eine Vollrechtsübertragung zum Inhalt haben, wie z. B. die Sicherungsübereig-

---

1256 *Stürner*, KTS 2004, S. 259 (268 ff.).

1257 Vgl. dazu oben im 2. Teil, unter A. I. 1. (Begriff) und A. I. 2. a) (Erwerb von Vermögensrechten).

1258 Vgl. dazu oben im 2. Teil, unter A. I. 2. a) (Erwerb von Vermögensrechten).

nung. Für die Sicherungsübereignung hat der BGH im Parallelfall der Drittwiderspruchsklage (§ 771 ZPO) entschieden:

> „Ist danach der Sicherungsnehmer in seinem Verwertungsrecht gegenüber dem Sicherungsgeber eingeschränkt, so rechtfertigt es sich auch, dem Sicherungsgeber grundsätzlich ein Widerspruchsrecht zuzubilligen, wenn Gläubiger des Sicherungsnehmers die Einzelvollstreckung in das Sicherungsgut betreiben. Daß umgekehrt auch dem Sicherungsnehmer nach überwiegender Ansicht (RGZ 124, 73; BGHZ 12, 232, 234 mwN) ein Widerspruchsrecht gegen Vollstreckungsmaßnahmen von Gläubigern des Sicherungsgebers zusteht, steht dem nicht entgegen. Dieses Recht des Sicherungsnehmers läßt sich aus der allgemein die ‚Veräußerung' durch Dritte ‚hindernden' Wirkung des Eigentums herleiten. Eine in der Sicherungsabrede begründete vertragliche Verwertungsbeschränkung zu Lasten des Sicherungsnehmers und damit ein Widerspruchsrecht des Sicherungsgebers wird dadurch nicht ausgeschlossen.
> Entfällt aber im Verhältnis zwischen Sicherungsgeber und Sicherungsnehmer dessen Beschränkung, darf er also das Sicherungsgut zwecks Befriedigung seiner Forderung verwerten, so läßt sich auch ein Verbot des Zugriffs durch Gläubiger des Sicherungsnehmers nicht mehr rechtfertigen."[1259]

Der BGH stellt für die Vermögenszuordnung des Sicherungseigentums entscheidend darauf ab, ob der Sicherungsfall eingetreten ist oder nicht. Bei Eintritt des Sicherungsfalls können die Drittgläubiger des Sicherungsnehmers in das Sicherungsgut (nicht das Sicherungsrecht) vollstrecken. Damit wird deutlich, dass das Sicherungseigentum erst im Sicherungsfall vollstreckungsrechtlich dem Vermögen des Sicherungsnehmers zuzuordnen ist, vorher aber dem Vermögen des Sicherungsgebers. Durch diese Vermögenszuordnung wird der Sicherungsgeber davor geschützt, dass das Sicherungseigentum ungerechtfertigterweise (d. h. vor Eintritt des Sicherungsfalls) in Anspruch genommen wird.

Diese Rechtsprechung gilt aber nicht für die akzessorischen Kreditsicherheiten. Der Sicherungsgeber einer akzessorischen Kreditsicherheit bedarf nämlich keines vollstreckungsrechtlichen Schutzes. Denn der Fortfall des Sicherungszwecks wirkt sich bei den akzessorischen Kreditsicherheiten unmittelbar aus. Sollte der Kreditnehmer das Darlehen z. B. getilgt haben, so erlischt *ipso iure* auch das Pfandrecht, § 1252 BGB. Sollte der Darlehensvertrag beendet werden, so führt dies ebenfalls zum Erlöschen des Pfandrechts usw. Der Insolvenzverwalter kann daher bei Fortfall des Sicherungszwecks gar nicht mehr die Kreditsicherheit zur Masse verwerten, weil sie schon erloschen ist. Der Sicherungsgeber wird über die Akzessorietät des Pfandrechts ausreichend geschützt und bedarf nicht des

1259 BGH, Urt. v. 28.06.1978, VIII ZR 60/77, BGHZ 72, S. 141, unter II. 2. b) cc) der Gründe.

Schutzes von § 47 InsO. Ihm steht daher kein Aussonderungsrecht zu[1260]. Das Problem des doppelten Aussonderungsrechts stellt sich bei den akzessorischen Kreditsicherheiten daher nicht.

3. Zusammenfassung

Die Insolvenz des Sicherheitentreuhänders stellt die Konsortialbanken im *Parallel-Debt*-Modell vor die Frage, ob die dem Sicherheitentreuhänder bestellten Kreditsicherheiten in die Insolvenzmasse fallen oder nicht. Diese Frage wird im Insolvenzverfahren über den Bestand von Aussonderungsrechten (§ 47 InsO) geklärt. Ein Aussonderungsrecht besteht, wenn ein Gegenstand, der (versehentlich) der Sachherrschaft des Insolvenzverwalters unterliegt, nach haftungsrechtlichen Gesichtspunkten einem Drittgläubiger zusteht. Generell wird von der Rechtsprechung dem rein fremdnützigen Treugeber ein Aussonderungsrecht zugestanden. Nicht ganz eindeutig ist aber, unter welchen Voraussetzungen der Treugeber ein Aussonderungsrecht geltend machen kann. Die Rechtsprechung verlangt traditionellerweise, dass das Treugut dem Treuhänder unmittelbar von dem Treugeber übertragen worden ist (sog. „Unmittelbarkeitsprinzip"). Mit einem engen Verständnis des Unmittelbarkeitsprinzips ist sowohl die Übertragung des Treuguts von einem Dritten auf den Treuhänder (Erwerbstreuhand) als auch die bloß schuldrechtliche Einschränkung des Eigentums ohne jegliche Übertragung (Vereinbarungstreuhand) vom Anwendungsbereich des § 47 InsO ausgeschlossen. Nach diesem Verständnis ist das Unmittelbarkeitsprinzip bei den Konsortialbanken nicht gegeben, denn der Sicherheitentreuhänder hat die Kreditsicherheiten von dem Sicherungsgeber erhalten. Auf der Grundlage des Unmittelbarkeitsprinzips verneint die h.Lit. daher ein Aussonderungsrecht für die Konsortialbanken.

Nach hier vertretener Auffassung besteht indes ein Aussonderungsrecht für die Konsortialbanken. Es wurde gezeigt, dass der BGH in seiner jüngeren Rechtsprechung das Unmittelbarkeitsprinzip dahingehend versteht, dass auch die Erwerbstreuhand ein Aussonderungsrecht des Treugebers begründet, wenn das Treugut von Anfang an schuldrechtlich an das Interesse des Treugebers gebunden

---

1260 Auch bei beschränkt dinglichen Rechten kann sich mal ein Aussonderungsrecht ergeben. So hat das RG, Urt. v. 10.02.1915, V 381/14, RGZ 86, S. 235 (240) einem Hypothekenschuldner nach Tilgung der Darlehensschuld ein Aussonderungsrecht gegen den insolventen Sicherungsnehmer zugesprochen. Der Aussonderungsanspruch ergab sich in diesem Fall aber aus dem Umstand, dass die Hypothek im Grundbuch eingetragen war und dort nach Tilgung der Darlehensschuld gelöscht werden sollte. Der Aussonderungsanspruch bezog sich damit auch nicht auf die Hypothek, sondern die Grundbuchposition.

ist. Der BGH beruft sich darauf, dass die Treuhand aus einer schuldrechtlichen und einer dinglichen Komponente bestehe. Die schuldrechtliche Komponente stelle die Treuhandabrede dar, die dingliche Komponente werde durch den Übertragungsakt erfüllt. Dieses neue Verständnis des BGH ist m. E. kein Bruch mit dem Unmittelbarkeitsprinzip, sondern eine konsequente Weiterentwicklung. Der Grund für die Anwendung des Unmittelbarkeitsprinzips liegt nicht – wie anfangs vom RG vertreten – in einem zwingenden Begriffsverständnis der Treuhand, sondern in einer teleologischen Auslegung des Tatbestandsmerkmals „nicht zur Insolvenzmasse gehört" in § 47 S. 1 InsO. Es wurde gezeigt, dass die Rechtsprechung seit jeher mit dem Unmittelbarkeitsprinzip verhindern will, dass sich Schuldner der Treuhand bedienen, um die Insolvenzmasse zu Lasten der Insolvenzgläubiger zu schmälern und den Treugeber besser dastehen zu lassen als andere Sicherungsgeber, denen „nur" eine Kreditsicherheit zusteht. Die Rechtsprechung zieht damit das Unmittelbarkeitsprinzip heran, um Missbräuche und Wertungswidersprüche zu verhindern. Das Ziel des Unmittelbarkeitsprinzips war damit nie das korrekte sprachliche Verständnis des Treuhandbegriffs, sondern die Durchsetzung der insolvenzrechtlichen Haftungsordnung (gleichmäßige Befriedigung aller Gläubiger) in Treuhandfällen. Die Missbrauchs- und Widerspruchsgefahr besteht nach der neuen typisierenden Konzeption des BGH generell dann nicht, wenn die Treuhand – neben der schuldrechtlichen Komponente – eine dingliche Komponente aufweist. Die dingliche Komponente ist auch bei der Erwerbstreuhand gegeben. Die Erwerbstreuhand ähnelt insoweit dem Geheißerwerb, bei dem ebenfalls keine Besitzübertragung vom Veräußerer auf den Erwerber stattfindet. Doch auch ohne Besitzübertragung wird beim Geheißerwerb allgemein angenommen, dass sich der Eigentumserwerb in der Person des Erwerbers vollzieht, weil dieser dadurch, dass der Veräußerer auf seine Anweisung hin den Besitz auf einen Dritten überträgt, dokumentiert, dass ihm die tatsächliche Sachherrschaft zusteht. Ähnlich wie der „Geheißerwerber" dokumentiert auch der Treugeber bei der Erwerbstreuhand durch die Anweisung, das Treugut an den Treuhänder zu übertragen, dass das Treugut vermögensrechtlich ihm zusteht. Damit erfüllt der Treugeber im Fall der Erwerbstreuhand die von der Rechtsprechung geforderte dingliche Komponente. Den Konsortialbanken ist daher ein Aussonderungsrecht zuzugestehen.

Das Bestehen eines Aussonderungsrechts bedeutet indes nicht automatisch auch das Bestehen eines Herausgabeanspruchs bzgl. des Pfandrechts. Die Aussonderung bedeutet nur, dass das Treugut nicht zur Insolvenzmasse gehört und daher nicht vom Insolvenzverwalter verwertet werden darf. Ob darüber hinaus auch ein Herausgabeanspruch bzgl. des Treuguts besteht, ist allein nach bürgerlich-rechtlicher Rechtslage zu klären. Der Herausgabeanspruch kann sich vorliegend aus dem Treuhandvertrag (§§ 667, 675 Abs. 1 BGB) oder aufgrund von

Bereicherungsrecht (§ 812 Abs. 1 S. 2 Alt. 1 BGB bzw. § 813 BGB) ergeben. Die Ansprüche aus dem Treuhandvertrag werden nach der BGH-Rechtsprechung durch die Eröffnung des Insolvenzverfahrens undurchsetzbar. Die endgültige Entscheidung über die Durchsetzbarkeit obliegt dem Insolvenzverwalter (§ 103 InsO). Lehnt er die Erfüllung des Treuhandvertrages ab (§ 103 Abs. 2 InsO), werden die vertraglichen Ansprüche endgültig undurchsetzbar, so dass §§ 667, 675 Abs. 1 BGB als Anspruchsgrundlage ausscheidet. Indes führt die Erfüllungsablehnung nach hier vertretener Ansicht zum Entstehen eines Herausgabeanspruches auf Grundlage der Wertungen des § 813 BGB. Die Konsortialbanken können daher bei Erfüllungsablehnung das Pfandrecht vom Insolvenzverwalter heraus verlangen. Entscheidet sich der Insolvenzverwalter für die Fortführung des Treuhandvertrages (§ 103 Abs. 1 InsO), werden die gegenseitigen Ansprüche wieder durchsetzbar, so dass sich ein Herausgabeanspruch gem. §§ 667, 675 Abs. 1 BGB ergibt. Sollte dem Sicherheitentreuhänder aus dem Treuhandvertrag ein Besitzrecht zustehen, so steht es den Konsortialbanken offen, den Treuhandvertrag zu kündigen und damit das Recht zum Besitz zu beseitigen. Durch die Beendigung des Treuhandvertrages entfällt der Rechtsgrund für den Besitz und die Konsortialbanken können die Herausgabe des Pfandrechts gem. § 812 Abs. 1 S. 2 Alt. 1 BGB verlangen. Der Herausgabeanspruch steht den Konsortialbanken als Mitgläubiger i.S. des § 432 Abs. 1 BGB zu. Sie können daher die Herausgabe des Pfandrechts nur an alle Konsortialbanken gemeinschaftlich verlangen bzw. gemeinschaftlich regeln, an wen das Pfandrecht herausgegeben werden soll.

Dem Sicherungsgeber steht indes kein Aussonderungsrecht bzgl. des Pfandrechts zu. Für den Sicherungsgeber kann sich ein Aussonderungsrecht nur dann ergeben, wenn zwischen ihm und dem Sicherheitentreuhänder ein Treuhandvertrag zustande kommen würde. Dieser besteht nur bei nicht-akzessorischen Kreditsicherheiten. Bei den akzessorischen beschränkt dinglichen Rechten erhält der Sicherungsnehmer keine überschießende Rechtsmacht im Außenverhältnis, so dass auch keine Treuhand entsteht. Für den Sicherungsgeber besteht aber auch nicht das Bedürfnis für ein Aussonderungsrecht, denn über die Akzessorietät ist er ausreichend vor schädigenden Verfügungen des Insolvenzverwalters geschützt.

II. *Joint-Creditor*-Modell

Das Ergebnis zum *Parallel-Debt*-Modell ist auf das *Joint-Creditor*-Modell übertragbar, da sich beide Modelle in ihrer Grundstruktur entsprechen. Sowohl das *Parallel-Debt*-Modell als auch das *Joint-Creditor*-Modell bedienen sich eines Sicherheitentreuhänders, der die akzessorischen Kreditsicherheiten für die Konsortialbanken hält und verwaltet. Die Modelle erreichen die Treuhänderstellung nur auf unterschiedlichem Wege[1261]. Daher gilt auch für das *Joint-Creditor*-Modell das soeben Gesagte: Den Konsortialbanken steht ein Aussonderungsrecht bzgl. des Pfandrechts zu und sie können die Herausgabe des Pfandrechts (an alle gemeinschaftlich) verlangen. Dem Sicherungsgeber steht kein Aussonderungsrecht zu.

III. Ergebnis für Szenario 2

Der insolvenzrechtliche Schwerpunkt liegt im Szenario 2 (Insolvenz des Sicherheitentreuhänders) im Bereich des Aussonderungsrechts gem. § 47 InsO. Während im Szenario 1 (Insolvenz des Darlehensnehmers/Sicherungsgebers) die Anfechtungsmöglichkeiten des Insolvenzverwalters im Vordergrund standen, steht im Szenario 2 die Frage im Mittelpunkt, ob den Konsortialbanken ein Aussonderungsrecht gem. § 47 InsO ggü. dem Insolvenzverwalter (des Sicherheitentreuhänders) zusteht. Entscheidend ist dabei die Behandlung der Treuhand in der Insolvenz. Es wurde die Rechtsprechung zum Aussonderungsrecht des Treugebers dargestellt und gezeigt, dass mit der neueren Entwicklung auch die hier vorliegende Erwerbstreuhand dem Treugeber ein Aussonderungsrecht vermittelt. Dieses Ergebnis gilt sowohl für das *Parallel-Debt*-Modell als auch das *Joint-Creditor*-Modell. Das *Future-Pledgee*-Modell wurde bei der Betrachtung außen vor gelassen, weil sich bei ihm keine speziellen insolvenzrechtlichen Probleme ergeben. Beim *Future-Pledgee*-Modell übernimmt der Sicherheitentreuhänder nicht die akzessorischen Kreditsicherheiten der Konsortialbanken, sondern tritt bei der Sicherheitenbestellung nur als Vertreter für die Konsortialbanken auf. Dementsprechend entstehen die Kreditsicherheiten unmittelbar in der Person der Konsortialbanken, so dass diese selbst Absonderungsberechtigte gem. § 50 InsO sind.

Hervorzuheben sind zuletzt noch die herausgearbeiteten wichtigen Merkmale, ohne die das Treuhandmodell kein Aussonderungsrecht begründen kann. Die Rechtsprechung erkennt ein Aussonderungsrecht des Treugebers nur an, wenn der Treuhänder ausschließlich fremdnützig tätig wird. In der Praxis ist daher darauf zu achten, dass als Sicherheitentreuhänder nur eine Bank auftritt, die selbst nicht am syndizierten Kredit beteiligt ist. Dementsprechend ist es bei der Ausübung des Herausgabeanspruches in der Insolvenz des Sicherheitentreuhänders auch empfehlenswert, dass die Konsortialbanken die Herausgabe des Pfandrechts an einen unbeteiligten neuen Sicherheitentreuhänder verlangen. Um

1261 Vgl. dazu oben unter B. II. (*Joint-Creditor*-Modell).

in der Insolvenz des Sicherheitentreuhänders handlungsfähig zu bleiben, sollten die Konsortialbanken zudem ihren Herausgabeanspruch absichern. Dafür ist es empfehlenswert, vertraglich festzulegen, dass die Konsortialbanken jederzeit das Treugut heraus verlangen können oder dass sie die Treuhandvereinbarung in Abweichung von § 621 BGB jederzeit kündigen können.

D. Szenario 3: Insolvenz einer Konsortialbank

Das letzte Szenario behandelt die Insolvenz einer der Konsortialbanken. Die Insolvenz einer Konsortialbank liegt – wie die Bankenkrise 2008 gezeigt hat – nicht außerhalb jeglicher Wahrscheinlichkeit[1262]. Sollte über das Vermögen einer Konsortialbank das Insolvenzverfahren eröffnet werden, so stellt sich für die anderen Konsortialbanken die Frage, ob die dem Sicherheitentreuhänder bestellten Kreditsicherheiten in ihrer derzeitigen Form bestehen bleiben und wie sich die Insolvenz der Konsortialbank auf den Sicherungspool auswirkt.

I. *Parallel-Debt*-Modell

Im *Parallel-Debt*-Modell werden die Kreditsicherheiten zentral vom Sicherheitentreuhänder gehalten und verwaltet. Im Verhältnis zwischen jeder Konsortialbank und dem Sicherheitentreuhänder entsteht eine Treuhand. Wie bereits festgestellt, ist das Treugut in der Insolvenz dem Vermögen des Treugebers zuzuordnen[1263]. Das Pfandrecht, das die Konsortialbanken treuhänderisch auf den Sicherheitentreuhänder übertragen haben, gehört damit haftungsrechtlich den Konsortialbanken und nicht dem Sicherheitentreuhänder. In der Insolvenz einer Konsortialbank fällt das Pfandrecht daher in die Insolvenzmasse (§ 35 InsO). Allerdings wird das Pfandrecht nicht komplett der Insolvenzmasse zugeordnet, sondern nur in Abhängigkeit von dem Konsortialanteil der insolventen Konsortialbank. Das Pfandrecht steht haftungsrechtlich jeder Konsortialbank anteilig zu. Die anteilige Zugehörigkeit bemisst sich nach der Höhe des Konsortialanteils. Damit bezieht sich der Insolvenzbeschlag (§ 80 InsO) nur auf den Teil des Pfandrechts, der in der Höhe dem Konsortialanteil der insolventen Konsortialbank entspricht. Der Sicherheitentreuhänder darf nur noch über den restlichen Teil des Pfandrechts verfügen, der haftungsrechtlich den solventen Konsortialbanken zuzuordnen ist. Damit wird ein Teil des Pfandrechts aus der zentralisierten Sicherheitenstruktur der Konsortialbanken herausgelöst.

Darüber hinaus stellt sich die Frage, ob der Insolvenzverwalter die Herausgabe des Pfandrechts verlangen kann und welche Auswirkungen die Insolvenz einer Konsortialbank auf den Bestand des gemeinsamen Sicherungspools hat.

1262 Vgl. dazu oben unter 3. Teil (Der syndizierte Kredit in der Insolvenz).
1263 Vgl. dazu oben unter C. I. 1. (Bestehen eines Aussonderungsrechts für die Konsortialbanken).

1. Herausgabeanspruch des Insolvenzverwalters

Zwischen den Konsortialbanken und dem Sicherheitentreuhänder besteht jeweils ein Treuhandverhältnis bzgl. der akzessorischen Kreditsicherheiten[1264]. Durch die Eröffnung des Insolvenzverfahrens über das Vermögen einer Konsortialbank erlischt der jeweilige Treuhandvertrag gem. §§ 116 S. 1, 115 Abs. 1 InsO. Mit Erlöschen des Treuhandvertrages erlischt auch das Besitzrecht bzgl. des Treugutes. Der Insolvenzverwalter eines insolventen Treugebers kann daher grundsätzlich das Treugut vom Treuhänder heraus verlangen gem. § 812 Abs. 1 S. 2 Alt. 1 BGB[1265]. Der Herausgabeanspruch bezieht sich vorliegend aber nicht auf das Pfandrecht im Ganzen, sondern nur auf den Teil, der in der Höhe dem jeweiligen Konsortialanteil entspricht. Das ist der Teil, der haftungsrechtlich der Insolvenzmasse zuzuordnen ist. Der Sicherheitentreuhänder muss dementsprechend die Parallelschuld in der Höhe des betroffenen Konsortialanteils an den Insolvenzverwalter abtreten. Der entsprechende Anteil am Pfandrecht folgt dann der teilabgetretenen Parallelschuld, vgl. § 1250 Abs. 1 S. 1 BGB[1266]. Der Insolvenzverwalter kann im Folgenden das übertragene Pfandrecht – nach Eintritt der Pfandreife – zur Masse verwerten, denn das Treugut gehört nach der insolvenzrechtlichen Haftungsordnung zum Vermögen des Treugebers[1267] und dient daher auch der Befriedigung seiner Gläubiger[1268].

Mit dem Erlöschen des Treuhandvertrages muss der Sicherheitentreuhänder nicht mehr das Pfandrecht im Interesse der insolventen Konsortialbank halten und verwalten. Durch die Insolvenz einer Konsortialbank geht zwar ein Teil des Pfandrechts verloren, der Sicherheitentreuhänder muss aber das Pfandrecht nur noch für die übrigen Konsortialbanken halten und verwalten. I. E. sind die anderen Konsortialbanken daher genauso gut abgesichert wie zuvor.

1264 Vgl. dazu oben im 2. Teil, unter A. I. 2. (Der Sicherheitentreuhänder i.R. eines syndizierten Kredites).

1265 Vgl. BGH, Urt. v. 25.04.1962, VIII ZR 43/61, NJW 1962, S. 1200, unter 1. der Gründe.

1266 Umstritten ist allerdings, ob nach der Teilabtretung mehrere Einzelpfandrechte entstehen oder ein gemeinschaftliches Pfandrecht, vgl. für **Einzelpfandrecht** *Damrau*, in: MünchKomm, BGB, § 1250, Rn. 2; *Bassenge*, in: Palandt, BGB, § 1250, Rn. 1; *Habersack*, in: Soergel, BGB, § 1250, Rn. 4; für **gemeinschaftliches Pfandrecht** *Wiegand*, in: Staudinger, BGB, § 1250, Rn. 5.

1267 Vgl. dazu oben unter C. I. 1. b) (Anwendung der Rechtsprechung auf das *Parallel-Debt*-Modell).

1268 Vgl. auch *Ganter*, in: MünchKomm, InsO, § 47, Rn. 371; *Brinkmann*, in: Uhlenbruck, InsO, § 47, Rn. 34.

2. Auswirkungen auf den Sicherungspool

Die Konsortialbanken bilden in Bezug auf die gemeinsame Sicherheitenverwaltung und -verwertung eine Innen-GbR („Sicherungspool")[1269]. Die Insolvenz einer Konsortialbank hat gesellschaftsrechtliche Auswirkungen auf den Sicherungspool. Diese können sich in drei Alternativen zeigen.

a) Auflösung der GbR gem. § 728 Abs. 2 BGB

Bei der Insolvenz eines Gesellschafters wird die GbR grundsätzlich aufgelöst, § 728 Abs. 2 S. 1 BGB. Sofern gesellschaftsvertraglich nichts anderes vorgesehen ist, findet zwischen den Gesellschaftern die Auseinandersetzung nach Maßgabe der §§ 732–735 BGB statt, §§ 730 Abs. 1, 731 S. 1 BGB. Die Auseinandersetzung ist beim Sicherungspool allerdings nicht von besonderem Umfang. Denn mangels eigenen Gesellschaftsvermögens des Sicherungspools wird es für die Konsortialbanken weder einen zu verteilenden Überschuss (§ 734 BGB) noch eine Nachschusspflicht (§ 735 BGB) geben. Die Auseinandersetzung besteht allein in der Aufhebung der gesellschaftsvertraglichen Bindung. Die Treuhandverträge zwischen den (solventen) Konsortialbanken und dem Sicherheitentreuhänder bleiben indes bestehen. Da die Konsortialbanken nach Auflösung der GbR nicht mehr gesellschaftsvertraglich untereinander gebunden sind, können sie ihren Teil am Pfandrecht ohne Rücksicht auf die gemeinsame Sicherheitenstruktur heraus verlangen: die solventen Konsortialbanken gem. §§ 667, 675 Abs. 1 BGB, der Insolvenzverwalter gem. § 812 Abs. 1 S. 2 Alt. 1 BGB. Damit kann der Fall eintreten, dass das Pfandrecht auf die Konsortialbanken und den Insolvenzverwalter in der jeweiligen Höhe des Konsortialanteils aufgeteilt wird. Der Insolvenzverwalter und die anderen Konsortialbanken verwalten dann ihr jeweiliges Pfandrecht unabhängig voneinander und ohne zentralen Sicherheitentreuhänder.

b) Fortsetzung der GbR ohne die insolvente Konsortialbank gem. § 736 Abs. 1 BGB

Um die Auflösung des Sicherungspools zu vermeiden, kann die Fortsetzung der GbR ohne den insolventen Gesellschafter vereinbart werden, vgl. § 736 Abs. 1 BGB. Die Vereinbarung der Fortsetzung der GbR kann gesellschaftsvertraglich (sog. „Fortsetzungsklausel") oder per Gesellschafterbeschluss geschehen[1270]. Der Insolvenzverwalter erhält in diesem Fall nur einen Abfindungsanspruch, der sich

---

1269 Vgl. dazu oben im 2. Teil, unter A. I. 3. (Bildung eines Sicherungspools).
1270 *Ulmer/Schäfer*, in: MünchKomm, BGB, § 736, Rn. 8 und 17.

in der Höhe nach dem Wert seines Gesellschaftsanteils richtet, vgl. § 738 Abs. 1 S. 2 BGB. Der Wert seines Gesellschaftsanteils bemisst sich nach dem sog. Ertragswertverfahren[1271]. Es ist dabei maßgeblich, welche zukünftigen Erträge aus dem Gesellschaftsanteil zu erwarten sind. Der Sicherungspool ist nicht auf Gewinnerzielung ausgerichtet, Erträge sind aus dem Gesellschaftszweck (der gemeinsamen Sicherheitenverwaltung und -verwertung) nicht zu erwarten. Der Sicherungspool führt aber zu einer Ersparnis von Aufwendungen, die sich durch die effizientere und zentralisierte Sicherheitenverwaltung und -verwertung ergibt[1272]. Diese Ersparnis kann monetär ausgedrückt werden und stellt den Wert des Gesellschaftsanteils dar. Scheidet also die insolvente Konsortialbank aus dem Sicherungspool aus und wird dieser mit den restlichen Konsortialbanken fortgesetzt, so müssen diese dem Insolvenzverwalter eine Abfindung in der Höhe der durch den Sicherungspool zu erzielenden Aufwendungsersparnis zahlen.

c) Fortsetzung der GbR mit der insolventen Konsortialbank

Die GbR kann auch mit der insolventen Konsortialbank fortgeführt werden. Den Gesellschaftern einer GbR steht es grundsätzlich frei, die GbR trotz der Insolvenz eines Gesellschafters unverändert fortzusetzen. Sie können dies entweder gesellschaftsvertraglich vereinbaren oder per Gesellschafterbeschluss festlegen. Voraussetzung dafür ist allerdings, dass der Insolvenzverwalter den Gesellschaftsanteil der insolventen Konsortialbank freigibt[1273]. Die Freigabe stellt eine gesetzlich nicht geregelte – aber gewohnheitsrechtlich anerkannte[1274] – Handlung dar, durch die der Insolvenzverwalter Gegenstände aus dem Insolvenzbeschlag herauslösen kann[1275]. Mit der Erklärung der Freigabe gehört der betroffene Gegenstand nicht mehr zur Insolvenzmasse, sondern zum insolvenzfreien Vermögen des Schuldners[1276]. Der Schuldner erhält die Verfügungsbefugnis über den Gegenstand zurück[1277]. Vorliegend bedeutet dies, dass die insolvente Konsortialbank wieder eigenständig als Gesellschafter in dem Sicherungspool agieren kann, so-

---

1271 *Dies.*, a.a.O., § 738, Rn. 35.

1272 Zu diesem Vorteil vgl. oben im 1. Teil, unter D. III. (Zentrale Sicherheitenbestellung und -verwaltung).

1273 *Habermeier*, in: Staudinger, BGB, § 728, Rn. 25; *Ulmer/Schäfer*, in: MünchKomm, BGB, § 728, Rn. 44.

1274 Zur Anerkennung des Freigaberechts des Insolvenzverwalters vgl. BGH, Urt. v. 21.04.2005, IX ZR 281/03, BGHZ 163, S. 32, unter II. der Gründe.

1275 Zur Freigabe allgemein vgl. *Hirte*, in: Uhlenbruck, InsO, § 35, Rn. 71 ff.

1276 *Schilken*, in: Jaeger, InsO, § 32, Rn. 38; *Hirte*, in: Uhlenbruck, InsO, § 35, Rn. 82.

1277 Vgl. BGH, Urt. v. 21.04.2005, IX ZR 281/03, BGHZ 163, S. 32, unter II. 1. der Gründe.

bald der Insolvenzverwalter den Gesellschaftsanteil freigibt. Zwischen ihr und den anderen Konsortialbanken wird der Sicherungspool unverändert fortgesetzt.

Allerdings ist zu beachten, dass die Freigabe des Gesellschaftsanteils keinen Vorteil in Bezug auf das Pfandrecht gibt. Denn das Pfandrecht gehört nicht zum Gesellschaftsvermögen der GbR und wird daher nicht durch die Freigabe des Gesellschaftsanteils berührt. Das Pfandrecht ist wegen der einzelnen Treuhandabreden haftungsrechtlich den Konsortialbanken zuzuordnen[1278]. Dementsprechend unterliegt das Pfandrecht, soweit es über den Treuhandvertrag dem Vermögen der insolventen Konsortialbank zuzuordnen ist, noch dem Insolvenzbeschlag. Da der Treuhandvertrag erlischt (§ 116 S. 1 InsO), kann der Insolvenzverwalter den entsprechenden Anteil am Pfandrecht heraus verlangen. Nur wenn er die Rechte aus dem Treuhandvertrag ebenfalls freigibt, unterliegt der Anteil der Konsortialbank am Pfandrecht wieder der gesellschaftsvertraglichen Bindung ggü. den anderen Konsortialbanken. Um also den Sicherungspool effektiv wieder herstellen zu können, muss der Insolvenzverwalter sowohl den Gesellschaftsanteil der insolventen Konsortialbank als auch die Rechte aus dem Treuhandvertrag bzgl. des Pfandrechts freigeben. Es ist allerdings zu erwarten, dass er dafür eine finanzielle Kompensation erhalten will (sog. „erkaufte Freigabe“[1279]).

d) Ergebnis

Die Insolvenz einer Konsortialbank hat unmittelbare Auswirkungen auf den Sicherungspool. Die Auswirkungen lassen sich in drei Alternativen unterteilen: die Auflösung des Sicherungspools (§ 728 Abs. 2 BGB), die Fortsetzung des Sicherungspools ohne die insolvente Konsortialbank (§ 736 Abs. 1 BGB) und die Fortsetzung des Sicherungspools mit der insolventen Konsortialbank. Die für die übrigen Konsortialbanken schlechteste Alternative ist die Auflösung des Sicherungspools, weil dadurch die zentralisierte Sicherheitenstruktur entfällt. Die Fortsetzung der GbR kann in beiden Alternativen durch gesellschaftsvertragliche Vereinbarung oder per Gesellschaftsbeschluss erreicht werden.

3. Zusammenfassung

Mit der Insolvenz einer Konsortialbank erlischt die Treuhandabrede zwischen dieser und dem Sicherheitentreuhänder, § 115 Abs. 1, 116 S. 1 InsO. Dadurch entfällt

1278 Vgl. dazu oben unter C. I. 1. b) dd) (Stellungnahme).
1279 Zum Begriff vgl. *Lüke*, in: Kübler/Prütting/Bork, InsO, § 80, Stand: September 2009, Rn. 95 ff.

das Besitzrecht des Sicherheitentreuhänders bzgl. des Anteils der Konsortialbank am Pfandrecht. Der Insolvenzverwalter kann die Herausgabe des Anteils am Pfandrecht gem. § 812 Abs. 1 S. 2 Alt. 1 BGB verlangen. Dazu muss der Sicherheitentreuhänder den entsprechenden Anteil an der Parallelschuld an den Insolvenzverwalter abtreten, das Pfandrecht folgt dieser Abtretung in Teilen, vgl. § 1250 Abs. 1 S. 1 BGB.

Mit der Insolvenz einer Konsortialbank wird der Sicherungspool grundsätzlich abgewickelt, vgl. § 728 Abs. 2 BGB. Die Abwicklung ist für die übrigen Konsortialbanken nachteilig, denn dadurch geht die gegenseitige gesellschaftsvertragliche Bindung und damit auch die zentralisierte Sicherheitenstruktur verloren. Nach erfolgter Auflösung des Sicherungspools kann jede Konsortialbank die Herausgabe ihres Teils am Pfandrecht verlangen und fortan die Sicherheitenverwaltung und -verwertung eigenständig übernehmen.

Um den Verlust der zentralisierten Sicherheitenstruktur zu vermeiden, sollte gesellschaftsvertraglich vereinbart oder per Gesellschafterbeschluss festgelegt werden, dass die GbR auch in der Insolvenz eines ihrer Gesellschafter fortgeführt wird. Die Fortführung kann entweder ohne oder mit Beteiligung der insolventen Konsortialbank geschehen. Ohne Beteiligung der insolventen Konsortialbank ist dem Insolvenzverwalter eine Abfindung in der Höhe des Wertes des Gesellschaftsanteils zu zahlen (§§ 736 Abs. 1, 738 Abs. 1 S. 2 BGB). Die Fortführung mit Beteiligung der insolventen Konsortialbank ist nur möglich, wenn der Insolvenzverwalter sowohl den Gesellschaftsanteil als auch die Rechte aus dem Treuhandvertrag mit dem Sicherheitentreuhänder freigibt. Ist dies geschehen, kann der Sicherungspool unverändert fortgeführt werden.

II. *Joint-Creditor*-Modell

Für das *Joint-Creditor*-Modell sind abermals keine Unterschiede zum *Parallel-Debt*-Modell zu verzeichnen. Im *Joint-Creditor*-Modell besteht bzgl. der akzessorischen Kreditsicherheiten ebenso eine Treuhand zwischen dem Sicherheitentreuhänder und der jeweiligen Konsortialbank wie im *Parallel-Debt*-Modell[1280]. Durch die Insolvenz einer Konsortialbank erlischt dieser Treuhandvertrag, §§ 115 Abs. 1, 116 S. 1 InsO, so dass der Insolvenzverwalter einen Teil des Pfandrechts heraus verlangen kann. Der zwischen den Konsortialbanken bestehende Sicherungspool[1281] ist in-

1280 Vgl. dazu oben im 2. Teil, unter A. I. (Der Sicherheitentreuhänder).

1281 Auch im *Joint-Creditor*-Modell bilden die Konsortialbanken untereinander eine GbR, vgl. dazu oben im 2. Teil, unter A. I. 3. (Bildung eines Sicherungspools).

folge der Insolvenz einer Konsortialbank grundsätzlich aufzulösen, § 728 Abs. 2 BGB, es sei denn es ist gesellschaftsvertraglich oder per Gesellschafterbeschluss festgelegt, dass der Sicherungspool mit oder ohne die insolvente Konsortialbank fortbesteht. *Joint-Creditor*-Modell und *Parallel-Debt*-Modell verlaufen daher auch in dieser Hinsicht parallel.

III. *Future-Pledgee*-Modell

Keine insolvenzrechtlichen Besonderheiten sind beim *Future-Pledgee*-Modell zu verzeichnen. Im *Future-Pledgee*-Modell sind die Konsortialbanken selbst Inhaber der akzessorischen Kreditsicherheiten[1282]. Die Kreditsicherheit, also das Pfandrecht (nicht das Sicherungsgut selbst[1283]), gehört damit zur Insolvenzmasse. Der Insolvenzverwalter kann das Pfandrecht bei Pfandreife verwerten und den Erlös zur Masse ziehen. Der Sicherungsgeber kann das Pfandrecht nicht aussondern, denn durch die Einräumung eines nur beschränkt dinglichen Rechts entsteht zwischen ihm und der Konsortialbank kein Treuhandverhältnis[1284]. Der Sicherungsgeber tritt damit dem Insolvenzverwalter grundsätzlich nur als Insolvenzgläubiger i.S. des § 38 InsO gegenüber.

IV. Ergebnis für Szenario 3

Die Insolvenz einer Konsortialbank ist grundsätzlich weniger problematisch als die zuvor behandelten Szenarien (Insolvenz des Kreditnehmers/Sicherungsgebers oder des Sicherheitentreuhänders). Nichtsdestotrotz birgt die Insolvenz einer Konsortialbank das Risiko der Auflösung des Sicherungspools. Mit der Auflösung des Sicherungspools geht die vereinbarte zentralisierte Sicherheitenstruktur unter und jede Konsortialbank kann über ihren Anteil am Pfandrecht frei verfügen. Die Gefahr eines Verlustes des Pfandrechts geht damit nicht einher, denn jede Konsortialbank kann nur die Herausgabe des ihr gebührenden Anteils am Pfandrecht verlangen. Um aber die Vorteile der zentralisierten Sicherheitenverwaltung und -verwertung aufrecht zu erhalten, ist es empfehlenswert, gesellschaftsvertraglich zu vereinbaren oder per Gesellschafterbeschluss festzulegen, dass die GbR entweder mit oder ohne die insolvente Konsortialbank fortgesetzt wird. Die Fortset-

---

1282 Vgl. dazu oben im 2. Teil, unter B. I. 1. (Struktur des Modells).

1283 Das Sicherungsgut ist der Gegenstand, an dem das Verwertungsrecht besteht, hier z. B. der Gesellschaftsanteil. Zur Terminologie vgl. oben im 1. Teil, unter B. I. 1. (Begriff).

1284 Vgl. dazu oben im 2. Teil, unter A. I. 2. a) (Erwerb von Vermögensrechten).

zung mit der insolventen Konsortialbank hat den Vorteil, dass die anderen Konsortialbanken dem Insolvenzverwalter keine Abfindung zahlen müssen. Auf der anderen Seite ist die Fortsetzung des Sicherungspools mit der insolventen Konsortialbank nur möglich, wenn der Insolvenzverwalter den Gesellschaftsanteil und die Rechte aus dem Treuhandvertrag freigibt. Die Freigabe wird sich der Insolvenzverwalter wiederum ebenfalls vergüten lassen, so dass in finanzieller Hinsicht der Unterschied zwischen den beiden Alternativen nicht allzu groß sein wird.

E. Ergebnis des 3. Teils und Praxisempfehlung

Der 3. Teil der vorliegenden Arbeit war der Behandlung des syndizierten Kredites in der Insolvenz gewidmet. Es wurden drei Szenarien durchgespielt: die Insolvenz des Kreditnehmers/Sicherungsgebers, die Insolvenz des Sicherheitentreuhänders sowie die Insolvenz einer Konsortialbank. Innerhalb dieser Szenarien wurden wiederum die im 2. Teil vorgestellten drei Besicherungsmodelle (*Parallel-Debt*-Modell, *Joint-Creditor*-Modell, *Future-Pledgee*-Modell) vergleichend gegenübergestellt. Ziel war es, das Modell herauszufiltern, das in den unterschiedlichen Insolvenzszenarien den Fortbestand der Besicherung der Konsortialbanken am Besten gewährleistet.

In der Insolvenz des Darlehensnehmers/Sicherungsgebers konnten keine wesentlichen Unterschiede zwischen den drei Modellen festgestellt werden. In allen drei Modellen besteht die Gefahr des Verlusts der Kreditsicherheiten durch die Insolvenzanfechtung gem. §§ 129 ff. InsO. Da i.R.v. syndizierten Krediten regelmäßig Pfandrechte an Gesellschaftsanteilen bestellt werden, ist die Rechtsprechung des BGH zum atypischen Pfandgläubiger zu beachten. Die BGH-Rechtsprechung zum atypischen Pfandgläubiger ist nach hier vertretener Auffassung auch nach Inkrafttreten des MoMiG im Jahr 2008 anwendbar und daher auch für zukünftige Fälle von Bedeutung. Die Einordnung als atypischer Pfandgläubiger ermöglicht es dem Insolvenzverwalter, die Bestellung der Kreditsicherheiten unter den (großzügigen) Voraussetzungen des § 135 Abs. 1 Nr. 1 InsO anzufechten und damit den Verlust der Kreditsicherheiten herbeizuführen. Unterschiedlich ist nur der jeweilige Anfechtungsgegner: Während i.R. des *Parallel-Debt*-Modells bzw. des *Joint-Creditor*-Modells der Sicherheitentreuhänder der Anfechtungsgegner ist, sind es i.R. des *Future-Pledgee*-Modells die Konsortialbanken selbst.

Deutliche Unterschiede zwischen den Modellen haben sich in der Insolvenz des Sicherheitentreuhänders gezeigt. I.R. des *Parallel-Debt*-Modells und des *Joint-Creditor*-Modells werden die Kreditsicherheiten sachenrechtlich dem Sicherheitentreuhänder bestellt. Dieser wird über eine Treuhandabrede schuldrechtlich an das Interesse der Konsortialbanken gebunden. Dadurch entsteht eine Treuhandkonstruktion, in der dem Treugeber (den Konsortialbanken) in der Insolvenz des Treuhänders ein Aussonderungsrecht zusteht. Über das Aussonderungsrecht können die Konsortialbanken die Massefremdheit des Pfandrechts geltend machen. Der Insolvenzverwalter darf daher das Pfandrecht nicht zur Masse verwerten. Darüber hinaus steht den Konsortialbanken auch ein Herausgabeanspruch bzgl. des Pfandrechts zu, so dass ihre Kreditsicherheiten grundsätzlich vor dem Zugriff des Insolvenzverwalters geschützt sind. Die Konsortialbanken können aber nicht verhindern, dass das Pfandrecht zunächst einmal der Sachherrschaft des Insolvenzverwalters unterfällt. Wenn der Insolvenzverwalter von sich aus nicht schon die Kreditsicherheiten freigibt, müssen die Konsortialbanken die Aussonderung und Herausgabe des Pfandrechts gerichtlich verfolgen. Solche Komplikationen ergeben sich beim *Future-Pledgee*-Modell nicht, denn dem Sicherheitentreuhänder sind dort keine akzessorischen Kreditsicherheiten übertragen worden. Im *Future-Pledgee*-Modell halten die Konsortialbanken selbst und eigenständig ihre jeweiligen Kreditsicherheiten. Dementsprechend hat auch die Insolvenz des Sicherheitentreuhänders keine Bedeutung für den Bestand der Kreditsicherheiten.

Auch im Szenario der Insolvenz einer Konsortialbank ist das *Future-Pledgee*-Modell vorteilhaft. Denn die Insolvenz einer Konsortialbank hat keinerlei Auswirkungen auf die den anderen Konsortialbanken bestellen Kreditsicherheiten. Die Konsortialbanken halten und verwalten ihre Kreditsicherheiten unabhängig voneinander, so dass die Eröffnung des Insolvenzverfahrens über das Vermögen einer Konsortialbank die anderen Konsortialbanken nicht in ihrer Besicherung beeinträchtigt. Das *Parallel-Debt*-Modell und das *Joint-Creditor*-Modell führen hingegen zu rechtlichen Schwierigkeiten, weil die Insolvenz einer Konsortialbank das Erlöschen des jeweiligen Treuhandvertrages zur Folge hat und damit der Insolvenzverwalter seinen Anteil am Pfandrecht heraus verlangen kann. Zudem kann die Insolvenz einer Konsortialbank die Auflösung des Sicherungspools zur Folge haben, wodurch die von den beiden Modellen beabsichtigte zentralisierte Sicherheitenstruktur aufgehoben wird. Dieser Gefahr können die Konsortialbanken dadurch begegnen, dass sie gesellschaftsvertraglich vereinbaren oder per Gesellschafterbeschluss festlegen, dass der Sicherungspool auch bei Insolvenz einer Konsortialbank fortgesetzt wird.

In insolvenzrechtlicher Hinsicht kann das *Future-Pledgee*-Modell überzeugen. Dadurch, dass i.R. des *Future-Pledgee*-Modells die Kreditsicherheiten den Konsortialbanken selbst und nicht dem Sicherheitentreuhänder bestellt werden, treten in diesem Modell keine problematischen Vermögenszuordnungen oder Strukturveränderungen auf. Insofern ist bei dem *Future-Pledgee*-Modell grundsätzlich eine geringere juristische Komplexität zu verzeichnen. Die höhere Komplexität des *Parallel-Debt*-Modells und des *Joint-Creditor*-Modells bedeutet nach den hiesigen Ergebnissen allerdings keine geringere insolvenzrechtliche Belastbarkeit. Wie gezeigt, besteht die Gefahr der Insolvenzanfechtung im Szenario der Insolvenz des Sicherungsgebers/Darlehensnehmers bei allen Modellen, so dass sich in dieser Hinsicht keine juristischen Nachteile ggü. dem *Future-Pledgee*-Modell ergeben. Ebenso können die Konsortialbanken beim *Parallel-Debt*-Modell und *Joint-Creditor*-Modell im Szenario der Insolvenz des Sicherheitentreuhänders das Pfandrecht aussondern und heraus verlangen, wodurch sie ihre Besicherung genauso sicherstellen können wie wenn ihnen selbst das Pfandrecht bestellt worden wäre. Zugegebenermaßen kann die Geltendmachung des Aussonderungsrechts und des Herausgabeanspruches mit zusätzlichem Aufwand – bis hin zu gerichtlichen Verfahren – verbunden sein. Juristisch gesehen ist die Pfandrechtsbestellung aber ebenso insolvenzfest wie i.R. des *Future-Pledgee*-Modells. Auch im Szenario der Insolvenz einer anderen Konsortialbank können die Konsortialbanken beim *Parallel-Debt*-Modell und *Joint-Creditor*-Modell ihre Sicherheitenstruktur aufrecht erhalten. Dazu sind zwar gesellschaftsrechtliche Maßnahmen notwendig, i.E. können sie dadurch aber die von ihnen beabsichtigte zentralisierte Sicherheitenverwaltung bewahren. Es lässt sich feststellen, dass sich die Probleme, die sich aus der Komplexität des *Parallel-Debt*-Modells und des *Joint-Creditor*-Modells ergeben, durch zusätzliche juristische Maßnahmen beheben lassen. Somit sind aus rein rechtlicher Sicht alle drei Modelle gleichwertig, beim *Future-Pledgee*-Modell kann der erwünschte Erfolg allerdings mit geringerem Aufwand erreicht werden.

Zusammenfassung der Arbeitsergebnisse

Die vorliegende Arbeit befasst sich mit der akzessorischen Besicherung von syndizierten Krediten. Die Akzessorietät gewisser Kreditsicherheiten im deutschen Recht zwingt die Bankenpraxis zu bestimmten Hilfskonstruktionen, mit denen sie ihre wirtschaftlichen Interessen mit rechtlichen Vorgaben in Einklang zu bringen versucht. In der Praxis haben sich dabei drei unterschiedliche Modelle herauskristallisiert. Inhalt dieser Arbeit war es, diese Modelle in kreditsicherungsrechtlicher und insolvenzrechtlicher Hinsicht zu überprüfen. Durch die Überprüfung sollte herausgefunden werden, welches Modell die besten Aussichten bietet, die Konsortialbanken eines syndizierten Kredites effektiv zu besichern.

Ausgangspunkt der Betrachtung war das praktische Interesse der Wirtschaft an syndizierten Krediten. Mit syndizierten Krediten kann einerseits der hohe Finanzbedarf von Unternehmen der Realwirtschaft und von Finanzinvestoren gedeckt werden. Andererseits ermöglichen syndizierte Kredite kleineren Banken die Teilnahme an einer Großkreditvergabe, die sie alleine mit ihren eigenen Mitteln nicht bewerkstelligen könnten. Wesensmerkmal eines syndizierten Kredites ist die Möglichkeit der späteren Übertragung des jeweiligen Konsortialanteils (sog. „Syndizierung"). Die Syndizierung findet im internationalen Bankenverkehr aufgrund des vorherrschenden Common Law in der Form der Novation statt.

Der Ausgestaltung der Syndizierung als Novation steht die Akzessorietät einiger Kreditsicherheiten entgegen. Besonders prominent sticht dabei das Pfandrecht an Rechten hervor, das i.R.v. syndizierten Krediten regelmäßig zur Verpfändung von Gesellschaftsanteilen eingesetzt wird. Die Akzessorietät stellt eine zwingende gesetzliche Bindung der Kreditsicherheit an den Bestand der gesicherten Forderung her. Erlischt die gesicherte Forderung, so erlischt auch die akzessorische Sicherheit. Da die von der Praxis bevorzugte Novation ein Erlöschen des alten Schuldverhältnisses unter gleichzeitiger Begründung eines neuen Schuldverhältnisses beinhaltet, erlischt mit der Syndizierung auch die dafür bestellte akzessorische Kreditsicherheit. Das stellt die Praxis vor das Problem, dass z. B. Pfandrechte, die den Konsortialbanken zur Besicherung bestellt worden sind, bei der Übertragung ihrer Konsortialanteile erlöschen würden. Zwar könnte dem Neukonsorten das Pfandrecht neu bestellt werden. Dieses Pfandrecht wäre aber ggü. vorher bestellten Pfandrechten nachrangig und u.U. müsste die Pfandrechtsbestellung nach jeder Syndizierung neu notariell beurkundet werden, was zeitlichen und finanziellen Mehraufwand bedeutet.

Um diese Nachteile zu vermeiden, hat die Bankenpraxis drei unterschiedliche Modelle entwickelt, die sich in zwei große Gruppen einteilen lassen. In der ersten

Gruppe (*Parallel-Debt*-Modell und *Joint-Creditor*-Modell) soll der Verlust der akzessorischen Kreditsicherheiten dadurch verhindert werden, dass die akzessorischen Kreditsicherheiten einem sog. „Sicherheitentreuhänder" bestellt werden. Der Sicherheitentreuhänder ist an keiner Syndizierung beteiligt, so dass bei ihm grundsätzlich nicht die Gefahr des Untergangs der akzessorischen Kreditsicherheiten besteht. In der zweiten Gruppe (*Future-Pledgee*-Modell) wird ebenfalls ein Sicherheitentreuhänder eingesetzt. Diesem werden allerdings nicht die akzessorischen Kreditsicherheiten bestellt, sondern er tritt bei der Pfandrechtsbestellung als Vertreter (ohne Vertretungsmacht) für die noch unbekannten, zukünftigen Neukonsorten auf. Sobald den Neukonsorten ein Konsortialanteil übertragen worden ist, genehmigen diese sein Vertreterhandeln, wodurch rückwirkend eine wirksame Pfandrechtsbestellung in ihrer Person herbeigeführt werden soll. Durch die rückwirkende und grundsätzlich formfreie Genehmigung soll für die Neukonsorten ein gleichrangiges Pfandrecht entstehen und eine erneute notarielle Beurkundung vermieden werden.

Im Vergleich der drei Modelle im Hinblick auf ihre Vereinbarkeit mit bürgerlich-rechtlichen Grundsätzen, hat sich gezeigt, dass das *Future-Pledgee*-Modell nicht die erwünschten Vorteile realisieren kann. Erstens entsteht i.R. des *Future-Pledgee*-Modells nur ein nachrangiges Pfandrecht für die Neukonsorten. Zwar ist die Vertretung noch unbekannter Dritter grundsätzlich zulässig. Nach hier vertretener Auffassung kann die Genehmigung der Handlung eines Vertreters für einen unbekannten Dritten aber keine Rückwirkung entfalten, sofern sie sich auf ein dingliches Rechtsgeschäft bezieht. Denn dingliche Rechtsgeschäfte müssen dem Bestimmtheitsgrundsatz genügen, die Beteiligten müssen daher jederzeit bekannt sein. Die Bekanntheit tritt bei den Neukonsorten erst mit dem Beitritt zum Konsortium ein, so dass auch erst zu diesem Zeitpunkt das Pfandrecht entstehen kann. Damit entsteht das Pfandrecht der Neukonsorten zeitlich später und ist ggü. dem Pfandrecht der Altkonsorten oder zwischenzeitlich besicherten Drittgläubigern nachrangig. Zweitens ist die spätere Genehmigung durch die Neukonsorten notariell zu beurkunden. Der von der notariellen Beurkundung verfolgte Beweiszweck kann nur erfüllt werden, wenn der Pfandrechtsgläubiger in der Urkunde genannt wird. Dies ist nicht der Fall, wenn der Sicherheitentreuhänder bei der notariellen Beurkundung für einen noch unbekannten Neukonsorten auftritt. Die Genehmigung des Vertreterhandelns muss insofern notariell beurkundet werden, damit aus der Urkunde ersichtlich wird, wem das Pfandrecht eingeräumt worden ist.

Das *Parallel-Debt*-Modell und das *Joint-Creditor*-Modell verlaufen weitestgehend parallel. In kreditsicherungsrechtlicher Hinsicht haben sich bei beiden Modellen nur im Hinblick auf die Einhaltung des Prioritätsgrundsatzes Bedenken ergeben. Sowohl das *Parallel-Debt*-Modell als auch das *Joint-Creditor*-Modell zielen darauf ab, durch den Einsatz eines Sicherheitentreuhänders die dem Konsortium später hinzutretenden Neukonsorten erstrangig zu besichern. Die Neukonsorten erwerben einen Anspruch gegen den Sicherheitentreuhänder auf anteilige Erlösauskehr aus der Pfandrechtsverwertung. Dadurch soll ihnen zumindest wirtschaftlich der Zugriff auf ein erstrangiges Pfandrecht ermöglicht werden. Diese Konstruktion erweist sich als mit dem Prioritätsgrundsatz unvereinbar. Der Prioritätsgrundsatz sieht vor, dass die Pfandrechtsgläubiger auf den Pfandgegenstand nach der zeitlichen Reihenfolge ihrer Besicherung zugreifen können. Diese Regelung würde konterkariert, wenn die später hinzutretenden Neukonsorten Zugriff auf ein erstrangiges Pfandrecht hätten, obwohl sie zeitlich erst nach einem eventuellen Drittgläubiger Konsortiumsmitglied geworden sind. Der Drittgläubiger könnte – wenn man das *Parallel-Debt*-Modell und *Joint-Creditor*-Modell in dieser Hinsicht für zulässig erachtete – niemals ein vorrangiges Pfandrecht erwerben, selbst wenn das Konsortium ausschließlich aus später hinzugetretenen Neukonsorten bestünde. Dies widerspricht dem Regelungsgehalt des Prioritätsgrundsatzes, der demjenigen Pfandgläubiger eine vorrangige Befriedigung gewährt, der zeitlich früher besichert wurde. Die Einräumung der Parallelschuld beim *Parallel-Debt*-Modell bzw. die Vereinbarung einer Gesamtschuld beim *Joint-Creditor*-Modell ist daher als unzulässige Umgehung einzuordnen. In der Rechtsfolge ist der Zustand herzustellen, der unter voller Geltung des Prioritätsgrundsatzes eintreten würde. Das bedeutet, dass die Vereinbarung der Parallelschuld bzw. der Gesamtschuld zwar wirksam ist. Wenn es aber zur Verwertung des Pfandrechts kommt, kann der Sicherheitentreuhänder sein Pfandrecht zunächst nur in der Höhe vollstrecken, in der Forderungen zeitlich früherer Altkonsorten bestehen. Danach kann der zwischenzeitlich besicherte Drittgläubiger die Verwertung seines Pfandrechts betreiben und zuletzt kann der Sicherheitentreuhänder das Pfandrecht im Hinblick auf die Forderungen der später hinzugetretenen Neukonsorten verwerten.

In insolvenzrechtlicher Hinsicht stellt das *Future-Pledgee*-Modell die beste Alternative dar. Dadurch, dass den Konsortialbanken selbst die akzessorischen Kreditsicherheiten bestellt werden, kommt es in den verschiedenen Insolvenzszenarien zu keinen problematischen Vermögenszuordnungen oder Strukturveränderungen. Die Insolvenz des Sicherheitentreuhänders oder einer anderen Konsortialbank hat keine Auswirkungen auf den Bestand der Kreditsicherheiten bei den (anderen) Konsortialbanken, denn diese verfügen grundsätzlich unabhängig voneinander über ihre Kreditsicherheiten. In der Insolvenz des Darlehensnehmers/Sicherungsgebers ist jedoch darauf zu achten, dass die Konsortialbanken nicht als atypische Pfandgläubiger i.S. der BGH-Rechtsprechung einzuordnen sind. Als atypische Pfandgläubiger sind sie der Insolvenzanfechtung gem. § 135 Abs. 1 Nr. 1 InsO ausgesetzt, wodurch der Verlust des ihnen bestellten Pfandrechts eintreten kann.

Im *Parallel-Debt*-Modell und *Joint-Creditor*-Modell läuft der Sicherheitentreuhänder ebenfalls Gefahr, als atypischer Pfandgläubiger i.S. der BGH-Rechtsprechung eingeordnet zu werden. Ist dies der Fall, so ist in der Insolvenz des Sicherungsgebers/Darlehensnehmers mit einem Verlust der Kreditsicherheiten über die Insolvenzanfechtung zu rechnen. Darüber hinaus kommt es auch in der Insolvenz des Sicherheitentreuhänders oder in der Insolvenz einer Konsortialbank zu insolvenzrechtlichen Problemen. Sollte über das Vermögen des Sicherheitentreuhänders das Insolvenzverfahren eröffnet werden, so besteht die Gefahr, dass der Insolvenzverwalter das Pfandrecht, das eigentlich der Befriedigung der Konsortialbanken dient, in Beschlag nimmt und zur Insolvenzmasse verwertet. Den Konsortialbanken steht aber nach hier vertretener Auffassung als Treugeber ein Aussonderungsrecht bzgl. des Pfandrechts zu, d. h. sie können geltend machen, dass das Pfandrecht nicht zur Insolvenzmasse gehört. Dem Insolvenzverwalter ist dann der Zugriff auf das Pfandrecht verwehrt. Weiterhin können die Konsortialbanken auch die Herausgabe des Pfandrechts verlangen und somit das Pfandrecht dem Einflussbereich des Insolvenzverwalters entziehen. Diese Maßnahmen sind im Zweifelsfall gerichtlich durchzusetzen. Sollte über das Vermögen einer Konsortialbank das Insolvenzverfahren eröffnet werden, besteht wiederum das Risiko, dass der zwischen den Konsortialbanken bestehende Sicherungspool (= Innen-GbR) aufzulösen ist und damit die gegenseitige gesellschaftsrechtliche Bindung entfällt. Die Konsortialbanken können dann jeweils von dem Insolvenzverwalter die Herausgabe ihres Anteils am Pfandrecht verlangen, womit die zentralisierte Sicherheitenstruktur zerfallen würde. Um dies zu vermeiden, müssen die Konsortialbanken vorher vereinbaren, dass der Sicherungspool auch in der Insolvenz einer Konsortialbank fortgesetzt wird. Insgesamt wird deutlich, dass der Bestand der Kreditsicherheiten im *Parallel-Debt*-Modell bzw. *Joint-Creditor*-Modell zwar gefährdet ist, mithilfe der in dieser Arbeit dargestellten Maßnahmen aber ein Verlust der akzessorischen Kreditsicherheiten verhindert werden kann. Somit ist dem *Parallel-Debt*-Modell und *Joint-Creditor*-Modell ein ebenso hohes Schutzniveau zuzusprechen wie dem *Future-Pledgee*-Modell. Die Erreichung dieses Schutzniveaus erfordert nur zusätzliche juristische Maßnahmen.

Die vorliegende Arbeit hat gezeigt, dass für die Bankenpraxis sowohl das *Parallel-Debt*-Modell als auch das *Joint-Creditor*-Modell empfehlenswert ist. Beide Modelle verlaufen nach den hiesigen Darstellungen grundsätzlich parallel. Sie unterscheiden sich zwar in ihrer juristischen Konstruktion, die kreditsicherungsrechtlichen und insolvenzrechtlichen Problemstellungen sind aber weitestgehend identisch. Den insolvenzrechtlichen Problemen kann durch folgende Maßnahmen Abhilfe geschaffen werden: Zunächst sollte darauf geachtet werden, dass der Sicherheitentreuhänder nicht selbst am Konsortialkredit beteiligt ist. Weiterhin sollten ihm nicht solche Rechte eingeräumt werden, die zu einer Einordnung als atypischer Pfandgläubiger führen. Zur besseren Orientierung wurden Kriterien herausgearbeitet, anhand derer beurteilt werden kann, in welcher Situation eine Einordnung als atypischer Pfandgläubiger wahrscheinlich ist. Zuletzt sollten die Konsortialbanken untereinander vereinbaren, dass der Sicherungspool bei Insolvenz einer Konsortialbank fortgesetzt wird. Der Widerspruch zum kreditsicherungsrechtlichen Prioritätsprinzip kann allerdings durch keinerlei Maßnahmen beseitigt werden. Das Risiko der Nachrangigkeit können die Konsortialbanken durch die Vereinbarung sog. „*Pari-Passu*-Klauseln" lediglich etwas verringern. Die *Pari-Passu*-Klauseln haben indes nur eine schuldrechtliche Verpflichtung des Kreditnehmers/Sicherungsgebers zum Inhalt. Im Zweifelsfall müssen sich die Neukonsorten daher mit einer nachrangigen Befriedigung zufrieden geben.

Damit lässt sich der Bogen zu der in der Einleitung aufgeworfenen Frage spannen, wie sich die Interessen der Bankenpraxis mit der Konzeption des Gesetzes vertragen. Methodisch wurde darauf hingewiesen, dass – sofern sich Privatinteressen und gesetzgeberische Vorstellungen widersprechen – geprüft werden muss, ob die Privatinteressen mit der Gesetzeskonzeption in Einklang gebracht werden können oder ob die Privatinteressen ggü. der Gesetzeskonzeption unberücksichtigt bleiben müssen. I.R. des *Future-Pledgee*-Modells musste das Interesse der Praxis an einer erstrangigen und formfreien Besicherung der Neukonsorten ggü. dem Bestimmtheitsgrundsatz und der Beweisfunktion der Beurkundungspflicht gänzlich zurücktreten. I.R. des *Parallel-Debt*-Modells und des *Joint-Creditor*-Modells scheiterte eine erstrangige Besicherung der Neukonsorten an dem Prioritätsgrundsatz. Dass an diesen Stellen das Interesse der Bankenpraxis nicht berücksichtigt werden konnte, liegt aber nicht an der mangelnden konzeptionellen Eignung des Gesetzes, sondern an dem legitimen Vorrang von Rechtssicherheit (Beurkundungspflicht und Bestimmtheitsgrundsatz beim *Future-Pledgee*-Modell) und Drittinteressen (Prioritätsprinzip beim *Parallel-Debt*-Modell und *Joint-Creditor*-Modell) ggü. den Interessen der handelnden Parteien. An vielen anderen Stellen konnte hingegen der Parteiwille mit der Gesetzeskonzeption in Einklang gebracht werden, sei es bei der Frage nach einer Umgehung des Akzessorietätsgrundsatzes, nach dem Aussonderungsrecht der Konsortialbanken in der Insolvenz des Sicherheitentreuhänders oder der Geltung des Bargeschäftsprivilegs für den atypischen Pfandgläubiger. Es lässt sich daher mit Fug behaupten, dass das BGB – und mit ihm auch das Phänomen der akzessorischen Kreditsicherheiten – sowie die in der InsO vorgesehenen Regelungen grundsätzlich den Erscheinungen einer modernen Finanzwirtschaft gewachsen sind.

Anhang I – Vertragstexte

Zitiert aus *Harpering*, Die Übertragung akzessorisch besicherter Forderungen im Rahmen von *syndicated loans*, S. 136 (*Parallel-Debt*-Modell), S. 140 f. (*Future-Pledgee*-Modell) und S. 152 f. (*Joint-Creditor*-Modell).

A. *Parallel-Debt*-Modell

„*To enable the Security Agent to hold accessory security interests on behalf of the Secured Parties, each Obligor undertakes, as a separate and independent obligation, to pay to the Security Agent an amount which from time to time will be equal to the aggregate of all amounts owed at that time by the Obligor to:*

- *any Finance Party under the Finance Documents; and*
- *any Hedge Counterparty under the Hedging Documents.*

Any payment by an Obligor to the Security Agent [...] shall reduce

- *any amount owed to any Secured Party by the amount which the Secured Party is entitled to receive out of that payment under the Finance Documents or, as the case may be, Hedging Documents; and accordingly*
- *the total amount owed by that Obligor to the Secured Parties under the Finance Documents or, as the case may be, Hedging Documents by the amount of the payment.*“

B. *Joint-Creditor*-Modell

„*Each of the Obligors and each of the Finance Parties agree that the Security Agent shall be the joint creditor (together with the relevant Finance Party) of each and every obligation of any Obligor towards each of the Finance Parties under this Agreement, and that accordingly the Security Agent will have its own independent right to demand performance by the relevant Obligor of those obligations. However, any discharge of any such obligation to one of the Security Agent or the relevant Finance Party shall, to the same extent, discharge the corresponding obligation to the other.*

Without limiting or affecting the Security Agent's rights against any Obligor, the Security Agent agrees with each other Finance Party (on a several and divided basis) that, subject as set out in the next sentence, it will not exercise its rights as a joint creditor with a Finance Party except with the consent of the relevant Finance Party. However, for the avoidance of doubt, nothing in the previous sentence shall in any way limit the Security Agent's right to act in the protection or preservation of rights under or to enforce any Security Document as contemplated by this Agreement, the Intercreditor Agreement and/or the relevant Security Document (or to do any act reasonably incidental to any of the foregoing)."

C. *Future-Pledgee*-Modell

„*The Pledgor hereby pledges to each of the Original Pledgees and to each Future Pledgee the Existing Shares and all additional shares in the capital of the Company (irrespective of their nominal value) which the Pledgor may acquire in the future in the event of a share transfer, an increase of the capital of the Company or otherwise (the „Future Shares" and together with the Existing Shares the „Shares") together with all ancillary rights and claims associated with the Shares [...] (each a „Pledge" and together the „Pledges").*

Each of the Original Pledgees hereby accepts its Pledge for itself.

The Security Agent accepts, as representative without power of attorney the respective Pledges for and on behalf of each Future Pledgee. Each Future Pledgee ratifies and confirms the declarations and acts so made by the Security Agent on its behalf by accepting the transfer or assignment (including by way of novation or assumption) of the Secured Obligations (or part of them) from a Pledgee. Upon such ratification such Future Pledgee becomes a party to this Agreement, it being understood that any future or conditional claim of such Future Pledgee arising under the Finance Documents shall be secured by the Pledges constituted hereunder.

All parties hereby confirm that the validity of the Pledges granted hereunder shall not be affected by the Security Agent acting as representative without power of attorney for each Future Pledgee.

The Pledgor herewith authorises the Security Agent to notify the identity of such Future Pledgee and the new pledges created pursuant to Clause [...] above. Upon request of the Securtiy Agent, the Pledgor shall without undue delay give such notice and provide the Security Agent with a copy thereof."

„***Future Pledgees*** *means any entity which may become a pledgee hereunder by way of (i) transfer of the Pledges by operation of law following the transfer or assignement (including by way of novation or assumption) or any part of the Secured Obligations from any Original Pledgee or Future Plegdee to such future pledgee and/ or (ii) accession to this Agreement pursuant to Clause [...] hereof as pledgee.*"

Anhang II – Außer Kraft getretene Normen und Normfassungen

A. § 32a GmbHG a.F.

Text der zum 31.10.2008 (letzter Gültigkeitstag) gültigen Fassung:
„§ 32a [Rückgewähr von Darlehen] (1) Hat ein Gesellschafter der Gesellschaft in einem Zeitpunkt, indem ihr die Gesellschafter als ordentliche Kaufleute Eigenkapital zugeführt hätten (Krise der Gesellschaft), statt dessen ein Darlehen gewährt, so kann er den Anspruch auf Rückgewähr des Darlehens im Insolvenzverfahren über das Vermögen der Gesellschaft nur als nachrangiger Insolvenzgläubiger geltend machen.

(2) Hat ein Dritter der Gesellschaft in einem Zeitpunkt, in dem ihr die Gesellschafter als ordentliche Kaufleute Eigenkapital zugeführt hätten, statt dessen ein Darlehen gewährt und hat ihm ein Gesellschafter für die Rückgewähr des Darlehens eine Sicherung bestellt oder hat er sich dafür verbürgt, so kann der Dritte im Insolvenzverfahren über das Vermögen der Gesellschaft nur für den Betrag verhältnismäßige Befriedigung verlangen, mit dem er bei der Inanspruchnahme der Sicherung oder des Bürgen ausgefallen ist.

(3) [1]Diese Vorschriften gelten sinngemäß für andere Rechtshandlungen eines Gesellschafters oder eines Dritten, die der Darlehensgewährung nach Absatz 1 oder 2 wirtschaftlich entsprechen.[2]Die Regeln über den Eigenkapitalersatz gelten nicht für den nicht geschäftsführenden Gesellschafter, der mit zehn vom Hundert oder weniger am Stammkapital beteiligt ist.[3]Erwirbt ein Darlehensgeber in der Krise der Gesellschaft Geschäftsanteile zum Zweck der Überwindung der Krise, führt dies für seine bestehenden oder neugewährten Kredite nicht zur Anwendung der Regeln über den Eigenkapitalersatz."

B. § 32b GmbHG a.F.

Text der zum 31.10.2008 (letzter Gültigkeitstag) gültigen Fassung:
„§ 32b [Haftung für zurückgezahlte Darlehen] [1]Hat die Gesellschaft im Fall des § 32a Abs. 2, 3 das Darlehen im letzten Jahr vor dem Antrag auf Eröffnung des Insolvenzverfahrens oder nach diesem Antrag zurückgezahlt, so hat der Gesellschafter, der die Sicherung bestellt hatte oder als Bürge haftete, der Gesellschaft den zurückgezahlten Betrag zu erstatten; § 146 der Insolvenzordnung gilt entsprechend.[2]Die Verpflichtung besteht nur bis zur Höhe des Betrags, mit dem der Gesellschafter als Bürge haftete oder der dem Wert der von ihm bestellten Si-

cherung im Zeitpunkt der Rückzahlung des Darlehens entspricht.[3]Der Gesellschafter wird von der Verpflichtung frei, wenn er die Gegenstände, die dem Gläubiger als Sicherung gedient hatten, der Gesellschaft zu ihrer Befriedigung zur Verfügung stellt.[4]Diese Vorschriften gelten sinngemäß für andere Rechtshandlungen, die der Darlehensgewährung wirtschaftlich entsprechen."

C. § 129a HGB a.F.

Text der zum 31.10.2008 (letzter Gültigkeitstag) gültigen Fassung:
„§ 129a [Rückgewähr von Darlehen] [1]Bei einer offenen Handelsgesellschaft, bei der kein Gesellschafter eine natürliche Person ist, gelten die §§ 32a und 32b des Gesetzes betreffend die Gesellschaften mit beschränkter Haftung sinngemäß mit der Maßgabe, daß an die Stelle der Gesellschafter der Gesellschaft mit beschränkter Haftung die Gesellschafter oder Mitglieder der Gesellschafter der offenen Handelsgesellschaft treten.[2]Dies gilt nicht, wenn zu den Gesellschaftern der offenen Handelsgesellschaft eine andere offene Handelsgesellschaft oder Kommanditgesellschaft gehört, bei der ein persönlich haftender Gesellschafter eine natürliche Person ist."

D. § 172a HGB a.F.

Text der zum 31.10.2008 (letzter Gültigkeitstag) gültigen Fassung:
„§ 172a [Rückgewähr von Darlehen] [1]Bei einer Kommanditgesellschaft, bei der kein persönlich haftender Gesellschafter eine natürliche Person ist, gelten die §§ 32a, 32b des Gesetzes betreffend die Gesellschaften mit beschränkter Haftung sinngemäß mit der Maßgabe, daß an die Stelle der Gesellschafter der Gesellschaft mit beschränkter Haftung die Gesellschafter oder Mitglieder der persönlich haftenden Gesellschafter der Kommanditgesellschaft sowie die Kommanditisten treten.[2]Dies gilt nicht, wenn zu den persönlich haftenden Gesellschaftern eine offene Handelsgesellschaft oder Kommanditgesellschaft gehört, bei der ein persönlich haftender Gesellschafter eine natürliche Person ist."

E. § 32a KO

Text der zum 31.12.1998 (letzter Gültigkeitstag) gültigen Fassung:
„§ 32a [Rückgewähr von Darlehen] [1]Anfechtbar sind Rechtshandlungen, die dem Gläubiger einer von § 32a Abs. 1, 3 des Gesetzes betreffend die Gesellschaften

mit beschränkter Haftung erfaßten Forderung Sicherung gewähren. [2]Gleiches gilt für Rechtshandlungen, die dem Gläubiger einer solchen Forderung Befriedigung gewähren, wenn sie in dem letzten Jahre vor der Eröffnung des Verfahrens vorgenommen sind."

F. § 135 InsO a.F.

Text der zum 31.10.2008 (letzter Gültigkeitstag) gültigen Fassung:
„§ 135 Kapitalersetzende Darlehen

Anfechtbar ist eine Rechtshandlung, die für die Forderung eines Gesellschafters auf Rückgewähr eines kapitalersetzenden Darlehens oder für eine gleichgestellte Forderung

1. Sicherung gewährt hat, wenn die Handlung in den letzten zehn Jahren vor dem Antrag auf Eröffnung des Insolvenzverfahrens oder nach diesem Antrag vorgenommen worden ist;

2. Befriedigung gewährt hat, wenn die Handlung im letzten Jahr vor dem Eröffnungsantrag oder nach diesem Antrag vorgenommen worden ist."

Literaturverzeichnis

Admati, Anat/*Hellwig*, Martin. The Bankers' New Clothes: What's Wrong with Banking and What to Do about It, Princeton/Oxford 2013.

Altmeppen, Holger. Der „atypische Pfandgläubiger" – ein neuer Fall des kapitalersetzenden Darlehens?: Zugleich Besprechung des Urteils des BGH vom 13 Juli 1992, ZIP 1992, 1300, in: ZIP 1993, S. 1677–1684.

Altmeppen, Holger. Das neue Recht der Gesellschafterdarlehen in der Praxis, in: NJW 2008, S. 3601–3607.

Andersen Freihalter Rechtsanwaltsgesellschaft mbH (Hrsg.). Aus- und Absonderungsrechte in der Insolvenz, Herne/Berlin 1999.

Andres, Dirk (Hrsg.)/*Leithaus*, Rolf (Hrsg.). Insolvenzordnung (InsO): Kommentar, 3. Aufl., München 2014 (zitiert: *Bearbeiter*, in: Andres/Leithaus, InsO, § , Rn.).

Apfelbaum, Sebastian. Die Verpfändung der Mitgliedschaft in der Aktiengesellschaft, Berlin 2005 (zugleich Diss. Bayreuth 2004).

Armbrüster, Christian. Zur Wirkung von Treuhandabreden in der Insolvenz des Treuhänders: Zugleich eine Anmerkung zu dem Urteil des BGH vom 24–6-2003–IX ZR 75/01, in: DZWIR 2003, S. 485–488.

Bähr, Gerhard. Akzessorietätsersatz bei der Sicherungszession, in: NJW 1983, S. 1473–1475.

Bankrechts-Handbuch, hrsg. von *Schimansky*, Herbert/*Bunte*, Hermann-Josef/*Lwowski*, Hans-Jürgen.
– Bd. I, 4. Aufl., München 2011
– Bd. II, 4. Aufl., München 2011
(zitiert: *Bearbeiter*, in: Bankrechts-Handbuch, § , Rn.).

Baumann, Wolfgang. Die Abstraktion des Schuldanerkenntnisses: Ein Beitrag zum Abstraktionsprinzip, zu § 781 BGB und § 812 Abs. 2 BGB, in: Festschrift für Sebastian Spiegelberger zum 70. Geburtstag: Vertragsgestaltung im Zivil- und Steuerrecht, Bonn 2009, hrsg. von *Wachter*, Thomas, S. 1176–1193 (zitiert: *Baumann*, in: FS Spiegelberger, S. 1176).

Baumbach, Adolf (Begr.)/*Hefermehl*, Wolfgang (Begr.)/*Casper*, Matthias (Bearb.). Wechselgesetz, Scheckgesetz, Recht der kartengestützten Zahlungen mit Nebengesetzen und einer Einführung in das Wertpapierrecht, 23. Aufl., München 2008.

Baumbach, Adolf (Begr.)/*Hopt*, Klaus J. (Bearb.). Handelsgesetzbuch mit GmbH & Co., Handelsklauseln, Bank- und Börsenrecht, Transportrecht (ohne Seerecht), 36. Aufl., München 2014, bearb. von *Hopt*, Klaus/*Kumpan*, Christoph/*Merkt*, Hanno/*Roth*, Markus (zitiert: *Bearbeiter*, in: Baumbach/Hopt, HGB, § , Rn.).

Baumbach, Adolf (Hrsg.)/*Hueck*, Alfred (Hrsg.). GmbHG: Gesetz betreffend die Gesellschaften mit beschränkter Haftung, 20. Aufl., München 2013 (zitiert: *Bearbeiter*, in: Baumbach/Hueck, GmbHG, § , Rn.).

Baur, Fritz/*Stürner*, Rolf. Zwangsvollstreckungs-, Konkurs- und Vergleichsrecht: ein Lehrbuch, Bd. II: Insolvenzrecht, 12. Aufl., Heidelberg u. a. 1990.

Baur, Jürgen F./*Stürner*, Rolf. Sachenrecht, 18. Aufl., München 2009.

Bayer, Walter/*Graff*, Simone. Das neue Eigenkapitalersatzrecht nach dem MoMiG, in: DStR 2006, S. 1654–1659.

Becker-Eberhard, Ekkehard. Die Forderungsgebundenheit der Sicherungsrechte, Bielefeld 1993 (zugleich Habil. Bonn 1990/1991).

Becker, Ralph. Gesellschaftsrechtliche Probleme der Finanzierung von Leveraged-Buy-Outs, in: DStR 1998, S. 1429 – 1434.

Benecke, Martina. Gesetzesumgehung im Zivilrecht: Lehre und praktischer Fall im allgemeinen und internationalen Privatrecht, Tübingen 2004 (zugleich Habil. Göttingen 2002/2003).

Berger, Klaus Peter. Erweiterter Eigentumsvorbehalt und Freigabe von Sicherheiten, in: ZIP 2004, S. 1073 – 1081.

Berner, Susanne. Sicherheitenpools der Lieferanten und Banken im Insolvenzverfahren, Köln u. a. 2006 (zugleich Diss. Bochum 2004/2005).

Bitter, Georg. Rechtsträgerschaft für fremde Rechnung: Außenrecht der Verwaltungstreuhand, Tübingen 2006 (zugleich Habil. Bonn 2005).

Bloß, Henning/*Zugelder*, Stefanie. Auswirkungen des insolvenzrechtlichen Nachrangs auf Sicherheiten, in: NZG 2011, S. 332 – 334.

Boos, Karl-Heinz (Hrsg.)/*Fischer*, Reinfried (Hrsg.)/*Schulte-Mattler*, Hermann (Hrsg.). Kreditwesengesetz: Kommentar zu KWG und Ausführungsvorschriften, 4. Aufl., München 2012 (zitiert: *Bearbeiter*, in: Boos/Fischer/Schulte-Mattler, KWG, § , Rn.).

Bork, Reinhard. Vorleistungen des Schuldners in der Insolvenz, in: Festschrift für Jobst Wellensiek zum 80. Geburtstag, München 2011, hrsg. von *Flitsch*, Michael/*Hagebusch*, Alfred/*Oberle*, Thomas/*Seagon*, Christopher/*Schreiber*, Werner, S. 201 – 210 (zitiert: *Bork*, in: FS Wellensiek, S. 201).

Bork, Reinhard. Die anfechtbare Kontokorrentverrechnung, in: Haftung und Insolvenz: Festschrift für Gero Fischer zum 65. Geburtstag, München 2008, hrsg. von *Ganter*, Hans Gerhard/*Gottwald*, Peter/*Lwowski*, Hans-Jürgen, S. 37 – 51 (zitiert: *Bork*, in: FS G.Fischer, S. 37).

Bork, Reinhard. Abschaffung des Eigenkapitalersatzrechts zugunsten des Insolvenzrechts?, in: ZGR 2007, S. 250 – 270.

Böttcher, Christina. Das abstrakte Schuldversprechen in der Kreditsicherung, Frankfurt am Main u. a. 2007 (zugleich Diss. Münster 2007).

Bourgeois, Nadine. Die Sicherheitentreuhandvereinbarung unter besonderer Berücksichtigung der Stellung der Sicherheitentreuhänderin, in: BKR 2011, S. 103 – 109.

Braun, Eberhard (Hrsg.). Insolvenzordnung (InsO), 6. Aufl., München 2014 (zitiert: *Bearbeiter*, in: Braun, InsO, § , Rn.).

Brox, Hans/*Walker*, Wolf-Dietrich. Allgemeiner Teil des BGB, 38. Aufl., München 2014.

Brück, Michael J.J. (Hrsg.)/*Sinewe*, Patrick (Hrsg.). Steueroptimierter Unternehmenskauf, 2. Aufl., Wiesbaden 2010 (zitiert: *Bearbeiter*, in: Brück/Sinewe, Steueroptimierter Unternehmenskauf, § , Rn.).

Buchholz, Stephan. Können Sicherungszession und Sicherungsübereignung akzessorisch gestaltet werden?, in: JURA 1990, S. 300 – 306.

Bülow, Peter. Recht der Kreditsicherheiten: Sachen und Rechte, Personen, 8. Aufl., Heidelberg u. a. 2012.

Bülow, Peter. Verbraucherschutz mittels Vertragsübernahme?, in: WM 1995, S. 2089 – 2092.

Bunjes, Johann (Begr.)/*Geist*, Reinhold (Begr.). Umsatzsteuergesetz, 12. Aufl., München 2013, bearb. von *Heidner*, Hans-Hermann/*Korn*, Christian/*Leonard*, Axel/*Robisch*, Martin (zitiert: *Bearbeiter*, in: Bunjes/Geist, UStG, § , Rn.).

Cahn, Andreas. Gesellschafterfremdfinanzierung und Eigenkapitalersatz, in: AG 2005, S. 217 – 227.

Canaris, Claus-Wilhelm. Die Verdinglichung obligatorischer Rechte, in: Festschrift für Werner Flume zum 70. Geburtstag, Bd. I, Köln 1978, hrsg. von *Jakobs*, Horst

Heinrich/*Knobbe-Keuk*, Brigitte/*Picker*, Eduard/*Wilhelm*, Jan, S. 371–427 (zitiert: *Canaris*, in: FS Flume, Bd. I, S. 371).
Chitty, Joseph (Hrsg.). Chitty on Contracts, Vol 1: General Principles, 30th edition, London 2008 (zitiert: *Bearbeiter*, in: Chitty on Contracts, Vol. 1, Rn.).
Coing, Helmut. Die Treuhand kraft privaten Rechtsgeschäfts, München 1973.
Cölle, Rudolf. Der Hausbesitzbrief: Treuhandkommanditgesellschaften mit breitem Anlegerkreis als Immobilienfonds, Köln 1968 (zugleich Diss. Köln 1968).
Cranshaw, Friedrich L. Die Sicherheiten- bzw. Sicherungstreuhand in Sanierung und Abwicklung im Spiegel der Rechtsprechung, in: WM 2009, S. 1682–1689.
Danielewsky, Mike/*Dettmar*, Jasmin Isabel. Instrumente der Vertragsgestaltung zur Übertragung akzessorischer Sicherheiten im Rahmen von Konsortialkreditverträgen, in: WM 2008, S. 713–718.
De Meo, Francesco. Bankenkonsortien: eine Untersuchung zum Innen- und Außenrecht von Emissions-, Kredit- und Sanierungskonsortien sowie zu deren Haftung für das Handeln von Konsortialvertretern, München 1994 (zugleich Diss. Tübingen 1994).
Derleder, Peter (Hrsg.)/*Knops*, Kai-Oliver (Hrsg.)/*Bamberger*, Hans Georg (Hrsg.). Handbuch zum deutschen und europäischen Bankrecht, 2. Aufl., Berlin/Heidelberg 2009 (zitiert: *Bearbeiter*, in: Derleder/Knops/Bamberger, Handbuch zum deutschen und europäischen Bankrecht, § , Rn.).
Diem, Andreas. Akquisitionsfinanzierungen: Kredite für Unternehmenskäufe, 3. Aufl., München 2013.
Diem, Andreas. Zur Vermeidung des Eigenkapitalersatzes von Bankkrediten, in: BKR 2002, S. 1034–1042.
Dobberahn, Peter. Rechte an Schiffen und Luftfahrzeugen, in: MittRhNotK 1998, S. 145–164.
Dreher, Meinrad. Pfandrechtsgläubiger von Geschäftsanteilen als gesellschafterähnliche Dritte im Sinne von § 32a Abs. 3 GmbHG: Besprechung der Entscheidung BGHZ 119, 191, in: ZGR 1994, S. 144–152.
Ebenroth, Carsten Thomas (Begr.)/*Boujong*, Karlheinz (Begr.)/*Joost*, Detlev (Begr. und Hrsg.)/*Strohn*, Lutz (Hrsg.). Handelsgesetzbuch, Bd. 2: §§ 343–475h, Transportrecht, Bank- und Börsenrecht, 2. Aufl., München 2009 (zitiert: *Bearbeiter*, in: Ebenroth/Boujong/Joost, Strohn, HGB, § , Rn.).
Eder, Cajetan J. Die rechtsgeschäftliche Übertragung von Aktien, in: NZG 2004, S. 107–114.
Ehmann, Erik. Schuldanerkenntnis und Vergleich, München 2005 (zugleich Diss. München 2004).
Ehmann, Horst. Zur Causa-Lehre, in: JZ 2003, S. 702–714.
Einsele, Dorothee. Formerfordernisse bei mehraktigen Rechtsgeschäften, in: DNotZ 1996, S. 835–866.
Einsele, Dorothee. Inhalt, Schranken und Bedeutung des Offenkundigkeitsprinzips: unter besonderer Berücksichtigung des Geschäfts für den, den es angeht, der fiduziarischen Treuhand sowie der dinglichen Surrogation, in: JZ 1990, S. 1005–1014.
Emmerich, Volker/*Habersack*, Mathias. Aktien- und GmbH-Konzernrecht: Kommentar, 7. Aufl., München 2013 (zitiert: *Bearbeiter*, in: Emmerich/Habersack, Aktien- und GmbH-Konzernrecht, § , Rn.).
Engert, Andreas. Die ökonomische Begründung der Grundsätze ordnungsgemäßer Unternehmensfinanzierung, in: ZGR 2004, S. 813–841.
Erman, Walter (Begr.). Bürgerliches Gesetzbuch: Handkommentar mit AGG, EGBGB (Auszug), ErbbauRG, LPartG, ProdHaftG, UKlaG, VBVG, VersAusglG und WEG, hrsg. von *Westermann*,

Harm Peter/*Grunewald*, Barbara/*Maier-Reimer*, Georg
– Bd. I, 14. Aufl., Köln 2014
– Bd. II, 14. Aufl., Köln 2014
(zitiert: *Bearbeiter*, in: Erman, BGB, § , Rn.).
Erne, Roland. Akquisitionsfinanzierung: Haftungsfalle „Financial Assistance", in: GWR 2012, S. 503–506.
Fawzy, Oliver/*Köchling*, Marcel. Die Reform der Vorsatzanfechtung, oder: die größte Baustelle des Insolvenzrechts?, in: ZInsO 2014, S. 1073–1083.
Fleischer, Holger. Finanzplankredite und Eigenkapitalersatz im Gesellschaftsrecht, Köln u. a. 1995 (zugleich Diss. Köln 1993).
Fleischer, Holger. Covenants und Kapitalersatz, in: ZIP 1998, S. 313–321.
Fleischer, Holger. Grundfragen der ökonomischen Theorie im Gesellschafts- und Kapitalmarktrecht, in: ZGR 2001, S. 1–32.
Florstedt, Tim. Finanzkrise als Krise der Normbehauptung: Zur Legalität der „eigenmittelschonenden" Finanzinvestitionen von Schattenbanken, in: ZBB 2013, S. 81–93.
Flume, Werner. Allgemeiner Teil des Bürgerlichen Rechts, Bd. 2: Das Rechtsgeschäft, 2. Aufl., Berlin 1975.
Flume, Werner. Studien zur Akzessorietät der römischen Bürgschaftsstipulationen, Weimar 1932 (zugleich Diss. Bonn 1931).
Förl, Thomas. Die Absicherung von Neukonsorten in Share Pledge Agreements, in: RNotZ 2007, S. 433–455.
Freitag, Robert. Finanzverfassung und Finanzierung von GmbH und AG nach dem Regierungsentwurf des MoMiG, in: WM 2007, S. 1681–1685.
Fridgen, Alexander. Zum Aussonderungsrecht bei der fremdnützigen Verwaltungstreuhand, in: ZInsO 2004, S. 530–540.
Fromm, Rüdiger. Banken als faktische Gesellschafter bei Turnaround-Finanzierungen: Gefahren für Unternehmen und Kreditinstitute, in: GmbHR 2003, S. 1114–1120.
Ganter, Hans Gerhard. Die Rechtsprechung des BGH zu Treuhandkonten in der Insolvenz des Treuhänders, in: ZInsO 2004, S. 1217–1223.
Gaul, Friedhelm Hans. Lex commissoria und Sicherungsübereignung: Zugleich ein Beitrag zum sogenannten Innenverhältnis bei der Sicherungsübereignung, in: AcP 168 (1968), S. 351–382.
Gaul, Hans Friedhelm/*Schilken*, Eberhard/*Becker-Eberhard*, Ekkehard. Zwangsvollstreckungsrecht, 12. Aufl., München 2010.
Gehrlein, Markus. Das Eigenkapitalersatzrecht im Wandel seiner gesetzlichen Kodifikationen, in: BB 2011, S. 3–11.
Gehrlein, Markus. Die Behandlung von Gesellschafterdarlehen durch das MoMiG, in: BB 2008, S. 846–854.
Georges, Karl Ernst. Ausführliches lateinisch-deutsches Handwörterbuch: aus den Quellen zusammengetragen und mit besonderer Bezugnahme auf Synonymik und Antiquitäten unter Berücksichtigung der besten Hilfsmittel, Bd. 1, 8. Aufl., Darmstadt 1992.
Gernhuber, Joachim. Die Erfüllung und ihre Surrogate sowie das Erlöschen der Schuldverhältnisse aus anderen Gründen, 2. Aufl., Tübingen 1994.
Gernhuber, Joachim. Die fiduziarische Treuhand, in: JuS 1988, S. 355–363.
Gröschler, Peter. Zur Frage der einvernehmlichen Fortsetzung erloschener Verbindlichkeiten: Wiederherstellung oder Neubegründung?, in: NJW 2000, S. 247–251.

Grundmann, Stefan. Der Treuhandvertrag, insbesondere die werbende Treuhand, München 1997 (zugleich Habil. München 1994/1995).
Haas, Ulrich. Das neue Kapitalersatzrecht nach dem RegE-MoMiG, in: ZInsO 2007, S. 617–629.
Habersack, Mathias. Grundfragen der freiwilligen oder erzwungenen Subordination von Gesellschafterkrediten, in: ZGR 2000, S. 384–419.
Habersack, Mathias. Die Erstreckung des Rechts der Gesellschafterdarlehen auf Dritte, insbesondere im Unternehmensverbund: Überlegungen im Anschluss an BGH ZIP 2008, 1230 und OLG Brandenburg ZIP 2006, 184, in: ZIP 2008, S. 2385–2392.
Habersack, Mathias. Die Akzessorietät: Strukturprinzip der europäischen Zivilrechte und eines künftigen europäischen Grundpfandrechts, in: JZ 1997, S. 857–865.
Habersack, Mathias. Gesellschafterdarlehen nach dem MoMiG: Anwendungsbereich, Tatbestand und Rechtsfolgen der Neuregelung, in: ZIP 2007, S. 2145–2153.
Habersack, Mathias/*Mayer*, Christian. Globalverbriefte Aktien als Gegenstand sachenrechtlicher Verfügungen?: Ein (weiteres) Plädoyer für die Ablösung der Globalurkunde durch Wertrechte, in: WM 2000, S. 1678–1684.
Hagemeister, Adrian von/*Bültmann*, Michael. Konflikte von Sicherungsinstrumenten und Eigenkapitalersatz bei Projektfinanzierungen durch Banken, in: WM 1997, S. 549–555.
Hanke, Kerstin/*Socher*, Oliver. Fachbegriffe aus M & A und Corporate Finance: Syndizierung von Krediten, in: NJW 2010, S. 1435–1436.
Harpering, Guido. Die Übertragung akzessorisch besicherter Forderungen im Rahmen von *syndicated loans*, Berlin 2003 (zugleich Diss. Münster 2002).
Häsemeyer, Ludwig. Insolvenzrecht, 4. Aufl., Köln/München 2007.
Häsemeyer, Ludwig. Die Gleichbehandlung der Konkursgläubiger, in: KTS 43 (1982), S. 507–575.
Heinrich, Christian. Die Generalklausel des § 242 BGB, in: Humaniora: Medizin–Recht–Geschichte; Festschrift für Adolf Laufs zum 70. Geburtstag, Berlin u. a. 2006, hrsg. von *Kern*, Bernd-Rüdiger/*Wadle*, Elmar/*Schroeder*, Klaus-Peter/*Katzenmeier*, Christian, S. 585–608 (zitiert: *Heinrich*, in: FS Laufs, S. 585).
Heinze, Christian. Die abstrakte Verkehrshypothek, in: AcP 211 (2011), S. 105–152.
Henkel, Andreas. Die Insolvenzanfechtung fristgemäß gezahlter Nutzungsentgelte nach § 135 Abs. 1 Nr. 2 InsO, in: ZInsO 2010, S. 2209–2213.
Henkel, Andreas. Das Bargeschäftsprivileg gilt nicht im Rahmen von § 135 Abs. 1 InsO, in: ZInsO 2009, S. 1577–1580.
Hennrich, Stephan. Die Aktienverpfändung im grenzüberschreitenden Effektengiroverkehr, Berlin 2011 (zugleich Diss. Bucerius Law School Hamburg 2010).
Henssler, Martin. Treuhandgeschäft: Dogmatik und Wirklichkeit, in: AcP 196 (1996), S. 37–87.
Henssler, Martin (Hrsg.)/*Strohn*, Lutz (Hrsg.). Gesellschaftsrecht: BGB, HGB, PartGG, GmbHG, AktG, GenG, UmwG, InsO, AnfG, IntGesR, 2. Aufl., München 2014 (zitiert: *Bearbeiter*, in: Henssler/Strohn, Gesellschaftsrecht, § , Rn.).
Hinsch, Christian L./*Horn*, Norbert. Das Vertragsrecht der internationalen Konsortialkredite und Projektfinanzierungen, Berlin/New York 1985.
Hockmann, Heinz-Josef (Hrsg.)/*Thießen*, Friedrich (Hrsg.). Investmentbanking, 3. Aufl., Stuttgart 2012 (zitiert: *Bearbeiter*, in: Hockmann/Thießen, Investmentbanking, S.).
Hoffmann, Guido. Die Verpfändung von Aktien in der Konsortialkreditpraxis, in: WM 2007, S. 1547–1554.
Hoffmann, Guido. Parallel Debt, in: WM 2009, S. 1452–1458.

Hölzle, Gerrit. Die Legitimation des Gesellschaftersonderopfers in der insolvenzrechtlichen Finanzierungsverstrickung: Zur Vermeidung von missbräuchlichen Finanzierungspraktiken im MoMiG, in: ZIP 2010, S. 913 – 918.

Huber, Ulrich. Finanzierungsfolgenverantwortung de lege lata und de lege ferenda, in: Festschrift für Hans-Joachim Priester zum 70. Geburtstag, Köln 2007, hrsg. von *Hommelhoff*, Peter/*Rawert*, Peter/*Schmidt*, Karsten, S. 259 – 283 (zitiert: *Huber*, in: FS Priester, S. 259).

Huber, Ulrich/*Habersack*, Mathias. GmbH-Reform: Zwölf Thesen zu einer möglichen Reform des Rechts der kapitalersetzenden Gesellschafterdarlehen, in: BB 2006, S. 1 – 7.

Hueck, Alfred (Begr.)/*Canaris*, Claus-Wilhelm (Bearb.). Recht der Wertpapiere, 12. Aufl., München 1986.

Hüffer, Uwe. Aktiengesetz, 11. Aufl., München 2014.

Jaeger, Ernst (Begr.). Insolvenzordnung: Großkommentar, hrsg. von *Henckel*, Wolfram/*Gerhardt*, Walter
- Bd. 1, §§ 1 – 55, Berlin 2004
- Bd. 3, §§ 103 – 128, Berlin 2014
- Bd. 4, §§ 129 – 147, Berlin 2008

(zitiert: *Bearbeiter*, in: Jaeger, InsO, §, Rn.).

Jahr, Günther/*Kropf*, Gerhard. Der praktische Fall – Bürgerliches Recht: Die „pfiffigen" Miterben, in: JuS 1963, S. 356 – 361.

Jauernig, Othmar. Zur Akzessorietät bei der Sicherungsübertragung, in: NJW 1982, S. 268 – 270.

Jauernig, Othmar (Begr.). Bürgerliches Gesetzbuch mit Allgemeinem Gleichbehandlungsgesetz (Auszug), Kommentar, 15. Aufl., München 2014, hrsg. von *Stürner*, Rolf (zitiert: *Bearbeiter*, in: Jauernig, BGB, § , Rn.).

Kanitz, Friedrich von. Bilanzkunde für Juristen, 3. Aufl., München 2014.

Karper, Ines. Trennungs- oder Einheitstheorie bei gutgläubigem Pfandrechtserwerb an einer Hypothek, in: JuS 1989, S. 33 – 35.

Kaser, Max/*Knütel*, Rolf. Römisches Privatrecht: ein Studienbuch, 20. Aufl., München 2014.

Kilgus, Stefan. Auswirkungen der Finanzkrise auf das Konsortialkreditgeschäft, in: BKR 2009, S. 181 – 190.

Klimke, Dominik. Die Vertragsübernahme, Tübingen 2010 (zugleich Habil. Freie Universität Berlin 2009).

Krolak, Thomas/*Remmen*, Jan-Dominik. Financial Covenants als Instrument der Krisenfrüherkennung und der normierten Krisenbewältigung, in: DB 2009, S. 1417 – 1422.

Kübler, Bruno M. (Hrsg.)/*Prütting*, Hanns (Hrsg.)/*Bork*, Reinhard (Hrsg.). InsO: Kommentar zur Insolvenzordnung, Loseblatt-Sammlung, Köln (zitiert: *Bearbeiter*, in: Kübler/Prütting/Bork, AnfG/InsO, § , Rn.).

Kupisch, Berthold. Zum Rechtsgrund iS des § 812 BGB bei Erfüllung: Eine rechtsdogmatische und rechtsgeschichtliche Untersuchung, in: NJW 1985, S. 2370 – 2375.

Langenfeld, Harald. Das Innenverhältnis bei den Gläubigermehrheiten nach §§ 420 bis 432 BGB, Frankfurt am Main u. a. 1994 (zugleich Diss. Mainz 1994).

Larenz, Karl. Lehrbuch des Schuldrechts, Bd. I: Allgemeiner Teil, 14. Aufl., München 1987.

Larenz, Karl. Methodenlehre der Rechtswissenschaft, 6. Aufl., Berlin 1991.

Leenen, Detlef. Willenserklärung und Rechtsgeschäft in der Regelungstechnik des BGB, in: Festschrift für Claus-Wilhelm Canaris zum 70. Geburtstag, Bd. I, München 2007, hrsg. von

Heldrich, Andreas/*Prölss*, Jürgen/*Koller*, Ingo, S. 699–727 (zitiert: *Leenen*, in: FS Canaris, Bd. I, S. 699).
Leitzen, Mario. Änderungsverträge aus notarieller Perspektive, in: BWNotZ 2012, S. 86–97.
Löhnig, Martin. Treuhand: Interessenwahrnehmung und Interessenkonflikte, Tübingen 2006 (zugleich Habil. Regensburg 2006).
Lorenz, Manuel. Unterbeteiligungen an Krediten im Common Law und im Civil Law, Berlin 1993 (zugleich Diss. Frankfurt am Main 1991).
Ludwig, Georg. Zur Frage der Wirksamkeit eines beurkundungsbedürftigen Angebots, das den Empfänger oder das Objekt nicht bezeichnet, in: DNotZ 1988, S. 697–700.
Ludwig, Georg. Die Auflassungsvormerkung und der noch zu benennende Dritte, in: NJW 1983, S. 2792–2799.
Lutter, Marcus (Hrsg.)/*Hommelhoff*, Peter (Hrsg.). GmbH-Gesetz: Kommentar, 18. Aufl., Köln 2012 (zitiert: *Bearbeiter*, in: Lutter/Hommelhoff, GmbHG, § , Rn.).
Maier-Reimer, Georg/*Webering*, Anabel. Verwertung von Pfandrechten an Unternehmensbeteiligungen, in: BB 2003, S. 1630–1637.
Marwedel, Niklas. Die Suspensivtheorie zu § 103 InsO: dogmatische Brüche im Richterrecht, in: ZInsO 2011, S. 937–945.
May, Andreas. Der Bankenpool: Sicherheitenpoolverträge der Kreditinstitute in der Unternehmenskrise, Berlin 1989 (zugleich Diss. Freiburg im Breisgau 1988).
Medicus, Dieter. Durchblick: Die Akzessorietät im Zivilrecht, in: JuS 1971, S. 497–504.
Medicus, Dieter. Mehrheit von Gläubigern, in: JuS 1980, S. 697–704.
Meier, Sonja. Die Gesamtgläubigerschaft: ein unbekanntes, weil überflüssiges Wesen?, in: AcP 205 (2005), S. 858–904.
Merbecks, Ute. Tax Due Diligence als Instrument für das Controlling von M&A-Transaktionen, in: BB 2012, S. 2423–2427.
Michalski, Lutz (Hrsg.). Kommentar zum Gesetz betreffend die Gesellschaften mit beschränkter Haftung (GmbH-Gesetz), Bd. 1: Systematische Darstellungen, §§ 1–34 GmbHG, 2. Aufl., München 2010 (zitiert: *Bearbeiter*, in: Michalski, GmbHG, § , Rn.).
Mincke, Wolfgang. Die Akzessorietät des Pfandrechts: eine Untersuchung zur Pfandrechtskonstruktion in Theorie und Gesetzgebung des 19. Jahrhunderts, Berlin 1987 (zugleich Habil. München 1983).
Mugdan, Benno. Die gesammten Materialien zum Bürgerlichen Gesetzbuch für das Deutsche Reich
– Bd. I: Einführungsgesetz und allgemeiner Teil, Berlin 1899
– Bd. II: Recht der Schuldverhältnisse, Berlin 1899
– Bd. III: Sachenrecht, Berlin 1899.
Münchener Handbuch des Gesellschaftsrechts.
– Bd. 1: BGB-Gesellschaft, offene Handelsgesellschaft, Partnerschaftsgesellschaft, Partenreederei, EWIV, 4. Aufl., München 2014 hrsg. von *Gummert*, Hans/*Weipert*, Lutz
– Bd. 2: Kommanditgesellschaft, GmbH & Co. KG, Publikums-KG, stille Gesellschaft, 4. Aufl., München 2014, hrsg. von *Gummert*, Hans/*Weipert*, Lutz
– Bd. 4: Aktiengesellschaft, 3. Aufl., München 2007, hrsg. von *Hoffmann-Becking*, Michael (zitiert: *Bearbeiter*, in: Münchener Handbuch des Gesellschaftsrechts, Bd. , § , Rn.).
Münchener Kommentar zum Aktiengesetz, hrsg. von *Goette*, Wulf/*Habersack*, Mathias.
– Bd. 1: §§ 1–75, 3. Aufl., München 2008

– Bd. 5: §§ 278–328, SpruchG, ÖGesAusG, Österreichisches Konzernrecht, 3. Aufl., München 2010
(zitiert: *Bearbeiter*, in: MünchKomm, AktG, § , Rn.).
Münchener Kommentar zum Bürgerlichen Gesetzbuch, hrsg. von *Rebmann*, Kurt/*Rixecker*, Roland/*Säcker*, Franz Jürgen.
– Bd. 1: Allgemeiner Teil, §§ 1–240, ProstG, AGG, 6. Aufl., München 2012
– Bd. 2: Schuldrecht Allgemeiner Teil, §§ 241–432, 6. Aufl., München 2012
– Bd. 3: Schuldrecht Besonderer Teil, §§ 433–610, Finanzierungsleasing, HeizkostenV, BetriebskostenV, CISG, 6. Aufl., München 2012
– Bd. 4: Schuldrecht Besonderer Teil II, §§ 611–704, EFZG, TzBfG, KSchG, 6. Aufl., München 2012
– Bd. 5: Schuldrecht Besonderer Teil III, §§ 705–853, Partnerschaftsgesellschaftsgesetz, Produkthaftungsgesetz, 6. Aufl., München 2013
– Bd. 6: Sachenrecht, §§ 854–1296, WEG, ErbbauRG, 6. Aufl., München 2013
– Bd. 11: Internationales Privatrecht, Internationales Wirtschaftsrecht, Einführungsgesetz zum Bürgerlichen Gesetzbuche (Art. 25–248), 5. Aufl., München 2010
(zitiert: *Bearbeiter*, in: MünchKomm, BGB/EGBGB, § / Art. , Rn.).
Münchener Kommentar zum Gesetz betreffend die Gesellschaften mit beschränkter Haftung, hrsg. von *Fleischer*, Holger/*Goette*, Wulf.
– Bd. 1: §§ 1–34, München 2010
– Bd. 2: §§ 35–52, München 2012
– Bd. 3: §§ 53–85, München 2011
(zitiert: *Bearbeiter*, in: MünchKomm, GmbHG, § , Rn.).
Münchener Kommentar zum Handelsgesetzbuch, hrsg. von *Schmidt*, Karsten. Bd. 3: Zweites Buch. Handelsgesellschaften und stille Gesellschaft, Zweiter Abschnitt. Kommanditgesellschaft, Dritter Abschnitt. Stille Gesellschaft: §§ 161–237, Konzernrecht der Personengesellschaft, 3. Aufl., München 2012 (zitiert: *Bearbeiter*, in: MünchKomm, HGB, § , Rn.).
Münchener Kommentar zur Insolvenzordnung, hrsg. von *Kirchhof*, Hans-Peter/*Eidenmüller*, Horst/*Stürner*, Rolf.
– Bd. 1: §§ 1–79, Insolvenzrechtliche Vergütungsverordnung (InsVV), 3. Aufl., München 2013
– Bd. 2: §§ 80–216, 3. Aufl., München 2013
(zitiert: *Bearbeiter*, in: MünchKomm, InsO, § , Rn.).
Münchener Vertragshandbuch, hrsg. von *Schütze*, Rolf A./*Weipert*, Lutz. Bd. 2: Wirtschaftsrecht I, 6. Aufl., München 2009 (zitiert: *Bearbeiter*, in: Münchener Vertragshandbuch, Bd. 2, S.).
Musielak, Hans-Joachim/*Hau*, Wolfgang. Grundkurs BGB: eine Darstellung zur Vermittlung von Grundlagenwissen im bürgerlichen Recht mit Fällen und Fragen zur Lern- und Verständniskontrolle sowie mit Übungsklausuren, 13. Aufl., München 2013.
Mylich, Falk. Kreditsicherheiten für Gesellschafterdarlehen, in: ZHR 176 (2012), S. 547–577.
Nerlich, Jörg (Hrsg.)/*Römermann*, Volker (Hrsg.). Insolvenzordnung (InsO): Kommentar, Loseblatt-Sammlung, München (zitiert: *Bearbeiter*, in: Nerlich/Römermann, InsO, § , Rn.).
Noack, Ulrich. Der Regierungsentwurf des MoMiG: Die Reform des GmbH-Rechts geht in die Endrunde, in: DB 2007, S. 1395–1400.

Nörr, Knut Wolfgang/*Scheyhing*, Robert/*Pöggeler*, Wolfgang. Sukzessionen: Forderungszession, Vertragsübernahme, Schuldübernahme, 2. Aufl., Tübingen 1999, hrsg. von *Gernhuber*, Joachim (zitiert: *Bearbeiter*, in: Nörr/Scheyhing/Pöggeler, Sukzessionen, S.).
Obermüller, Manfred. Insolvenzrecht in der Bankenpraxis, 8. Aufl., Köln 2011.
Obermüller, Manfred. Bestellung von Kreditsicherheiten an einen Treuhänder, in: DB 1973, S. 1833–1839.
Obst, Georg (Begr.)/*Hintner*, Otto (Begr.). Geld-, Bank- und Börsenwesen: Handbuch des Finanzsystems, 40. Aufl., Stuttgart 2000, hrsg. von *Hagen*, Jürgen von/*Stein*, Johann Heinrich von (zitiert: *Bearbeiter*, in: Obst/Hintner, Geld-, Bank- und Börsenwesen, S.).
Oetker, Hartmut (Hrsg.). Kommentar zum Handelsgesetzbuch (HGB), 3. Aufl., München 2013 (zitiert: *Bearbeiter*, in: Oetker, HGB, § , Rn.).
Palandt, Otto (Begr.). Bürgerliches Gesetzbuch mit Nebengesetzen, insbesondere mit Einführungsgesetz (Auszug), einschließlich Rom I- und Rom II-Verordnung, Allgemeines Gleichbehandlungsgesetz (Auszug), BGB-Informationspflichten-Verordnung, Produkthaftungsgesetz, Erbbaurechtsgesetz, Wohnungseigentumsgesetz, Versorgungsausgleichsgesetz, Lebenspartnerschaftsgesetz, Gewaltschutzgesetz, 73. Aufl., München 2014, bearb. von *Bassenge*, Peter/*Brudermüller*, Gerd/*Ellenberger*, Jürgen/*Götz*, Isabell/*Grüneberg*, Christian/*Sprau*, Hartwig/*Thorn*, Karsten/*Weidenkaff*, Walter/*Weidlich*, Dietmar (zitiert: *Bearbeiter*, in: Palandt, BGB/EGBGB, § / Art. , Rn.).
Pannen, Klaus/*Wolff*, Patrick. ABS-Transaktionen in der Insolvenz des Originators: das Doppeltreuhandmodell und die neuen Refinanzierungsregister, in: ZIP 2006, S. 52–58.
Pawlowski, Hans-Martin. Die gewillkürte Stellvertretung: Eine juristische Entdeckung der deutschen Rechtswissenschaft, in: JZ 1996, S. 125–132.
Penn, Graham A./*Shea*, Anthony M./*Arora*, Anu. Banking Law, Vol. 2: The Law and Practice of International Banking, London 1987.
Peters, Frank/*Zimmermann*, Reinhard. Verjährungsfristen: Der Einfluß von Fristen auf Schuldverhältnisse; Möglichkeiten der Vereinheitlichung von Verjährungsfristen, in: Gutachten und Vorschläge zur Überarbeitung des Schuldrechts, Bd. I, 1981, hrsg. vom Bundesministerium der Justiz, S. 77–374.
Petersen, Jens/*Rothenfußer*, Christoph. Der Schutz des Schuldners bei Trennung von Hypothek und gesicherter Forderung, in: WM 2000, S. 657–662.
Poepping, Melanie. Die Auswirkungen des MoMiG auf die insolvenzrechtliche Behandlung von Gesellschafterdarlehen ab dem 1. 11. 2008, in: BKR 2009, S. 150–156.
Pöggeler, Wolfgang. Die Akzessorietät im Zivilrecht: Irrtümer und Wahrheit, in: JA 2001, S. 65–70.
Priester, Hans-Joachim. Eigenkapitalersetzende Finanzierung durch Quasigesellschafter, in: Für Recht und Staat: Festschrift für Herbert Helmrich zum 60. Geburtstag, München 1994, hrsg. von *Letzgus*, Klaus/*Hill*, Hermann/*Klein*, Hans Hugo/*Kleinert*, Detlef/*Oschatz*, Georg-Berndt/*De With*, Hans, S. 721–735 (zitiert: *Priester*, in: FS Helmrich, S. 721).
Rauscher, Thomas. Internationales Privatrecht, mit internationalem Verfahrensrecht, 4. Aufl., Heidelberg u. a. 2012.
Reischl, Klaus. Insolvenzrecht, 3. Aufl., Heidelberg u. a. 2014.
Reuter, Alexander. Wie insolvenzfest sind Sicherheiten bei konsortialen (Projekt-) Finanzierungen und deren Refinanzierung?, in: NZI 2010, S. 167–173.
Reymann, Christoph. Die Verpfändung von GmbH-Geschäftsanteilen, in: DNotZ 2005, S. 425–463.
Richter, Rudolf/*Furubotn*, Eirik G. Neue Institutionenökonomik, 4. Aufl., Tübingen 2010.

Riewe, Anne Deike. Aktuelles internationales und ausländisches Insolvenzrecht: Oktober/November 2011, in: NZI 2011, S. 970 – 973.
Rom, Maximilian von. Die Aussonderungs- und Drittwiderspruchsrechte der Treugeber bei der doppelseitigen Sicherheitentreuhand, in: WM 2008, S. 813 – 821.
Roth, Günther H./*Altmeppen*, Holger. Gesetz betreffend die Gesellschaften mit beschränkter Haftung (GmbH): Kommentar, 7. Aufl., München 2012 (zitiert: *Bearbeiter*, in: Roth/Altmeppen, GmbHG, § , Rn.).
Roth, Herbert. Pfändung und Verpfändung von Gesellschaftsanteilen, in: ZGR 2000, S. 187 – 222.
Röthel, Anne/*Heßeler*, Benjamin. Vertragsübernahme und Verbraucherschutz: Bewährungsprobe für ein junges Rechtsinstitut, in: WM 2008, S. 1001 – 1008.
Rühle, Thomas. Die Nutzungsüberlassung durch Gesellschafter in Zeiten des MoMiG, in: ZIP 2009, S. 1358 – 1367.
Rütten, Wilhelm. Mehrheit von Gläubigern, Tübingen 1989 (zugleich Habil. Tübingen 1987).
Schalast, Christoph/*Walter*, Andreas. Verkauf von Forderungen aus notleidenden Schiffsfinanzierungsdarlehen, in: BB 2012, S. 1301 – 1304.
Schladebach, Marcus/*Kraft*, Julia. Das Registerpfandrecht an Luftfahrzeugen, in: BKR 2012, S. 270 – 276.
Schmidt, Karsten. Gesellschafterdarlehen im GmbH- und Insolvenzrecht: Was hat sich geändert?, in: Liber Amicorum für Martin Winter, Köln 2011, hrsg. von *Hoffmann-Becking*, Michael/*Hüffer*, Uwe/*Reichert*, Jochem, S. 601 – 626 (zitiert: *K.Schmidt*, in: Liber Amicorum für Martin Winter, S. 601).
Schmidt, Karsten. Zur Akzessorietätsdiskussion bei Sicherungsübereignung und Sicherungsabtretung, in: Festschrift für Rolf Serick zum 70. Geburtstag, Heidelberg 1992, hrsg. von *Huber*, Ulrich/*Jayme*, Erik, S. 329 – 350 (zitiert: *K.Schmidt*, in: FS Serick, S. 329).
Schmidt, Karsten. Offene Stellvertretung: Der „Offenkundigkeitsgrundsatz" als Teil der allgemeinen Rechtsgeschäftslehre, in: JuS 1987, S. 425 – 433.
Schmidt, Karsten (Hrsg.). Insolvenzordnung: InsO mit EuInsVO, 18. Aufl., München 2013 (zitiert: *Bearbeiter*, in: K.Schmidt, InsO, § , Rn.).
Schnauder, Franz. Die Parallelverpflichtung als Sicherungsinstrument der Konsortialkreditpraxis, in: NJOZ 2010, S. 1663 – 1670.
Schneider, Uwe H. Missbräuchliches Verhalten durch Private Equity, in: NZG 2007, S. 888 – 893.
Schoppmeyer, Heinrich. § 133 Abs 1 InsO versus §§ 130, 131 InsO: Ist die Deckungsanfechtung nur ein Unterfall der Vorsatzanfechtung?, in: ZIP 2009, S. 600 – 609.
Schrell, Thomas K.W./*Kirchner*, Andreas. Das Gesamtpfandrecht als Kreditsicherheit bei der Finanzierung eines Unternehmenskaufs, in: BKR 2003, S. 444 – 449.
Schrell, Thomas K.W./*Kirchner*, Andreas. Akquisitionsfinanzierung mit Hilfe eines Vertreters ohne Vertretungsmacht: Der unbekannte Vertretene bei der Sicherheitenbestellung, in: ZBB 2002, S. 230 – 232.
Schrell, Thomas K.W./*Kirchner*, Andreas. Mezzanine Finanzierungsstrategien, in: BKR 2003, S. 13 – 20.
Schulze, Reiner (Bearb.). Bürgerliches Gesetzbuch, Handkommentar, 8. Aufl., Baden-Baden 2014, bearb. von *Dörner*, Heinrich/*Ebert*, Ina/*Hoeren*, Thomas/*Kemper*, Reiner/*Saenger*, Ingo/*Schreiber*, Klaus/*Schulte-Nölke*, Hans/*Schulze*, Reiner/*Staudinger*, Ansgar (zitiert: *Bearbeiter*, in: Schulze, BGB, § , Rn.).

Schur, Wolfgang. Grundprobleme der Wirkungsweise von Akzessorietätsprinzip und Sicherungsabrede, in: JURA 2005, S. 361–368.
Schurig, Klaus. Die Gesetzesumgehung im Privatrecht: Eine Studie mit kollisionsrechtlichen und rechtsvergleichenden Aspekten, in: Festschrift für Murad Ferid zum 80. Geburtstag am 11. April 1988, Frankfurt am Main 1988, hrsg. von *Heldrich*, Andreas/*Sonnenberger*, Hans Jürgen, S. 375–422 (zitiert: *Schurig*, in: FS Ferid, S. 375).
Schwintowski, Hans-Peter/*Dannischewski*, Johannes. Eigenkapitalersetzende Darlehen durch den gesellschaftergleichen Dritten nach § 32a Abs. 3 GmbHG, in: ZIP 2005, S. 840–846.
Selb, Walter. Mehrheiten von Gläubigern und Schuldnern, Tübingen 1984.
Serick, Rolf. Eigentumsvorbehalt und Sicherungsübertragung
- Bd. I: Der einfache Eigentumsvorbehalt, Heidelberg 1963
- Bd. II: Die einfache Sicherungsübertragung–Teil 1, 2. Aufl., Heidelberg 1986.

Servatius, Wolfgang. Gläubigereinfluss durch Covenants: hybride Finanzierungsinstrumente im Spannungsfeld von Fremd- und Eigenfinanzierung, Tübingen 2008 (zugleich Habil. München 2007/2008).
Sinn, Hans-Werner. Kasino-Kapitalismus: Wie es zur Finanzkrise kam und was jetzt zu tun ist, Berlin 2009.
Soergel, Hans-Theodor (Begr.). Bürgerliches Gesetzbuch mit Einführungsgesetzen und Nebengesetzen, hrsg. von *Siebert*, Wolfgang
- Bd. 2: Allgemeiner Teil 2 §§ 104–240, 13. Aufl., Stuttgart 1999
- Bd. 2a: Allgemeiner Teil 3 §§ 13, 14, 126a–127, 194–225, 13. Aufl., Stuttgart 2002
- Bd. 5/3: Schuldrecht 3/3 §§ 328–432, 13. Aufl., Stuttgart 2010
- Bd. 11: Schuldrecht 9 §§ 780–822, 13. Aufl., Stuttgart 2012
- Bd. 14: Sachenrecht 1 §§ 854–984, 13. Aufl., Stuttgart 2002
- Bd. 16: Sachenrecht 3 §§ 1018–1296, 13. Aufl., Stuttgart 2001

(zitiert: *Bearbeiter*, in: Soergel, BGB, § , Rn.).
Sölch, Otto (Begr.)/*Ringleb*, Karl (Bearb.). Umsatzsteuergesetz mit Umsatzsteuer-Durchführungsverordnung, Einfuhrumsatzsteuer-Befreiungsverordnung, EG-Mehrwertsteuer-Systemrichtlinie, Mehrwertsteuer-Durchführungsverordnung, EG-Richtlinie 2008/9/EG Dreizehnter, EG-Umsatzsteuerrichtlinie: Kommentar, Loseblatt-Sammlung, München, hrsg. von *Wagner*, Wilfried (zitiert: *Bearbeiter*, in: Sölch/Ringleb, UStG, § , Rn.).
Söllner, Alfred. Einführung in die römische Rechtsgeschichte, 5. Aufl., München 1996.
Stadler, Astrid. Gestaltungsfreiheit und Verkehrsschutz durch Abstraktion: eine rechtsvergleichende Studie zur abstrakten und kausalen Gestaltung rechtsgeschäftlicher Zuwendungen anhand des deutschen, schweizerischen, österreichischen, französischen und US-amerikanischen Rechts, Tübingen 1996 (zugleich Habil. Freiburg im Breisgau 1993).
Staudinger, Julius von (Begr.). J. von Staudingers Kommentar zum Bürgerlichen Gesetzbuch mit Einführungsgesetz und Nebengesetzen
- Buch 1: Allgemeiner Teil: §§ 139–163 (Allgemeiner Teil 4b), Neubearbeitung, Berlin 2010, bearb. von *Bork*, Reinhard/*Roth*, Herbert
- Buch 1: Allgemeiner Teil: §§ 164–240 (Allgemeiner Teil 5), Neubearbeitung, Berlin 2009, bearb. von *Gursky*, Karl-Heinz/*Jacoby*, Florian/*Peters*, Frank/*Repgen*, Tilman/*Schilken*, Eberhard
- Buch 2: Recht der Schuldverhältnisse: Einleitung zum Schuldrecht, §§ 241–243 (Treu und Glauben), Neubearbeitung, Berlin 2009, bearb. von *Looschelders*, Dirk/*Olzen*, Dirk/*Schiemann*, Gottfried

– Buch 2: Recht der Schuldverhältnisse: §§ 362 – 396 (Erfüllung, Hinterlegung, Aufrechnung), Neubearbeitung, Berlin 2011, bearb. von *Gursky*, Karl-Heinz/*Olzen*, Dirk
– Buch 2: Recht der Schuldverhältnisse: §§ 397 – 432 (Erlass, Abtretung, Schuldübernahme), Neubearbeitung, Berlin 2012, bearb. von *Busche*, Jan/*Looschelders*, Dirk/*Rieble*, Volker
– Buch 2: Recht der Schuldverhältnisse: §§ 488 - 490, 607 – 609 (Darlehensrecht), Neubearbeitung, Berlin 2010, bearb. von *Mülbert*, Peter O./*Freitag*, Robert
– Buch 2: Recht der Schuldverhältnisse: §§ 705 – 740 (Gesellschaftsrecht), Bearbeitung, Berlin 2003, bearb. von *Habermeier*, Stefan
– Buch 2: Recht der Schuldverhältnisse: §§ 779 – 811 (Vergleich, Schuldversprechen, Anweisung, Schuldverschreibung), Neubearbeitung, Berlin 2009, bearb. von *Marburger*, Peter
– Buch 2: Recht der Schuldverhältnisse: §§ 812 – 822 (Ungerechtfertigte Bereicherung), Neubearbeitung, Berlin 2007, bearb. von *Lorenz*, Stephan
– Buch 3: Sachenrecht: §§ 925 – 984, Anhang zu §§ 929 ff., Sonderformen der Übereignung (Eigentum 2), Neubearbeitung, Berlin 2011, *Gursky*, Karl-Heinz/*Pfeifer*, Axel/*Wiegand*, Wolfgang
– Buch 3: Sachenrecht: §§ 1113 – 1203 (Hypothek, Grundschuld, Rentenschuld), Neubearbeitung, Berlin 2009, bearb. von *Wolfsteiner*, Hans
– Buch 3: Sachenrecht: §§ 1204 – 1296, SchiffsRG (Pfandrecht), Neubearbeitung, Berlin 2009, bearb. von *Nöll*, Hans-Heinrich/*Wiegand*, Daniel/*Wiegand*, Wolfgang, Einführungsgesetz zum Bürgerlichen Gesetzbuche/IPR, Internationales Sachenrecht, 13. Bearbeitung, Berlin 1996, bearb. von *Stoll*, Hans

(zitiert: *Bearbeiter*, in: Staudinger, BGB/Int SachenR, § , Rn.).

Storm, Theodor. Sämtliche Werke in zwei Bänden, Winkler Verlag, Bd. II, München 1951.

Stupp, Matthias. Aktuelle Rechtsprobleme bei der Verpfändung von Aktien zur Kreditbesicherung, in: DB 2006, S. 655 – 660.

Stürner, Rolf. Prinzipien der Einzelzwangsvollstreckung, in: ZZP 99 (1986), S. 291 – 332.

Stürner, Rolf. Der vollstreckungs- und insolvenzrechtliche Schutz der Konsortialbank bei treuhänderisch gehaltenen Grundschulden des Konsortialführers, in: KTS 2004, S. 259 – 274.

Thole, Christoph. Konzernfinanzierung zwischen Gesellschafts- und Insolvenzrecht, in: ZInsO 2011, S. 1425 – 1433.

Thole, Christoph. Nachrang und Anfechtung bei Gesellschafterdarlehen: zwei Seiten derselben Medaille?, in: ZHR 176 (2012), S. 513 – 546.

Thoma, Achim. Die Akzessorietät bei der Sicherungsübereignung, in: NJW 1984, S. 1162 – 1163.

Tiedtke, Klaus. Zur Rechtsprechung des Bundesgerichtshofs auf dem Gebiete des Kaufrechts seit dem 1 Januar 1987: Teil 1, in: JZ 1990, S. 75 – 83.

Tiedtke, Klaus. Sicherungsabtretung beim Fehlen des zu sichernden Anspruchs, in: DB 1982, S. 1709 – 1712.

Tillmann, Tobias. Upstream-Sicherheiten der GmbH im Lichte der Kapitalerhaltung: Ausblick auf das MoMiG, in: NZG 2008, S. 401 – 405.

Tipke, Klaus (Begr.)/*Lang*, Joachim (Begr.). Steuerrecht, 21. Aufl., Köln 2012, bearb. von *Seer*, Roman/*Hey*, Johanna/*Montag*, Heinrich/*Englisch*, Joachim/*Hennrichs*, Joachim (zitiert: *Bearbeiter*, in: Tipke/Lang, Steuerrecht, Rn.).

Tolkmitt, Wolf-Dietrich. Die Theorie der Novation im gemeinen Recht des 19. Jahrhunderts, Göttingen 1968 (zugleich Diss. Göttingen 1968).

Treitel, Günther H. The Law of Contract, 11th edition, London 2003.
Uhlenbruck, Wilhelm. Insolvenzordnung: Kommentar, 13. Aufl., München 2010, hrsg. von *Uhlenbruck*, Wilhelm/*Hirte*, Heribert/*Vallender*, Heinz (zitiert: *Bearbeiter*, in: Uhlenbruck, InsO, § , Rn.).
Wacke, Andreas. Erzwingt eine Novation den Verlust bestehender Sicherheiten?: Für eine Forderungsauswechselung auch beim Mobiliarpfand, in: DNotZ 2000, S. 615–635.
Wacke, Andreas. Der Erlaß oder Vergleich mit einem Gesamtschuldner: Zur Befreiung Mithaftender beim Regreßverlust durch Gläubigerhandeln, in: AcP 170 (1970), S. 42–75.
Wegener, Burghard. Die Grundsätze der insolvenzrechtlichen Deckungs- und Vorsatzanfechtung am Beispiel der Insolvenz der Göttinger Gruppe, in: NJW 2010, S. 3607–3611.
Weitnauer, Wolfgang. Die Akquisitionsfinanzierung auf dem Prüfstand der Kapitalerhaltungsregeln, in: ZIP 2005, S. 790–797.
Westermann, Harm Peter/*Gursky*, Karl-Heinz/*Eickmann*, Dieter/*Westermann*, Harry. Sachenrecht, 8. Aufl., Heidelberg u. a. 2011.
Wilhelm, Jan. Sachenrecht, 4. Aufl., Berlin/New York 2010.
Willer, Ralf. Die *parallel debt* als Sicherheitenträger, in: AcP 209 (2009), S. 807–839.
Wilmowsky, Peter von. Der Mieter eines beweglichen Gegenstands in Insolvenz: Zum Inhalt des § 103 InsO bei Miet- und Pachtverhältnissen, in: ZInsO 2007, S. 731–739.
Wissowa, Georg (Begr.). Paulys Realencyclopädie der classischen Altertumswissenschaft
– Erste Reihe, Bd. IV, Stuttgart 1901, hrsg. von *Wissowa*, Georg
– Zweite Reihe, Bd. IV A, Stuttgart 1932, hrsg. von *Kroll*, Wilhelm/*Mittelhaus*, Karl (zitiert: *Bearbeiter*, in: Wissowa, Paulys Realencyclopädie der classischen Altertumswissenschaft, Erste Reihe/Zweite Reihe, Bd. , S.).
Wolf, Manfred/*Neuner*, Jörg. Allgemeiner Teil des Bürgerlichen Rechts, 10. Aufl., München 2012.
Wolf, Manfred/*Wellenhofer*, Marina. Sachenrecht, 28. Aufl., München 2013.
Wolfsteiner, Hans. Bauherrenmodelle in der notariellen Praxis, in: DNotZ 1979, S. 579–596.
Zeising, Michael. Asset Backed Securities (ABS): Grundlagen und neuere Entwicklungen, in: BKR 2007, S. 311–317.
Zöllner, Wolfgang. Wertpapierrecht: ein Studienbuch, 14. Aufl., München 1987.

Index

Bei Fragen zur Produktsicherheit wenden Sie sich bitte an:
If you have any questions regarding product safety,
please contact:

Walter de Gruyter GmbH
Genthiner Straße 13
10785 Berlin
productsafety@degruyterbrill.com